Du bist, was du hörst

Jeong-Won Sin, Dr. phil., hat Medien-Planung, -Entwicklung und -Beratung in Siegen studiert. Erste Erfahrungen in der Musikbranche sammelte er bei Labels wie Community, Matador, Domino und Grand Royal. Zudem hat er mit Noize.cc ein eigenes Online-Musikmagazin aufgebaut. Seit 2003 ist er bei Universal Music im Bereich Digital tätig. Heute verantwortet er dort als Head of Sales das Geschäft mit allen Download-Portalen von iTunes über Amazon bis Google Play.

Jeong-Won Sin

Du bist, was du hörst

Musiklabels als Wegweiser im digitalen Zeitalter

Campus Verlag
Frankfurt/New York

Bibliografische Information der Deutschen Nationalbibliothek
Die Deutsche Nationalbibliothek verzeichnet diese Publikation in der Deutschen Nationalbibliografie.
Detaillierte bibliografische Daten sind im Internet unter http://dnb.d-nb.de abrufbar.
ISBN 978-3-593-50103-1

Das Werk einschließlich aller seiner Teile ist urheberrechtlich geschützt. Jede Verwertung ist ohne Zustimmung des Verlags unzulässig. Das gilt insbesondere für Vervielfältigungen, Übersetzungen, Mikroverfilmungen und die Einspeicherung und Verarbeitung in elektronischen Systemen.
Copyright © 2014 Campus Verlag GmbH, Frankfurt am Main
Umschlaggestaltung: Campus Verlag GmbH, Frankfurt am Main
Umschlagmotiv: © Marc Domage
Druck und Bindung: CPI buchbücher.de, Birkach
Gedruckt auf säurefreiem und chlorfrei gebleichtem Papier.
Printed in Germany

Dieses Buch ist auch als E-Book erschienen.
www.campus.de

Inhalt

Vorwort 7

1. Einleitung 11

2. Einführung: Das Label 23
   2.1 Definition 23
   2.2 Aufgaben eines Labels 31
   2.3 Struktur eines Labels 33
   2.4 Unterschiede Indie vs. Majors: Spezialisten vs. Allrounder 55
   2.5 Über die Notwendigkeit von Labels 57

3. Die Musikindustrie 71
   3.1 Die Entstehung und Entwicklung der Musikindustrie 71
   3.2 Der Musikmarkt in Deutschland 112

4. Orientierungsinstrumente der Musikindustrie 129
   4.1 Das Konzept Genre 129
   4.2 Die Marke 141
   4.3 Genres und Marken in der Musikindustrie 157
   4.4 Zwischenbilanz: Die Beziehungen zwischen Genres und Marken in der Musik 190

5. Die Bedeutung des Medienumbruchs für die Musikbranche 193
   5.1 Die TIME-Konvergenz 193
   5.2 Das Tsunami-Modell 197
   5.3 Merkmale und Eigenschaften der Neuen Medien 204
   5.4 Auswirkungen auf die Musikbranche 212
   5.5 Genres und Marken in der digitalen Musikwelt 228

6. Orientierungsinstrumente in der heutigen Musikindustrie 261
   6.1 Das Konzept Genre bei Labels in der Praxis 262
   6.2 Markenführungsansätze bei Labels in der Praxis 286
   6.3 Labels und die Orientierungsinstrumente Genre und Marke 330

7. Ausblick 375

Quellen und Literatur 390

Vorwort

Labels – Bis in die 1990er Jahre war das ein Begriff, der unter Musikinteressierten Faszination ausgelöst hat. Die mysteriöse Welt der Plattenfirmen verband man häufig mit einer schillernden Branche und dem Glanz der Entertainment-Welt. Im Zuge der Digitalisierung und der damit einhergehenden Krise der Branche haben die Labels jedoch unsicher und ohne die richtigen Strategien agiert. Mangelnde legale Alternativen zum Filesharing, Abmahnwellen sowie zahlreiche weitere Faktoren haben dazu geführt, dass Plattenfirmen für zahlreiche Musikfans zum Symbol für verkrustete Strukturen geworden sind. Doch was genau ist eigentlich ein Label? Welche Funktion hat es? Und wieso macht es aus Sicht der Außenstehenden so Vieles falsch? Häufig wird die Frage gestellt, wozu man heutzutage überhaupt noch ein Label braucht, wenn man als Musiker nicht nur günstig Musik produzieren, sondern auch noch selbst distribuieren und vermarkten kann.

Eine Arbeit über die Relevanz von Musiklabels zu schreiben, mag angesichts dieser Punkte, der seit Ende der 1990er Jahre andauernden Krise und der digitalen Revolution verwundern. Die Grundidee für diese Arbeit stammt aus meiner Diplomarbeit aus dem Jahre 2003. Damals gab es noch Plattenläden wie WOM und Tower Records, mit der »pock it!«-Disc wurde ein neues physisches Single-Format entwickelt, der iTunes Store war noch nicht in Deutschland verfügbar, polyphone Klingeltöne wurden gerade zum großen Renner, MTV konnte noch als Musiksender durchgehen, an Plattformen wie YouTube war noch gar nicht zu denken, Myspace stand erst kurz vor dem Launch, Facebook war noch nicht einmal gegründet, Streaming erfolgte über den Real-Player, und es gab noch fünf Major Labels.

Seitdem ist eine Menge passiert. Betrachtet man die Entwicklungen und Möglichkeiten, die sich der gesamten Medienbranche und damit auch der Musikbranche heute dank der Digitalisierung bieten, befinden wir uns gerade jetzt in einer überaus spannenden Phase. Die Digitalisierung hat nicht nur einen Formatwechsel in der Musikbranche hervorgerufen, sie hat zu einem Paradigmenwechsel der gesamten Industrie geführt. Die Strukturen, Vertriebswege, Marketingpläne und Promotion-Möglichkeiten haben sich seitdem für Labels enorm gewandelt. Spannende Formate und Geschäftsmodelle wie werbefinanzierte Streaming-Dienste setzen sich durch, passend dazu werden immer mehr Musikdienste gelauncht, die Bedeutung von Musik steht mehr denn je außer Frage.

In meiner beruflichen Funktion als Manager im digitalen Vertrieb bei Universal Music hat man täglich mit der Frage zu tun, wie man unter diesen Voraussetzungen die eigenen Künstler und deren Produkte bestmöglich vermarktet. Gerade der dynamische Digitalmarkt bietet dafür immer neue, attraktive Möglichkeiten.

Mit diesem Hintergrund wurde das Thema aufgegriffen und mit einem neuen Ansatz versehen. Die Fragestellung lautet, auf welche Weise Labels sich gerade im digitalen Zeitalter mithilfe der Orientierungsinstrumente Genre und Marke als Wegweiser profilieren können. Dabei ist die Positionierung des Labels gegenüber den Handelspartnern, den Medien und den Konsumenten von hoher Relevanz. Gerade die massiven Umwälzungen im Musikmarkt im Zuge der Digitalisierung machen diesen Ansatz besonders spannend und aktuell. Das Thema wurde auf Basis neuer Forschungsergebnisse, Quellen und Interviews überarbeitet, weiterentwickelt, erweitert und auf den Gegenwartszeitpunkt gebracht. Dabei wurde insbesondere dem Medienumbruch durch das Internet Rechnung getragen.

Trotz der zahlreichen Veränderungen im Markt, dem Markteintritt neuer Partner sowie der Einführung neuer Geschäftsmodelle, gab es immer eine Konstante – das Bedürfnis nach Orientierung. Dieses Bedürfnis hat im Laufe der Jahre, in der ich für dieses Buch geforscht habe, weiter zugenommen und ist eine der größten Herausforderungen für alle Marktteilnehmer. Es ist aktueller denn je zuvor. Schließlich hatte man nie zuvor so zahlreiche Zugangsmöglichkeiten zu einer solch großen Fülle von Musik wie heute.

Die Tatsache, dass zahlreiche Interviewaussagen aus 2003 übernommen werden konnten, unterstreicht die Aktualität und Relevanz des Themas. Wie lange die Aufnahmen dafür bereits zurückliegen, zeigt sich darin, dass die alten Interviews damals noch auf Micro-Cassette und MDs aufgenommen worden sind. Wer sich fragt, was das für Formate waren, findet eine Antwort in den Weiten des Internets.

Zum Abschluss dieses Vorworts möchte ich mich noch bei einigen Personen bedanken, ohne deren Unterstützung diese Arbeit sicher nicht zustande gekommen wäre.

Mein größter Dank geht an meinen Doktorvater Prof. Dr. Christian Thomsen. Er war es, der mich überhaupt auf den Gedanken gebracht hat, das Thema noch einmal aufzugreifen und einem Relaunch zu unterziehen. Vielen Dank, dass Sie mir diese Chance ermöglicht haben, auch wenn es doch ein wenig länger gedauert hat, als ursprünglich geplant! Ihrer unendlichen Geduld und sorgfältigen Betreuung ist es zu verdanken, dass ich diese Arbeit über all die Jahre weiterverfolgt habe, auch wenn die Dynamik der Branche mich dazu gezwungen hat, immer wieder zahlreiche Textpassagen den aktuellen Marktbedingungen anzupassen. Die stets anregenden Diskussionen und Fachgespräche, egal ob in Siegen, Berlin oder am Telefon, haben mir sehr viel bedeutet und waren eine große Freude!

Very special thanks to Prof. Dr. Gerd Hallenberger. Die Hartnäckigkeit, mit der er mich die letzten Jahre immer wieder angespornt hat, dieses Werk zu Ende zu schreiben, ist bewundernswert. Unsere Gespräche waren immer eine große Inspiration für mich, ob es nun um diese Arbeit, Perlen der Musik-, TV- und Filmgeschichte oder einfach nur um amüsante Fußball-Anekdoten ging. Danke!

Ein besonderer Dank geht an die zahlreichen Brancheninsider, die sich die Zeit genommen haben, mir trotz ihres hektischen Alltags Interviews zu diesem Thema zu geben. Sie haben mit ihrem Fachwissen und ihrer Erfahrung dazu beigetragen, den Mangel an Fachliteratur zu diesem Thema zu kompensieren. Ihre Aussagen füllen diese Arbeit mit Substanz und bieten einen unterhaltsamen Einblick in eine einzigartige Branche. Besonders freut es mich, dass zu vielen Interviewpartnern über die Jahre kollegiale und freundschaftliche Beziehungen entstanden sind. Danke Cornelius Ballin, Ralph Böge, Heinz Canibol, Holger Christoph, Alexander Dumbsky, Christoph Ellinghaus, der sich meinen Fragen gleich zweimal gestellt hat, Nanette Fleig, Per Gilomen, Arndt Kiesstropp, Matthias Lumm, Dr. Carl Mahlmann, Kaisa Marxer, Lubos Mozis, Sandra Passaro, Stella Plazonja, Michael Schmidt aka Smudo, Thorsten Seif, Kristina Sprave, Klemens Wiese, Thomas Zimmermann und Viron Zourlas!

Thanks to Marc Domage for granting me the rights to use his fantastic photo for the cover of this book! It was taken at the Sonic Youth »Sensational Fix« exhibition and shows coloured 7" vinyls.

Thank you Lee Ranaldo for giving me your personal blessing to use this image. This means a lot to me! A copy of this book is on its way to Hoboken!

Großer Dank geht an Britta Lüerßen und Andreas Leisdon vom Bundesverband Musikindustrie, die mir ihre Grafiken zur Verfügung gestellt haben und auf jede Frage zum Musikmarkt eine Antwort hatten.

Danke für die Freigabe einer Abbildung an Ulrike Müller vom Schäffer-Poeschel Verlag sowie Susanne Habermann von Klett-Cotta, die meine Anfrage netterweise gleich an den aktuellen Verlag weitergeleitet hat.

Ich möchte mich aber vor allem herzlich beim Team des Campus Verlags bedanken, allen voran Stefanie Evita Schaefer, die dieses Buch erst möglich gemacht hat. Sie hatte immer ein offenes Ohr und den richtigen Ratschlag parat. Außerdem geht mein Dank an Julia Flechtner und Joachim Fischer, die Meister der Formatierung und des schnellen Feedbacks.

Danke an alle, die mich in den letzten Jahren immer wieder motiviert haben, an diesem Buch weiter zu schreiben, ob nun bewusst oder unbewusst. An meine Eltern für ihre volle Unterstützung während meines Studiums und dieser Arbeit, an meinen Bruder und meine Freunde, die mir auch stets willkommene Ablenkung verschafft haben.

Vor allem danke ich Yoona, die mir zeigt, was im Leben wirklich zählt, und Kadi, die mich stets bestärkt und mir zur richtigen Zeit den Ruck gegeben hat, dieses Buch fertig zu schreiben. Danke für die Grafiken! Jetzt geht es endlich wieder los!

Zu guter Letzt gilt mein Dank all den großartigen Musikern, die nicht nur mich, sondern Milliarden von Menschen tagtäglich mit ihrer Kunst inspirieren und für jede Stimmungslage den richtigen Song geschrieben haben, sowie all den fantastischen Labels, die mit ihrer Arbeit nicht nur die Musikgeschichte, sondern ganze Jugendkulturen und das Leben unzähliger Menschen entscheidend geprägt haben. Was wäre ich heute ohne Nirvana, ohne Bruce Pavitt, Jonathan Poneman und Sub Pop? Wahrscheinlich nicht Buchautor zu diesem Thema.

»One more special message to go, then I'm done and I can go home.«

Jeong-Won Sin   Berlin, 2014

1. Einleitung

Universal, Sony, Warner – diese Namen hat man sicherlich schon oft gehört. Man weiß, dass es sich um Medienunternehmen handelt. Vielleicht weiß man auch, dass sie eigene Musiksparten führen. Aber welche Künstler gehören zu welcher Firma? Hat eines dieser Labels vielleicht gar ein Musikgenre geprägt? Was unterscheidet sie? Darauf haben nur sehr wenige Menschen eine passende Antwort.

Motown, Deutsche Grammophon, Blue Note – mit diesen Namen verbinden die meisten Musikinteressierten dagegen direkt jeweils ein bestimmtes Genre, nämlich Soul, Klassik und Jazz.

Sub Pop, Nuclear Blast, Ninja Tune – diese Labels stehen bei Fans der jeweiligen Musikrichtung eindeutig für die Genres Grunge/Independent (Indie), Metal, bzw. elektronische Musik. Nicht jeder Musik-Fan kann jedoch auf Anhieb sagen, für welche Richtung sie stehen.

Umgekehrt sind Namen wie Jackson 5, Herbert von Karajan oder auch Nirvana für Musikbegeisterte fest mit einem Label – Motown, Deutsche Grammophon und Sub Pop – verbunden, auch wenn sie vielleicht gar nicht ihre gesamte Karriere über bei diesem Label unter Vertrag gewesen sind.

Doch warum klingelt es bei diesen Namen, während Universal, Sony oder Warner keine eindeutigen Genrebezüge hervorrufen? Welcher Konsument verbindet mit ABBA Universal, mit Bob Dylan Sony und mit The Doors sofort Warner? Wie kommt es, dass man bei einigen Musikunternehmen gleich eine Assoziation im Kopf hat? Sei es eine bestimmte Band, eine Musikrichtung, ein besonderer Sound oder gar eine ganze Jugendbewegung. Weshalb sind kleine Plattenläden, die sich auf bestimmte Musikrichtungen spezialisiert haben, oft nach Labels sortiert, wie es bei Elektro- und Indie-Shops häufig der Fall ist?

Aus diesen Ausführungen ergibt sich die Fragestellung, aus welchen Gründen und auf welche Weise ein Label für bestimmte Zielgruppen Bedeutung erlangen und sogar zu einem Orientierungsfaktor werden kann.

In dieser Arbeit wird die Rolle von Labels als Wegweiser gegenüber den unterschiedlichen Nachfragergruppen im digitalen Zeitalter behandelt. Das Ziel ist es, die Bedingungen herauszustellen, unter denen sich ein Label mithilfe der Orientierungsinstrumente Genretheorie und Markenführungsansätzen profilieren kann, um sich im Markt zu positionieren. Darauf aufbauend wird die praktische Umsetzung dieser Potenziale untersucht. Ein besonderes Augenmerk wird auf die veränderten Rahmenbedingungen im Zuge der Digitalisierung gerichtet. Es handelt sich um eine theoretische Arbeit mit historischen Hintergründen.

Der Begriff Label wird häufig synonym mit dem Wort Plattenfirmen verwendet. Auch wenn heute nur noch ein geringer Teil des Umsatzes mit tatsächlichen Platten gemacht wird, hat sich der Begriff Plattenfirma gehalten. Alternativ sagt man heute auch Musikfirma. Labels sind ein Teil der Musikindustrie, die wiederum zur Kulturindustrie gehört. Den Konsumenten gegenüber agieren Labels meist im Hintergrund, während sie gegenüber den Künstlern, Händlern und Medien eine deutlich präsentere Rolle einnehmen.

Während es zur allgemeinen Thematik der Musikindustrie zahlreiche wissenschaftliche Arbeiten, vor allem aus dem wirtschaftlichen und kulturwissenschaftlichen Bereich gibt, sind Plattenfirmen in der wissenschaftlichen Literatur kaum als einzelnes Objekt untersucht worden, sondern meist nur als Bestandteil der Musikindustrie. Ihre Rolle auf dem Musikmarkt ist bis auf wenige deskriptive Ansätze weitestgehend unerforscht. Auch einzelne, historisch bedeutsame Labels oder ihre Gründer sind in der Regel lediglich porträtiert worden.

Es ist verwunderlich, dass das Orientierungspotenzial von Labels bislang in der Forschung vernachlässigt worden ist, da Labels geeignete Grundvoraussetzungen mitbringen, um einen Fixpunkt für verschiedene Nachfragergruppen darzustellen. Schließlich können sie sich über ihre musikalische Ausrichtung auf dem Tonträgermarkt positionieren und/oder sich über ein Image einen Markt generieren, was aufgrund der hohen Ausdifferenzierung und der Dynamik des Musikmarktes von Vorteil sein kann.

Allein das Produkt Musik birgt bereits besondere Potenziale, aber auch spezifische Probleme in sich. So ist die Musik an sich kein physisches Produkt, was sich auch in den Umsatzeinbußen der Tonträgerbranche niederschlägt, die vor allem durch illegale digitale Vervielfältigungen bedingt ist. Zudem ist Musik als Erfahrungsgut mehr als andere Konsumgüter von emotionalen statt von rationalen Kriterien geprägt. Die Emotionalität kann aber auch zu stärkeren Bindungen und Identifikationen mit Musik führen. Schließlich sind seit den 1950er Jahren zahlreiche musikgeprägte Jugendkulturen und Subkulturen entstanden, die sich über die Musik einen eigenen, abgrenzbaren Lebensstil entwickelt haben und für diese Arbeit von hoher Relevanz sind. Speziell der Musikmarkt bewegt sich in kommerzialisierten Jugendkulturen, die an Märkte, Produkte und Waren gekoppelt sind. Die Zugehörigkeit zu einer Jugendkultur ist hier über käuflich zu erwerbende Merkmale wie Kleidung oder eben Musik möglich. Solange Musik für die Jugend relevant bleibt, werden zwischen der Musikindustrie und Jugendkulturen Interdependenzen bestehen.

Allerdings hat sich die Bedeutung von Genres im Laufe der Zeit geändert. Noch in der zweiten Hälfte des 20. Jahrhunderts hat die Präferenz eines bestimmten Musikgenres häufig die Zugehörigkeit zu einer Jugendkultur impliziert. Jugendkulturen wie die Rocker, Mods, Hippies oder Punks haben sich über Genres definiert. Anhand der Musiksammlung konnte man häufig auf die Persönlichkeit des Inhabers schließen. In den 1950er Jahren war der Musikgeschmack noch gesellschaftlich relevant für Jugendliche und wichtig für die Herausbildung von Jugendkulturen. In den 1960er und 1970er Jahren spielte Musik eine große Rolle für die individuelle Identität des Einzelnen.

Mittlerweile gibt es keine klaren Abgrenzungen mehr. Die Relevanz von Genres als Unterscheidungskriterium für Jugendkulturen hat deutlich abgenommen. Die Mehrheit der Musikhörer ist nicht auf ein bestimmtes Genre festgelegt, sondern hört aus unterschiedlichen Genres alles, was ihm gefällt. Zuhause hört man Indie, im Club hört man Elektro und im Urlaub vielleicht HipHop. Statt einer bewusst zusammengestellten Plattensammlung hat man Gigabytes voller Musik aus allen Genres gelagert, aus denen man sich je nach Stimmungslage bedienen kann. Statt ganzen Alben kann man sich à la carte einzelne Songs kaufen oder einfach nur jederzeit und überall anhören. Die Shuffle-Funktion des iPods sowie die Möglichkeiten von Playlists haben die Musikrezeption sicherlich massiv verändern. Mit dem Internet und der Digitalisierung ist Musik vom haptischen Gut zu einem immateriellen, stets verfügbaren Produkt geworden. Um bestimmte Musik zu einem beliebigen Zeitpunkt hören zu können, musste man sie früher besitzen. Heute ist Musik ubiquitär verfügbar. Als Konsument hat man somit nicht mehr die Hürden, sich mit Musik außerhalb seines üblichen Geschmacks zu beschäftigen. Statt in einem Laden Musik hören oder kaufen zu müssen, kann man bequem zuhause auf dem Sofa mit einem Klick eine neue musikalische Welt entdecken.

Musik dient häufig nur noch zur Alltagsorientierung und ist nicht mehr das identitätsstiftende Medium. Andere Medien wie Games oder Filme haben an Bedeutung gewonnen. Die Ausgangslage für Labels hat sich somit in Bezug auf die Konsumenten geändert. Trotz der geschilderten Umstände existieren noch zahlreiche Musikkulturen. Nicht nur für sie sind Genres für die Einordnung von Musik weiterhin von hoher Relevanz und können Orientierung bieten.

Dies ist insofern wichtig, weil Musik heute allgegenwärtig ist und soviel gehört wird wie nie zuvor. Es ist kaum noch vorstellbar, dass man vor der Einführung des Tonträgers Musik nur live erleben konnte. Ebenso befremdlich ist es, Musik nur zuhause hören zu können. Mittlerweile ist Musik in etlichen Formaten auf unzähligen stationären und mobilen Abspielgeräten über zahlreiche Portale immer und überall verfügbar. Dennoch steckt die Branche seit 1999 in einer anhaltenden Krise, deren Ende sich erst seit 2012 langsam abzeichnet. Die Digitalisierung hat für eine Umwälzung der Strukturen gesorgt und dabei die Musikindustrie als erste Medienbranche noch vor TV, Büchern oder dem Film getroffen. Die Eintrittsbarrieren sind deutlich niedriger geworden. Damit wird das gesamte Wesen der Plattenfirmen radikal verändert. Bis dato hatten sie schließlich die Kontrolle über die Musikproduktion, die Veröffentlichungsstrategie und den Vertrieb. Mit der Digitalisierung ist nicht nur ein neues Format, sondern ein gänzlich neuer Vertriebsweg hinzugekommen, der von der Branche nicht rechtzeitig zur Zufriedenheit der Kunden genutzt worden ist. Man benötigt heute kein Label mehr, um Musik aufzunehmen, zu veröffentlichen und zu vertreiben.

Dadurch ist der Musikmarkt heute mehr denn je von einer unübersichtlichen Vielfalt an Veröffentlichungen geprägt. Die digitalen Portale führen Millionen von Songs. Gerade Konsumenten versuchen oft vergeblich, den Überblick zu bewahren, während Händler und Plattenfirmen mit unterschiedlichen Mitteln versuchen, die Komplexität zu reduzieren und dadurch möglichst viele Einheiten abzusetzen. Bereits zu Beginn des Jahrtausends hieß es im »Handbuch der Musikwirtschaft«:

»Konsumenten sind bereits heute nicht in der Lage, alle Musik-Neuerscheinungen eines Jahres (14.058 Neuerscheinungen im Jahr 2000 in Deutschland) zu überblicken und zu bewerten. Viele Konsumenten, die bereit sind, Geld für CDs auszugeben, tun dies nicht, da sie keine Zeit zur Durchsicht der Regale von Megastores (mit bis zu 60.000 Tonträgern) haben und zudem nicht über ausreichende Informationen über das Musikangebot in den für sie interessanten Genres verfügen. Industrieanalysen besagen, dass von drei Kunden bereits einer seine Musik im Musikeinzelhandel nicht findet. Da es darüber hinaus quasi jedem Künstler möglich ist, seine Musik über das Internet zu veröffentlichen, wird das bereits umfassende Musikangebot noch weiter stark zunehmen. Konsumenten erwarten deshalb einen Partner, der ihnen Orientierung im Musikmarkt verschafft, der ihnen hilft, die Musik zu finden, die sie suchen, der sie berät und ihnen überzeugende Vorschläge macht. Unternehmen müssen es den Konsumenten durch den intelligenten Einsatz von Technologie erleichtern, mit einem angemessenen Einsatz an Zeit und Geld die für sie richtige Musik zu finden – wann und wo auch immer sie das wollen (z.B. 24 Stunden am Tag über das Internet). Einfache intuitive Anwendungen müssen es den Konsumenten erlauben, Musikkataloge über eine intelligente Suchfunktion nach für sie interessanten Titeln zu durchsuchen. Personalisierte Tools müssen die Präferenzen der Kunden speichern und ihnen darauf basierend Vorschläge machen bzw. sie mittels ›Frühwarn-Systemen‹ und Direktmarketing über Neuerscheinungen, die ihrem Präferenzprofil entsprechen, informieren.«[1]

Damals gab es noch keine ernst zu nehmenden Download-Portale und erst recht keine Streaming-Services im Audio oder Videosegment. Dennoch fiel Konsumenten auch ohne über 37 Millionen Songs auf iTunes, ohne die ständige Verfügbarkeit von Spotify und ohne YouTube, wo pro Minute 100 Stunden Videomaterial hochgeladen werden, die Orientierung im Musikmarkt bereits schwer.[2]

Das Bedürfnis nach Orientierung ist in diesem digitalen Markt also dringender als je zuvor vorhanden, doch wer kann diese Orientierung bieten? Die meisten Musikhörer verlassen sich auf Empfehlungen von Freunden, Medien oder auch Musikdiensten. Dies kann über persönliche Gespräche, soziale Netzwerke oder Händler im Netz geschehen.

Der Kern dieses Buchs liegt aber in der Frage, welchen Beitrag das Label als zentraler Akteur der Musikveröffentlichung leisten kann, um im digitalen Zeitalter Orientierung für die unterschiedlichen Parteien zu schaffen.

---

1 Neefund, Paulus/Blömer, Henner (2003): »Konvergenztechnologie und Musikverwertung«. In: Moser, Rolf/Scheuermann, Andreas (Hg.) (2003): *Handbuch der Musikwirtschaft*. S. 107.
2 Quellen: YouTube: *Press Room*. In: http://www.youtube.com/yt/press/ (16.12.13). Apple: *iTunes*. In: http://www.apple.com/de/itunes/features/ (16.12.13).

Die nahe liegenden Möglichkeiten sind die beiden Orientierungsinstrumente Genre und Marke. Schließlich nutzen Konsumenten Genres, um Musik einordnen zu können. Dadurch können Bindungen zwischen Musikgenres und ihren Konsumenten entstehen. Plattenfirmen und ihre Labels wiederum können über die Veröffentlichung von Musik dieser Musikgenres ebenfalls Bindung erzeugen. Sie nutzen also das Orientierungsinstrument Genre, um sich entsprechend in der Zielgruppe zu positionieren. Doch nicht nur über das Genre, sondern auch über eine Markenführungsstrategie kann sich ein Label ein Image erarbeiten und in der gewünschten Zielgruppe als Marke positionieren. Auch eine Kombination aus Genres und Marken ist möglich. Das Spannungsfeld zwischen Genres und Marken, in dem sich Labels befinden, wird hier dargestellt. Dabei steht die Frage, unter welchen Voraussetzungen und auf welche Weise Labels die Orientierungsinstrumente Genre und Marke im digitalen Zeitalter nutzen können, im Vordergrund dieser Arbeit.

Zur Einführung in das Thema wird in einem systematischen Teil mit der Musikindustrie der Kontext dieser Arbeit erläutert. Das zentrale Element und der Hauptakteur ist dabei das Label. Um das komplexe Konstrukt Label zu verstehen, werden zunächst neben einer allgemeinen Begriffsklärung seine Aufgaben und Strukturen dargestellt. Dies beinhaltet eine Beschreibung der einzelnen Abteilungen einer Musikfirma. Zudem werden die Unterschiede zwischen den unterschiedlichen Labelformen Major und Independent (Indie) erläutert. Das Kapitel wird von einer Auseinandersetzung mit der Frage über die Notwendigkeit von Labels abgeschlossen.

Es folgt eine Betrachtung der Entstehung und Entwicklung der Musikindustrie als Ganzes, in der vor allem die Rolle von Plattenfirmen im Vordergrund steht. In diesem historischen Teil dienen detaillierte Ausführungen von den Anfängen der Musikindustrie bis zum digitalen Zeitalter dazu, die veränderte Bedeutung von Labels in ihren jeweiligen geschichtlichen Zusammenhängen darzustellen. Die möglichen Orientierungsfunktionen von Labels stehen hier noch im Gesamtzusammenhang mit der Entwicklung der Musikindustrie und werden lediglich am Rande erwähnt. Anschließend steht die momentane Struktur des Musikmarktes in Deutschland im Blickpunkt. Neben dem physischen und digitalen Markt werden die Käuferstrukturen, Händlerstrukturen sowie die Marktsegmentierung für den lokalen Musikmarkt behandelt.

Im nächsten Teil werden mit der Genretheorie und der Markenführung zwei Orientierungsformen vorgestellt, die für die Kommunikation zwischen Produzenten und Konsumenten zu Hilfe genommen werden. Dabei werden neben theoretischen Grundlagen ihre jeweiligen Aufgaben und Anwendungsmöglichkeiten aufgezeigt. Das Konzept Genre wird in der Wissenschaft zwar vor allem für den Film angewendet, soll aber an dieser Stelle allgemein erläutert werden. Für die Marke werden insbesondere sozialpsychologische Ansätze abgebildet. Genre und Marke sind Konstrukte, die den theoretischen Rahmen dieser Arbeit bilden.

Darauf aufbauend werden die theoretischen Grundlagen von Genres und Marken zunächst jeweils auf die Musik im Allgemeinen angewendet, um die Rolle dieser Orientierungskonzepte in der Musik darzustellen. In diesem Zuge werden Besonderheiten des Musikmarktes herausgestellt. Da auch zu diesen Bereichen kaum fundierte Literatur existiert, beruhen diese Ausführungen auf eigenen Überlegungen. Am Ende des Kapitels wird eine Zwischenbilanz zur Beziehung zwischen Genres, Marken und Musik gezogen.

Im Hauptteil dieses Buchs geht es nach diesen Ausführungen um die Frage, wie sich Labels die Orientierungsinstrumente Genre und Marke zu Eigen machen können, um im digitalen Zeitalter Orientierung zu bieten. Schließlich hat sich die Musikbranche durch den Medienumbruch mit der Digitalisierung und dem Internet massiv gewandelt. Um die aktuellen Umstände und den Umbruch der Musikbranche zu verdeutlichen und aufgrund der hohen Relevanz für den Gesamtkontext dieser Arbeit, wird dieser Thematik ein eigenes Kapitel gewidmet. Die Musikbranche ist im Umfeld der Telekommunikation, Informationstechnologie, Medien und Entertainment (TIME) angesiedelt. Der Medienumbruch der 1990er Jahre, der durch die Digitalisierung und den Durchbruch des Internets verursacht worden ist, wird anhand der TIME-Konvergenz dargestellt. Zudem wird die Tsunami-Theorie vorgestellt und angewendet, um zu analysieren, welche Ereignisse für den Umbruch ausschlaggebend sind und welche Effekte der Medienumbruch hat. Dabei werden die Merkmale der neuen Medien aufgezählt, da sie prägend für die Umwälzungen in der Musikbranche sind. Diese stehen im Mittelpunkt der Betrachtungen, von den ersten Reaktionen der Industrie auf digitale Files bis zum Status Quo des Digitalmarkts. Die Auswirkungen sowie die Herausforderungen und Anwendungsmöglichkeiten für Marktteilnehmer der Musikindustrie, unter den veränderten Konditionen im digitalen Zeitalter zu agieren, werden in diesem Teil ausführlich aufgezeigt. Anhand von praktischen Beispielen wird ein Überblick über die Lage auf dem digitalen Musikmarkt gegeben sowie der Beschleunigung und Globalisierung des Informationsflusses durch die Digitalisierung Rechnung getragen. Die Orientierungsinstrumente Genre und Marke werden speziell auf die digitale Musikwelt angewendet. Beispiele aus der Praxis untermauern die These, dass die beiden Konzepte auch in der Musikindustrie angewendet werden können und von Nutzen sind.

In diesem ohnehin bereits schnelllebigen Musikbusiness gehört das Konstrukt Label zu den Beharrungskräften, auch wenn es inhaltlich ebenfalls zahlreiche Änderungen durchläuft, um sich den Gegebenheiten anzupassen. Es ist ein fester Teil des Musikgeschäfts, weshalb seine Rolle in der Musikindustrie im Hauptteil dieser Arbeit intensiv behandelt wird. Dabei steht der Zusammenhang zwischen den Orientierungssystemen Genres und Marken und den potenziellen Möglichkeiten, die speziell ein Label daraus für sich nutzen kann, im Vordergrund der Betrachtungen.

Um diese Aspekte zu analysieren, wird die Anwendbarkeit der Genretheorie und der Markenführung auf Labels separat voneinander überprüft. Anhand von Praxisbeispielen werden die Möglichkeiten aufgezeigt, die sich für Labels über das Konzept Genre und die Markenführung ergeben. Dabei sollen auch auftretende Differenzen behandelt werden. Zunächst werden Labels behandelt, die sich auf ein bestimmtes Genre spezialisiert haben. Von den Anfängen der Tonträgerindustrie bis heute hat es immer Firmen gegeben, die den Fokus auf eine bestimmte Musikrichtung gelegt haben. Aufgrund der klaren musikalischen Ausrichtung erfolgt eine entsprechende Positionierung. Es wird dargestellt, wie die theoretischen Erkenntnisse der Genretheorie auf Labels mit Genrebezug angewendet werden können, um im Markt Orientierung gegenüber unterschiedlichen Nachfragergruppen zu bieten. Auch die Entwicklung von Labels, die sich auf ein Genre spezialisiert haben, wird hierbei betrachtet. Dabei werden zahlreiche Beispiele aus der Branche genannt. Mit Labels wie Fat Wreck, Ninja Tune oder City Slang ist bewusst eine Auswahl getroffen worden, die unterschiedliche musikalische Stilrichtungen repräsentiert. Ein klar definiertes, konstant existierendes Genre wie Punk ist damit ebenso abgedeckt wie das sich stetig weiterentwickelnde Genre Indie oder ein relativ neu entstandenes Genre, das elektronische Musik mit Einflüssen aus dem HipHop und Jazz paart. Zudem stammen die Labels aus unterschiedlichen Ländern. Die Profilierungsmöglichkeiten für Labels anhand des Konzepts Genre werden abschließend dargestellt.

Es folgt die Übertragung von Markenführungsansätzen auf Labels. Hier liegt der Schwerpunkt auf der identitätsorientierten Markenführung, da sie sich am ehesten für die Thematik dieser Arbeit eignet. Ein Label kann die Formaleigenschaften einer Marke zu großen Teilen erfüllen. Von Slogans über geografische Verankerungen bis hin zur Preispolitik und Philosophie eines Labels werden hier zahlreiche Fälle aus der Praxis anhand unterschiedlicher Faktoren betrachtet. Auch die Differenzen zwischen Marken und Labels werden dargestellt. Des Weiteren werden sonstige Vermarktungsmöglichkeiten von Labels behandelt. Dazu gehören Markenpartnerschaften, crossmediale Optionen oder eigene Markeninitiativen von Plattenfirmen.

Da zwischen Genres, Marken und Labels weitreichende Beziehungen bestehen, wird in der Folge untersucht, wie sich Labels sowohl Merkmale des Konzepts Genre als auch Elemente der Markenführung zu Eigen machen können. Eine Markenführung ist vor allem für Labels möglich, die sich auf Genres mit einer festen Fanbase spezialisieren. Dabei können auch Jugendkulturen eine große Rolle spielen. Anhand konkreter Beispiele werden unterschiedliche Wege aufgezeigt, wie sich ein Label mit Genrebezug als Marke positionieren kann. Das Spektrum reicht vom US-Indie Sub Pop über das deutsche Label Four Music der Stuttgarter Band Die fantastischen Vier, weiter zu Traditionsmarken wie ECM und Deutsche Grammophon bis hin zum Marktführer Universal und seinem ehemaligen Label Motor Music. Auch wenn Motor nicht mehr als Teil von Universal Music existiert, bleibt es ein sehr gutes lokales Beispiel für die Möglichkeiten sowohl von Indies als auch von Majors, ein klares Labelprofil über ein Genre und eine glaubwürdige Markenführung zu erschaffen.

In diesem Buch wird herausgearbeitet, welche Bedingungen für eine erfolgreiche Positionierung nötig sind und welche Möglichkeiten Labels offen stehen. Der Titel »Du bist, was du hörst« spielt auf die identitätsstiftende Wirkung von Musik an. Labels können auch im digitalen Zeitalter ihre Vermarktung mithilfe der Orientierungsinstrumente Genre und Marke optimieren und damit zum Wegweiser für Fans bestimmter Musikrichtungen avancieren. Trotz der starken Ausdifferenzierung des Markts existieren für jedes Label Ansatzmöglichkeiten, sein Profil zu schärfen. Das Ziel dieser Arbeit ist es, diese Potenziale offen zu legen und Wege aufzuzeigen, wie Labels anhand des Konzepts Genre und einer identitätsorientierten Markenführung zu Orientierungsinstrumenten im digitalen Zeitalter werden können.

Für dieses Buch sind qualitative Experteninterviews mit Mitarbeitern der Musikindustrie durchgeführt worden. Der Mangel an Fachliteratur zu diesem speziellen Thema wird auf diese Weise nicht nur kompensiert, wertvolles Fachwissen wird eingebracht. Insgesamt wurden über 20 Personen, die in der Musikindustrie tätig sind, persönlich und telefonisch interviewt. Bei der Auswahl der Labels wurden verschiedene Kriterien beachtet: Zum einen die Größe und zum anderen das Repertoire und das Image des Labels. Es wurden Major-Labels, Major Independents und Independent-Labels aus verschiedenen populären Musikrichtungen befragt. Es gab dabei keinen festen Fragebogen und keine vorgeschriebenen Fragen. Stattdessen wurden drei Themenbereiche angesprochen. Zunächst wurde das Label der befragten Person behandelt, wobei es hauptsächlich um die Labelstruktur, -geschichte und -philosophie ging. Im Anschluss wurde erörtert, ob und inwiefern das betreffende Label Orientierung bieten kann. Abschließend wurde die Thematik auf den allgemeinen Musikmarkt ausgeweitet und diskutiert.

Im Laufe der Entstehungszeit dieses Buchs hat sich die hohe Dynamik des Geschäfts immer wieder bemerkbar gemacht. Digitale Händler bieten neue Features an, neue Händler treten auf den Markt, Firmenstrukturen und Personalbesetzungen ändern sich. Einige Beispiele mögen daher nur eine Momentaufnahme sein, die grundsätzliche Fragestellung des Buchs bleibt jedoch eine der wichtigsten Herausforderungen für die Branche. Nicht ohne Grund können auch die älteren Aussagen der Interviewpartner noch heute so stehen bleiben und untermauert werden. Dies ist in vielen persönlichen Gesprächen mit damaligen Befragten sowie weiteren Kollegen aus der Branche, vor allem aber in zwei neu geführten Interviews deutlich geworden. Mit Christof Ellinghaus wurde exemplarisch ein Labelgründer interviewt, der auch schon 2003 Rede und Antwort stand. Sein Label City Slang gehört zu den wichtigsten Indie-Labels Deutschlands. Ferner wurde mit Holger Christoph ein Vertreter des Marktführers Universal Music für ein weiteres neues Experteninterview ausgewählt. Er leitet die digitale Vertriebssparte bei Universal, womit dem Thema Digitalisierung der Musikindustrie Rechnung getragen wird. Beide betonen, dass die Thematik der Arbeit aufgrund der vielfältigen Zugangsmöglichkeiten zu einer ungleich größeren Menge an Musik heute sogar aktueller ist denn je. Das Bedürfnis nach Orientierung ist weiterhin in hohem Maße vorhanden. »Ich glaube, das ist sogar noch stärker geworden. Das Orientierungsbedürfnis ist ja noch stärker geworden, weil du heute mehr als je zuvor in der

Flut von Veröffentlichungen einen brauchst, der dir sagt, ›das ist gut‹.«[3]
Christoph bestätigt:

»Für einen Musikfan allgemein ist es das Paradies, das Schlaraffenland, weil du alles findest […]. Es gibt keine Zugangsbeschränkungen, es ist alles verfügbar, aber gleichzeitig ist es natürlich auch extrem schwierig, diesen Dschungel und dieses Dickicht überhaupt noch zu durchsteigen. […] Ich würde sagen, dass Marken oder Labels oder Brands oder jede Art von Orientierung noch wichtiger sind als früher.«[4]

Ebenfalls wird herausgestellt, dass die äußeren Umstände sich durch die Digitalisierung zwar geändert haben, die generelle Funktion von Labels aber geblieben ist. Neue Distributions- und Vermarktungswege sind hinzugekommen, die das Spektrum an Möglichkeiten im Kontext des Themas dieser Arbeit erheblich vergrößern. Dies wird entsprechend neben den neuen Interviews auch mit aktuellen Quellen und Literatur untermauert. Die erstaunliche Aktualität der alten Interviews belegt aber eindrucksvoll, dass trotz oder gerade aufgrund der Digitalisierung und den damit einhergehenden einschneidenden Änderungen in der Musikindustrie, das Thema Orientierung und die Rolle von Labels sowie Konstrukten, die in ihrer Grundstruktur an Labels angelehnt sind, aber außerhalb klassischer Plattenfirmen existieren, langfristig von hoher Relevanz sind.

Zum Ende dieser Einleitung sollen noch einige formale Hinweise genannt werden. Die verwendeten Ergebnisse aus Studien sind soweit möglich auf dem aktuellen Stand. Wenn sie Erwähnung finden, wird auf den Bezugszeitraum hingewiesen. Manche Themen werden in den aktuellen Studien auch nicht mehr behandelt. Daher wird an diesen Stellen noch auf die älteren Zahlen verwiesen.

Der Begriff Tonträger wird in dieser Arbeit im Zusammenhang mit dem physischen Tonträger genutzt. Lediglich im passenden historischen Kontext oder in Zitaten werden Musikunternehmen als Tonträgerfirmen bezeichnet. Selbiges gilt für den Tonträgermarkt. Der Begriff Plattenfirma

---

3 Ellinghaus, Christof (2012): *Persönliches Interview vom 20.02.2012*: Ellinghaus ist Gründer und Geschäftsführer des Labels City Slang. Er wurde schon 2003 zu diesem Thema interviewt. Er bekräftigt seine Aussagen von damals und betont die gestiegene Relevanz des Themas Orientierung im digitalen Zeitalter.

4 Christoph, Holger (2012): *Persönliches Interview vom 22.02.2012*: Christoph war zum Zeitpunkt des Gesprächs als Director Marketing & Sales Digital bei Universal Music für die Auswertung des Universal Music Repertoires auf allen kommerziellen digitalen Portalen verantwortlich.

wird dagegen als Synonym für ein Label verwendet, da er im allgemeinen Sprachgebrauch weiterhin etabliert ist. Aus Gründen der besseren Lesbarkeit werden Begriffe, die sich auf Personen beziehen, nicht in der Form KonsumentInnen verwendet. Selbstverständlich sind dennoch stets Personen beiderlei Geschlechts gemeint. Die im Rahmen dieser Arbeit geführten Experteninterviews sind aus denselben Gründen in Schriftdeutsch transkribiert worden. Eigennamen von Künstlern und Plattenfirmen werden aus Gründen der besseren Lesbarkeit nicht kursiv oder anhand von Anführungsstrichen hervorgehoben. Sie werden aber groß geschrieben, auch wenn der tatsächliche Name klein geschrieben wird, wie es etwa bei Facebook oder dem Label Edel der Fall ist.

2. Einführung: Das Label

In dieser Arbeit stehen Labels in der Musikindustrie im Mittelpunkt. Einleitend wird daher ihre zentrale Rolle in der Musikbranche herausgearbeitet. Dazu wird zunächst der Begriff Label definiert. Nach einer allgemeinen Begriffsklärung werden die Aufgaben und die Struktur von Labels dargestellt. Es folgt eine Unterscheidung zwischen den unterschiedlichen Formen Major und Indie. Abschließend wird die Frage diskutiert, ob ein Label heute noch von Relevanz für Künstler und die Marktteilnehmer ist.

2.1 Definition

Der Begriff »Label« wird häufig als Synonym für eine Musikfirma verwendet. Ursprünglich kommt er aus dem Englischen und meint im Wortsinn ein (Klebe-)Etikett, das meist der Kennzeichnung von Waren dient. In der Musik wird analog dazu das Etikett einer Schallplatte als Label bezeichnet.[1]

In der Anfangszeit der Tonträgerindustrie ist das Schallplatten-Etikett bzw. die Schallplatten-Marke auch mit dem Hersteller der Platte identisch gewesen. Das Label hatte somit auch die ursprüngliche Funktion einer Marke inne, indem es zunächst auf den Zylindern und später auf den Schallplatten als wichtiges Unterscheidungsmerkmal für die Herkunft und Qualität der vielen unterschiedlichen Abspielsysteme und Tonträgerarten diente. Trotz vieler Vereinheitlichungen auf diesem Gebiet fand in Deutschland erst mit dem Ende des Zweiten Weltkriegs eine Trennung von Geräte- und Tonträgerherstellern statt. Da in der heutigen Musikindustrie Formalkriterien bei Tonträgern aufgrund ihrer hohen und sehr einheitlichen technischen Qualität keine Rolle mehr spielen, stellt ein Label

---

1 Vgl. Drosdowski, Günther/Scholze-Stebenrech, Werner/Wermke, Matthias (Hg.) (1997): *Duden. Das Fremdwörterbuch:* S. 461.

auf diesem Gebiet bis auf wenige Ausnahmen kein Differenzierungsmerkmal mehr dar. Auch die Herkunft wird nicht mehr eindeutig ersichtlich.

Die Musikindustrie ist dynamischen Konzentrationsprozessen unterworfen, die unter anderem komplexe Vertragsstrukturen zwischen den einzelnen Firmen sowie die Einführung von Sublabels zur Folge hatten. Damit wandelte sich die Bedeutung eines Labels mit der Zeit zu einem reinen Markenzeichen. An Stelle von Hinweisen auf das aufnehmende oder fertigende Unternehmen kann man heute aufgrund vieler Lizenz- oder Vertriebsverträge an einem Label zunächst nur das herausgebende Unternehmen erkennen. Oft werden aber die Hersteller und Vertriebe separat aufgeführt, meist in der Form Sublabel (falls vorhanden)/Label/Vertrieb.[2] Zudem haben die Schallplatte und damit das Label im eigentlichen Sinne mit dem Durchbruch der Compact Disc (CD) an Bedeutung verloren. Schließlich ist der Aufdruck auf CDs deutlich kleiner als auf LPs. Im Zuge der Digitalisierung taucht das Label bei digitalen Händlern lediglich noch in den Metadaten auf.

Rechtlich gesehen ist ein Label eine Unter- oder Schwesterfirma eines Tonträgerherstellers, doch im allgemeinen Sprachgebrauch versteht man unter dem Begriff Label eine Plattenfirma.[3] Als Plattenfirma oder auch Tonträgerhersteller werden laut Satzung des Bundesverbandes Musikindustrie (BVMI) folgende Unternehmen definiert:

»Ordentliches Mitglied kann jedes ins Handelsregister eingetragene Unternehmen mit Sitz in der Bundesrepublik Deutschland werden, welches sich als Hersteller von Ton- und/oder Bildtonträgern betätigt. Hersteller ist, wer alle wesentlichen Vorgänge für die Herstellung eines zur kommerziellen Verwertung im allgemeinen Markt bestimmten Ton- oder Bildtonträgers ausführt oder Produktionen herstellt und Ton- oder Bildtonträger vertreibt oder vertreiben lässt.«[4]

---

2 Vgl. Schorn, Franz (1988): *Alte Schallplatten-Marken in Deutschland*. S. 10f. Schorn stellt viele klassische Unternehmen und Labels mit zahlreichen Abbildungen vor.

3 Vgl. Wicke, Peter/Ziegenrücker, Kai-Erik und Wieland (1997): *Handbuch der populären Musik*: S.285. Drosdowski/Scholze-Stebenrech/Wermke (Hg.) (1997): S. 461. Kulle, Jürgen (1998): *Ökonomie der Musikindustrie. Eine Analyse der körperlichen und unkörperlichen Musikverwertung mit Hilfe von Tonträgern und Netzen* (1998): S. 137, 162, 166: Kulle geht näher auf Vertragsbeziehungen zwischen Majors und Indies ein, die hier nicht weiter vertieft werden sollen.

4 Quelle: Bundesverband Musikindustrie: *Satzung des Bundesverbandes Musikindustrie e.V.*: §5 (1). In: http://www.musikindustrie.de/fileadmin/piclib/ueber_uns/satzung/Satzung_Bundesverband_Musikindustrie_100617_FINAL.pdf (06.08.2011): Bis 2007 firmierte der Verband unter dem Namen Bundesverband der Phonographischen Wirtschaft. Seit der

Selbstverständlich gehören auch Firmen dazu, die nur noch digitale Veröffentlichungen, also keine physischen Tonträger mehr anbieten. Daher spricht man heute auch von Musikunternehmen. Der Begriff Plattenfirma hat sich dennoch gehalten und wird daher auch in dieser Arbeit als Synonym weiter verwendet. Labels sind das zentrale Element des Musikmarkts, der innerhalb der Musikindustrie eine zentrale Rolle einnimmt. Dabei bestehen zahlreiche Interaktionen zwischen den verschiedenen Bereichen des Musikangebots sowie den vor- und nachgelagerten Märkten, die in der folgenden Abbildung dargestellt werden.

Fusion mit dem deutschen Teil der International Federation of the Phonographic Industry (IFPI) heißt er Bundesverband Musikindustrie. Die IFPI ist der Weltverband der Musikindustrie.

Vorgelagerte Märkte	Kernbereich	Nachgelagerte Märkte		
Unterhaltungselektronik (HiFi, Equipment)	Musikfirmen	Musikfachhandel	Hersteller von Leermedien, Datenspeicherdienste etc.	Hotels/ Restaurants/ Catering
Musikinstrumente	Musikverlage	Physisch und digital inkl. Wholesalers und Distributors, NTO	Fotografen/ Stylists	Konzertwesen: Stage Equipment, Tour Produktion, Konzertveranstalter, Werbung, Muzak, Film, Video, Games
Produzenten/ Studios	Presswerke	Medien (Radio, Print, TV, Online)	Grafik Design	Importeure
Musikpädagogik	Komponisten, Texter, Sänger, Intrumentalisten	Merchandising/ Lizenzhandel	Video Produktion	Anwälte
	Künstleragenturen und Manager	Diskotheken/ Clubs	Sponsoring	Musiktheater

Abbildung 1: Der Musikmarkt – Kernbereich und Nebenmärkte.[1] Quellen: Schulze. Engström/Hallencreutz. In: Wikström.

In Deutschland waren 2013 etwa 1.600 Tonträgerhersteller im BVMI sowie im Verband unabhängiger Musikunternehmen e.V. registriert. Allein die knapp 280 Mitglieder des BVMI machen etwa einen Marktanteil von etwa 90 Prozent aus. Hinzu kommen Tausende Labels mit minimalen

---

1 Vgl.: Schulze, Ralf (1996): *Die Musikwirtschaft. Marktstrukturen und Wettbewerbsstrategien der deutschen Musikindustrie.* S. 100. Engström, Anders/Hallencreutz, Daniel (2003): »The Music Industry«. In: Wikström, Patrik (2009): *The Music Industry: Music In The Cloud.* S. 48: Eigene Abbildung basierend auf den genannten Quellen.

Marktanteilen sowie eine unerfassbare Menge an Kleinstlabels ohne signifikante wirtschaftliche Relevanz.[2]

Betrachtet man die Marktstruktur, kann zwischen drei verschiedenen Arten von Labels unterschieden werden: den Major-Labels, den Independent-Labels und den sogenannten Major Independents als Mischform.

Die Majors beherrschen den weltweiten Musikmarkt. Sie vereinen alle Bereiche des Gesamtprozesses von der kreativen Arbeit und dem Marketing über die Produktion bis zum Vertrieb und teilweise sogar bis zu den Einzelhändlern. Die international aufgestellte Struktur mit eigenen Ländergesellschaften, die eigenen Fertigungswerke sowie Vertriebsnetze und -organisationen, über die sie weltweite Massenauflagen produzieren und absetzen können, zeichnen die Majors aus.[3]

Die Globalisierung sowie steigende Kosten in den 1980er Jahren führten zu einem Konzentrationsprozess auf dem Musikmarkt. Es kam zu zahlreichen Aufkäufen, Übernahmen und Fusionen, die zur Herausbildung von wenigen Major-Labels geführt haben, die den Markt dominieren. Von ursprünglich sechs Majors sind nach weiteren Umstrukturierungen heute noch drei Unternehmen geblieben. Zu den Majors gehören in 2014 Universal Music, Sony Music und Warner Music. Die Electrical & Musical Industries Ltd. (EMI) ist 2013 durch Universal übernommen worden. Bei allen Majors handelt es sich um Firmen, die im Zuge der Konzentrations- und Integrationsprozesse zu Bestandteilen von weltweit operierenden Konglomeraten mit Bezug zur Medienbranche (Universal Music bei Vivendi, Warner Music bei Access Industries) oder angrenzenden Märkten (Sony) geworden sind. Durch diese Verflechtungen können zahlreiche Synergieeffekte erzielt werden. Während Sony auf diese Weise Inhalte für ihren angestammten Hardwarebereich im eigenen Haus hat, wird bei Vivendi das vorhandene Mediengeschäft um vor- und nachgelagerte Märkte erweitert. Ähnliches ist bei Access Industries mit dem Aufkauf von Warner

---

2 Quellen: Bundesverband Musikindustrie (2011): *Musikindustrie in Zahlen 2010*: S. 18. Bundesverband Musikindustrie: *Über uns*. In: http://www.musikindustrie.de/ueberuns/ (16.12.13). Verband unabhängiger Tonträgerunternehmen e.V.: *Selbstdarstellung*. In: http://vut.de/vut/selbstdarstellung/ (16.12.13).

3 Vgl. Wicke/Ziegenrücker (1997): S. 299f. Schulze (1996): S. 134. Kulle (1998): S. 136f. Schmidt, Christoph (2003): »Organisation der Majors«. In: Moser, Rolf/Scheuermann, Andreas (Hg.): *Handbuch der Musikwirtschaft*: S. 209. Wikström, Patrik (2009): *The Music Industry: Music In The Cloud*: S. 66: Wikström relativiert diesen Punkt, da die Bedeutung von Presswerken und Vertriebsnetzen für physische Produkte nicht mehr so signifikant sind, wie noch vor zehn Jahren.

Music im Mai 2011 geplant. Lediglich EMI Music war nach der Entflechtung des Elektronik-Konzerns Thorn 1996 und der Trennung der Handelsgruppe HMV eine reine Musikfirma gewesen. EMI wurde aber 2007 von der Investmentfirma Terra Firma unter Führung von Guy Hands übernommen und anschließend von der Citibank aufgekauft.[4] Diese wiederum hat die traditionsreiche Firma aufgesplittet und den Musikverlag an Sony und das Label an Universal Music verkauft.[5]

Majors decken aus wirtschaftlichen Gründen alle relevanten Marktsegmente und musikalischen Stile ab. Unterlabels können oft relativ selbstständig agieren und auch für bestimmte Sparten Ressourcen nutzen, die außerhalb des Unternehmens liegen, wenn dadurch der starken Marktsegmentierung besser Rechnung getragen werden kann.[6]

Bei den meisten Independent-Labels geht man von einer anderen Ausgangssituation aus. Bereits die Bezeichnung »independent« weist auf ein ausgeprägtes Maß an Unabhängigkeit oder auch Selbstständigkeit der Plattenfirmen hin. Unter klassischen Indie-Labels versteht man dementsprechend kleinere Firmen oder auch Ein-Mann-Betriebe, die sich oft die Freiheit nehmen, sowohl musikalisch als auch wirtschaftlich unabhängige und eigenständige Wege zu beschreiten. Dabei versuchen Indies traditionell mit ihrem individuellen Stil, der oft von ihrem Gründer geprägt wird, eine Alternative zu den in erster Linie kommerzorientierten Produkten der Majors zu bieten. Sie sind zwar wirtschaftlich schwächer als die großen Plattenfirmen, sind dafür aber flexibler, arbeiten an der Basis und bedienen Marktnischen. Sie gelten als Spezialisten auf ihrem Gebiet.[7]

---

4 Vgl. Schulze (1996): S. 134f. Schmidt, C. (2003): S. 209. Kulle (1998): S. 132. N.N. (2007): *Terra Firma bei EMI am Ziel*. In: http://www.mediabiz.de/musik/news/terra-firma-bei-emi-am-ziel/237909 (16.01.2011). Gabric, Martina (2011): *Warner Music geht für 3,3 Milliarden Dollar an Access Industries*. In: http://www.musikmarkt.de/Aktuell/News/News/Warner-Music-geht-fuer-3-3-Milliarden-US-Dollar-an-Access-Industries (07.05.2011). Mahlmann, Carl (2003b): *Persönliches Interview vom 07.02.2003*: Dr. Mahlmann war zum Zeitpunkt des Interviews Director Business Planning bei EMI Music Germany und Gründungsmitglied von PhonoNet. Er ist seit 2010 im Ruhestand.

5 N.N. (2011): *Citigroup bereitet EMI-Verkauf vor*. In: http://www.mediabiz.de/musik/news/citigroup-bereitet-emi-verkauf-vor/304746?NL=mwd&uid=13463&ausg=20110505&lpos=Main_1 (07.05.2011). Marquart, Maria (2011): *Riesenfusion im Musikmarkt. Univeral kauft EMI-Sparte für zwei Milliarden Dollar*. In: http://www.spiegel.de/wirtschaft/unternehmen/0,1518,797305,00.html (22.01.2012).

6 Vgl. Schulze (1996): S. 134. Schmidt, C. (2003): S. 212, 222.

7 Vgl. Vormehr, Ulrich (2003): »Independents«. In: Moser, Rolf/Scheuermann, Andreas (Hg.): *Handbuch der Musikwirtschaft*: S.223. Schulze (1996): S. 129, 138ff. Wicke/Ziegenrücker (1997): S. 244. Kulle (1998): S. 138. Alsmann, Götz (1985): *Nichts als Krach. Die*

»Für sie wird die wirtschaftliche Produktion zur wahren Kunst, zur puren Kreativität. Das Verlangen, sich von Markt und Konsum radikal zu befreien, hat seinen Ursprung im Willen zu Autonomie, Originalität, Authentizität und Kreativität. […] Independent-Firmen sind die Produzenten, die erst einmal das Bedürfnis haben, etwas Neues zu erfinden, neu zu definieren oder es in sich selbst zu entdecken, um ein neues Produkt herzustellen.«[8]

Dieses Bedürfnis äußert sich nicht selten in Produkten, die als kulturelle Opposition zu den herkömmlichen Mustern von Form, Inhalt und Funktion der kommerziellen Musikkultur angesehen werden können. Die meisten musikalischen Stilentwicklungen seit den 1950er Jahren haben ihren Ursprung in Indie-Labels.[9] In den 1980ern wandelte sich der Begriff Indie mehr und mehr zu einer Bezeichnung für das Indie-Genre und die gleichnamige Szene.[10]

Allerdings ist es eine vorschnelle Folgerung, aus diesen Ausführungen das weit verbreitete stereotype Bild vom guten Indie- und bösen Major-Label abzuleiten. Schließlich existieren auf dem heutigen Musikmarkt in Deutschland bereits zahlreiche Verbindungen zwischen beiden Unternehmensformen. Zum einen sind Indies aufgrund ihrer wirtschaftlichen Schwäche und mangelnden Vertriebsmöglichkeiten häufig auf die Dienste der Majors angewiesen, umgekehrt sind sie als Talentschmieden und Kreativzellen unersetzlich für das Musikgeschäft und somit auch für die Majors. Viele Indie-Labels sind zudem von Majors akquiriert worden. Wie jedes Wirtschaftsunternehmen haben auch Indie-Labels finanzielle Interessen, um ihr Überleben zu sichern und sind im kleineren Rahmen ähnlich strukturiert wie Major-Labels.[11]

Bei besonders erfolgreichen und großen Indies ist die Bezeichnung Major Independents als Mischform angebracht. Major Independents be-

---

unabhängigen Schallplattenfirmen und die Entwicklung der amerikanischen populären Musik 1943–1963: S. 10.
8 Vormehr (2003): S. 223.
9 Vgl. Vormehr (2003): S. 223f. Wicke/Ziegenrücker (1997): S. 244. Alsmann (1985): S. 10. Wikström (2009): S. 67f.
10 Vgl. Walter, Klaus (1999): »Die Gunst der Stunde Null. Independent, Avantgarde und kleine Labels«. In: Kemper, Peter/Langhoff, Thomas/Sonnenschein, Ulrich (Hg.): *Alles so schön bunt hier. Die Geschichte der Popmusik von den Fünfzigern bis heute*: S. 218. Young, Rob (2006): *Rough Trade*: S. 9.
11 Vgl. Wicke/Ziegenrücker (1997): S. 244. Alsmann (1985): S. 10. Schulze (1996): S. 140. Walter (1999): S. 224ff. Tannett, Stephen (1991): »Independent Recording and Publishing Companies«. In: York, Norton (Hg.): *The Rock File. Making it in the Music Business*: S. 221f. Wikström (2009): S. 66f.

finden sich größenmäßig zwischen Indies und Majors. Sie verfolgen eine ähnliche Labelpolitik wie die Indies, zeichnen sich aber durch mehr Beschäftigte und eine stärkere Wirtschaftskraft aus. Vor allem aber verfügen sie über eigene Vertriebsmöglichkeiten. Major Indies wie die Firma Edel verbinden demnach inhaltliche Aspekte von Indie-Labels mit Strukturen der Majors. Sie sind entweder aus Kooperationen mehrerer Indies entstanden, mit dem Ziel eine gemeinsame eigene Vertriebsplattform aufzubauen, können aber auch das Ergebnis natürlich gewachsener, erfolgreicher Indies sein. Major Indies gelten in der Regel als zu groß für Übernahmen oder Fusionen, weshalb es häufiger zu Kooperationen mit Majors kommt, als dies bei Indies der Fall ist.[12] Allerdings gab es in den letzten Jahren auch Gegenbeispiele. So gehörte der Major Indie Roadrunner seit 2001 zu 50 Prozent zum Major Universal und ist 2007 zum Major Warner Music gewechselt.[13] Auch der Vorzeige-Major Indie Rough Trade wurde 1996 zunächst von Zomba übernommen, firmierte seit 1999 auch unter diesem Namen in Deutschland und ist 2002 von der Bertelsmann Music Group (BMG) aufgekauft worden. Schließlich wurde Rough Trade 2008 von Groove Attack übernommen.[14]

---

12 Vgl. Schulze (1996): S. 141. Kulle (1998): S. 132. Zimmermann, Thomas (2003): *Persönliches Interview vom 10.01.2003*. Zimmermann war zum Zeitpunkt des Interviews Finance Manager bei V2 und ist bis heute Vorstandsmitglied des VUT (damals noch Verband unabhängiger Tonträgerunternehmen, Musikproduzenten und –Verlage, heute Verband unabhängiger Musikunternehmen e.V.).
13 Vgl. N.N. (2001): *Roadrunner auf dem Weg zu Island Def Jam?* In: http://www.mediabiz.de/newsvoll.afp?Biz=musicbiz&Newsnr=98533 (01.05.2003). N.N. (2001): *Island Def Jam kauft die Hälfte von Roadrunner*. In: http://www.mediabiz.de/newsvoll.afp?Biz=musicbiz&Newsnr=99114 (01.05.2003). Southall, Brian (2003): *The A–Z Of Record Labels*. S. 227. N.N. (2007): *Warner Music Group Completes Acquisition of Roadrunner Music*. In: http://www.roadrunnerrecords.com/blabbermouth.net/news.aspx?mode=Article&newsitemI D=66113 (21.01.2011). Walsh, Chris M. (2010): *WMG Fully Acquires Roadrunner*. In: http://www.billboard.biz/bbbiz/others/wmg-fully-acquires-roadrunner-1004126069. story (21.01.2011): Nach dem Aufkauf von 73,5 Prozent der Anteile an Roadrunner 2007, hat Warner 2010 die übrigen Anteile des Labels auch übernommen.
14 Vgl. Bruckmaier, Karl (1999): *Am 1. Juli verschwindet der Name »Rough Trade« endgültig aus dem Popgeschehen*. In: http://www.le-musterkoffer.de/kol/0799-01.html (01.05.2003), http://www.le-musterkoffer.de/kol/0799-02.html (01.05.2003). N.N. (2002): *Die Story von Clive Calder und Zomba*. In: http://www.mediabiz.de/newsvoll.afp?Nnr=116028&Biz=m usicbiz&Premium=NN&Navi=00000000 (01.05.2003). N.N. (2002): *BMG kauft Zomba*. In: http://www.mediabiz.de/newsvoll.afp?Nnr=115626&Biz=musicbiz&Premium=N N&Navi=00000000 (01.05.2003). N.N. (2002): *Zomba kostet BMG 2,76 Milliarden Euro*. In: http://www.mediabiz.de/newsvoll.afp?Biz=mu&Nnr=124928&NL=MA (01.05.2003). N.N. (2003): *BMG macht Zomba dicht, behält aber den Vertrieb*. In: http://www.mediabiz.de

2.2 Aufgaben eines Labels

Die Kernaufgaben eines Labels bestehen in der Herstellung, Vermarktung und dem Vertrieb von Musik in unterschiedlichen Formaten. Die auszuwertende Musik stammt von Künstlern, die zu diesem Zweck von dem Label unter Vertrag genommen worden sind. Noch 1996 heißt es bei Schulze dazu:

»Für alle Unternehmensformen der Tonträgeranbieter gilt [...] gleichermaßen, daß sie Musik produzieren, für die physische Herstellung auf den Trägermedien sorgen, die Mengen an den Handel liefern und die Künstler bei der Bekanntmachung ihrer Musik in den Medien und auf Tourneen unterstützen.«[15]

Diese Definition ist heute nicht mehr aktuell, da mit der Digitalisierung neue Formate und Vertriebsstrukturen entstanden sind, die ein Label abdeckt. Es geht also nicht mehr nur um die physische Herstellung, sondern auch um digitale Audio- und Video-Formate. Dabei sind nicht die Mengen entscheidend, sondern vielmehr um das korrekte Format für den jeweiligen Händler. Ist das Produkt einmal im System des Händlers, kann es schließlich beliebig oft herunter geladen werden.

Auch der Punkt der Tourneen bei Schulze ist nicht immer korrekt, da das Tourgeschäft noch immer häufig getrennt vom klassischen Tonträger läuft. Schließlich trifft die zitierte Definition nicht auf alle Unternehmensformen zu. Zudem fehlt der Bereich der Vermarktung. Richtig ist allerdings, dass die genannten Aspekte für die Veröffentlichung eines Musik-

---

/newsvoll.afp?Nnr=131954&Biz=musicbiz&Premium=NN&Navi=00000000 (01.05.2003). N.N. (2003): *BMG bestätigt Aus für Zomba-Records*. In: http://www.musikmarkt.de/content/news/news_2.php3?bid=5990 (01.05.2003). N.N. (2003): *arvato übernimmt den Zomba-Vertrieb*. In: http://www.mediabiz.de/newsvoll.afp?Biz=mu&Nnr=138425&NL=MA (07.08.2003). Flore, Peter (2008): *Groove Attack – Kölner Vertrieb kauft rough trade*. In: http://www.intro.de/news/newsticker/23047416 (21.01.2011). Young (2006): BMG war bereits seit 1991 mit 25 Prozent Anteilshaber an Zomba Music Publishing und seit 1996 mit 20 Prozent an Zomba Records beteiligt. Zomba-Gründer Clive Calder verfügte seit 1996 über eine »Put-Option«, die es ihm ermöglichte, bis Ende 2002 die restlichen 80 Prozent ebenfalls an BMG zu veräußern. Diese Option wurde wahrgenommen und Zomba im November 2002 für 2,74 Milliarden US-Dollar an BMG verkauft. Im Zuge der Übernahme wurde Zomba Records in Köln aufgelöst, der Vertrieb in Herne blieb zunächst weiter bestehen und wurde als Teil der arvato-Gruppe zu einem gesamteuropäischen Independent Vertrieb. Auch nach der Übernahme von Rough Trade durch Groove Attack besteht weiterhin eine Kooperation mit arvato. Young porträtiert in seinem Buch die Geschichte von Rough Trade ausführlich.
15 Schulze (1996): S. 124.

werks im Normalfall nötig sind. Eine aktualisierte Version von Schulzes Definition lautet demzufolge:

Ein Musikanbieter sorgt für die Produktion von Musik, die Bereitstellung der physischen und digitalen Trägermedien für die unterschiedlichen Handelspartner, die Vermarktung der Musik sowie die Promotion in den unterschiedlichen Medien.

Zu beachten ist dabei, dass einige Aufgaben auch von externen Firmen erledigt werden können, wie beispielsweise die Promotion. Eine emotionalere Definition der Kernaufgabe eines Labels liefert Brian Southall:

»[…] the criterion is not how many hit records a label has to its credit: creativity, imagination, vision and achievement are some of the qualifying essentials, along with risk, investment, determination and commitment. […] There has to have been an investment, both financial and artistic, in artists and repertoire (A&R), and that has come over the years from both the brave and, in some cases, foolhardy individuals who launched their own labels and the large corporations that gave an executive his or her head to create an outlet for new talent.«[16]

Wirtschaftlich betrachtet ist es die Aufgabe von Labels, sich die Rechte an Musikaufnahmen zu sichern, um diese kommerziell auswerten zu können. Dafür nimmt man Künstler unter Vertrag und bezahlt sie dafür, dass das Label das Copyright an den Werken erhält und sie verkaufen darf. Die Künstler werden wiederum an den Einnahmen beteiligt.[17]

Neben den formalen und wirtschaftlichen Aspekten kann ein Label aber auch inhaltliche Aufgaben erfüllen, indem es Auskunft über die Labelpolitik gibt. So führen größere Labels eigene und hinzu gekaufte Unterlabels, um ihre Produkte voneinander abzugrenzen und erkennbar zu machen. Dabei soll ein Unterlabel oft über die Repräsentation eines bestimmten Musikstils oder ähnlicher Produktsegmente eine eigene Identität erhalten, um Glaubwürdigkeit bei Künstlern, anderen Marktteilnehmern und Konsumenten zu erzeugen. Gerade wenn ein zu großes musikalisches Spektrum auf einem Label vereint wird, sollen dadurch potenzielle Identitätsprobleme der Plattenfirma vermieden werden.[18]

---

16 Southall (2003): S. 10f.
17 Vgl. Hunter-Tilney, Ludovic (2010): The Music Industry's New Business Model. In: http://www.ft.com/cms/s/2/92d98d1c-bae9-11df-9e1d-00144feab49a.html #axzz1KI517FsF (22.04.2011).
18 Vgl. Schulze (1996): S. 134. Schmidt, C. (2003): S. 212. Alsmann (1985): S. 10. Walter (1999): S. 227. Kulle (1998): S. 170f. Kulle bezieht sich für Majors auf eine Untersuchung der British Phonographic Industry, die zwischen 1983 und 1993 durchgeführt

Doch auch für die in bestimmten Nischen angesiedelten Indies ist diese Strategie oft überlebenswichtig, um sich auf dem Markt zu positionieren und zu etablieren. Sie spezialisieren sich häufig auf einzelne Repertoiresegmente und können dort zu den größten Anbietern werden, wobei die Nischen durch das Entstehen neuer Segmente und Mischformen immer kleiner werden.[19] Allerdings kann es ähnlich wie in der Entwicklung von Genres auch zu Zielgruppenkumulation durch die Verbindung verschiedener Segmente kommen.

Über die musikalische Ausrichtung hinaus kann ein Label auch über eine Labelphilosophie oder ein Image Reputation erlangen. Dies trifft vor allem auf traditionelle Labels wie Blue Note oder Deutsche Grammophon zu, doch auch in jüngerer Vergangenheit haben es einige Labels zu erwähnenswertem Ansehen gebracht, die sich über ihr positives Image gut vermarkten.[20]

2.3 Struktur eines Labels

Im folgenden Absatz wird dargestellt, wie ein Label operativ strukturiert ist. Die einzelnen Aufgabenbereiche werden mit ihren jeweiligen Funktionen beschrieben. Dabei werden auch mögliche Unterschiede zwischen Majors und Indies behandelt.

Zur Struktur eines Labels gehören neben der Geschäftsleitung die Bereiche Produktion, Artist & Repertoire (A&R), Marketing, Promotion, Vertrieb und Herstellung. Dazu kommen noch die Bereiche Öffentlichkeitsarbeit, Human Resources, kaufmännische Funktionen, Business & Legal Affairs, Organisation/EDV, Grafik/Werbung, Zweit- und Drittverwertung sowie Sonder-Geschäfte. Dabei können einzelne Bereiche gerade

---

wurde und das Verhältnis von verkauften Singles und den dazugehörigen Alben abbildet.
19 Vgl. Schulze (1996): S. 139. Kulle (1998): S. 171f: Die Labelpolitik der Indies wird laut Kulle von einer Untersuchung von Michael Christianen belegt, der den niederländischen Markt auf Veröffentlichungszahlen und Marktanteile der Indies zwischen 1975 und 1992 untersucht hat.
20 Vgl. Schulze (1996): S. 134f.

bei kleinen Labels von externen Firmen abgedeckt werden oder auch verschiedene Funktionen von einer Person ausgeführt werden.[21] Der Bereich Publishing wird hier nicht betrachtet, da Verlage zwar Teil der Musikindustrie, nicht aber Teil eines Labels sind.[22]

2.3.1 A&R

Das Kerngeschäft von Plattenfirmen besteht aus der Lizenzierung und dem Verkauf von Musik. Am Anfang der Verwertungskette steht dabei die A&R-Abteilung. A&R steht für Artist & Repertoire. Dieser Bereich ist das zentrale Element eines Labels. Hier werden die Künstler entdeckt, unter Vertrag genommen und während ihrer Karriere in kreativer Hinsicht betreut. Somit findet hier die Produktentwicklung statt, die als Basis für die Arbeit aller anderen Abteilungen dient. Der A&R ist der erste Ansprechpartner für alle kreativen Aspekte und maßgeblich dafür verantwortlich, welche Bands beim Label unterkommen und welche nicht.[23]

Der Aufbau von Repertoire kann auf unterschiedliche Weisen erfolgen. Bei den Künstlern kann es sich um etablierte Künstler handeln, deren Vertrag bei einer anderen Firma ausläuft, die aktuell keinen Vertrag mehr haben oder sich künstlerisch in eine andere Richtung entwickeln möchten. Ein anderer Weg ist eigene A&R-Arbeit, die vor allem bei Newcomern gefragt ist.[24] Dabei wird ein Künstler oft in einem frühen Stadium entdeckt und gezielt gefördert.

»Neben Clubbesuchen zur Sichtung neuer Talente und der Kontaktpflege mit Talentscouts oder anderen Kreativzellen wie Produzenten, Musikverlagen, Booking-, Promotion-, Management-Agenturen verbringt der A&R einen Großteil seiner Zeit damit, Demos zu sichten. Diese werden häufig in eine Pre-Production-

---

21 Vgl. Schulze (1996): S. 124, 128ff. Schmidt, C. (2003): S. 211f. Wicke, Peter (1997a): *Musikindustrie im Überblick. Ein historisch-systematischer Abriss.* In: http://www.crossoveragm.de/txtwick2.htm (03.03.2012). Tannett (1991): S. 221. Southall, Brian (1991): »Major Recording and Publishing Companies«. In: York, Norton (Hg.): *The Rock File. Making it in the Music Business.* S.204.
22 Für Details zum Bereich Publishing bieten Moser/Scheuermann (2003) einen guten Überblick in ihrem Werk.
23 Vgl. Schmidt, C. (2003): S. 213. Southall (1991): S. 205. Schulze (1996): S. 130. Wikström (2009): S. 55.
24 Vgl. Schmidt, C. (2003): S. 213.

Phase gebracht, bevor sie, im Falle eines festen Vertragsabschlusses mit dem Künstler, in die eigentliche Produktion gehen.«[25]

Zu eigener A&R-Arbeit gehören aber auch Casting-Acts, die Verfolgung einer Konzeptidee wie bei Adoro, die als klassisch ausgebildete Opernsänger Pop-Hits auf Deutsch adaptieren, oder auch die Zusammenführung mehrerer Künstler für ein Projekt, wie zum Beispiel Die drei Tenöre. Ein A&R Manager ist neben der Entdeckung auch für die inhaltliche Entwicklung eines Künstlers zuständig. Für die Produktion eines Albums sucht ein A&R die bestmöglichen Bedingungen für seinen Künstler unter Berücksichtigung seines Budgets. Dazu kann die Wahl eines Studios und eines Produzenten ebenso gehören, wie die Suche nach passenden Musikern und Songwritern. Er begleitet den Act während der Aufnahmen und sorgt im besten Fall mit seiner Arbeit für die kreative Erfüllung beim Interpreten und finanziellen Erfolg für alle Beteiligten. Auch die Marktpositionierung und Imagebildung in Form von Fotos oder Styling gehört zum Kreativprozess.[26] Zu den weiteren Aufgaben, die von einem A&R mit der Band gemeinsam abgestimmt werden müssen, gehört die finale Zusammenstellung eines Tracklistings für das Album oder die Erstellung von Remixen. Im Idealfall stimmt die Chemie zwischen dem A&R und dem Act, so dass eine langfristige erfolgreiche, gemeinsame Bindung entsteht.

Jeder Musikmarkt versucht ein eigenes lokales Repertoire aufzubauen. Das ist in Deutschland nicht anders als in den USA, in England, Frankreich, Korea oder Indien. Schließlich gibt es genügend lokale Musikstile oder Variationen, die ein entsprechendes Zielpublikum erreichen. Zudem macht man sich gerade außerhalb der USA und England dadurch unabhängiger von internationalen Künstlern, deren Geschicke man nicht beeinflussen kann. Daher können bei einem Majorlabel in Deutschland über ein Dutzend A&R's für lokales Repertoire beschäftigt sein. Die lokale Arbeit bei internationalen Künstlern beschränkt sich dagegen in der Regel auf die Anpassung des Set Ups für den eigenen Markt oder die Betreuung des Künstlers, wenn er vor Ort ist. Diese Verantwortungsbereiche werden bei großen Labels meist von der entsprechenden Marketing-, bzw. Promotion-Abteilung übernommen. Es gibt also in der Regel keinen lokalen A&R für internationale Künstler.[27]

---

25 Schmidt, C. (2003): S. 213.
26 Vgl. Schmidt, C. (2003): S. 231. Wicke (1997a). Schulze (1996): S. 130. Southall (1991): S. 205.
27 Vgl. Schmidt, C. (2003): S. 231.

Dagegen hat man bei lokalem Repertoire den Kreativprozess selbst in der Hand. Bei den A&Rs liegt die Verantwortung, stets neue Hits und Acts vom Aufbaukünstler, die man langfristig zum Erfolg bringen möchte, bis hin zum Schnellschuss aufgrund aktueller Ereignisse, in die Firma zu bringen. »The agents have a crucial job since they are the ones who will find new talents with artistic as well as commercial potential. It is critical to each record company to continuously find new talents since the life of a ›hit‹ record is only from 60 to 120 days.«[28]

Dieser Druck, die ständige Suche nach dem nächsten Hit, ist ein typisches Merkmal für große Plattenfirmen, wie schon ein Zitat von Paul M. Hirsch aus dem Jahre 1970 belegt:

»Replacements are needed for those items currently on the ›charts‹. The unknown artist and the companies each share a vital interest in his discovery and success, for the hit record industry is based on the fads of the moment. The styles in vogue change rapidly and unpredictably«[29]

Bei Labels mit geringerer Ausrichtung auf Hits sowie bei kleineren Labels ist die Anzahl der Veröffentlichungen niedriger. Dementsprechend werden weniger Künstler unter Vertrag genommen. Der Druck ist aber ähnlich hoch, da sich am Ende das Gesamtinvestment über alle Künstler rechnen sollte. Bei vielen Indies ist der Gründer des Labels auch gleichzeitig der A&R. Das Label wurde in diesen Fällen meist gegründet, um einen Künstler zu vermarkten.

»Hinter diesen Firmen stehen meist Einzelkämpfer, die von ihrer Liebe (oder Neurose) zur Musik leben, ihr Hobby zum Beruf gemacht, Musik zum Lebensinhalt umfunktioniert haben. [...] Die meisten Labelmacher haben ihren ausgeprägten musikalischen Geschmack und leben ihn auch. Sie alle haben das Bedürfnis, was nicht nur dem Musiker eigen ist, nämlich, sich mit der Musik, dem Produkt ihrer Arbeit zu identifizieren, den Werdegang zu kontrollieren, zu beeinflussen, »Ecken und Kanten« beizubehalten, um so eine »unverfälschte, authentische« Musik zu schaffen. Es geht ihnen darum, so wenig Kompromisse wie möglich zu machen, sich selbst zu bestimmen.«[30]

Indies und Majors ist gemeinsam, dass der A&R Manager für den Künstler die erste Anlaufstelle im kreativen Prozess ist, an dessen Ende im besten Fall der kommerzielle Erfolg steht.[31]

---

28 Wikström (2009): S. 55.
29 Hirsch, Paul M. (1970): The Structure Of The Popular Music Industry: S. 25.
30 Vormehr (2003): S. 224.
31 Vgl. Wikström (2009): S. 55. Tannett (1991): S. 221.

2.3.2 Marketing und Produktmanagement

Für die Vermarktung des fertigen Musikwerks ist die Marketingabteilung in Form von Produktmanagern verantwortlich. Ihre Aufgabe besteht darin, den Künstler und sein aktuelles Produkt bestmöglich im Markt zu positionieren und zu verkaufen. Nach dem kreativen Prozess sind die Produktmanager die Hauptansprechpartner in Bezug auf den entsprechenden Künstler, sowohl innerhalb des Labels als auch für den Act selbst. Sie halten die Fäden in der Hand und sind die Schnittstelle für alle Bereiche.[32]

Im ersten Schritt macht sich ein Produktmanager Gedanken über das Image des Künstlers. Daraufhin werden Faktoren wie der Look der Musiker, das Artwork des Albums oder der Stil des Musikvideos ausgerichtet.[33]

Es ist essentiell für die stimmige Vermarktung, dass die Marketingabteilung schon in einem frühen Stadium direkt mit den A&Rs zusammen arbeitet. Im Idealfall entscheidet man gemeinsam darüber, ob ein Artist unter Vertrag genommen wird oder nicht und stimmt sich auch während der Albumproduktion eng ab. In einigen Labels werden diese beiden Bereiche auch von derselben Person bearbeitet.[34]

Stehen das Image und die Marktpositionierung fest, wird ein Marketingplan aufgesetzt. Dieser enthält sämtliche Maßnahmen, die geplant sind, um die Veröffentlichung der Single, bzw. des Albums zu unterstützen.[35] Dazu gehören beispielsweise Kooperationen mit Medienpartnern, Anzeigenschaltungen, Bannerwerbung, Plakatierung, TV-Spots, die Planung eines Showcase Konzerts für Medienpartner, die Vorbereitung passender Promotion-Gimmicks oder auch Fotoshootings und der Videodreh. Für jeden Künstler wird dafür ein bestimmtes Budget festgelegt, mit dem die Verkaufserwartung erfüllt werden sollte. Aufgrund der schwierigen Vorhersehbarkeit eines kommerziellen Erfolgs, sind Marketingpläne oft mehrstufig gegliedert. Werden die Erwartungen im ersten Schritt nicht erfüllt und sieht man kein weiteres Potenzial mehr, wird auch kein weiteres Budget mehr für den zweiten Schritt zur Verfügung gestellt. Der Produktmanager zeichnet sich verantwortlich für die Umsetzung und Einhaltung des Marketingplans.[36]

---

32 Vgl. Schmidt, C. (2003): S. 214. Southall (1991): S. 206.
33 Vgl. Schmidt, C. (2003): S. 214. Southall (1991): S. 207.
34 Vgl. Schmidt, C. (2003): S. 214. Hirsch (1970): S. 31. Southall (1991): S. 206.
35 Vgl. Schmidt, C. (2003): S. 214. Southall (1991): S. 206.
36 Vgl. Schmidt, C. (2003): S. 214. Southall (1991): S. 206f.

Darüber hinaus ist er in Bezug auf seine jeweiligen Acts auch der zentrale Ansprechpartner für sämtliche Anfragen von internen Abteilungen wie Promotion, Vertrieb oder die Grafik und auch für externe Firmen, wie Touragenturen oder den Verlag. Falls es keine eigene International Exploitation Abteilung für die internationale Auswertung des Künstlers gibt, ist der Produktmanager auch dafür zuständig.[37] Selbstverständlich ist er auch in ständigem Kontakt zu seinem Künstler und dem Management und informiert sie über alle relevanten Entwicklungen, wie aktuelle Anfragen für Promotion- und Marketingzwecke oder die Abverkäufe des Albums.

2.3.3 Promotion

Läuft die Umsetzung des Marketingplans an, ist auch die Promotionabteilung bereits aktiv. Sie sorgt dafür, dass der Künstler in allen relevanten Medien zum richtigen Zeitpunkt präsent ist. Der Bereich Promotion lässt sich in TV, Radio, Print und Online aufgliedern.

Promoter sind im direkten Kontakt mit den Redakteuren und Entscheidungsfindern der jeweiligen Medienpartner. Sie sorgen dort für Auftritte, Airplay oder Berichterstattung und begleiten die Künstler bei ihren Promotion-Terminen. Gegenüber den Partnern repräsentiert ein Promoter sein Label und die dazugehörigen Künstler. Für jede Redaktion werden die passenden und relevanten Themen mit Fakten und Argumenten aufbereitet, um Fläche in dem Medium zu erhalten. Sie dienen als eine Art Filter zwischen Label und Medien, indem sie jedem Partner nur die jeweils passenden Themen präsentieren.[38]

»Der TV- bzw. Rundfunkredakteur wird auf einzelne Produkte aufmerksam gemacht, sonst würde er bei der heutigen Flut von Veröffentlichungen vieles gar nicht mehr wahrnehmen. Die Promotion hat zum einen durch den enormen Anstieg der Veröffentlichungen in den vergangenen Jahren stark an Bedeutung gewonnen, zum anderen wurde die Promotionarbeit durch die gestiegene Zahl von privaten Rundfunk- und TV-Sendern deutlich umfangreicher.«[39]

Bei Wikström, der sich auf Studien von Hirsch aus dem Jahr 1970 bezieht, heißt es noch:

---

37 Vgl. Schmidt, C. (2003): S. 214. Southall (1991): S. 206, 209.
38 Vgl. Wikström (2009): S. 56. Schulze (1996): S. 131.
39 Schmidt, C. (2003): S. 215.

»In the scenario described by Hirsch, there are far more record companies than there are promoters. In such a situation, the promoters add value to the process by selecting the songs which they expect to have the best chance of commercial success.«[40]

Beide Zitate belegen die Bedeutung von Promotion. Umso erstaunlicher ist es, dass sich in beiden Werken nicht mehr zu diesem Bereich findet. Schmidt, dessen Werk aus 2003 stammt, ignoriert Print- und Online-Promotion komplett und bezeichnet Promotion als »spezielle Vertriebsarbeit«.[41]

Bei Wikström ist auch 2009 lediglich der veraltete Bezug auf Hirsch zu finden. Dabei hat heute jedes relevante Label Promoter im Einsatz, sei es intern oder über externe Agenturen.[42]

Die Aufgaben der einzelnen Promotion-Bereiche sehen wie folgt aus: Ein TV-Promoter hat mit den Redaktionen von TV-Sendungen zu tun, in denen über Künstler berichtet wird, sie auftreten oder als Interviewpartner zur Verfügung stehen können. Dies können Samstagabend Shows, Talkshows, Morgenmagazine, Boulevard-Formate oder auch die Nachrichten sein. Zu den Aufgaben gehört die zielgerichtete Streuung von Informationen und Materialien zu dem Künstler, mit denen die Medien arbeiten können, aber auch Aspekte, wie die Optimierung des Bühnenbilds im Vorfeld sowie der Kontakt mit dem Regisseur, um einen Auftritt gut zu inszenieren.[43]

Das Ziel der Radio-Promoter ist es, möglichst viel Airplay für ihre Songs zu bekommen, das heißt die Radiostationen sollen die angebotenen Songs möglichst oft spielen. Neben dem traditionellen Funk gehören auch Webradios zu den angesprochenen Medien. Um dies zu erreichen, wird frühzeitig mit den wichtigsten Redakteuren gesprochen. Potenzielle Single-Kandidaten werden auf ihre Radiotauglichkeit getestet. Schließlich geht es Radiosendern um ein stimmiges Programm, gute Einschaltquoten und bei

---

40 Wikström (2009): S. 56.
41 Schmidt, C. (2003): S. 215.
42 Vgl. Wikström (2009): S. 56. Schmidt, C. (2003): S. 215. Vgl. dagegen Schulze (1996): S. 129, 131: Wikström geht zumindest auf diesen Punkt ein und argumentiert, dass die Grundmechanik des Modells auch heute noch seine Gültigkeit hat und beispielsweise auf neue Medien übertragen werden kann. Schulze ordnet die Promotion im Marketing-Bereich an.
43 Vgl. Southall (1991): S. 207.

den privaten Sendern um damit verbundene Werbeeinnahmen.[44] Jeder Sender hat sein eigenes Soundprofil, das auf die jeweilige Zielgruppe abgestimmt ist. Songs, die zum Abschalten oder Umschalten des Senders animieren, werden daher nicht auf die sogenannte Playlist genommen und dementsprechend nicht gespielt.[45] Oft werden in so einer frühen Phase auch längerfristige Kooperationen mit den Sendern vereinbart. Bei Gefallen eines Künstlers kann ein Sender beispielsweise volle Unterstützung zusagen, wenn der Act zu einem späteren Zeitpunkt ein Konzert für den Sender spielt. Das Radio-Airplay ist auch heute noch ein entscheidender Faktor, um eine breite Aufmerksamkeit zu erlangen. Häufig werden Songs weiterhin mit einigen Wochen Vorlauf an Radiostationen bemustert, um während dieser Phase möglichst viele Einsätze im Funk zu generieren und die Nachfrage zu forcieren. Veröffentlichungstermine werden oft nach dem Erfolg des Airplays ausgerichtet, wobei mittlerweile auch der Airplay-Beginn als Release-Datum genommen wird, damit Songs sofort verfügbar sind, wenn sie im Radio laufen.

Auch im Print-Bereich soll ein Künstler eine möglichst große Abdeckung in den zielgruppenrelevanten Medien erhalten. Das Spektrum umfasst dabei alles von klassischen Musikmagazinen, über Boulevardzeitungen, Tageszeitungen, Nachrichten-, Stadt-, Lifestyle- und Frauenmagazinen bis hin zu Special Interest Titeln zu Themen wie HiFi, oder Sport.[46] Es ist immer stark vom jeweiligen Act abhängig, welche Medien optimal passen. Eine glaubwürdige Indie-Band wird ihre Zielgruppe in den Musikmagazinen haben, während ein Mainstream-Pop-Künstler die Bild-Zeitung als wichtigen Partner empfindet. Dementsprechend gibt es auch große Differenzen in der inhaltlichen Berichterstattung zwischen den unterschiedlichen Musikern. Bei den einen geht es nur um die Musik, während bei den anderen auch private Details enthüllt werden. Die Kunst eines Print-Promoters besteht also nicht nur darin, seine Themen bei den Medien anzubieten, sondern vor allem im Boulevard-Bereich passende Aufhänger für eine Berichterstattung zu finden.

Mit dem Durchbruch des Internets ist auch der Bereich der Online-Promotion bei den Labels relevant geworden. Dieser Bereich deckt eben-

---

44 Vgl. Hirsch (1970): S. 56, 61. Heinemann, Rudolf (2003): »Musikredaktion«. In: Moser, Rolf/Scheuermann, Andreas (Hg.): *Handbuch der Musikwirtschaft*. S. 401f.
45 Vgl. Heinemann (2003): S. 401f. Grundy, Stuart (1991): »Radio«. In: York, Norton (Hg.): *The Rock File. Making it in the Music Business*. S.229ff.
46 Vgl. Southall (1991): S. 207.

falls eine große Bandbreite ab. Ähnlich wie im Print-Segment werden auch hier Online-Redakteure mit den Themen des Labels bemustert, um entsprechende Berichterstattungen zu erhalten. Dies ist allerdings nur ein Teil der Online-Promotion. Zu den weiteren Aufgabengebieten gehören beispielsweise die Erstellung und Pflege der Website und des Newsletters an die Fans, Unterstützung und Beratung der Künstler bei ihren Social Media Profilen oder auch die direkte Kommunikation mit der Fan-Community. Auch Abverkaufsmaßnahmen, die online stattfinden, wie Bannerschaltung oder Google Search Kampagnen werden von der Online Abteilung durchgeführt. Kreative Ideen für Künstler in Form von Web-Applikationen, Games oder Apps die Fans zum Mitmachen und zur aktiven Verbreitung des Inhalts motivieren, gehören ebenfalls zum Repertoire. Die Ziele sind also mediale Berichterstattung, Kundengenerierung und –Bindung sowie Abverkaufsförderung. Eine stimmige Onlinepräsenz wird immer wichtiger für den Erfolg von Künstlern.

Unabhängig von den jeweiligen Bereichen sind gute und langfristige Beziehungen zwischen einem Promoter und seinem Medienpartner, aber auch zwischen Promoter und Künstler für alle Beteiligten von Vorteil. Schließlich kann mit diesen Erfahrungswerten auf die Vorlieben und auch Vorbehalte aller Parteien Rücksicht genommen werden. Im Idealfall kennt ein Promoter seinen Partner so gut, dass er genau weiß, wie er ihm ein neues Thema am besten verkaufen kann.

Alle Bereiche der Promotion-Abteilung stimmen sich im Tagesgeschäft laufend mit dem Marketing-Team ab, um aktuelle Informationen zum Künstler, neue Argumente oder auch die Priorisierung von Künstlern immer präsent zu haben. Umgekehrt erhält die Marketing-Abteilung von den Promotern direktes Feedback der Medienpartner auf ihre Acts und sieht, ob ihre Strategie aufgeht.

Weitere Bereiche, die eine Abstimmung beider Abteilungen erfordert, sind zum Beispiel umfangreiche TV-Kooperationen oder auch die Terminplanung für Promotion-Auftritte in den Medien oder einen Showcase.[47] Auch der Zeitpunkt der Bemusterung von neuer Musik, eventuelle

---

47 Vgl. Southall (1991): S. 207. Strecker, Holger (2003): »Künstleraufbau durch TV-Präsenz«. In: Moser, Rolf/Scheuermann, Andreas (Hg.): *Handbuch der Musikwirtschaft*. S. 394ff: Strecker unterscheidet drei verschiedene Formen von TV-Kooperationen: 1. Die Übertragung eines bekannten TV-Stars in den Musikmarkt, 2. Musik Casting Shows wie »Deutschland sucht den Superstar« und 3. strategische Kooperationen zwischen einem TV Sender und einem Label zu einem bestimmten Künstler. Vor allem der dritte Punkt

Promotion Items, die man dem Produkt hinzufügen kann und die beim Partner dafür sorgen, dass ein Album aus der Menge an Releases hervorsticht und in Erinnerung bleibt, sind relevant. Schließlich ist es das Hauptziel dieser Abteilung, einen Künstler bei den Medien so zu platzieren, dass eine umfangreiche, positive Berichterstattung erzeugt wird.

2.3.4 Vertrieb

Die Arbeit der Promotion- und Marketingabteilungen führt im Erfolgsfall zu einer hohen Nachfrage in der Zielgruppe. Der Vertrieb eines Labels sorgt dafür, dass das entsprechende Produkt zum richtigen Zeitpunkt im Handel präsent ist, um diese Nachfrage zu befriedigen.[48]

Man unterscheidet zwischen physischem und digitalem Vertrieb. In einigen Firmen gehören beide zur selben Abteilung, in anderen Firmen ist der digitale Vertrieb in anderen Abteilungen aufgehängt. Nicht jedes Label hat zudem einen eigenen Vertrieb. Häufig schließt man aus Kostengründen Vertriebsdeals mit externen Firmen. Die Aufgaben sind in allen Fällen identisch.

Der physische Vertrieb legt im Vorfeld einer Veröffentlichung in Abstimmung mit dem Marketingteam die Auflage eines Produkts fest. Diese sollte sich in einem realistischen Rahmen bewegen, der die zu erwartende Nachfrage abdeckt. Auch die Konfiguration und Ausstattung eines Produkts sowie die Preisgestaltung werden in Kooperation mit dem Vertrieb vereinbart. Schließlich kennt er die Handelspartner am besten und weiß entsprechend um die Marktsituation. In großen Labels gibt es für diese Aufgaben häufig eine Position, die als Schnittstelle zwischen Label und den Key Account Managern des Vertriebs fungiert. Die Key Account Manager wiederum betreuen jeweils bestimmte Händler, meist große Händler, ganzheitlich. Kleinere und mittlere Händler werden von Außendienstmitarbeitern oder eigens dafür gegründeten Abteilung gesondert betreut. Sehr kleine Händler und Nischenanbieter werden von einem Telefonvertrieb betreut.[49]

Der Vertrieb ist also im direkten Kontakt mit dem Handel, filtert ähnlich wie die Promoter die Menge an Veröffentlichungen für den Kunden

---

gehört in Deutschland zu den wirksamsten Werbeformen. Sender wie Pro7 oder RTL2 bieten vielfältige Kooperationsmöglichkeiten in diesem Bereich an.
48 Vgl. Schmidt, C. (2003): S. 215.
49 Vgl. Schmidt, C. (2003): S. 216.

und erstellt ihm ein passendes Angebot.⁵⁰ So wird ein Klassikhändler keine Punk-Rock-Alben angeboten bekommen, während ein Händler für Independent Musik keine Schlager-Releases erhalten wird. Große Vollsortiment-Händler wie Media Markt, Saturn oder Amazon erhalten dagegen die gesamte Produktpalette.

Ein weiterer Bestandteil des physischen Vertriebs ist die Kontrolle der Warenbestände, damit zum einen stets ausreichend Ware im Handel verfügbar ist und zum anderen Überbestände nicht zu Retouren führen. Das vom Bundesverband Musikindustrie 1991 eingeführte System PhonoNet vereinfacht den Bestellprozess und ist an die Warenwirtschaftssysteme des Handels angeschlossen. Zusätzlich liefert es auch Statistiken zum Markt und stellt Media Control alle Daten für die Erstellung der offiziellen Charts zur Verfügung.⁵¹

Auch der digitale Vertrieb muss für eine korrekte und pünktliche Verfügbarkeit der Produkte bei digitalen Händlern sorgen. Bestände, Retouren und Auflagen spielen hier jedoch naturlich keine Rolle. Auch gibt es keinen Außendienst, da die Händler alle Online oder Mobil vertreten sind. Ebenso fehlt der klassische Telefonvertrieb. Bis auf wenige Ausnahmen führen die meisten Händler Vollsortiment, womit es relativ wenige Einschränkungen in Bezug auf das zu liefernde Repertoire gibt. Die Festlegung der Konfigurationen und Preise findet aber auch für diesen Bereich statt. Ebenso wie im physischen Teil gibt es Key Account Manager, die sich um ihre jeweiligen Partner kümmern. Der direkte Kontakt zum Handel und die Festlegung von Prioritätsthemen stehen auch hier im Vordergrund der Aktivitäten. Diese Themen können über besondere, partnerspezifische Vertriebsaktionen oder größer angelegte Marketingkooperationen, wie zum Beispiel Preisaktionen, Vergabe von Exklusivitäten oder gemeinsame Maßnahmen (zum Beispiel Konzerte) außerhalb des Stores, eine entsprechende Präsenz auf den Partnerseiten erhalten.

Eine Besonderheit im digitalen Vertrieb liegt in der größeren Produktpalette. Neben Singles und Alben werden auch einzelne Tracks verkauft. Zudem gibt es Audio- und Video-Streaming Partner. Auch der gesamte mobile Bereich mit seinen besonderen Formaten wie dem Freizeichenton gehört in den digitalen Vertrieb. Die Digitalabteilung ist somit für alle Portale zuständig, auf denen legal und in digitaler Form Inhalte des Labels kommerziell ausgewertet werden.

---

50 Vgl. Schmidt, C. (2003): S. 217. Schulze (1996): S. 131.
51 Vgl. Schmidt, C. (2003): S. 216. Schulze (1996): S. 245.

2.3.5 Herstellung und Distribution

Während der Vertrieb für die Maßnahmen am Point Of Sale sorgt, ist die Abteilung Herstellung und Distribution dafür zuständig, die Ware rechtzeitig gefertigt und ausgeliefert zu haben.

Die physischen Tonträger werden in Fertigungswerken produziert, die meistens unabhängig von den Labels sind. Lediglich bei einigen Majors gibt es noch konzerneigene Presswerke. Die fertigen Tonträger werden anschließend in den entsprechenden Auflagen an die Händler ausgeliefert, die diese Ware bestellt haben. Auch die Lagerhaltung gehört in diese Abteilung.[52] »Aufgrund der Unvorhersehbarkeit und Schnelllebigkeit des Geschäfts ergeben sich hier besondere Anforderungen an die Auflagendisposition, um einerseits Lieferengpässe und andererseits Überbestände zu vermeiden.«[53]

An Beispielen, wie den Eurovision-Singles von Lena 2010 und 2011 oder den Titeln aus Sendungen wie »Deutschland sucht den Superstar«, deren Interpreten jeweils in einer TV-Show bestimmt wurden, wird dies besonders deutlich. Die Gewinner-Singles mussten digital sofort live gestellt werden, physische Singles mussten gleich im Anschluss an die Entscheidung sofort in Produktion gehen, um möglichst schnell im Handel zu stehen. Eine enge Abstimmung mit dem Vertrieb ist daher erforderlich.

2.3.6 Grafik und Creative Service

Bevor ein Produkt gefertigt wird, muss feststehen, wie es ausgestattet ist. Dazu gehört die Frage, ob beispielsweise als CD-Verpackung ein Jewel Case oder ein Digipack gewählt wird, ebenso wie die Anzahl der Seiten im Booklet, eventuelle Sonderdrucke, wie zum Beispiel Lackfarben oder bei Sondereditionen besonders aufwändige Produktmerkmale und Beilagen. Für die optimale Abstimmung dieser Wünsche wird im Vorfeld mit den A&R- und Marketing-Abteilungen gesprochen, und die entsprechenden Vorläufe und Kosten werden festgelegt. Die Gestaltung des Artworks gehört ebenso zu den Aufgaben der Kreativabteilung wie die Erstellung von Werbematerialien und Anzeigen. Je nach Organisation werden diese

---

52 Vgl. Schmidt, C. (2003): S. 217. Schulze (1996): S. 130.
53 Schmidt, C. (2003): S. 217.

Aufgaben im Haus erfüllt oder mit externen Partnern gemeinsam geleistet.[54]

2.3.7 Strategic Marketing

Vor den 1990er Jahren war diese Abteilung auch als Special Marketing bekannt. Es ging dabei vornehmlich um die Auswertung von Katalogtiteln auf neuen Wegen, zum Beispiel in Form von Compilations und in Kooperation mit Medienpartnern. Die Digitalisierung von Musik hat in diesem Bereich zu Änderungen geführt, um den neuen Möglichkeiten und Ansprüchen gerecht zu werden. Strategic Marketing hat das Ziel mit innovativen Konzepten abseits der normalen neuen Frontline Releases und ggf. auch fernab der traditionellen Fachhändler wirtschaftlich erfolgreich zu sein:[55] »es gilt, um die Kunden zu kämpfen – mit neuen Produkten, neuen Vertriebswegen und neuem Marketing. Ideen und Strategie«[56]

Das Strategic Marketing kann in unterschiedliche Bereiche aufgeteilt werden. Dazu gehören die Compilation-Abteilung als Zweitverwerter, die Drittverwertung, die Katalogabteilung, Direct Marketing, das Clubgeschäft, aber auch Business Development, strategische Markenpartnerschaften sowie Merchandising. Produkte für spezielle Zielgruppen wie Kinder werden ebenso im Special Marketing betreut.[57]

---

54 Vgl. Schmidt, C. (2003): S. 215. Schulze (1996): S. 131: Schulze ordnet die Grafiker noch einer Werbeabteilung zu, die wiederum zur Marketingabteilung gehört.
55 Vgl. Schenk, Thomas (2003): »Vom Special Marketing zum Strategic Marketing«. In: Moser, Rolf/Scheuermann, Andreas (Hg.): Handbuch der Musikwirtschaft: S. 251, 254ff. Schmidt, C. (2003): S. 214.
56 Schenk (2003): S. 251.
57 Vgl. Schulze (1996): S. 131, 168. Schenk (2003): S. 254ff. Vgl. dagegen Schmidt, C. (2003): S. 214f, 219ff: Schmidt unterteilt diese Bereiche in Zweit- und Drittverwertung und Sondergeschäfte. Viele der Sondergeschäfte finden aber in derselben Abteilung wie die Zweit- und Drittverwertung statt. Daher ist es durchaus sinnvoll, diese unter einem Punkt zusammenzufassen. Dabei gibt es sicherlich Unterschiede in der Struktur und Aufhängung bei den jeweiligen Firmen. So können einzelne Bereiche wie Merchandise oder das Clubgeschäft auch im Vertrieb laufen. Die Aufgaben an sich bleiben jedoch dieselben. Die bei Schmidt genannten Abteilungen Multimedia und Video haben sich auf die digitalen Umstände angepasst und sind heute ein fester Bestandteil des Tagesgeschäfts und werden daher nicht mehr gesondert betrachtet. Für Importe gibt es ebenfalls in der Regel keine gesonderten Abteilungen mehr. Direct Marketing wie bei Schmidt beschrieben findet nur noch für bestimmte Künstler statt. Customer Relationship Management (CRM) läuft heute fast ausschließlich digital. Schulze nennt auch Kooperationen mit Medien, wie zum Beispiel Soundtracks, für diese Abteilung. Soundtracks und

Nach der Veröffentlichung eines Produkts beginnt die Zweit- und Drittverwertung. Mit der Zweitverwertung ist vor allem die Verkopplung einzelner Hit-Singles auf Compilations gemeint, das heißt ein bekannter Song wird Teil einer Kopplung mit aktuellen Hits, zu einem bestimmten Thema oder auch zu saisonalen Anlässen. Bekannte Beispiele aus diesem Segment sind »Bravo Hits«, »Kuschelrock« oder »Die ultimative Chartshow«.[58] Für diesen Bereich gibt es bei den Majors eine Compilation-Abteilung. Hier können auch exklusive Kopplungen für bestimmte Handelspartner oder externen Markenherstellern generiert werden. Diese können die Produkte dann an ihre Kunden weiterverkaufen oder als Werbegeschenk nutzen.[59]

In der Phase der Drittverwertung ist das betreffende Album nicht mehr topaktuell oder attraktiv und wird besonders günstig verkauft. Als Händler fungieren hier nicht nur die normalen Fachhändler, sondern auch die sogenannten NTOs, die Non Traditional Outlets. Dazu gehören Supermärkte, Drogerien oder Tankstellen, die auch eigene Versionen der Produkte erhalten können.[60]

Unabhängig von den NTOs wird ein Produkt aber auch an den regulären Handel günstiger abgegeben, sobald die entsprechende Phase des Lebenszyklus erreicht ist. Schließlich geht eine Veröffentlichung je nach Unternehmen nach ein bis zwei Jahren aus dem sogenannten Frontline- in den Katalogbereich über, für den es bei den Majors wiederum eine eigene Abteilung gibt. Das Produkt wird dort für bestimmte Aktionen oder teilweise auch permanent zu günstigeren Preisen angeboten. Hierzu ist der Austausch mit dem Vertrieb von hoher Relevanz.[61]

»Im Zusammenhang mit der Midprice-Vermarktung besitzt das Handelsmarketing einen besonderen Stellenwert. Da es sich bei Midprice-Produkten nicht um neues Repertoire handelt, muss das Marketing ohne die Unterstützung von Rundfunk und TV-Promotion auskommen. Die Tonträger sollen durch ihren attraktiven

---

größere Medienkooperationen von noch aktiven Künstlern werden heute allerdings häufig direkt im Frontline-Marketing bearbeitet.
58 Vgl. Schmidt, C. (2003): S. 214. Schenk (2003): S. 252f.
59 Vgl. Schenk (2003): S. 255. Vgl. dagegen Schmidt, C. (2003): S. 221: Schmidt listet die Handels- und Industriekooperationen als eigenen Punkt im Bereich Sondergeschäfte auf. Sie sind heute aber besser bei den Compilations im Special Marketing aufgehoben.
60 Vgl. Schmidt, C. (2003): S. 215. Schenk (2003): S. 255.
61 Vgl. Schmidt, C. (2003): S. 215.

Preis vor allem zum spontanen Kauf einladen. Dabei ist es wichtig, dass sie am Point of Sale gut platziert sind.«[62]

Über die Zweit- und Drittverwertung kann ein Produkt über die Jahre hinweg noch gute Einnahmen erzielen, weshalb dieser Auswertungsweg von hoher Bedeutung für die Labels ist.[63] Eine Option, auch aktuelle Produkte abseits des normalen Handels zu verkaufen, bietet das Clubgeschäft, wie man es zum Beispiel von Weltbild kannte. Diese Clubs haben einen eigenen Kundenstamm, der regelmäßig bestellt. Somit können auf diese Weise Konsumenten angesprochen werden, die man über den Fachhandel nicht erreichen würde.[64]

Ein immer wichtiger werdender Bereich ist Business Development. Ziel ist es, Geschäftsmodelle zu finden, über die man Musik jenseits der beschriebenen Handelswege kommerzialisieren kann. Die Bandbreite ist hier sehr groß. Klassische Vermarktung von Musik für Marken kann je nach Struktur des Labels ebenso in diesen Bereich gehören wie langfristige Kooperationen mit externen Partnern, wie zum Beispiel Banken. Diese nutzen den Faktor Musik, um dazu passende Produkte in der entsprechenden Zielgruppe zu positionieren. Musik dient hier als Mehrwert und als Mittel für strategische Markenpartnerschaften.[65]

Abseits der eigentlichen Musik an sich liegt das Merchandising. Firmen wie Universal Music haben seit einigen Jahren auch in diesem Gebiet eine eigene Abteilung, um auch in einem weiteren Teil der Wertschöpfungskette an Einnahmen zu profitieren.[66] Bei sogenannten 360 Grad-Verträgen wird versucht, sich neben den Rechten an der Musik unter anderem auch die Rechte an Merchandise- und Toureinnahmen zu sichern.

---

62 Schmidt, C. (2003): S. 215: Ein Midprice-Produkt kostet zwischen 8–12 Euro.
63 Vgl. Schmidt, C. (2003): S. 215.
64 Vgl. Schmidt, C. (2003): S. 219. Schulze (1996): S. 168.
65 Quelle: Soundaccount: *Alles über soundaccount*. In: http://www.soundaccount.de/alles ueber-soundaccount/ (07.01.2011).
66 Vgl. Schmidt, C. (2003): S. 220. Schulze (1996): S. 94f, 136. Glueck, Kirsten (2003): »Musikmerchandising in Deutschland«. In: Moser, Rolf/Scheuermann, Andreas (Hg.): *Handbuch der Musikwirtschaft*. S. 431–443: Glueck geht in ihrem Beitrag ausführlich auf die Historie, den Markt und die Auswertungsmöglichkeiten von Merchandise-Artikeln in Deutschland ein.

2.3.8 Administration

Auch ein Label benötigt wie jedes Wirtschaftsunternehmen administrative Prozesse und ist mit den entsprechenden Abteilungen dafür aufgestellt.

»Hinzu kommen jedoch insbesondere die Abrechnung von Lizenzen an Künstler, Lizenzgeber, Komponisten und Textdichter. Während Tonträgergesellschaften an Künstler und Lizenzpartner direkt abrechnen, erhalten Komponisten und Textdichter ihre Tantiemen von der GEMA, an welche die Tonträgergesellschaften ihrerseits wieder Lizenzen zu zahlen haben.«[67]

Lizenzkosten verursachen etwa ein Drittel der Gesamtkosten eines Majorlabels und werden von der Lizenzabteilung bearbeitet. Über die standardisierten Codierungsverfahren Label Code und ISRC (International Standard Recording Code) wird das Label definiert, denen die Einnahmen zustehen. Über entsprechende Programme ist der Rechteinhaber auf diese Weise identifizierbar und erhält die ihm zustehenden Einnahmen.[68] Die Abrechnungen beim Label sind besonders aufwändig, da zahlreiche Vertragspartner mit unterschiedlichen Konditionen involviert sind.[69] Dazu gehören unter anderem der Interpret, der Autor sowie der Komponist. Zudem gibt es mit den Verwertungsgesellschaften wie der Gesellschaft für musikalische Aufführungs- und mechanische Vervielfältigungsrechte (GEMA) und mit den Verlagen noch weitere Parteien, die am Verkauf von Musik mitverdienen. Als Berechnungsgrundlage dient der Händlerabgabepreis (HAP).[70] Die prozentualen Anteile der beteiligten Parteien schwanken dabei stark.

---

67 Schmidt, C. (2003): S. 217: GEMA steht für Gesellschaft für musikalische Aufführungs- und mechanische Vervielfältigungsrechte. Sie vertritt die Urheberrechte von Autoren, Komponisten und Musikverlegern.
68 Thurow, Norbert (2003): »Verbände der Tonträgerhersteller«. In: Moser, Rolf/Scheuermann, Andreas (Hg.): *Handbuch der Musikwirtschaft*: S. 521. Hansen, Thomas (1999): »ISRC und die Verwertung von Musik im digitalen Zeitalter«. In: Moser, Rolf/Scheuermann, Andreas (Hg.): *Handbuch der Musikwirtschaft*: S. 82ff: Jedes Audio/Video-Musikwerk wird mit einem eigenen, einmaligen, 12stelligen ISRC versehen. Dieser Code ist bei der digitalen Nutzung stets als Information im Song vorhanden, wodurch der Song immer eindeutig identifizierbar ist. Dies vereinfacht die Abrechnungen. Bei Hansen findet man detaillierte Einblicke in die Funktionen des ISRCs.
69 Vgl. Schmidt, C. (2003): S. 217. Schulze (1996): S. 131.
70 Vgl. Gilbert, Rolf/Scheuermann, Andreas (2003): »Künstler-, Produzenten- und Bandübernahmeverträge«. In: Moser, Rolf/Scheuermann, Andreas (Hg.): *Handbuch der Musikwirtschaft*: S.1107ff: Die Ausnahme bildet der GEMA-Satz für Downloads, der vom Endverbraucherpreis als Basis ausgeht. Der Text von Gilbert und Scheuermann wurde überarbeitet und aktualisiert von Wolfgang Deubzer und Burkhard Westerhoff. Dort findet man Details zu unterschiedlichen Abrechnungsmethoden.

Sie hängen unter anderem von dem jeweiligen Vertragskonstrukt ab. Als grobe Richtwerte nennen Gilbert und Scheuermann im Rahmen eines Künstlervertrags zwischen 7–12 Prozent vom HAP, während Künstler mit einem Bandübernahmevertrag etwa 18–26 Prozent erhalten.[71] Dafür ist das finanzielle Risiko bei einem Bandübernahmevertrag höher, da der Künstler die Produktionskosten selber trägt.[72]

Aufgrund der diversen Vertragsmöglichkeiten gibt es keine allgemeingültigen Aussagen zu den Einnahmen eines Künstlers am Musikverkauf. Die Bundeszentrale für politische Bildung hat dennoch Abbildungen veröffentlicht, die illustrieren sollten, wer wie viel am Verkauf einer CD und eines Downloads verdient. Dabei wurde der Endverbraucherpreis (EVP) als Basis genommen, weil der HAP je nach Label und Händler variieren kann. Zudem ist man von einem sehr ungünstigsten Vertragsverhältnis zu Lasten des Künstlers ausgegangen, was zu einer Verzerrung der Zahlen und zu zahlreichen Diskussionen geführt hat.[73]

In dem Beispiel der Bundeszentrale verdient ein Künstler lediglich vier Prozent vom EVP am Verkauf einer CD. In einer Gegendarstellung von Stefan Herwig vom Label Dependent kann ein Künstler hingegen 19,2 Prozent des EVPs erhalten, wenn er nicht nur Interpret, sondern auch Autor und Komponist des Werks ist und dementsprechend GEMA-Einnahmen erhält,[74] der Song über seinen eigenen Verlag erscheint und er

---

71 Vgl. Gilbert/Scheuermann (2003): S. 1111.
72 Vgl. Gilbert/Scheuermann (2003): S. 1094ff: In diesem Abschnitt erläutern Gilbert/Scheuermann die beiden Vertragsmodelle samt einer Beispielrechnung.
73 Vgl. Hansen, Sven (2004): *Fair, fairer, fünfzig. Der richtige Preis für den legalen Musik-Download.* In: http://www.heise.de/ct/artikel/Fair-fairer-fuenfzig-289390.html (03.04.2011). San Segundo, Carlos (2008): *Was Musiker so an einer CD verdienen.* In: http://www.delamar.de/musikbusiness/musikbiz-was-musiker-so-an-einer-cd-verdienen-1926/ (10.04.2011). Firebird77 (2009): *Musikindustrie. Wieviel verdient ein Künstler wirklich?* In: http://www.gulli.com/news/musikindustrie-wieviel-2009-08-28/ (03.04.2011).: Der Beitrag von San Segundo dient als Exempel für die zahlreichen Diskussionen in Blogs, die von den Aufstellungen der Bundeszentrale ausgelöst worden sind. Die Bundeszentrale für politische Bildung hat nach massiver Kritik die Abbildungen aus dem Verkehr gezogen. Auf dem IT-Portal Gulli schreiben alle Autoren nur unter Pseudonymen.
74 Quellen: VUT – Verband unabhängiger Musikunternehmen e.V.: *GEMA.* In: http://www.vut-online.de/cms/?page_id=138 (03.04.2011). GEMA: *Vergütungssätze VR-T-H 1.* In: https://www.gema.de/fileadmin/user_upload/Musiknutzer/Tarife/Tarife_vra/tarif_vr_t_h1.pdf (28.02.2014): Die GEMA erhält ihren Satz von 13,75 Prozent ihrer Bemessungsgrundlage, bzw. eine Mindestvergütung.

auch noch selber produziert.[75] Dementsprechend gibt es einen großen Spielraum bei den Verdienstmöglichkeiten. Auch der Verband unabhängiger Musikunternehmen (VUT) hat in Folge der missverständlichen Abbildungen der Bundeszentrale seine Mitglieder befragt und eine eigene Grafik erstellen lassen. Diese besagt, dass ein Künstler je nach Vertrag etwa 12–17 Prozent vom EVP erhält, also im Schnitt etwa zwei Euro pro verkaufter CD verdient.[76] In ungünstigen Fällen kann es unter einem Euro, in günstigen Fällen können es auch über drei Euro sein.[77] »Im Gespräch mit den Labels wurde klar: es gibt keine standardisierte Einnahmeverteilung. Aber in einem waren sich alle einig: in der Regel teilen Label und Künstler die Einkünfte aus Tonträgerverkäufen fair«[78]

Der Bundesverband Musikindustrie hat in seinem Jahresbericht für 2010 auf Basis der VUT Zahlen beispielhaft die Erlösaufteilung bei einer CD im Falle eines Bandübernahmevertrags dargestellt:[79]

---

[75] Firebird77 (2009): Die Darstellungen der Bundeszentrale sind über die offiziellen Kanäle nicht mehr verfügbar.
[76] Vgl. VUT – Verband unabhängiger Musikunternehmen e.v. (2009): *Was verdient eigentlich ein Musiker an einem Album?* In: http://www.vut-online.de/cms/?p=815 (10.04.2011). Vgl. Springman, Christopher (2006): »The 99¢ Question«. In: *Journal on Telecommunications and High Technology Law. Volume 5*: S. 119. Schlegel, Thomas (2009). Zitiert in: Firebird77 (2009). Hansen, S. (2004). Vgl. dagegen Hirschler, Johannes (2010): *Wie viel verdient ein Musiker an einer CD?* In: http://www.planet-wissen.de/kultur_medien/musik/musikindustrie/wissensfrage_musikindustrie.jsp (03.04.2011): Springman geht von 15 Prozent vom HAP aus. Hansen setzt diese 15 Prozent aus Einkünften über das Label und die GEMA zusammen und geht nicht vom HAP, sondern vom Endverbraucherpreis aus. Auch in der Pressemitteilung des VUT ist von 12–17 Prozent vom EVP die Rede. Hirschler dagegen spricht von nur 10 Prozent des Endverbraucherpreises. Es sei bemerkt, dass sowohl an der Abbildung der Bundeszentrale für politische Bildung als auch bei der daraufhin erfolgten Umfrage des VUT mit Amke Block ein und dieselbe Person mitgewirkt hat.
[77] Vgl. Firebird77 (2009).
[78] Block, Amke (2009). Zitiert in: VUT – Verband unabhängiger Musikunternehmen e.V. (2009). In: http://www.vut-online.de/cms/?p=815 (10.04.2011).
[79] Quelle: Bundesverband Musikindustrie (2011): S. 19.

Das Label

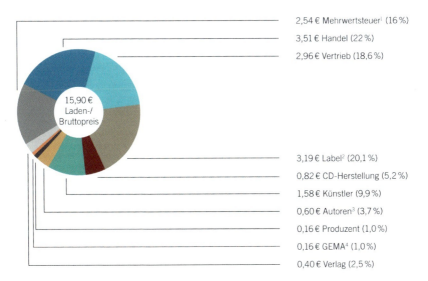

1   Der 19%ige Mehrwertsteuersatz, der in der Praxis auf den Nettopreis aufgeschlagen wird, entspricht 15,97% vom hier als Berechnungsbasis verwendetem Bruttopreis
2   Von diesem Anteil werden neben allen Marketingmaßnahmen wie Videoproduktion und Werbung jeder Art inkl. der Promotion auch die Grafik, die komplette Administration, Nachwuchsförderung und staatliche Abgaben wie KSK, Filmförderabgabe etc. bestritten
3   Haben Künstler und/oder Band ihre Songs selbst geschrieben, erhalten sie auch den Autorenanteil der GEMA-Lizenz
4   Administrationskosten der GEMA, die von der Gesamt-GEMA-Lizenz abgezogen werden, bevor Urheber und Verlage ihren Anteil erhalten

Abbildung 2: Erlösanteile beim Verkauf einer CD am Beispiel Bandübernahmevertrag.[80] Quelle: Verband unabhängiger Musikunternehmen e.V. (VUT). Bundesverband Musikindustrie e.V. (BVMI).

Lädt man sich einen Track für 0,99 Euro beim aktuell größten Download-Händler iTunes runter, behält Apple etwa 30 Prozent ein. Davon gehen aber noch Publishing-, Payment- und GEMA-Kosten sowie die Mehrwertsteuer ab, so dass kaum Marge für Apple übrig bleibt. Für das Label können demnach etwa 0,70 Euro als HAP angenommen werden.[81] Davon

---

80 Bundesverband Musikindustrie (2011): S. 19: Anmerkungen und Abkürzungen aus dem Original übernommen.
81 Vgl. Springman (2006): S. 119. Kusek, Dave (2011): *Attention Music Managers And Artists: Collect Over $2 Billion In Unpaid Royalties*. In: http://www.futureofmusicbook.com/2011/03/music-managers-and-artists-could-collect-over-2-billion-in-unpaid-royalties/ (03.04.2011). Barnako, Frank (2005): *How Much Money Lies In Downloads?* In: http://www.marketwatch.com/story/how-much-money-in-downloads?doctype=103 (03.04.2011). Wiszniewski, Krzysztof (2010): *The Paradise That Should Have Been*. In: http://thecynical

werden wieder je nach Vertrag etwa 15 Prozent an die Künstler ausgeschüttet.[82] Die GEMA erhält ihre Lizenzgebühr in Höhe von 10,25 Prozent der Bemessungsgrundlage, bzw. eine Mindestvergütung zwischen 0,0563 Euro bis 0,091 Euro und schüttet die entsprechenden Sätze an die Autoren und Komponisten aus.[83] Auch hier liegen die Angaben von der Bundeszentrale sowie vom VUT beim prozentuellen Anteil für den Künstler mit 4 Prozent, bzw. 19 Prozent aus den bereits genannten Gründen deutlich auseinander.[84]

Die Vergütung bei Streaming-Diensten wird ebenfalls anteilig an die Labels ausgeschüttet. Allerdings setzt sich die Berechnungsbasis je nach Geschäftsmodell anders zusammen. Kostenfreie Angebote finanzieren sich über Werbung, während Bezahldienste Abo-Gebühren einnehmen. Die

---

musician.com/2010/01/the-paradise-that-should-have-been/ (10.04.2011). LaPolt, Dina (2007): *Taking a Glance at Other Income Streams in the Music Industry*. In: http://www.music bizacademy.com/articles/dl_newmedia.htm (03.04.2011). McCandless, David (2010): *How Much Do Music Artists Earn Online*. In: http://www.informationisbeautiful.net/2010 /how-much-do-music-artists-earn-online/ (10.04.2011). Vgl. dagegen Orlowski, Andrew/ Arthur, Charles (2004): *Record Labels Still On Top despite Online Revolution*. In: http://www. independent.co.uk/arts-entertainment/music/news/record-labels-still-on-top-despite-o nline-revolution-547079.html (03.04.2011): Die Darstellungen sind auf den US-Markt bezogen, können aber aufgrund der weltweit einheitlichen Preispolitik Apples auch auf Deutschland angewendet werden. Bei Orlowski und Arthur geht man von 0,62 Dollar für das Label und weiteren 0,08 Dollar für Publisher aus. Bei Springman heißt es dagegen, dass Apple die Publishing-Kosten trägt. Wiszniewski bestätigt die Ausschüttung von etwa 0,70 Dollar bei iTunes, erhält aber selbst nur 0,637 Dollar, da er über einen Drittanbieter seine Musik distribuieren lässt. Auf Basis seines Artikels entstanden einige Grafiken von McCandless. Allerdings sind dort für einen iTunes Download ebenfalls lediglich 0,62 Dollar für die Labels aufgeführt. Bei McCandless sind auch Streaming-Vergütungen mit ca. 0,0045 Dollar bis 0,0113 Dollar pro Stream für die Labels angegeben.

82 Vgl. Springman (2006): S. 119. LaPolt (2007). Orlowski/Arthur (2004).

83 Quellen: GEMA (2011a): *Einigung von BITKOM und GEMA zu Online-Musik*. In: https://www.gema.de/de/presse/pressemitteilungen/presse-details/article/einigung-von-bitkom-und-gema-zu-online-musik.html (16.12.2013). GEMA: *Information Lizenzierungsgrundlagen. Musik-on demand/Musikvideo-on-demand*: S. 1. GEMA: *Vergütungssätze VR-OD 7*. In: https://www.gema.de/fileadmin/user_upload/Musiknutzer/Tarife/Tarife_vra/tarif_vr_od7.pdf (19.02.2014).

84 Vgl. Bundeszentrale für politische Bildung. In: http://www.delamar.de/musikbusiness/ musikbiz-was-musiker-so-an-einer-cd-verdienen-1926/ (24.04.2011). Vgl. dagegen VUT – Verband unabhängiger Musikunternehmen e.V.: *Verkauf CD-Album*. In: http://www. vut-online.de/cms/wp-content/uploads/vut_einnahmeverteilung_muwi_100909.pdf (23.04.2011): Der GEMA-Satz für Downloads entspricht in den angegebenen Quellen noch alten Tarifen.

Streams werden je nach Abrufzahlen entsprechend anteilig vergütet. Das Label teilt die Einnahmen wiederum anteilig auf seine Künstler auf und rechnet je nach vertraglich vereinbartem Prozentsatz ab.[85]

Vom Anteil des Labels werden unter anderem die Marketing-, Promotion-, und Personalkosten bezahlt. Bei Künstlerverträgen gehören auch die Produktionskosten dazu.[86] Zudem muss man bedenken, dass die Veröffentlichung von Musik stets eine Mischkalkulation ist. Schließlich ist nur ein geringer Prozentsatz der veröffentlichten Alben profitabel und muss die Kosten der unrentablen Künstler decken. Als Faustregel gilt, dass zehn Prozent der Veröffentlichungen Gewinne einbringen, die alle anderen Releases finanzieren müssen. Weitere zehn Prozent verkaufen zumindest kostendeckend, während die restlichen 80 Prozent Verluste machen. Für die Gewinnmaximierung ist es daher für Labels wichtiger, ein extrem erfolgreiches Produkt zu haben, als viele mittelmäßige.[87]

Die Künstler verdienen nicht nur an den Verkäufen ihrer Musik. Sie erhalten vom Label meist einen garantierten Vorschuss, der nicht zurückgezahlt werden muss. Bei Newcomern kann dieser Vorschuss als eine Art Gehalt angesehen werden, das gezahlt wird, solange keine Einnahmen über Umsatzbeteiligungen fließen. Bei etablierten Künstlern dagegen dienen die zu erwartenden Einnahmen als Grundlage für die Berechnung des Vorschuss.[88]

»Die Höhe der Vorauszahlungen wird individuell ausgehandelt; allgemeine Aussagen sind hier nicht möglich. Denkbar sind feste Beträge pro Vertragsjahr oder Produktionsvolumina, aber auch – im Falle von Künstler- und Bandübernahmeverträgen – unter Festlegung von Mindestanlieferungsverpflichtungen bzw. Mindestproduktionsverpflichtungen einspielabhängige Vorauszahlungen etwa in dem Sinne, dass in einem Vertragsjahr zwei Drittel der Einspielungen des jeweiligen

---

85 Quelle: Spotify Artists: *How we pay royalties. An overview.* In: http://www.spotifyartists.com/spotify-explained/#how-we-pay-royalties-overview (21.01.2014).
86 Vgl. Schaefer, Martin/Braun, Thorsten (2003): »Tonträgerpiraterie«. In: Moser, Rolf/Scheuermann, Andreas (Hg.): *Handbuch der Musikwirtschaft*: S. 827.
87 Vgl. Renner, Tim (2004): *Kinder, der Tod ist gar nicht so schlimm! Über die Zukunft der Musik- und Medienindustrie*: S. 112. Schulze (1996): S. 126f. Hunter-Tilney, Ludovic (2010). Buskirk, Eliot van (2010): What's Wrong With Music Biz, Per Ultimate Insider. In: http://www.wired.com/epicenter/2010/07/tom-silverman-proposes-radically-transparent-music-business/all/1 (22.04.2011).
88 Vgl. Gilbert/Scheuermann (2003): S. 1116f. Southall (1991): S. 213.

Vorjahres geleistet werden; dabei werden regelmäßig Unter- und Obergrenzen festgelegt, damit dieses Verfahren für beide Parteien berechenbar bleibt.«[89]

Neben dem garantierten Vorschuss gibt es für Künstler eine Vorauszahlung, die gegen die Einnahmen verrechenbar gemacht wird. Sobald die Vorauszahlung mit Verkäufen wieder eingespielt ist, verdienen die Parteien vertragsgemäß.[90] Künstler erzielen auch außerhalb der reinen Musikeinnahmen Einkünfte, zum Beispiel über Merchandise, Sponsoring oder Tourneen. Je nach Vertragsverhältnis sind auch hier die Labels involviert. Anhand dieser Beispiele wird deutlich, dass die Lizenzabteilung mit komplexen Vorgängen betraut wird.

Jedes Label hat auch ein Controlling, das, wie in anderen Unternehmen, die Finanzen überwacht. Aufgrund einer hohen Schnelllebigkeit und Unvorhersehbarkeit in der Musikbranche, wird eine konkrete Planung erschwert. So kann es passieren, dass ein eingeplantes Album von Stars wie U2 doch nicht wie geplant erscheint, weil die Band nicht rechtzeitig fertig geworden ist oder die Kreativphase noch nicht beendet ist.[91]

Die Abteilung Business Affairs kümmert sich um juristische Angelegenheiten wie die Vertragsverhandlungen mit Künstlern und anderen Partnern. Hierbei gibt es für die einzelnen Bereiche oft eigene Ressourcen, die mit den abteilungsspezifischen Themen betreut werden. Dazu erfolgt eine gegenseitige Abstimmung mit den jeweiligen Units. Dies können Verträge für die Zweit- und Drittauswertung, TV-Deals oder Verhandlungen mit Handelspartnern sein.[92]

Weitere Abteilungen, die es bei einigen Majors gibt, beinhalten unter anderem die Öffentlichkeitsarbeit, die das gesamte Unternehmen nach außen hin repräsentiert.[93] Auch für die Marktforschung kann es interne Lösungen geben, ebenso wie für Eventplanung, da sehr häufig Konzerte oder Partys organisiert werden. Eine weitere Abteilung betrifft die EDV und Organisation. Die internen Systeme werden hier betreut, um einen runden Arbeitsablauf zu ermöglichen. Auch die Verwaltung der anfallen-

---

89 Gilbert/Scheuermann (2003): S. 1116.
90 Vgl. Gilbert/Scheuermann (2003): S. 1117. Silverman, Tom (2010): Zitiert in: Buskirk, Eliot van (2010): *What's Wrong With Music Biz, Per Ultimate Insider*. In: http://www.wired.com/epicenter/2010/07/tom-silverman-proposes-radically-transparent-music-business/all/1 (22.04.2011). Melton, Mark (1991): »Deciphering The Legal Jargon«. In: Norton (Hg.): *The Rock File. Making it in the Music Business*. S. 258.
91 Vgl. Schmidt, C. (2003): S. 218. Schulze (1996): S. 131.
92 Vgl. Schmidt, C. (2003): S. 219. Schulze (1996): S. 131.
93 Vgl. Schmidt, C. (2003): S. 218.

den Daten liegt in diesem Segment.[94] Nicht zu vergessen sind die IT sowie die Personalabteilung der Unternehmen.

2.4 Unterschiede Indie vs. Majors: Spezialisten vs. Allrounder

Die genannten Aufgabenbereiche der einzelnen Abteilungen finden sich mit leichten Variationen in den Bereichen Special Marketing und den zuletzt genannten Abteilungen bei allen Labels wieder. Allerdings gibt es in der Organisationsstruktur von Majors und Indies oft deutliche Unterschiede.

Majors sind international aufgestellte Unternehmen mit eigenen Ländergesellschaften, die dezentral organisiert sind. Die internationale Zentrale gibt dabei die strategische Gesamtlinie vor und koordiniert die einzelnen Länder.[95] »Dadurch wird einerseits eine größtmögliche Flexibilität der Organisation gewährleistet, andererseits wird eine Spartenorganisation ermöglicht, welche die inzwischen stark diversifizierten Märkte widerspiegelt.«[96]

Die weltweite Vernetzung der Majors sowie ihre entsprechenden Distributionsmöglichkeiten waren im 20. Jahrhundert ein entscheidendes Merkmal und festigten ihre Marktdominanz.[97] Auch wenn die digitalen Distributionsmöglichkeiten diesen Faktor zumindest relativieren, sind Majors noch immer besser aufgestellt als die meisten Indies, wenn es um weltweite Vermarktung geht. Daher bestehen auch weiterhin zahlreiche Kooperationen zwischen Indies und Majors.[98]

Dies hat auch mit der Struktur und den Kapazitäten der Indies zu tun. Da die zu erwartenden Umsätze geringer ausfallen, fehlen bei der Mehrheit der Indies die Ressourcen, um eine interne Struktur wie hier beschrieben aufzubauen. Während bei Majors hunderte bis tausende Personen weltweit arbeiten, kann ein Indie-Label im Extremfall ein lokales Ein-Mann-Unternehmen sein. Bei Majors sind für alle Bereiche Spezialisten angestellt, die sich vornehmlich um ihr festgelegtes Aufgabengebiet kümmern, wohinge-

---

94 Vgl. Schmidt, C. (2003): S. 219.
95 Vgl. Schmidt, C. (2003): S. 211, 221f.
96 Schmidt, C. (2003): S. 222.
97 Vgl. Wikström (2009): S. 66.
98 Vgl. Wikström (2009): S. 66ff. Wicke (1997a).

gen bei einem Indie häufig eine Person als Generalist gleich mehrere Arbeiten übernimmt. Dies ist gerade in den Bereichen A&R und Marketing sowie innerhalb der unterschiedlichen Promotion-Abteilungen der Fall. Häufig wird die Promotion auch von externen Agenturen betreut. Hier ist ausdrücklich zu betonen, dass die Qualität der Arbeit nicht von der Anzahl der Personen in einem Label abhängt. Schließlich haben Majors nicht nur mehr Arbeitskräfte zur Verfügung, sondern auch mehr Veröffentlichungen zu bearbeiten als Indies. »The structures of majors and independents are determined by the size of the repertoire each company handles. The staff of a major can be huge, but the nucleus of people who deal with a band is very similar in a good small company.«[99]

So sind für einen Künstler in beiden Fällen jeweils ein A&R-Manager, ein Produktmanager und ein Promotion-Team zuständig.[100] Hinzu kommt der Vertrieb.

In Bezug auf die inhaltliche Ausrichtung sind Indies die Kreativzellen, die neue Trends abseits des Mainstraems aufspüren, Talente fördern und risikofreudiger agieren können als die Majors.[101]

»such scouting activities have been radically reduced, and now almost the entire talent-development capability of the recording industry resides within the smaller record companies. The majors await the development of the talents signed by the indies and offer upstream deals to those talents that seem to be ready to be taken to the next level.«[102]

Dies führt häufig zu Vertriebsdeals von Indies mit Majors, innterhalb derer sich das Indie-Label um den A&R-Prozess und das Marketing kümmert und dem Major das fertige Produkt zum Vertrieb übergibt. Dafür erhält der Major eine Vertriebsprovision. Auf diese Weise ist die kreative Freiheit des Indies ebenso gewährleistet wie die flächendeckende Verfügbarkeit des Produkts. Das Indie-Label spart sich eine kostenintensive Vertiebsstruktur, während Majors das Risiko minimieren und oft die Möglichkeit haben, im Erfolgsfall das Label oder einzelne Künstler zu übernehmen.[103] Ähnliche Vertriebsabkommen kann es auch mit einem Indie-Vertrieb, wie SPV oder

---

99 Tannett (1991): S. 221.
100 Vgl. Tannett (1991): S. 221.
101 Vgl. Wikström (2009): S. 66f. Vormehr (2003): S. 223. Schulze (1996): S. 129, 140.
102 Wikström (2009): S. 68.
103 Vgl. Wikström (2009): S. 67f. Wicke (1997a). Schulze (1996): S. 139.

Indigo geben, die sich in Deutschland ebenfalls ein gutes Vertriebsnetz aufgebaut haben.[104] Die Arbeitsschritte eines Labels sind also bei Majors und Indies dieselben. Die Unterschiede liegen in der Art und Weise, von wie vielen Personen innerhalb oder außerhalb des Labels diese Schritte getätigt werden. Dies wiederum hängt von der Struktur des einzelnen Unternehmens ab. Die Digitalisierung hat einige Schritte deutlich vereinfacht oder zumindest neue Optionen erschaffen. Auf die Frage nach der Bedeutung eines Labels im digitalen Zeitalter wird im folgenden Abschnitt eingegangen.

2.5 Über die Notwendigkeit von Labels

Die Digitalisierung hat viele Aufgaben, deren Abwicklung vorher nahezu exklusiv bei den Labels lag, deutlich vereinfacht und dadurch die Eintrittsbarrieren in den Musikmarkt verringert. Herstellung, Vertrieb, Vermarktung und Promotion sind neben dem Auffinden neuer Musik die Charakteristika der Branche. Die Punkte Herstellung und Vertrieb sind mit den Möglichkeiten der digitalen Verbreitung von Musik kein Alleinstellungsmerkmal der Plattenfirmen mehr wie früher, da sie mittlerweile kostengünstig ohne Label durchzuführen sind. Promotion kann ebenso einfach im Netz stattfinden, indem man sich dort auf den relevanten Portalen präsentiert und direkt mit den Fans kommuniziert. Mit dem entsprechenden Budget und Geschick ist auch eine selbstständige Vermarktung durchführbar.[105]

In Zeiten zahlreicher Plattformen mit Musikinhalten ist das Auffinden neuer Musik ebenfalls sehr einfach geworden.[106] Während man früher als Konsument, vor allem von Musik, die abseits des Mainstreams liegt, nur

---

104 Vgl. Vormehr (2003): S. 234f.
105 Vgl. Ellinghaus (2012). Christoph (2012).
106 Vgl. Wikström (2009): S. 66. Hunter-Tilney (2010). CalumMac (2008): *Do Bands Need Labels Anymore?* In: http://www.articlealley.com/article_625255_18.html (23.03.2011): Der Artikel von CalumMac stammt von dem Portal Article Alley, auf dem redaktionelle Inhalte für Websites und Blogs kostenlos zur Verfügung gestellt werden. Der Autor schreibt unter dem Pseudonym CalumMac. Diese Quelle wurde bewusst gewählt, um einerseits die Positionen, die sich in dieser Frage gegenüber stehen, zu verdeutlichen und andererseits aufzuzeigen, dass in einigen Punkten wissenschaftliche Beiträge wie von Wikström und Blogs derselben Meinung sein können.

über eine sehr begrenzte Anzahl von Medien Zugang zu dieser Musikrichtung erhalten hat, kann man sich heute rund um die Uhr auf zahlreichen Portalen im Netz informieren. Zudem waren früher viele Titel nur schwer oder zeitversetzt im Handel erhältlich. Heute muss man nicht mehr in den nächsten Plattenladen fahren und hoffen, dass der gewünschte Titel dort vorhanden ist, sondern kann sich über die digitalen Händler und Musikportale auf einfache Weise Zugriff auf mehr Musik sichern, als man im Leben hören kann.

Dazu existieren heute für Künstler deutlich günstigere Möglichkeiten der Aufnahmetechnik. Insgesamt ist es also wesentlich leichter als noch in den 1990ern geworden, seine Musik zu produzieren, zu bewerben und zu vertreiben.[107] Auf lokaler Ebene gibt es bereits zahlreiche Musiker, die von diesen Möglichkeiten profitieren und unabhängig von Labels von ihrer Musik leben können.

Häufig wird daher die Frage gestellt, ob überhaupt noch ein Label notwendig ist, wenn man als Musiker den internationalen Durchbruch schaffen möchte. Schließlich haben Bands wie Radiohead oder temporär Nine Inch Nails ihre Alben zumindest im ersten Schritt ohne Labels vertrieben.

Radiohead haben im Oktober 2007 mit der Veröffentlichung des Albums »In Rainbows« für weltweite Schlagzeilen gesorgt. Das Album gab es als Download auf der Band-Homepage, da sie zu dem Zeitpunkt keinen Vertrag mit einem Label hatten. Es wurde daher bereits kurz nach Fertigstellung ohne die üblichen Vorläufe von mehreren Monaten zur Verfügung gestellt. Auf diese Weise konnte auch die Piraterie vor Veröffentlichung des Albums verhindert werden. Das Besondere daran war aber das Preismodell. Der Konsument durfte dabei selbst entscheiden, ob und wie viel er für das Album bezahlen wollte. Für Fans wurde zusätzlich eine physische Deluxe-Version mit einer Bonus-CD sowie dem regulären Album als CD, Vinyl und Download in einer aufwändigen Box angeboten. Der Verkauf und Vertrieb wurde dabei von der externen Agentur Sandbag abgewickelt. Erst Ende Dezember wurde das Album im zweiten Schritt über ein Label in den regulären Handel gebracht. Diese »pay what you want«-Mechanik hat für großen Wirbel in der Branche gesorgt.[108] Offizielle Ergebnisse

---

107 Hunter-Tilney (2010).
108 Vgl. Gibson, Owen (2007): *Radiohead's Bid To Revive Music Industry: Pay What You Like To Download Albums.* In: http://www.guardian.co.uk/media/2007/oct/02/digitalmedia. musicnews (23.04.2011). Wachman, Richard (2007): *Radiohead's Rainbow Could Signal Danger For Record Giants.* In: http://www.guardian.co.uk/business/2007/oct/07/media.

wurden nicht verkündet. Laut Comscore haben aber im ersten Monat 38 Prozent der Nutzer für den Download bezahlt, im Schnitt waren es 6 Dollar. Über alle Kunden gesehen lag der Durchschnittspreis laut Comscore bei 2.26 Dollar. Diese Zahlen wurden allerdings aus dem Radiohead-Lager dementiert, da niemand außer ihnen Zugriff auf die tatsächlichen Zahlen habe und nach der Erfassung durch Comscore auch noch weitere Downloads getätigt worden seien. Zudem sei zu dem Zeitpunkt noch nicht klar gewesen, ob Leute, die nichts bezahlt hatten, später noch die CD gekauft haben.[109]

Die finalen Ergebnisse sind sicherlich in die Veröffentlichungsstrategie des Nachfolgers eingeflossen. Das Album »The King Of Limbs« war ab dem 18.02.2011 als Download über die eigens eingerichtete Seite www.thekingoflimbs.com erhältlich. Dieses Mal gab es aber wieder festgelegte Preise, die allerdings mit sieben Euro für MP3- und elf Euro für WAV-Files sehr fair waren und in der günstigen Variante unter dem üblichen Preisniveau von zum Beispiel iTunes lagen. Zudem konnte man auch wieder eine physische Deluxe-Version des Albums bestellen. Das Album kam im zweiten Schritt am 28.03.2011 über ein traditionelles Label als CD und Download in den regulären Handel.[110]

Auch klassische Vertriebsdeals für physische und digitale Produkte, die nachgelagert über reguläre Händler erscheinen, sind bei Radiohead eine Stufe der Veröffentlichungspolitik, um möglichst viele Leute über die üblichen Händler weltweit zu erreichen.. Dabei werden die Verträge jeweils nur für ein Album abgeschlossen. Auch wenn Sänger Thom Yorke vor dem sinkenden Schiff der Labels warnt, ist eine klassische Distribution demnach auch für Bands wie Radiohead heute noch von Bedeutung.[111]

---

digitalmedia?INTCMP=ILCNETTXT3487 (23.04.2011). Kot, Greg (2007): *Radiohead's 'Customer Is Always Right' Approach Contrasts With Music Industry's Hardball Tactics*. In: http://leisureblogs.chicagotribune.com/turn_it_up/2007/10/ radioheads-cust.html (23.04.2011).

109 Vgl. N.N. (2007): *For Radiohead Fans, Does »Free« + »Download« = »Freeload«?* In: http://www.comscore.com/Press_Events/Press_Releases/2007/11/Radiohead_Downloads (23.04.2011). N.N.: (2007): *Radiohead Album Gets Release Date*. In: http://news.bbc.co.uk/2/hi/entertainment/7085502.stm (23.04.2011). Sexton, Paul (2008): »Back To The Future«. In: *Billboard*. 12.01.2008: S. 29.

110 Quellen: The King Of Limbs. In: http://www.thekingoflimbs.com/ (22.04.2011). Radiohead. In: http://www.radiohead.com/deadairspace (22.04.2011).

111 Vgl. Sexton (2008): S. 29. Buskirk, Eliot van (2008): *Reznor vs. Radiohead: Innovation Smackdown*. In: http://www.wired.com/entertainment/music/news/2008/03/reznor_radiohead/ (23.03.2011). Hunter-Tilney (2010).

Betrachtet man das Beispiel Radiohead oder auch Nine Inch Nails, die ebenfalls seit 2007 ohne Label ihre Alben auf den Markt gebracht haben, bis sie 2013 zu Universal Music zurück gekehrt sind, ist ein Faktor von hoher Relevanz: Beide Bands haben sich bereits über Jahre hinweg eine sehr große loyale Fanbase aufgebaut, die sich gut erreichen und aktivieren lässt. Während dieser Phase waren sie bei einem Label unter Vertrag, sind aufgebaut worden und haben von den Investitionen in ihre Band profitiert. Erst die internationale Bekanntheit sowie die vorhandenen Fans sind schließlich die Erfolgsfaktoren für eine selbstständige Veröffentlichung ohne Label auf diesem Niveau.[112]

Auch andere Bands wie Faithless haben sich von diesen Modellen überzeugen lassen und sind den Weg ohne Label gegangen, wie Mastermind Rollo Armstrong erläutert: »I remember thinking, we're not as big as Radiohead but we're big enough to do what they've done. We have a big enough fanbase, we can tour places, we sell enough records that we can really control our own destiny.«[113]

So wurde das Album »The Dance« in Eigenregie veröffentlicht und brachte der Band vermutlich höhere Einnahmen als die vorherigen Alben, die via Sony auf den Markt gekommen waren.[114]

Ein weiteres Beispiel für diesen Weg sind Sigur Rós. Die Band aus Island hat sich über die Jahre eine treue Fangemeinde aufgebaut, hat eine gut gepflegte Online Präsenz und ist auch in sozialen Netzwerken aktiv. Als ihre Plattenfirma EMI Zweifel hatte, ein Live-Album heraus zu bringen, hat das Management die Gelegenheit genutzt und das Album selbst erfolgreich vertrieben und vermarktet.[115]

Doch auch Newcomer können ohne Label einen hohen Bekanntheitsgrad erreichen. Als Künstler, die es über ihre Aktivitäten in sozialen Netzwerken wie myspace oder YouTube geschafft haben, werden oft die Arctic Monkeys, Lilly Allen, Enter Shikari, Justin Bieber oder Colbie Caillat genannt. Ein anderes Beispiel ist der südkoreanische Rapper PSY. Sein

---

112 Vgl. Slade, Nicola (2007). Zitiert in: Gibson, Owen (2007): *Radiohead's Bid To Revive Music Industry: Pay What You Like To Download Albums*. In: http://www.guardian.co.uk/media/2007/oct/02/digitalmedia.musicnews (23.04.2011). Kot (2007). Hunter-Tilney (2010). Wachman (2007).

113 Armstrong, Rollo (2010). Zitiert in: Hunter-Tilney, Ludovic (2010): *The Music Industry's New Business Model*. In: http://www.ft.com/cms/s/2/92d98d1c-bae9-11df-9e1d-00144fe ab49a.html#axzz1KI517FsF (22.04.2011): Faithless haben sich 2011 aufgelöst.

114 Vgl. Hunter-Tilney (2010).

115 Vgl. Ellinghaus (2012).

»Gangnam Style«-Video wurde dank der weltweiten Präsenz von YouTube zum internationalen Hit und schließlich zum Clip mit den bis dato meisten Klicks aller Zeiten.[116] »Was sich wirklich geändert hat, ist das Internet als Brandbeschleuniger, aber immer nur wenn die Substanz da ist. Wenn man wirklich so gut ist, dass du, wenn du Arcade Fire in einem 200er Laden siehst, da raus gehst und sagst ›Ich hab den lieben Gott gesehen und das Licht am Ende des Tunnels und so muss es im Himmel sein und was da gerade für eine Energie über mich rüber geflogen ist, das kann ja wohl nicht wahr sein!‹. Wenn sich dann von 200 Leuten nur 20 jeden Abend an den Computer setzen und sagen »Ich habe gerade den lieben Gott gesehen, und er kommt aus Kanada und heißt Arcade Fire«, gehen deswegen andere Leute wiederum hin. Dann geht es einfach heutzutage um ein Vielfaches schneller. Aber wie gesagt, die Voraussetzung dafür ist immer: Die Substanz muss stimmen. Das ist das A und O. Mehr Musik heißt ja nicht automatisch, dass es mehr großartige Musik gibt.«[117]

Zwei Punkte sind hier entscheidend. Zum einen muss man aus der verfügbaren Menge an Musik hervorstechen. Schließlich sollte man sich stets vor Augen führen, dass die genannten positiven Beispiele lediglich einen Bruchteil der Musiker repräsentieren. Betrachtet man die im Netz präsenten Musiker, die auf den großen Durchbruch hoffen, steht der Endkonsument vor einer unglaublich großen Auswahl an Bands.

»We are sort of awash in a sea of mediocrity. How many bands are on YouTube, a million? Five million? Ten million? The great thing about digital and the bad thing about digital is that it's leveled the playing field. Twenty years ago, you had to go to your manager and go to an expensive studio to record. Now you can make a recording on your laptop in your basement that sounds pretty good. Then just upload it to YouTube and if you've written a good song, it can go viral. And all of the sudden you're playing on a tour opening for someone in theaters or you sign on with management and you have a shot at gaining a large audience. But what comes of that is this massive sea of mediocrity. Like everybody can be in a band now.«[118]

---

116 Vgl. Honan, Mat (2013): *Gangnam Style Is One Year Old. And Music Is Forever Different.* In: http://www.wired.com/underwire/2013/07/gangham-is-one-year-old-k-pop-is-massiv e-and-music-is-forever-different/ (22.01.2014). Wachman (2007). Ellinghaus (2012): Ellinghaus betont, dass die Arctic Monkeys nicht durch ihre Online Aktivitäten, sondern vor allem aufgrund ihrer zahlreichen Liveshows, auf denen CDs verschenkt worden sind, den initialen Schritt geschafft haben. Die sozialen Netzwerke haben den Erfolg lediglich beschleunigt.
117 Ellinghaus (2012).
118 Vig, Butch (2012). Zitiert in: Halperin, Shirley (2012): *Grammys 2012: Dave Grohl and Butch Vig Reflect on Nirvana, Adele and the State of the Music Business (Q&A).* In: http://

In dieser Flut aus Mittelmäßigkeit benötigt man Orientierung, um die wirklich spannenden Künstler zu finden, beispielsweise durch redaktionelle Hinweise, Mundpropaganda oder auch Portale und Applikationen, die Konsumenten auf Basis ihres Musikgeschmacks Empfehlungen geben. Völlig unbekannte Bands müssen auf Mund-zu-Mund-Propaganda und Empfehlungen durch Opinion Leader hoffen, um Gehör zu finden.[119] Setzt man also die ausschließlich auf diese Weise bekannt gewordenen Künstler in ein Verhältnis zu den Musikern, die weiterhin unentdeckt bleiben trotz guter Internetpräsenz, lassen sich die Erfolgschancen relativieren. Aus Künstlersicht ist es daher hilfreich, jemanden an seiner Seite zu haben, der genau diese Filter durchdringen und den Act präsent machen kann. Diese Aufgabe kann von einem guten Management, externen Agenturen oder eben auch von einem Label erfüllt werden.[120]

Zum anderen ist die Substanz des Künstlers dabei sicherlich entscheidend. Man kann die besten viralen Maßnahmen einleiten, wenn am Ende die Substanz in der Musik fehlt, wird es langfristig kein Erfolg werden.

»You know, there's a part of me that feels like one of the reasons why music is considered worthless sometimes is because I think the majority of it is. That sounds terrible, but music needs to connect with people, there needs to be some depth to it, some sort of emotional human connection that you from artists that are the real deal.«[121]

So stehen Acts wie Ingrid Michaelson und Milow für einen selbstständigen und erfolgreichen Karrierestart ohne Label. Beide Künstler haben in Eigenregie gemeinsam mit wenigen Mitarbeitern Alben in beträchtlicher Höhe verkauft, Charterfolge gefeiert, ihre Musik für die Unterlegung von Serien und Werbespots verkauft und erfolgreiche Tourneen gespielt. Sie haben sich vor allem in ihren jeweiligen Heimatländern USA bzw. Belgien ohne externe Unterstützung einen ansehnlichen Status erspielt.

---

    www.hollywoodreporter.com/news/dave-grohl-butch-vig-grammy-adele-nirvan-289304 (01.03.2012): Vig ist Produzent und Mitglied der Band Garbage. Er hat unter anderem das Album »Nevermind« von Nirvana produziert.

119 Vgl. CalumMac (2008): Auf diese Frage findet auch der Autor dieses Beitrags, der ansonsten die Meinung vertritt, dass man kein Label benötigt, keine Antwort.

120 Vgl. Christoph (2012). Ellinghaus (2012).

121 Grohl, Dave (2012). Zitiert in: Halperin, Shirley (2012): *Grammys 2012: Dave Grohl and Butch Vig Reflect on Nirvana, Adele and the State of the Music Business (Q&A)*. In: http://www.hollywoodreporter.com/news/dave-grohl-butch-vig-grammy-adele-nirvana -289304 (01.03.2012): Grohl war Schlagzeuger bei Scream und Nirvana und ist Frontmann der Foo Fighters.

Die Aufgaben eines Labels, wie Promotion und Vertrieb gehören aber auch bei den Releases von Radiohead, Faithless, Ingrid Michaelson und Co. zum Geschäft. Die Künstler agieren dabei wie eine eigenständige Firma, ein eigenes Label mit einem einzigen Act, nämlich sich selbst. Entscheidend ist dabei, dass man gute Kontakte hat. Neben einem guten Management werden daher für einige Bereiche externe Dienstleistungsunternehmen beauftragt. Diese eigenen Strukturen, die sich diese Künstler aufgebaut haben, können durchaus mit denen eines Indie-Labels verglichen werden. Formal gesehen haben Musiker auf diesem Niveau ohnehin ihr eigenes Label für sich selbst gegründet, nicht zuletzt um auch Einnahmen aus TV- oder Radio-Rotationen zu erzielen. Als Vorteil eines solchen Konstrukts wird neben der kreativen Unabhängigkeit eben auch die finanzielle Seite genannt, da man die Einkünfte nicht mehr mit einem fremden Label aufteilen muss.[122]

David Joseph, Chairman von Universal Music UK, fühlt sich als Vertreter des größten Majorlabels angespornt, den Kritikern von Labels zu zeigen, dass Bands die Zusammenarbeit mit Labels benötigen. Er vergleicht die Entscheidung eines Managers, mit einem Label zusammenzuarbeiten oder nicht, mit der Entscheidung, die Eltern für den Ausbildungsweg ihrer Kinder treffen:[123] »Universal are there representing Oxford and Cambridge […] And if anyone else wants to take a gamble on a Bexleyheath comprehensive school, they're welcome to.«[124]

So nutzen Labels ihre Expertise, um aus den zahlreichen Acts die hoffnungsvollsten herauszufiltern, zu unterstützen und weiterzuentwickeln. Man benötigt nach dem Startkapital auch heute noch ab einem bestimmten Level größere finanzielle Unterstützung, sowie einen guten Vertrieb, um das Optimum an Verkäufen zu erzielen. Schließlich braucht eine Band ein finanzielles Polster, um ihre Songs aufnehmen oder auf Tour gehen zu können.[125]

---

122 Vgl. Hunter-Tilney (2010). Werde, Bill (2008): »The Way She Is«. In: *Billboard*. 12.01.2008: S. 25. Ellinghaus (2012).
123 Vgl. Hunter-Tilney (2010).
124 Joseph, David (2010). Zitiert in: Hunter-Tilney, Ludovic (2010): *The Music Industry's New Business Model* In: http://www.ft.com/cms/s/2/92d98d1c-bae9-11df-9e1d-00144feab49a.html#axzz1KI517FsF (22.04.2011).
125 Quellen: Bundesverband Musikindustrie (2011): S. 3. Bundesverband Musikindustrie (2014): *Musikindustrie in Zahlen 2013*: S. 24f. Bundesverband Musikindustrie: *Übersicht Jahreswirtschaftsbericht. Umsatz*. In: http://www.musikindustrie.de/jahrbuch-umsatz-2011/ (19.04.2012). Vgl. Christoph (2012). Ellinghaus (2012).

»Das Internet kann viel. In so einem ganz kleinen Indie-Mikrokosmos gibt es das ja oft genug, dass die Blogosphäre sich auf eine Band einigt, sich drauf einschießt, und alle finden es gleichzeitig toll. Dann hast du plötzlich so einen raketenmäßigen Start. Da brauchst du aber trotzdem noch einen guten, proaktiven Booking-Agenten und irgendwann, wenn du weiterkommen möchtest und dich nicht nur auf einem totalen Underground Level bewegen möchtest, dann brauchst du auch noch jemanden, der wirklich lokal für dich Marketing macht.«[126]

Diese Rolle kann ein Label einnehmen:

»Dabei bevorzugen wir Künstler mit klarer Vision und hohem Eigenantrieb, die schon ein gutes Team um sich herum haben. Wir schauen uns nach Künstlern um, die sich in gewisser Weise schon selbst entwickelt haben. Dann steigen wir ein und verstärken das mit fachkundiger Beratung.«[127]

Neben der Expertise und der Erfahrung eines Labels ist auch die finanzielle Komponente von großer Relevanz. So berichtet Adam Tudhope, Manager von Mumford & Sons: »Every band is going to need £20,000-£40,000 for the first two years of their life, and then they're probably going to need £200,000 for the next stage of their career«[128]

Während er den ersten Vorschuss noch aus eigener Tasche zahlte, wollte er für die Weiterentwicklung nicht mehr alleine ins Risiko gehen und hat mit der Band bei Island Records unterschrieben.[129] Der nächste Karriereschritt ist gelungen. 2010 hat die Band weltweit zahlreiche Gold-Auszeichnungen erhalten, war für zwei Grammys nominiert und ist bei der entsprechenden Verleihung gemeinsam mit Bob Dylan aufgetreten. Auch Milow und Ingrid Michaelson haben sich für die internationale Auswertung auf einem großen Musikmarkt wie Deutschland die Unterstützung eines Majors gesichert.

Dies gilt im Übrigen auch für die eingangs erwähnten Bands wie die Arctic Monkeys, PSY und Co. Denn auch sie sind von Labels unter Ver-

---

126 Ellinghaus (2012).
127 Lieberberg, Daniel (2012). Zitiert in: Gillig-Degrave, Manfred: *O-Ton Daniel Lieberberg: »Kein Künstler muss bei uns sein kritisches Bewusstsein abgeben«*. In: http://www.mediabiz.de/musik/news/o-ton-daniel-lieberberg-kein-kuenstler-muss-bei-uns-sein-kritisches-bewusstsein-abgeben/317893 (20.04.2012): Lieberberg ist Senior Vice President Vertigo/Capitol – Polydor/Island bei Universal Music. Er ist verantwortlich für alle in Deutschland unter Vertrag genommenen Künstler.
128 Tudhope, Adam (2010). Zitiert in: Hunter-Tilney, Ludovic (2010): *The Music Industry's New Business Model*. In: http://www.ft.com/cms/s/2/92d98d1c-bae9-11df-9e1d-00144feab49a.html#axzz1KI517FsF (22.04.2011).
129 Vgl. Hunter-Tilney (2010).

trag genommen worden, nachdem sie sich im ersten Schritt alleine eine große Fanbase aufgebaut und nicht zu unterschätzende Erfolge erreicht haben. Der große internationale Durchbruch der genannten Acts ist somit erst mit dem Support eines Labels im Rücken möglich gemacht worden.[130] Ellinghaus bestätigt, dass Labels weiterhin notwendig sind, um wirklichen kommerziellen Erfolg zu haben: »Kein Künstler kann eine Platte so hoch bauschen, ohne dass er vorher schon seine eigene Marke aufgebaut hat. Wenn er also ein relativer Newcomer ist, dann werden die Meisten an den normalen Strukturen dieses Musikgeschäfts durchaus noch scheitern, denke ich.«[131]

Er ist der Meinung, dass sich Labels und Künstler im Optimalfall gegenseitig gut ergänzen und gemeinsam größere Ziele erreichen können: »Manchmal ist die Kombination aus einem Label und einem Künstler ein goldenes Konstrukt, wo einfach [...] etwas entsteht, was jeder alleine für sich nicht geschafft hätte«[132] Lieberberg stimmt dieser These zu und präzisiert die Rolle des Labels:

»Künstler wie Bosse, Katzenjammer oder Gotye sind auf ihrem Weg vielleicht nicht aufzuhalten, und im Zweifelsfall gehen sie ihn auch ohne uns. Aber wenn wir dabei sind, wird es für sie vielleicht leichter, und sie erreichen bestimmte Ziele schneller, treffen gemeinsam mit uns bessere Entscheidungen. [...] Entscheidend ist, dass die Künstler zufrieden sind; entscheidend ist, dass wir zufrieden sind und dass wir als dynamisches Gebilde funktionieren, dass die Entscheidungen, die wir als Kollektiv treffen, richtig sind. Denn die Grundlage all unseres Tuns ist unser Urteilsvermögen – welche Künstler müssen wir unter Vertrag nehmen, welche Bannerwerbung müssen wir schalten, welche Radiostationen müssen wir bemustern, wie nutzen wir Social Media am effektivsten. Diese Dinge sollten wir wissen, und dafür müssen wir unser Urteil ständig schärfen und überprüfen.«[133]

Auch die internationale Ausrichtung ist ein wichtiges Argument pro Labels:

»[...] du redest dann von Frankreich, Italien, Deutschland und Spanien und England... Europa bricht sich alleine in was weiß ich wie viele Länder. Dann hast du noch den riesigen amerikanischen Markt, der wirklich schwierig zu erobern ist, der hat einfach eine schiere Größe. Dann hast du Asien und Australien. Irgendwann

---

130 Vgl. Sturges, Fiona (2010): *Who Needs Record Labels?* In: http://www.independent.co.uk/arts-entertainment/music/features/who-needs-record-labels-1920056.html (23.03.2011). Hunter-Tilney (2010). Wachman (2007).
131 Ellinghaus (2012).
132 Ellinghaus (2012).
133 Lieberberg (2012).

brauchst du einfach Leute. Wie sagen die Amerikaner: ›We need eyes on the ground‹. Also Leute, die in den lokalen Märkten für dich agieren.«[134]

Am Beispiel der deutschen Band The Notwist zeigt Ellinghaus auf, dass ein Label mit internationalen Strukturen für Bands durchaus hilfreich sein kann:

»The Notwist haben zehn Jahre in Deutschland rumgewuselt, dann sind sie zu uns gekommen, weil sie gerne internationale Strukturen haben wollten. Also haben wir sie, natürlich auch mit ihrem allerbesten Album ever, aus Deutschland heraus getragen, und da gab es dann auch dankbare Abnehmer dafür. Sie haben es alleine nicht geschafft. Dann haben wir es zusammen geschafft und jetzt können sie wahrscheinlich auch alleine weiter machen.«[135]

Das Label bringt den Künstler in den genannten Fällen auf die nächste Ebene. Es besitzt schließlich die Kontakte zu Medien, Händlern, Produzenten, Songwritern und der Branche, die Erfahrung und eben auch das Budget um einen Act flächendeckend vermarkten zu können.

»Fleet Foxes war auch so eine Dynamik. Die haben Konzerte gespielt auf dem South By Southwest und alle waren sich schnell einig, das ist etwas ganz Tolles. […] Das ist doch der Punkt, wo man als Label dann unterstützend Knöpfe drücken kann, die die Band, die aus irgendeinem Vorort von Seattle kommt, so nicht drücken kann.«[136]

Hinzu kommt die Marktmacht eines großen oder renommierten Labels, die auch viele Türen öffnen kann, um ein Thema bei Händlern und Medien zu platzieren. Dies kann gerade mit dem Portfolio eines Majorlabels im Rücken auch ein Vorteil für den einzelnen Acts sein. Auch die personellen Ressourcen sind relevant:

»Das sind natürlich auch Rahmenverträge mit Plattformen, die dann wiederum den Künstlern Zugang zu Assets oder Tools ermöglichen, die sie normal nicht bekommen können, die wir aber aufgrund unserer Verhandlungsmacht für alle unsere Künstler pauschal verhandeln und dann für die Einzelnen nutzen können. Das ist auch eine Infrastruktur, was Abrechnungen, was Audits anbelangt. Zum Beispiel ist es ja für einen Künstler viel schwieriger, einen Konzern wie Apple zu überprüfen, im Gegensatz zu uns. Das sind aber auch Sachen, wie zum Beispiel Investitionen in Technik und Datenbanken, mit denen wir Auswertungen machen können, wo wir Consumer Insights haben, Marktforschung, Konsumentenbefra-

---

134 Ellinghaus (2012).
135 Ellinghaus (2012).
136 Ellinghaus (2012).

gungen etc., was ein einzelner Künstler nie machen könnte. Zum einen von den Kapazitäten und vom Aufwand her, aber auch von den finanziellen Ressourcen. Und diese Infos nutzen wir dann natürlich wieder, um entsprechend das Maximum für den Künstler rauszuholen.«[137]

Zudem wird die gestiegene Komplexität des Geschäfts betont. Zum einen haben sich demnach die Medienlandschaft und die Medienrezeption geändert, was es heute schwerer macht, einen Künstler im Markt zu positionieren.

»Früher gab es im Endeffekt Massenmedien: TV, Radio, Print. Und es gab meistens einen vorherrschenden Trend pro Jahrzehnt, auf den sich die breite Masse geeinigt hat. Heute gibt es eine Vielzahl von Trends und Stilen, die parallel coexistieren. Die traditionellen Medien haben in der traditionellen Mediennutzung stark verloren, [...] insofern muss ich heute als Label schon mal über mehr Medien oder diffiziler kommunizieren. Es wird immer schwieriger, die Zielgruppen zu erreichen, und es gibt nicht mehr diese eine breite Zielgruppe. [...] In einer Welt, wo alles verfügbar ist und wo ich 1.000 verschiedene Medien nutze und alles auf mich einprasselt, ist es natürlich nach wie vor wichtig, irgendwo eine Orientierung zu haben.«[138]

Zum anderen ist gerade der digitale Markt mit seinen zahlreichen unterschiedlichen Business Modellen, Diensten, Services oder auch Empfehlungsmechanismen, die man als Künstler alle bedienen sollte, für Außenstehende schwer durchschaubar.[139]

»Die Mediennutzung ist so fragmentiert, und es gibt eben so viele Zielgruppen. Es gibt Leute, die kaufen Vinyl, es gibt Leute, die kaufen CDs, es gibt Leute, die kaufen À-la-carte-Downloads, es gibt Leute, die streamen, es gibt Leute, die haben eine Bezahlbereitschaft, es gibt Leute, die haben keine Bezahlbereitschaft, die sind dann vielleicht eher auf werbefinanzierten [Portalen, J.-W.S.]. Es gibt Piraten, es gibt Leute, die gehen nur auf Konzerte, es gibt Leute, denen reicht Radio hören. Ich muss all diese Kanäle und Medien bedienen. Und wie willst du das als Künstler, als kleiner Indie-Band-Künstler ohne entsprechendes Personal [...] bedienen? Du kannst nicht der Experte für all diese Modelle sein. [...] Du brauchst Spezialisten für all diese Disziplinen. [...] Und die Labels, zumindest die großen Labels, haben eben für all diese Disziplinen und verschiedenen Services Spezialisten und Teams, die sich nur damit beschäftigen und dann natürlich entsprechend das Optimale rausholen.«[140]

---

137 Christoph (2012).
138 Christoph (2012).
139 Vgl. Christoph (2012).
140 Christoph (2012).

Die Struktur, das Expertenwissen, das Personal und die Kontakte sind gemeinsam mit der finanziellen Investitionsbereitschaft die relevantesten Faktoren, die Labels, sowohl Indies als auch Majors, heute auszeichnen und relevant machen.

»As labels see it, they can offer knowledge of the market and the latest trends, as well as crucial relationships with other industries that can take the music to the wider audience. They have a crack team of experts, from radio pluggers and publicists to seasoned talent scouts, all under one roof to make sure that the artists get what they need. Need to book a nationwide tour? No problem. Want to get your picture in the paper? Done. But what record companies really have, and what the artist generally doesn't, is money. The IFPI estimates that record companies spend an average of £700,000 breaking a new artist, even though only a small proportion are expected to make a return. If the artist is successful that outlay is recouped in royalties. If they don't then both the artist and record company lose out.«[141]

Gerade in einem so dynamischen und fragmentierten Markt spielen diese Faktoren eine besonders große Rolle: »Finding talent, providing investment to support recording, production and, most importantly, marketing are even more crucial, now that the routes to market for new artists are so diverse.«[142] Mark Mulligan von Jupiter Research ergänzt:

»Many artists want a record deal. What the net has done is allow new people to be recognised, but once established they don't want the hassle of marketing and distribution, which are the core strengths of the companies. At the other end of the spectrum, established groups such as Radiohead, which have been around for years, have a loyal fan base and can exploit the internet for their own advantage.«[143]

Ein abschließender Punkt, der den Vorteil von Labels für Künstler unterstreicht, liegt schlicht und ergreifend darin, dass Künstler sich häufig ein-

---

[141] Sturges (2010). Vgl. auch Quellen: IFPI (2011): *Recording Industry In Numbers 2011: The Definitive Source Of Global Music Market Information*: S. 32. Bundesverband Musikindustrie (2013): *Musikindustrie in Zahlen 2012*: S. 22. Bundesverband Musikindustrie (2014): S. 25: In den Berichten des BVMI wird von 700.000 Dollar bis 1.400.000 Dollar gesprochen, um den Durchbruch in einem großen Musikmarkt zu schaffen. Der IFPI-Report bezieht sich auf das Jahr 2010.

[142] Keeling, Francis (2012): *Now's the perfect time for investors to target music*. In: http://www.ft.com/intl/cms/s/0/bfcdd930-61fb-11e1-807f-00144feabdc0.html#axzz1oVsJrFaZ (14.04.2012).

[143] Mulligan, Mark (2007). Zitiert in: Wachman, Richard (2007): *Radiohead's Rainbow Could Signal Danger For Record Giants*. In: http://www.guardian.co.uk/business/2007/oct/07/media.digitalmedia?INTCMP=ILCNETTXT3487 (23.04.2011). Vgl. Bundesverband Musikindustrie (2013): S. 23: Laut einer Studie des Bundesverbands wünscht sich ein Großteil der Musiker weiterhin einen Plattenvertrag.

fach überhaupt nicht mit dem Business auseinandersetzen möchten, sondern sich auf ihre Musik konzentrieren wollen.

»Da kann ich nur mit einem Satz von Daniel Miller antworten, der Mute Chef, der mal zu mir meinte [...]: ›So lange es Leute wie dich und mich gibt, wird es auch Bands geben, die uns brauchen.‹ Und zwar einfach nur, weil viele Bands tatsächlich in erster Linie Künstler sind und ins Studio gehen und sich da kreativ austoben können. Dann kommen sie raus und haben aber eben nicht sofort so ein Strategieverständnis oder überhaupt diesen Sinn für Vermarktung. Das ist ja vielen auch ein bisschen zuwider. Viele sind einfach Künstler und haben gute Ideen für ein gutes Video. Und wie kriege ich das Video jetzt an den Mann? Und was kann ich eigentlich machen? Das haben glaube ich einfach viele nicht, diesen Sinn dafür. Und darum kann das eine gute Zusammenarbeit sein.«[144]

Christoph bestätigt:

»Wie kann ich als Künstler up to date bleiben? Eigentlich will ich mich auch als Künstler gar nicht mit so was beschäftigen, weil ich ja Musik mache. Ich will neue Songs schreiben, ich will die Songs aufnehmen und ich will sie live performen. Ich will mich aber nicht den ganzen Tag damit beschäftigen, ob jetzt alles von Flash zu HTML 5 geht oder ob jetzt Android iOS als Betriebssystem überholt und ich deswegen meine ganzen Webseiten oder Apps anpassen muss.«[145]

Die Frage, ob ein Label heute für Künstler noch Relevanz hat, kann nach diesen Ausführungen positiv beantwortet werden. Zumindest die Organisationsstruktur eines Labels an sich wird auch in Zukunft bestehen bleiben.

Doch nicht nur für Künstler ist ein Label von Bedeutung. Es ist relevant für die anderen Teilnehmer der Musikindustrie, wie zum Beispiel Verlage oder Konzertveranstalter, da hier gewachsene Vertrauens- und Geschäftsverhältnisse bestehen. Auch für den Handel und die Konsumenten hat ein Label unterschiedliche Funktionen. Es besitzt das Potenzial, auf diverse Weisen Orientierung für verschiedene Parteien zu bieten. So kann es bei einer stringenten Labelführung für ein bestimmtes musikalisches Spektrum stehen oder in einer gewissen Form ein eigenes Image verkörpern. Ersteres legt eine Verbindung zum Konzept Genre nahe, während Letzteres Relationen zur Markenpolitik aufweist. In dieser Arbeit werden beide Orientierungssysteme ausführlich dargestellt und auf

---

144 Ellinghaus (2012): Ellinghaus räumt ein, dass ein sehr gutes, modernes Management, wie im Beispiel Sigur Rós diese Aufgaben an Stelle eines Labels auch übernehmen könnte. Der Act ist schließlich groß genug, hat eine eigene Fanbase und Radio spielt eine untergeordnete Rolle.
145 Christoph (2012).

ihre Anwendbarkeit in der Musik und speziell bei Labels untersucht. Zunächst werden aber die Geschichte sowie der Status Quo der Musikindustrie und ihren Labels dargestellt.

3. Die Musikindustrie

In diesem Teil der Arbeit wird die Musikindustrie als Ganzes sowie die Rolle von Labels im Speziellen untersucht. Der Begriff Musikindustrie wird definiert und als Bestandteil der Kulturindustrie im Sinne von Horkheimer und Adorno betrachtet. Es folgt eine Übersicht über die Geschichte der Musikindustrie von den Anfangstagen bis in die Gegenwart, wobei der Schwerpunkt auf der Bedeutung und Entwicklung von Plattenfirmen im Wandel der Zeit liegt. Aspekte musikgeprägter Jugendkulturen werden hier angerissen und dienen dem besseren Verständnis des Kontexts.

Im Anschluss an diese historische Betrachtung folgt eine Spezifizierung auf den deutschen Musikmarkt. Für die Skizzierung der momentanen Lage wird der Markt in den physischen und digitalen Teilmarkt unterteilt. Zudem werden die Händler- und Käuferstrukturen sowie die Marksegmentierung in Deutschland beleuchtet.

3.1 Die Entstehung und Entwicklung der Musikindustrie

Als Grundlage für die weiteren Betrachtungen wird zunächst die Musikindustrie als Bestandteil der Kulturindustrie definiert. Im Anschluss wird die Historie der Musikindustrie von ihren Anfängen bis in die Gegenwart mit einer Schilderung der wichtigsten Ereignisse der Branche dargestellt. Dabei liegt ein besonderes Augenmerk auf der Entwicklung von Labels.

3.1.1 Die Musikindustrie als Bestandteil der Kulturindustrie

Plattenfirmen und Labels gehören zur Musikindustrie, die wiederum ein Teil der Kulturindustrie ist. Die Begriff Musikindustrie hat sich in den 1920er Jahren des 20. Jahrhunderts eingebürgert und wurde

»zunächst im journalistischen und wirtschaftsjournalistischen Kontext als Bezeichnung für den Gesamtzusammenhang der Herstellung und Verwertung von Musik nach den Gesetzen industrieller Massenproduktion, das heißt integriert in eine arbeitsteilige industrielle Fertigung der zur massenhaften Verbreitung von Musik notwendigen Trägermedien (Notendruck, Schallplatte, CD usw.)«[1] verwendet. Damit ist also nicht der kreative Vorgang der Musikproduktion, sondern die industrielle Produktion und Verwertung von Musik gemeint.

Unter dem Begriff Musikindustrie werden sämtliche, an Musik gebundene Prozesse bezüglich der industriellen Produktion und der Verbreitung von Trägermedien zusammengefasst.[2] Wikström definiert die Musikindustrie auf Basis von Keith Negus Ansatz wie folgt: »The music industry consists of those companies concerned with developing musical content and personalities which can be communicated across multiple media.«[3]

Durch überschneidende oder auch synonym genutzte Begriffe wie Musikwirtschaft, Musikgeschäft, Musikmarkt oder auch Phonographische Industrie wurde der Terminus Musikindustrie aufgeweicht. Die folgende Abbildung grenzt die Musikindustrie von der Musikwirtschaft, dem Musikleben und der Musikkultur ab. Plattenfirmen sind demnach nur ein Teil der Musikwirtschaft, zu der unter anderem auch Musikverlage, Touragenturen oder Merchandisefirmen gehören.[4]

---

[1] Wicke (1997a): Anmerkung in Klammern aus dem Original übernommen.
[2] Vgl. Wicke, Peter (1997b): *Gesamtübersicht Musikindustrie.* In: http://www2.rz.hu-berlin.de/fpm/graf_tab/gesamt.htm (22.07.2003)
[3] Wiktröm (2011): S. 49.
[4] Vgl. Kusek, David/Leonhard, Gerd (2006): *Die Zukunft der Musik. Warum die digitale Revolution die Musikindustrie retten wird.* S.20f: Kusek und Leonhard bieten eine kritische Abhandlung zur Haltung der Plattenfirmen gegenüber den neuen digitalen Möglichkeiten. Sie zeigen Szenarien auf, wie das Musikbusiness als Ganzes davon profitieren kann. Daher betonen sie, dass die Plattenfirmen nur ein kleiner Teil der Musikwirtschaft sind.

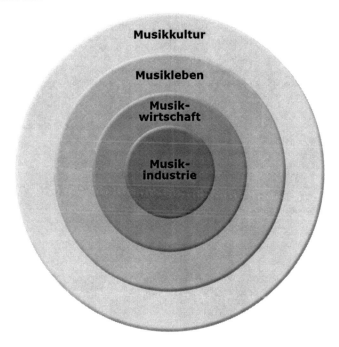

Abbildung 3: Gesamtübersicht Musikindustrie.[5] Quelle: Wicke.

Als Teil der Kulturindustrie wird der Musikindustrie von Max Horkheimer und Theodor W. Adorno in ihrer »Kritischen Theorie« eine kulturkritische Note verliehen. Horkheimer und Adorno sehen in der industriellen Mas-

---

5 Vgl. Wicke (1997b): Eigene Abbildung basierend auf Wicke.

senproduktion, die von der Kulturindustrie betrieben wird, die Entwertung von Kultur:[6]

»Alle Massenkultur unterm Monopol ist identisch, und ihr Skelett, das von jenem fabrizierte begriffliche Gerippe, beginnt sich abzuzeichnen. An seiner Verdeckung sind die Lenker gar nicht mehr so sehr interessiert, seine Gewalt verstärkt sich, je brutaler sie sich einbekennt. Lichtspiele und Rundfunk brauchen sich nicht mehr als Kunst auszugeben. Die Wahrheit, daß sie nichts sind als Geschäft, verwenden sie als Ideologie, die den Schund legitimieren soll, den sie vorsätzlich herstellen.«[7]

Der Begriff Musikindustrie als Teil der Kulturindustrie wird somit ebenfalls mit ästhetischen Implikationen aufgeladen,

»die auf das für industrielle Produktionsvorgänge charakteristische Gesetz der Serie, Standardisierung und Stereotypisierung abheben. Damit ist dem Begriff Musikindustrie durch einen höchst problematischen Analogieschluß noch eine weitere metaphorisch gemeinte Dimension beigestellt, was ihn schließlich in ein diffuses ideologisch-ästhetisches Schlagwort verwandelt hat.«[8]

Angesichts der zentralen Bedeutung der industriellen Herstellung von Tonträgern und ihrer massenhaften Verbreitung im 20. Jahrhundert für alle Formen und Bereiche des Musizierens ist die Verwendung der Bezeichnung Musikindustrie durchaus legitim, solange sie sich nachdrücklich nur auf die mediale Infrastruktur der musikalischen Praxis bezieht.[9] Horkheimer und Adorno implizieren darin dagegen unter anderem den Verlust der Qualität der Kunstwerke. Die massenhafte Produktion durch die Kulturindustrie ist demnach schädlich für die Kunst, da sie unter wirtschaftlichen

---

6 Vgl. Horkheimer, Max/Adorno, Theodor W. (1979): *Dialektik der Aufklärung*. S.108–150. Wicke (1997a). Kurp, Matthias/Hausschild, Claudia/Wiese, Klemens (2002): *Musikfernsehen in Deutschland*. S.80f. S. auch Adorno, Theodor W. (1975): *Einleitung in die Musiksoziologie*. S. 14–34: In Adornos Abhandlung zur Musiksoziologie wird seine Haltung gegenüber populärer Musik anhand seiner Hörertypisierung sehr gut deutlich gemacht. Horkheimer und Adorno thematisieren in dem Kapitel »Kulturindustrie. Aufklärung und Massenbetrug« sehr kritisch die Machenschaften und Auswirkungen der Kulturindustrie.
7 Horkheimer/Adorno (1979): S. 108.
8 Wicke (1997a).
9 Vgl. Wicke (1997a). Kurp/Hausschild/Wiese (2002), S. 81. Negus, Keith (1999): *Music Genres and Corporate Cultures*. S.14: Negus verfolgt die Idee der Industrie, die Kultur produziert, und umgekehrt der Kultur, die eine Industrie produziert, durch das gesamte Buch im Hinblick auf verschiedene Genres und Kultur in der Musikindustrie. Sein Buch ist eines der wenigen, die sich speziell mit dem Zusammenhang von Genres und Labels auseinandersetzen.

Zwängen nach dem größtmöglichen Nenner sucht und dabei Innovationen oder Experimenten kritisch gegenüber steht.[10]

»Mit der Billigkeit der Serienprodukte de luxe aber und ihrem Komplement, dem universalen Schwindel, bahnt eine Veränderung im Warencharakter der Kunst selber sich an. Nicht er ist das Neue: nur daß er heute geflissentlich sich einbekennt, und daß Kunst ihrer eigenen Autonomie abschwört, sich stolz unter die Konsumgüter einreiht, macht den Reiz der Neuheit aus.«[11] Die Kunst wird durch ihre massenhafte Reproduktion zur bloßen Ware und verliert an Einzigartigkeit.[12] Die Kritik kann auch heute noch übertragen auf die Musikindustrie angebracht werden. Schließlich besteht sie aus einem komplexen Gebilde mit vielen Verflechtungen, die nicht nur innerhalb der Musikindustrie vorhanden sind, sondern auch in branchenfremde Bereiche durchdringen. Zu der genannten Definition des Begriffs Musikindustrie ist hinzuzufügen, dass der gesamte Produktkreislauf medialer Träger mit einbezogen wird, womit auch »die Massenmedien mit ihrer absatzprägenden Funktion sowie der Handelssektor und seine Begleitmedien«[13] Bestandteile der Industrie sind. Gleichzeitig wird durch die Definition der Begriff Musikindustrie

»deutlich von dem übergeordneten Zusammenhang der Musikwirtschaft abgegrenzt, der alle Wirtschaftsbetriebe sowie öffentlichen und privaten Aktivitäten umfaßt, die zum Zweck des Einkommenserwerbs im Rahmen der Schaffung, Verbreitung und Erhaltung von Musik Leistungen erbringen oder Produkte herstellen«.[14]

Sowohl in wirtschaftlicher, als auch in kultureller Hinsicht ist die Musikindustrie für den größten Teil der produzierten und vermarkteten Musik zur Existenzgrundlage geworden. Durch die technische Reproduzierbarkeit und die Möglichkeit der industriellen Massenproduktion ist Musik zum Produkt geworden, was aber nicht unbedingt den Analogieschluss vieler

---

10 Vgl. Horkheimer/Adorno (1979): S. 120. Poschardt, Ulf (2001): *DJ Culture*. S.255, 366. Negus (1999): S. 17, 21. Chapple, Steve/Garofalo, Reebee (1980): *Wem gehört die Rockmusik?* S. 348-351: Bei Chapple/Garofalo steht die Kritik Adornos im Kontext einer kritischen Sichtweise auf die Musikindustrie, die von den beiden Autoren vertreten wird.
11 Horkheimer/Adorno (1979): S. 141.
12 Vgl. Benjamin, Walter (1974): *Das Kunstwerk im Zeitalter seiner technischen Reproduzierbarkeit*. Benjamin schildert in seinem Werk die Auswirkungen der massenhaften technischen Vervielfältigung und den damit verbundenen Verlust der Aura eines Kunstwerks.
13 Kurp/Hausschild/Wiese (2002): S. 81. Vgl. auch Wicke (1997a).
14 Wicke (1997a).

Kulturkritiker rechtfertigt, dass sich die industrielle Produktionsweise negativ auf die Qualität der hervorgebrachten Musik auswirkt.[15] Sicherlich bestehen Interdependenzen zwischen der Musikindustrie und den involvierten Musikern, die jedoch sehr komplex und kaum erforscht sind.

Die Entwicklung der Musikindustrie wird von ihren Anfängen dank der Möglichkeit der (industriellen) Produktion von Tonträgern bis zu den Einflüssen der Digitalisierung im Folgenden dargestellt.[16]

3.1.2 Die Anfänge der Musikindustrie bis zum Ersten Weltkrieg

Die Geschichte der Musikindustrie lässt sich in mehrere große Phasen aufteilen, die je nach Untersuchungsansatz leicht voneinander differieren.[17] Der Ausgangspunkt der Musikindustrie, wie wir sie heute kennen, liegt dabei einheitlich im Jahre 1877 als es Thomas Alva Edison (1847–1931) gelang, erstmals Schallwellen aufzuzeichnen und wiederzugeben.[18] Zuvor war Musik ein immaterielles, nicht reproduzierbares Gut, das nur in Form von tatsächlich gesungenen und gespielten Liedern existierte.

»Vor dem 19. Jahrhundert wurde ein Musikstück nicht mehr als einmal auf die gleiche Weise gespielt, weil es unmöglich war, die Umstände der Aufführung exakt zu reproduzieren. Die Instrumente und die Orchestrierung wechselten, ebenso die Musiker, ihre Launen, das Publikum und die Umgebung der Aufführung. Die Stücke wurden so gut aufgeführt, wie es in dem Moment möglich war [...]. Für die Komponisten jener Tage war es nicht ungewöhnlich, sich Material voneinander zu

---

15 Vgl. Wicke (1997a). Kurp/Hausschild/Wiese (2002): S. 81f. Horkheimer/Adorno (1979): S. 108–150.
16 Vgl. Wicke (1997a). Moser, Rolf/Scheuermann, Andreas (Hg.) (2003): *Handbuch der Musikwirtschaft*. Kusek/Leonhard (2006): S. 36ff. Moser/Scheuermann bieten einen umfassenden Gesamtüberblick über die Musikwirtschaft. Kusek/Leonhard spezialisieren sich auf die Auswirkungen der Digitalisierung auf die Musikindustrie.
17 Vgl. Wicke (1997a). Schulze (1996): S. 46ff. Jaspersen, Thomas (1998): »Tonträger – Schallplatte, Kassette, CD«. In: Faustich, Werner (Hg.): *Grundwissen Medien*. S.378ff. Gronow, Pekka/Saunio, Ilpo (1998): *An International History of the Recording Industry*. Wicke nennt vier große historische Phasen der Musikindustrie, Schulze unterteilt in sechs Phasen und geht von einer Aufteilung nach Marktstrukturen zu einer Einteilung nach Epochen über. Jaspersen betrachtet die Geschichte des Tonträgers und sieht dabei drei prägende Entwicklungen seit dem Zweiten Weltkrieg. Gronow/Saunio stellen grobe zeitliche Einteilungen in sinnvolle Relationen zu technischen Entwicklungen, die für die Musikindustrie relevant gewesen sind.
18 Vgl. Renner,(2004): S. 25.

borgen, um es für die vorhandenen Spieler und Musiker zu adaptieren, zu aktualisieren und zu verbessern.«[19]

Die ersten Vorläufer der Musikindustrie lassen sich dennoch bereits vor der Entwicklung des Tonträgers finden. Nach ersten Ansätzen im 18. Jahrhundert bildete sich gegen Mitte des 19. Jahrhunderts ein Markt aus Musikverlagen, Musikaliendruck, Musikalienhandel und natürlich Musikern selbst, um das neue Potenzial zu nutzen, das durch die Errungenschaft des Notendrucks und den gleichzeitigen Einzug des Klaviers zum weit verbreiteten Hausinstrument entstanden war.[20] Diese neue Form der Reproduzierbarkeit von Musik hatte zur Folge, dass der Komponist fortan getrennt vom Performer für sich stehen konnte und sich mit dem Musik-Verleger ein weiterer neuer Typus in der noch jungen Musikbranche gründete. Zudem zeichneten sich bereits in dieser Zeit Entwicklungen ab, die das Musikgeschäft prägen sollten. Die Unterscheidung in notierte und unnotierte, respektive kommerzielle und unkommerzielle Musik schloss schon damals den Großteil der Musik von der Industrie aus. Mit der Entstehung von Verlagen zog auch die Bedeutung von Copyrights in die Musikindustrie ein. Ein weiterer Punkt ist die Entstehung einer neuen Hierarchie zwischen Musikern und Musikhörern, und damit die Entstehung eines neuen Marktes. Der Hörer wurde zum Konsumenten der Produkte von Stars und des Produkts Star.[21] Er konnte nun für Konzerte des Musikers bezahlen, Instrumente kaufen und seine Partituren nachspielen.[22] Allerdings gab es in den Anfangsjahren aufgrund der Voraussetzung der Notenkundigkeit noch eine relativ hohe Eintrittsbarriere, weshalb die potenzi-

---

19 Kusek/Leonhard (2006): S. 12.
20 Vgl. Frith, Simon (2001): »The Popular Music Industry«. In: Frith, Simon/Straw, Will/Street, John (Hg.): *The Cambridge Companion to Pop and Rock*: S.29f. Wicke (1997a). S. auch: Roell, Craig H. (1989): *The Piano In America. 1890–1940*. Sanjek, Russell (1988): *American Popular Music And Its Business: The First Four Hundred Years: Vol. 1 The Beginning To 1790. Vol. 2 From 1790 To 1900. Vol. 3 From 1900 To 1980*: Roell geht auf die Geschichte des Klaviers ein. Sanjek bietet detaillierte Studien zu den Anfängen der Musikindustrie.
21 Vgl. Drosdowski/Scholze-Stebenrech/Wermke (Hg.) (1997): S. 769: Unter einem Star versteht man jemanden, »der auf einem bestimmten Gebiet Berühmtheit erlangt hat.« Eine ausführlichere Abhandlung zum Thema Star folgt in Kapitel 4.
22 Vgl. Frith (2001): S. 29f. Kusek/Leonhard (2006): S. 44ff. Frith, Simon (Hg.) (1993): *Music and Copyright*: Zur Vertiefung der Copyright-Problematik in der Musik empfehlen sich Frith (1993) und Kusek/Leonhard (2006).

elle Zielgruppe der Musikkonsumenten trotz der besonders gut zu verkaufenden Klavieralben erheblich eingeschränkt war.[23] Es war schließlich Edison, dem es am 18. Juli 1877 erstmals gelang, die menschliche Stimme zu konservieren und wiederzugeben. Sein lautes »Hello« war somit die erste Tonträgeraufnahme.[24] Daraufhin entwickelte er den Phonograph, wobei ein mit Stanniolpapier umwickelter Zylinder als Tonträger diente. Während er den Zylinder drehte, sprach er durch ein Mundstück am 6. Dezember 1877 die Zeile »Mary had a little lamb« aus dem gleichnamigen Kinderlied und konnte seine konservierte Stimme danach zwar dumpf, aber verständlich abspielen. Sofort wurde der Phonograph patentiert und war somit das erste Abspielgerät für Tonträger im weitesten Sinne.[25] Die Reproduktion von Musik war dabei nur in zwei von zehn Anwendungsmöglichkeiten enthalten, die Edison in seiner Erfindung sah.[26]

Nachdem 1885 das Graphophon von Charles Sumner Tainter und Chichester Bell mit seiner besseren Aufnahmequalität vorgestellt wurde,[27] reagierte Edison 1888 mit einem verbesserten Phonographen. Da sich die Geräte sehr ähnelten, kam es zu einem Patentstreit zwischen den beiden Parteien, bis sich der Fabrikant Jesse Lippincott beide Patente für über eine Millionen US-Dollar sicherte und 1888 die North American Phonograph Company gründete.[28] Obwohl der Phonograph im selben Jahr lediglich als

---

23 Vgl. Wicke (1997a). Frith (2001): S. 31.
24 Quelle: Tonaufzeichnung. In: http://www.tonaufzeichnung.de/ (22.07.2003). Vgl. Poschardt (2001): S. 15: Auf www.tonaufzeichnung.de findet man eine Zusammenfassung der wichtigsten Daten zur Geschichte der Tonaufzeichnung, die im 16. Jahrhundert beginnt.
25 Vgl. Gronow/Saunio (1998): S. 1. Alsmann (1985): S. 11.
26 Vgl. Frith (2001): S. 31. Negus, Keith (1992): *Producing Pop: Culture and Conflict in the Popular Music Industry*: S.20f. Gronow/Saunio (1998): S. 1. Alsmann (1985): S. 11: Die Nutzung als Diktiergerät stand für Edison an oberster Stelle.
27 Vgl. Gronow/Saunio (1998): S. 4. Chapple/Garofalo (1980): S. 9. Vgl. dagegen Wicke (1997a). Schulze (1996): S. 46: Wicke nennt zusätzlich Alexander Graham Bell als Miterfinder des Graphophons. Bei Schulze werden G. Bell und Tainter als Weiterentwickler des Phonographen erwähnt. Tatsächlich war es aber Chichester Bell, der mit Charles Tainter gemeinsam arbeitete. Sein Cousin Alexander Graham Bell gab das Projekt lediglich bei den beiden in Auftrag. Edisons Interesse an seinem Phonograph, das er aufgrund des mangelnden Erfolgs kurzzeitig verlor, wurde erst durch das Graphophon wieder geweckt.
28 Vgl. Gronow/Saunio (1998): S. 5f. Schulze (1996): S. 46. Vgl. dagegen Wicke (1997a): Laut Wicke gründete Lippincott die American Phonograph Company, wohingegen die North American Phonograph Company, die ursprüngliche Mutterfirma der Columbia,

Diktiergerät auf den Markt gebracht wurde und in dieser Funktion aufgrund seiner begrenzten Klangqualität keine großen Erfolge verbuchen konnte, bildete er die Grundlage für den Tonträgermarkt und die Musikindustrie.[29] Schließlich

»wurde in diesem Zusammenhang [...] für den District Columbia als relativ selbständig operierende Vertriebsorganisation die Columbia Phonograph Company gegründet, die – ab 1938 im Verbund des amerikanischen Medienriesen Columbia Broadcasting System (CBS) und seit 1988 im Rahmen des japanischen Elektronik-Konzerns Sony – damit die älteste Tonträgerfirma der Welt ist.«[30]

Es war aber die Pacific Phonograph Company, eine Tochter der American Phonograph Company, die 1889 der mäßig erfolgreichen Anwendung als Diktiergerät die entscheidende Wendung zum kommerziellen Tonträger gab:

»In San Franciscos Palais Royal Saloon hatte Firmenmanager Louis Glass zu Werbezwecken mit einem Münzmechanismus betriebene Phonographen aufgestellt, die mit je vier stetoskopartigen Abhörschläuchen ausgestattet waren und vorproduzierte Unterhaltungs-Zylinder zu Gehör brachten.«[31]

Damit war die Music Box geboren, und ihr großer Erfolg leitete die Abkehr der noch jungen Branche vom Büromaschinensektor hin zum viel versprechenden Unterhaltungsmarkt ein. Schließlich wuchs die Nachfrage nach vorproduzierten Zylindern durch die schnelle flächendeckende Ausbreitung in öffentlichen Räumen von Kneipen bis zu Vergnügungsparks rasant an, und jeder Haushalt war ein potenzieller Käufer. Edison konzentrierte sich ebenso wie die Columbia Phonograph Company fortan auf die Produktion von Zylindern mit aufgenommener Musik und musste sich eingestehen, dass sich aus seiner ambitionierten Erfindung »nur« eine Music Box entwickelt hat. Die neu entstandene Musikindustrie bewegte sich von nun an zwischen den Faktoren Technologie, Musik und Kommerz

---

zum selbstständigen Konzern geworden ist, in der Edison seine Erfindung weiter verfolgte.
29 Vgl. Schulze (1996): S. 46. Gronow/Saunio (1998): S. 4: Lippincott verkannte aber die Möglichkeiten der Tonaufzeichnung. Die Qualität der Sprachwiedergabe war für ein Diktiergerät noch nicht gut genug. Zudem wurde das Gerät von Stenographen und Sekretärinnen aus Angst um ihre Arbeitsplätze als unzuverlässig dargestellt. Lippincott ging Bankrott und verkaufte schließlich sein teuer erstandenes Patentrecht für ganze 135 US-Dollar wieder an Edison.
30 Wicke (1997a).
31 Wicke (1997a).

und verstand es früh, diese Größen fest miteinander zu verflechten.³² Die stetige Entwicklung der einzelnen Unternehmen und der Musikindustrie als Ganzes hängt bis heute noch eng mit technischen Innovationen zusammen.

Eine solch bahnbrechende Innovation war das 1887 von Emil Berliner (1851-1929) entwickelte Grammophon und der dazugehörige Tonträger. An Stelle von Zylindern diente eine flache Scheibe als Speichermedium: Die Schallplatte. Anfangs hatte sie zwar klangliche Nachteile den Walzen Edisons gegenüber, besaß aber dafür große wirtschaftliche Vorteile in der Produktion.³³ Es war nun möglich, ein Negativ einer Tonaufnahme herzustellen, mit der praktisch unendlich viele Kopien produziert werden konnten.³⁴ Mit der Markteinführung im Oktober 1895 begann die industrielle Massenproduktion von Tonträgern.

»Das war damals eine große Sache, denn das Grammophon erlaubte den Menschen Musik zu hören, ohne dazu in eine Konzertaufführung gehen zu müssen. Das Konzept Musik wandelte sich dadurch von einem dynamischen und interaktiven Unterhaltungserlebnis zu einem fixen Produkt. Musik wurde fast gleichbedeutend mit dem Medium, auf dem sie geliefert wurde. Das waren zunächst Wachszylinder [...]. So verschob sich die Vorstellung von Musik als Aufführung und Dienstleistung hin zu Musik als Produkt.«³⁵

Berliners United States Gramophone Company wuchs mit diesem neuen Verfahren zum größten Konkurrenten für die beiden bestehenden Marktteilnehmer heran. Edisons Phonograph konnte sich trotz Weiterentwicklungen nicht gegen die Schellackplatte von Berliner durchsetzen, die den Markt bis zum Ende der 1940er Jahre beherrschen sollte.³⁶

Die Weiterentwicklung der Musikindustrie in den USA verzögerte sich jedoch aufgrund erneuter Patentstreitigkeiten zwischen Berliner und Co-

---

32 Vgl. Wicke (1997a). Gronow/Saunio (1998): S. 1f, 4f. Negus (1992): S. 21.
33 Vgl. Gronow/Saunio (1998): S. 8. Wicke (1997a). Renner (2004): S. 25. Kusek/Leonhard (2006): S.12
34 Vgl. Wicke (1997a). Vgl. dagegen Gronow/Saunio (1998): S. 10: Laut Gronow/Saunio benutzte Berliner Zinkplatten. Erst Johnson erfand die Wachsplatten, die als Matrizen genutzt werden konnten.
35 Kusek/Leonhard (2006): S. 12.
36 Vgl. Schulze (1996): S. 46. Wicke (1997a). Gronow/Saunio (1998): S. 1, 6, 8. Poschardt (2001): S. 15. Jaspersen (1998): S. 367: Gronow/Saunio gehen umfassend auf diese historischen Anfangsphase der Tonträgerentwicklung ein. Bei Jaspersen finden sich eingehende technische Details zur Geschichte der verschiedenen Tonträger, die hier nicht weiter ausgeführt werden.

lumbia. Diese wurden durch das Auftreten eines weiteren Wettbewerbers namens Eldridge R. Johnson (1867-1945) erheblich verschärft, der unter dem Namen Consolidated Talking Machine Company seine Weiterentwicklung des Tonträgers ohne Rücksicht auf Patentrechte vermarktete.[37] Nach einem zweijährigen Rechtsstreit, während dessen die Beteiligten in den USA nicht aktiv werden konnten, erhielten 1901 Columbia und Berliner das Recht, Tonträger in den Vereinigten Staaten zu produzieren. Edison durfte seine Zylinder ebenfalls weiterhin herstellen. Johnson schien der Verlierer zu sein, doch am 3. Oktober 1901 wurde die Victor Talking Machine Company gegründet. Chef der Firma wurde Eldridge Johnson, der das Unternehmen zur führenden Tonträgerfirma in den USA machte.[38]

Während die Entwicklung in den USA wegen des Patentstreits stillstand, wurde Europa für die agierenden Firmen zum neuen attraktiven Markt. So gründete Berliner 1898 mit der Londoner Gramophone Company einen Ableger in England, der seit 1909 unter dem Namen His Masters Voice (HMV) agiert. Mit dem Hund Nipper, der vor einem Grammophon sitzt, hat das Unternehmen in Anlehnung an ein Gemälde von Francis Barraud (1856-1924) eines der bekanntesten Logos der Musikindustrie kreiert.[39] 1899 wurde in Berlin der Ableger Deutsche Grammophon gegründet, und auch Victor und Columbia, ließen sich in Berlin bzw. London nieder. Dabei ließ Victor seine Produkte in Europa durch die Gramophone Company verkaufen.[40] Die beiden Unternehmen teilten sich kurz darauf auch die übrigen Territorien auf, um gemeinsam die Welt mit ihren

---

37 Vgl. Gronow/Saunio (1998): S. 10. Vgl. dagegen Wicke (1997a).
38 Vgl. Gronow/Saunio (1998): S. 7, 9ff, 36f, 39. Vgl. dagegen Wicke (1997a). S. auch Schulze (1996): S. 46f: Wicke nennt die Victor Talking Machine Company als direktes Nachfolgeunternehmen von Johnsons Consolidated Talking Machine Company. Zudem nennt er Victor nicht als Marktführer, sondern als zweitgrößte Tonträgerfirma in den USA nach Columbia. Letzteres könnte daran liegen, dass er seine Angabe im Gegensatz zu Gronow/Saunio nicht auf den Marktanteil, sondern auf die Firmengröße bezieht. Schulze bezeichnet Victor und Columbia als größte und mächtigste Tonträgerfirmen der USA.
39 Vgl. Gronow/Saunio (1998): S. 9f. Wicke (1997a). Schulze (1996): S. 48: Bei Gronow/Saunio findet man genauere Ausführungen zu der Geschichte des Bildes.
40 Vgl. Gronow/Saunio (1998): S. 11. Vgl. dagegen Wicke (1997a). Schorn (1988): S. 24–31: Laut Wicke wurde 1903 eine Filiale von Victor in Berlin eröffnet. Tatsächlich wurden den die Produkte dabei lediglich über die Deutsche Grammophon in Deutschland vertrieben. Schorn bietet eine detaillierte Übersicht über die Geschichte des Labels Deutsche Grammophon bezüglich der wechselnden Besitzverhältnisse.

Produkten zu erobern.[41] Neben den etablierten Firmen kam es in Europa aber auch zu eigenständigen Neugründungen von Tonträgerfirmen, vor allem in Deutschland und Frankreich. Firmen wie die Polyphon-Musikwerke AG, die Carl-Lindström-AG, unter der die wichtigsten deutschen Labels gruppiert waren, und das französische Unternehmen Pathé-Frères waren dabei so erfolgreich, dass die beiden Letztgenannten von Columbia aufgekauft wurden. Dagegen gingen viele kleine Firmen in Deutschland wegen der einsetzenden Überproduktion nach 1910 Bankrott. In dieser Anfangsphase der Musikindustrie war der Markt vor allem von schnellem Wachstum und hoher Dynamik gekennzeichnet.[42]

Die zahlreichen technischen Neuerungen in dieser Zeit spiegelten sich stets direkt in den Firmen wider, was vor allem durch die Tatsache verstärkt wurde, dass die Tonträgerproduktion und die Herstellung der dazu benötigten Wiedergabegeräte noch in ein und demselben Unternehmen vereint waren. In der Anfangsphase der Musikindustrie konkurrierten zudem mit Edisons Phonographen, dem Grammophon und weiteren leicht modifizierten Geräten, zum Beispiel von Pathé, verschiedene Abspielsysteme mit jeweils unterschiedlichen Tonträgerarten miteinander, so dass die Bemühungen der einzelnen Marktteilnehmer zunächst darin bestanden, sich über die Entwicklung und vor allem Etablierung ihrer hauseigenen technischen Geräte als Standard einen Marktvorteil gegenüber der Konkurrenz zu sichern. Selbst die Veröffentlichung von Tonträgern sollte in erster Linie den Absatz der entsprechenden Abspielgeräte forcieren und deren besondere Vorzüge hervorheben.[43] Somit diente die Musik der Industrie schon damals in erster Linie als Mittel zum Zweck. Allerdings gab es bereits in den ersten Jahren des 20. Jahrhunderts, beflügelt von den enormen Umsatzsteigerungen in dieser Zeit, auch schon erste Tendenzen

---

41 Vgl. Gronow/Saunio (1998): S. 11ff. Renner (2004): S. 26: Berliner und Johnson sendeten ausgebildete Techniker nach Europa, um Aufnahmen der bekanntesten Künstler verschiedener Länder zu produzieren und dadurch den Absatz der Abspielgeräte zu fördern. Somit waren sie also auch A&R's, Produzenten und Geschäftsleute. Vor allem die Brüder Fred und Will Gaisberg erlangten durch ihre herausragende Arbeit in ganz Europa Legendenstatus und trugen einen großen Teil zur Internationalisierung der Tonträgerindustrie bei. Fred Gaisberg gilt als der Urvater der heutigen A&R's.
42 Vgl. Wicke (1997a). Schulze (1996): S. 48. Gronow/Saunio (1998): S. 12f: Bei Wicke findet man auch genaue Zahlen zu den registrierten Unternehmen und deren Produktionswert.
43 Vgl. Wicke (1997a). Negus (1992): S. 22. Gronow/Saunio (1998): S. 12, 36. Renner (2004): S. 25: Edison versuchte noch bis in die 1920er vergeblich, das bereits etablierte Grammophon mit eigenen Geräten und Tonträgern zu verdrängen.

in den Tonträgerfirmen, Wert auf ihr Repertoire und auf exklusive Künstler zu legen. Der italienische Tenor Enrico Caruso, der von dem Gramophone Mitarbeiter Fred Gaisberg in Mailand unter Vertrag genommen wurde, gilt als der erste Star der Tonträgerbranche. Er sang in zwei Stunden zehn kurze Arien ein, die auf Platte gepresst wurden.[44] Dank Caruso »setzte die Schallplatte zum Quantensprung an. Sie emanzipierte sich vom Abspielgerät, wurde plötzlich in den Zeitungen und den besseren Kreisen als Kulturträger entdeckt und geachtet.«[45]

Eine weitere Entwicklung, die das Musikgeschäft von heute geprägt hat, war 1909 der Vorstoß von Musikverlegern und Komponisten, der zur Änderung des amerikanischen Urheberrechts führte und Tonträger nun ebenso wie den Notendruck auch unter Copyright stellte.[46] Die entstandene Interessengemeinschaft zwischen Musikverlagen und ihren Autoren, sowie den Tonträgerfirmen schuf die Bedingungen für ein schnelles Wachstum.

»Musikverlage und Schallplattenfirmen begannen eine Symbiose einzugehen, in der die einen eine werbewirksame zusätzliche Verwertungsquelle für ihre Produkte, den Notendruck, erhielten, während die anderen sich eine Repertoirequelle erschlossen, die an die Bedürfnisse des Tonträgerabsatzes jeweils angepaßt werden konnte.«[47]

Diese Verflechtungen prägten die kommenden beiden Jahrzehnte und sorgten für hohe Konzentrationsprozesse auf beiden Seiten. Gerade in den USA kooperierten die großen Verlage intensiv mit den großen Plattenfirmen, was den Komponisten Monroe H. Rosenfeld 1900 im New Yorker Herald zu einer Bezeichnung für den Verlagsdistrikt der Stadt hinriss, die

---

44 Vgl. Gronow/Saunio (1998): S. 14ff. Schulze (1996): S. 47. Renner (2004): S. 26f. Auch hier war die gut auf Schallplatten reproduzierbare Klangqualität von Opernsängern allgemein und Carusos Stimme im Speziellen ausschlaggebend für den immensen Erfolg der Symbiose aus Oper und Tonträger. Sein Erfolg als Opernstar wurde durch den Erfolg seiner Tonträger in andere Dimensionen geführt, wodurch die Schallplatte ihr Image als exklusives Utensil ablegen konnte und fortan bei Künstlern, Kunden und der Industrie einen hohen Stellenwert erlangte. Bei Gronow/Saunio findet man auch ausführliche Informationen zu Caruso und weiteren Opernstars seiner Zeit.
45 Renner (2004): S. 27.
46 Vgl. Kusek/Leonhard (2006): S. 48f. Wicke (1997a): Im selben Jahr wurde in Deutschland in Zusammenarbeit mit der Pariser Societé Générale et Internationale de l'Edition Phonographique et Cinématographique die Anstalt für mechanisch-musikalische Rechte (AMMRE) gegründet, eine der Vorläufer der heutigen GEMA.
47 Wicke (1997a).

zum Synonym für das Musikgeschäft der nächsten beiden Jahrzehnte wurde: Tin Pan Alley.[48]

Zusammenfassend lässt sich sagen, dass die Anfangsphase der Musikindustrie hauptsächlich von technischen Neuerungen geprägt wurde. Der Markt wurde von wenigen Teilnehmern bestimmt, die mit der Produktion von Tonträgern und den dazugehörigen Abspielgeräten Kapazitäten und Potenziale in ihren Unternehmen bündeln konnten. Man spricht hier von einer mono- bzw. duopolistischen Phase[49]

3.1.3 Die Musikindustrie zwischen den Weltkriegen

Durch den Ersten Weltkrieg kam es zwar zu einem kurzzeitigen Stillstand in der Musikindustrie, jedoch nicht zu einem Rückfall. Es gab aber vor allem in Europa brancheninterne Auswirkungen, die sich am deutlichsten in der Frage nach Besitzverhältnissen der Plattenfirmen bemerkbar machten. Plattenfirmen galten als Feindvermögen und wurden zum Objekt wechselseitiger Beschlagnahmungen, wodurch die ohnehin schon unübersichtlichen Strukturen in der Musikindustrie noch undurchschaubarer wurden.[50]

Das gesamte Musikgeschäft befand sich aber nach einer kurzen Phase des Stillstands weiter im Aufwind. Vor allem in den USA schien das, aus dem Bündnis zwischen Musikverlagen und Plattenfirmen resultierende, Wachstum Anfang der 1920er Jahre unaufhaltbar. Die dortige Musikindustrie hatte den Ersten Weltkrieg wegen des späten Kriegseintritts des Landes relativ unbeschadet überstanden. Die Rationen an Grammophonen und alten Tonträgern waren in der Kriegszeit noch groß genug, um das Geschäft zumindest aufrecht zu erhalten. Nach dem Krieg stiegen die Verkaufszahlen wieder rasant an, und das Grammophon verbreitete sich massenhaft.[51] Aufgrund dieses Booms wurden dutzende weiterer Firmen gegründet, zumal durch den Wegfall der ersten Patentrechte 1914 die Ein-

---

48 Vgl. Wicke (1997a). Chapple/Garofalo (1980): S. 9.
49 Vgl. Wicke (1997a). Schulze (1996): S. 46. Chapple/Garofalo (1980): S. 105.
50 Vgl. Wicke (1997a). Gronow/Saunio (1998): S. 37.
51 Vgl. Wicke (1997a). Gronow/Saunio (1998): S. 28, 36ff. Renner (2004): S. 27: So betrug der Tonträgerumsatz 1921 bereits 106 Millionen US-Dollar. Das Filmgeschäft kam dagegen auf nur 93 Millionen US-Dollar. Gronow/Saunio bieten eine tabellarische Auflistung der Tonträgerabsätze von 1921–1945 in den USA und vereinzelte Daten zu anderen Ländern

trittsbarrieren in die Musikindustrie wesentlich niedriger waren und sich neue Chancen auf dem Markt boten. Die vielen neuen, kleinen Tonträgerfirmen versuchten sich über preisliche und musikalische Abgrenzungen und teilweise sogar mit neuen Tonträgerformaten neben den Major-Labels zu etablieren. In den 1920ern wurden vor allem die Bedürfnisse der vielen Einwanderer von kleinen, unabhängigen Firmen, den sogenannten Independent-Labels oder kurz Indies, bedient, wobei insbesondere der bislang unbeachtete große Markt für »schwarze Musik« ein großes Erfolgspotenzial versprach. Bis dato waren Songs von dunkelhäutigen Musikern kaum oder lediglich in geglätteten Versionen erhältlich, die auf das weiße Publikum abgestimmt waren. 1920 wurde schließlich mit Mamie Smith eine populäre schwarze Künstlerin auf dem Label OKeh gefördert, die gleich große Erfolge feiern konnte. Das Segment der sogenannten »Race Records« mit seinen eigenen Vermarktungsstrukturen begann zu florieren und fand seinen vorläufigen Höhepunkt Ende der 1920er Jahre.[52]

Währenddessen hatte sich mit der Einführung des Rundfunks ein Medium gebildet, das der Tonträgerindustrie erstmals ernsthafte Konkurrenz innerhalb der Freizeitindustrie bot.[53] Schließlich war die Klangqualität des Rundfunks wesentlich besser, zudem war die Musik dort kostenlos, so dass die Tonträgerbranche erstmals aufgrund technischer Innovationen, die nicht in ihrer Hand lagen, erhebliche Umsatzeinbußen hinzunehmen hatte.[54] Mit der Radio Corporation of America (RCA) und dem Columbia Broadcasting System (CBS) gab es zwei große Netzwerke, die von den amerikanischen Haushalten empfangen werden konnten.[55] Auch die

---

52 Vgl. Gronow/Saunio (1998): S. 28f, 40, 47f. Chapple/Garofalo (1980): S. 9f.
53 Vgl. Wicke (1997a). Gronow/Saunio (1998): S. 37, 57. Chapple/Garofalo (1980): S. 9. Frith, Simon (1981): *Jugendkultur und Rockmusik. Soziologie der englischen Musikszene*. S.127. Schäffner, Gerhard (1998a): »Hörfunk«. In: Faulstich, Werner (Hg.): *Grundwissen Medien*: S.256: Die Angaben über den genauen Start des kommerziellen Radios in den USA variieren. Der Sendebeginn in Deutschland war bei Wicke und Schäffner einheitlich der 29. Oktober 1923. Einig sind sich alle Autoren auch darüber, dass der Durchbruch Mitte der 1920er Jahre erfolgte. Allerdings beziffert Wicke die Zahl der Rundfunkempfänger in den USA 1926 mit fünf Millionen, während Frith für dasselbe Jahr in den USA 15 Millionen Empfänger nennt. Womöglich sind bei Wicke Empfangsgeräte gemeint und bei Frith die Hörer. Schaffner bezieht sich dagegen auf den deutschen Markt, der 1926 aus ca. eine Millionen registrierten Hörern bestand.
54 Vgl. Wicke (1997a). Gronow/Saunio: S. 38 (1998). Renner (2004): S. 27. Vgl. dagegen Schulze (1996): S. 48. Kusek/Leonhard (2006): S. 72: Schulze und Kusek/Leonhard sehen durch das Aufkommen des Radios einen Boom, der erst mit der Weltwirtschaftskrise zur Bedrohung wurde.
55 Vgl. Renner (2004): S. 27.

Musikverleger orientierten sich zugunsten des Rundfunks um, so dass die Plattenfirmen ebenfalls mit den Radiostationen, die bis dahin überwiegend mit eigenen Livebands das Programm gestaltet hatten, kooperierten.[56] Neben dem Rundfunk beeinflusste 1927 mit der Aufführung des ersten Tonfilms eine weitere technische Neuerung die Musikindustrie erheblich.[57] Die Musikverlage sahen im Filmmusical ein neues, attraktives Betätigungsfeld, während umgekehrt auch die Filmindustrie Interesse am Musikverlagsgeschäft zeigte. Die Tonträgerindustrie wiederum konnte den Soundtrack und somit ein gutes Werbemittel zu den Filmen liefern. Viele Unternehmensstrukturen änderten sich daher durch die Erweiterung in oder Gründung von verwandten Bereichen. Die RCA, die nach dem Kauf von Victor ab 1929 als RCA Victor firmierte, rief mit der RCA Phototone eine eigene Tochterfirma ins Leben, die sich um die Vermarktung des neu entwickelten Lichttonverfahrens kümmerte. Dadurch war die Technologie, die für die Musikindustrie relevant war, im eigenen Unternehmen angesiedelt, was der Firma eine entscheidende Vormachtsstellung verschaffte.[58]

»Mit diesen Interessenallianzen aus Film- und Verlagsindustrie, Film- und Tonträgerindustrie sowie Rundfunk- und Tonträgerindustrie war ein integrierter Zusammenhang entstanden, in dem sich auf der Grundlage von Musik die unterschiedlichsten Technologien, kulturellen Medien und kommerziellen Interessen in einem komplexen Wechselverhältnis befanden.«[59]

---

56 Vgl. Wicke (1997a). Schulze (1996): S. 48. Gronow/Saunio (1998): S. 67, 106. Frith (2001): S. 40f. Poschardt (2001): S. 65ff. Frith (1981): S. 154f. Shaw, Arnold (1978): *Rock'n'Roll. Die Stars, die Musik und die Mythen der 50er Jahre*: S.265–274: Bereits 1925 bot die Victor Talking Machine Company den Radiostationen ihre Tonträger umsonst zur begrenzten Verwendung an, um diese zu bewerben. Im Gegenzug entfielen für sie die ansonsten üblichen Kosten für die Sendezeit. Der Tonträgeranteil am Radioprogramm blieb zwar noch für etwa weitere zehn Jahre unter dem der Livemusik, doch diese Art der Kooperation mit dem Radio hat sich bis heute bewährt und ist ein fester Teil der Promotionpolitik von Plattenfirmen geworden. In den 1950ern gipfelte die Radiopromotion im so genannten Payola-System: vornehmlich kleine unabhängige Plattenfirmen bezahlten direkt die einflussreichen DJ's, damit diese ihre Platten abspielen. Payola wurde 1960 verboten und wird seitdem indirekt über ungewöhnliche Werbemaßnahmen betrieben. Shaw geht genauer auf diese Thematik ein.
57 Vgl. Gronow/Saunio (1998): S. 57, 60: Der erste Tonfilm war »The Jazz Singer«, erschienen bei Warner Brothers.
58 Vgl. Wicke (1997a). Gronow/Saunio (1998): S. 39f.
59 Wicke (1997a).

Durch die Weltwirtschaftskrise erreichten die Umsatzzahlen allerdings zunächst ihren Tiefpunkt.[60] Die Folge waren viele zerbrochene Unternehmen, Fusionen und Aufkäufe von krisenerschütterten Unternehmen. Auch die erste branchenübergreifende vertikale Integration fand 1932 unter dem Dach der AEG statt. Nur wenige, hochgradig integrierte Firmenkonglomerate überstanden die Krise. In England fusionierten dabei die beiden Rivalen Gramophone und Columbia 1931 zur Electrical and Musical Industries Ltd. (EMI) und erlangten dadurch eine Vormachtsstellung in Europa.[61] In den USA kauften die beiden Radiokonzerne RCA und CBS die Reste der übrig gebliebenen Musikindustrie auf, um sich strategisch besser aufzustellen. So hatte man die Künstler, deren Aufnahmen gesendet werden sollten, gleich selbst unter Vertrag.[62] Dieser Übernahme fielen viele kleine Indies zum Opfer. Darunter waren auch zahlreiche Labels aus dem »Race«-Segment, das folglich bis zum Zweiten Weltkrieg ebenfalls von neuen Majors kontrolliert wurde.[63] Mit Labels wie Decca (Big Band und Jazz) oder Capitol (Country und Rhythm & Blues) wurden aber auch neue erwähnenswerte Firmen gegründet, die sich mit ihren Spezialprogrammen schnell etablieren konnte. Nachdem sich der Markt 1935 weitestgehend erholt hatte, expandierte die Musikindustrie wieder.[64]

Die Phase nach dem Ersten Weltkrieg war insgesamt geprägt von Interessenverbänden, Strukturänderungen und Integrationen innerhalb der einzelnen Unternehmen und der gesamten Branche. Dadurch entstanden um die Musikindustrie herum große Firmenkonglomerate, in denen Plat-

---

60 Vgl. Wicke (1997a). Gronow/Saunio (1998): S. 38, 57. Renner (2004): S. 28: Der jährliche Gesamtumsatz auf dem Tonträgermarkt lag 1933 nach der Weltwirtschaftskrise bei nur noch sechs Millionen US-Dollar (nur noch 5,7 Prozent im Vergleich zu 1921) und erreichte damit das Niveau der Jahrhundertwende und einen neuen Rekordtiefstand, während die Zahl der Rundfunkempfänger auf 17 Millionen im selben Jahr angewachsen war.
61 Vgl. Gronow/Saunio (1998): S. 57f. Chapple/Garofalo (1980): S. 37. Schulze (1996): S. 49. Wicke (1997a): Vor allem bei Wicke findet man weitere detaillierte Informationen zu den Marktgeschehnissen während und nach der Weltwirtschaftskrise.
62 Vgl. Renner (2004): S. 28. Schulze (1996): S. 53. Chapple/Garofalo (1980): S. 10ff.: Hier wird der Aufbau von RCA und CBS zu Medienkonzernen detaillierter geschildert. Zu beiden Firmen gehörten mittlerweile wichtige Rundfunkstationen, so dass die Majors dank der Synergieeffekte ihre Position trotz des Booms der Indies und der Unterlegenheit im Rock'n'Roll-Segment weiter halten konnten.
63 Vgl. Gronow/Saunio (1998): S. 58. Chapple/Garofalo (1980): S. 10.
64 Vgl. Schulze (1996): S. 51. Gronow/Saunio (1998): S. 38, 99. Chapple/Garofalo (1980): S. 21, 23. Renner (2004): S. 28. Southall (2003): S. 47ff, 78f: Bei Southall findet man kurze Porträts zu zahlreichen Labels wie Decca und Capitol.

tenfirmen oft zwischen vor- und nachgelagerten Bereichen ihrer Wertschöpfungskette standen. Mit dem Auftreten der Independent-Firmen wurde der Musikmarkt segmentiert, und es entstand erstmals eine Oligopol-Situation, wobei schon damals der Großteil des Marktes in der Hand weniger Majors lag. Auch wenn viele Indies während der Weltwirtschaftskrise wieder verschwanden, prägt das entstandene Oligopol bis heute die Struktur der Musikindustrie. Die Musikbranche hatte sich umstrukturiert. Der Inhalt Musik als Mehrwert für ein anderes Medium, in diesem Fall Radio, war bereits in den 1930er Jahren von Relevanz. Mit den Charts wurde ein eigenes Instrument zur Marktbeobachtung entwickelt.[65] Doch bevor sie sich weiterentwickeln konnte, kam sie mit dem Zweiten Weltkrieg wieder zum vorläufigen Stillstand.[66]

3.1.4 Der Zweite Weltkrieg und die 1950er Jahre

Während des Zweiten Weltkrieges kam es zu einem Rohstoffengpass für die Herstellung von Schellack-Schallplatten. Der Handel versuchte zwar, das Tonträgergeschäft mit aufwendigen Recyclingmethoden aufrecht zu erhalten, doch der Krieg dominierte auch das kulturelle Geschehen, so dass die positiven Entwicklungen der Musikindustrie vorerst erneut aufgehalten wurden. Die Majors konzentrierten sich ausschließlich auf das Pop-Segment und ließen die »schwarze Musik« ebenso fallen wie Country & Western.[67]

---

[65] Vgl. Zombik, Peter (2003):»Die Bedeutung der Charts für die Musikwirtschaft«. In: Moser, Rolf/Scheuermann, Andreas (Hg.) (2003): *Handbuch der Musikwirtschaft*. Wicke (1996): *Die Charts im Musikgeschäft*. In: http://www2.rz.hu-berlin.de/fpm/texte/charts. htm (07.08.2003). Aus: Musik und Unterricht. Nr. 40/96: S.9–14. Quelle: Bundesverband Musikindustrie: *Die offiziellen deutschen Charts*. In: http://www.musikindustrie.de/charts.html (29.05.2009): Die Charts werden seit 1940 wöchentlich von der amerikanischen Branchenzeitschrift »Billboard« aufgelistet und sind eine Rangliste der meistverkauften Tonträger. Es gibt mittlerweile unzählige Varianten der Charts in verschiedenen Ländern und auch für spezielle Musikstile, Compilations, DVD's und vieles mehr. In Deutschland werden die Charts von Media Control erfasst.

[66] Vgl. Wicke (1997a). Wicke (1996). Gronow/Saunio (1998): S. 28f, 38, 40, 81. Chapple/Garofalo (1980): S. 105. Schulze (1996): S. 48.

[67] Vgl. Wicke (1997a). Schulze (1996): S. 50. Chapple/Garofalo (1980): S. 37: Schellack wird aus einer Masse von Baumharz hergestellt, die nur aus einer ost-indischen Baumart zu gewinnen ist. Wegen der Blockierung der Seefahrtswege im Krieg, gab der Tonträgerhandel neue Platten nur noch bei Abgabe von zwei alten Platten ab. Eine Platte

Besonders Europa hatte wieder mit den Kriegsfolgen zu kämpfen, während sich der Markt in den USA nach dem Krieg am schnellsten erholte und auch erneut in den zerstörten alten Kontinent expandierte. Es kam zu einem regelrechten Boom von neu gegründeten Independent-Labels in der Nachkriegszeit, die meist aus nur wenigen Leuten bestanden. Durch die Spezialisierung auf Nischen, die nicht mehr von den Majors abgedeckt wurden, wie zum Beispiel den zurück gewonnenen »Race«-Markt, konnten Independent-Labels wie Atlantic, das 1947 von Ahmet Ertegun und Herb Abramson gegründet worden ist, verhältnismäßig fest umrissene Zielgruppen erreichen und bedienen.[68]

Der Markt wurde durch die Vielzahl der Indies immer differenzierter, während es die Majors immer schwerer hatten, ein kaufkräftiges Publikum zu erreichen. Um ihre Führungsposition zu stärken, gingen sie Kooperationen mit den Indies ein, warben ihnen die erfolgreichsten Künstler ab oder gliederten gleich den ganzen Betrieb ein.[69]

Die positive Marktentwicklung hatte ihre Grundlage erneut in technischen Fortschritten. Zum einen wurden mit dem Tonband und der Vinyl-Schallplatte zwei neue Arten von Tonträgern etabliert. Zum anderen setzte sich das Fernsehen als Massenmedium durch. Gerade Vinyl bot neben der 7"-Single mit dem 1951 eingeführten 12"-Longplayer (LP) ein neues, wichtiges Format für die Plattenfirmen.[70]

---

diente den Tonträgerfirmen zur Wiederverwertung durch Einschmelzen, die andere Platte war für die Rüstungsindustrie.
68 Vgl. Wicke (1997a). Gronow/Saunio (1998): S. 38, 96. Chapple/Garofalo (1980): S. 40–43. Renner (2004): S. 28, 31ff. Southall (2003): S. 26ff. Ertegun, Ahmet (2001): *What I'd Say. The Atlantic Story. 50 Years of Music*: S. 23ff. Bei Chapple und Garofalo findet man ein Kurzporträt des Labels, das besonders im R'n'B Bereich in den 1950er Jahren eine relevante Rolle spielte und heute als Teil der WEA im Warner Konzern firmiert. Southall bietet eine kompakte Übersicht über Atlantic und zahlreiche andere Labels dieser Ära. Ertegun, der Gründer selbst, beschreibt in seinem Buch ausführlich die Geschichte seines Labels.
69 Vgl. Wicke (1997a).
70 Vgl. Wicke (1997a). Chapple/Garofalo (1980): S. 21f, 27ff. Schulze (1996): S. 51f. Gronow/Saunio (1998): S. 96ff. Renner (2004): S. 29. Kurp/Hausschild/Wiese (2002): S. 79. Théberge, Paul (2001): »Plugged in: Technology and Popular Music«. In: Frith, Simon/Straw, Will/Street, John (Hg.): *The Cambridge Companion to Pop and Rock*: S. 8ff. Mahlmann, Carl (2003a): »Struktur des deutschen Tonträgermarktes«. In: Moser, Rolf/Scheuermann, Andreas (Hg.) (2003): *Handbuch der Musikwirtschaft*: S.184: Während Théberge ausführlich auf die durch das Tonband neu entstandenen Möglichkeiten eingeht, aus denen 1965 die MC entstand, widmen sich die anderen Autoren dem Vinyl aus den CBS Laboren, das 1948 die Umdrehungsgeschwindigkeit von Schallplatten auf 33 1/3

»45 Minuten Spieldauer pro Schallplatte und ein Frequenzumfang von 30 Hz bis 15 000 Hz boten dem Konsumenten ein völlig neues Klangerlebnis und bescherten der Schallplattenindustrie ihren zweiten Boom. Die Langspielplatte war geboren und mit ihr das für die Anbieter von Musikaufnahmen wunderbare Prinzip, dem Kunden zehn, zwölf Songs eines Interpreten verkaufen zu können, obwohl dieser vielleicht nur drei oder vier bestimmte Lieder haben wollte.«[71]

Die von den Plattenfirmen entwickelte, neue LP bot zunächst Klassik-Liebhabern die Möglichkeit, die längeren Werke komfortabler zu hören. In den 1960ern wurde die LP auch bei Pop- und Rock-Künstlern immer relevanter, zum Beispiel mit der Einführung des Konzeptalbums. Zudem konnte die Industrie den Konsumenten nun eine ganze LP verkaufen, anstatt nur Singles, wodurch die Marge für die Labels stieg.[72]

Neben den technischen Fortschritten trugen auch die weit verbreiteten Discounter mit erheblichen Preisrabatten zu höheren Absätzen von Tonträgern bei. Vor allem aber erfolgte eine feinere Marktsegmentierung auf dem Pop-Sektor, wodurch sich auch die Nachfragestruktur änderte. Dadurch ergaben sich wichtige neue Marktbedingungen und -potenziale für die Plattenfirmen. Der wachsende Wohlstand der amerikanischen Mittelschicht löste auch eine größere Bereitschaft aus, Tonträger zu kaufen. Zudem verfügten Jugendliche erstmals über ein eigenes Budget für Freizeitaktivitäten und gaben ihr Geld vornehmlich für einen Plattenspieler und Rockmusik aus.[73] Musik wurde zum wichtigen Bestandteil des Alltags und der Entwicklung Jugendlicher, was sich in dem zur damaligen Zeit gängigen Spruch »My musical education was my record player« gut wider-

---

pro Minute reduzierte. Die Konkurrenz von RCA entwickelte ein Jahr später die 7"-Single mit 45 Umdrehungen, was zum so genannten Kampf um die Geschwindigkeiten führte. Während Columbia zur Vinylplatte, die allen Firmen zur Verfügung gestellt wurde, Abspielgeräte lieferte, auf denen auch alte 78er Platten gehört werden konnten, waren die Geräte der RCA nur für die 7"-Single gedacht, weshalb die Konsumenten verunsichert waren und die Umsätze entsprechend zurück gingen. Schließlich existierten beide Formate bis zum Durchbruch der CD erfolgreich nebeneinander. Wicke geht zusätzlich auf die Rolle des Fernsehens als neues Massenmedium ein. Sein Erfolg zwang den Rundfunk zu neuen Programmkonzepten und der vermehrten Nutzung von Tonträgern aus Kostengründen. Das Radio wurde zum wichtigen Promotion-Instrument für Plattenfirmen.

71 Renner (2004): S. 29.
72 Vgl. Mahlmann (2003a): S. 184.
73 Vgl. Schulze (1996): S. 52f. Chapple/Garofalo (1980): S. 55, Holert, Tom (1999): »Abgrenzen und durchkreuzen. Jugendkultur und Popmusik im Zeichen des Zeichens«. In: Kemper, Peter/Langhoff, Thomas/Sonnenschein, Ulrich (Hg.): *Alles so schön bunt hier. Die Geschichte der Popmusik von den Fünfzigern bis heute*: S.23.

gespiegelt. Mit dem Durchbruch von Rock'n'Roll hatte die Jugend in den 1950ern erstmals ihre eigene Musik, die sie von der Elterngeneration abgrenzte. Die Erfindung des Transistorradios bot der Jugend dazu die Freiheit, ihre Musik überall hin mitzunehmen und somit ihren Lebensstil mobil mitzuprägen. Die erste musikgeprägte Jugendkultur war geboren.[74]

Doch die großen Plattenfirmen hatten die Bedeutung von Rhythm & Blues während des Zweiten Weltkrieges unterschätzt und den Markt den Indies überlassen, so dass die Einnahmen der Rock'n'Roll-Welle an ihnen vorbei flossen. Die Majors versuchten zwar widerwillig, ihre Marktanteile mit radiofreundlichen Cover-Versionen der Hits und neuen Sublabels zurück zu gewinnen, blieben jedoch anfangs relativ erfolglos.[75] Stattdessen feierten kleine Labels wie Chess Records oder Sun Records große Erfolge mit Bluesplatten, die den Rock'n'Roll prägen sollten.[76]

Eine wichtige Entwicklung war zudem die Gründung der Verwertungsgesellschaft Broadcast Music Incorporated (BMI) 1939 in den USA. Bis dato hatte die American Society of Composers, Authors and Publishers (ASCAP) eine Monopolstellung und forderte von den Radiostationen im-

---

[74] Vgl. Gronow/Saunio (1998): S. 185f. Holert (1999): S. 23. Frith (1981): S. 232ff. Wagner, Peter (1999): *Pop 2000. 50 Jahre Popmusik und Jugendkultur in Deutschland*: S.10–16. Ferchhoff, Wilfried (1997): »Musik- und Jugendkulturen in den 50er und 60er Jahren«. In: Baacke, Dieter (Hg.): *Handbuch Jugend und Musik*: S.217ff. Baacke, Dieter (1999): *Jugend und Jugendkulturen. Darstellung und Deutung*: S.55ff. Palmer, Robert (1997): *Rock'n'Roll. Die Chronik einer Kulturrevolution*: S.18f. Kent, Jeff (1983): *The Rise & Fall of Rock*: S.19ff.

[75] Vgl. Schulze (1996): S. 51ff. Chapple/Garofalo (1980): S. 19f, 36, 43ff: 1959 gab es fast doppelt so viele Single-Hits von Indies als von Majors. Seit 1958 konnten zwar auch einige, von Majors kommerzialisierte, Versionen des Rock'n'Roll größere Erfolge feiern, die jedoch nicht mehr die Jugendkultur, sondern das Mainstream-Publikum ansprachen. Erst das Auftreten der Beatles Anfang der 1960er sorgte wieder für eine Abgrenzung der Jugendlichen zu den Erwachsenen.

[76] Vgl. Chapple/Garofalo (1980): S. 47ff, 51ff, 55, 57: Chess wurde 1949 in Chicago unter dem Namen Aristocrat von den Brüdern Leonard und Phil Chess gegründet und noch im selben Jahr umbenannt. 1954 begab sich Chess erfolgreich auf den R&B Markt und hatte mit Chuck Berry einen großen Star. Sun Records entstand aus einem 1950 von Sam Phillips gegründetem Studio in Memphis, in dem er Songs für Modern Records und Chess aufnahm, bevor er selbstständig wurde. Auch Phillips produzierte zunächst Blues-Stücke, war aber auf der Suche nach einem Weißen, der den Sound und das gewisse Feeling der Schwarzen hat. In dem jungen Elvis Presley fand er seine Erfüllung, doch jener sollte erst nach dem Wechsel zur RCA der herausragende Sänger des 20. Jahrhunderts werden. Sam Phillips konnte derweil mit Jerry Lee Lewis und Carl Perkins weitere Erfolge im Rock'n'Roll verbuchen. Sein Label Sun Records nistete sich zwischen Country, Rhythm & Blues und Rock'n'Roll ein, musste jedoch nach und nach die größten Stars zu den Majors ziehen lassen. Phillips ist am 30.07.2003 verstorben.

mer höhere Gebühren für die von ihnen vertretenen Titel. Daher gründeten die Sender selbst ihre eigene Verwertungsgesellschaft. Als die Preise der ASCAP für 1941 signifikant erhöht worden sind, schlossen immer mehr Radiosender Verträge mit BMI statt mit ASCAP ab und spielten nur noch Musik dieser Verwertungsgesellschaft. Davon profitierten kleinere Genres wie Jazz, Country und vor allem Rock'n'Roll, der in der 1950ern seinen Durchbruch feiern konnte.[77]

Die beschriebenen technischen Neuerungen und deren Folgen boten schließlich einmal mehr eine gute Ausgangslage für die weitere Verbreitung von Musik und festigten die Musikindustrie als wirtschaftlich relevante Branche. Zudem resultierten aus den veränderten Marktbedingungen zahlreiche Firmenneugründungen, die sich vor allem abseits des Mainstreams in Nischen zu etablieren suchten. Aber auch wirtschaftlich kräftigere Unternehmen entdeckten den Markt. Vor allem in der Filmbranche Hollywoods wurden eigene Labels gegründet, die ursprünglich zur Verwertung von Soundtracks der hauseigenen Produktionen gedacht gewesen waren. So entstand 1958 Warner Music.[78] Die Marktführer RCA und CBS erweiterten ihre Unternehmen umgekehrt in Richtung Medienkonzerne. So fand man unter dem Dach der CBS neben Schallplatten auch Fernsehen, Radio, Musikinstrumente, HiFI-Geräte und eine eigene Handelskette.[79]

Durch die Umstellung auf Vinyl wurden Plattenfirmen auch wieder für Hardware Hersteller attraktiv.

---

[77] Vgl. Orlik, Peter B. (2004): »Broadcast Music Incorporated«. In: Sterling, Christopher H. (Hg.): *Encyclopedia of Radio 3-Volume Set*: S. 393f. Quelle: BMI. In: http://www.bmi.com/about (01.02.2014).

[78] Vgl. Gronow/Saunio (1998): S. 99. Chapple/Garofalo (1980): S. 96. Wicke (1997a). Cornyn, Stan/Scanlon, Paul (2003): *Explosiv! Helden, Hits & Hypes. Die abenteuerliche Geschichte der Warner Music Group*: Bei Metro-Goldwyn-Mayer entstand 1946 so MGM Records, und die Warner Brothers Filmgesellschaft gründete 1958 Warner Brothers Records, verkaufte aber 1965 das Tochterunternehmen an die Filmverleihfirma Seven Arts, die auch Atlantic Records mit ins Unternehmen holte. Seven Arts wurde 1969 von dem Bestattungsunternehmen Kinney Corporation übernommen, das die Musiksparte unter dem neuen Firmendach Warner Communications wieder mit dem Filmgeschäft vereinte. Später wurde auch Elektra Records aufgekauft, die gemeinsam mit Warner Brothers Records und Atlantic Records unter dem Namen WEA die Vertriebsorganisation der Musiksparte bildete. Cornyn, ein langjähriger Warner Mitarbeiter, beschreibt in seinem Buch ausführlich die Geschichte des Konzerns.

[79] Vgl. Renner (2004): S. 30. Southall (2003): S. 65. Schulze (1996): S. 53. Chapple/Garofalo (1980): S. 10ff.

»Siemens hatte bereits während des Krieges die Deutsche Grammophon in Hannover erworben, Philips stieg 1950 mit der Phonogram ein, kaufte amerikanische Labels wie die Mercury hinzu und fusionierte dieses Bouquet zusammen mit der Siemens-Tochter Deutsche Grammophon und deren Pop-Label Polydor 1972 zur PolyGram, der größten Plattenfirma der Welt.«[80]

Damit wurde die EMI abgelöst, die 1954 die Grammophon- und Radioproduktion an den Konsumartikel- und Waffenhersteller Thorn verkaufte. Decca wurde von Telefunken aufgekauft und firmierte nun unter dem Namen Teldec.[81]

Eine bemerkenswerte Firmenneugründung in Deutschland fand bei der Bertelsmann AG in Gütersloh statt. Nachdem 1956 zunächst das Buchclubangebot um die Schallplatte erweitert wurde, ist 1958 mit Ariola ein eigenes Label gegründet worden, das sich anfangs auf den Compilation-Markt konzentrierte.[82]

Zusammenfassend hat sich die Oligopol-Situation der Musikindustrie nach dem Zweiten Weltkrieg weiter gehalten. Die Majors dominierten das Geschehen zeitweise mit über 90 Prozent Marktanteil[83], während sich aber auch immer mehr unabhängige Firmen, Indies, auf den Markt drängten und vor allem Ende der 1950er Jahre immer mehr Nischen erfolgreich besetzten.[84]

3.1.5 Die 1960er und 1970er Jahre

Das Musikgeschäft der 1960er Jahre in den USA war vom Wachstum geprägt. Die Single und die LP hatten sich endgültig auf dem Markt durchgesetzt, mit dem Stereoverfahren wurde die Klangqualität weiter verbessert, und der internationale Handel wurde vereinfacht. Neben den genannten Gründen war der gestiegene Lebensstandard entscheidend für den enormen Aufschwung, der auch in anderen Konsumgüterbereichen spürbar war. Zudem hatten sich mit der zunehmenden Verbreitung günstiger Kassettenrekorder und mit dem »rack jobbing«, einer neuen Art des Schallplatteneinzelhandels, das Zielpublikum und die Reichweite der Musik ver-

---

80 Renner (2004): S. 30.
81 Vgl. Renner (2004): S. 30.
82 Renner (2004): S. 30f
83 Vgl. Schulze (1996): S. 53.
84 Vgl. Gronow/Saunio (1998): S. 136. Chapple/Garofalo (1980): S. 105. Schulze (1996): S. 53.

größert.⁸⁵ Aber auch die Musik selbst bot nach dem überraschenden Aufstieg des Rock'n'Roll in den 1950ern und seiner anschlicßenden Kommerzialisierung nach einer kurzen Durststrecke mit neuen Stilrichtungen wieder Identifikationsmöglichkeiten für die Jugendlichen. Musikgeprägte Jugendkulturen wie die Mods und Rocker entstanden, denen später die Hippies folgten.⁸⁶ Mit den Beatles brachten die 1960er Jahre zudem die einflussreichste Band der Popmusik hervor.⁸⁷ Um 1967 erkannten die Majors die von der Popmusik abgegrenzte Rockmusik als vermarktbares Genre und gründeten Unterlabels, die ein glaubwürdigeres Image in der Szene erhalten sollten als die Mutterfirma. Damit kopierten sie das Erfolgskonzept der Indies. Die Annäherung an die Subkulturen brachte den Majors einen finanziellen Gewinn, da der größte Vorteil der Indies, die Nähe zur Szene, nun nicht mehr ganz so gravierend war. Viele Indies wurden auch einfach von Majorfirmen übernommen oder vereinbarten Kooperationen mit ihnen. Diese bezogen sich meist auf den Vertrieb und die Förderung und spätere Übernahme der erfolgreichsten Künstler. Die Relevanz der Indies als potenzielle Talentschmiede wurde also dieses Mal schnell von den Majors erkannt, die den Markt wieder unter Kontrolle

---

85 Beim »rack jobbing« wird eine Verkaufsfläche von einem externen Dienstleister eigenständig bestückt, zum Beispiel die Schallplattenabteilung im Supermarkt.
86 Vgl. Willis, Paul (1981): *Profane Culture. Rocker, Hippies: Subversive Stile der Jugendkultur.* Ullmaier, Johannes (1999): »Subkultur im Widerstreit. Mods gegen Rocker – und gegen sich selbst«. In: Kemper, Peter/Langhoff, Thomas/Sonnenschein, Ulrich (Hg.): *Alles so schön bunt hier. Die Geschichte der Popmusik von den Fünfzigern bis heute.* S.58–64. Ferchhoff (1997): S. 236ff. Wicke, Peter (1987): *Rockmusik. Zur Ästhetik und Soziologie eines Massenmediums.* S.111ff. Willis bietet in seinem Werk eine der besten soziologischen Analysen zu den Subkulturen der Rocker und Hippies. Ullmaier bezieht sich auf die Konkurrenz zwischen Mods und Rockern.
87 Vgl. Schulze (1996): S. 54f, 301ff. Chapple/Garofalo (1980): S. 77ff, 87ff. Frith (1981): S. 61, 100f. Gronow/Saunio (1998): S. 154ff. Spengler, Peter (1985): *Rockmusik und Jugend. Bedeutung und Funktion einer Musikkultur für die Identitätssuche im Jugendalter.* S. 73ff. Davies, Hunter (1979): *Die Geschichte der Beatles.* S.164–173, 254–279. Hertsgaard, Mark (1995): *The Beatles. Die Geschichte ihrer Musik.* S.67ff. Martin, George/Pearson, William (1997): *Summer of Love: Wie Sgt. Pepper entstand.* Der Einfluss der Beatles reichte neben der musikalischen Leistung auch von der ausgefeilten Studiotechnik des Beatles-Produzenten George Martin über die Verstärkung des Starkults und der Symbiose aus Songwriter und Sänger bis zu Strukturänderungen in Plattenfirmen. Martin/Pearson beschreiben detailliert die bahnbrechenden Aufnahmen zum Album »Sgt. Pepper's Lonely Hearts Club Band«. Davies und Hertsgaard gehen neben der Geschichte der Beatles auch auf die Beatlemania und die musikalische Entwicklung der Band ein.

hatten und die Musik der Jugendkulturen schnell und gewinnbringend internationalisieren konnten.[88] Allerdings entwickelten sich parallel Rockbands wie Pink Floyd oder Yes, die für neue Superlative und Anfang der 1970er Jahre symbolisch für die Entfremdung der Musikindustrie von der Szene standen. Diese entwickelte sich bereits seit den 1960er Jahren zunehmend zum Bestandteil komplexer, beidseitiger, branchenübergreifender Integrationsprozesse, so dass die internen und externen Strukturen der Branche und der einzelnen Firmen immer weiter zentralisiert wurden.[89] Während CBS in den USA als Medienunternehmen nah am Kerngeschäft Musik blieb, expandierte RCA in völlig branchenfremde Bereiche wie Autoverleih oder Küchengeräte. In den 1970ern gab es mit CBS, RCA, EMI, Warner und PolyGram fünf dominante Major-Firmen, die immer größer wurden und ihre Aktivitäten über alle Kontinente ausweiteten. Parallel dazu wuchs aber auch die Anzahl der Indies, aus denen besonders Motown und Virgin Records hervorstachen,[90] weiter an, so dass sich immer mehr Firmen den sich ausdifferenzierenden Markt teilen mussten. Dennoch stiegen die Umsätze in den USA trotz der Inflation bis zum Ende der 1970er kontinuierlich an und erreich-

---

88 Vgl. Schulze (1996): S. 55ff, 57f, 125f. Gronow/Saunio (1998): S. 135f, 158. Spengler (1985): S. 66. Chapple/Garofalo (1980): S. 77, 93. Wicke (1987): S. 172. Binas, Susanne (2002): »sound-shifts. Kulturelle Durchdringung als Voraussetzung und Resultat der Schaffung von bedeutungsvollen Unterschieden und Differenz«. In: Bonz, Jochen (Hg.): *Popkulturtheorie*: S.66.

89 Vgl. Wicke (1997a). Wicke (1987): S. 169, 171f. Schulze (1996): S. 56. Frith (1981): S. 197ff. Chapple/Garofalo (1980): S. 93ff: Die drei üblichsten Fusionsstrategien werden bei Schulze und Chapple/Garofalo auch genauer erläutert, wobei Schulzes laterale Integration mit der vertikalen Integration bei Chapple/Garofalo identisch ist und seine vertikale Integration mit den »Großkonzern-Fusionen« der beiden Autoren übereinstimmt. Seine vertikale Integration bezieht sich auf den Gesamtmarkt, während Chapple/Garofalo sie nur innerhalb der Musikindustrie ansiedeln, um schließlich mit ihren »Großkonzern-Fusionen« zu Schulze aufzuschließen. Die Verwendung des Terminus Großkonzern deutet bereits an, dass die beiden Autoren den Machenschaften der Musikindustrie gegenüber sehr kritisch eingestellt sind. Es sind also lediglich verschiedene Anwendungen der Begriffe und keine Meinungsverschiedenheiten zu den verschiedenen Integrationsmöglichkeiten.

90 Renner (2004): S. 39ff. Gordy, Berry (1994): *To Be Loved The Music, The Magic, The Memories Of Motown. An Autobiography*. Branson, Richard (1998): *Losing My Virginity*: Motown wurde 1959 von Berry Gordy Jr. gegründet und etablierte sich als schwarze Rhythm & Blues Company schnell mit einem eigenen Sound, der auch massentauglich war. Virgin wurde 1970 von Richard Branson in London gegründet. In den Biografien der beiden Label-Gründer finden sich zahlreiche interessante Hintergrundinformationen zu Motown und Virgin.

ten 1978 den Spitzenwert von 762 Millionen verkauften Tonträgern. Auch auf den anderen relevanten Tonträgermärkten im Rest der Welt war die Entwicklung ähnlich.[91] Mit dem Durchbruch von Punk kam es Ende der 1970er Jahre zu einem erneuten Boom von Indie-Labels, die sich mit ihrer Do-it-yourself-Haltung ein eigenes Netzwerk aus Labels, Künstlern, Plattenläden, Fanzines, Clubs, Radios und auch Vertrieben schufen. Nach den vielen Aufkäufen durch die Majors entstand so vor allem in England, aber auch in Deutschland, eine Bewegung, die sich gegen die Geschäftsaktivitäten der großen Industrie wandte. Sie brach die zentralisierten Strukturen der Industrie wieder etwas auf und belebte mit ihrer Talentsuche und Aufbauarbeit an der Basis wieder die Musikindustrie.[92] Allerdings wurde Punk als Jugendkultur so schnell von der Industrie aufgegriffen und kommerzialisiert, wie keine andere musikgeprägte Jugendbewegung zuvor.[93] Der Aspekt der Vereinnahmung wird bei Hebdige wie folgt beschrieben:

»Nach und nach nimmt die Subkultur eine eigene, aber gut vermarktete Pose an, und ihr visuelles und verbales Vakabular (sic!) wird vertrauter. In zunehmendem

---

91 Vgl. Gronow/Saunio (1998): S. 135ff, 144ff, 188. Wicke (1997a). Mahlmann (2003a): S. 179. Vgl. dagegen Chapple/Garofalo (1980): S. 77. S. auch Schulze (1996): S. 54: Laut Chapple/Garofalo stagnierte der Markt in den USA Anfang der 1960er resultierend aus der Rezession und des Stillstands in der musikalischen Entwicklung. Tatsächlich waren die Umsatzsteigerungen erheblich geringer als in der zweiten Hälfte der 1950er Jahre, doch der Trend war dennoch leicht steigend. Auch in Deutschland wurde 1978 ein Spitzenwert mit 207,4 Millionen verkauften Tonträgern erreicht.
92 Vgl. Renner (2004): S. 66ff. Walter (1999): S. 218f. Arnold, Gina (1998): »Wege ins Nirvana«. In: Kemper, Peter/Langhoff, Thomas/Sonnenschein, Ulrich (Hg.): *But I like it. Jugendkultur und Popmusik*: S.118. Schulze (1996): S. 125f. Wicke (1987): S. 210f: Wicke betont dabei, dass die neuen Strukturen keineswegs antikommerziell ausgerichtet waren oder eine echte Alternative darstellten, sondern vielmehr das Musikgeschäft effizienter machen konnten und die Eintrittsbarrieren senkten.
93 Vgl. Poschardt (2001): S. 27. Spengler (1985): S. 69f. Holert (1999): S. 24f. Sonnenschein, Ulrich (1998): »Dreck schwimmt oben«. In: Kemper, Peter/Langhoff, Thomas/Sonnenschein, Ulrich (Hg.): *Alles so schön bunt hier. Die Geschichte der Popmusik von den Fünfzigern bis heute*: S.154ff, 160ff. Hebdige, Dick (1983): »Subculture – Die Bedeutung von Stil«. In: Diederichsen, Diedrich/Hebdige, Dick/Marx, Olaph-Dante: *Schocker. Stile und Moden der Subkultur*: S.84–91. Savage, Jon (2001): *England's Dreaming. Anarchie. Sex Pistols, Punk Rock*. Teipel, Jürgen (2001): *Verschwende deine Jugend. Ein Doku-Roman über den deutschen Punk und New Wave*: Sonnenschein fasst die Stilfrage von Punk knapp zusammen. Savage bietet ein ausführliches Werk zur Punkentwicklung in England mit den Sex Pistols im Mittelpunkt. Die frühe Punkbewegung in Deutschland wird von Beteiligten gut bei Teipel dargestellt. Hebdige stellt die Vereinnahmung von Subkulturen zum einen in einer Warenform, zum anderen in einer ideologischen Form am Beispiel von Punk dar.

Maße kann man nun beginnen, die naheliegendsten Bezugsrahmen aufzuspüren und ins Licht der Öffentlichkeit zu rücken. [...] So werden die Subkulturen fortwährend wiedereingegliedert und die zerbrochene Ordnung wiederhergestellt. Am Ende tauchen die ehemals abweichenden Regelbrecher als unterhaltsames Schauspiel in der vorherrschenden Mythologie (aus der sie ja zum Teil hervorkamen) reintegriert wieder auf: als Narren, als Andersartige oder als Feinde. Der Prozeß der Wiedereingliederung hat zwei Formen: erstens die Verwandlung subkultureller Zeichen (Kleidung, Musik etc.) in massenhaft produzierte Objekte (die Warenform) und zweitens die Etikettierung und Umdefinierung abweichenden Verhaltens durch die herrschenden Gruppen – Polizei, Medien, Justiz (die ideologische Form).«[94]

Trotz der schnellen Vereinnahmung von Punk hat diese Subkultur noch heute eine enorme Bedeutung, auch für die Musikindustrie:

»Die Industrie zog ihre Lehren aus dem Debakel der ersten Hälfte der siebziger Jahre und ließ seitdem einen schmalen, aber lebensfähigen Sektor des Musikmarktes unangetastet, auf dem kleinere und mittlere Firmen, ohne ihre Selbständigkeit zu verlieren, ein Operationsfeld zur Entwicklung von Talenten finden. Da ihnen die Kapitalkraft für lukrative Langzeitverträge fehlt, können die Großen jederzeit einsteigen, sobald sich irgendwo ›kommerzielles Potenzial‹ abzuzeichnen beginnt.«[95]

In den 1960er und 1970er Jahren war das Musikgeschäft von einem Zentralisationsprozess geprägt, der auch von branchenexternen Unternehmen mitgetragen wurde. Dadurch bildete sich eine immer stärker werdende Finanzkraft, durch die das Wachstum der Musikindustrie in dieser Zeit weiter forciert wurde.[96] Majors und Indies existieren in

»zwei sehr unterschiedlichen Sektoren, die jedoch eine funktionale Einheit bilden; der hochzentralisierte Bereich der transnationalen Medienkonzerne auf der einen Seite, die dezentralisierte Struktur der ›Unabhängigen‹ – nicht nur Plattenfirmen, sondern auch Kleinagenturen und lokale Veranstalter – auf der anderen. Was sie unterscheidet, sind die Kriterien, nach denen sie jeweils arbeiten, nicht aber das Ziel, nämlich Schallplatten beziehungsweise Eintrittskarten zu verkaufen.«[97]

Majors und Indies näherten sich immer mehr aneinander an und kooperierten miteinander, ließen sich jedoch letztendlich auch den nötigen Freiraum, der für die Entwicklung des Musikmarkts eine herausragende Rolle

---

94 Hebdige (1983): S. 85.
95 Wicke (1987): S. 174.
96 Vgl. Chapple/Garofalo (1980): S. 94ff, 105f.
97 Vgl. Wicke (1987): S. 175.

spielt. Eine weitere wichtige Entwicklung waren die günstigen Leerkassetten, die zu Copyright- und Urheberrechtsverletzungen führten. Musik konnte nun mitgeschnitten werden, zwar mit leichten Qualitätseinbußen, aber eben auch zum günstigen Preis einer Leerkassette. Dazu hieß es damals:

»Die Auswirkungen für die Freizeitkultur, für Musikproduktion und Musikgeschäft sind noch unübersehbar. Denn erstmals in der Geschichte ist der Klangkonsument von der Handelsware relativ unabhängig. Mit der Kompaktkassette bestimmt er sein eigenes Programm. Fast unbegrenzt kann die ›MusiCassette‹ (so die Branchen-Schreibweise) bespielt werden [...]. Und die Musik kommt aus der Luft. Ein Knopfdruck am Radio-Recorder, und schon ist ein Schlager aus dem Äther auf der Kassette für lange verfügbar. Ein Klang-Supermarkt zum Nulltarif: Leichter war das Mitschneiden noch nie. [...] In westdeutschen Schulklassen ist es zur Regel geworden, nur noch eine einzige Platte zu kaufen, die sämtliche Schüler kopieren.«[98]

Eine Einschätzung, die sich mit dem nächsten Formatwechsel wiederholen sollte.

3.1.6 Die 1980er und 1990er Jahre

Die sprunghaften Umsatzsteigerungen in den 1960er und 1970er Jahren hatten 1978 ihren Höhepunkt erreicht und begannen seitdem zu sinken. Die Tonträgerbranche sah den Grund dafür in den Aufnahmemöglichkeiten der weit verbreiteten Kassettenrekorder, obwohl sich die gesamte amerikanische Wirtschaft Anfang der 1980er in einem Tief befand. Die Veränderungen im medialen Umfeld und die zunehmende Mobilität von Medien, die vom Walkman der Firma Sony bis zum Videorekorder reichten, machten auch vor der Musikindustrie nicht halt, die vor einer neuen Ära stand und einen Weg aus der Krise suchte. Nachdem die Musikproduktion bereits in den 1970ern digitalisiert wurde, entwickelten Philips und Sony seit 1978 gemeinsam die Compact Disc (CD). Nachdem der Prototyp 1979 vorgestellt worden war, wurde 1982 in Tokio mit Billy Joels »52nd Street« die erste CD auf den Markt gebracht. 1983 folgten Europa und die USA. Zu dieser Zeit waren sowohl CD-Player als auch CDs selbst noch recht teuer und wurden in erster Linie von High-End-Audiophilen genutzt. Da-

---

98 N.N. (1977): »Klangsupermarkt zum Nulltarif – Leerkassetten«. In: *Der Spiegel*. Ausgabe 17/1977: S. 209.

her war auf den ersten CDs vor allem Klassik-Repertoire zu hören. Doch bereits in der zweiten Hälfte der 1980er Jahre wurden mehr CDs als LPs in den USA verkauft, und das Format setzte sich weltweit durch.[99] Die Einführung der CD bescherte der Branche bis in die 1990er Jahre den größten Boom ihrer Geschichte. Bereits gekaufte Platten wurden aufgrund der bequemeren Handhabung, Stabilität und besseren Klangqualität in einem Substitutionsprozess oft nochmals auf CD gekauft. Ein weiteres Mal wurde nach Vinyl mit der CD ein neues Format von den Plattenfirmen erfolgreich eingeführt.[100]

Auch in der TV-Landschaft tat sich Einiges. Mit der Gründung des Musiksenders MTV (Music Television) in den USA durch ein Joint Venture von Warner und American Express und der damit verbunden wachsenden Bedeutung des Musikvideos erhielten die Plattenfirmen 1981 ein neues Promotion-Instrument, das die Branche ebenfalls aus der Krise bringen sollte. Neben der Bewerbung von Tonträgern wurde das Musikfernsehen auch für Werbetreibende außerhalb der Musikindustrie interessant, da hier die begehrte Zielgruppe der 12- bis 34-Jährigen gut erreicht werden konnte.[101] 1993 wurde in Köln der Musiksender VIVA, an dem unter anderem die Majors Sony, EMI, Warner und Polygram beteiligt wa-

---

99 Quellen: Bundesverband der Phonographischen Wirtschaft: (1997) *Tonträgerabsatz in der Bundesrepublik Deutschland 1985–1996*. In: http://www2.hu-berlin.de/fpm/graf_tab/brd sales.htm (22.02.2003). Bundesverband der Phonographischen Wirtschaft (2003): *Jahreswirtschaftsbericht 2002*: S.54. Vgl. Mahlmann (2003a): S. 185. Schulze (1996): S. 58f. Gronow/Saunio (1998): S. 187, 190ff. Wicke (1997a). Renner (2004): S. 21ff. Haring, Bruce (2002): *MP3. Die digitale Revolution in der Musikindustrie*: S. 32ff. Knopper, Steve (2009): *Appetite For Self-Destruction. The Spectacular Crash Of The Record Industry In The Digital Age*: S. 15–35: Knopper schildert ausführlich die Entwicklung der CD von der initialen Idee über ihren Durchbruch bis zu ihrem Fall. Haring betrachtet die Reaktionen der Musikindustrie auf die digitalen Entwicklungen sehr kritisch. Er sieht den Schritt zur CD als einziges Zugeständnis der Firmen gegenüber dem technischen Fortschritt. Weitere Format-Entwicklungen wie das DAT (Digital Audio Tape) oder die DCC (Digital Compact Cassette) blieben erfolglos, während die MD (MiniDisc) die CD zwar nicht ersetzen, sich aber temporär als eigenständiges Aufnahmemedium durchsetzen konnte.
100 Vgl. Kusek/Leonhard (2006): S. 82, 86. Haring (2002): S. 32.
101 Vgl. Gronow/Saunio (1998): S. 202. Mercer, Kobena (1993): »Monster Metaphors«. In: Frith, Simon/Goodwin, Andrew/Grossberg, Lawrence (Hg.): *Sound and Vision. The Music Video Reader*: S.93ff. Kurp/Hausschild/Wiese (2002): S. 118f. Schmidt, Axel (1999): »Sound and Vision go MTV«. In: Neumann-Braun, Klaus (Hg.): *Viva MTV!* S. 100: Der große Erfolg von Michael Jacksons Album »Thriller«, das 1982 veröffentlicht wurde und zum meistverkauften Tonträger aller Zeiten avancierte, wird oft mit den spektakulären Videoclips begründet, die zu den Single-Veröffentlichungen werbewirksam auf MTV gespielt wurden.

ren, gegründet, der MTV mit einem lokal geprägten Programm Konkurrenz machen sollte.

»Das Ziel der Gesellschafter war auf jeden Fall, Vielfalt in den Markt zu bringen. Der Treibriemen der VIVA-Gründung war dieser monopolistische Zustand durch MTV. [...] eines der Ziele war auch, deutschen Nachwuchs zu fördern. Aber das kann man nur schaffen, wenn der Sender erfolgreich ist. Wenn nicht diese Ahnung da gewesen wäre, dass sich hierzulande mittlerweile zwei Generationen von Menschen mit »normaler« deutscher Popmusik beschäftigt haben, dann hätte man nicht den Mut gehabt, diesen deutschen Weg einzuhalten. Die Zeit war einfach reif«.[102]

Nach den Erfolgen von VIVA gründete auch MTV in der Folgezeit nationale Ableger mit eigenen Programmen in aller Welt.

Bei den Plattenfirmen kam es ebenfalls erneut zu einem Konzentrationsprozess. EMI wurde 1979 vom Elektronik-Konzern Thorn erworben. Die Tonträgersparten von RCA und CBS wurden 1986 bzw. 1987 abgestoßen und von Bertelsmann bzw. Sony aufgekauft.[103] Bertelsmann hatte zuvor bereits nach der Labelgründung von Ariola auch internationale Labels wie Arista (1979) hinzu gekauft. 1986 entstand schließlich mit der Übernahme von RCA Victor durch Ariola die BMG Music Group.

Warner fusionierte mit dem Time Verlag zum Time-Warner-Konzern. MCA wurde 1990 von Matsushita aufgekauft und 1995 an Seagram weiterverkauft. Es folgte die Umbenennung in Universal Records. 1998 erweiterte Seagram unter der Leitung von Edgar Bronfman Junior das Portfolio mit der Übernahme von Polygram, die unter anderem 1980 Decca und 1993 Motown aufgekauft hatte. Universal und Polygram wurden 1998 zur Universal Music Group fusioniert, die wiederum seit 2000 zu Vivendi Universal gehört.[104]

Mit Grunge und der Techno- und Elektroszene bildeten sich in den 1990ern zwei weitere Jugendkulturen heraus, die eine wachsende Bedeutung von Indie-Labels zur Folge hatten, da sie der Ursprung dieser Subkulturen gewesen sind. Die Einflüsse dieser Musikrichtungen sind bis

---

[102] Gorny, Dieter (2003). In: N.N. (2003): *Interview mit Dieter Gorny*. In: http://www.deutsche-musik.org/musik/index.php?rubrik=0011&id=0033 (02.05.2009).
[103] Vgl. Renner (2004): S. 91. Southall (2003): S. 65, 219.
[104] Vgl. Wicke (1997a). Schulze (1996): S. 61. Gronow/Saunio (1998): S. 187ff. Kurp/Hausschild/Wiese: S. 86f. Gassner, Rudi (1999): »Weltmusikmarkt«. In: Moser, Rolf/Scheuermann, Andreas (Hg.): *Handbuch der Musikwirtschaft*: S. 21. Renner (2004): S. 90f. Southall (2003): S. 278ff.

heute zu spüren. Zudem hat sich HipHop als massentaugliche Jugendkultur erwiesen und sich zum Mainstream entwickelt.

3.1.7 Die Musikindustrie im digitalen Zeitalter

Die Dynamik des Musikmarktes setzt sich bis in die Gegenwart fort. Bereits seit dem Ende der 1990er Jahre zeichnete sich eine gewaltige Umwälzung ab, auf die man in der Musikindustrie nicht vorbereitet war. Die technologischen Fortschritte führten mit der Digitalisierung zu einem enormen Umbruch der Medienwelt, vor allem für die Plattenfirmen. Dieser ist geprägt von einem erneuten Formatwechsel, neuen Formen der Musikpiraterie und -vervielfältigungsmöglichkeiten sowie einer Umwälzung des Vertriebswegs.

Mit der Einführung des CD-Brenners sowie der dazugehörigen Rohlinge setzte sich zum Ende der 1990er Jahre nach der Leerkassette ein neues Medium durch, das die Vervielfältigung von Musik nicht nur günstig, sondern nun auch noch verlustfrei ermöglichte. Die Industrie selbst hatte mit der Einführung der CD den Weg für die Digitalisierung erst geebnet. Nun wurde sie ein Opfer derselbigen. Die meistverkaufte CD in Deutschland war schon 1999 der leere CD-Rohling mit 117 Millionen Exemplaren. Davon wurden 58 Millionen für Musik genutzt.[105] Der Aufschwung des Rohlings hielt zwar nur bis 2005 an, Musik liegt aber weiterhin an erster Stelle der gebrannten Medieninhalte.[106]

Mitte der 1990er Jahre fand zudem ein erneuter Formatwechsel statt, der dieses Mal nicht von der Musikbranche initiiert worden war. Das Format MPEG-1 Layer 3 (MP3) wurde vom Frauenhofer Institut unter der Leitung von Karlheinz Brandenburg bei der Forschung nach einem Datenkompressionsverfahren entwickelt. 1989 wurde es in Deutschland zum Patent angemeldet und erhielt am 14.07.1995 den Namen MP3. Das erste

---

105 Kusek/Leonhard (2006): S. 4, 84. Renner (2004): S. 144. Quelle: GfK Consumer Panel (2009a). *Brenner-Studie 2009. Erstellt für: Bundesverband Musikindustrie e.V.*: S. 15: Gemeint wird hier, dass kein einzelnes Album mehr Einheiten verkauft hat, als der CD-Rohling.
106 Vgl. Kurp/Hausschild/Wiese: S. 86f, 94–103. Quellen: Bundesverband der Phonographischen Wirtschaft (2003): S. 24–31.GfK Consumer Panel (2011): *Studie zur digitalen Content-Nutzung (DCN-Studie) 2011. Vollversion*: S. 53. GfK Consumer Panel (2012a): *Studie zur digitalen Content-Nutzung (DCN-Studie) 2012*: S. 27f. GfK Consumer Panel (2010): *Brennerstudie 2010*: S. 13, 17f.: In Deutschland besaßen Anfang 2011 52 Prozent aller befragten Haushalte einen CD-Brenner und 32 Prozent einen DVD-Brenner.

MP3-File war »Tom's Diner« von Suzanne Vega, da der Song aufgrund seiner musikalischen Beschaffenheit am Besten für Versuche mit dem neuen Kompressionsverfahren geeignet war.[107] Musik war nun digital in einem leicht zu verbreitenden Format verfügbar. Wie bei den bisherigen Neuerungen, die sich außerhalb der Branche entwickelt hatten, standen die Plattenfirmen auch den digitalen Möglichkeiten kritisch gegenüber. Die historische Entwicklung zeigt, dass technische Neuerungen von außen und günstige Vervielfältigungsmöglichkeiten für Konsumenten, wie das Radio, die Leerkassette und nun das MP3-Format sowie der CD-Brenner die Branche stets vor Probleme stellen, während intern entwickelte Innovationen wie die Vinyl LP oder die CD für Aufschwung sorgen.[108] So war es auch mit der Digitalisierung.

Der Formatwechsel führte in diesem Fall aber vor allem dazu, dass sich der jahrzehntelang von der Musikindustrie kontrollierte Distributionsweg radikal geändert hat. Die bisherige Piraterie im physischen Markt wirkt im Vergleich geradezu überschaubar. Hatten bislang die Plattenfirmen gemeinsam mit ihrem festen Vertriebsnetz aus Plattenhändlern die Macht über den Tonträgermarkt, war es dank MP3 möglich, Musik zwar goßteils illegal, aber dafür einfach und kostenlos im Internet zu beziehen.

Zu Beginn des digitalen Zeitalters war das noch recht mühselig. Man musste versuchen, über Suchmaschinen auf entsprechende Seiten zu gelangen, um Musik im Internet zu finden. »MP3« war aber bereits 1997 der populärste Suchbegriff nach »Sex«. Der Launch von Napster 1999 hat schließlich die Suche nach Musik im Netz signifikant erleichtert. Das Portal war durch die Struktur des Peer-To-Peer (P2P) Netzwerks ein weltweit erreichbarer virtueller Plattenladen, der Zugriff auf unzählige Musikdateien bot und auch noch umsonst war. Dank der mittlerweile höheren Übertra-

---

[107] Vgl. Renner (2004): S. 136. Haring (2002): S. 38. Kusek/Leonhard (2006): S. 4. Siegele, Ludwig (1999): Raub der Töne. In: *Die Zeit.* 08.07.1999: S. 27. Tunze, Wolfgang (1999): Das World Wide Web als Online-Jukebox. In: *Frankfurter Allgemeine Zeitung.* 23.02.1999: S. T1/2. Kurp/Hausschild/Wiese: S. 98. Haring (2002): S. 37ff. Knopper (2009): S. 115ff: Die Abkürzung MP3 steht für den Standard ISO MPEG-1/Audio Layer 3. Das Kompressionsverfahren kann die Datengröße einer digitalen Musikdatei ohne große Verluste der Klangqualität auf bis zu ein Zwölftel reduziert werden. Bei Haring und Knopper findet man ausführliche Ausführungen über die Entstehung des MP3-Formats.
[108] Vgl. Gassner (1999): S. 18. Wicke (1987): S. 214: Es muss in Betracht gezogen werden, dass der Boom der späten 1980er und frühen 1990er Jahre zu einem nicht geringen Maße auch dem Verkauf von Backkatalogen, die damals statt auf Vinyl neu auf CD erhältlich waren, zu verdanken war.

gungsgeschwindigkeit im Internet hatte Napster innerhalb von 18 Monaten bereits 38 Millionen Nutzer.[109]
Die Plattenfirmen, die es ihrerseits nicht geschafft haben, eigene Angebote mit der neuen Technik bereitzustellen, sahen sich durch Napster bedroht. Die RIAA reichte am 07. Dezember 1999 Klage gegen Napster ein. Prominente Musiker wie Metallica und Dr. Dre schlossen sich der Klage an.[110] So wurde Napster 2001 geschlossen, doch das illegale Filesharing existierte weiter in Form von Diensten wie Kazaa, Morpheus oder Gnutella, die mit dezentralen Servern operierten und nur noch die Software zum Tauschen bereitstellten.[111]

»Ob eine P2P-Tauschbörse wie Napster das Allheilmittel der Musikbranche gewesen wäre, ist mehr als ungewiss. Fest steht aber, dass Filesharing [...] zunehmend die Funktion des musikalischen Beraters eingenommen hat. Napster bot die historische Chance, mit einer riesigen und funktionierenden Community aus Musikliebhabern in Verbindung zu treten und sie womöglich von den Vorteilen einer legalen Geschäftsbeziehung zu überzeugen. Stattdessen hat sich die Musikwirtschaft auf einen ermüdenden und aussichtslosen Kleinkrieg eingelassen«[112]

Trotz der Schließung weiterer großer Filesharing Börsen wie Lime Wire oder The Pirate Bay, ist die illegale Verbreitung von Musik über das Internet weiterhin ein großes Problem für die Musikbranche. Noch immer wird die Mehrzahl der Downloads über illegale Wege oder Grauzonen erzielt.[113] Daher werden weiterhin Portale, Hardware Hersteller und Nutzer verklagt, die nach Ansicht der Musikverbände, allen voran der Recording Industry Association of America (RIAA) das Urheberrecht verletzen.[114]

»...ungefähr ein halbes Jahrzehnt hat die Musikindustrie gebraucht, um sich von ihrem Image des Förderers der Kreativen und der Jugendkultur weg- und zum profitgeilen Lobbyisten hin zu entwickeln, der nur seinen Vorteil, aber nicht seine Kunden im Blick hat. [...] [Die Musikindustrie machte sich] unbeliebt durch plakativ vorgetragene Aktionen zur strafrechtlichen Verfolgung von Verstößen gegen ihre Rechte. Dabei sind die Verbrecher, die man da jagt, mutmaßlich identisch mit

---

109 Vgl. Renner (2004): S. 154f Kusek/Leonhard (2006): S. 5. Haring (2002): S. 158ff: Haring widmet sich detailliert den Anfängen von Napster und den anschließenden Auseinandersetzungen mit der RIAA.
110 Vgl. Haring (2002): S. 166, 168ff. Kusek/Leonhard (2006): S. 5.
111 Vgl. Renner (2004): S. 157. Kusek/Leonhard (2006): S. 5.
112 Renner (2004): S. 158.
113 Quelle: GfK Consumer Panel (2012a): S. 6, 20f.
114 Vgl. Haring (2002): S. 84, 108ff, 163ff. Quelle: GfK Consumer Panel (2012a): S. 49.

genau jenen Kunden, die Musik seit je gekauft haben, sie gegenwärtig kaufen und auch in Zukunft kaufen sollen.«[115]

Die Majors hatten sich auf kein gemeinsames Angebot einigen können. So ließen sie mit Apple einen marktfremden Teilnehmer in ihre Mitte. Am 28. April 2003 präsentierte Apple-Gründer und CEO Steve Jobs den iTunes Music Store, in dem es Musik der verschiedenen Majors und vieler Indies gab. Vor allem aber war die Usability und das Design des Shops ein Meilenstein. Die Verbindung aus Apples MP3-Player iPod mit dem iTunes Music Store bot ein legales und nutzerfreundliches Konzept, das bis heute Maßstäbe setzt.[116] Apple hat sich innerhalb weniger Jahre zum weltweit größten Download-Händler und in den USA im April 2008 zum größten Musikhändler überhaupt entwickelt.[117]

Der À-la-carte-Download ist momentan noch für den Großteil der digitalen Umsätze verantwortlich. Dabei kann der Nutzer die gewünschten Songs oder Alben à la carte kaufen, herunterladen, auf seinem Endgerät speichern und abspielen.[118] In der Vergangenheit hatten die meisten Händler wie Apple unterschiedliche Digital Rights Management (DRM) Systeme für die Musikdateien, um mithilfe digitaler Wasserzeichen eine Datei zum ursprünglichen Käufer zurückverfolgen, aber auch die Nutzung der Datei einschränken zu können. Erst 2009 wurden diese Restriktionen aufgehoben.[119]

---

115 Graff, Bernd (2007): »Der Coup von London. Wie sehr sich das Geschäft im Internet nach der Abmachung zwischen EMI und Apple verändern wird«. In: *Süddeutsche Zeitung*. 04.04.2007: S. 2.
116 Vgl. Isaacson, Walter (2011): *Steve Jobs*. S. 402f. Renner (2004): S. 169.
117 Quelle: Apple (2008): *iTunes Store Top Music Retailer in the US*. In: http://www.apple.com/pr/library/2008/04/03itunes.html (25.05.2009). Vgl. The NPD Group (2008): *iTunes Continues To Lead U.S. Music Retailers in First Half of 2008*. In: http://www.npd.com/press/releases/press_080805.html (25.05.2009).
118 Quelle: IFPI (2012b): Digital Music Report 2012. Expanding Choice. Going Global: S. 10. Vgl. Christoph (2012).
119 Vgl. Mahlmann (2003a): S. 187. Lischka, Konrad/Kremp, Matthias (2009): *Macworld Expo. Apple beerdigt den Kopierschutz*. In: http://www.spiegel.de/netzwelt/tech/0,1518,599833,00.html (27.05.2009). N.N. (2009): *Musicload will den Kopierschutz abschaffen*. In: http://www.golem.de/0901/64472.html (27.05.2009). Quelle: Apple (2009): *Changes Coming To The iTunes Store*. In: http://www.apple.com/pr/library/2009/01/06itunes.html (27.05.2009). Apple (2007): *Apple Unveils Higher Quality DRM-Free Music On The iTunes Store*. In: http://www.apple.com/pr/library/2007/04/02itunes.html (27.05.2009): Apple hat bereits 2007 das Repertoire von EMI Music DRM frei auf iTunes verkauft. Zunächst wurden die EMI Titel in besserer Qualität (256 kbps AAC statt 128 kbps AAC) angeboten, aber auch zu einem höheren Preis (1,29 Euro statt 0,99 Euro). Wenig später

Neben den Downloads hat sich Streaming international bereits als beliebtes Format für den Musikkonsum etabliert. Beim Streaming wird im Gegensatz zum Download die Musikdatei in einzelnen Datenpaketen übertragen und kann schon während der Übertragung gehört werden. Es wird jedoch keine Datei auf dem Endgerät gespeichert. Es gibt sowohl Audio- als auch Video-Streaming Portale. Wie beim Download kann zwischen Promotional und Commercial Streaming unterschieden werden.[120] Die meisten größeren Labels haben Partnerschaften mit zahlreichen Streaming Portalen und werden für das Abspielen ihrer Songs vergütet. Streaming wird eine immer größere Rolle spielen. Aufgrund des dahinter stehenden Business-Modells ändert sich die Art und Weise der Auszahlung an Labels und Künstler:

»Music subscription offers a different model of return on investment for artists and record labels. In the à la-carte environment, an album or track is downloaded once and paid for. In the streaming environment, a track or album may be listened to hundreds of times, each triggering a payment to rights holders. While the individual payment for a stream is lower than a download, the cumulative payment triggered by a consumer repeatedly listening to an album or track may be higher over a longer period.«[121]

Daher wird es für Streaming-Dienste entscheidend sein, Reichweite zu erzeugen.

Eine weitere Form der lizensierten Musikdienste sind Cloud Services, die Kunden Zugang auf online gespeicherte Musik bieten. Die Synchronisation unterschiedlicher Geräte wird dadurch erleichtert.[122] Sony, Amazon, Google und Apple haben 2011 ihre Cloud-Services gelauncht. Man kann dort ebenfalls seine vorhandenen Songs hochladen und über Computer, mobile Geräte oder auch Fernseher seine Musik aus der Cloud abrufen.[123]

---

wurde der Preis wieder nach unten korrigiert, die Qualität blieb. Seit April 2009 sind alle Titel im iTunes Store DRM frei. Die Labels haben seitdem auch die Möglichkeit, Titel für 0,69 Euro oder 1,29 Euro zu verkaufen. Bis auf die EMI Ausnahme war der Trackpreis bislang auf 0,99 Euro festgelegt. Nach Apple boten auch die meisten anderen Download-Händler ihre Songs ohne DRM an.

120 Vgl. Mahlmann (2003a): S. 187
121 IFPI (2012b): S. 12.
122 Vgl. Christoph (2012).
123 Quellen: IFPI (2011): S. 15. IFPI (2012a): Recording Industry In Numbers: The recorded music market in 2011. The Definitive Source Of Global Music Market Information: S. 14. Vgl. N.N. (2011): »Amazon-ing Grace«. In: Music Ally: The Report. Issue 265. 31.03.2011: S. 1ff: Im Music Ally Report wird das Cloud Konzept von Amazon ausführlich vorgestellt. Die unterschiedlichen Optionen und Kosten für den

Apples Dienst iCloud erkennt alle auf iTunes gekauften Songs und stellt sie dem Kunden automatisch kostenlos online zur Verfügung, ohne dass man die Lieder hochladen muss. Gegen eine Jahresgebühr kann man den Dienst iTunes Match dazu buchen, der zusätzlich auch die gesamte Festplatte nach Songs durchsucht. Alle erkannten Lieder werden anschließend in der Cloud verfügbar gemacht, egal ob sie legaler oder illegaler Herkunft sind. Sie sind darüber auch auf anderen Geräten abrufbar. Auch dies erfordert keinen Upload der Songs. Diese Scan & Match-Mechanik unterscheidet momentan noch die sogenannten Smart Locker Dienste von Dumb Locker Diensten.[124]

Zum Jahrtausendwechsel ist der Mobile Markt ins Blickfeld der Musikbranche gerückt. Der Mobile Markt ist ebenso wie der Download Markt sehr stark von technischen Neuerungen geprägt. Drei Faktoren sind besonders relevant. Die Weiterentwicklung des Mobilfunkstandards von GSM über GPRS zu UMTS, HSCSD, HSDPA und LTE sorgt für eine bessere Datenübertragung, die vergleichbar mit der Entwicklung vom Modem zum Breitbandanschluss ist. Auch die Hardware wird ständig erweitert. Diente das Mobiltelefon anfangs in erster Linie der Telefonie und kurz darauf auch SMS Mitteilungen, folgten Elemente wie Kamera, Radio oder MP3-Player, die aus dem Handy ein Multimedia Gerät machten. Mit der Einführung des iPhones hat Apple auch auf diesem Markt der Smartphones neue Standards gesetzt und auch den Musikkonsum beeinflusst. Das mobile Internet wird immer relevanter und hat enormes Innovations- und Wachstumspotenzial.

Zu Beginn des neuen Jahrzehnts boomte der Markt zunächst mit monophonen und polyphonen Klingeltönen, Operator Logos und Hintergrundbildern. Mit der Entwicklung leistungsfähigerer Mobiltelefone und der höheren Übertragungsgeschwindigkeit setzten sich 2004 Realtones und Videos durch. Der Mobile Markt bot den Plattenfirmen neue Erlösquellen. Der Höhepunkt der Personalisierungsprodukte ist allerdings seit 2005 überschritten.[125] Seitdem wurden nach und nach auch Fulltrack Down-

---

Speicherplatz haben sich aber mittlerweile bereits wieder mehrfach geändert. Das Konzept an sich bleibt aber bestehen.
124 Quelle: Apple (2011): iCloud. In: http://www.apple.com/icloud/features/ (06.08.2011).
Vgl. N.N. (2011): *Digital media industry steps aside as new Apple software takes centre stage*. In: http://musically.com/blog/2011/06/07/digital-media-industry-steps-aside-as-new-apple-software-takes-centre-stage/ (06.08.2011).
125 Quellen: GfK Consumer Panel (2009b): *Der Musikmarkt 2008*: S. 191. GfK-Consumer Panel (2012b): *Jahrespräsentation. Musikmarkt 2011*: S. 37: Der Umsatz mit Personalisie-

loads für Handys bei den Netzbetreibern angeboten. Der Trend geht damit weiter in Richtung Konsumprodukte. Der Kauf und die Nutzung von Musik über Mobiltelefone stehen symptomatisch für die Erwartungshaltung der Konsumenten. Der Zugang zu Musik wird heute immer und überall erwartet, mit mobilen Geräten wie Smartphones und Tablets sind neue umsatzträchtige Vertriebskanäle erschlossen worden.[126] In den Medienbereichen gab es ebenfalls entscheidende Änderungen für die Musikbranche. In Deutschland wurde im Juni 2004 der Kölner Musiksender VIVA von der MTV Mutterfirma Viacom übernommen und nach Berlin umgesiedelt.[127] Aus ehemals vier Musiksendern der konkurrierenden Marken MTV und VIVA wurden nur noch zwei. Zudem ist der Musikanteil erheblich gesunken. Er bildet laut Viacom Positionierung nur noch eine von vier tragenden Programmsäulen.[128] Reality Shows und Klin-

---

rungsprodukten wie Klingeltönen, Freizeichentönen oder Videotönen geht seit 2005 massiv zurück. Waren es 2005 noch 99 Millionen Euro, wurden 2011 nur noch acht Millionen Euro ausgegeben. Ein Grund dafür ist das so genannte Sideloading. Es ist seit einigen Jahren wesentlich einfacher geworden, Klingeltöne selber zu produzieren und auf sein Handy zu laden. Davor wurden gerade monophone und polyphone Töne gekauft, da sie schwer zu erstellen und auf das Handy zu übertragen waren.
126 Quelle: IFPI (2011): S. 16.
127 Vgl. Wicke (1997a). Gronow/Saunio (1998): S. 200ff. Schulze (1996): S. 59. Langhoff, Thomas (1998): »MTV: Subkultur als Werbeclip«. In: Kemper, Peter/Langhoff, Thomas/Sonnenschein, Ulrich (Hg.): *But I like it*: S.364ff. Levinson, Marc (1998): »It's an MTV World«. In: Kemper, Peter/Langhoff, Thomas/Sonnenschein, Ulrich (Hg.): *But I like it*: S.368–374. Schmidt, A. (1999): S. 98. Kurp/Hausschild/Wiese (2002): S. 116ff. Goodwin, Andrew (1992): *Dancing in the Distraction Factory. Music Television and Popular Culture*: S.131. Frith, Simon/Goodwin, Andrew/Grossberg, Lawrence (1993): *Sound and Vision. The Music Video Reader*. Hachmeister, Lutz/Lingemann, Jan (1999): »Das Gefühl VIVA«. In: Neumann-Braun, Klaus (Hg.): *Viva MTV!* S. 138ff. N.N. (2004): *Viacom: MTV übernimmt Viva*. In: http://www.manager-magazin.de/it/artikel/0,2828,305590,00.html (02.05.2009): Auch bei der Gründung von Viva war die Steigerung des Tonträgerabsatzes in Deutschland ein Ziel der beteiligten Plattenfirmen Sony, Warner, EMI und Polygram, was anfangs kartellrechtliche Bedenken hervorrief, schließlich aber genehmigt wurde. Neumann und Kurp/Hausschild/Wiese behandeln ausführlich die Musiksender in Deutschland aus verschiedensten Perspektiven und differierenden Ansätzen von der Videoclip-Analyse (Neumann) bis zu wirtschaftlichen und kulturellen Einflüssen (Kurp/Hausschild/Wiese). Goodwin betrachtet die Geschichte und Einflüsse des Musikfernsehens und geht speziell auf MTV ein. Frith/Goodwin/Grossberg stellen die kulturellen Aspekte des Musikfernsehens in Verbindung mit postmodernen Theorien und Popkultur.
128 Quellen: N.N.: *MTV Programm: Edgy, unkonventionell, progressiv!* In: http://www.viacom brandsolutions.de/de/sender/marken/mtv/programm.html (02.05.2009). N.N.: *VIVA*

geltonwerbungen von Anbietern wie Jamba haben dazu geführt, dass die Sender für Musik keine große Relevanz mehr besitzen.[129]

»Leitete in Deutschland der volkstümliche Sender Viva mit seinem Gequake den Untergang ein? Ist MTV schleichend an seinem eigenen Erfolg zugrunde gegangen? Liegt es an der Misere der Plattenindustrie? Oder kam das Ende erst mit der Verklingeltonisierung des Programms, den so genannten Reality-Formaten und Doku-Soaps? Jedenfalls ist etwas verloren gegangen. Etwas, das jetzt fehlt. Schmerzlich. Für Menschen zwischen 30 und 45 Jahren war das Musikfernsehen eine Schule des Sehens.«[130]

Musikvideos werden heute dafür über Online Streaming auf Videoportalen wie YouTube, VEVO, MyVideo oder Putpat gesehen. MTV dagegen ist seit 2011 nur noch als Pay-TV Sender empfangbar.[131]

Die klassischen Radiosender erhalten immer stärkere Konkurrenz durch Web-Radiostationen, die international empfangbar sind. Zudem senden die großen Sender meist nur eine geringe Anzahl häufig wiederholter Titel. Musik wird als Untermalung angesehen, Leute sollen bloß nicht wegschalten, damit die Quoten gut bleiben und die Werbekunden weiter investieren. Dagegen bieten Radiodienste wie Pandora oder I Heart Radio personalisierte Radiostationen an, die auf den eigenen Musikgeschmack ausgerichtet sind. Hohe Nutzerzahlen zeigen, dass der Bedarf nach maßgeschneiderten Programmen vorhanden ist.[132]

Auch die Musikpresse hat auf die Digitalisierung reagiert und bereits in den 1990ern Inhalte ihrer Print-Publikationen ins Internet übertragen. Durch die massive Verbreitung von Online Journalismus und auch Blogs hat aber auch sie Einbußen zu verzeichnen. Immer mehr Print-Titel werden eingestellt und existieren nur noch online.[133]

Programm. Populär, national, immer auf Augenhöhe mit dem Zuschauer! In: http://www.viacom brandsolutions.de/de/sender/marken/viva/programm.html (02.05.2009).
129 Vgl. Fuchs, Oliver (2006): »Vielen Dank für die Blumen«. In: *Süddeutsche Zeitung.* 29./30.07.2006: S.III.
130 Fuchs (2006): S. III.
131 Knappmann, Lutz (2010): *MTV wird Bezahlsender.* In: http://www.ftd.de/it-medien/me dien-internet/:fernsehen-mtv-wird-bezahlsender/50178533.html (05.10.2010).
132 Quelle: Pandora (2014): *Pandora announces December 2013 Audience Metrics.* In: http://press. pandora.com/phoenix.zhtml?c=251764&p=irol-newsArticle&ID=1888007&highlight= (22.01.2014).
133 Diez, Georg (2009): »Auflage«. In: *Süddeutsche Zeitung Magazin.* Nr. 19. 08.05.09: S. 4: Diez nennt als Indikatoren die sinkenden Auflagen von Zeitungen und Magazinen, die Rückgänge der Anzeigenerlöse sowie die Altersstruktur der Leser, da lediglich vier Prozent der unter 20-Jährigen eine überregionale Tageszeitung lesen.

Trotz der Kurzlebigkeit und Dynamik der Musikindustrie hat sich an der oligopolistischen Struktur des Marktes nichts geändert. Die Musikindustrie ist heute ein hochgradig integrierter und global organisierter Industriezweig, der von nur noch drei Major-Labels dominiert wird: Universal Music, Sony und Warner Music.

Zunächst stand 2004 die Verschmelzung der Musiksparten des damaligen drittgrößten Majors Sony Music Entertainment und der damaligen Nummer Fünf im Markt, Bertelsmann Music Group (BMG) an.[134] In 2008 zog sich Bertelsmann vorerst aus dem Musikgeschäft zurück, während ehemalige Labels von BMG wie RCA bei Sony Music Entertainment geblieben sind.[135]

Auch Warner Music war zuvor an einer Fusion mit der BMG interessiert.[136] Die Warner Mutterfirma Time Warner fusionierte 2000 mit America Online (AOL) und lief unter dem Namen AOL Time Warner. 2003 wurde AOL allerdings symptomatisch für die hohen Verluste und den endenden Dotcom Boom wieder aus dem Firmennamen gestrichen. Im Mai 2009 wurde die Trennung von AOL und dem Time Warner Konzern bekannt gegeben. Zwei Jahre später wurde Warner Music an Access Industries verkauft.[137]

---

134 Vgl. N.N. (2004): *BMG und Sony Music vollenden Fusion. Neue Nummer Zwei der Branche*. In: http://www.handelsblatt.com/unternehmen/it-medien/bmg-und-sony-music-vollenden-fusion;773178 (25.05.2009). Vgl. auch N.N. (2006): *EU-Gericht kippt Musiksparten-Fusion*. In: http://www.focus.de/finanzen/boerse/aktien/sony-bmg_aid_111848.html (07.04.2012): Der Europäische Gerichtshof entschied dazu am 13. Juli 2006, dass die positive Entscheidung der EU-Kommission zu der Fusion der beiden Firmen nicht richtig war. Der entsprechenden Klage von Impala, dem europäischen Verband unabhängiger Tonträgerhersteller, wurde stattgegeben. Die Fusion blieb dennoch bestehen, bis sich BMG schließlich 2008 aus dem Musikgeschäft zurückzog.
135 Vgl. N.N. (2008): *Verkauf an Sony. Bertelsmann steigt aus Musikgeschäft aus*. In: http://www.sueddeutsche.de/wirtschaft/78/305048/text/ (03.05.2009).
136 Vgl. Brychcy, Ulf (2003): »Zwei Musikriesen wollen fusionieren«. In: *Süddeutsche Zeitung*. 22.07.2003: S. 20. N.N. (2003): *Kleinere Majors könnten von Merger profitieren*. In: http://www.medtabiz.de/newavoll.afp?Biz=mu&Nnr=135335&NL=MA (16.06.2003). N.N. (2003): *Fusion von Warner Music und BMG rückt näher*. In: http://www.musikmarkt.de/content/news/news_2.php3?bid=6773 (31.07.2003).
137 Vgl.: Koch, Moritz (2009): »Time Warner entsorgt AOL«. In: *Süddeutsche Zeitung*. 29.05.2009: S.21. N.N. (2009): *Endgültige Trennung: Time Warner stößt AOL ab*. In: http://www.spiegel.de/wirtschaft/0,1518,627378,00.html (28.05.2009). Sabbagh, Dan/Sweney, Mark (2011a): *Warner Music bought by Len Blavatnik*. In: http://www.guardian.co.uk/business/2011/may/06/warner-music-len-blavatnik (27.02.2012).

EMI Music wurde 2007 von der britischen Investmentgesellschaft Terra Firma übernommen und war seitdem auf einem massiven Sparkurs, was neben den Mitarbeitern auch zahlreiche Künstler verärgert und negative Presse zur Folge hatte.[138] Nach der Übernahme durch Citibank wurde die Labelsparte der EMI 2011 an Universal Music verkauft. Damit wurde der Markt auf nur noch drei Majors reduziert. Teile der EMI, wie das Label Parlophone, sind aus kartellrechtlichen Gründen in diesem Zuge an Warner Music gegangen, die ebenfalls an einer EMI-Übernahme interessiert waren.[139]

Die Reduzierung auf drei Majors verstärkt die Tendenz, dass diese auf Dauer immer mehr die Rolle von zentralen Servicegesellschaften übernehmen könnten. Die Kernkompetenzen der Majors liegen neben dem starken Vertrieb und den zahlreichen Marketingmöglichkeiten aber auch darin, neue oder langsam aufgebaute Acts massentauglich in den Markt zu bringen. Dagegen sind die Indies für das Talent Sourcing, vor allem in den jeweiligen Szenen, zuständig.[140]

Schließlich existiert neben den großen Majors weiterhin eine Vielzahl von Indie-Labels, die teilweise durch den seit den 1980er Jahren zunehmenden Konzentrationsprozess mit bestimmten Abkommen, zum Beispiel über Distributions-Deals, an Majors gebunden sind oder aber auch über

---

[138] Vgl. Oldag, Andreas (2008): *Ein Zuchtmeister für Robbie Williams*. In: http://www.sueddeutsche.de/wirtschaft/emi-chef-leoni-sceti-ein-zuchtmeister-fuer-robbie-williams-1.192840 (18.01.2014). N.N. (2007): *Terra Firma vor Übernahme des Musikkonzerns EMI*. In: http://www.heise.de/newsticker/Terra-Firma-vor-Uebernahme-des-Musikkonzerns-EMI--/meldung/93705 (22.05.2009). N.N. (2008): *Terra Firma greift durch*. In: http://www.manager-magazin.de/it/artikel/0,2828,528653,00.html (22.05.2009). N.N. (2008): *Terra Firma: Guy Hands zieht sich zurück*. In: http://www.manager-magazin.de/koepfe/personalien/0,2828,614004,00.html (22.05.2009). N.N. (2009): *Joss Stone will EMI für Vertragsauflösung bezahlen*. In: http://www.mediabiz.de/newsvoll.afp?Nnr=274943&Biz=musicbiz&Premium=N&NL=MWD&uid=m8403&ausg=20090602&lpos=Main_4 (02.06.2009).
[139] Vgl. N.N. (2009): *Schuldenabbau bei Warner könnte EMI-Übernahme möglich machen*. In: http://www.mediabiz.de/newsvoll.afp?Nnr=274559&Biz=musicbiz&Premium=N&NL=MWD&uid=m13463&ausg=20090522&lpos=Main_1 (22.05.2009). BBC News (2007): *Music giant EMI agrees takeover*. In: http://news.bbc.co.uk/1/hi/business/6677875.stm (22.05.2009). Sabbagh, Dan/Sweney, Mark (2011b): *Universal Music to buy EMI's recorded music division for £1.2bn*. In: http://www.guardian.co.uk/media/2011/nov/11/universal-to-buy-emi-music-division (27.02.2012).
[140] Vgl. Canibol, Heinz (2003): *Persönliches Interview vom 03.02.2003*. Christoph (2012): Canibol war bis 2014 geschäftsführender Teilhaber des Labels 105music und war zuvor unter anderem President & CEO von EMI Music Germany/Austria/Switzerland.

eigene Independent-Vertriebe, wie zum Beispiel Cargo ihre Produkte verkaufen.[141] Durch die Tatsache, dass etwa 75 Prozent des Weltmusikmarkts von drei Großkonzernen beherrscht werden, erhält die eingangs erwähnte Kritik an der Kulturindustrie von Horkheimer und Adorno weitere Nahrung.[142] Schließlich stehen die Konzerne unter finanziellem Druck und liefern mit weltweiten Hits tatsächlich Massenprodukte ab, die auf den kleinsten gemeinsamen Nenner des Publikums zielen, wodurch sich eine musikalische Nivellierung abzeichnet. In Folge der Kapitalkonzentration und der verschärften Konkurrenzsituation wächst dabei gleichzeitig der Innovationszwang, nicht nur auf musikalischer, sondern immer mehr auch auf technischer Ebene.[143] Mit den Independent-Labels hat sich ein zwar umsatzmäßig kleiner, aber sehr wichtiger Gegenpol für die Entwicklung der Musikindustrie gebildet.[144]

»Während sie [die Indie-Labels, J.-W.S.] also scheinbar selten werden, sind sie auf keinen Fall gefährdet oder dabei, aus der Branche zu verschwinden. Die Unabhängigen stellen einen positiven und kreativen Einfluß auf die Musikbranche dar und sind oft für die Einführung neuer Musikstilarten in die breite Öffentlichkeit verantwortlich. Independents sind sehr von ihren Künstlern und Persönlichkeiten geprägt; sie entstehen – und vergehen, wie ihre Künstler und Geschäftsführer in oder aus der Mode kommen.«[145]

Die Grundstruktur des oligopolistischen Musikmarkts wird zumindest mittelfristig weiterhin in dieser Form existieren. wobei die weitere Entwicklung der Musikindustrie auch in Zukunft von wirtschaftlichen Interessen und noch stärker von den Interdepenzen mit und zwischen neuen Technologien, Jugendkulturen und natürlich der Musik selbst eng zusammenhängen wird. Das Konsumentenverhalten hat sich in den vergangenen

---

141 Vgl. Kurp/Hausschild/Wiese (2002): S. 83ff.
142 Vgl. N.N. (2009): *Universal festigt Position als Weltmarktführer*. In: http://www.mediabiz.de/newsvoll.afp?Nnr=274830&Biz=musicbiz&Premium=N&NL=MWD&uid=m13463&a usg=20090528&dpos=Main_4 (28.05.2009): Laut einer Studie der Marktforschungsfirma Informa hatte Universal einen weltweiten Marktanteil von 28,7 Prozent. Auf dem zweiten Rang folgt mit 21,1 Prozent Sony Music Entertainment vor der Warner Music Group mit 14,9 Prozent und EMI mit 9,6 Prozent. Studien von Unternehmen außerhalb der Branche sind mit Vorsicht zu genießen, da nicht klar ist, auf welcher Basis die Zahlen beruhen. Man spricht aber tatsächlich von einem Marktanteil von ca. 75 Prozent, den die Majors am Weltmusikmarkt halten.
143 Vgl. Kurp/Hausschild/Wiese (2002): S. 91. Wicke (1997a).
144 Vgl. Gassner (1999): S. 22. Schulze (1996): S. 139.
145 Gassner (1999): S. 22.

Jahren radikal gewandelt. Der Musikmarkt ist wie kaum eine andere Branche von der Digitalisierung und der technischen Weiterentwicklung beeinflusst worden. Die Plattenfirmen haben sich im Digitalbereich neu aufgestellt und eigene Abteilungen gegründet. Die Entkopplung vom physischen Tonträger schreitet voran. Da allerdings die Umsätze mit digitalen Produkten die Einnahmen aus dem physischen Verkauf noch nicht in allen relevanten Musikmärkten übertreffen können, hält man weiter am fallenden physischen Markt fest. Zumindest ist ein Ende des seit 1998 anhaltenden Umsatzrückgangs in Deutschland seit 2012 langsam abzusehen.[146] Entscheidend wird sein, wie die Plattenfirmen in Zukunft nicht nur auf die digitale Revolution reagieren, sondern agieren werden.

3.2 Der Musikmarkt in Deutschland

Aufbauend auf diesem historischen Vorwissen wird im Folgenden speziell der Musikmarkt in Deutschland systematisch dargestellt. Auf der einen Seite gibt es die Anbieter, die Plattenfirmen, auf der anderen Seite sind die Nachfrager in Form der Konsumenten. Als weitere Marktteilnehmer neben den Medien fungieren die physischen und digitalen Händler. Das Gefüge des Markts mit seinen Teilnehmern dient als Grundlage für weitere Untersuchungen. Ebenso werden die Marktsegmentierung und das Kaufverhalten behandelt.

Aufgrund der verfügbaren Quellenlage, bilden die folgenden Zahlen nicht die gesamte Musikindustrie ab. Das öffentlich zugängliche und hier verwendete Zahlenmaterial basiert auf Erhebungen der Industrieverbände, denen nicht alle Plattenfirmen angehören.[147] Neben den Industriedaten werden Konsumentendaten aus GfK-Studien genutzt.

---

[146] Quellen: Bundesverband der Phonographischen Wirtschaft (2003): S. 16. Bundesverband Musikindustrie (2009): *Musikindustrie in Zahlen 2008*: S. 13, 58: Während die Umsätze in Deutschland seit 1998 zurückgegangen sind, erleidet auch die internationale Musikindustrie seit 1999 erhebliche Umsatzeinbrüche, erstmals seit der Krise nach 1978.
[147] Quellen: Bundesverband Musikindustrie: *Aufgaben + Ziele*. In: http://www.musikindustrie.de/aufgaben_ziele/ (19.06.11). Bundesverband Musikindustrie (2011): S. 18: Der Bundesverband Musikindustrie vertritt die Interessen von etwa 280 Labels und Musikunternehmen, die ca. 90 Prozent des deutschen Musikmarktes repräsentieren. Zu einigen Aspekten lagen zum Zeitpunkt des Drucks keine aktuelleren Zahlen vor. In diesen Fällen wird auf ältere Zahlen verwiesen.

3.2.1 Die aktuelle Lage auf dem deutschen Musikmarkt

Die deutsche Musikbranche ist wie der weltweite Markt von einem Oligopol-Charakter gekennzeichnet, der sich wie folgt darstellt: Die drei weltweit operierenden Majors Universal, Sony und Warner sind in Deutschland mit eigenen Dependancen vertreten und beherrschen analog zum Weltmarkt den Großteil des lokalen Marktes. Marktführer ist dabei ebenso Universal Music, die nach dem Zukauf der EMI ihren Anteil vergrößern konnte. Es folgen Sony Music und Warner. Die bereits beschriebenen Zentralisations- und Konzentrationsprozesse haben auch auf dem deutschen Markt dazu geführt, dass Majors zum einen eigene Unterlabels gegründet und zum anderen erfolgsversprechende Indies aufgekauft haben. Mit der etablierten Strategie, das Potenzial von Indies und Majors zusammenzuführen, wird dem immer weiter ausdifferenzierten und schwer zu kontrollierenden Markt von Seiten der Industrie Rechnung getragen.

Der deutsche Musikmarkt ist 2013 nach Umsätzen der drittgrößte Markt der Welt gewesen hinter den USA und Japan.[148] Im Geschäftsjahr 2013 wurde in Deutschland ein Jahresumsatz von etwa 1,45 Milliarden Euro aus physischen und digitalen Musikumsätzen erzielt. Der digitale Anteil betrug 22,6 Prozent und wird vor allem von wachsenden Streaming-Umsätzen getrieben. Hinzu kommen Einnahmen aus Synchronisation (fünf Millionen Euro) und GVL-Leistungsschutzrechten (148 Millionen Euro).[149] 2010 gab es etwa 8.500 Beschäftigte in deutschen Musikfirmen in Deutschland.[150]

2013 konnte erstmals seit 15 Jahren ein Marktwachstum verzeichnet werden. Die Steigerung um 1,2 Prozent bedeutet einem Umsatz von 1,45 Milliarden Euro. Ob dies tatsächlich die lang erwartete Trendwende ist, wird sich in den nächsten Jahren zeigen. Dazu muss das digitale Geschäft,

---

148 Quelle: Bundesverband Musikindustrie (2014): S. 2, 52, 54.
149 Quelle: Bundesverband Musikindustrie (2014): S. 9. Vgl. dagegen IFPI (2014): *Recording Industry In Numbers: The recorded music market in 2013:* S. 9: Die Zahlen des BVMI werden von media control, GfK und der Gesellschaft zur Verwertung von Leistungsschutzrechten (GVL) ermittelt. Seit 2011 fließen Umsätze durch Synchronisation in die BVMI-Zahlen ein. Damit sind Einnahmen aus Filmen, TV, Games und der Werbung gemeint, die durch Musikeinbindung erzielt werden. Zwischen den Zahlen der IFPI und des Bundesverbands bestehen Diskrepanzen, da die IFPI Zahlen im Gegensatz zum Bundesverband auf Trade Values statt auf Retail Values basieren. Die IFPI Zahlen beinhalten Performance Rights und Synchronisation Revenue.
150 Quelle: Bundesverband Musikindustrie (2011): S. 12: Aktuellere Zahlen wurden bisher in den Jahresberichten des BVMI nicht genannt.

vor allem getrieben von den Streaming-Umsätzen, weiter stark wachsen, während der Rückgang im physischen Markt nicht zu hoch sein darf.[151] Ein Grund für das gesunkene Niveau in den letzten Jahren liegt neben der Piraterie im Vormarsch anderer Entertainment Produkte neben Musik. Für Software/Games und Filme (Kino, Kauf- und Leihvideos) wurden 2013 18 Prozent, bzw. 26 Prozent des Medienbudgets ausgegeben, während es 1999 nur 12 Prozent, bzw. 19 Prozent waren. Dagegen ist das Medienbudget für Musik seitdem von 27 Prozent auf 13 Prozent zurückgegangen.[152]

Der Umsatz auf dem Musikmarkt wird sowohl von physischen als auch von digitalen Formaten erzielt. Aus diesem Grund muss man laut Mahlmann »konsequent nicht mehr von ›Tonträgermarkt‹ und ›Tonträgerindustrie‹, sondern besser von ›Musikmarkt‹ bzw. von ›Musikindustrie‹ sprechen.«[153]

Zur besseren Veranschaulichung der aktuellen Lage auf diesem Musikmarkt, werden der physische und der digitale Teilmarkt separat voneinander dargestellt.

Der physische Teilmarkt

Im internationalen Vergleich kann man Deutschland als starken CD Markt bezeichnen. Seit 2003 sind die Absätze verhältnismäßig konstant geblieben, was weltweit einzigartig ist.[154] Die Strategie, das Format CD nicht zu vernachlässigen, sondern mit Sondereditionen, wertigen Booklets und Bonus-Content haptisch und inhaltlich attraktiv zu gestalten, ist vorerst aufgegangen. Zudem ist Deutschland generell ein etwas konservativerer Markt, die Piraterie war nicht ganz so stark ausgeprägt wie in anderen Ländern, und die CD-Preise haben sich konstant gehalten.[155]

---

151 Quelle: Bundesverband Musikindustrie (2014): S. 2. IFPI (2014): S. 44.
152 Quelle: GfK-Consumer Panel (2014a): *Jahrespräsentation 2013*: S. 3. Gesellschaft für Innovative Marktforschung mbH (2008): *IFPI-Konsumentenstudie »Music Insights«*: S. 3. Kusek/Leonhard (2006): S. 81f: Jugendliche geben ihr Budget seltener für Musik aus, weil es einfach ist, kostenlos an sie heranzukommen. Bei Games ist dies oft sehr viel schwieriger. Zudem haben Software und Games höhere Preise als beispielsweise eine CD.
153 Mahlmann (2003a): S. 187.
154 Quellen: Bundesverband Musikindustrie: *Übersicht Jahreswirtschaftsbericht. Umsatz*. In: http://www.musikindustrie.de/jahrbuch-umsatz-2011/ (19.04.2012). Bundesverband Musikindustrie (2011): S. 13, 61. IFPI (2011): S. 8. IFPI (2012a): S. 41, 50. IFPI (2014): S. 44.
155 Quellen: Bundesverband Musikindustrie (2009): S. 18. Bundesverband Musikindustrie (2011): S. 18. IFPI (2011): S. 8. IFPI (2012a): S. 18f, 27.

In Deutschland wurden 2013 insgesamt 88 Millionen CD-Alben (5,1 Prozent weniger Absatz als im Vorjahr) verkauft. Dazu kommen 9,6 Millionen weitere physische Formate (Singles, Musik-DVDs, Vinyl Einheiten, DVD Audio- und SACD Produkte sowie Music Cassettes (MCs)). Insgesamt macht der physische Teilmarkt in 2013 einen Umsatzanteil von 77,4 Prozent aus.[156]

Während der Absatz von CD Alben nur leicht rückläufig war, hat die physische Single seit 1999 einen kontinuierlichen Einbruch von 56,9 Millionen Einheiten auf 1,8 Millionen Stück im Jahr 2013 zu verzeichnen. Die Stagnation in 2010 war nur vorübergehend. Auch die MC verliert weiter an Bedeutung. Dagegen sind Vinyl-Verkäufe in 2013 weiter steigend.[157] Diese Tendenzen werden zumindest kurzfristig weiter anhalten.

---

156 Quelle: Bundesverband Musikindustrie (2014): S. 9, 17: Der Umsatzanteil bezieht sich auf die reinen Umsätze aus dem Musikverkauf inklusive Streaming.
157 Quellen: Bundesverband Musikindustrie (2014): S. 17. Bundesverband Musikindustrie: *Übersicht Jahreswirtschaftsbericht. Absatz.* In: http://www.musikindustrie.de/jahrbuch-absatz-2011/ (19.04.2012). Vgl. dagegen Bundesverband Musikindustrie (2011): S. 22: Es gibt eine neue Absatzdarstellung, laut der auch Doppelalben, Dreifachalben und weitere Mehrfachalben als eine Einheit gewertet werden, um mit der digitalen Welt vergleichbare Werte zu erzielen. Laut Bericht des BVMI 2011 wurde diese Darstellungsweise 2010 eingeführt. Im Bericht 2012 und 2013 wird dagegen auf das Jahr 2008 als Beginn dieser Darstellung verwiesen.

	2004	2005	2006	2007	2008	2009	2010	2011	2012	2013	Veränderungsrate 2012/2013
Single physisch	20,6	15,8	14,1	9,5	6,7	4,7	4,7	2,9	2,5	1,8	-30,7 % ↘
CD-Alben	105,4	106,9	108,3	107,6	105,1	103,3	98,7	96,9	92,8	88,0	-5,1 % ↘
MC	18,2	12,0	8,0	6,4	4,5	3,1	2,1	1,3	0,6	0,4	-41,2 % ↘
Vinyl-LP	0,5	0,4	0,3	0,4	0,5	0,5	0,6	0,7	1,0	1,4	43,1 % ↗
DVD-A/SACD	0,3	0,4	0,2	0,2	0,3	0,3	0,2	0,2	0,2	0,2	15,9 % ↗
Longplay gesamt	124,3	119,7	116,8	114,6	110,4	107,2	101,6	99,1	94,6	90,0	-4,8 % ↘
Musikvideo[2]	8,5	9,2	9,6	9,1	7,9	8,9	8,7	8,0	6,6	5,8	-12,1 % ↘
Total	153,5	144,7	140,5	133,2	125,0	120,8	115,0	110,7	103,7	97,6	-5,9 % ↘

1 Absatz Handel, Club (Premiums bis 2007) auf Basis Units = Packungseinheiten, ein Doppelalbum zählt als ein Produkt
2 DVD/VHS/Blu-ray

	2004	2005	2006	2007	2008	2009	2010	2011	2012	2013	Veränderungsrate 2012/2013
Einzeltracks	7,5	19,7	29,2	39,9	41,3	49,2	63,3	79,0	97,1	92,8	-4,5 % ↘
Bundles[1]	0,4	1,4	1,9	2,6	4,6	7,6	10,7	14,6	17,5	18,7	6,7 % ↗
Download gesamt	7,9	21,1	31,1	42,5	45,9	56,9	74,1	93,6	114,6	111,4	-2,8 % ↘
Klingeltöne[2]	-	-	13,2	9,5	7,7	4,7	3,6	3,3	1,7	1,4	-18,3 % ↘
Total	7,9	21,1	44,3	52,0	53,6	61,6	77,7	96,9	116,3	112,8	-3,0 % ↘

1 Single- und Album-Bundles (mehr als ein Track)
2 Realtones/Ringbacktones

Abbildung 4: Musikabsatz physisch und digital.[158] Quellen: Bundesverband Musikindustrie e.V., ab 2008 ermittelt durch media control®GfK. Physische Vorjahresdaten auf Basis der Veränderungsraten Pieces aus der BVMI-Meldestatistik zurückgerechnet.

Der Absatz von CD-Rohlingen stagnierte 2012, dennoch wurden mehr als doppelt so viele Rohlinge mit Musik bespielt als im Original verkauft. Musik bleibt mit 74 Prozent der am meisten gebrannte Medieninhalt. Der daraus resultierende Umsatzverlust ist schwer zu beziffern.[159]

»Ohne Berücksichtigung der auf Festplatten und MP3-Playern gespeicherten Musikstücke hätten legale und illegale Musikkopien nach Endverbraucherpreisen einen Wert von über 5,3 Milliarden Euro gehabt. Wären nur 10–20 Prozent dieser

---

158 Bundesverband Musikindustrie (2014): S. 17f. Anmerkungen aus dem Original übernommen. Alle Angaben in Millionen Stück. Im Original sind es zwei unterschiedliche Abbildungen. Die Werte werden zudem zusätzlich als Balkendiagramme angezeigt.
159 Quelle: GfK Consumer Panel (2012a): S. 28, 56: Aktuellere Zahlen sind nicht verfügbar.

Musik gekauft worden, läge der entgangene Umsatz zwischen 500 Millionen und einer Milliarde Euro.«[160]

Inwieweit der legale digitale Markt diese Verluste ausgleichen kann, wird nun erörtert.

Der digitale Teilmarkt

Der digitale Musikmarkt wird in die Bereiche Online und Mobile gegliedert, die in diesem Kapitel vorgestellt werden.

Seit 2004 wird der digitale Teilmarkt in den Statistiken des Bundesverbands Musikindustrie in Deutschland geführt. Seitdem ist ein stetiges Wachstum zu verzeichnen. Zum Digitalbereich gehören laut Jahresbericht des Bundesverbands Musikindustrie 2013 die Produkte Download-Singletracks, Download-Bundles, Download-Videos, Mobile Realtones, Mobile Ringbacktones, Streaming (Aboservices und werbefinanziert) sowie sonstige Einkommen aus dem digitalen Geschäft.[161] Tracks sind dabei Einzeltrack Downloads. Mit Bundles sind Downloads eines gesamten Albums oder einer gesamten Single mit mehr als einem Track gemeint. Die aktuelle Verteilung der unterschiedlichen Formate sieht wie folgt aus:

---

[160] Bundesverband Musikindustrie (2009): S. 28. Vgl. N.N. (2009): *Britische Filesharer kosten Kreativwirtschaft 14 Milliarden Euro*. In: http://www.mediabiz.de/musik/news/britische-filesharer-kosten-kreativwirtschaft-14-milliarden-euro/274942 (02.06.2009): Die Musikwoche bezieht sich auf eine Studie aus Großbritannien des Strategic Advisory Board for Intellectual Property (SABIP), einem Beratergremium der UK-Regierung. Demnach sorgen sieben Millionen britische Filesharer für einen jährlichen Umsatzausfall von zwölf Milliarden britischen Pfund in der gesamten Entertainment-Branche. Laut SABIP-Report sind wochentags im Schnitt 1,3 Millionen Briten in Filesharing-Netzwerken aktiv. Lädt jeder Nutzer pro Tag eine Datei runter, kommt man auf 4,73 Milliarden Dateien. Diese werden vom SABIP auf einem Wert von zwölf Milliarden Pfund taxiert.
[161] Quelle: Bundesverband Musikindustrie (2014): S. 11.

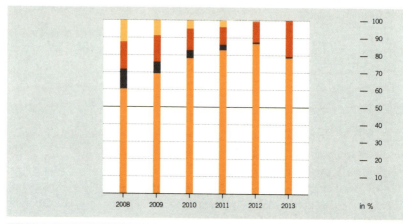

in Mio. €	2008	2009	2010	2011	2012	2013	Veränderungsrate 2012/2013	
Download-Singletracks	46	51	66	86	109	104	-4,4 %	↘
Download-Bundles	42	67	91	117	144	151	4,8 %	↗
Download-Music Video	2	2	2	2	2	2	-8,0 %	↘
Mobile Realtones	12	7	4	3	1	2	14,1 %	↗
Mobile Ringbacktones	4	4	4	6	1	1	-24,1 %	↘
Streaming (Aboservices und werbefinanziert)	21	27	25	26	36	68	91,2 %	↗
Sonstiges²	17	15	10	7	1	0	-47,8 %	↘
Total	144	173	204	247	294	328	11,7 %	↗

1 Basis: Umsatz bewertet zu Endverbraucherpreisen inkl. Mehrwertsteuer; Ringbacktones, werbefinanzierte Services und Sonstiges wie angefallen
2 Sonstiges Einkommen aus dem digitalen Geschäft

Abbildung 5: Umsatzentwicklung digitaler Musikverkäufe.[162] *Quelle: Bundesverband Musikindustrie e.V.; media control®GfK.*

Im Vergleich zum Vorjahr ist der Umsatz des Digitalmarkts um 11,7 Prozent gewachsen. Dies resultiert in einem Umsatzanteil von 22,6 Prozent am Musikverkauf in Deutschland. Am stärksten sind dabei die Streaming-Dienste mit 91,2 Prozent gestiegen. Betrachtet man den digitalen Umsatz nach Produktgattungen, sind die Bundles am umsatzstärksten, gefolgt von

---

162 Bundesverband Musikindustrie (2014): S. 11: Anmerkungen und Abkürzung aus dem Original übernommen. Die Anmerkung unter Ziffer 1 bezieht sich im Original auf den Titel der Abbildung.

Tracks und Streaming-Einnahmen. Mobile Produkte und Video-Downloads folgen dagegen abgeschlagen, ebenso wie Umsätze durch sonstige digitale Einkünfte.[163] Im internationalen Vergleich sieht der digitale Umsatzanteil des deutschen Musikmarkts auf den ersten Blick relativ schwach aus. So hatte der Digitalmarkt in UK 2013 bereits einen Anteil von 43,8 Prozent am Gesamtumsatz. In den USA lag Digital sogar bei 59,6 Prozent. Auch Länder wie Australien (54 Prozent) und Schweden (69,7 Prozent) hatten 2013 einen höheren Digitalanteil. Dies ist allerdings wie bereits dargestellt zum Teil mit den konstant bleibenden CD Absätzen in Deutschland zu erklären, während Länder wie die USA im physischen Bereich massive Verluste zu beklagen hatten.[164] »Der deutsche Markt nimmt hier weltweit eine Sonderstellung ein. Während in anderen Ländern die CD-Verkäufe drastische Einbrüche verzeichnen, geht der Transformationsprozess von physisch zu digital hierzulande erheblich langsamer voran«[165]

Grundvoraussetzungen für einen wachsenden Online-/Download Markt sind die Verbreitung von leistungsfähigen Internet- und Breitbandanschlüssen sowie Mobilfunkleitungen mit günstigen Tarif Modellen, die den Download oder Stream großer Datenmengen erlauben.[166] Auch die Kreditkartenabdeckung und die Innovationsbereitschaft der Konsumenten spielen eine große Rolle. Ebenso wichtig sind die Tarife der GEMA für Händler. Gerade für Streaming-Modelle gab es lange Zeit keine Einigung zwischen diesen beiden Parteien. Aus diesem Grund sind Portale wie Deezer oder Spotify erst seit der Einigung auf einen neuen Tarif über Onlinelizenzen mit deutlicher Verzögerung in Deutschland gestartet. Andere Partner mit hohem Umsatzpotenzial wie YouTube sind weiterhin noch nicht in Deutschland verfügbar.[167] Das Streaming-Segment wird aber in den kommenden Jahren für stark wachsende Einnahmen sorgen.

---

163 Quellen: Bundesverband Musikindustrie (2014): S. 11f.
164 Vgl. Bundesverband Musikindustrie (2014): S. 55f. IFPI (2014): S. 9.
165 Bundesverband Musikindustrie (2009): S. 18. Vgl. Bundesverband Musikindustrie (2014): S. 55.
166 Quelle: GfK-Consumer Panel (2012b): S. 18: Die Internet Reichweite in Deutschland lag 2011 bei über 79 Prozent. Unter den Personen mit Internetzugang haben 87 Prozent einen Breitband- oder Kabelanschluss. 2004 waren es lediglich 22 Prozent.
167 Vgl. Lischka, Konrad (2012a): *YouTube und Gema: Warum Deutschland schwarz sieht*. In: http ://www.spiegel.de/netzwelt/netzpolitik/0,1518,815723-6,00.html (01.03.2012). N.N. (2011): *GEMA und Bitkom einigen sich auf Onlinelizenzen*. In: http://www.mediabiz.de/musik/ne ws/gema-und-bitkom-einigen-sich-auf-onlinelizenzen/313188?NL=mwd&uid=8403&a usg=20111208&lpos=Main_1 (09.04.2012). Quellen: Bundesverband Musikindustrie:

Zudem ist der illegale Musikkonsum weiterhin hoch, wobei vor allem der Download von Songs über Videoportale wie YouTube ein wichtiger Pirateriefaktor geworden ist. So speicherten im Jahr 2011 4,4 Millionen Menschen Musik aus Musikvideos ab. Weitere 2,6 Millionen schnitten über Internet-Radios Musik mit. Auch Sharehoster werden weiter genutzt, um sich illegal Musikinhalte zu laden. Laut Bundesverband Musikindustrie nutzten 2013 sechs Millionen Menschen in Deutschland unlizensierte Musikdienste.[168]

Neben Brennern werden zudem kapazitätsstarke Speichermedien wie externe oder auch interne Festplatten genutzt, um Musik zu archivieren und zu tauschen. Dieser Weg wird bereits von 18 Prozent der Bevölkerung genutzt. Bei den 10- bis 19-Jährigen und bei den 20- bis 29-Jährigen sind es sogar 40 Prozent, bzw. 38 Prozent. Im Schnitt liegen dabei 2.420 Songs auf einer externen Festplatte.[169]

Betrachtet man den mobilen Musikmarkt separat, sind neben Fulltrack-Downloads laut GfK die Produkte monophone und polyphone Klingeltöne, Realtones, Freizeichentöne sowie Videoklingeltöne zu nennen. Applikationen und Games fehlen hier, da sie in der Regel nicht mit einem Musikkauf zu vergleichen sind.[170] Nachdem in den Anfangstagen monophone Klingeltöne vorherrschten, wurden sie nach Einführung der polyphonen Töne schnell von diesen überholt. Realtones wurden 2004 eingeführt und sind gemeinsam mit den Freizeichentönen bis heute vorherrschend im Klingeltonmarkt. Allerdings wurden 2013 nur noch 1,4 Millio-

---

Übersicht Jahreswirtschaftsbericht. Umsatz. In: http://www.musikindustrie.de/jahrbuch-umsatz-2011/ (19.04.2012). GEMA (2011a). GEMA (2011b): *GEMA veröffentlicht neue Music-on-Demand-Tarife.* In: https://www.gema.de/presse/aktuelle-pressemitteilungen/pr esse-details/article/gema-veroeffentlicht-neue-music-on-demand-tarife.html (09.04.2012). GEMA (2012): *MIDEM 2012: GEMA und Deezer verkünden Vertragsabschluss.* In: https:// www.gema.de/presse/aktuelle-pressemitteilungen/presse-details/article/midem-2012-gema-und-deezer-verkuenden-vertragsabschluss.html (09.04.2012): Der Tarif wurde Ende 2011 beschlossen und ist am 01.01.2012 in Kraft getreten.

168 Quelle: GfK Consumer Panel (2012a): S. 6, 29, 53. Vgl. Bundesverband Musikindustrie (2014): S. 2. N.N. (2011): »'Trouble In Storage For RapidShare«. In: *Music Ally: The Report.* Issue 260. 20.01.2011: S. 1ff. IFPI (2014): Dienste wie Rapidshare und Grooveshark sind 2012 vom Netz genommen worden. Im IFPI-Report wird geschätzt, dass dennoch 26 Prozent der weltweiten Festnetz-Internet-User regelmäßig unlizensierte Dienste nutzen. Aktuelle Zahlen sind von der GfK nicht erhoben worden.

169 Quelle: GfK Consumer Panel (2012a): S. 30, 59: Die GfK bietet keine aktuelleren Zahlen.

170 Es bleibt abzuwarten, ob Applications, die beispielsweise ein gesamtes Album beinhalten, in Zukunft betrachtet werden.

nen Produkte abgesetzt. Dagegen waren es 2006 noch 13,2 Millionen Einheiten.[171]

Zusammenfassend lässt sich sagen, dass der Digitalmarkt global stark wachsend ist. Dabei sind die Streaming-Dienste die großen Hoffnungsträger, wobei das À-la-carte-Downloads aktuell noch den Großteil des Umsatzes generiert. Dagegen weisen mobile Personalisierungsprodukte eine negative Tendenz auf. Für die kommenden Jahre wird ein weiteres Wachstum des digitalen Anteils, vor allem Streaming, an den Gesamteinnahmen der Musikbranche vorhergesagt.

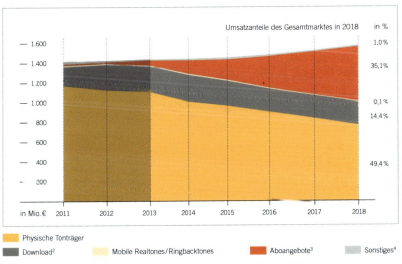

1 Adaption der GfK-Musikmarktprognose 2013 auf Basis aktueller, neu erhobener Daten
2 Single, Album, Video (à la carte-Downloads)
3 Subscription Services (Spotify, Napster, Simfy, ...)
4 Werbefinanzierte Streaming-Services, pauschale Einmalvergütungen aus den digitalen Geschäftsfeldern, Sonstiges

Abbildung 6: GfK-Musikmarktprognose Gesamtmarkt.[172] Quelle: Bundesverband Musikindustrie e.V.; GfK Panel Services.

---

171 Quellen: Bundesverband Musikindustrie (2014): S. 18. GfK-Consumer Panel (2012b): S. 36.
172 Bundesverband Musikindustrie (2014): S. 15: Anmerkungen und Abkürzung aus dem Original übernommen. Die Anmerkung unter Ziffer 1 bezieht sich im Original auf den Titel der Abbildung.

3.2.2 Die Händlerstrukturen auf dem deutschen Musikmarkt

Auf dem deutschen Musikmarkt existieren fünf unterschiedliche Vertriebssäulen. Der stationäre Handel ist dabei am relevantesten. Hier wurden 2013 45,9 Prozent des Umsatzes gemacht. Allerdings ist der Anteil konstant fallend. 2000 waren es noch 82 Prozent. Auch der Bereich Katalog/Mailorder/Club hat nach stetigen Jahren seit 2005 einen jährlichen Rückgang zu beklagen und steht bei nur noch 3,7 Prozent statt 11,2 Prozent. Dagegen wächst der Anteil der Internethändler wie Amazon kontinuierlich. Während sie 2000 noch einen Anteil von 5 Prozent hatten, waren es 2013 bereits 30 Prozent. Auch die Download-Plattformen als jüngste Vertriebsschiene haben seit 2004 ein jährliches Wachstum zu vermelden. Sie machten 2013 bereits 20,4 Prozent des Umsatzes aus. Der noch sehr junge Bereich Subscription wird noch nicht abgebildet. Der Prozentsatz der Käufer, die nur im stationären Handel einkaufen ist von 72 Prozent in 2007 auf 46 Prozent in 2013 gefallen, während die Zahl der Kunden, die nur im Internet einkaufen, im selben Zeitraum stetig von 14 Prozent auf 38 Prozent gestiegen ist.[173]

Die wichtigsten Händler physischer Tonträger wurden 2010 in Deutschland dank des dualen Verkaufs von physischen und digitalen Musikprodukten erstmals von Amazon angeführt. Diese Position wurde auch 2013 mit 25 Prozent Anteil am Gesamtumsatz physisch und digital weiter ausgebaut. Media Markt (12 Prozent) verliert tendenziell Anteile, iTunes (10 Prozent) als erfolgreichster reiner Downloadhändler stagniert erstmals, Saturn (10 Prozent) schneidet schlechter als im Vorjahr ab. Müller (6 Prozent) hält sich auf Platz fünf.[174]

Apples iTunes Store hatte 2013 wiederum 48 Prozent Umsatzanteil am Downloadmarkt und war damit der wichtigste Download-Händler in Deutschland, gefolgt von Amazon, die mit 29 Prozent ihren zweiten Platz festigen konnten. Apple hat zwar erstmals Umsatzanteile verloren, dennoch konnten die beiden Spitzenreiter ihren Vorsprung in den letzten Jahren massiv ausbauen, während die meisten anderen Download-Portale stagnierten oder sinkende Umsatzanteile zu verzeichnen hatten. Diese Tendenz spricht für eine Konsolidierung der Download-Händler. Unter den Streaming-Portalen hat Spotify in Deutschland den größten Anteil mit fünf

---

173 Quellen: GfK-Consumer Panel (2014a): S. 8. Bundesverband Musikindustrie (2014): S. 39.
174 Quelle: GfK-Consumer Panel (2014b): German Music Market. Key Facts 2013. S. 9.

Prozent.[175] Mit Spannung wird die weitere Entwicklung von Streaming-Diensten wie Google All Inclusive oder Beats Music erwartet.

3.2.3 Die Käuferstrukturen auf dem deutschen Musikmarkt

Bei der Betrachtung der Käuferstrukturen stehen insbesondere die Käuferreichweite und die Kaufintensität im Mittelpunkt. Beide Faktoren spielen auch für die Repertoirepolitik und Planungen der Musikindustrie eine zentrale Rolle.

Unter Käuferreichweite versteht man den Anteil der tatsächlichen Musikkonsumenten unter allen potenziellen Musikkunden. Dieser ging in Deutschland von 1997 bis 2004 stetig zurück. Lag der Anteil der Käufer zwischen 1985 und 1997 noch bei ca. 52 Prozent, sank der Prozentsatz bis 2004 auf nur noch 40,1 Prozent. 2013 lag die Käuferreichweite nach unkonstanter Entwicklung nur noch bei knapp 35 Prozent. Die Reichweite bei den Digital-Käufern lag 2013 bei 10,7 Prozent. Bedenkt man, dass ein wesentlich größerer Anteil der Bevölkerung Musik hört, muss von einer geringen Käuferreichweite gesprochen werden.[176]

Um die Kaufintensität zu bestimmen, werden die Käufer seit 2013 auf Basis ihrer jährlichen Musikausgaben in einzelne Gruppen eingeteilt. Der durchschnittliche Käufer gibt 56 Euro im Jahr für Musik aus. Die Nichtkäufer sind mit 64,7 Prozent in der Überzahl, was aber nicht bedeutet, dass sie sich nicht für Musik interessieren. Der Stellenwert von Musik bei den unter 50-Jährigen liegt schließlich zwischen 84 Prozent und 94 Prozent je nach Altersgruppe. Viele Nichtkäufer gelten daher als passive Nutzer, deren Bedarf durch kostenfreie Musikangebote im Radio, TV oder Internet und illegale Dienste abgedeckt wird.[177] Betrachtet man die unter-

---

175 Quellen: GfK-Consumer Panel (2014b): S. 9.
176 Vgl. Kulle (1998): S.158f. Quellen: GfK-Consumer Panel (2012b): S. 45. GfK-Consumer Panel (2013): *Jahrespräsentation 2012.* S. 25. Bundesverband der Phonographischen Wirtschaft (2003): S. 44. Bundesverband Musikindustrie (2009): S. 34. Bundesverband Musikindustrie (2014): S. 34, 37: Kostenlose Streaming-Dienste erzielten 2013 eine Reichweite von 5,4 Prozent, während die Reichweite für kostenpflichtiges Streaming 1,6 Prozent betrug.
177 Quellen: Bundesverband Musikindustrie (2014): S. 33. GfK Consumer Panel (2013): S. 24. Bundesverband Musikindustrie (2013): S. 25, 31: Die beschriebene Methodik ist erst für 2013 eingeführt worden. Vorher wurde die Anzahl der Musikkäufe als Faktor für die Einteilung in die Gruppen genutzt, was im Zeitalter von günstigen Trackpreisen nicht zeitgemäß ist. Zudem können zukünftig Streaming-Kunden einbezogen werden. Ausga-

schiedlichen Quellen, die für das Musikhören genutzt werden, ergibt sich folgendes Bild:

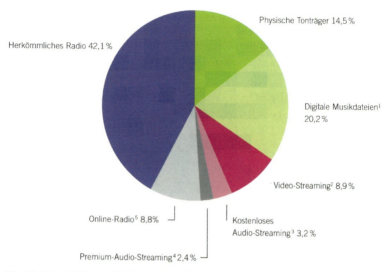

1 Zum Beispiel vom PC, Laptop, Mobiltelefon, Tablet, MP3-Player etc.
2 Zum Beispiel YouTube, MyVideo, VEVO, Tape.tv
3 Kostenlose-, werbefinanzierte Audio-Streaming-Portale der Anbieter Spotify und Deezer
4 Zum Beispiel Spotify Premium, Napster, Wimp, simfy, JUKE
5 Online-Radios und sonstige kostenlose Audio-Streaming-Plattformen, zum Beispiel: LastFM, Soundcloud, MySpace, radio.de

Abbildung 7: Hörgewohnheiten in Deutschland. Musiknutzung in den letzten sieben Tagen.[178] *Quelle: Onlinerepräsentative Befragung im Januar 2014. 1.000 Teilnehmer. respondi AG im Auftrag des Bundesverbandes Musikindustrie e.V.*

Die Intensivkäufer mit mehr als 80 Euro Ausgaben pro Jahr stellen eine besonders wichtige Gruppe dar. Sie bildeten zwar auch 2013 mit 4,7 Prozent der Deutschen traditionell die kleinste Käufergruppe, sind aber für 46,8 Prozent des Umsatzes verantwortlich. Im Schnitt geben sie 194 Euro

---

ben für Streaming-Abos konnten für 2013 aus methodischen Gründen noch nicht abgebildet werden. Die GfK-Zahlen zum Stellenwert von Musik beziehen sind aus einer Studie von 2013. Aktuellere Zahlen lagen noch nicht vor.
178 Bundesverband Musikindustrie (2014): S. 27: Anmerkungen und Abkürzungen aus dem Original übernommen.

im Jahr für Musik aus. Die Durchschnittskäufer mit 25–80 Euro Umsatz pro Jahr sind mit 10,4 Prozent vertreten und machen weitere 31,5 Prozent des Umsatzes aus. Die größte Käufergruppe wird von den Gelegenheitskäufern, die unter 25 Euro im Jahr ausgeben, gebildet. Sie stellen 20,2 Prozent der Käufer und generieren 21,7 Prozent des Umsatzes. Sie geben jährlich 21 Euro für Musik aus.[179]

Über die Hälfte der Konsumenten (60 Prozent) ist über 40 Jahre alt, doch die höchste Käuferreichweite liegt mit 48 Prozent in der Zielgruppe der 30- bis 39-Jährigen, gefolgt von den 40- bis 49-Jährigen mit 45 Prozent sowie den 10- bis 19-Jährigen mit 41 Prozent.[180]

In den unterschiedlichen Altersgruppen gibt es zum Teil verschiedene musikalische Vorlieben, wenn man die Altersstruktur nach Repertoire differenziert. So bevorzugen die über 50-Jährigen Klassik und Schlager/ Volksmusik. Es ist interessant zu beobachten, dass in dieser Altersgruppe auch die Genre Rock und Pop zulegen konnten, das heißt diese Zielgruppe kann weiterhin mit aktuellen Produkten erreicht werden. Rock und Dance sprechen verstärkt Zielgruppen ab 30 Jahre an, während ihr Stellenwert bei den 20- bis 29-Jährigen sinkt. Gründe für diese schwankenden Werte können einzelne große Releases in den jeweiligen Genres sein.[181]

3.2.4 Die Marktsegmentierung auf dem deutschen Musikmarkt

Es ist schwer, den Musikmarkt in eindeutige Segmente einzuteilen, da die Grenzen nicht nur fließend sind, sondern auch Überschneidungen häufig vorkommen. Zudem können auch neue Segmente entstehen und dauerhaft relevant werden. Daher existieren verschiedene Ansätze der Marktsegmentierung, die je nach Ansatzpunkt und Intention differieren. Ökonomen werden andere Segmentierungen vornehmen als beispielsweise Händler oder Musikliebhaber.[182] Eine grobe allgemeine Segmentierung ist dennoch möglich.

---

179 Quelle: Bundesverband Musikindustrie (2014): S. 33.
180 Vgl. Bundesverband Musikindustrie (2014): S. 34f. Der niedrige Wert bei den 20- bis 29-Jährigen kann daran liegen, dass Streaming-Umsätze noch nicht erfasst sind.
181 Vgl. Bundesverband Musikindustrie (2014): S. 34f.
182 Vgl. Gebhardt, Gerd (1999): »Repertoirebereiche und Konsumenten«. In: Moser, Rolf/Scheuermann, Andreas (Hg.): *Handbuch der Musikwirtschaft*. S.95ff. Vgl. Schulze (1996): S. 73ff. Schulze unterteilt zunächst nach »Pop-International«, »Pop-Domestic«, »Klassik«, »Kinderproduktionen« und »medienbeworbenen Produkten«, bevor innerhalb

Die GfK gliedert den Markt in sieben Teilmärkte. Diese heißen Pop One Artist, wobei hier zwischen Frontline und Katalog unterschieden wird, Hörbuch, Kinder, TV-Compilations, Non-TV-Compilations, Single und Klassik. Dazu werden Subscriptions als eigene Kategorie geführt.[183] Während diese Markteinteilung eine Mischung aus Repertoire und Produkt aufzeigt, stellt der Bundesverband Musikindustrie die Verkaufszahlen von musikalischen Veröffentlichungen in elf einzelnen Repertoiresegmenten plus Sonstige dar. Es wird unterschieden zwischen den Bereichen Pop International, Rock, Klassik, Schlager, Pop Deutsch, Volksmusik, Dance, Hip-Hop, Jazz, Kinderprodukte, Hörbücher und Sonstige, innerhalb derer wiederum in Soundtrack/Filmmusik, Country/Folk, Instrumentalmusik, Weihnachtsproduktion, Comedy, Musical und Sonstige ausdifferenziert wird.[184] Die Umsatzanteile der einzelnen Bereiche haben sich in den letzten Jahren kaum verändert. Pop International war 2013 mit 30,5 Prozent eindeutig das umsatzstärkste Segment, gefolgt von Rock mit 19,2 Prozent. Es folgen Klassik (7,2 Prozent), Kinderprodukte (6,7 Prozent), Pop Deutsch (6 Prozent), Schlager (5,8 Prozent), Hörbücher (5,5 Prozent), Dance (3,5 Prozent) und Hip-Hop (3,5 Prozent), Volksmusik (2,8 Prozent) sowie Jazz mit 1,4 Prozent. Die sonstigen Segmente sind für 7,8 Prozent verantwortlich.[185]

In einer gemeinsamen Arbeit mit der GfK hat der Bundesverband Musikindustrie inklusive seiner Händlerplattform PhonoNet, die dem datenbankbasierten Austausch von Produkt- und Bestellinformationen zwischen Industrie und Handel dient, diese Aufteilung deutlich detaillierter dargestellt. Der Branchenstandard unterscheidet aktuell die Genres Rock deutschsprachig, Pop deutschsprachig, volkstümliche Musik, Pop englischsprachig, Rock englischsprachig, Heavy Metal, Country, Jazz, Soundtrack/Filmmusik, Instrumental, Weihnachtsprodukte, Sonstige Produkte (Wort,

---

dieser Segmente weitere Einteilung vorgenommen werden. Auch er betont die Schwierigkeit der Repertoire-Segmentierung und bezieht sich ebenso wie Gebhardt und Andere auf die Einteilung der GfK.

183 Quelle: GfK Consumer Panel (2013): S. 90: Die Einteilung war für 2012. Die neue Studie ist zum Zeitpunkt des Drucks noch nicht erschienen.

184 Quellen: Bundesverband Musikindustrie (2014): S. 43. Bundesverband Musikindustrie: *Überblick Jahreswirtschaftsbericht. Repertoire.* In: http://www.musikindustrie.de/jahrbuch-repertoire-2011/ (19.04.2012).

185 Quelle: Bundesverband Musikindustrie (2014): S. 43: Die unterschiedlichen Schreibweisen, zum Beispiel von HipHop, sind aus den jeweiligen Originalquellen übernommen worden.

Stimmung,…), Disco/Dance, HipHop/Rap, Schlager, Musical, Kabarett, Pop Crossover, Weltmusik, Folk/Folklore, Comedy Wort (Wortanteil über 50 Prozent), Comedy Musik (Musikanteil mindestens 50 Prozent), Punk, Austro Pop, Austro Rock, Wienerlied, Schweizer Szene, Schweizer Volksmusik, Italiano Pop, Francais, Black/Soul/Blues/R&B/Gospel, Trance/Techno/House, Reggae, Meditation, Oper, Operette, Sinfonische Musik, Soloinstrument mit Orchester, Soloinstrument ohne Orchester, Kammermusik (Instrumental), Chor/Lied, Sonstige Klassik, Klassik Crossover, Wort (Kinder), Musik (Kinder) sowie Klassik (Kinder). Die Repertoireklassifizierung wird dabei von der zuständigen Plattenfirma vergeben, wobei der Handel die Möglichkeit hat, diese in ein eigenes System einzuordnen.[186]

Betrachtet man beispielsweise die Genre-Einteilungen auf digitalen Portalen, so stößt man auf weitere Varianten. Bei iTunes unterscheidet man zwischen den Genres Alternative, Dance, Electronic, Filmmusik, Folk und Blues, Hip-Hop/Rap, Hörspiele, Jazz, Klassik, Metal, Neue Künstler, Pop, R&B/Soul, Rock, Schlager und Weltmusik.[187] Musicload führt dagegen die Genres Pop, Dance, Rock, Black Music, Soundtrack, Jazz & Klassik sowie Schlager & Volksmusik.[188]

Es wird deutlich, dass Musik im Gegensatz zu anderen Konsumgütern nicht eindeutig einteilbar ist und es dementsprechend auch kaum fest umrissene, eindeutige Zielgruppen gibt. Eine Band kann sowohl zum Pop als auch zum Rock-Bereich gezählt werden, ebenso wie ein Pophörer ohne weiteres auch Rock hören kann. Eine eindeutige Einordnung von Künstlern in bestimmte Sparten erscheint also schwierig,

»da die jeweiligen Eigenarten der Musik oftmals ihre Einzigartigkeit begründen. [...] eines der wichtigsten Charakteristika der modernen Musik ist gerade ihre

---

[186] Quelle: PhonoNet: *Digias – Digitaler Artikelstamm*. In: https://digias.phononet.de/digias/productEdit.html?pid=new (22.04.2014). Vgl. Mahlmann (2003a): S. 190ff. Mahlmann, Carl (2001): *Der Markt für Tonträger 2001. Musikarten.* N.N. (2003): *PhonoNet feiert 10. Geburtstag.* In: http://www.ifpi.de/news/news-66.htm (04.03.2003): Die Genres ändern sich im Laufe der Jahre und passen sich den jeweils aktuellen Marktbedingungen an. Comedy wurde beispielsweise erst 1998 eingeführt. Die Entwicklung der Genreaufteilungen im ersten Jahrzehnt des aktuellen Jahrtausends lässt sich gut in den Beiträgen von Mahlmann zurückverfolgen. Die PhonoNet Datenbank ist passwortgeschützt.
[187] Quelle: iTunes Store Deutschland. (07.01.2014): Auch bei iTunes werden die Genres hin und wieder angepasst und unterscheiden sich von Land zu Land. Neben diesen Genres werden unter anderem auch Compilations, Musikvideos sowie diverse Angebote als eigene Kategorien geführt.
[188] Quelle: Musicload. In: http://www.musicload.de/musicstart?cat_id=1 (07.01.2011): Dazu bietet Musicload noch den Stichwort »Live« an.

Fähigkeit, durch die eklektische Verschmelzung schon vorhandener Stile Neues zu kreieren. Dieser Umstand erschwert die für eine Verständigung zwischen Anbieterfirmen und Medien- resp. Handelspartnern unabdingbare Schablonisierung.«[189]

Die beschriebenen Uneindeutigkeiten erschweren also nicht nur die Vermarktung von Musik, sondern auch entsprechende Erfolgsprognosen für Produkte. Schließlich kann der Erfolg einer neuen Veröffentlichung im Vorfeld nicht annähernd so gut gemessen werden, wie es bei anderen Konsumgütern der Fall ist. Radiostationen führen zwar Pretests durch, während Labels beispielsweise DJ-Umfragen erstellen, doch ein Song wird trotz Ausrichtung auf eine bestimmte Zielgruppe mit entsprechenden demographischen Daten nicht garantiert ein Hit. Schließlich haben Musikhörer sehr heterogene Ausprägungen und lassen sich schwerer in feste Zielgruppen einordnen, da Musik in erster Linie über emotionale und nicht über rationale Faktoren gehört wird. Musik ist ein Erfahrungsgut. Zudem hat jeder Act eine individuelle Note, weshalb es beispielsweise bei Universal Music Marktforschungen zu den meisten einzelnen Acts gibt. Musik in den Massenmedien ist dagegen sehr formatiert.

Eine detaillierte, allgemeingültige Marktsegmentierung für den Musikmarkt lässt sich also nur schwer oder mit Einschränkungen erstellen. Zum einen ist eine feine Repertoire-Segmentierung nach Genres nicht eindeutig durchführbar, zum anderen sind auch klar umrissene Zielgruppen schwierig zu bestimmen und daher nicht so einfach zu erreichen. Für viele Konsumenten können sich dadurch Orientierungsprobleme ergeben. Während in den meisten Fällen der Künstler als Anhaltspunkt dient, ist die Orientierung nach Genres bereits geringer. Noch seltener kann ein Label Hilfestellung für durchschnittliche Konsumenten leisten. Dabei bestände die Möglichkeit, einem Label über die Positionierung als Marke oder über Bindung an ein bestimmtes Genre eine Identität zu geben, die Käufern Orientierung bietet.

Um diesen Umstand genauer zu erörtern, werden im folgenden Kapitel die Orientierungssysteme Genre und Marke im Kontext der Musikindustrie vorgestellt.

---

189 Vgl. Schulze (1996): S. 74.

4. Orientierungsinstrumente der Musikindustrie

In einem stark segmentierten Markt wie der Musikbranche kann es zu Orientierungsproblemen für Produzenten und Konsumenten kommen. In diesem dritten Teil werden mit der Genretheorie und Markenführungskonzepten zwei Instrumente vorgestellt, die für beide Seiten Lösungsansätze bieten können. Dabei werden jeweils ihre Aufgaben sowie die Orientierungsmöglichkeiten, die sie bieten, erläutert. Daraufhin wird untersucht, ob sich beide Orientierungskonzepte auf die Musikindustrie im Speziellen anwenden lassen.

4.1 Das Konzept Genre

Für die Entwicklung der Musikindustrie spielt, wie bereits dargestellt, auch die Herausbildung verschiedener Genres mit den entsprechenden (Sub-)Kulturen eine große Rolle, wobei in der Musik der Begriff Genre oft mit der Bezeichnung Musikstil substituiert wird. Daher soll hier die Genretheorie als Orientierungsinstrument vorgestellt werden. Es wird untersucht, welche Rolle das Konzept Genre für die Kommunikation zwischen Konsumenten und Produzenten, zu denen auch die Kreativen und die Mitarbeiter der Musikindustrie gehören, spielen kann.

Die wissenschaftliche Debatte zum Thema Genre konzentriert sich vornehmlich auf die Medien Film und Fernsehen. Dabei werden meist entweder ein Genre in einem Medium, ein Genre in allen Medien oder alle Genres eines Mediums untersucht. Die Betrachtung mehrerer Genres in mehreren Medien ist dagegen seltener Gegenstand von wissenschaftlichen Untersuchungen. Die meisten wissenschaftlichen Abhandlungen beschränken sich auf die Entwicklung und Beschreibung eines oder mehrerer Genres. Oft werden die bearbeiteten Genres lediglich deskriptiv dargestellt und nicht analytisch im Kontext einer übergeordneten Genretheorie betrachtet.

4.1.1 Begriffsklärung und Definition

Der Begriff Genre und das dahinter stehende Konzept lassen sich nicht eindeutig definieren, da es sich um eine abstrakte Konzeption bzw. um ein dynamisches Konstrukt und nicht um eine natürlich entstandene Einteilung handelt. Zudem stellt es sich als schwierig heraus, einzelne Genres fest einzugrenzen. Vor allem im allgemeinen Sprachgebrauch wird der Begriff eher unpräzise verwendet und die Zuordnung von Texten verschiedener Art zu den entsprechenden Genres sehr subjektiv vorgenommen.[1] Daher soll hier zunächst der Begriff und anschließend das dahinter stehende Konzept erläutert werden.

Das Wort Genre wird aus dem Französischen, bzw. ursprünglich aus dem Lateinischen (»genus«), abgeleitet und bedeutet Gattung, Wesen, Art.[2] »The term is widely used in rhetoric, literary theory, media theory, and more recently linguistics, to refer to a distinctive *type* of ›text‹«[3]

Die Verwendung des Begriffs Genre impliziert laut Feuer, dass Arbeiten in Medien kategorisiert werden können und somit nicht über genuine Strukturen verfügen, wobei Feuer sich auf Literatur, Film und Fernsehen beschränkt. Die Genretheorie dient dabei der Einteilung von Arbeiten in Klassen von verwandten Werken.[4] Fiske geht in seiner Definition genauer

---

1 Vgl. Chandler, Daniel (1997): *An Introduction to Genre Theory*. In: http://www.aber.ac.uk/media/Documents/intgenre/intgenre.html (05.03.2003). Faulstich, Werner (2002): *Grundkurs Filmanalyse*. S.27f. Hallenberger, Gerd (2002): »Das Konzept ›Genre‹: Zur Orientierung von Medienhandeln«. In: Gendolla, Peter/Ludes, Peter/Roloff, Volker (Hg.): *Bildschirm – Medien – Theorien*. S.83: Mit dem Begriff Text werden in dieser Arbeit sämtliche Medientexte gemeint, nicht nur gedruckter Text.
2 Vgl. Feuer, Jane (1992): »Genre Study and Television«. In: Allen, Robert C. (Hg.): *Channels of Discourse, Reassembled*. S.138. Gehring, Wes D. (Hg.) (1988): *Handbook of American Film Genres*. S.1. Dubrow, Heather (1982): *Genre*. S.4. Neale, Stephen (2000): *Genre and Hollywood*. S.9. McQuail, Denis (1994): *Mass Communication Theory. An Introduction*. S.263. Drosdowski/Scholze-Stebenrech/Wermke (Hg.) (1997): S. 289. Chandler (1997).
3 Vgl. Chandler (1997): Chandler geht in seiner Abhandlung über Genres genau auf den wissenschaftlichen Stand ein und widmet ein ganzes Kapitel dem Problem der Genre Definition. Der Begriff Text bezieht sich hier und im Folgenden auf Arbeiten aller Medien und nicht ausschließlich auf das geschriebene Wort. Hervorhebung aus dem Original übernommen.
4 Vgl. Feuer (1992): S. 138.

auf die Organisationsfunktion von Genres ein: »Genre is a cultural practice that attempts to structure some order into the wide range of texts and meanings that circulate in our culture for the convenience of both producers and audiences.«[5]

Mikos ergänzt: »Genres und Gattungen als Systeme von Orientierungen, Erwartungen und Konventionen weisen als Einheit von Form und Inhalt typische Merkmale auf, die die kommunikative Übereinkunft zwischen Produzenten, Texten und Rezipienten begründen.«[6]

Die Relevanz von Gattungen und Genres wird bei Rusch deutlich:

»Genres liegen im Schnittbereich zwischen Produktion, Produkt und Rezeption, also an den Berührungspunkten von Prozessen der Produktgestaltung und -herstellung, von Eigenschaften eines gestalteten Produkts und Prozessen der Zuwendung zu solchen Produkten, ihrer Wahrnehmung und intellektuellen Verarbeitung. Dieser Zusammenhang macht die Untersuchung von Genres kompliziert und aufwendig, zugleich aber erscheinen sie aus medien-systematischer Perspektive gerade besonders wichtig.«[7]

Bei Hallenberger heißt es:

»Genres sind über inhaltliche Angebotsmerkmale operierende, hoch flexible Systeme, die zwischen Produzenten, Distributoren und Nutzern/Käufern von Medienangeboten vermitteln und alle Akteure in die Lage versetzen, sensibel auf alle jeweils für sie relevanten Veränderungen wie z.B. des Publikumsgeschmacks, der medientechnologischen Grundlagen oder der allgemeinen Marktbedingungen reagieren zu können.«[8]

---

5 Fiske, John (1987): *Television Culture*: S. 109.
6 Mikos, Lothar (1994): *Fernsehen im Erleben der Zuschauer. Vom lustvollen Umgang mit einem populären Medium*: S.155: Mikos bezieht sich hier auf das Fernsehen, deren Sendungstypen in fiktional und non-fiktional eingeteilt werden können. Innerhalb dieser beiden Bereiche existieren Gattungen mit allgemeinen formalen oder inhaltlichen Gemeinsamkeiten. Laut Mikos können im Rahmen dieser Gattungen einzelne Genres entstehen, die wiederum weitere Sub-Genres hervorbringen können.
7 Rusch, Gebhardt (1993): »Fernsehgattungen in der Bundesrepublik Deutschland. Kognitive Strukturen im Handeln mit Medien«. In: Hickethier, Knut (Hg.): *Institution, Technik und Programm*. Aus der Reihe: Kreuzer, Helmut/Thomsen, Christian W. (Hg.): *Geschichte des Fernsehens in der Bundesrepublik Deutschland*. Band 1: S.289: Rusch geht genauer auf Fernsehgattungen und Genres ein und betrachtet diese aus einer konstruktivistischen Perspektive und legt den Schwerpunkt nicht auf die Produktanalyse, sondern auf die Sicht von Zuschauern und Produzenten.
8 Hallenberger, Gerd (2008): »Formate und Genres der Unterhaltung«. In: Siegert, Gabriele/Rimscha, Bjørn von (Hg.): *Zur Ökonomie der Unterhaltungsproduktion*. S. 65f

Die Rolle des Publikums und damit auch die soziale Komponente werden schließlich bei Hodge und Kress neben dem Aspekt der Konstruktion eingebracht: »genres only exist in so for as a social group declares and enforces the rules that constitute them«[9]

Tudor bringt die Dynamik und Offenheit des Konstrukts Genre auf den Punkt, indem er sagt, dass ein Genre das ist, für das wir es halten.[10] Diese Definitionen lassen bereits erkennen, dass das Konzept Genre verschiedene relevante Faktoren beinhaltet, die im Folgenden näher erläutert werden.[11] An dieser Stelle sollen nach einer kurzen allgemeinen Betrachtung insbesondere die Relationen zwischen Produkt, Produzenten und Rezipienten betrachtet werden, die mit der Kategorisierung von Texten anhand von Genres entstehen.

Der Genretheorie ähnelnde Ansätze wurden bereits in der frühen Literatur verwendet, doch erst mit dem Medium Film entwickelte sich eine Genretheorie, die bis heute Relevanz in der wissenschaftlichen Auseinandersetzung mit diesem Gegenstandsbereich besitzt. Im Laufe der Zeit hat es sich auch auf andere Medienformen ausgeweitet, um Texte zu kategorisieren.[12]

Die Frage, was ein Genre überhaupt erst als solches auszeichnet, lässt sich anhand einiger Merkmale zumindest ansatzweise beantworten. In Anbetracht der obigen Ausführungen muss es sich also zu allererst um populäre Massenkultur handeln, was impliziert, dass zum einen massenhaftes Angebot und zum anderen auch massenhafte Nachfrage nach den

---

9 Hodge, Robert/Kress, Gunther (1988): *Social Semiotics*. S.7.
10 Vgl. Tudor, Andrew (1974a): *Theories of Film*. S.139.
11 Vgl. Schatz, Thomas (1981): *Hollywood Genres*. S.11ff, 16. Altman, Rick (1987): *The American film musical*. S.14f. Tudor, Andrew (1974b): *Images and Influence*. S. 180ff.
12 Vgl. Altman (1987): S. 1ff. McQuail (1994): S. 263. Neale (2000): S. 10. Fiske (1987): S. 109. Chandler (1997). Feuer (1992): S. 138f, 141, 144. Dubrow (1982): S. 46ff. Schatz (1981): S. 15f. Frye, Northrop (1971): *Anatomy of Criticism*. S. 14, 33–67. Gehring (Hg.) (1988): S. 1: Gehring, Dubrow, Chandler und Feuer, die in ihren Werken ausführlich die Problematik der Genretheorie schildern, sehen den Ursprung von Genres in der Literatur. Frye behandelt in seinem Werk die »Theory of Modes« und beschreibt ebenfalls die Einteilung von Werken nach bestimmten Merkmalen bei Aristoteles, während McQuail im Kontext der Massenkommunikation in seinem kurzen Definitionsansatz die Filmtheorie als Ursprung nennt. Auch Neale nennt die 1960er und 1970er Jahre als den Zeitraum, innerhalb dessen sich die Genretheorie im Filmbereich durchgesetzt hat. Tatsächlich taucht bereits bei Aristoteles eine Einteilung in Genreformen auf, die Genretheorie im wissenschaftlichen Sinne wurde jedoch erst mit dem Film entwickelt. Die allgemeine Komplexität und Problematik der Genretheorie wird ausführlich bei Altman behandelt, der sich in seinem Werk auf das Filmmusical spezialisiert.

jeweiligen Waren, die meist der Unterhaltung dienen und oft fiktionalen Charakter haben, herrscht. Diese Kulturwaren müssen über die entsprechenden technischen Medien distributierbar sein. Die meisten Genres sind international anerkannt und potenziell intermedial. Sie sind auf inhaltlicher und formaler Ebene formelhaftig aber dennoch nicht starr. Schließlich müssen sie sich auch langfristig auf dem Markt behaupten und etablieren, damit Produzenten und Konsumenten das jeweilige Genre gleichermaßen als solches erkennen und damit umgehen können.[13]

4.1.2 Aufgaben der Genretheorie

Ein Genre benennt als Oberbezeichnung bestimmte Textsorten und macht somit Texte und Inhalte voneinander abgrenzbar. Es bietet in seiner Position zwischen Produkt, Produzenten und Konsumenten Orientierung, indem es bestimmte inhaltliche und formale Charakteristika einschließt, wie beispielsweise den Zweck, die Bedeutung oder die Struktur des Textes. Anhand dieser Konventionen kann der Produzent seinen Text entsprechend ausrichten, während auf Seiten der Konsumenten Erwartungshaltungen aufgebaut werden können. Das Orientierungssystem Genre organisiert somit die Produktion und die Rezeption und sorgt für eine bessere Orientierung bei Anbietern und Nutzern. Es ist dabei auch möglich, dass ein Text aufgrund seiner Beschaffenheit mehreren verschiedenen Genres zugeordnet werden kann. Im Normalfall sind es die Produzenten, die das Angebot bestimmen und somit agieren, aber es ist das Publikum in der Rolle des Reagierenden, das die Entwicklung eines Genres zu einem Erfolg oder Misserfolg beeinflusst. Das Konzept Genre stellt über die entstehenden Konventionen und Relationen, die den Umgang mit und die Kommunikation über Genres erst ermöglichen, einen Vertrag zwischen den beiden Seiten dar und dient somit einer funktionaleren Kommunikation von Texten. Die Genretheorie hat dabei die Aufgaben der Genreeinteilung und der Rechtfertigung dieser Klassifikationen für jeden Text. Mit neuen Texten werden die Vernetzungen erweitert, das Genre ist einem stetigen dynamischen Veränderungsprozess ausgesetzt.[14]

---

13 Vgl. Hallenberger (2002): S. 84ff. McQuail (1994): S. 263. Fiske (1987): S. 112. Chandler (1997).
14 Vgl. Chandler (1997). Neale (2000): S. 17. McQuail (1994): S. 263. Mikos (1994): S. 149ff. Hallenberger (2002): S. 86f, 92f. Schatz (1981): S. 10ff, 15ff. Fiske (1987): S. 109ff. Feuer (1992): S. 138, 143. Dubrow (1982): S. 2. Rusch: S. 290ff. Rusch behandelt das

Die Anbieter halten sich meistens an die erwarteten Genremerkmale, um Erfolg zu haben und die Erwartungen des Publikums zu erfüllen. Dieser rituelle Ansatz sieht das Publikum in der Rolle des zu Bedienenden. Allerdings können die Erwartungshaltungen des Publikums aber auch ausgenutzt und manipuliert werden, wie es der ideologische Ansatz besagt. In beiden Fällen entwickelt sich eine Standardisierung der Nutzererlebnisse.[15]

4.1.3 Statik und Dynamik im Konzept Genre

Genres befinden sich in permanenter Entwicklung und sind keine starren Gebilde, sondern Systeme mit statischen und dynamischen Komponenten. Das Konzept Genre als Beziehungssystem zwischen Produzent, Produkt und Rezipient, in dessen Mitte sich der Medienmarkt befindet, ist dabei einer synchronen und einer diachronen Genre-Dynamik unterworfen. Erstere betrachtet ein Genre zu einem bestimmten Zeitpunkt und behandelt die Intertextualität und Intermedialität sowie das Prinzip von Schema und Variation, während Letztere sich auf die zeitliche Entwicklung, Veränderung und Entstehung von Genres bezieht.

Synchrone Genre-Dynamik

Das gemeinsame Genrewissen bildet die Grundlage der Beziehung zwischen Anbietern und Nutzern. Ein neuer Text kann dadurch schnell eingeordnet und mit anderen Texten in Verbindung gebracht werden. Jeder

---

Thema Genre im Rahmen einer konstruktivistischen Mediengattungstheorie sehr spezifisch.

15 Vgl. Feuer (1992): S. 141ff. Mikos (1994): S. 149f. Fiske (1987): S. 110ff. McQuail (1994): S. 263. Hallenberger (2002): S. 92f. Chandler (1997). Dubrow (1982): S. 8. Schatz (1981): S. 10, 16. Altman (1987): S. 5, 13ff, 94: Altman kritisiert die unter anderem bei Schatz verbreitete Meinung, Genres seien neutrale Konstrukte, die individuellen Texten zu einer Bedeutung verhelfen. Er spricht ihnen die Rolle als Vertreter von gleich gesinnten Texten ab. Stattdessen sieht er Genres als ideologische Konstrukte an, die lediglich als neutrale Kategorien maskiert werden und allen Texten einen Standard aufdiktieren sollen. Zudem vertritt er den ideologischen Ansatz, der bei ihm auch genauer erläutert wird. Neben den hier erwähnten Ansätzen existieren auch ästhetische Ansätze, die versuchen, ein Genre im Hinblick auf ein System von Konventionen mit der Freiheit für künstlerischen Ausdruck zu definieren. Auch Versuche, einen Text mit genretypischen Texten oder Prototypen zu vergleichen und entsprechend einzuordnen, gehören dazu.

Text steht in Verbindung mit anderen Texten aus demselben Genre, wobei Verbindungen zu anderen Genres ebenfalls vorhanden sind. Es entsteht ein intertextuelles Referenzsystem, innerhalb dessen sich die entsprechenden Texte bewegen und in das auch neue Texte einzuordnen sind.[16] Ein Genre kann aber auch in anderen medialen Formen vorkommen, wobei es dann auch Veränderungen unterlegen sein kann. Das Konzept Genre wird also von Intertextualität und Intermedialität geprägt.[17]

Allerdings spielen die Texte nicht unbedingt aufeinander an, so dass sie von den Nutzern auch ohne Kenntnis spezifischer Werke rezipiert werden können. Vielmehr spielt sich die Intertextualität in dem Raum zwischen den Texten ab und dient Anbietern und Nutzern über das entsprechende intertextuelle Wissen als Orientierungshilfe.[18]

Ein Genre wird über bestimmte wiederkehrende Merkmale konstituiert, die sich beispielsweise auf das Setting (zum Beispiel die räumliche und zeitliche Einordnung des Plots im Western) oder die Handlung (beispielsweise das Verbrechen im Krimi) beziehen können. Diese Konventionen stellen selbsterklärende Referenzen dar und müssen von den Produzenten beachtet werden.[19] Cawelti spricht in diesem Zusammenhang erweiternd von »formulas«, womit er speziell kulturelle Aspekte der Konventionen meint.[20]

Auf der Seite der Konsumenten stellt sich dank des intertextuellen Wissens ein Gefühl der »Gratification« ein, wenn sie Referenzen erkennen und ihre Genrekompetenz bestätigt sehen. Handelt es sich um spezifische Kenntnisse, liegt der »Gratification«-Faktor noch höher, da der wissende Nutzer über kulturelles Kapital verfügt, das ihn als Experten auszeichnet und von anderen, weniger involvierten Nutzern abgrenzt.[21] Genretexte

---

16 Mikos (1994): S. 150.
17 Vgl. Mikos (1994): S. 150. Chandler (1997). Schatz (1981): S. 16. Hallenberger (2002): S. 93ff. Fiske (1987): S. 108: Bei Fiske wird ein ganzes Kapitel der Intertextualität gewidmet, in dem verschiedene Möglichkeiten, sie auf einer horizontalen und einer vertikalen Dimension anzuwenden, erläutert werden.
18 Vgl. Fiske (1987): S. 108.
19 Vgl. Schatz (1981). S. 16.
20 Vgl. Cawelti, John G. (1970): *The Six-Gun Mystique*. S. 29f. Unter dem Begriff »formulas« versteht Cawelti ein konventionelles System, das der Strukturierung kultureller Produkte dient. In seinem Buch analysiert er sehr genau das Western-Genre anhand seiner spezifischen Merkmale.
21 Vgl. Merten, Klaus (1994): »Wirkungen von Kommunikation«. In: Merten, Klaus/Schmidt, Siegfried J./Weischenberg, Siegfried (Hg.): *Die Wirklichkeit der Medien. Eine Einführung in die Kommunikationswissenschaft*: S.317f. Merten beschreibt kurz den uses-

folgen somit formalen und inhaltlichen, aber auch kulturspezifischen Mustern, wodurch die Produktion und Rezeption standardisiert wird. Aus diesen Mustern, die auch genreübergreifend verwendet werden können, bildet sich schließlich das intertextuelle Referenzsystem.[22]

Der intermediale Aspekt der Genretheorie wird in der Literatur dagegen seltener und weniger ausführlich behandelt. Dabei kommt es häufig vor, dass Genremuster aus einem Medium in ein anderes übertragen werden. Allerdings ist dabei nicht immer die Nähe der Genreausprägungen zueinander in den unterschiedlichen Medien gewährleistet. Bei der Überführung eines Genres in ein anderes Medium kann es durchaus vorkommen, dass es eine größere Nähe zwischen verschiedenen Genres innerhalb eines Mediums geben kann, als zwischen demselben Genre in unterschiedlichen Medien. Der Grund dafür liegt in der nötigen Anpassung an das neue Medium bei der Transformation. Neben inhaltlichen Aspekten müssen die neuen medialen Bedingungen und Spezifika bei der Nutzung von Texten in dem neuen Medium beachtet werden.[23]

Bereits die Intertextualität hält neben den gefestigten Mustern auch einen gewissen Spielraum für Variationen parat. Bei der Transformation in andere Medien wird ebenfalls deutlich, dass Genres in verschiedene Bestandteile zerlegbar sind, die variiert werden können. Es ist dieses Spiel aus Schema und Variation, über das sich Genres entwickeln, und das innerhalb der synchronen Genre-Dynamik eine große Rolle spielt. Obwohl für ein Genre bestimmte Vorgaben existieren, gibt es keine gleichen Texte mit gleichen Wirkungen. Ein neues positives Nutzererlebnis bei der Rezeption von Texten innerhalb eines Genres geschieht nur über die Variation des Bekannten. Trotz der Veränderung von Elementen aus Semantik und Syntax bestehen über die Intertextualität vertraute Muster. Es ist also paradoxerweise das Vertraute, das bei Veränderungen für das (Grund-) Vergnügen sorgt und Gratifikation beim Konsumenten auslösen kann.[24]

---

and-gratification-approach im Kontext anderer Medienwirkungsforschungsmodelle. Das Expertenwissen bzw. das kulturelle Kapital ist aber totes Kapital, da es außerhalb des jeweiligen Expertenkreises keine Bedeutung hat.

22 Vgl. Mikos (1994): S. 150ff.
23 Vgl. Mikos (1994): S. 150. Hallenberger (2002): S. 94.
24 Vgl. Schatz (1981): S. 18: Schatz zieht Parallelen zwischen Texten in Genres und einzelnen Spielen im Sport, die ebenfalls nie identisch verlaufen, obwohl sie denselben Grundvoraussetzungen unterliegen. Man wird keine exakt gleichen Verläufe in verschiedenen Fußballspielen finden, obwohl stets zu Beginn jeweils elf Spieler zweier Teams mit denselben Regeln gegeneinander antreten.

Im übertragenen Sinne lassen sich die grundlegenden Muster, die den Kern des Genres bilden, und der Freiraum für Variationen in einem Genre gut mit einem Bausatz vergleichen. Die einzelnen gleichwertigen Bausteine stehen für die Bedeutung der einzelnen Parameter im Text, also die Semantik, während die entsprechenden Bauregeln die Struktur des Textes, also die Syntax, widerspiegeln.[25] Bestimmte Bausteine sind für ein Genre unverzichtbar, während andere Teile, zum Beispiel aus Bausteingruppen, variiert und nach den Bauregeln kombiniert werden können. Diese Kombinationsfreiheit kann auch grenzüberschreitend zwischen verschiedenen Genres und Medien angewendet werden, woraus sich zum einen die Weiterentwicklung eines Genres, zum anderen aber auch neue Genres mittels einer Genre-Mischung ergeben können. Schon ein einzelnes Produkt kann das System von Semantik und Syntax und somit das Genre verändern.[26]

»As the generic corpus ceaselessly expands, genres (and the relationships between them) change over time; the conventions of each genre shift, new genres and subgenres emerge and others are ›discontinued‹ (though note that certain genres seem particularly long-lasting).«[27]

Da sich bei der separaten Analyse von semantischen oder syntaktischen Gesichtspunkten unterschiedliche und damit unzureichende Kategorisierungsmöglichkeiten herausstellen, plädiert Altman für einen Kombinationsansatz, der Bausteine und Bauregeln und somit Form und Inhalt gleichermaßen berücksichtigt. Erst wenn Bausteine bzw. Bausteingruppen häufiger auf ähnliche Weise miteinander kombiniert werden, kann ein Genre überhaupt als solches wahrgenommen werden.[28]

Diachrone Genre-Dynamik

Hat sich ein Genre erstmal etabliert, entwickelt es sich immer weiter. Die diachrone Genre-Dynamik befasst sich mit dieser zeitlichen Weiterentwicklung, die vergleichbar mit einer Lebensspanne oder der Evolution ist

---

25 Vgl. Altman (1987): S. 95.
26 Vgl. Hickethier, Knut (1999): »Genre oder Format? Veränderungen in den Fernsehprogrammformen der Unterhaltung und Fiktion«. In: Gottberg, Joachim von/Mikos, Lothar/Wiedemann, Dieter (Hg.): *Mattscheibe oder Bildschirm. Ästhetik des Fernsehens.* S.204. Feuer (1992): S. 142. Mikos (1994): S. 154f. Chandler (1997). Hallenberger (2002): S. 95ff: Bei Hallenberger finden sich einige Beispiele für das Medium Fernsehen.
27 Chandler (1997).
28 Vgl. Altman (1987): S. 96ff. Hallenberger (2002): S. 97.

und von verschiedenen Faktoren abhängen kann:[29] »changes in cultural attitudes, new influential genre films, the economics of the industry, and so forth, continually refine any film genre. As such, its nature is continually evolving.«[30] Chandler ergänzt:

»such a perspective tends to highlight the role of authorial experimentation in changing genres and their conventions, whereas it is important to recognize not only the social nature of text production but especially the role of economic and technological factors as well as changing audience preferences.«[31]

In der Entwicklung eines Genres können mehrere Phasen unterschieden werden, die bei verschiedenen Autoren differieren. Die Metapher der Evolution wird häufig angewendet, birgt jedoch einige Problematiken in sich. Es existieren zwar demnach keine eindeutigen Phasentrennungen, sondern fließende Übergänge, eine neue Phase bedeutet aber nicht zwingend die Ablösung oder den Untergang von älteren Phasen. Hierzu ist noch anzumerken, dass die Entwicklung von Genres nicht immer linear verläuft. Ein neuer Text ist nicht unbedingt besser als ein älterer oder verdrängt ihn gar. Zudem impliziert die »Evolutions-Metapher« eine separate Entwicklung einzelner Genres, was nicht mit den genreübergreifenden Verknüpfungen übereinstimmt.[32] Dennoch kann ein Modell mit drei Phasen der Genre-Entwicklung erstellt werden, das die zuvor ausgearbeiteten Aspekte dieser Arbeit berücksichtigt.

Allen Ansätzen ist als erste Phase eine Art Herausbildungsphase gemeinsam. Dabei wird zunächst von einem bestehenden Corpus an Texten

---

29 Vgl. Chandler (1997). Focillon, Henri (1942): *The Life of Forms in Art*. S. 10: Focillon untersucht die Entwicklung kultureller Formen und entwirft ein Schema für ihre jeweiligen Lebensspannen.
30 Schatz (1981): S. 16: Schatz gibt als Beispiel die Entwicklung im Western-Film an.
31 Chandler (1997)
32 Vgl. Chandler (1997). Feuer (1992): S. 151. Focillon (1942): S. 10. Schatz (1981): S. 36–41. Rose, Brian G. (1985): *TV Genres*. S.6f. Tudor (1974b): S. 181, 225–231. Cawelti (1970): S. 99ff: Während Rose den Aufstieg und Fall eines Genres nach seiner Popularität in Phasen unterteilt, gehen Focillon und Tudor genauer auf die Entwicklung der Genrekonstitution ein. Feuer begründet die Entwicklung eines Genres mit intertextuellen Einflüssen und zeigt dies am Beispiel der Sitcom auf. Cawelti überträgt Elemente aus dem Western in das Science-Fiction Genre und stellt somit genreübergreifende Verbindungen her. Bei Tudor werden der »Evolutions-Metapher« zwar einige Vorteile angerechnet, dennoch eignet sie sich laut Tudor nicht, um die Komplexität der Genreentwicklung abzubilden.

ausgegangen, die relativ einheitlich sind.³³ Wird diese Gruppe mithilfe von Innovationen oder Experimenten verändert, können die Texte differenziert werden, wenn von Seiten eines Marktteilnehmers der Bedarf danach entsteht. Eine solche Veränderung kann durch eine Vergrößerung des Marktes oder neue inhaltliche Elemente hervorgerufen werden. Das vormals einheitliche Angebot wird dadurch segmentiert, wobei ein Segment sich nur mit der Unterstützung aller Marktteilnehmer erfolgreich durchsetzen kann, was eine Grundvoraussetzung für die Genrebildung darstellt. Wie bereits erläutert muss das Angebot von Produzenten und Konsumenten einheitlich wahrgenommen werden, um sich etablieren zu können.³⁴

Die erste historisch relevante Ausdifferenzierung im populärkulturellen Bereich fand in den Printmedien Ende des 19. Jahrhunderts in den USA statt. Mit der Ablösung der »dime novels« durch die »pulp magazines« auf dem Unterhaltungsmarkt fanden zunehmend Herausbildungen von verschiedenen Genres und entsprechenden Märkten statt. Unter anderem erfreuten sich Geschichten über Verbrechen und phantastische Erfindungen großer Beliebtheit. Am Ende dieser Phase stehen verschiedene Genres mit jeweils eigenen Merkmalen und eigenen Publika nebeneinander. Die neu entstandenen Genres sind von einer jeweils unterschiedlichen Formelhaftigkeit geprägt und noch relativ eng miteinander verwandt. Bereits in dieser frühen Phase können auch intermediale Einflüsse eine bedeutsame Wirkung auf die Entwicklung eines Genres besitzen.³⁵

---

33 Vgl. Feuer (1992): S. 151. Rose (1985): S. 6f. Fabbri, Franco (1982): »A Theory of Music Genres: Two Applications«. In: Horn, David/Tagg, Philip (Hg.): *Popular Music Perspectives*. S.61. Hallenberger (2002): S. 99f. Focillon (1942): S. 10. Schatz (1981): S. 36–41. Chandler (1997). Tudor (1974b): S. 225f. Tudor und Rose sprechen in diesem Zusammenhang von Innovationen, Focillon nennt diese Phase »the experimental age«, Hallenberger spricht schlicht von der Herausbildung eines Genres. Feuer erläutert die Entwicklung eines Genres am Beispiel Sitcom. Bei Fabbri ist der einheitliche Korpus an Texten bezogen auf die Musik bereits strukturiert und bildet so die Grundlage für die Herausbildung eines neuen Genres.
34 Vgl. Tudor (1974b): S. 225f. Hallenberger (2002): S. 99f. Feuer (1992): S. 151f. Feuer stellt dabei die üblichen Angaben der Industrie in Frage, nach denen das Programm nach den Bedürfnissen des Publikums ausgerichtet wird. Vielmehr bestimmt ihrer Meinung nach die Industrie das Publikum als umgekehrt.
35 Vgl. Hallenberger (2002): S. 100ff. Hallenberger (2008): S. 66. McCracken, Scott (1998): *Pulp*: S. 20f. Während Genres wie Eisenbahngeschichten oder Luftkampfgeschichten nur temporären Erfolg vorweisen können, haben sich Genres wie Western oder Science Fiction aus dieser Zeit bis heute gehalten.

Ausgehend von parallel existierenden Genres, die nun fest bezeichnet sind, kommt es in einer zweiten Phase zur Konsolidierung. Dies dient einer Optimierung im Hinblick auf den Marktkontext. Durch Konsolidierung soll ein Genre gegenüber verwandten Genres gefestigt werden. Das neue Genre erhält eine feste Bezeichnung, die von Produzenten und Konsumenten gleichermaßen akzeptiert und auch im Handel, bzw. den Medien genutzt wird. Die Verbrechergeschichten firmierten fortan unter dem Genre Krimi, während die phantastischen Geschichten zum Genre Science Fiction wurden. Die Etablierung des Genres bringt feste Genrekonventionen mit sich, die von allen beteiligten Parteien eingehalten werden. Dazu gehören zum einen inhaltliche Aspekte, die besagen, was auf jeden Fall oder auch auf keinen Fall Teil der Geschichte sein sollte, um als Teil des Genres akzeptiert zu werden. Diese Aspekte sind dabei durchaus flexibel. Zum anderen sind dies Nutzungsbedingungen, die ein Text, der einem bestimmten Genre zugeordnet wird, mit sich bringt. Das Genre dient hier als eine Art Anleitung für die Konsumenten. So kann man bei einem Krimi durchaus Spannung erwarten, nicht aber unbedingt eine romantische Liebesgeschichte. Dabei wird das Potenzial des Genres ausgetestet, wobei Variationen noch in dieser Phase zum Kern von weiteren Ausdifferenzierungen und somit zu der Herausbildung von Sub-Genres führen können. Diese Phase wird also von einer Spezialisierungstendenz der einzelnen Genres dominiert, die sich auch auf die Marktteilnehmer überträgt und somit ein Genre auf dem Markt etablieren kann.[36]

Für gefestigte Genres sind die Binnendifferenzierung und Genremischung weitere Phasen der Genreentwicklung. Die Binnendifferenzierung fördert Variationen und Spezialisierungen innerhalb eines Genres, zum Beispiel Detektivkrimis oder Polizeikrimis. Genremischungen können dagegen durch die Kombination verschiedener Genre-Bausteine und -Bauregeln unterschiedlicher Genres vollzogen werden:[37] »Was hier geschieht, ist eine Re-Konfiguration der Genre-Topographie, deren zentrale Voraussetzung die Formelhaftigkeit aller Genres darstellt.«[38]

Es ergeben sich viele Kombinationsmöglichkeiten der einzelnen Bauelemente, die schließlich zu einer Vermischung verschiedener Genres füh-

---

36 Vgl. Hallenberger (2008): S. 66. Vgl. Schatz (1981): S. 37: Diese Etablierung eines Genres findet bei Focillon noch in der experimentellen Phase statt. In seinem »classical age« haben die Konventionen ihren Höhepunkt erreicht.
37 Vgl. Hallenberger (2002): S. 102. Hallenberger (2008): S. 66.
38 Hallenberger (2002): S. 103.

ren können. Dadurch kann auf dem Markt auch die Anzahl potenzieller Konsumenten wieder kumuliert werden, nachdem in Phase zwei das Publikum durch Spezifizierung verkleinert wurde. Die entstandenen Teilmärkte nähern sich damit einander an, es werden Anschlüsse zwischen Genres geschaffen. Die hier vollzogene Binnendifferenzierung stellt somit einen anderen Zweck in den Vordergrund als noch in Phase zwei, da die betreffenden Genres hier bereits erfolgreich etabliert sind und von einer Genre-Mischung nicht gefährdet werden.

In diesen beiden Phasen können vielmehr neue Genres entstehen, die sich wiederum ähnlich wie von Phase eins ausgehend entwickeln, wodurch der Kreis geschlossen wird und sich dieses Phasenmodell von der »Evolutions-Metapher« abgrenzt.[39]

Eine wichtige Rolle in dem Prozess der diachronen Genre-Dynamik spielen dabei Richtlinien der Kodierung. Fabbri hebt ihre Rolle besonders hervor: »this is obviously the heart of the diachronic development of genres, their collocation in systems where the single genres change their function according to the times, and within them the musical events.«[40]

Zusammenfassend bleibt festzuhalten, dass das Konzept Genre sich als gutes Orientierungsinstrument in verschiedenen Medien eignet. Die Einordnung von Texten in Genres und die dahinter stehende Genretheorie bieten dabei die Möglichkeit, die Kommunikation zwischen Anbietern und Nutzern nachhaltig zu verbessern.

4.2 Die Marke

Neben dem Konzept Genre, wird nun ein Orientierungssystem vorgestellt, das im wirtschaftlichen, aber auch im kulturellen Bereich anzusiedeln ist: die Marke. Nach einer Eingrenzung des Begriffs Marke werden hier die wichtigsten Konzepte der Markenführung im Kontext ihrer historischen Entwicklung beleuchtet und die Aufgaben von Marken im Hinblick auf ihre Orientierungsfunktion herausgestellt. Anschließend wird die identi-

---

39 Vgl. Hallenberger (2002): S. 103f. Die Begründung eines neuen Genres durch eine Genremischung kann auch von einem einzelnen Produkt initiiert werden. Die US-Serie »X-Files« hat beispielsweise Elemente aus dem Krimi, Science-Fiction und Fantasy miteinander vermischt und damit ein neues Genre mit dem Namen Mystery geprägt.
40 Fabbri (1982): S. 54, 60f.

tätsorientierte Markenführung mit ihren Komponenten detailliert betrachtet. In diesen Ausführungen werden kulturwissenschaftliche und wirtschaftswissenschaftliche Aspekte berücksichtigt, während die Marke aus juristischer Sicht nicht behandelt wird, da diese für die vorliegende Arbeit nicht relevant ist.[41]

4.2.1 Begriffsklärung und Definition

Der Terminus Marke umfasst ein großes Bedeutungsspektrum und kann nicht eindeutig definiert werden. Verwandte Begriffe wie Markenartikel, Markenzeichen oder Markenware werden zudem oft synonym verwendet und weiten die Bedeutung des Wortes zusätzlich aus. Grund dafür sind unterschiedliche Anwendungen des Markenbegriffs in verschiedenen Forschungsrichtungen. Auch individuelle Begriffsabgrenzungen in der Praxis zur Verfolgung eigener Interessen sowie die zeitliche Entwicklung und der entsprechende Kontext, in dem die Marke steht, tragen zur Bedeutungsvielfalt des Begriffs bei.[42]

Etymologisch betrachtet leitet sich das Wort Marke aus den Begriffen »marc«, mittelhochdeutsch für Grenze oder Grenzlinie zur Unterscheidung, und dem französischen »marque« ab, das ein auf einer Ware angebrachtes Zeichen meint.[43] Eine Marke kennzeichnet demnach Produkte und grenzt sie von anderen Produkten ab. Sie verweist zudem auf die Her-

---

41 Vgl. Bruhn, Manfred (2001): »Begriffsabgrenzungen und Erscheinungsformen von Marken«. In: Bruhn, Manfred (Hg.): *Die Marke*: S.15f. Ilzhöfer, Volker (2002): *Patent-, Marken- und Urheberrecht*. Ahlert, Dieter/Schröder, Hendrik (1996): *Rechtliche Grundlagen des Marketing*. Zur Vertiefung der rechtlichen Aspekte empfehlen sich Ilzhöfer und Ahlert/Schröder.

42 Vgl. Bismarck, Wolf-Bertram von/Baumann, Stefan (1996): *Markenmythos. Verkörperung eines attraktiven Wertesystems*. S.27. Baumgarth, Carsten (2001): *Markenpolitik*: S.2. Bruhn (2001): S. 14. Meffert, Heribert/Burmann, Christoph (2002a): »Wandel in der Markenführung – vom instrumentellen zum identitätsorientierten Markenverständnis«. In: Meffert, Heribert/Burmann, Christoph/Koers, Martin (Hg.): *Markenmanagement. Grundfragen der identitätsorientierten Markenführung*: S. 18. Adjouri, Nicholas (1993): *Die Marke als Botschaft. Die kommunikative Funktion der Marke und ihre Interdependenzen zur Werbung*. S. 2f, 200. Adjouri, Nicholas (2002): Die Marke als Botschafter. Markenidentität bestimmen und entwickeln: S. 18ff, 225f. Siegert, Gabriele (2001): *Medien Marken Management. Relevanz, Spezifika und Implikationen einer medienökonomischen Profilierungsstrategie*. S. 15.

43 Vgl. Bruhn (2001): S. 14. Adjouri (2002): S. 225.

kunft eines Artikels und liefert Informationen über den Anbieter oder Hersteller des Produkts oder der Dienstleistung.[44]

Erste Ansätze einer Markenführung zeigen sich bereits bei Domizlaff, der 1939 den Begriff Markentechnik geprägt und damit die Grundlagen für Marken und Markenpolitik gelegt hat. Laut Domizlaff sind bestimmte Prinzipien und Techniken nötig, um eine Marke auf dem Markt zu etablieren. Der Kern seiner Ausführungen besteht darin, über ein klares, einheitliches und unaufdringlich kommuniziertes Markenbild das öffentliche Vertrauen der Konsumenten zu gewinnen.[45]

Die Vielfalt von Definitionsansätzen kann mit der Einordnung in verschiedene Begriffsgruppen systematisiert werden. In der Literatur unterscheiden sich die Anzahl und Bezeichnungen dieser Gruppen zwar, doch es kann zwischen vier Hauptgruppen differenziert werden. In der ersten Gruppe, dem objektbezogenen Ansatz, stehen die besonderen Merkmale der markierten Leistung, die sie von markenlosen Leistungen abgrenzen, im Vordergrund. Der anbieterorientierte Ansatz bezieht sich auf Marken als Marketinginstrument eines Anbieters. Dagegen wird mit dem nachfragerbezogenen bzw. wirkungsorientierten Ansatz die Marke aus Sicht der Konsumenten behandelt. Hier kann eine Marke unter anderem über den Bekanntheitsgrad oder das Image definiert werden. Allerdings können diese drei Ansätze allein nicht die Komplexität der Markenwelt erfassen, weshalb als vierte Gruppe noch ein integrierter Ansatz mit verschiedenen Aspekten aus den genannten Gruppen existiert. Dort treffen wirtschaftliche Perspektiven auf psychologische Ansichten.[46]

---

44 Vgl. Esch, Franz-Rudolf (2003): Strategie und Technik der Markenführung: S.19. Mellerowicz, Konrad (1963): Markenartikel – Die ökonomischen Gesetze ihrer Preisbildung und Preisbindung: S. 39.

45 Vgl. Domizlaff, Hans (1982): *Die Gewinnung des öffentlichen Vertrauens. Ein Lehrbuch der Markentechnik*: S. 55, 61–155: Domizlaff hat zuvor bereits für Unternehmen wie Reemtsma und Siemens einen Markenstil geprägt, bevor er seine praxisnahen Erkenntnisse 1939 schriftlich festhielt. In der Neuauflage von 1982 werden seine 22 Grundsätze der Markentechnik ausführlich erläutert.

46 Vgl. Baumgarth (2001): S. 4f. Vgl. dagegen Meffert, Heribert/Burmann, Christoph/Koers, Martin (2002): »Stellenwert und Gegenstand des Markenmanagement«. In: Meffert, Heribert/Burmann, Christoph/Koers, Martin (Hg.): *Markenmanagement. Grundfragen der identitätsorientierten Markenführung*: S.6f. S. auch Bruhn (2001): S. 16ff. Adjouri (1993): S. 96ff: Meffert/Burmann/Koers unterscheiden im Gegensatz zu Baumgarth die drei Kategorien Marke als gewerbliches Schutzrecht, Marke als markiertes Produkt und die »eigentliche« Marke, wobei sie sich auf Letzteres konzentrieren. Die Marke existiert dabei ausschließlich im Kopf des Konsumenten und ist demnach immateriell. Dies entspricht dem nachfrageorientierten Ansatz. Bruhn nennt sieben verschiedene Ansätze,

Auch in dieser Arbeit ist ein integrierter Ansatz angemessen, da dieser die Relationen zwischen Produkt, Anbieter und Nachfrager im Hinblick auf Labels als Orientierungsinstrument auf dem Musikmarkt am besten abbilden kann. Für einen sinnvollen Ansatz der Markendefinition in diesem Kontext bietet sich aber auch der nachfragerbezogene Ansatz an. Eine Marke kann demnach

»als ein in der Psyche des Konsumenten und sonstiger Bezugsgruppen der Marke fest verankertes, unverwechselbares Vorstellungsbild von einem Produkt oder einer Dienstleistung definiert werden. Die zu Grunde liegende Leistung wird dabei in einem möglichst großen Absatzraum über einen längeren Zeitraum in gleichartigem Auftritt und in gleich bleibender oder verbesserter Qualität angeboten.«[47]

Bei Baumgarth wird die mögliche Form der Marke konkretisiert. Zudem bringt er die Abgrenzung zur Konkurrenz über das Markenimage ins Spiel. Er definiert den Begriff wie folgt:

»Marke = Ein Name, Begriff, Zeichen, Symbol, eine Gestaltungsform oder eine Kombination aus diesen Bestandteilen, welches bei den relevanten Nachfragern bekannt ist und im Verglich (sic!) zu Konkurrenzangeboten ein differenzierendes Image aufweist, welches zu Präferenzen führt.«[48]

Demnach ist ein Markenartikel also von bestimmten Merkmalen geprägt, die von der Produzentenseite aus in das Bewusstsein der Konsumenten dringen sollen. Diese Merkmale werden im klassischen Markenartikelkonzept von Mellerowicz aufgelistet, das zwar aufgrund seiner unsystematischen Aufzählungsweise und veränderten Marktbedingungen oft kritisiert wird, die klassischen Eigenschaften von Markenartikeln jedoch treffend benennt:[49]

---

die detaillierter sind und Ausnahmen berücksichtigen, doch für die Thematik dieser Arbeit reichen die genannten vier Kategorien aus. Adjouri fasst wirtschaftliche und psychologische Faktoren separat kurz zusammen und zeigt die Beziehung zwischen ihnen auf.

47 Meffert/Burmann/Koers (2002): S. 6.
48 Baumgarth (2001): S. 6.
49 Vgl. Bruhn (2001): S. 15. Kehrer, Rico (2001): »Marken und Mythos: Eine kulturwissenschaftliche Betrachtung«. In: Bruhn, Manfred (Hg.): *Die Marke*. S.199f. Bismarck/Baumann (1996): S. 30. Adjouri (1993): S. 96f. Becker, Jochen (1988): *Marketing-Konzeption: Grundlagen d. strategischen Marketing-Managements*. S.182: Es ist anzumerken, dass aufgrund der Entwicklung von Märkten und Marken der Merkmalskatalog von Mellerowicz für Marken nicht mehr zwingend notwendig ist. Aspekte wie gleich bleibende Aufmachung oder Qualität können, müssen aber nicht auf eine Marke zutreffen.

»Markenartikel sind die für den privaten Bedarf geschaffenen Fertigwaren, die in einem größeren Absatzraum unter einem besonderen, die Herkunft kennzeichnenden Merkmal (Marke) in einheitlicher Aufmachung, gleicher Menge sowie in gleich bleibender oder verbesserter Güte erhältlich sind und sich dadurch sowie durch die für sie betriebene Werbung die Anerkennung der beteiligten Wirtschaftskreise (Verbraucher, Händler und Hersteller) erworben haben (Verkehrsgeltung)«[50]

Die genannten Definitionen beinhalten verschiedene Aspekte wie Markeneigenschaften und Markennutzen, die im Folgenden vertieft werden sollen. Dafür werden anhand eines kurzen historischen Abrisses die Voraussetzungen für eine Markenbildung sowie die zeitliche Entwicklung der Bedeutung von Marken geschildert. Dabei werden auch die Zusammenhänge mit den differierenden Konzepten der Markenführung erläutert.

4.2.2 Markenführung im Wandel der Zeit

Die Rolle von Marken hat erst mit der Möglichkeit der Massenproduktion im industriellen Zeitalter und dem Entstehen größerer Märkte an Bedeutung gewonnen. Doch bereits im Altertum existierten erste Kennzeichnungen und Zeichensysteme, die sachliche Angaben zu Mengen, Eigentum, Herkunft oder Zunft machten und somit der Vereinfachung von Kommunikation dienten. Aber auch Garantiezeichen, zum Beispiel für den Feingehalt von Gold und Silber, waren ebenso verbreitet wie Siegel als Schutz des Eigentums. Weitere Markierungen waren Kennzeichnungen von Werkstätten oder Steinmetzzeichen auf öffentlichen Bauten, die eine fachgerechte Arbeit garantieren sollten.[51]

Im Mittelalter waren weitere Vorläufer von Marken besonders von den Zünften geprägt, die mit strengen Regeln den Markt kontrollierten, um für eine hohe und einheitliche Qualität der Waren zu sorgen. Händler mussten ihre Waren regelmäßig zur Schau stellen und von den Zünften beurteilen lassen. Es wurden Meister- und Gütezeichen vergeben. Ersteres gewähr-

---

50 Mellerowicz, Konrad (1963): *Markenartikel*. S.39.
51 Vgl. Baumgarth (2001): S. 7. Bruhn (2001): S. 19. Bismarck/Baumann (1996): S. 28. Leitherer, Eugen (2001): »Geschichte der Markierung und des Markenwesens«. In: Bruhn, Manfred (Hg.): *Die Marke*. S.59ff. Simon, Heinz-Joachim (1994): *Die Marke ist die Botschaft. Markentechnik als Erfolgsweg für Unternehmer*. S.23–27. Adjouri (1993): S. 4: Vor allem Leitherer geht ausführlich auf die Geschichte und Herkunft von Markierungen ein und bietet weiterführende Hinweise. Simons Ansatz ist sehr praxisnah und weniger wissenschaftlich. Dennoch fasst er als Anhänger Domizlaffs die wesentlichen Aspekte sinnvoll zusammen.

leistete die Herkunft einer Leistung über die Identifizierung des Urhebers im Falle von Mängeln an der Ware. Letzteres diente dazu, die Qualität der Leistungen zu unterstreichen. Problematisch für die Entfaltung von Markenformen in dieser Zeit waren die Marktvoraussetzungen. Das Mittelalter war von regional begrenzten Märkten geprägt, da alltägliche Waren in diesem Rahmen erstanden werden konnten. Auf diesen überschaubaren Märkten fehlte zum einen oft der Konkurrenzdruck, zum anderen die Ubiquität, so dass eine Profilierung über eine Marke nicht notwendig erschien. Auch die mangelnde überregionale Anerkennung von Garantiebehörden, die eine Folge der Dezentralisierung und regional begrenzter Messsysteme gewesen ist, schränkte den geographischen Handlungsspielraum erheblich ein.[52]

Die zweite Hälfte des 19. Jahrhunderts wurde entscheidend für die weitere Entwicklung der Marke. Neben dem Verschwinden der Zünfte, der Einführung der Gewerbefreiheit und der einhergehenden Differenzierung von Märkten wurden im Zuge der Industrialisierung die Voraussetzungen für einen durchschlagenden Markenerfolg geschaffen. An Stelle der regionalen Märkte trat ein anonymer Massenmarkt, so dass die Hersteller den direkten persönlichen Kontakt zu den Kunden verloren. Um die zunehmende Entfernung zwischen Produzenten und Konsumenten zu kompensieren und der Massennachfrage gerecht zu werden, wurde die Herstellermarke als bindendes Glied eingeführt. Dies sollte zu einer Individualisierung von Leistungen und einer Profilierung gegenüber der Konkurrenz führen, die nötig war, um die Kunden mit einem identifizierbaren Produkt besser erreichen zu können und ihr Vertrauen zu gewinnen. Dabei verlieh die Möglichkeit standardisierter Produktionen den Waren gleich bleibende Eigenschaften, wodurch sich ihr Wert nun verstärkt auf das Produkt selbst bezog. Zudem ergaben sich mit neuen Verpackungsmöglichkeiten und der zunehmenden Verbreitung von Werbung neue Optionen, ein Produkt von der Konkurrenz abzugrenzen.[53]

---

52 Vgl. Baumgarth (2001): S. 7. Leitherer (2001): S. 62f. Adjouri (1993): S. 4. Dichtl, Erwin (1978): »Grundidee, Entwicklungsepochen und heutige wirtschaftliche Bedeutung des Markenartikels«. In: Andreae, Clemens-August: *Markenartikel heute. Marke, Markt und Marketing*: S.17f. Dichtl, Erwin (1992): »Grundidee, Varianten und Funktionen der Markierung von Waren und Dienstleistungen«. In: Dichtl, Erwin/Eggers, Walter (Hg.): *Marke und Markenartikel als Instrumente des Wettbewerbs*: S.2f.
53 Vgl. Baumgarth (2001): S. 7. Leitherer (2001): S. 67–70. Bismarck/Baumann (1996): S. 29. Dichtl (1978): S. 18f. Dichtl (1992): S. 3f. Adjouri (1993): S. 4f. Berekhoven, Ludwig (1992): »Von der Markierung zur Marke«. In: Dichtl, Erwin/Eggers, Walter (Hg.): *Marke*

In den 1950er Jahren hat die Marke über die bloße Markierung hinaus vermehrt an Bedeutung gewonnen. Seitdem war jedes Jahrzehnt von weiteren entscheidenden Entwicklungen gekennzeichnet. So waren die 1950er Jahre noch von einem Verkäufermarkt und den Herstellermarken geprägt. Das Markenverständnis bezog sich noch hauptsächlich auf die konstitutiven Merkmale, die in der bereits genannten Definition von Mellerowicz aufgelistet werden. In den 1960ern führten das enorm angewachsene Warenangebot und erste Rezessionstendenzen zu der Wende vom Verkäufer- zum Käufermarkt. Als Konkurrenz zu den Markenartikelherstellern wurde die Handelsmarke eingeführt, wodurch die vormals stabile Wettbewerbssituation merklich verändert wurde. Die Markenführung wurde um einen funktionsorientierten Ansatz erweitert, der ein wesentlich breiteres Aufgabenspektrum vorsah.[54] Der Konkurrenzkampf wurde in den 1970ern mit der Einführung von Gattungsmarken und in den 1980ern von Luxus- bzw. Billigmarken verschärft, wodurch sich eine stärkere Wettbewerbsorientierung des Marketings ergab. In diesem Zeitraum setzte sich ein nachfragerbezogenes Markenverständnis durch. An die Stelle von objektiv bestimmbaren Wareneigenschaften trat nun die subjektive Wahrnehmung der Marke bei den Konsumenten. Die bisherigen Abgrenzungsmerkmale wie konstante Qualität und Innovation wurden zur Selbstverständlichkeit und verloren damit an Relevanz, so dass Konsumenten mit neuen Wegen, zum Beispiel über das Event-Marketing angesprochen werden mussten. Eine Leistung wurde demnach erst zur Marke, wenn sie von den Konsumenten als solche wahrgenommen wurde. Darauf aufbauend entwickelte sich auch der verhaltens-, respektive imageorientierte Ansatz, der das Markenimage

---

und Markenartikel als Instrumente des Wettbewerbs. S.34. Vgl. dagegen Meffert/Burmann (2002a): S. 18f. Meffert/Burmann weisen auf bestehende Probleme wie Qualitätsschwankungen bei der Produktion hin, während Baumgarth die neuen Möglichkeiten der Standardisierung betont. Meffert/Burmann sehen die Funktion einer Marke in dieser Zeit auch noch als reines Eigentumszeichen und Herkunftsnachweis, während Baumgarth, Leitherer, Adjouri und Dichtl die Möglichkeiten der Individualisierung hervorheben.

54 Vgl. Bruhn (2001): S. 20, 23. Vgl. dagegen Baumgarth (2001): S. 8f. Meffert/Burmann (2002a): S. 21ff. Meffert, Heribert/Burmann, Christoph (2002b): »Identitätsorientierte Führung von Handelsmarken«. In: Meffert, Heribert/Burmann, Christoph/Koers, Martin (Hg.): *Markenmanagement. Grundfragen der identitätsorientierten Markenführung*. S.291–300. Adjouri (1993): S. 105ff. Siegert (2001): S. 15: Baumgarth bezieht sich auf die Entwicklungsphasen von Bruhn, ordnet diese aber ab 1960 fälschlicherweise um jeweils ein Jahrzehnt früher ein als Bruhn. In den nachfolgenden Quellenangaben zu diesem Bereich ist dies zu berücksichtigen.

in den Vordergrund stellt und die Markenführung gleichberechtigt neben das Marketing stellt.[55] Die Tendenz zur zunehmenden Ausrichtung am Kunden setzte sich angesichts der zunehmenden Qualitätshomogenität und Substituierbarkeit der Waren auch in den 1990ern weiter fort. Im Zuge der Globalisierung gewann zudem die Etablierung internationaler Marken an Bedeutung. Um diesen Bedingungen gerecht zu werden, traten an Stelle von Einzelmarken immer häufiger Dachmarken in Erscheinung. Während Einzelmarken dazu dienen, einzelne Produkte als eigenständige Marken zu entwickeln, führt eine Dachmarke alle Produkte eines Unternehmens unter einer einheitlichen Markenbezeichnung. Die einzelnen Produkte können so vom Image der gesamten Markenfamilie profitieren. Darunter fallen auch Familienmarken, die unter einem gemeinsamen Namen jeweils die Marken einzelner Produktgruppen anbieten. Dadurch soll eine langfristige Identifikations- und Vertrauensbasis geschaffen werden.[56]

Auch Unternehmen, Dienstleistungen sowie Institutionen wurden als Marken anerkannt. Das Markenverständnis veränderte sich ebenfalls und führte zu soziopsychologischen Ansätzen, die mit subjektiven und emotionalen Aspekten sogenannte weiche Faktoren der Markenführung in den Vordergrund stellen und heute etabliert sind.[57] Zwei Varianten davon, der fraktale und der identitätsorientierte Ansatz, werden in dieser Arbeit genauer vorgestellt.

Im Laufe der Zeit wurde die Markenführung generell von zwei Tendenzen geprägt: einer Vertiefung und einer gleichzeitigen Verbreiterung. Die Vertiefung trägt dabei der gestiegenen Relevanz von Handel und Kunden Rechnung, indem die Wirkungen auf den Absatzmärkten in die Markenführung einbezogen werden. Während zu Beginn lediglich die konstitutiven Warenmerkmale entscheidend für die Markenführung gewesen sind, wurden mit der Zeit auch gesellschaftliche und soziopsychologische Aspekte miteinbezogen. Eine Ausweitung der Markenführung von reinen Konsumgütern auf generische Produkte, Dienstleistungen oder auch Per-

---

55 Vgl. Bruhn (2001): S. 20, 23. Baumgarth (2001): S. 8f. Meffert/Burmann (2002a): S. 23f. Lasslop, Ingo (2002): »Identitätsorientierte Markenführung bei Luxusmarken«. In: Meffert, Heribert/Burmann, Christoph/Koers, Martin (Hg.): *Markenmanagement. Grundfragen der identitätsorientierten Markenführung*. S.327–351. Esch (2003): S. 33ff. Parallel zum imageorientierten Ansatz bildete sich auch ein technokratisch-strategieorientierter Ansatz, der aber für diese Arbeit nicht weiter relevant ist.
56 Vgl. Baumgarth (2001): S. 125ff. Esch (2003): S. 254f, 259ff.
57 Vgl. Bruhn (2001): S. 21ff. Baumgarth (2001): S. 8f. Meffert/Burmann (2002a): S. 26f, 30. Adjouri (1993): S. 201–218.

sonen schlägt sich zudem in der Verbreiterung der Markenführung nieder. Ferner ist eine Entwicklung von einer angebotsorientierten und operativen Sichtweise hin zu nachfragerorientierten und strategischen Betrachtungsweisen zu beobachten.[58] Welche Aufgaben eine Marke erfüllen soll, wird im Folgenden geschildert.

4.2.3 Aufgaben der Marke

Die Markierung von Produkten und Leistungen durch Marken oder Vorläufer von Marken hatte von Beginn an einen Nutzen für Nachfrager und Anbieter, der sich mit der Zeit weiterentwickelt hat.[59] Nachdem eine Marke in ihrer Frühphase das Eigentum an der Ware kennzeichnete, kamen bald Faktoren wie Urheberschaft, Produktionsbetrieb und die geographische Herkunft hinzu. Dabei stand bereits früh eine Qualitätskennzeichnung im Vordergrund. Aus heutiger Sicht der Konsumenten kann eine Marke neben dieser instrumentellen Funktion auch eine psychologische Funktion haben. Dabei ist die instrumentelle Funktion, also die eigentliche Leistung eines Produkts, heute zur Selbstverständlichkeit geworden und hat als Differenzierungsmerkmal an Bedeutung verloren, weshalb hier die psychologische Funktion näher betrachtet wird.[60] Diese lässt sich einteilen in die Orientierungsfunktion, Erlebnisfunktion, Stilisierungsfunktion und symbolische Funktion.

Eine Marke kann für den Konsumenten eine Orientierungshilfe darstellen, wenn aus verschiedenen Angeboten gewählt werden kann. Aufgrund ihrer Identität, Kompetenz oder Bekanntheit kann sie Vertrauen erwecken und für eine Qualitätssicherung stehen. Somit kann das Risiko auf Seiten des Konsumenten in der asymmetrischen Kaufsituation verringert werden. Die schnellere Identifizierung von markierten Leistungen erhöht außerdem die Markttransparenz, wodurch die Marke die Komple-

---

58 Vgl. Meffert/Burmann (2002a): S. 30f. Meffert/Burmann (2002c): »Theoretisches Grundkonzept der identitätsorientierten Markenführung«. In: Meffert, Heribert/Burmann, Christoph/Koers, Martin (Hg.): *Markenmanagement. Grundfragen der identitätsorientierten Markenführung.* S.37. Baumgarth (2001): S. 8f.
59 Vgl. Adjouri (1993): S. 100ff. Hier werden die Markenfunktionen zusammengefasst dargestellt.
60 Vgl. Dichtl (1992): S. 16ff. Berekhoven (1992): S. 30ff, 35ff. Bismarck/Baumann (1996): S. 35. Adjouri (2002): S. 91ff. Karmasin, Helene (1993): *Produkte als Botschaften.* S.29, 224ff: Bei Adjouri werden die gleichen Funktionen beschrieben, allerdings unterscheidet er begrifflich zwischen Grund- und Zusatznutzen.

xität des Marktes für den Konsumenten reduzieren kann. Positive Markenerfahrungen können den Konsumenten auch bei folgenden Kaufentscheidungen entlasten und Transaktionskosten senken.[61] Neben der Orientierungsfunktion kann eine Marke aber auch eine Erlebnisfunktion besitzen, da es auf Seiten der Konsumenten auch zu Bedürfnissen nach Stimulation, einer intensiveren Wahrnehmung oder auch einfach etwas Neuem kommen kann. Die Warenästhetik kann solch eine psychologische Erlebnisfunktion besitzen. Darunter versteht man die Ästhetisierung der Gestaltung und Verpackung von Produkten.[62] Der Begriff der Warenästhetik wurde von Haug geprägt, der von einer Trennung des Gebrauchswertes von der Erscheinung des Gebrauchswertes ausgeht. Er argumentiert:

»Hier liegt von vornherein ein starker, weil ökonomisch funktioneller Akzent auf der Erscheinung des Gebrauchswerts, der, den einzelnen Kaufakt betrachtet, tendenziell als bloßer Schein eine Rolle spielt. Das Ästhetische der Ware im weitesten Sinne: sinnliche Erscheinung und Sinn ihres Gebrauchswerts, löst sich hier von der Sache ab. Schein wird für den Vollzug des Kaufakts so wichtig – und faktisch wichtiger – als Sein. Was nur etwas ist, aber nicht nach ›Sein‹ aussieht, wird nicht gekauft. Was etwas zu sein scheint, wird wohl gekauft.«[63]

Dabei kann der individuelle Geschmack Ausdruck der jeweiligen sozialen Lebenswelt sein.

Eng damit verbunden ist die Stilisierungsfunktion einer Marke. Demnach kann über eine Marke die soziale oder kulturelle Gruppenzugehörigkeit des Nachfragers demonstriert werden.[64]

»Jedes Kulturmuster (Szene) beinhaltet ein bestimmtes Repertoire an Produkten, Marken und Ritualen, um eine innere Szenenkonsistenz aufzubauen und gleichzeitig die Distinktion zu anderen Szenen zu gewährleisten. Marken können in diesem Sinne wie ein Code eingesetzt werden, um sich selbst zu definieren, Identität aufzubauen und sich anderen mitzuteilen.«[65]

---

61 Vgl. Meffert/Burmann/Koers (2002): S. 9f. Siegert (2001): S. 40, 42.
62 Vgl. Bismarck/Baumann (1996): S. 35. Karmasin (1993): S. 243. Haug, Wolfgang Fritz (1976): *Kritik der Warenästhetik*: S.16f, 27f, 60ff.
63 Haug (1976): S. 17.
64 Vgl. Bismarck/Baumann (1996): S. 41. Siegert (2001): S. 40, 42, 87f. Karmasin (1993): S. 95. Bourdieu, Pierre (1982): *Die feinen Unterschiede*. Karmasin bezieht sich dabei auf Bourdieu und betrachtet diesen Aspekt nicht aus ökonomischer, sondern aus sozialer Perspektive.
65 Vgl. Bismarck/Baumann (1996): S. 42.

Führt man diesen Gedanken weiter aus, bekommt eine Marke eine symbolische Funktion für den Konsumenten. Die Wahl einer Marke mitsamt ihrer Darstellung kann eine gesellschaftliche Prestigefunktion erfüllen und auch eine Identifikationsfunktion besitzen, indem der Nachfrager Attribute der Marke auf sich selbst überträgt und dadurch zumindest Teile seines Selbstkonzepts erstellt. Die Marke als Selbstinszenierung kann hier mittels nonverbaler Kommunikation bzw. eines Zeichensystems, Einstellungen und innere Bedürfnislagen der Konsumenten repräsentieren. Die symbolische Funktion von Marken kann gemeinsam mit der Stilisierungsfunktion als kulturelle Funktion der Marke gesehen werden.[66]

Aus Sicht der Anbieter bietet eine Marke somit viele Möglichkeiten zur Produkt- und Unternehmensprofilierung. In erster Linie soll sie absatzfördernd auf das Produkt wirken. Um dies zu erreichen, soll durch die Markierung die Präferenzbildung auf Seiten der Konsumenten forciert und die Differenzierung gegenüber der Konkurrenz erreicht werden. Die Marke muss mit Inhalt gefüllt werden. Ist der Nachfrager zufrieden, kann eine Marke zu einer hohen Kundenbindung führen. Mit einer guten Markenpolitik können auch spezifische Marktsegmente exakter bedient und erschlossen werden. Eine erfolgreiche Marke kann zudem eine absatzfördernde Plattform für neue Produkte sein und den preispolitischen Spielraum nach oben erweitern. Marken besitzen überdies das Potenzial, den Wert eines Unternehmens erheblich zu steigern.[67] Schließlich erhält die Marke durch die Wiederholung in der Kommunikation einen höheren Wiedererkennungsgrad. Die verschiedenen Möglichkeiten einer soziopsychologischen Markenführung sollen nun dargestellt werden.

4.2.4 Soziopsychologische Ansätze der Markenführung

In diesem Kapitel sollen mit der fraktalen Markenführung und dem identitätsorientierten Ansatz zwei soziopsychologische Ansätze der Markenführung vorgestellt werden. Zunächst wird die Grundidee der fraktalen Markenführung erläutert, bevor die verschiedenen Aspekte des identitätsorientierten Ansatzes ausführlich dargestellt werden.

---

66 Vgl. Meffert/Burmann/Koers (2002): S. 11f. Karmasin (1993): S. 150f.
67 Vgl. Meffert/Burmann/Koers (2002): S. 11f. Bismarck/Baumann (1996): S. 36f. Siegert (2001): S. 40ff.

Der fraktale Ansatz löst sich von allen bisherigen Grundprinzipien der Markenführung und ersetzt den Markenkern durch einen Mythos. Der Mythos hat die Aufgabe, die Faszination der Marke zu den Kunden zu transportieren. Die zusätzlichen Komponenten namens Kairos und Logos sollen dabei den Zeitgeist bzw. sachliche Informationen der Marke vermitteln. Die Markenführung zielt dabei durch ständige Veränderungen und Anpassungen der Marke bewusst auf eine Risikoproduktion ab, was häufig zu Kritik an diesem Ansatz führt. Dennoch kann eine Herausstellung der weichen Markenfaktoren in Form des Mythos in bestimmten Fällen, vor allem bei personalisierten Dienstleistungen, die klassischen Markenführungskonzepte sinnvoll ergänzen. Der fraktale Markenführungsansatz sieht die Marke als Mythos, der insbesondere durch die Verbindung von Marken und kulturellen Codes durch die Werbung gebildet wird. Damit kann er die symbolische Funktion von Marken unterstützen.[68] An diesem Ansatz gibt es allerdings auch viel Kritik. So gibt Esch zu bedenken:

»Folgt eine Marke jedoch ausschließlich dem Zeitgeist, so wird sie zur Hure der jeweiligen variierenden und heterogenen Zielgruppenbedürfnisse. Noch ist keine ›one-to-one‹-Kommunikation möglich. Demzufolge würden in einem solchen Fall Konsumenten oft mit unterschiedlichen Markensplittern und Markeninhalten konfrontiert werden. Das Gedächtnischaos wäre vorprogrammiert.«[69]

Das identitätsorientierte Markenverständnis ist daher für eine moderne Markenführung geeigneter. Es gibt mehrere Vertreter dieser Theorie, wobei diese Arbeit vor allem auf Meffert und Burmann basiert.[70] Dort steht

---

68 Vgl. Bismarck/Baumann (1996): S. 35, 44, 47, 55, 85–102. Kehrer (2001): S. 197–216. Gerken, Gerd (1994): *Die fraktale Marke: Eine neue Intelligenz der Werbung.* S. 129–145, 172–185. Siegert (2001): S. 45, 88ff, 92. Meffert/Burmann (2002a): S. 27f. Esch (2003): S. 58f: Bismarck und Baumann untersuchen die Verbindungen zwischen Mythen und Marken als Träger bestimmter Kultur- und Wertemuster. Kehrer geht auf die Möglichkeit einer Mythenbildung anhand gezielter Markenpolitik für bestimmte Produkte ein. Gerken ist überzeugter Vertreter der fraktalen Markenführung. Seine Thesen werden sehr ausführlich, aber wissenschaftlich nicht fundiert erläutert. Esch ist ein Gegner der fraktalen Markenführung. Siegert betrachtet die kulturelle Funktion von Marken.
69 Esch (2003): S. 59.
70 Esch (2003): S. 89ff, 96ff: Esch stellt die Identitätsansätze von Aaker, Meffert/Burmann und Kapferer sowie das Markensteuerrad von icon brand vor. Esch bevorzugt als Klassifikationsraster für Markenidentitäten das Markensteuerrad, da dort die wenigsten Überschneidungen zwischen einzelnen Dimensionen der Markenidentität auftreten. Für diese Arbeit eignet sich jedoch der Ansatz von Meffert/Burmann sehr gut, da er sehr gute Kriterien für eine Erfassung der Markenidentität bietet.

die Identität[71] der Marke im Vordergrund, die von einem Wechselspiel zwischen dem Aussagenkonzept des Unternehmens und dem Akzeptanzkonzept von Außenstehenden geprägt wird. Das Aussagenkonzept, auch Selbstbild genannt, repräsentiert dabei die Markenphilosophie und die Markenidentität, während das Akzeptanzkonzept, auch Fremdbild genannt, das Markenimage abbildet:[72]

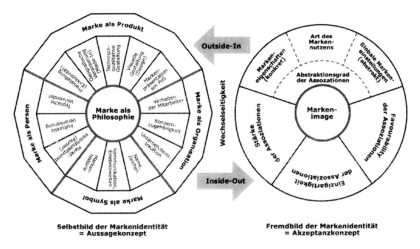

Abbildung 8: Komponenten der Markenidentität.[73] *Quelle: Meffert/Burmann.*

Das Aussagenkonzept beschreibt, wie die Marke aus Sicht der internen Anspruchsgruppen gegenüber Außenstehenden auftreten sollte, um Vertrauen in den Konsumenten zu wecken und langfristig zu etablieren. Im Mittelpunkt steht dabei die Markenphilosophie: »Bei der Formulierung der Markenphilosophie sollten die spezifische Kompetenz der Marke, die Visionen, die grundlegenden Wertvorstellungen und Ziele sowie das Verhältnis

---

71 Vgl. Meffert/Burmann (2002c): S. 41f. Der Begriff Identität wird je nach Forschungszweck unterschiedlich definiert. So wird Identität aus soziologischer Sicht als ein Bündel von typischen Rollen einer Person gesehen, während die Psychologie das Selbstkonzept von Individuen meint. Philosophen verstehen unter Identität ein relativ stabiles Set von persönlichen Werthaltungen und ethischen Prinzipien.
72 Vgl. Baumgarth (2001): S. 22. Meffert/Burmann (2002c): S. 49ff. Esch (2003): S. 84. S. auch Adjouri (2002). Siegert (2001): S. 50ff, 89: Adjouri unterscheidet dagegen in formale und inhaltliche Kriterien.
73 Quelle: Meffert/Burmann (2002c): S. 51: Eigene Abbildung basierend auf Meffert/Burmann.

der Marke zu den wesentlichen internen und externen Bezugsgruppen zum Ausdruck gebracht werden.«[74]
Die herausgestellte Kernkompetenz bildet die Basis für die Markenidentität. Das Selbstbild der Markenidentität wird von verschiedenen Komponenten geprägt, die in vier Kategorien zusammengefasst werden können: Marke als Produkt, Marke als Person, Marke als Symbol und schließlich Marke als Organisation.[75]

Für die Produktdimension sind die typischen Verwender und technisch-qualitative sowie visuelle Gestaltungsmerkmale besonders relevant, doch auch die geographische Verankerung, die Markenpräsentation am Point-of-Sale und die Preisstellung auf dem Markt sind von hoher Bedeutung.[76]

Eine Markenidentität kann zudem personalisiert werden. Dies kann über ein Vorstellungsbild vom typischen Verwender, an dessen jeweilige Heterogenität oder Homogenität man die Marke anpasst, geschehen, aber auch über eine kulturelle Verankerung, die eine Marke fest an besondere Normen und Werte einer Region oder eines Landes bindet und somit zu einem Bestandteil der Markenidentität werden kann. Zudem kann auch der Zeitpunkt des Markteintrittes zu einer Personalisierung beitragen, da dieser die Einstellungen und Wahrnehmungen der Mitarbeiter und Konsumenten beeinflussen kann, je nachdem ob es sich bei der Marke um einen Pionier oder einen Folger auf dem Markt handelt.[77]

Der Symbolcharakter von Marken kann über den Markennamen, ein Markenzeichen, die Geschichte der Marke und die Markenkommunikation die Markenidentität bestimmen. Vor allem die beiden ersteren Aspekte können bestimmte Produkteigenschaften oder Werte verkörpern, die eng mit der Marke verbunden werden. Der Name repräsentiert demnach die gesamte Inhaltsebene einer Marke. Markenidentitäten mit einer Historie oder langen Tradition können überdies Sicherheit und Orientierung bieten. Die Markenkommunikation kann mithilfe von identitätsstiftenden audiovisuellen Elementen wie Slogans oder Jingles deskriptive oder emotionale Elemente der Marke betonen. Auch Instrumente wie Event-Marketing

---

[74] Meffert/Burmann (2002c): S. 52.
[75] Vgl. Meffert/Burmann (2002c): S. 51.
[76] Vgl. Meffert/Burmann (2002c): S. 52ff. Esch (2003): S. 95: Mit der technisch-qualitativen Gestaltung ist auch die Breite und Tiefe des Produktprogramms einer Marke gemeint.
[77] Vgl. Meffert/Burmann (2002c): S. 54f.

oder die Konstruktion von Erlebniswelten gehören in den Bereich der Markenkommunikation.[78] Schließlich trägt auch eine organisatorische Dimension, womit das Verhalten der Mitarbeiter ebenso wie die Unternehmens- und Branchenzugehörigkeit gemeint ist, zur Bildung der Markenidentität bei. Die Organisations- und Unternehmenskultur der am Markenauftritt beteiligten Personen lässt sich auf die Identität der Marke übertragen. Die Qualität des direkten Kundenkontakts und der Serviceleistung des Unternehmens kann sich dementsprechend auch in der Kundenbindung niederschlagen, was vor allem bei Dienstleistungsmarken der Fall ist. Bei großen Unternehmen und Firmenkonglomeraten tragen auch Unternehmens- und Konzernzugehörigkeiten zu einer Markenidentität bei. Die Beziehung zwischen einzelnen Divisionen kann hier ausschlaggebend für die einzelnen Marken sein. Im Falle eines Markentransfers kann auch die Branchenzugehörigkeit von Bedeutung sein.

Abschließend muss zum Selbstbild der Markenidentität gesagt werden, dass die Relevanz der hier dargestellten Komponenten zur Identitätsbildung einer Marke stets im Kontext der jeweiligen Rahmenbedingungen und Produktkategorien zu bewerten ist.[79]

Zudem steht das Aussagenkonzept in wechselseitiger Beziehung zum Akzeptanzkonzept der Markenidentität, das über das Markenimage gebildet wird. Dieses resultiert aus der subjektiven Wahrnehmung der Marke durch die Konsumenten, durch ihre Dekodierung und schließlich durch die Akzeptanz der Impulse, die von der Marke ausgehen.

Die Konsumenten sehen in einer Marke bestimmte Eigenschaften und Eignungen, die emotionale und rationale Bedürfnisse erfüllen können. Diese können in vier Komponenten aufgeteilt werden, aus denen das Markenimage resultiert. Zunächst ist die subjektiv wahrgenommene Eignung der Marke zur Befriedigung von individuellen Bedürfnissen wichtig für das Markenimage. Dazu kommen der Grad der Einzigartigkeit der Vorstellungen zu einer Marke sowie die Stärke der verbundenen Assoziationen mit einer Marke. Schließlich ist auch der Abstraktionsgrad von Markenassozia-

---

78 Vgl. Meffert/Burmann (2002c): S. 55–62. Adjouri (2002): S. 121. Boltz, Dirk-Mario (1994): *Konstruktion von Erlebniswelten. Kommunikations- und Marketing-Strategien bei CAMEL und GREENPEACE.* Siegert (2001): S. 63ff, 152ff: Boltz gibt zwei praktische Beispiele für die Schaffung von Erlebniswelten an. Siegert nennt als Beispiel für Erlebniskonzepte in Medien die Sendung »Wetten dass...?«.
79 Vgl. Meffert/Burmann (2002c): S. 63ff.

tionen von Bedeutung. Dieser kann weiter unterteilt werden in assoziierte Markeneigenschaften, Markennutzen und globale Markeneinstellungen, zu denen auch die Markensympathie gehört.[80] Somit repräsentiert das Fremdbild das Ergebnis der angestrebten Markenidentität bei den Konsumenten. Eine Markenidentität ist abhängig vom Austausch der internen und externen Bezugsgruppen, dem Selbstbild und dem Fremdbild. Um diesen Austausch zu forcieren, werden Marken oft inszeniert. Die Marke selbst wird zur Botschaft oder zum Botschafter.[81] Das Selbstbild kann dabei von verschiedenen Seiten der internen Anspruchsgruppen unterschiedlich gesehen werden, und auch das Fremdbild wird von Verwendern der Marke und Nicht-Verwendern oft unterschiedlich aufgefasst. Um das Vertrauen der Konsumenten zu gewinnen, ist eine intensive wechselseitige Beziehung notwendig. Erst aus dieser Wechselseitigkeit und der Kontinuität, Konsistenz und Individualität der Marke konstituiert sich schließlich die tatsächliche Markenidentität. Diese ist umso ausgeprägter, je mehr Selbstbild und Fremdbild übereinstimmen.[82] Meffert und Burmann betonen zudem die Vernetzung aller markenbezogener Aktivitäten über Funktions- und Unternehmensgrenzen hinweg. Damit ist der identitätsorientierte Ansatz weitaus komplexer als die imagebetonte Markenführung und ist den veränderten Wettbewerbsbedingungen momentan am besten gewachsen.[83]

Dieser soziopsychologische Ansatz lässt ökonomische Aspekte nicht außen vor, sondern erweitert sie sinnvoll um weiche Faktoren. Ziel ist dabei die Identifikation der Konsumenten mit der Identität der Marke, um Wettbewerbsvorteile zu erzielen.[84] Auch der Erfolg einer Marke ist also abhängig von Produzenten und Konsumenten. Ähnlich wie bei Genres spricht Murphy hier von einem Vertrag: »A brand is a pact between the brand owner and the consumer, and branding, therefore, is by no means a

---

80 Vgl. Meffert/Burmann (2002c): S. 49, 65f. Adjouri (2002): S. 99. Siegert (2001): S. 15.
81 Vgl. Adjouri (2002): S. 225f. Adjouri (1994): S. 241f. Simon (1994): S. 94–101: Bei Adjouri und Simon ist diese These bereits im Titel ihrer Werke enthalten.
82 Vgl. Meffert/Burmann (2002c): S. 49f, 66f. Kapferer, Jean-Noel (1992): *Die Marke. Kapital des Unternehmens*: S.43ff. Simon: S. 65ff, 73–82, 85–91. Dichtl (1978): S. 22: Simon schildert aufbauend auf Domizlaff in Kurzform die wichtigsten Parameter einer erfolgreichen Markenführung.
83 Vgl. Meffert/Burmann (2002a): S. 28ff. Baumgarth (2001): S. 22f. Meffert/Burmann (2002c): S. 35–72.
84 Vgl. Meffert/Burmann (2002a): S. 28f.

cynical activity imposed on the unsuspecting consumer against his or her will.«⁸⁵

Allerdings wird hier im Gegensatz zu Genres deutlich, dass es sich nicht um eine ausgewogene Beziehung zwischen Konsumenten und Produzenten über die Marke handelt. Vielmehr wird eine Marke von der Industrie kreiert und den Konsumenten auferlegt. Diese können dann nur noch reagierend über die Positionierung der Marke mitentscheiden. Auf diese Weise kann auch eine Marke zu einer verbesserten Kommunikation zwischen Produzenten und Konsumenten führen und einem Produkt ein Gesicht geben.⁸⁶

4.3 Genres und Marken in der Musikindustrie

Im folgenden Abschnitt wird untersucht, inwiefern sich die vorgestellten Orientierungssysteme Genre und Marke aus der wissenschaftlichen Theorie in die Praxis der Musik(-industrie), übertragen lassen.

Die Zielsetzung besteht darin zu belegen, dass Genres und Marken auch in der Musikbranche als Orientierungssysteme dienen können. Dies ist die grundlegende Voraussetzung für den anschließenden Hauptteil der Arbeit. Zudem werden auch die Besonderheiten von Genres und Marken in der Musik dargestellt. Ein Fokus wird dabei auf den Star als Marke gerichtet.

Anhand zahlreicher Beispiele aus der Praxis wird die Bedeutung von Genres und Marken für den Musikmarkt dargestellt. Damit wird die Basis für die Untersuchung gelegt, inwiefern sich Labels die Konzepte Genre und Marke zu Eigen machen können, um Orientierung zu schaffen.

4.3.1 Genres in der Musik

Das Konzept Genre bezieht sich in der Wissenschaft mit einigen Ausnahmen vornehmlich auf Film und Fernsehen. Theoretische Abhandlungen zu Genres in der Musik sind dagegen bis dato kaum vorhanden. Lediglich

---

85 Murphy, John M. (1990): *Brand strategy*: S.8.
86 Zwar binden Unternehmen immer öfter den Konsumenten ein, beispielsweise durch Crowdsourcing, doch auch dies geschieht auf Initiative von Unternehmen und ist somit auch aktiv von der Industrie gesteuert.

einzelne Genres werden in einigen Werken deskriptiv und teils analytisch behandelt.[87] Da es sich aber um ein Strukturierungs- und Orientierungssystem für Texte handelt, das Märkte und Wahrnehmung organisiert, sollte es auch auf andere Medienformen übertragbar sein. Aufgrund der jeweils unterschiedlichen medialen Voraussetzungen wird eine Genretheorie entsprechend anders ausgelegt. Im Folgenden wird der Ansatz verfolgt, das Konzept Genre aufbauend auf den bisherigen Erkenntnissen dieser Arbeit auf den Bereich Musik anzuwenden, wobei der Terminus Genre in der Musik häufig von dem Begriff Stil substituiert wird. Dadurch kann die Idee der Orientierung anhand von Genres im ohnehin bereits unpräzisen, allgemeinen Sprachgebrauch umgekehrt zu einer Desorientierung führen.[88] Fabbri erkennt:

»Undoubtedly each genre has its typical forms, even if the opposite is not true, i.e. that a form is not sufficient to define a genre. It is also well established that styles of genre exist: but the practice of stylistic quotation has become so familar that no one is willing to accept a style of genre as an identity document any longer«[89]

Demnach wird im Folgenden der Begriff Musikstil als tatsächliches Substitut für Musikgenre stehen, es sei denn, es wird explizit in einen anderen Kontext gestellt. Dabei sollen vor allem die Besonderheiten des Musikmarktes herausgestellt werden. Dieser Ansatz hat aber keinen Anspruch auf Vollständigkeit, sondern soll vielmehr die Bedeutung des theoretischen Konzepts Genre für den Musikmarkt sowie den weiteren Forschungsbedarf in diese Richtung verdeutlichen.

Anwendung der Genretheorie auf Musik

Betrachtet man die vielfältigen stilistischen Ausprägungen von Musik, ist es nahe liegend, auch hier eine Einteilung nach Genres vorzunehmen. Gerade auf dem stark segmentierten Musikmarkt kann ein Orientierungssystem wie das Konzept Genre die Kommunikation zwischen Anbietern und Nutzern erheblich erleichtern. Die allgemeinen Merkmale von Genres finden sich auch in der Musik wieder. Musikstile lassen sich nicht eindeutig definieren, sind abstrakte Konzeptionen und dynamische Konstrukte. Sie

---

87 Vgl. Fabbri (1982): S. 52–81: Fabbri stellt eine der wenigen Ausnahmen dar. Er definiert zunächst den Begriff Genre für die Musik, um die Theorie anschließend auf Musikgenres in Italien, speziell die Entwicklung der »canzone d'autore«, anzuwenden.
88 Vgl. Fabbri (1982): S. 55.
89 Fabbri (1982): S. 55.

sind keine natürlich entstandenen Einteilungen und schwer einzugrenzen. Einzelne Genrebegriffe werden im allgemeinen Sprachgebrauch oft unpräzise verwendet, so dass die Zuordnung von Texten zu den entsprechenden Genres sehr differieren kann. Trotz der beschriebenen Schwierigkeiten bei der Festlegung von Musikgenres, sind die größten Musikstile international anerkannt und potenziell intermedial, indem sie in den verschiedenen Medien TV, Online, Radio und Print auftreten können. Sie sind auf inhaltlicher und formaler Ebene formelhaftig aber dennoch nicht starr. Musikgenres werden bei Fabbri entsprechend allgemein definiert: »A musical genre is ›a set of musical events (real or possible) whose course is governed by a definite set of socially accepted rules«« [90]

Negus spezifiziert ein Musikgenre als: »[...] the way in which musical categories and systems of classification shape the music that we might play and listen to, mediating both the experience of music and its formal organization by an entertainment industry.« [91]

Auch in der Musik haben Genres also eine Orientierungsfunktion und sind eng mit bestimmten Codes, Konventionen und Erwartungen verbunden. Im Hinblick auf die musikalische Produktion bedeutet dies häufig, dass viele Musiker innerhalb relativ fest umrissener Genre-Welten arbeiten und weniger Wert auf Innovationen legen.[92] Ihre Kreativität konzentriert sich somit oft eher auf die kontinuierliche Produktion von bekannten Mustern innerhalb der jeweils gegebenen Konventionen, wie im Konzept von Schema und Variation, in dem das Vergnügen auch auf dem Bekannten beruht. Ähnliches gilt für Konsumenten. Intertextualität und Intermedialität spielen dabei eine große Rolle, da Relationen zwischen verschiedenen Musikstücken und auch medienübergreifende Verbindungen zu Film (Soundtracks), Fernsehen (Musiksender), Radio (Musiksendungen) oder auch Online- (Blogs, Online-Musikmagazine, Streaming- und Download

---

90 Fabbri (1982): S. 52: Fabbri ist sich der Allgemeinheit und Angreifbarkeit seiner Definition bewusst und erläutert seine Wahl ausführlich. Die Anmerkung in Klammern und die Anführungsstriche sind aus dem Original übernommen.
91 Negus (1999): S. 4.
92 Vgl. Negus (1999): S. 4. Frith, Simon (1996): *Performing Rites. On the Value of Popular Music*: S.75ff, 88: Frith hat den Begriff der Genre-Welt geprägt. Diese entsteht durch ein komplexes Zusammenspiel von Musikern, Hörern und vermittelnden Ideologen. Erst dann kann eine Genre-Welt aufgegriffen und vermarktet werden.

Musikportale) und Printmedien (Musikzeitschriften und Berichte über Musik) teilweise traditionell bestehen.[93]

Dennoch sind Genres auch in der Musik ständigen Veränderungen ausgesetzt, kann die Idee von Semantik und Syntax doch hier ebenfalls aufgenommen werden. Schließlich gilt für die Musik ebenso, dass bereits ein einzelner Text die ohnehin fließenden Grenzen eines Genres ausweiten kann. Dies kann über die Änderung einzelner Bausteine geschehen. In der Musik kann man die Instrumentierung als einen semantischen Bestandteil sehen, während die Songstruktur, die Harmonie oder auch der Rhythmus die Syntax eines Liedes darstellen. Nicht nur Produzenten und Konsumenten, sondern auch die Medien knüpfen an Genres bestimmte Erwartungshaltungen, die sich aus diesen Bestandteilen und den daraus abgeleiteten Konventionen und Codes konstituieren. Dennoch sind musikalische Genres von einer hohen Dynamik geprägt, wie Negus betont:[94] »For those actively involved in day-to-day musical activity, genres are often experienced as dynamic and changing rather than rule-bound and static. Yes, we know the genre rules – but there always seems to be something more.«[95]

Genreentwicklung in der Musik

Das von Negus genannte »Mehr« steht nicht nur für neue Genres, sondern auch für die mögliche Entwicklung bereits existierender Genres. Die dargestellten Phasen der Genreentwicklung lassen sich weitestgehend auch auf die Entwicklung von Genres in der Musik anwenden. Am Beispiel der Rockmusik wird dies deutlich. Die Grundinstrumentierung als Semantik besteht in diesem Fall neben Gesang aus Gitarre, Schlagzeug und Bass, die syntaktisch gesehen oft mit relativ einfachen Harmonien im 4/4-Takt der Struktur von Strophe, Refrain, Strophe, Refrain, Bridge, Refrain folgen. Die Geburtsstunde der Rockmusik war die Herausbildung von Rock'n'Roll in den 1950er Jahren. Zwar bildete der Ausgangspunkt aufgrund verschiedener existierender Stile von Klassik bis Rhythm & Blues keine absolut einheitliche Masse, doch diese Musikart setzte sich sehr von der damaligen

---

[93] Vgl. Hallenberger (2002): S. 108. Negus (1999): S. 25. Fabbri (1982): S. 61f, 67: Fabbri geht in seinem Aufsatz genauer auf musikalische Genres und Konventionen von Musikern und Konsumenten ein.

[94] Vgl. Negus (1999): S. 25f. Fabbri (1982): S. 55ff, 65, 74–80: Während Negus eher den dynamischen Aspekt herausstellt, betont Fabbri eher die Statik von Genres im Hinblick auf die gezielte Produktion von Liedern.

[95] Vgl. Negus (1999): S. 26.

populären Musik ab, da sie den Jugendlichen erstmals eine eigene Identifikationsfläche bieten konnte. Somit war eine neue Segmentierung durchaus möglich. Das Genre setzte sich schnell auf dem Markt durch, und am Ende dieser Herausbildungsphase wurde Rock'n'Roll neben seinen eigenen Einflüssen wie Rhythm & Blues als eigenständiger Stil wahrgenommen.[96]

Die Phase der Konsolidierung wurde einige Jahre später mit der Verweichlichung und Kommerzialisierung von Rock'n'Roll durch die großen Plattenfirmen betrieben. Es konnte zwischen echtem, rauem Rock'n'Roll und der Musik für die Allgemeinheit unterschieden werden, wodurch jeweils verschiedene Zielgruppen intensiver angesprochen wurden.

Zudem flossen auch andere Einflüsse in den Musikstil ein, die zu Binnendifferenzierungen des gefestigten Genres führten. So bildete sich beispielsweise in den 1960er Jahren die Beat-Musik in England, die sich auf den Rock'n'Roll bezog, diesem aber neue Facetten hinzufügte. Die Ausdifferenzierung des Musikstils hatte eine Spezialisierung zur Folge, die für diese dritte Phase typisch ist.[97] Neben der Binnendifferenzierung lässt sich auch die Genremischung in der Entwicklung der Rockmusik beobachten. Nach einer Krise der Pop- und Rockmusik Ende der 1960er Jahre, entwickelten sich Stile wie Heavy Metal, die im Laufe der Zeit in weitere Stilrichtungen wie Death Metal oder True Metal ausdifferenziert werden konnten, und auch Genremischungen, zum Beispiel aus Rock und Klassik, wurden praktiziert. Neue Genres wie Prog-Rock entstanden ebenfalls. Aufbauend auf dieser Ausgangssituation kam es wiederum zu neuen Entwicklungen, die neue Stile und damit neue Subkulturen und Märkte, wie Punk, HipHop oder Techno hervorbrachten. Eine Genremischung wie Crossover bzw. NuMetal dient dagegen mit ihrer Symbiose aus Rock und Rap der Annäherung verschiedener Stile und kumuliert verschiedene Zielgruppen.[98]

Der Einfluss einzelner Texte auf die Entwicklung von Genres wird in der Musik ebenfalls deutlich. Einzelne Bands, wie die Beatles, die Sex Pis-

---

96 Vgl. Hallenberger (2002): S. 108. Holert (1999): S. 23. Palmer, R. (1997): S. 18ff. Kent (1983): S. 2–25.

97 Vgl. Hallenberger (2002): S. 108. Palmer, R. (1997): S. 39–49. Kent (1983): S. 46f, 60, 67, 73f. Ferchhoff (1997): S. 242–249.

98 Vgl. Hallenberger (2002): S. 108. Kent (1983): S. 256–266, 370, 392–399. Palmer, R. (1997): S. 282–303, 308, 311ff. Baacke, Dieter (1997): »Punk und Pop. Die siebziger und achtziger Jahre«. In: Baacke, Dieter (Hg.): *Handbuch Jugend und Musik*: S.254–263. Nolteernsting, Elke (1997): »Die neue Musikszene: Von Techno bis Crossover«. In: Baacke, Dieter (Hg.): *Handbuch Jugend und Musik*: S.279–290.

tols oder Nirvana haben Genregrenzen gesprengt oder neue Genres popularisiert. Dies kann auch über ein einzelnes Album wie »Never Mind the Bollocks« von den Sex Pistols oder gar einen einzelnen Song als Text wie Nirvanas »Smells Like Teen Spirit« geschehen. Die genannten Werke gelten bis heute als Initialzündung für die jeweils neuen, zumindest temporär anerkannten Genres Punk bzw. Grunge und waren Ausgangspunkte für weitere Entwicklungen in der Musikgeschichte.[99]

Nicht nur ein einzelner Musikstil kann demnach Orientierung bieten, sondern auch ein einzelner Text, der ein Genre repräsentiert und in Relation mit verwandten Texten steht. Dies können einzelne Songs oder Alben sein, aber auch die Interpreten dieser Texte oder das Label, auf dem sie erscheinen. Es bieten sich also unterschiedliche Wege der Orientierung über ein Genre an.

Mediale Besonderheiten von Musik

Jedes Medium wird von unterschiedlichen Besonderheiten geprägt, so auch die Musik. Schon die unterschiedlichen Formate, in denen Musik veröffentlicht wird, weisen wichtige Unterschiede zu anderen Medien auf. Anders als im Film oder Fernsehen kann ein Album als ein großer Text in mehrere Einzeltexte, also Songs, eingeteilt werden, die ebenso relevant, wenn nicht sogar relevanter sein können, als der Gesamttext.[100] Eine Nachrichtensendung kann zwar ebenfalls in verschiedene Beiträge und Moderation eingeteilt werden oder ein Film in einzelne Szenen, die jedoch stärker im Kontext des Gesamttextes zur Geltung kommen. Ein einzelner

---

99 Vgl. Wilkinson, Roy (2003): »Smells Like Teen Spirit. Nirvana. The Case for: The daddy of Grunge«. In: Hunt, Chris (Hg.): *Q Special Edition. 100 Songs That Changed The World*. S.128ff. Paytress, Mark (2003): »God Save The Queen. Sex Pistols. The Case for: Punk call-to-arms that raised the spectre of civil war«. In: Hunt, Chris (Hg.): *Q Special Edition. 100 Songs That Changed The World*. S.134ff. Fabbri (1982): S. 61. Frith (1996): S.88f. Die erwähnten Beispiele hängen miteinander zusammen. Punk war ein Einfluss für Bands wie Nirvana oder Mudhoney, deren Musik unter dem Namen Grunge bekannt wurde. Grunge wiederum hatte großen Einfluss auf die Musikindustrie der 1990er Jahre. Indie-Labels und ihre Musik erhielten wieder mehr Aufmerksamkeit, es gründeten sich neue unabhängige Musikmagazine, wie zum Beispiel Visions und Intro in Deutschland, und die jugendlichen Rockliebhaber hatten wieder eine Identifikationsfläche. Die Bezeichnung Grunge ist dabei von Medien enorm gehyped worden, ebenso wie viele weitere Bezeichnungen von Rock'n'Roll bis TripHop von den Medien kreiert und popularisiert worden sind; ein Beleg für die Konstruktion von Genres in der Musik.
100 Ausnahme ist die One-Track Single, die nur aus einem Track besteht.

Song hingegen kann auch unabhängig als einzelner Text existieren, der ebenso wie ein Film gezielt selektiert werden kann. Meistens werden Songs, die aus Alben als Singles ausgekoppelt und über die Medien Radio, Fernsehen, Print und Online verbreitet werden, als solche Einzeltexte wahrgenommen.[101] Musik ist demnach ein Pull-Medium wie der Film. Sie kann auch außerhalb, zum Beispiel auf Konzerten und in Clubs, rezipiert werden. Allerdings wird sie häufiger in heimischer Umgebung, in der Musik potenziell permanent verfügbar ist, genutzt, womit eine individuelle Rezeptionssituation gegeben ist. Als Inhaltsbestandteil von Radio- oder TV-Sendungen ist Musik aber ein Push-Medium wie das Fernsehen. Es wird deutlich, dass sie über eigene mediale Voraussetzungen verfügt, die nicht mit den von Film oder Fernsehen bekannten Konventionen übereinstimmt. Weitere Besonderheiten der Musik (-industrie) sollen im Folgenden genannt werden.

Musik wird an zahlreichen Stellen in verschiedenen Formen angeboten. Ob in den Medien, auf Partys, an öffentlichen Plätzen oder im Kaufhaus, man kommt kaum an ihr vorbei. Zudem sind verhältnismäßig geringe Produktionskosten eine Eigenheit von Musik, was sich auch in der Zahl der Veröffentlichungen im Vergleich zum Film widerspiegelt. Im Jahr 2013 wurden in Deutschland laut Bundesverband 22.857 neue Pop- und Klassik-Alben auf den Markt gebracht. In 2002 waren es noch 27.031 Neuerscheinungen. Hinzu kommen zahlreiche Wiederveröffentlichungen sowie unterschiedliche Versionen eines Albums, so dass der Gesamtkatalog der verfügbaren Alben auf 187.128 Titel gestiegen ist. Betrachtet man jeden einzelnen Song als Einzeltext, kann die Summe der verfügbaren Texte auf dem Musikmarkt nochmals potenziert werden. In diesen Zahlen sind zudem nur die Veröffentlichungen erfasst, die über Labels, die im Verband gemeldet sind, erscheinen. Hinzu kommen also noch die unzähligen unabhängigen und vertragslosen Musikstücke. Im Gegensatz dazu wurden 2013 gerade einmal 154 deutsche Spiel- sowie 82 Dokumentarfime erstmals im Kino aufgeführt. In den USA sind im selben Zeitraum 659 Filme sowie 45 3D-Produktionen in die Kinos gekom-

---

101 Neben Songs von regulären Alben können auch Beiträge zu Compilations oder einzelne Songs, die in keinem Albumkontext stehen, so genannte »one-off singles« veröffentlicht werden. Selbstverständlich können auch abseits von Singleveröffentlichungen einzelne Songs als einzelne Texte wahrgenommen werden.

men.[102] Zudem ist die Anzahl der älteren Filme in Programmkinos im Gegensatz zu dem Backkatalog der Musik verschwindend gering. Die in allen Medien wachsende Anzahl der Genre-Texte ist in der Musik demzufolge besonders ausgeprägt, was zur Folge hat, dass das intertextuelle Referenzsystem immer schneller wächst. Die Beziehungen zwischen einzelnen Texten werden genre- und medienübergreifend intensiver und bringen weitaus mehr Genremischungen in kürzeren Abständen hervor als in anderen Medien.[103]

Der daraus resultierende Musikmarkt besteht aus einer Vielzahl von Produzenten und einer dementsprechend unüberschaubaren Angebotsmenge, die sich in viele einzelne Genres segmentieren lässt. Eine Orientierung ist hier besonders von Nöten, fällt jedoch schwer, wie an den Genreeinteilungen der Industrie bereits dargestellt wurde. Ein großes Genre wie Rock lässt sich aufgrund seiner Geschichte im Zusammenhang mit Jugendkulturen und der Musikindustrie ohne weiteres in viele weitere Teilsegmente wie Punk oder Metal gliedern, die wiederum weitere Ausdifferenzierungen in Stile wie Hardcore- oder Skate-Punk bzw. Death-Metal oder Speed-Metal ermöglichen. Diese umfangreiche Marktsegmentierung kann für immer kleinere Subkulturen oder Personengruppen weiter fortgeführt werden. Mit der Zeit sind innerhalb der einzelnen Genres immer feinere Ausdifferenzierungen möglich geworden, wodurch sie sich weiter voneinander entfernten. Während es in den 1970er Jahren noch möglich war, als interessierter Konsument das Segment Rock noch gut zu überschauen, fällt dies heute wesentlich schwerer.[104] Genre- und Stilbezeichnungen sind mit der Zeit immer beliebiger geworden, da die Grenzen fließend sind. Laien können sie oft nicht erkennen. Die Musikindustrie ist also im Vergleich zum Film oder Fernsehen von einem sehr stark ausdifferenzierten Markt mit einer schier unendlichen Menge an Genres und einzelnen Stilen geprägt. Auf www.musicline.de, dem Kundenportal der deutschen Musikindustrie, wird der Bedeutung von Genres seit Mai 2003 mit

---

102 Vgl. Bundesverband Musikindustrie (2014): S. 19. Quellen: Bundesverband Musikindustrie: *Übersicht Jahreswirtschaftsbericht. Absatz.* In: http://www.musikindustrie.de/jahrbuchabsatz-2011/ (19.04.2012). Spitzenorganisation der Filmwirtschaft e.V. (SPIO): *Statistik. Schlüsseldaten Filmwirtschaft 2013.* In: http://www.spio.de/spiostatistik (18.04.2014). Motion Picture Association Of America (MPAA): *Theatrical Market Statistics 2013*: S. 22: In den Angaben zu Musikneuheiten wird seit dem Jahresbericht 2012 jedes Album nur einmal erfasst, auch wenn mehrere unterschiedliche Versionen des Albums existieren.
103 Vgl. Hallenberger (2002): S. 106f. Feuer (1992): S. 151.
104 Vgl. Mahlmann (2003b).

einem Genre-Lexikon Rechnung getragen, das neben einer Einteilung in grobe und einer Ausdifferenzierung in feinere Genres Informationen und Hörbeispiele zu den wichtigsten Genres liefert.[105] Entsprechend dem stark segmentierten Musikmarkt ist auch das Publikum wesentlich heterogener als im Film. Während das Angebot und die Einordnung in Genres von aktuellen Kinofilmen für die Allgemeinheit noch nachvollziehbar ist, ist dem Großteil der Bevölkerung in der Relation lediglich ein Bruchteil der verfügbaren Musik bekannt. Schließlich wird nur ein geringer Prozentsatz der veröffentlichten Musik zu großen Erfolgen, die wiederum mit ihrem Gewinn den Verlust der Flops ausgleichen.[106] Ein detailliertes Genrewissen ist bei den meisten Musikhörern nicht vorhanden. Selbst bei der generellen Einordnung von Bands gibt es häufig unterschiedliche Meinungen, ob ein Act nun eher ins Pop- oder ins Rock-Genre gehört. Dies hängt nicht unerheblich mit dem jeweiligen musikalischen Hintergrundwissen der jeweiligen Person zusammen. Für Opinion Leader kann eine Band wie Mando Diao in den frühen Tagen cooler Rock gewesen sein. Mittlerweile ist sie für so manchen Indie-Fan eine Pop-Band, während Mainstream-Hörer dieselbe Band eher als Rockband sehen können. Aus diesen Gründen muss das Konzept Genre als Strukturierungs- und Orientierungssystem in dem Medium Musik eine ungleich größere und schwerere Leistung erbringen als im Film oder Fernsehen: der hochgradig ausdifferenzierte Musikmarkt muss mit den ebenso hoch ausdifferenzierten Musikhörern und anderen Marktteilnehmern abgebildet werden.

Eine grobe Repertoireaufteilung hat dabei den Vorteil, für alle Konsumenten Orientierung schaffen zu können. Allerdings sind Oberbezeichnungen wie Rock oder Dance zu allgemein für Musikkenner. Hier helfen feine Ausdifferenzierungen und Stilbezeichnungen weiter, die aber wiederum auf den Großteil der allgemeinen Bevölkerung eher verwirrend wirken können. Eine Einordnung nach Genres kann demnach auf mehreren Ebenen erfolgen. Dabei lässt sich bei zunehmender Genauigkeit der Einteilung eine abnehmende Anzahl von Konsumenten feststellen, die sich an den Stilbezeichnungen orientieren können. Diese Minderheit kann dafür oft

---

105 Quelle: Musicline: *Genre Lexikon*. In: http://www.musicline.de/de/genre/lexikon (08.04.12).
106 Vgl. N.N. (2003): *US-Markt bleibt schwierig*. In: http://www.mediabiz.de/newsvoll.afp?Biz=mu&Nnr=137950&NL=MA (31.07.2003): Laut einer aktuellen Untersuchung des Branchenmagazins »Billboard« haben 2002 nur 0,3 Prozent aller in Amerika erschienenen Alben mehr als 100.000 Einheiten verkauft und gelten somit als kommerzieller Erfolg. 86,9 Prozent der Veröffentlichungen verkaufen dagegen lediglich weniger als 1.000 Exemplare.

umso besser mit den gegeben Genreinformationen umgehen. Aufgrund der ungleich größeren Vielfalt an Stilen und Ausprägungen kann ein Genre in der Musik nur mit Einschränkungen als bindendes Glied zwischen Produzenten und Konsumenten stehen. Zumindest in internen Vorgängen der Musikindustrie, zum Beispiel zwischen Plattenfirma und Händler, kann es aber von Bedeutung sein und seine ursprüngliche Aufgabe, die Kategorisierung von Texten, erfüllen.[107] Zwischen Produzenten und Konsumenten erfolgt die Kommunikation dagegen aufgrund der Heterogenität der meisten Musikhörer meist über die Künstler oder deren Songs. Die Auswahl nach Genres ist dabei aber stets impliziert.

Negus betont, dass Genres mehr sind als musikalische Einordnungen, sie sind soziale Kategorien. Das von bestimmten Musikstilen ausgelöste Empfinden ist kein rationaler Vorgang oder das bloße Entschlüsseln von musikalischen Codes, sondern ein emotionaler Akt, der von bestimmten Genrekulturen geprägt wird.[108] Hier wird der Zusammenhang zwischen musikgeprägten Jugendkulturen und Genres deutlich, der im weiteren Verlauf dieser Arbeit genauer dargestellt werden wird. Dies geschieht im Kontext von Labels und der Spezialisierung auf Genres. Zunächst wird aber der Zusammenhang zwischen Marken und Musik hergestellt.

4.3.2 Marken und Musik

Eine Marke kann die Kommunikation und Orientierung zwischen Anbietern und Konsumenten verbessern. Inwiefern dies auch in der Musikindustrie der Fall ist und welche Möglichkeiten sich dort bieten, soll in diesem Teil behandelt werden. Es wird zunächst untersucht, auf welche Weise musikalische Inhalte oder die Künstler selbst als Marke zu betrachten sind. Ersteres bezieht sich auf einzelne Songs oder Alben, Letzteres vor allem auf Stars. Dazu wird untersucht, ob die allgemeinen Kennzeichen und Funktionen einer Marke in der Musik zu finden und anzuwenden sind. Auch die Rolle von optischen Erkennungszeichen in Form von Logos und Artwork wird behandelt. Dabei sollen die bestehenden Relationen zwischen Marken und Musik herausgestellt werden.

---

107 So werden Neuveröffentlichungen von Plattenfirmen mit Genre-Zuordnungen versehen, damit das Produkt im Handel oder in den Medien entsprechend kategorisiert werden kann.
108 Vgl. Negus (1999): S. 180.

Musiktitel als Marke

Betrachtet man die formale Ebene von Musiktiteln, so fällt auf, dass Musik in unterschiedlichen Formaten veröffentlicht wird oder auftaucht. Die kleinste ganzheitliche Einheit ist dabei der einzelne Song, der die Kriterien für eine Marke zu erfüllen scheint. Konserviert als physischer Tonträger oder digitale Datei kann er eine gleichbleibende inhaltliche Qualität bieten. Zudem sind auch oft Emotionen und Vorstellungen mit einzelnen Songs verbunden, wobei viele Lieder über einen längeren Zeitraum hinweg Abnutzungserscheinungen unterlegen sein können. Ein Titel ist eng verknüpft mit seinem Interpreten. Sieht man den Interpreten als Unternehmen, sind seine Songs die Produkte, über die sich ein Musiker im Normalfall nach außen hin definiert, das heißt ein Sänger wird im Normalfall erst durch einen Hit zum Star. Ein Star wiederum kann aus einem Song einen Hit machen.[109]

In den meisten Fällen wird ein einzelner Song veröffentlicht, um die dazugehörige Single und/oder das Album zu promoten und die kommende Tour anzuteasern. Dabei kann der Song ebenso wie das übergeordnete Bundle-Produkt (Single, EP oder Album) als eigenständiger Text genannt werden und Orientierung für Konsumenten bieten.[110] Neben der Möglichkeit, über Song- bzw. Albumtitel den entsprechenden Interpreten zu finden, kann schon ein einzelner Song aus Sicht der Musikhörer auch repräsentativ für das Schaffen eines Künstlers stehen. Vor allem bei den sogenannten One-Hit-Wondern führt dies dazu, dass beispielsweise ein Künstler wie Vanilla Ice trotz mehrerer Alben stets mit dem einzig großen Hit »Ice Ice Baby« in Verbindung gebracht wird. Kann ein Künstler meh-

---

109 Vgl. Schulze (1996): S. 302, 306: Nähere Ausführungen zum Begriff Star werden im folgenden Teil geliefert. Casting-Shows wie »Deutschland sucht den Superstar« zeigen, dass Musiker auch ohne Hit schon Stars werden können. In diesen Fällen hat ihre mediale Präsenz sie bekannt gemacht. Ein Song wird aber wegen seiner Interpretation durch einen Star nicht zwangsläufig ein Hit. Songs brauchen auch nicht notwendigerweise Stars, um Hits zu werden. Die Wahrscheinlichkeit, dass aber ein Song ein Hit wird, ist im Normalfall dennoch größer, wenn er von einem Star gesungen wird, als von einem unbekannten Interpreten. Ein Song bekommt wesentlich mehr Aufmerksamkeit, wenn er von einem großen Act, einer Marke, auf den Markt gebracht wird. Ein Beispiel ist der Song »Get On Your Boots«, der wahrscheinlich vom Massenpublikum nicht weiter beachtet worden wäre, wenn es nicht die neue U2 Single gewesen wäre. Wegen des Star-Aspekts redet aber die ganze Welt darüber, da es ein neues Produkt der Marke U2 ist.
110 EP steht für Extended Player. Damit ist eine Single mit längerer Spielzeit und mehr Songs gemeint.

rere große Hits aufweisen, stellen diese potenzielle Orientierungsmöglichkeiten gegenüber weniger interessierten Hörern dar, weil sie dadurch an Profil auf dem Massenmarkt gewinnen.[111] Einzelne Titel können somit über ihre Bekanntheit oder Verbreitung eine ähnliche Funktion wie Einzelmarken haben, zumindest aber die Dachmarke des Künstlers repräsentieren. Dies kann sich bei Gefallen eines Stückes, also einer positiven Rezeptionserfahrung, in dem Interesse an weiteren Liedern desselben Acts äußern. Songs und Alben sind also neue Produkte auf dem Markt, die dem Unternehmen, respektive dem Interpreten, zu Erfolg verhelfen sollen. Als Instrument der Marktbeobachtung existieren dabei die Charts für Singles und für Alben, die Produzenten und Konsumenten einen Überblick über die aktuell meistverkauften Songs und Alben geben.[112]

Es existieren jedoch auch Differenzen zu Markenprodukten aus dem Konsumgüterbereich. Künstler sind Menschen und keine reproduzierbaren Produkte, auch wenn immer wieder dieser Eindruck entstehen mag, aufgrund von Phänomenen wie der Boyband-Welle in den 1990ern oder der zahlreichen Casting-Shows. Zudem ist jeder Song einzigartig und nicht so leicht substituierbar. Im Gegensatz zu anderen Konsumgütern wählt man nicht aus einer begrenzten Anzahl Songs, respektive Produkten, sondern hat unzählige Songs zur Auswahl. Zudem fällt es schwerer, Songs anhand von vergleichbaren Eigenschaften oder Nutzwerten miteinander zu vergleichen. Formale Kriterien wie die Länge, die Struktur, Tonlage oder der Text sind nicht direkt ausschlaggebend für das Gefallen eines Songs. Bei Produkten wie Waschmaschinen oder Kameras ist das durchaus der Fall.

---

111 Vgl. Schulze (1996): S. 307.
112 Vgl. Schulze (1996): S. 308ff. Kulle (1998): S. 167f. Charts können für Konsumenten aber nur insofern Orientierung bieten, als dass sie das Interesse an einem erfolgreichen, dem Nutzer aber unbekannten Produkt wecken können oder den Erfolg oder Misserfolg eines ihnen bekannten Produkts nach Verkaufszahlen abbilden. Neben den offiziellen Media Control Charts haben die meisten großen Händler wie Saturn, Media Markt, Amazon, iTunes oder Musicload ihre Store eigenen Charts. Dies geschieht zum einen, um die Vorlieben der jeweiligen Zielgruppen der Händler besser darzustellen. Zum anderen gibt es immer häufiger Diskrepanzen zwischen physisch und digital gekauften Songs. Erhält zum Beispiel ein Song wie »Seven Nation Army« von den White Stripes während der EM 2008 hohe Popularität, steigen die Download-Verkäufe massiv an. Durch die Chartgewichtung von Downloads ist dieser Song anschließend in den Charts. Wenn es dazu aber kein physisches Produkt gibt, weil es sich um einen älteren Song oder einen Überraschungserfolg handelt, hat ein physischer Händler leere Flächen im Chart-Regal. Dies wird durch eigene Store-Charts vermieden.

In der Musik hingegen spielt die emotionale Komponente eine enorm große Rolle. Ein Künstler kann zwar auf seine Hits, seine erfolgreichen Produkte zurückgreifen, ein veröffentlichter Song kann aber nicht über einen längeren Zeitraum immer wieder neu auf den Markt gebracht werden, sondern wird nur für einen bestimmten Zeitraum promotet und kann sich lediglich halten und im besten Fall zum Klassiker werden. Allerdings ist die Musikindustrie sehr schnelllebig. Jede Neuveröffentlichung ist also ein neues Produkt, das sich auf dem Markt behaupten muss. Dabei können sich neue Songs zwar an alte Hits anlehnen, jedoch kommt es nur sehr selten zu einer exakten Neuauflage desselben Songs durch ein und denselben Interpreten.[113] Dennoch können Lieder die Erwartungshaltungen an die Marke bzw. den Künstler erfüllen und somit auch Orientierung bieten, wenn man sie als Einzelmarke des Künstlers betrachtet. Das Vergnügen erfolgt hier über die Variation des Bekannten und Erwarteten, wie im Rahmen der Genretheorie erläutert.

Auch ein Album kann ähnliche Funktionen wie eine Marke besitzen. Neben der Musik an sich, die prägend für einen Künstler sein kann, geschieht dies auch hier über die Ebene des Marketings und der Promotion durch die Plattenfirma. Wicke beschreibt dies wie folgt:

»Es wird ein Bild von ihr [der Platte, J.-W.S.], ein Image, in das Bewusstsein ihrer potentiellen Käufer projiziert, das nebenher freilich weit mehr leistet, als nur die Konkurrenz aus ihrem Bewußtsein zu verdrängen. Auch die Musik ist darin integriert und wird nicht etwa um ihrer selbst willen im Rundfunk oder Fernsehen gesendet. Das Ziel ist es, über die Medien um die Platte herum einen Kontext aufzubauen, der bei ihrem potentiellen Käufer die Vorstellung erzeugt, daß sie wichtig ist.«[114]

Wicke ist sich dessen bewusst, dass dies allein nicht zum Kauf führt, doch es wird zumindest Aufmerksamkeit erregt, die das entsprechende Album aus der Flut der Veröffentlichungen hervorhebt.[115] Dies ist vergleichbar mit der identitätsorientierten Markenführung. Das Image eines Albums

---

113 Ausnahmen sind beispielsweise Live- oder Unplugged-Versionen eines Songs, die nah am Original dran sind, aber auch eine völlig neue Facette des Songs zeigen können. Auch Remixe sind hier zu nennen. Eine Neuaufnahme findet dagegen relativ selten statt, kann aber durchaus vorkommen. Coverversionen von anderen Künstlern sind an dieser Stelle nicht gemeint.
114 Wicke (1987): S. 184.
115 Vgl. Wicke (1987): S. 184.

kann auch dazu führen, dass es in den Kontext bestimmter anderer Alben gestellt oder gar als Prototyp eines Genres gehandelt wird, was wiederum die Inhaltsebene in den Vordergrund stellt. Auch hier sind Nirvanas »Nevermind« und die Sex Pistols mit »Never Mind The Bollocks« beispielhaft zu nennen. Man sieht, dass gerade in der Musik ein enger Zusammenhang zwischen Marken und Genres bestehen kann, der in dieser Arbeit im Hinblick auf Labels genauer ausgeführt werden wird. Zunächst wird aber die Funktion des Künstlers als Marke betrachtet.

Der Künstler und der Star als Marke

Die Künstler stehen bei der Vermarktung von Musik in den meisten Fällen im Vordergrund. Sie sind mehrheitlich das ausschlaggebende Kriterium für den Kauf eines Produkts.[116] Allein ihr Name ist bereits eine Markierung für sich und steht für etwas. Der Künstler als Individuum und als Star stellt in der Musik ein Identifikationsobjekt dar, das mit einer Marke als Identität vergleichbar ist. Er wird zu einem Markenartikel der Musikindustrie wie Wiechell bereits 1977 erkannt hat.[117] Dies wird im Folgenden verdeutlicht.

Zunächst zum Begriff der Identität: Ein Individuum ist von einer persönlichen Identität, auch Ich-Identität genannt, als Orientierungsrahmen für sein Handeln geprägt, die sich im Laufe seines Lebens entwickelt hat und von hoher zeitlicher Konstanz ist. Dies ist bei einer starken Marke ähnlich. Aus der Außenperspektive wird dem Individuum von anderen Personen eine soziale Identität in Form eines Merkmalbündels zugeschrieben.[118] Ähnlich wie im Wechselspiel zwischen Selbst- und Fremdbild bei Marken besteht auch hier eine Wechselseitigkeit dieser Perspektiven, die grundlegend für die Identitätsbildung ist. Weitere Parallelen auf dieser Ebene zwischen der Identität von Individuen und Marken liegen in der

---

116 Ausnahmen gibt es vor allem in der elektronischen Musik, die sehr Track orientiert ist. aber auch bei Compilations, die für bestimmte Stimmungen zusammengestellt worden sind. Als Beispiele seien hier Entspannungsmusik, Weihnachtsmusik, Kinderlieder oder auch Kopplungen, die eine bestimmte musikalische Richtung (ein Genre oder Musik aus einer bestimmten Region) bedienen.
117 Vgl. Wiechell, Dörte (1977): Musikalisches Verhalten Jugendlicher. Ergebnisse einer empirischen Studie – alters-, geschlechts- und schichtspezifisch interpretiert: S.171. S. auch Schulze (1996): S. 307.
118 Vgl. Meffert/Burmann (2002c): S. 41f. Frey, Hans-Peter/Haußer, Karl (1987): »Entwicklungslinien sozialwissenschaftlicher Identitätsforschung«. In: Frey, Hans-Peter/Haußer, Karl (Hg.): *Identität. Entwicklungslinien psychologischer und soziologischer Forschung.* S.3.

Kontinuität und Konsistenz von Persönlichkeitsmerkmalen. Auch das wichtige Identitätsmerkmal der Individualität ist bei Menschen allein schon biologisch, aber auch soziologisch erfüllt.[119] Sind diese sozialwissenschaftlichen Voraussetzungen für eine Identitätsbildung gegeben, kann dem Menschen Vertrauen entgegen gebracht werden, da eine Identität Glaubwürdigkeit verschafft. Zudem trägt auch die Kompetenz von Menschen und Marken zur Vertrauensbildung bei.[120]

Der Musiker als Individuum kann also über eine starke Identität und Kompetenz Glaubwürdigkeit und Vertrauen in sein Handeln gewinnen. Eine Orientierungsfunktion können hierbei besonders Stars einnehmen. Um sich dem Phänomen Star zu nähern, ist eine Betrachtung der Begriffe »Held« und »Mythos« notwendig.

Der Mythos ist nicht eindeutig definierbar. So werden allein in Peter Tepes Werk »Mythos & Literatur« über 70 Bedeutungen dargestellt.[121] Man kann ihn unter anderem als

»1. überlieferte Dichtung, Sage, Erzählung o.Ä. aus der Vorzeit eines Volkes (die sich bes. mit Göttern, Dämonen, Entstehung der Welt, Erschaffung des Menschen befasst). 2. Person, Sache, Begebenheit, die (aus meist verschwommenen, irrationalen Vorstellungen heraus) glorifiziert wird, legendären Charakter hat. 3. falsche Vorstellung«[122]

definieren. Diese Definitionen haben aber keinen Anspruch auf Vollständigkeit. Die in den Mythen vermittelte Weltsicht diente der Identitätsfindung und der Wertebildung des jeweiligen Volkes. Anhand von Mythen wurden auch übernatürliche Ereignisse erklärt. Die handelnden Protgagonisten in Mythen sind Götter oder Helden.[123] In der griechischen Mythologie ist der Heros ein »zwischen Göttern u. Menschen stehender Held, Halbgott, der im Leben große Taten vollbracht u. nach seinem Tod die Fähigkeit erlangt hat, den Menschen aus eigener Macht Hilfe zu leisten.«[124]

---

119 Vgl. Meffert/Burmann (2002c): S. 45f.
120 Vgl. Mettert/Burmann (2002c): S. 42f.
121 Vgl. Tepe, Peter (2001): Mythos & Literatur. Aufbau einer literaturwissenschaftlichen Mythosforschung.
122 Drosdowski/Scholze-Stebenrech/Wermke (Hg.) (1997): S. 540.
123 Vgl. Wemhöner, Karin (2006): »Das Starphänomen aus mythologischer Sicht«. In: Tepe, Peter (Hg.) (2006): Mythos No. 2. Politische Mythen: S. 299f.
124 Drosdowski/Scholze-Stebenrech/Wermke (Hg.) (1997): S. 318.

Der Held bietet den Rezipienten hohes Identifikationspotenzial, indem er Sehnsüchte erfüllt, Emotionen weckt und Orientierung bietet. Diese Merkmale finden sich auch im Star-System der Medien wieder.

»Es sind Geschichten, die jetzt wie ehedem von den existenziellen Dingen des Lebens handeln – von Vertrauen und Betrug, von Liebe und Leid, von Sieg und Niederlage. Durch ihre unbestreitbare Bedeutsamkeit für jeden Menschen garantieren sie jederzeit eine Anteilnahme durch den Zuhörer bzw. Zuschauer.«[125]

So sind Stars vor allem durch die Medialisierung im Laufe des 20. Jahrhunderts zu den neuen Helden moderner Mythen geworden.

Der Begriff Star ist trotz zahlreicher wissenschaftlicher Untersuchungen und Erklärungsversuche nicht präzise zu definieren. Zwar hat man intuitive Vorstellungen davon, was einen Star ausmacht, jedoch fällt eine eindeutige Definition schwer. Selbst scheinbar allgemeingültige Kategorien wie Talent können mit Gegenbeispielen widerlegt werden. An Stelle von abstrakten, beliebigen Kategorien oder unpräzisen Begriffen sollen hier lediglich die zentralen Aspekte des Startums genannt werden. Historisch gesehen verstand man unter dem Begriff Star eine Auratisierung von besonders beliebten und erfolgreichen Künstlern zu glanzvollen, anziehenden und verehrungswürdigen Wesen für das Publikum. Das Startum basiert also auf einer besonders exponierten und bedeutsamen Persönlichkeit, die unterschiedlich ausgeprägt sein kann und die Basis einer Starpräsenz oder von Starqualität bildet. Ferner werden Komponenten wie Erfolg, Kontinuität im Image und Idol- oder Identifikationswirkung in der Literatur übereinstimmend genannt.[126] Diese Umschreibung lässt eine weite Palette an Stardimensionen offen, die hier auf Entertainer wie zum Beispiel Musiker als Stars gerichtet werden soll, wobei die Dimension des Images im Vordergrund steht. Lowry und Korte erläutern für den Filmstar:

»Das Image repräsentiert die Schnittmenge zwischen der realen Person, der Schauspieler/in und dem Publikum. Rezeption und Wirkung eines Stars sind also durch das Image vermittelt und wirken auf dieses zurück. Darüber hinaus ist die Bedeu-

---

125 Wemhöner (2006): S. 300.
126 Vgl. Dyer (1998): S. 1, 7f. Lowry, Stephen/Korte, Helmut (2000): *Der Filmstar. Brigitte Bardot, James Dean, Götz George, Heinz Rühmann, Romy Schneider, Hanna Schygulla und neuere Stars*: S.6f, 14ff. Schulze (1996): S. 303f. Dyer betrachtet die soziologische und die semiotische Sichtweise, um sie miteinander in Beziehung zu setzen. Lowry und Korte untersuchen das Starphänomen anhand von Beispielen verschiedener Filmstars. Schulze betrachtet das Starphänomen aus ökonomischer Perspektive.

tung des Stars auch ein Ergebnis der Interaktion zwischen dem Image und den kulturellen Diskursen der Zeit.«[127]

Aus semiotischer Sicht ist ein Image ein Komplex aus Zeichen und denotativen sowie konnotativen Bedeutungen der Zeichenträger:[128]

»Bestandteile des Images sind alle öffentlich zugänglichen Zeichen und Aussagen über den Star als Person und als Filmfigur. Das Zeichenagglomerat ›Star‹ setzt sich aus Elementen zusammen, die durch verschiedene Medien (Film, Presse, Werbung etc.) vermittelt werden. Diese Elemente gehören unterschiedlichen semiotischen Systemen an – Ikonographie, schauspielerische Konvention, narrative Muster, verbale und nonverbale Kommunikation etc. – und repräsentieren sehr unterschiedliche Aspekte des Stars wie Privatleben, Filmrollen, Lifestyle, Persönlichkeit, Ansichten, Verhaltensweisen etc.«[129]

Der Star kann also ebenso wie eine Marke ein semiotischer Bestandteil einer Gruppe, Szene, Subkultur oder der Masse sein, was sich problemlos auf die Musik übertragen lässt.[130] In dieser Arbeit ist eine Konzentration auf Musikstars und -Bekanntheiten sinnvoll, denn sie sind es, die im Zusammenspiel von Musikindustrie, Fans und Medien im Zentrum stehen. Daher werden die vorgestellten Konzepte auf ihre Übertragbarkeit auf Musikstars hin untersucht.

Die Stilisierungsfunktion, die einer Marke zugeschrieben werden kann, trifft auch auf den Star zu, da die ihm entgegengebrachte Aufmerksamkeit ebenfalls die soziale oder kulturelle Gruppenzugehörigkeit des Rezipienten demonstrieren kann. In der Musik wird beispielsweise über einen Star die Zugehörigkeit zu einer musikgeprägten Jugendkultur oder Subkultur zum Ausdruck gebracht, wenn dieser für eine ebensolche steht. So stand eine Band wie The Who Anfang der 1960er Jahre eine Zeit lang für die Jugendkultur und den damit verbundenen Lebensentwurf der Mods, während Anhänger klassischer Rock'n'Roll-Stars im selben Zeitraum der Jugendkultur der Rocker zuzurechnen waren. Die bekannten Auseinandersetzungen dieser beiden Jugendkulturen in England waren insofern ein popkulturelles Phänomen, als dass es erstmals zu Distinktionen innerhalb der Ju-

---

127 Lowry/Korte (2000): S. 9.
128 Vgl. Dyer (1998): S. 35, 38f, 42ff, 47–59, 60ff. Dyer, Richard (1982): »A Star is Born and the Construction of Authenticity«. In: Gledhill, Christine (Hg.): *Star Signs*. S.13–22.
129 Lowry/Korte (2000): S. 10.
130 Vgl. McDonald, Paul (1998): »Reconceptualising Stardom«. In: Dyer, Richard (1998): *Stars*. S.192f. McDonald geht im Anhang von Dyers Werk kurz auf die Rolle von Stars in Subkulturen am Beispiel von Homosexuellen ein.

gend kam und nicht mehr allein zur Elterngeneration. Hier liegt auch der Ursprung der ersten Ausdifferenzierung jugendkultureller Popmusik, die sich bis heute immer weiter in immer kleinere Segmente gespaltet hat.[131] Mit einem Starimage sind den obigen Ausführungen zufolge verschiedene Elemente verbunden. Die reale Person wird hier als vernachlässigbarer Teil der Imagebildung gesehen. Wichtig ist das Starimage mit seiner Unterscheidung in innermusikalisches und außermusikalisches Image. Für die Entstehung und die zeitgemäße Qualität eines konsistenten Images muss synchrone und diachrone Kontinuität gegeben sein. Erst dann kann es zu einem wichtigen Vermarktungsfaktor aus Sicht der Produzenten und gleichzeitig zu einem Orientierungsinstrument für die Erwartungshaltungen des Publikums werden. Das Image soll laut Schulze dazu beitragen, dass die Arbeit hinter dem Künstler verdeckt bleibt, was auch »hiding the factory«-Strategie genannt wird. Stattdessen soll die Illusion der spontanen, ehrlichen Aussage des Stars über die Musik gewahrt werden.[132] Dabei müssen die Eigenschaften und Merkmale von Stars in ihrem jeweiligen zeitlichen Kontext für ein bestimmtes Publikum von Relevanz sein. Dies kann über Personalisierungen von Werten, Verhaltensweisen oder auch Individualität geschehen, die für eine Gruppe, Subkultur oder gar die Gesellschaft bedeutend sind und zur Orientierung, Integration und Verständigung beitragen. Zwischen Stars und Fans kommt es zu Interaktionsprozessen, wobei Stars erst durch die Fans zu solchen werden und von ihnen oft als Identifikationsobjekt genutzt werden.[133]

---

[131] Vgl. Ullmaier (1999): S. 58–64. Willis (1981): S. 58, 63. Wicke (1987): S. 111ff. Frith (1981): S. 192: Bei Ullmaier und Willis finden sich Analysen der Subkultur der Mods bzw. der Rocker, wobei Willis eine der ausführlichsten wissenschaftlichen Studien zu den Rockern bietet.
[132] Vgl. Lowry/Korte (2000): S. 10f, 14f, 21. Schulze (1996): S. 305.
[133] Vgl. Lowry/Korte (2000): S. 16–19, 22. Schulze (1996): S. 311ff. Frith (1981): S. 192–200. Lau, Thomas (1999): »Idole, Ikonen und andere Menschen. Madonna, Michael Jackson und die Fans«. In: Kemper, Peter/Langhoff, Thomas/Sonnenschein, Ulrich (Hg.): *Alles so schön bunt hier. Die Geschichte der Popmusik von den Fünfzigern bis heute*: S.242f. Roccor, Bettina (1996): *Heavy Metal. Kunst. Kommerz. Ketzerei*: S.187. Tudor (1974b): S. 80ff: Der Begriff der Identifikation wird in der Wissenschaft auf unterschiedliche Weisen verwendet und ist nicht sehr präzise. Für Stars heißt es: Rezipienten nutzen Starimages bewusst oder zumindest »halb-bewußt« zur Identitätsdefinition. Die möglichen Formen der Identifikation können weiter differenziert werden, was hier aber nicht näher ausgeführt werden soll. Tudor behandelt dies ausführlich. Frith betrachtet die Beziehung zwischen Stars und Publikum im England der 1960er Jahre.

Eine Parallele zum fraktalen Markenführungsansatz wird hier in der Übertragung von Eigenschaften der Marke bzw. des Stars auf das eigene Selbstkonzept deutlich. Führt man diesen Gedanken weiter, wird der Star zum Mythos. In Politik, Film und eben Musik gibt es viele Persönlichkeiten, die für den Mythos der Moderne stehen. Zwar gab es bereits vor der Jahrhundertwende zum 20. Jahrhundert Schauspielstars, doch erst durch das Starsystem Hollywoods, das um 1915–1920 seinen Ursprung hat, sowie mit dem Aufschwung der amerikanischen Filmindustrie in den 1930er und 1940er Jahren wurden globale Film- und Medienstars etabliert.

»how the public had begun singling them [the actors, J.-W.S.] out of the crowds on the screen, demanding to know more about them, and, more important, demanding to know in advance, which pictures featured their favourites; [...] how the demand for stars was quickly perceived as a factor that could stabilize the industry, since this demand was predictable in a way that the demand for stories or even genres was not; [...] how certain actors achieved unprecedented heights of popularity and prosperity almost overnight in the period 1915–1920; and how this phenomenon, this beginning of of a new celebrity system, destroyed or crippled al most everyone caught up in it«[134]

Erstmals wurden die Namen der Schauspieler genannt, um das Publikum für einen Film zu begeistern. Die Filmstars waren bloß der Anfang. In den 1950ern kamen die ersten Fernseh- und jugendkulturellen Rock'n'Roll Musikstars wie Elvis Presley, die auch die 1960er und 1970er prägen sollten. Auch außerhalb der Entertainmentbranche gibt es selbstverständlich zahlreiche Stars. Man denke an Religionsführer, Wissenschaftler wie Albert Einstein, den Dalai Lama, Mutter Theresa, Lady Diana oder Politiker wie Barack Obama.[135]

»Ihre Bedeutung und Strahlkraft resultiert aus der Verkörperung der Sehnsüchte und Wunschbilder ihrer Zeit, die das Sinn und Orientierung suchende Publikum begeistert aufnimmt. Gleichzeitig aber ist die nachhaltige Mythisierung verbunden mit dem Ableben der jeweiligen Person oder, allgemein gesprochen, mit der Erstarrung des Mythosobjekts auf dem Höhepunkt seiner Wirksamkeit und Bekanntheit. [...] Mythos und Tod vereinigen sich hier in der höchsten Form der Uner-

---

134 Schickel, Richard (1974): *His Picture In The Papers* S.27.
135 Vgl. Dyer, Richard (1998): *Stars*. S.9–19. Schulze (1996): S. 303f: Dyers Werk, das erstmals 1979 erschien, ist grundlegend für die Theorie und Analyse des Starphänomens. Seine Methode, Stars strukturell und funktional zu analysieren, ist wegweisend. Schulze sieht Personen aus der Wirtschaft als neue Starform der 1980er und Models als selbige der 1990er Jahre. Mit dem Begriff Star sind in dieser Arbeit auch Künstler mit einem regional oder subkulturell begrenzten Bekanntheitsgrad gemeint.

reichbarkeit, in der das Mythosobjekt einer sich wandelnden Realität nicht mehr standhalten muss.«[136]

So werden historische Personen wie John F. Kennedy, Lady Diana, James Dean, Marilyn Monroe bzw. in der Musik Jimi Hendrix, Jim Morrisson, Elvis Presley, John Lennon, Kurt Cobain oder Michael Jackson mystifiziert dargestellt und wahrgenommen.[137]

Bei den genannten Stars wird der Markenkern tatsächlich durch einen Mythos ersetzt, der bei Konsumenten Faszination auslöst. Über die Komponenten Kairos und Logos werden weitere Aspekte der Persönlichkeit vermittelt, und die Markenführung bei Stars kann durchaus von Veränderungs- und Anpassungsprozessen geprägt sein, die ein gewisses Risiko beinhalten. Zumindest aber trifft der Risikoaspekt bei Personen und vor allem Künstlern als Marke wesentlich eher zu, als der klassische Markenansatz, der auf feste, gleich bleibende Merkmale setzt. Zwar versuchen Plattenfirmen aufgrund der schwierigen Vorhersehbarkeit des Erfolges in der Musikindustrie, zumindest einige wenige Stars mit einem optimalen wirtschaftlichen Lebenszyklus hervorzubringen, doch gerade diese Unvorhersehbarkeit stellt ein Risiko dar, auf das man sich bei entsprechend veränderten Marktbedingungen einstellen muss. Auch wenn ein Künstler über mehrere Alben hinweg einen festen Markenkern haben kann, ist es zunehmend schwieriger, im kurzlebigen Musikgeschäft ein Image über längere Zeit hinweg erfolgreich aufrecht zu erhalten. Oft sind künstlerische Neuerfindungen oder zumindest Imagewechsel aber von Nöten, um sich den aktuellen Bedingungen anzupassen. Schulze spricht hier von einem Dilemma:

»Denn einerseits müssen möglichst kurze Lebenszyklen von einzelnen Hits eine hohe Umschlagsgeschwindigkeit und damit schnelle und hohe Umsätze gewährleisten, damit Platz für neue Hits geschaffen wird, andererseits muß dieser Kurzlebigkeit ein Kontinuum entgegengesetzt werden, um die Konsumenten und ihre Fähigkeit zur Adaption von Neuem nicht zu überfordern.«[138]

---

136 Kehrer (2001): S. 213.
137 Vgl. Kehrer (2001): S. 213. Lau (1999): S. 244f. N.N. (2001): »Star Profiles I«. In: Frith, Simon/Straw, Will/Street, John (Hg.): *The Cambridge Companion to Pop and Rock*: S.74ff, 81ff. N.N. (2001): »Star Profiles II«. In: Frith, Simon/Straw, Will/Street, John (Hg.): *The Cambridge Companion to Pop and Rock*: S.202ff. In den Texten aus dem Werk von Frith/Straw/Street finden sich kurze Profile von Musikstars der Popkultur, in denen die Besonderheiten der jeweiligen Stars in ihrem Kontext herausgestellt werden.
138 Schulze (1996): S. 307.

Dieses Dilemma soll mit dem Star als Orientierungsfixpunkt gelöst werden, der über einen längeren Zeitraum bestehen bleibt und dennoch neue Songs liefert. Dementsprechend wird das Image der Stars oft forciert, um neben der Musik weitere, den aktuellen Bedingungen entsprechende, Identifikationspunkte zu schaffen. Schließlich können Stars ähnlich wie Marken für Kundenbindung sorgen und somit das Produktionsrisiko verringern und ein Umfeld für neue Produkte bieten.[139]

»Die Musikindustrie verwandelt also nicht nur die Musik in die Ware Schallplatte, sondern sie macht auch die Musiker selbst zur Ware, zu Stars. [...] Schallplatten sind solche Objekte, die durch ihre Verbindung mit Stars erheblich an Wert gewinnen. Entsprechend lassen sich die Bemühungen der Schallplattenfirmen, Stars zu produzieren, nicht allein in Hinblick auf die dadurch ermöglichten Gewinne im außermusikalischen Bereich verstehen – es wird grundsätzlich davon ausgegangen, daß der Schallplattenabsatz bei Stars praktisch garantiert ist, wobei der eigentliche musikalische Inhalt fast nebensächlich ist.«[140]

Bereits vor der Erfindung des Tonträgers waren in der Musik große Komponisten an den Höfen der Könige bekannt und begehrt. Allerdings wurde ihnen zu Lebzeiten oft nicht der Ruhm zuteil, den sie heute haben. Auch frühe Operndiven oder einige Kastratensänger wie Farinelli waren bereits im 18. Jahrhundert Stars, die vom Adel hofiert wurden.[141]

»Allein im Italien des 18. Jahrhunderts wurden rund 500 000 Knaben kastriert. [...] Kultstatus erlangten nur wenige. [...] Farinelli war dagegen ein Superstar zu Hochzeiten. Minutenlang konnte er einen Ton halten, seine Stimme umfasste mehr als drei Oktaven. Sie vereinte Kraft und Schmelz, sein Vortrag Zärtlichkeit, Anmut und Tempo [...]. Ein schwedischer Zeitgenosse schwärmte von Oktavsprüngen

---

139 Vgl. Schulze (1996): S. 304, 306f. Chapple/Garofalo (1980): S. 206, 212ff, 355f. Roccor, Bettina (1998): *Heavy Metal: Die Bands. Die Fans. Die Gegner.* S.20. Dufresne, David (1997): *Rap Revolution. Geschichte. Gruppen. Bewegung.* S. 53. N.N. (2003): »Rest In Style«. In: *Maxim.* Februar 2003: S.90: Das Image wird meistens über Äußerlichkeiten verkörpert. Die Band Run DMC hat ihre Filzhüte und die Adidas-Schuhe so sehr zu ihrem Markenzeichen gemacht, dass dies selbst in dem Männer-Lifestyle-Magazin Maxim zum Tod von Jam Master Jay hervorgehoben wird. Bei Black Sabbath passt vom Bandnamen über die Bühnenshow bis zur Musik alles zu dem düsteren, okkulten Image. Nicht umsonst wird Sänger Ozzy Osbourne auch »Prince of Darkness« genannt. Chapple und Garofalo verurteilen Imagekampagnen und sehen in ihnen die Reduzierung von Musik zu einer bloßen Ware.
140 Frith (1981): S. 133.
141 Vgl. Kastlian, Sonja (2009): *Kastratensänger. Ein tiefer Schnitt für den Wohlklang.* In: http://www.faz.net/s/Rub7F74ED2FDF2B439794CC2D664921E7FF/Doc~E938A9 3E085C249D9942E6456774F0393~ATpl~Ecommon~Scontent.html (12.10.2009).

wie Sternschnuppen und Kometen, er hörte ihn gar wie ein Seraph über der himmlischen Jakobsleiter des Wohlklangs schweben. Ein sehr irdischer Engel: Im Alter von etwa neun Jahren wurden ihm die Hoden entfernt, um seine Stimme zu konservieren und im Unterricht zu formen, bis er mit 15 erstmals vor Publikum sang.«[142]

Doch vor der Erfindung des Tonträgers hatten die meisten Musiker nur lokalen Ruhm. Enrico Caruso galt schließlich wie bereits erwähnt als der erste Weltstar der Tonträgerbranche. Er wurde 1902 von Fred Gaisberg in der Mailänder Scala entdeckt und verhalf dem Format Schallplatte zum Durchbruch und hat ihr wiederum seinen weltweiten Ruhm zu verdanken.[143] »Der Intendant der Metropolitan Opera in New York bekam eine Aufnahme in die Hand und engagierte Enrico Caruso vom Fleck weg. Die erste musikalische Weltkarriere begann«[144]

Die Plattenfirmen nutzten früh dieses Potenzial, um mit gezielten Promotion-Kampagnen ein Image für ihre Acts zu schaffen. So sagte Purcell, Produzent und Direktor einer Plattenfirma:

»Künstlerische Talente lassen sich durchaus mit kommerziellen Produkten vergleichen – mit der Zigarettenmarke, die bevorzugt wird, der Marke des Fernsehgeräts, das man kauft, oder dem Wagen, den man fährt. Man wählt ein bestimmtes Produkt, von dem man überzeugt worden ist, daß man es käuflich erwerben sollte. Also muß auch ein Künstler eine Identität bekommen, zu einem Markenzeichen werden, ein Image haben, und dann muß man ihn dementsprechend verpacken. Das läßt sich nur bewerkstelligen, indem man die Talente und Eigenschaften eines Künstlers sorgfältig erforscht und dann entsprechend über Publicity und Promotion eben jenes Image präsentiert, das diesen Talenten und Eigenschaften am ehesten entspricht.«[145]

Chapple und Garofalo sehen diese Formen von Promotion über das Image kritisch:

»Die Art und Weise, wie Schallplatten verkauft werden, vereinnahmt an sich schon Musik und Musiker, indem sie sie zur Handelsware macht. Ein Künstler oder seine

---

142 Kastlian (2009).
143 Vgl. Gronow/Saunio (1998): S. 14ff. Schulze (1996): S. 47. Renner (2004): S. 26f. Gainsberg gilt als der erste A&R der Branche und arbeitete für Emil Berliners Grammophone Company Ltd. von London aus. Er reiste um die Welt, um lokale Musiker für Schallplattenaufnahmen zu gewinnen, um das neue Format anspruchsvoller zu positionieren.
144 Renner (2004): S. 27.
145 Purcell, Gerald W. (1969): »Teamwork: The Agent, Publisher, and Record Company«. In: Ackermann, Paul/Zhito, Lee (Hg.): *The Complete Report of the First Iinternational Music Industry Conference*. S.25.

Musik werden auf ein Image reduziert, das aus verschiedenen ›selling points‹ (Verkaufsargumente) besteht. [...] Die größten Rock-Stars werden sogar in noch weit höherem Maße zur Ware. Ihr Image wird mit Kleidung, Spielsachen und aller Art Waren gekoppelt und den Fans verkauft. Rock-Stars übernehmen die Rolle von Trendsetters (sic!), wie es vor Jahrzehnten Film-Stars waren. Die allgemeinen Trends entstehen eigentlich in den Jugend- und Getto (sic!)-Subkulturen, aus denen die Musiker kommen, aber das breite Publikum weiß davon nichts. Es schreibt sie den Rock-Stars zu, die sie populär machen.«[146]

Zwei Künstler, die dagegen mit Images spielen und die Heterogenität über häufige Imagewechsel zu ihrem Charakteristikum gemacht haben, sind Madonna und David Bowie. Erstere präsentierte sich lange Zeit mit jedem neuen Album als wechselndes Role-Model für verschiedene Images, Letzterer gilt als Chamäleon der Popmusik. Beide haben sich dadurch selbst zur Marke gemacht.[147] Bezogen auf Bowie heißt es:

»he was the first musician to appreciate the pop importance of artist as brand, and he understood early on that brand identity (and brand loyalty) did not mean musical consistency: Bowie's dramatic changes of musical style became one mark of his ›Bowieness‹ and in career terms one can see that his film/acting roles have been as carefully chosen as his stage personae.«[148]

---

146 Chapple/Garofalo (1980): S. 355.
147 Vgl. Diederichsen, Diedrich (1993): »Offene Identität & zynische Untertanen«. In: Diederichsen, Diedrich/Dormagen, Christel/Penth, Boris & Wörner, Natalia: *Das Madonna Phänomen*: S.11–25. Schwichtenberg, Cathy (Hg.) (1993): *The Madonna Connection. Representational Politics, Subcultural Identities, and Cultural Theory*. Lau (1999): S. 247. Zylka, Jenny (2012): *Jetzt wird's aber Gaga, Lady! Neues Madonna-Album »MDNA«*. In: http://www.spiegel.de/kultur/musik/0,1518,822136,00.html (14.04.2012). Kunze, Heinz Rudolf (1986): »David Bowie: Der Favorit oder: Die vielen Gesichter im leeren Spiegel«. In: Schmidt-Joos, Siegfried (Hg.): *Idole 8. Treffpunkt im Nirgendwo*: S.85, 107–112, 139ff. Spicer, Al (1998): »David Bowie«. In: Buckley, Jonathan/Ellingham, Mark (Hg.): *Rock: The Rough Guide*: S.83ff: So gab Bowie beispielsweise 1973 sein überaus erfolgreich inszeniertes Alter Ego Ziggy Stardust, das erst ein Jahr zuvor mit der gleichnamigen Platte eingeführt worden war, mit dem letzten Konzert der dazugehörigen Tour überraschenderweise auf. Kaum ein Unternehmen würde wohl mit einer erfolgreichen Marke so umgehen. Bowie hat jedoch eben diese Imagewechsel, die bei Spicer zusammengefasst werden, zu seinem Markenzeichen gemacht. Kunze summiert, Bowie habe keine strukturellen Gemeinsamkeiten im Werk und sei nur linear, in der Zeit, zu begreifen. Diederichsen und Schwichtenberg beleuchten in ihren Werken die Faszination an der wandlungsfähigen Künstlerin Madonna auf Grundlage theoretischer Überlegungen. Madonna hat seit den 1980er Jahren das Musikgeschäft und die Popkultur geprägt. In den letzten Jahren hat sie den Zeitgeist allerdings nicht mehr getroffen.
148 N.N. (2001): *Star Profiles II*: S. 196.

In der jüngeren Vergangenheit hat sich beispielsweise Christina Aguilera gleich mehreren Imagewechseln unterzogen. Liebs fasst zusammen:

»Wo andere Popstars vor allem auf ästhetische Kontinuität setzen, um ihr Produkt am Markt zu platzieren, schickt Aguilera das Bild, das sich andere von ihr machen sollen, durch eine Art ästhetischen Durchlauferhitzer, lässt die Identitäten zirkulieren und sucht sich aus dem Stil-Baukasten das für den Moment Passende heraus. Was in diesem Fall nichts anderes heißt als: den passenden Video-Regisseur.«[149]

Sie hat sich vom unschuldigen Mädchen, das dem typischen amerikanischen Teenager-Ideal entsprach, mit ihrem zweiten Album »Dirrrty« zu einer Person mit offenen sexuellen Anspielungen im Video zum Titelsong entwickelt. Bereits mit der folgenden Single »Beautiful« wurde wieder ein sauberes Image gepflegt, indem Aguilera in dem dazu gehörigen Clip soziale Unterdrückungen thematisierte. Das dritte Video »Fighter« zeigt wiederum ihre kämpferische Haltung gegen Auferlegungen von Außen mit einem weiteren neuen optischen Image. Was bei Madonna von Album zu Album variiert, geschah bei Aguilera zur Jahrtausendwende erfolgreich mit jeder neuen Single.[150]

Aktuell ist Lady Gaga ein prominentes Beispiel, das von seinem Image lebt. Dies fängt beim Namen, der von dem Queen Song »Radio Gaga« abgeleitet ist, an. Ihr Kreativteam heißt Haus Of Gaga und ist ihre Variante der Factory von Andy Warhol und dem Bauhaus.[151] Neben ihrem musikalischen Talent, das ihr ein Angebot der berühmten Juilliard School einbrachte, welches sie ablehnte, spielt sie mit popkulturellen Zitaten, trägt ein Rilke Zitat als Tattoo und setzt sich für modernen Feminismus ein.

»This is one of Gaga's gifts, maybe the one that most distinguishes her from the other talented women directing the pop zeitgeist right now [...]. Gaga makes outrageous declarations -- which, when you break them down, actually make sense. And then she backs them up, not only through her now famously provocative

---

[149] Liebs, Holger (2003): »Das doppelte Mottchen«. In: *Süddeutsche Zeitung.* 10./11.05.2003: S.15.
[150] Vgl. Liebs (2003). Schönpflug, Tobias (2003): »Krasstina!«. In: *Maxim.* Februar 2003: S. 42, 44.
[151] Vgl. Fromme, Claudia (2010): »Das Nichts steht ihr gut«. In: *Süddeutsche Zeitung.* 20.01.2010: S. 9.

interviews but in her videos, her collaborations with designers and artists, her live performances and those infernally catchy hits.«[152]

Lady Gaga weiß sich perfekt als intelligenter Popstar zu inszenieren. Ihr Debütalbum heißt passenderweise »The Fame«, eine erweiterte Neuauflage »The Fame Monster«. Sie selbst sagt dazu:

»Celebrity life and media culture are probably the most overbearing pop-cultural conditions that we as young people have to deal with, because it forces us to judge ourselves […] I guess what I am trying to do is take the monster and turn the monster into a fairy tale. […] It's kind of like a crusade in its own way […] Me embodying the position that I'm analyzing is the very thing that makes it so powerful.«[153]

Dank dieser Aspekte und dem bewussten Spiel mit dem Ruhm gehört Lady Gaga zu den wenigen neuen globalen Stars der letzten Jahre in der Popmusik. Das Bemerkenswerte daran ist, dass sie diesen Star-Status mit nur einem Album und einer Neu-Auflage des Albums als musikalischen Output erreicht hat. Entscheidend für ihre Karriere ist ihre opulente Inszenierung geworden. Ihre öffentlichen Auftritte und Videoclips wurden zu der Zeit mit Spannung erwartet, da sie mit ihrem Auftreten und ihren Outfits immer für Gesprächsthemen sorgte. Die Schnelligkeit, mit der dies innerhalb eines Jahres passiert ist, ist kennzeichnend für die Beschleunigung des Star-Wesens. Wo früher oft jahrelange Reifeprozesse den Weg zum Star geebnet haben, reicht heute schon ein Album. Ebenso schnell kann allerdings auch eine Übersättigung eintreten, wie im Falle von Lady Gagas drittem Album geschehen.

Ein Faktor, der bei heutigen Künstlern wie Lady Gaga, aber auch für Newcomer eine große Rolle spielt, ist die Präsenz auf sozialen Netzwerken.[154]

»Die alten Popstars wie David Bowie in den Siebzigern oder Madonna in den Achtzigern hatten es noch mit einer Öffentlichkeit zu tun gehabt, die sich im Rhythmus von Wochenmagazinen über den neuesten Klatsch und Tratsch informierte. Oder aus dem Musikfernsehen. Diese Zeiten sind vorbei. Popstars müssen

---

152 Powers, Ann (2009): *Frank Talk With Lady Gaga*. In: http://articles.latimes.com/2009/dec/13/entertainment/la-ca-lady-gaga13-2009dec13?pg=5 (13.12.2009): Doppelter Gedankenstrich aus dem Original übernommen.
153 Germanotta, Stefani alias Lady Gaga (2009). Zitiert in: Powers (2009): *Frank Talk With Lady Gaga*. In: http://articles.latimes.com/2009/dec/13/entertainment/la-ca-lady-gaga13-2009dec13?pg=5 (13.12.2009).
154 Vgl. Ellinghaus (2012). Christoph (2012).

heute rund um die Uhr, überall auf der Welt wirken. Und dabei die Kunst beherrschen, omnipräsent zu sein, ohne auf die Nerven zu gehen.«[155]

Lady Gaga hat nicht nur ihren eigenen Fanclub Little Monsters, sondern ist auch im Netz sehr aktiv und hält ihre Fans unter anderem über ihre Aktivitäten, neue Songs oder Videos auf dem Laufenden. So hat sie beispielsweise Weihnachten 2011 über Twitter einen brandneuen Song als Geschenk für ihre Fans bereitgestellt. Diese direkte Kommunikation ist heute nicht nur sehr wichtig für die Fanansprache, sie bietet auch den Vorteil, dass sie an eine Zielgruppe geht, die sich per se für einen Künstler interessieren. Um diese Zielgruppe zu erhöhen, gibt es zahlreiche Möglichkeiten wie eben das Angebot kostenloser Songs, die Fans erhalten, wenn sie bei Facebook ein Fan von einem Künstler werden oder ihm auf Twitter folgen. Lady Gaga hat 2012 als erste Person überhaupt mehr als 20 Millionen Follower bei Twitter erreicht.[156]

»Das muss man sich als Band einfach zu Nutze machen. Das ist das Wichtigste was du machen kannst, weil du danach einfach 20.000 Leute hast, denen du sagen kannst: Wir gehen jetzt auf Tour, wir haben eine neue Platte. Das ist der direkteste Zugang zu den Leuten und der günstigste. [...] Die ganzen HipHopper machen das schon gut – diese Odd Futures, diese Tyler The Creators. Drehen irgendwelche Videos, die spektakulär sind, und arbeiten dann aber auch mit ihren Netzwerken, damit die Leute da hingehen. Dann wird angefangen, darüber zu reden. Und dann setzt sich das fort, so dass es irgendwann bei meinem 16-Jährigen Sohn sitzt.«[157]

Die Bindung zu einem Act kann auf diese Weise persönlicher werden. Künstler wiederum können sich über ihre Äußerungen auf diesen Kommunikationskanälen unmittelbar positionieren.[158] Dennoch findet man in Lady Gaga noch am ehesten die traditionellen Star-Merkmale wie Unnahbarkeit, das Schillernde, Außergewöhnliche wieder. Zwar gab es auch im ersten Jahrzehnt des 21. Jahrhunderts zahlreiche neue Stars, doch ein Su-

---

155 Rapp, Tobias (2013): *Lady Gagas Karriereknick. Divendämmerung.* In: http://www.spiegel.de/kultur/musik/lady-gaga-und-pop-in-schwierigkeiten-artpop-enttaeuscht-a-934251.html (14.02.2014).
156 Vgl. Rapp (2013). Witte, Jens (2012): *Twitter-Rekord: Lady Gaga knackt 20-Millionen-Marke.* In: http://www.spiegel.de/panorama/leute/0,1518,819533,00.html (11.03.2012).
157 Ellinghaus (2012).
158 Diese Positionierung muss nicht nur über musikalische Inhalte erfolgen. Sie ist durch sämtliche Äußerungen möglich von Meinungen zu aktuellen Themen über private Fotos ist die Bandbreite schier unendlich. Auch eine minimalistische Kommunikation kann für das Bandimage passend sein.

perstar, der über Genre-, Alters-, Geschlechts- und Ländergrenzen hinweg zum Konsens werden konnte, war nicht dabei. Mit Michael Jackson ist zudem ein, wenn nicht der große Megastar im Sommer 2009 verstorben. Ob eine Lady Gaga diese Rolle ausfüllen kann, bleibt abzuwarten. Für einen Moment war sie zumindest am Nächsten dran. Heute wird der Begriff »Star« zu schnell und zu undifferenziert genutzt. Ebenso hat sich das Heldenbild im Laufe Zeit von der starken, positiven Figur zum gebrochenen Helden erweitert. Formate wie »Big Brother«, »Deutschland sucht den Superstar«, »Popstars«, »Germany's Next Topmodel« oder »Das Supertalent« erwecken für viele den Anschein, dass es jeder zum Star schaffen kann.

»semiprotagonistische Aufmerksamkeitsspezialisten wie Talk-Show-Touristen, Quiz-Show-Gäste oder Container-Tester ziehen mittlerweile von Studio zu Studio und von Containern zu Container; sicherlich auch immer in der Hoffnung, sowohl massenmediale als auch anschließend interpersonale (z.B. im Bekanntenkreis, in der Stadt etc.) Aufmerksamkeiten zu erhaschen. Immer mehr Medien(angebote) eröffnen immer mehr Beobachtungsmöglichkeiten für und auf immer mehr Menschen.«[159]

Unterstützt wird diese Entwicklung durch die Medien, die jeden, der die von Warhol geprägten »15 Minutes of Fame« hatte, gleich als Star hochjubeln und ebenso schnell wieder fallen lassen, aber auch durch die Konsumenten, die dieses Spiel mitspielen.[160] In Zeiten von YouTube-Berühmtheiten und der immer größeren Informationsflut kann man die 15 Minuten getrost auf 15 Seconds of Fame verringern.[161]

---

159 Jacke, Christoph (2003): »White Trash und Old School: Prominente und Stars als Aufmerksamkeitsattraktoren in der Werbung«. In: Schmidt, Siegfried J./Westerbarkey, Joachim/Zurstiege, Guido (Hg.): *a/effektive Kommunikation: Unterhaltung und Werbung.* S.199. Jacke nennt die kurzlebige, durch Medienformate bekannt gemachte Prominenz »White Trash« und untersucht in seinem Beitrag die Differenzen zu klassischen »Old School« Stars.
160 Vgl. Jacke (2003): S. 199f. Ellinghaus (2012).
161 Quellen: YouTube: *YouTube – Geschichte des Unternehmens.* In: http://www.youtube.com/t/company_history (09.03.2010), YouTube: *Weezer: Pork & Beans.* In: http://www.youtube.com/watch?v=T_jGlyqoYoo (09.03.2010): Das Online Video Portal YouTube startete im Dezember 2005 und wurde im November 2006 von Google Inc. übernommen. Schnell erlangten Amateur Clips und ihre Protagonisten teilweise weltweite Bekanntheit. Die Band Weezer hat zahlreiche der ersten YouTube-Stars für ihr Musikvideo zu »Pork & Beans« wieder vor die Kamera geholt und ihre berühmten Szenen neu aufgenommen.

Jacke unterteilt Medienbekanntheiten im Hinblick auf ihr langfristiges Aufmerksamkeitspotenzial in Prominente und Stars:

»Das für diesen Forschungsbereich typische Definitionswirrwarr könnte so vermieden werden: Prominente sind die Vorstufe der Stars. Wer ein Star ist, gilt auch als prominent. Wer hingegen prominent ist, hat noch längst keinen Star-Status inne. Prominente sind bekannt. Stars sind beliebt. Und Beliebtheit deutet auf eine gewisse Verweildauer in den Medien und eine damit zusammenhängende, anhaltende Aufmerksamkeit seitens der Rezipienten hin.«[162]

Wenn man bei TV Formaten wie »Das Promi-Dinner« aber kaum einen Teilnehmer kennt, kann noch nicht einmal von Prominenz, ganz zu Schweigen von Stars gesprochen werden. Ein weiteres Kriterium ist die erbrachte Leistung des Stars. Doch während Leistung im Sport messbar ist, wird es bei heutigen Medienstars schwer. Oftmals besteht die Leistung nicht mehr in konkreten Errungenschaften des Prominenten, sondern allein in der Selbstvermarktung. Von Verona Feldbusch über Paris Hilton bis zu Micaela Schäfer gibt es zahlreiche Beispiele, wobei die beiden Erstgenannten sich bereits durch Konstanz eine Star-Biographie und damit einen dauerhaften Star-Status erarbeitet haben. Zahlreiche andere schaffen dies aber nicht. Die immer kurzlebigeren Bekanntheiten führen zu einer Verwässerung des Starbegriffs und sorgen für eine Verschiebung des Verhältnisses von Stars zu Prominenten zu Gunsten Letzterer.[163] Auch die Unerreichbarkeit, das Funkeln und die Distanz, die der Begriff Star beinhaltet, sind bei diesen Bekanntheiten nicht mehr vorhanden. Die Schnelllebigkeit in der heutigen Gesellschaft hat somit zu einer Verwässerung des Begriffs Star geführt. Symptomatisch für den Verfall des Stars wurde ein Hund von den TV-Zuschauern zum »Supertalent« 2009 gekürt.[164]

Betrachtet man Künstler als Marke, kommen trotz dieser Entwicklungen durchaus Parallelen zum Vorschein, wie man an den bisherigen Ausführungen sehen kann. Schließlich sind allgemeine Voraussetzungen für eine Markenidentität bei Stars gegeben. Bereits der Name des Künstlers, oft ein Bandname oder auch Künstlername, ist eine Markierung, die den Künstler ebenso wie ein Produkt benennt und seine Identität verstärken kann. Der Name weckt Erwartungshaltungen und kann sowohl Qualität als

---

[162] Jacke (2003): S. 202f.
[163] Jacke (2003): S. 203, 206f.
[164] Repinski, Gordon (2009): *Bohlens Castingshow: Durchmarsch der Hundedame*. In: http://www.spiegel.de/kultur/tv/0,1518,668142,00.html (20.12.2009).

auch Beständigkeit versprechen.[165] Die Veröffentlichungen der Künstler sollten dabei ubiquitär, zumindest aber für die Zielgruppe verfügbar sein. Über ein kontinuierliches Image werden auch durch Musiker Assoziationen ausgelöst und Werte repräsentiert, die den Star zu einem Identifikationsobjekt machen können.[166] Schließlich dient die Markenidentität auch bei Stars der Musikbranche der Orientierungshilfe und Vertrauensbildung auf Seiten der Konsumenten sowie der Kundenbindung, Differenzierung gegenüber der Konkurrenz, Absatzsteigerung und auch einer segmentspezifischen Marktbearbeitung aus Sicht der Produzenten.[167] Ein Künstler kann in der Psyche der Konsumenten auch als unverwechselbares Vorstellungsbild verankert sein, wie es Meffert, Burmann und Koers in ihrer Definition von Marke fordern. Damit kann die Produkt- und Dienstleistungsdimension des Terminus Marke um Personen erweitert werden. Allerdings fallen auch Unterschiede zu Konsumgütern auf, da eine gleich bleibende Qualität der Leistung, die in einem traditionellen Markenverständnis gefordert wird, über einen längeren Zeitraum nicht gewährleistet werden kann.[168]

Zwar gibt es auch in der Musik eine Art Markenbindung, wenn man beispielsweise immer wieder zu Konzerten eine Band geht und der Vollständigkeit halber auch das neue Album der Rolling Stones noch kauft. Dennoch sind Stars als Menschen nicht berechenbar und folglich anders zu behandeln als Produkte, während die Musik selbst konserviert auf einem physischen Tonträger oder in einer digitalen Datei das Kriterium der gleich bleibenden Qualität erfüllen kann. Um dennoch Kontinuität bieten

---

165 Vgl. Vatterodt, Nikola (2000): *Boygroups und ihre Fans. Annäherung an ein Popphänomen der neunziger Jahre*: S.36f. Berelian, Essi (1998a): »Metallica«. In: Buckley, Jonathan/Ellingham, Mark (Hg.): *Rock. The Rough Guide*: S.496f. Vatterodt geht in ihren Ausführungen speziell vom Phänomen der Boygroups aus und überträgt allgemeine Merkmale der Markenbildung auf diese. Aber auch in anderen Musikstilen kann der Name etwas über die Einstellungen oder die Musik der Band aussagen, man denke zum Beispiel an Metallica, Rage Against The Machine oder auch die Kelly Family.
166 Vgl. Vatterodt (2000): S. 37. Hauk, John (1999): *Boygroups! Teenager, Tränen, Träume*: S.189f.
167 Vgl. Meffert/Burmann/Koers (2002): S. 9ff. Schulze (1996): S. 304f.
168 Vgl. Meffert/Burmann/Koers (2002): S. 6: Da für Songs keine qualitativen Formalkriterien existieren, sind Erfolg und Akzeptanz in der Zielgruppe entscheidend. Dieser kann innerhalb weniger Jahre steigen oder fallen. Eine Besonderheit von Stars als Marke ist das potenzielle Weiterleben von Stars auch nach dem Karriereende oder ihrem Tod, wie bereits beschrieben.

zu können, haben viele Künstler neben einem zu pflegenden Image auch ein visuelles Erkennungsbild.

Das optische Erscheinungsbild als Markenzeichen

Die Identität eines Künstlers kann über eine Corporate Identity des äußeren Erscheinungsbildes in vielen Formen ausgeweitet werden. So kann ein Künstler oder eine Band über einen Schriftzug oder ein festes Logo den Wiedererkennungswert erhöhen und das optische Erkennungszeichen auf allen Veröffentlichungen und Merchandising-Produkten einsetzen. Ähnlich wie bei Logos von Produkten soll dadurch eine weitere Form der Identifikation von Fans mit den Künstlern geschaffen werden.[169]

»Die Interpretationsmöglichkeiten eines Bandsymbols sind vielfältig und vereinheitlichen doch verschiedene Ebenen (die ›offizielle‹ Seite der Band: die Musikdarbietung, mit der ›inoffiziellen‹: das Privatleben, die Botschaft und das, was die Fans in die Gruppe hineinprojizieren) zu einem vereinfachten Ganzen, das verständlich und greifbar bzw. sichtbar ist.«[170]

Ein festes Logo gehört gerade bei Boygroups oder anderen gecasteten Bands zum perfekten Image, das den »Markenartikel Band« einprägsam repräsentiert:

»Für die Gruppe TAKE THAT wurde ein simples kreuzförmiges Bandsymbol entworfen, bei dem ein T kopfüber auf dem zweiten T liegt und beide von einem Kreis umschlossen werden. […] Es wurde anschließend als Logo in der Vermarktung verwendet und bis zur Auflösung der Gruppe beibehalten. […] Sein Anklang an das christliche Kreuz ist unverkennbar, der Kreis darum symbolisiert Geschlossenheit, Vollkommenheit, Unendlichkeit.«[171]

Doch nicht nur Boygroups haben feste Logos, in allen Genres der Musik finden sich verschiedene Beispiele. Bands wie ABBA oder Iron Maiden haben ihre Logos die gesamte Karriere über behalten, was sicherlich mit

---

169 Vgl. Vatterodt (2000): S. 41ff. Hauk (1999): S. 190f, 194ff: Vatterodt und Hauk führen dies anhand einiger Beispiele von verschiedenen Boygroups genauer aus. Hauk geht dabei auch auf die Kleidung der Bands ein und beleuchtet die Zusammenhänge zwischen Plattenfirmen und Medien, die gemeinsam ein Image kreieren.
170 Vatterodt (2000): S. 41.
171 Vatterodt (2000): S. 42: Hervorhebungen aus dem Original übernommen. Auch bei der Reunion von Take That tauchte das Logo wieder auf und war Bestandteil der Live-Show.

einem Markenzeichen zu vergleichen ist.[172] Ein Logo kann über den bloßen Wiedererkennungswert hinaus auch das Anliegen einer Band symbolisieren. Ein berühmtes Beispiel dafür ist das Logo der Band Public Enemy: »The image of a black man in the middle of a target is perhaps the most iconic logo in hip-hop history. It is certainly one oft he most enduring and easily recognisable.«[173]

Die Einführung oder Änderung eines Logos kann aber auch andere Gründe haben. So legte Prince Anfang der 1990er aufgrund eines Rechtsstreits mit seiner Plattenfirma seinen Namen ab, um sich bis 1996 nur noch über ein kreuzförmiges Symbol und der Bezeichnung The Symbol zu repräsentieren. Dennoch blieb die eindeutige Verbindung zu Prince während dieser Zeit bestehen, während umgekehrt auch das Symbol weiterhin die Assoziation zu Prince weckt.[174] Selbst eine Band wie Metallica, deren Kernzielgruppe – die Rocker und Heavy Metal-Fans – Wert auf Beständigkeit legt, trennte sich 1996 im Zuge eines musikalischen Richtungswechsels zum Album »Load« auch von ihrem berühmten Bandlogo und präsentierte sich optisch ebenfalls im neuen Look. Mit dem härteren Album »St. Anger« und einem Personalwechsel am Bass wurde das Logo erneut modifiziert. 2008 wurde das ursprüngliche Logo wieder für das neue Album »Death Magnetic« genutzt, das eine Rückkehr zu den Wurzeln darstellte.[175] Die meisten Bands ändern ihr Bandlogo im Laufe ihrer Karriere, wie Black Sabbath, deren Bandname auf jedem Album einen anderen Schriftzug

---

172 Vgl. Roccor (1998): S. 104f.
173 Myrie, Russell (2008): Don't ryhme for the sake of riddlin'. The authorized story of Public Enemy: S. 54.
174 Vgl. Schwarze, Bernd (1997): *Die Religion der Rock- und Popmusik. Analysen und Interpretationen*: S.226. Adjouri (2002): S. 29f: Schwarze untersucht vor allem die Fetischfunktion des Symbols. Prince wurde in seiner Symbol-Zeit von den Medien auch TAFKAP bzw. The Artist Formerly Known As Prince, genannt.
175 Quellen: Metallica: *History Part 2*. In: http://www.metallica.com/band/band-history-part-two.asp (08.04.2012). Metallica: *History Part 3*. In: http://www.metallica.com/band/band-history part three asp (08.04.2012). Metallica: *History Part 5*. In: http://www.metallica.com/band/band-history-part-five.asp (08.04.2012).: Das alte Metallica Logo wurde von Sänger und Gitarrist James Hetfield entworfen. Obwohl auf den Veröffentlichungen der Band von 1996 bis 2007 ein neues Logo zu sehen war, das wiederum 2003 modifiziert worden ist, wurde das klassische Logo auch zu dieser Zeit noch verwendet, zum Beispiel für Tourneen oder Merchandise-Artikel der Band. Eine eindeutige Markenführung über das Logo ist also lediglich auf den Musikveröffentlichungen zu erkennen.

trägt.[176] Doch nicht nur das Bandlogo, auch die Coverästhetik von Alben kann prägend für eine Band oder gar ein Genre sein und auf den Inhalt des Produkts hinweisen.[177] Bis der Designer Alex Steinweiss 1939 die Idee hatte, individuelle Plattencover für jedes Album zu gestalten, sahen die Hüllen noch einfarbig und gleichförmig aus. Das erste Album mit einem eigenen Artwork war eine Aufnahme der Broadway-Legenden Richard Rodgers und Lorenz Hart.[178]

»Ich fuhr mit einem Fotografen zum New Yorker Imperial Theater an der 45. Straße – und überredete den Besitzer, die Leuchttafel eine Stunde lang so einzustellen, dass wir den Schriftzug ›Rodgers & Hart‹ fotografieren konnten. Später fügte ich dem Bild die stilisierten Rillen der Schellackplatten hinzu – mehr war da gar nicht.«[179]

Betrachtet man die Rockmusik, findet man eindeutige Referenzen auf bestimmte Musikstile: »Wilde Farborgien, abstrakte Bilder oder nichtidentifizierbare Objekte wird man auf den Heavy Metal-Covern der '70er und '80er Jahre vergeblich suchen. Eines der zentralen Merkmale von Heavy Metal-Covern ist, daß sie eindeutig und in ihrer Metaphorik leicht zu dechiffrieren sind.«[180]

Dazu gehören beispielsweise Motive von wilden Tieren oder anderen Kreaturen, die in Science-Fiction- oder Fantasy-Manier dargestellt sind. Auch Bilder des Wahnsinns sowie religiöse Anspielungen und Horrormotive tauchen häufig auf, von denen das Biest Eddie als Markenzeichen von Iron Maiden sicherlich das bekannteste ist. Es wurde von Derek Riggs entworfen und findet sich seit 1981 neben dem festen Schriftzug auf jedem Album und auf zahlreichen Merchandising-Produkten der Band in immer neuen Formen wieder. Eddie prägte das Image der Band auf außergewöhnliche Art und Weise und ist zum Synonym für die Band geworden, die dementsprechend auch oft »The Beast« genannt wird.[181] So sagt Steve

---

176 Vgl. Meyer, Marcus: *Der Schriftzug von »BLACK SABBATH«.* In: http://www.muenster.de/~m-meyer/logobs.html (15.03.2003): Hier werden alle Schriftzüge der offiziellen Alben von 1970 bis 1998 dargestellt.
177 Vgl. Roccor (1998): S. 99ff, 103f.
178 Vgl. Mayer, Christian (2009): »Der Verhüllungskünstler«. In: *Süddeutsche Zeitung.* 06.11.2009: S. 10.
179 Steinweiss, Alex (2009). Zitiert in: Mayer, Christian: »Der Verhüllungskünstler«. In: *Süddeutsche Zeitung.* 06.11.2009: S. 10.
180 Roccor (1996): S. 211.
181 Vgl. Roccor (1996): S. 211ff. Roccor (1998): S. 102f. Riggs, Derek (2000): *Interview. Cable Radio Milton Keynes (CRMK 89.8FM).* 27.08.2000. In: http://www.megaspace.com/

Harris, Gründungsmitglied und Bassist von Iron Maiden über das Band-Maskottchen: »He works well, and imagery is great. As soon as you say ›Eddie‹ you think Iron Maiden. [...] He'll be going a lot longer than we will«.[182] Auch das Artwork und das Logo des Surrealisten Roger Dean für die Band Yes hat das Werk der Band optisch geprägt. Dies ist insofern von Relevanz, als dass ein ansprechendes Cover aus der Fülle an Veröffentlichungen herausstechen, neugierig machen und auch zum Kauf anregen kann. Es kann also auf einer visuellen Ebene Orientierung bieten. Bands wie The White Stripes oder Depeche Mode gehen dabei noch einen Schritt weiter und vereinheitlichen fast ihr gesamtes öffentliches Erscheinungsbild. Erstere gestalteten alle Veröffentlichungen und ihren Look zumeist in Rot-, Weiß- und Schwarztönen, Letztere geben den Großteil aller ästhetischen Aufgaben in die Hand von Anton Corbijn, der neben Fotos, Videoclips und Artworks für Alben auch zahlreiche Bühnenbilder der Band entwirft. Dies führt zu einer sehr eigenen und sofort wieder erkennbaren Ästhetik, die auch das Image der Bands maßgeblich prägt.[183] Solch ein Image kann zum Markenzeichen einer Band werden und Erwartungshaltungen aufbauen.

Auch in der Musik gibt es demnach vor allem über Stars zahlreiche Möglichkeiten zur Anwendung von Markenführungsansätzen.

---

entertainment/andy/mega/riggs.htm (15.03.2003). Carman, Keith (2000): *The Evolution of Iron Maiden's Eddie*. In: http://www.chartattack.com/DAMN/2000/08/1601.cfm (14.04.2003). Artist Direct. In: http://www.artistdirect.com/music/artist/appears/0,,64 8151,00.html (15.03.2003): Riggs erläutert die Entstehungsgeschichte zu Iron Maidens Biest Eddie. Er war bis 1990 für das Coverartwork der Band verantwortlich. Eddie taucht aber weiterhin bei Iron Maiden auf. Bei Artistdirect.com gibt es eine Übersicht zu Riggs Schaffen.
182 Harris, Steve (2000). Zitiert in: Carman, Keith (2000): *The Evolution of Iron Maiden's Eddie*. In: http://www.chartattack.com/DAMN/2000/08/1601.cfm (14.04.2003).
183 Quelle: Corbijn, Anton (2002). In: *Depeche Mode. One Night In Paris. The Exiter Tour 2001. A Live DVD By Anton Corbijn. The Photographing*. Corbijn schildert in diesem Menüpunkt auf der von ihm konzipierten DVD seinen visuellen Einfluss auf Depeche Mode.

4.4 Zwischenbilanz: Die Beziehungen zwischen Genres und Marken in der Musik

Die bisherigen Ausführungen haben die grundsätzliche Anwendbarkeit des Konzepts Genre und verschiedener Markenführungsansätze in der Musik belegt. Die Zusammenhänge zwischen Genres und Marken in der Musik sollen hier zusammenfassend betrachtet werden, da sie den Kontext für den Kern dieser Arbeit bilden. Dabei soll herausgestellt werden, welche Rolle das Label dabei einnehmen kann.

Eine Schnittmenge zwischen Genres und Marken zu finden, gestaltet sich schwierig. Während ein Genre die Aufgabe hat, Texte zu kategorisieren, werden Produkte anhand von Marken markiert und inszeniert. Das Genre nimmt eine vermittelnde Rolle ein und steht in der Mitte zwischen Produzenten, Konsumenten und dem Produkt selbst. Dagegen ist die Marke wesentlich näher an der Industrie angesiedelt. Sie wird von Produzentenseite aus kreiert, muss aber von den Nutzern nicht unbedingt so angenommen werden, wie sich ein Unternehmen das wünscht. Das Markenimage kann von der Idealvorstellung der Produzenten erheblich abweichen, ohne dass die Marke aus diesem Grund vom Markt verschwindet. Ein Genre kann aber nur über die Akzeptanz beim Publikum bestehen. Es beruht im Gegensatz zu Marken auf einer gegenseitigen Übereinkunft von Herstellern und Nutzern und schafft so gleichermaßen eine beidseitige Orientierung. Eine Markenidentität ist zwar ebenfalls von Produzenten und Konsumenten abhängig, doch sie wird stärker von der Industrie gesteuert. Eine Marke soll in erster Linie Orientierung für den Konsumenten bieten und das Produkt von der Konkurrenz abgrenzen.

Somit besteht zwischen Genres und Marken die Gemeinsamkeit, abstrakte Konzepte zu sein, Orientierung zu schaffen und Komplexität zu reduzieren, was aber auf unterschiedliche Art und Weise geschieht. Ein Genre bezieht sich auf die inhaltlichen Aspekte des Textes, eine Marke auf deren optimale Darstellung. Zudem sind Genres dynamisch und geben Konventionen vor, an die Erwartungshaltungen gekoppelt werden. Eine Marke ist im Kontrast dazu meist von einem festen Markenkern geprägt. Zwar werden sowohl Genres als auch Marken konstruiert, doch während ein Genre eher eine neutrale Bezeichnung ist, kann eine Marke emotional aufgeladen und auch personalisiert werden.

Wendet man das Konzept Genre in der Musik an, wird deutlich, dass ein Genre über die inhaltliche Komponente der Musik Orientierung auf dem unübersichtlichen Musikmarkt bieten kann. Es bezeichnet Musikstile und kann Bands, Alben oder einzelne Songs kategorisieren. In den meisten Fällen erfolgt die Differenzierung von Musik über den Künstler und seine Songs, respektive den Inhalt.

Der Markenaspekt in der Musik geht über die rein inhaltliche Seite hinaus und bietet zusätzliche Elemente wie Identifikation, Erlebnis und Mythos. Gerade der Künstler wird ähnlich wie ein Markenartikel vermarktet und positioniert und dient den Konsumenten in den meisten Fällen als Orientierung. Dies trifft vor allem auf Stars zu, die zu Identifikationsobjekten werden und ein Image transportieren, ähnlich wie im fraktalen Markenführungsansatz. Das klassische Markenführungsprinzip kann nicht direkt übertragen werden, da es sich bei Musikern nicht um Produkte, sondern um Menschen handelt. Dennoch sind grundsätzliche Voraussetzungen für eine Markenführung in der Musik erfüllt.

Neben den Künstlern können auch andere Objekte wie das Coverartwork oder ein Logo eine Markenführung unterstützen. Zudem können auch einzelne Alben und Songs zu Objekten von Markenführungsansätzen werden oder zumindest eine Marke repräsentieren.

An dieser Stelle treffen die beiden Konzepte Marke und Genre aufeinander. Die Musik hat inhaltlich gesehen einen direkten Genrebezug. Es findet ein Austauschprozess zwischen Produzenten und Konsumenten statt, der sich stetig weiterentwickelt. Die Vermarktung der Musik findet wiederum über einen Markenführungsansatz statt. Marken werden von den Produzenten geschaffen, müssen aber von den Konsumenten angenommen werden. Beide Ansätze dienen den Nutzern als Orientierungshilfe.

Das Label selbst befindet sich kategorial auf einer anderen Ebene, da es als wirtschaftliche Organisationsform eine reine Kreation der Industrie ist. Es ist kein Orientierungsinstrument an sich. Es hat aber mit dem Gut Musik ein Produkt, für das sich beide Instrumente anwenden lassen, um Orientierung zu bieten. Es agiert zudem als Schnittstelle zwischen Produzenten, Konsumenten, Medien und Händlern.

Die Kernfrage lautet dabei, wie ein Label im Optimalfall dank der Anwendung der Orientierungsinstrumente Genre und Marke selbst zur Marke werden oder für ein Genre stehen kann.

Gerade in Zeiten, in denen es durch die weiter fortschreitende Ausdifferenzierung der Genres deutlich schwieriger wird, eindeutige Musikstile zu bestimmen, gibt es seit Jahren keine neue eigenständige musikgeprägte Jugendkultur mehr. Der klassische Mainstream, neben dem einzelne Genres unbeachtet ihr Dasein fristen, ist ebenfalls nicht mehr so vorhanden wie in den Jahrzehnten zuvor. Vielmehr haben sich die Hörgewohnheiten dahingehend verändert, dass ein Großteil der Musikhörer häufig nicht mehr auf ein einzelnes Genre festgelegt ist, sondern bunt gemischte Playlists mit Songs aus unterschiedlichen Bereichen hört. In dieser Hinsicht unterscheidet sich die Generation iPod dank der Shuffle-Funktion deutlich von ihren Vorgängern.[184]

Desweiteren sind die Zeiten der übergreifenden globalen Megastars weitestgehend vorbei. Sicherlich gibt es große Stars und angehimmelte Musiker, sowohl innerhalb einzelner Genres, als auch in einer breiteren Öffentlichkeit. Ein allumfassender Star, der sowohl durch seine Persönlichkeit als auch durch seine Musik auf globaler Ebene dauerhaften Erfolg hat, ist aber sehr selten geworden. Somit ist das Thema Orientierung in der Musik heute sehr wichtig.

Die Digitalisierung und die damit einhergehenden Änderungen für die Musikbranche haben die Voraussetzungen für Labels, als Wegweiser im Markt zu agieren, deutlich verschärft. Dazu gehören unter anderem die neu geschaffenen Vertriebsstrukturen, die Änderung des Konsumentenverhaltens, die unüberschaubare Fülle an ständig verfügbarer Musik oder auch die Beschleunigung der ohnehin schon schnelllebigen Musiktrends. Die Musikindustrie befindet sich in einem ständigen Entwicklungsprozess.

Im nun folgenden Teil der Arbeit werden die Hintergründe und Auswirkungen dieses Wandels im Hinblick auf die potenzielle Orientierungsleistung der Musikindustrie untersucht.

---

184 Vgl. Levy, Steven (2006): *The Perfect Thing. How the iPod Shuffles Commerce, Culture, and Coolness*. S. 178ff: Kapitel Shuffle. Levy behandelt in seinem Buch die Geschichte des iPods von seiner Entwicklung bis zu den Auswirkungen für die Firma Apple ausführlich. Eine wichtige Anmerkung zu den Seitenangaben in Levys Buch: Bis auf das erste Kapitel können alle Kapitel des Buchs einzeln für sich stehen. Um der Thematik und der Shuffle-Funktion des iPods und somit dem Fokus auf einzelne Song-Downloads gerecht zu werden, sind diese Kapitel in zufälliger Reihenfolge angeordnet. Daher können die hier angegebenen Seitenzahlen in anderen Ausgaben des Buches ggf. variieren. Zur besseren Orientierung wird in den Fußnoten daher der jeweilige Kapitelname angegeben.

5. Die Bedeutung des Medienumbruchs für die Musikbranche

In den 1990er Jahren lösten die Digitalisierung und der Durchbruch des Internets einen Medienumbruch aus. Dieser wird anhand der TIME-Konvergenz dargestellt, da die Musikbranche in diesem Umfeld angesiedelt ist. Im Anschluss werden mithilfe der Tsunami-Theorie die Umstände und Auswirkungen dieses Medienumbruchs für die teilnehmenden Parteien dargestellt und analysiert.

Die Musikindustrie war von dem Umbruch besonders betroffen, da sich ihre gesamte Vertriebsstruktur aufgrund der Digitalisierung von Musik und der damit einhergehenden massenhaften und einfachen Verbreitungsmöglichkeiten im Internet massiv geändert hat. Aus diesem Grund ist an dieser Stelle eine Analyse der Branche im digitalen Zeitalter nötig, um den Umbruch, die Auswirkungen sowie die aktuellen Umstände der Branche zu verstehen. Dazu wird die Tsunami-Theorie speziell auf den Musikmarkt angewendet. Im Vordergrund stehen dabei die Fragen, welche Herausforderungen und Chancen sich für die Musikindustrie als Ganzes sowie für die Konsumenten ergeben, um im digitalen Zeitalter Orientierung zu bieten, bzw. zu finden und inwieweit dazu die Orientierungsinstrumente Genre und Marke in der digitalen Musikwelt angewendet werden können.

5.1 Die TIME-Konvergenz

Die Wirtschaft wurde in den 1990er Jahren entscheidend von der Konvergenz verschiedener Märkte und Technologien geprägt.

Konvergenz bezeichnet dabei das Zusammenwachsen verschiedener Industrien, die bisher weitgehend getrennt voneinander agiert haben. Damit sind Synergie-Effekte, das Verschwinden von Branchengrenzen, die Integration unterschiedlicher Branchen oder auch die Überschneidung von

Märkten zu verstehen. Diese Entwicklungen sind maßgeblich durch das Internet vorangetrieben worden.[1] An dieser Stelle ist eine Begriffsklärung sinnvoll. Es muss zwischen den Begriffen Internet und Online Medien unterschieden werden.

»Denn das Internet selbst weist keine medienspezifischen Eigenschaften auf: Es realisiert allein den Datenaustausch zwischen Computern und Netzen durch dafür entwickelte Übertragungsprotokolle. Sehr wohl lassen sich dagegen spezifische Internet-Dienste wie E-Mail, [...] oder World-Wide-Web (WWW)-Browser als einzelne Medien bestimmen: E-Mail wird als Medium zum Versenden von Nachrichten verwendet, [...] und ein WWW-Browser als Medium zur weltweiten Navigation durch verschiedene Bild-, Ton- und Textdokumente.«[2]

Mittlerweile wird aber der Begriff Internet im allgemeinen Sprachgebrauch als Synonym für die Inhalte, die über WWW-Browser abgerufen werden, genutzt.

Die allgemeine Definition von Marktkonvergenz setzt bei der Nachfrageseite an. Greenstein und Khanna unterscheiden dabei zwischen substitutiver und komplementärer Marktkonvergenz. Die substitutive Konvergenz beschreibt die Ersetzung und Verdrängung etablierter Produkte oder Branchen durch neue Strukturen und Entwicklungen. Die komplementäre Konvergenz bezeichnet dagegen die Entstehung eines völlig neuen Marktes und wird von neuen Komplementärbeziehungen zwischen Produkten oder Branchen geprägt.[3]

Bei Dowling/Lechner/Thielmann wird der Konsument als zusätzliche Komponente und Auslöser für die Marktkonvergenz eingebracht:

»Convergence describes a process change in industry structures that combines markets through technological and economic dimensions to meet merging con-

---

1 Vgl.: Lang, Günter (2003): *Time Konvergenz. Einige Überlegungen aus volkswirtschaftlicher Sicht*. S. 1f. In: https://www.wiwi.uni-augsburg.de/vwl/institut/paper/234.pdf (10.02.2014). Dowling, Michael/Lechner, Christian/Thielmann, Bodo (1998): »Convergence – Innovation and Change of Market Structures between Television and Online Services«. In: *Electronic Markets*. Vol. 8. No. 4: S. 31. In: http://www.electronicmarkets.org/issues/volume-8/volume-8-issue-4 (10.03.2010).
2 Winter, Carsten (1998): »Internet/Online-Medien«. In: Faulstich, Werner (Hg.) (1998): *Grundwissen Medien*. S. 274.
3 Vgl. Greenstein, Shane/Khanna, Tarun (1997): »What Does Industry Convergence Mean«. In: Yoffie, David B. (Hg.) (1997): *Competing In The Age Of Digital Convergence*. S. 203f.

sumer needs. It occurs either through competitive substitution or through the complementary merging of products or services or both at once.«⁴

Im Mittelpunkt der Betrachtungen steht in dieser Arbeit die Konvergenz der Branchen Telekommunikation, Information, Medien und Entertainment, die sogenannte TIME-Konvergenz. Sie beeinflusst die betreffenden Branchen maßgeblich in ihrem wirtschaftlichen und strategischen Handeln und zeichnet sich dadurch aus, bestehende Grenzen von Raum und Zeit anhand neuer Technologien zu sprengen.

»Der Begriff Konvergenz beschreibt die zunehmende Annäherung und Verzahnung der ursprünglich unabhängig voneinander operierenden Industrien Medien, Telekommunikation und Informationstechnologie. Das Bindeglied für diese Entwicklung und gleichzeitig den technologischen Treiber der Konvergenz stellt die Digitalisierung von Informationen und Medien dar. Auf Basis der zunehmenden Digitalisierung von Informationen kommt es in den oben genannten Industrien zu einem verstärkten Einsatz gleichartiger digitaler Konvergenztechnologien, zu einer Verbindung der industriespezifischen Wertschöpfungsketten sowie zur Verschmelzung zuvor separierter Märkte.«⁵

Winter ergänzt:

»Jedoch kann die Realität von Konvergenzmanagement und Medienentwicklung generell nicht im Bezug auf Grenzen verstanden werden, deren Bedeutung schwindet bzw. die bereits aufgelöst sind – seien es territoriale, nationale, rechtliche oder auf Technologien basierende Grenzen von Märkten, Unternehmen oder Branchen. TIME-Konvergenzprozesse entgrenzen in paradoxer Weise Möglichkeiten der Kommunikation mittels der neuen digitalen Netzwerkmedien ebenso wie das Management von Wertschöpfung, da sie bei der gleichzeitigen Etablierung von Verbundenheit mit neuen Partnern immer Verschiedenes – Inhalte, Technologien o.ä. – inhomogen integrieren, ohne dabei neue Grenzen im Sinne von ›fixen Grenzen‹ oder ›Konvergenz‹ im Sinne zunehmender Gemeinsamkeit zur Folge zu haben.«⁶

Die TIME-Konvergenz beinhaltet also drei Neuerungen im Gegensatz zu früheren Konvergenzen. So legt sie keine neuen Markt-, Branchen- oder Kooperationsgrenzen fest. Zudem wird sie von einer Immaterialität geprägt.

---

4 Dowling/Lechner/Thielmann (1998): S. 34. In: http://www.electronicmarkets.org/issues/volume-8/volume-8-issue-4 (10.03.2010).
5 Neefund/Blömer (2003): S. 101.
6 Winter, Carsten (2003): »TIME-Konvergenz als Herausforderung für Management und Medienentwicklung – Einleitung«. In: Karmasin, Matthias/Winter, Carsten (Hg.) (2003): *Konvergenz und Management: Eine Einführung in die zentralen Herausforderungen und Aufgaben*: S. 14.

Winter nennt dies »eine Verbundenheit mit etwas Unverbundenem, mit ›Flows‹ von Kapital, Daten, Informationen, Menschen usf.«[7] Schließlich zeichnen sich das TIME-Konvergenzmanagement und die damit einhergehende Medienentwicklung durch einen sehr offenen und temporären Charakter aus. Es werden unterschiedliche Themen inhomogen integriert, wobei Offenheit und Flexibilität immer im Vordergrund stehen.

»Als *medial konstituierte Netzwerke* unterscheiden diese sich von informellen Netzwerken durch ihre Basis, die keine informell-kulturelle mehr ist, sondern eine netzwerkmedientechnische Basis. Sie sind loser und also schneller zu schließen und wieder lösen, zudem sind sie in Raum und Zeit effizienter – und mit Blick auf ihre Größe dehnungs- und ausbaufähiger als die ältere, informelle netzwerkartige Form der Verbundenheit.«[8]

Typische Entwicklungen und Produkte der TIME-Konvergenz sind Angebote von Telekommunikationsunternehmen wie der Deutschen Telekom, die heute Telefon, Internet und Fernsehen über einen Anschluss anbieten. Auch hybride Produkte wie das Mobiltelefon mit integrierter Foto- und Videokamera sowie mit Internetfunktionen sind allgemein bekannt. Auf übergeordneter Unternehmensebene kann man die kurzzeitige Fusion zwischen dem Internetanbieter AOL und dem Medienunternehmen Time Warner von 2001 bis 2009 als Beispiel nennen.[9]

»Hierdurch haben sich völlig neue und integrierte Nutzungs- und Anwendungsmöglichkeiten in Bereichen ergeben, die zuvor klar voneinander getrennt waren (z.B. Fernsehen und Internet). Beispiele für das Konvergieren der Industrien sowie das Entstehen neuer Leistungsangebote sind u.a. das interaktive Fernsehen (z.B. BSKyB in Großbritannien), der Internetzugang über das Mobiltelefon […] sowie die Möglichkeit des Downloads von digitalen Medien aller Art über das Internet.«[10]

Die Digitalisierung sowie die Möglichkeiten, die sich durch das Internet ergeben, sind entscheidende Faktoren für die TIME-Konvergenz. Im Folgenden werden die grundlegenden Merkmale dargestellt, die den Medienumbruch durch das Internet mit seinen Medien und Funktionen begründen.

---

7 Winter (2003): S. 14.
8 Winter (2003): S. 14.
9 Vgl. Neefund/Blömer (2003): S. 101f. Renner (2004): S. 135.
10 Neefund/Blömer (2003): S. 102.

5.2 Das Tsunami-Modell

In dieser Arbeit wird das Tsunami-Modell nach Jochen Venus und seinem Team angewendet, um den Ablauf eines Medienumbruchs zu analysieren. Während ein Tsunami in der Natur verheerende Folgen haben kann und negative Assoziationen hervorruft, sei an dieser Stelle ausdrücklich erwähnt, dass hier lediglich die Entstehungsphasen eines Tsunamis auf die Entwicklung von Medienumbrüchen angewendet werden, ohne damit Medienumbrüche als katastrophale Ereignisse darstellen oder Tsunamis verharmlosen zu wollen.

Das Tsunami-Modell gliedert sich in vier Phasen: In der ersten Phase wird das prä-emergente Feld (PEF) abgebildet. Bei einem tatsächlichen Tsunami ist dies der Moment, in dem sich unter dem Meeresboden tektonische Platten verschieben. In der Tsunami-Theorie wird damit der Moment beschrieben, in dem aus heterogenen Wissensbeständen und existierenden Techniken neue Technologien hervorgehen. In dieser Phase sind diese jedoch lediglich für Fachleute von Interesse und für die Allgemeinheit nicht wahrnehmbar.[11]

In Phase zwei führen diese Verschiebungen zu einem Erdbeben (E, E') unter Wasser. Für die wissenschaftliche Analyse werden in dieser Phase Emergenzereignisse definiert. Damit ist die erstmalige Einführung der technischen Innovation gemeint. Dieses Ereignis wird im Rückblick interessant, sobald die jeweilige Innovation relevant geworden ist.[12]

Dadurch entstehen in Phase drei im Wasser Schockwellen, die sich ausbreiten. Diese werden unter dem Begriff Plurifurkationslinien (P1-n) gefasst. In dieser Phase ist das Rekognitionsniveau (R0-Rmax) des aufkommenden Tsunamis für den Großteil der Bevölkerung noch nicht vorhanden. Allerdings beginnen erste Diskurse über das Innovationspotenzial der technischen Neuerung, wodurch wiederum eine wechselseitige Weiterentwicklung gefördert wird.[13]

In Phase vier löst die Dynamik der Schockwellen in Küstennähe schließlich die riesigen Wellen aus, die weitreichende Folgen haben können. Zudem realisiert man im Rückblick, dass es zuvor ein Erdbeben (E')

---

11 Vgl. Glaubitz, Nicole/Groscurth, Henning/Hoffmann, Katja/Schäfer, Jürgen/Schröter, Jens/Schwering, Gregor/Venus, Jochen (2011): *Eine Theorie der Medienumbrüche 1900/2000*: S. 26f.
12 Vgl. Glaubitz/Groscurth/Hoffmann/Schäfer/Schröter/Schwering/Venus (2011): S. 27f.
13 Vgl. Glaubitz/Groscurth/Hoffmann/Schäfer/Schröter/Schwering/Venus (2011): S. 27ff.

gegeben hat. Das Rekognitionsniveau ist nun am Maximum (Rmax). Die technische Innovation ist in der Allgemeinheit angekommen. Die Themen, auf die sich das Interesse der Öffentlichkeit konzentriert, nennt man Faszinationskerne.[14] Das dargestellte Tsunami-Modell wird nun auf die beiden Medienumbrüche des 20. Jahrhunderts angewendet.

Der Medienumbruch um 1900 ist das Resultat einer inhomogenen Verkettung unterschiedlicher Ereignisse an verschiedenen Orten, die keine gemeinsamen Absichten beinhalteten. Das PEF war für den Film und den Rundfunk durch die Photographie und den Funk vorbereitet. Allerdings wurden die gegebenen Vorgaben von Fotos und Schallwellen nicht einfach weiterverfolgt. Der Film und Rundfunk haben sich davon abgesetzt und neue Medien daraus entwickelt.

Das Emergenzereignis des Rundfunks und somit die erste Radiosendung war ein Broadcast von Reginald A. Fessenden vom Heiligabend 1906, in der er Geige spielt, singt und »Largo« von Georg Friedrich Händel abspielt.[15]

Beim Film ist die Lage hingegen nicht ganz eindeutig, da es um 1900 zahlreiche unterschiedliche Versuche gab, bewegte Bilder zu produzieren und auszustrahlen. Als Initialzündung gilt aber die Filmvorführung der Gebrüder Lumière vom 28.12.1895 in Paris, die gleichzeitig auch die erste Kinovorstellung gewesen ist.[16]

Die Plurifurkationslinien des Films liegen in verschiedenen Entwicklungen, die technische Innovationen gleichzeitig zur Weiterentwicklung und Nutzung der vorhandenen Apparaturen nutzen wollten. Dazu gehören die Versuche, Bild und Ton zu synchronisieren, die Tricktechnik oder auch die Montagetechnik.[17]

Die Plurifurkationslinien des Radios sind wiederum eng mit der Entwicklung der Funker verbunden. Mit dem Radio Act von 1912 achtete der amerikanische Staat schon früh auf die Festlegung von Funkfrequenzen für Funker. Auch in Deutschland wurden zum Ende des Ersten Weltkriegs die Frequenzen überwacht. So wurde das Radio zu einem Medium, das von

---

14 Vgl. Glaubnitz/Groscurth/Hoffmann/Schäfer/Schröter/Schwering/Venus (2011): S. 27, 31f.
15 Vgl. Schäffner (1998a): S. 255. Glaubnitz/Groscurth/Hoffmann/Schäfer/Schröter/Schwering/Venus (2011): S. 36, 40.
16 Vgl. Glaubnitz/Groscurth/Hoffmann/Schäfer/Schröter/Schwering/Venus (2011): S. 34.
17 Vgl. Dorn, Margit (1998): »Film«. In: Faulstich, Werner (Hg.) (1998): *Grundwissen Medien*. S. 203ff.

einer kleinen Gruppe gesteuert und an eine große Masse gesendet werden konnte. Dabei konnte aber stets der Einzelne zuhause vor dem Radio direkt angesprochen werden. Die Weiterentwicklung von Ingenieuren, die neben dem Ton auch bewegte Bilder übertragbar machen ließ, führte 1930 zum Fernsehen, das sich als weiteres Massenmedium etablierte.[18]

Die Faszinationskerne dieses Medienumbruchs lassen sich in drei Punkten ausführen. Um die Bedeutung zu unterstreichen, ist ein Rückblick auf den allerersten Medienumbruch sinnvoll: Die Schrift. Sie hat die Basismedien Sprache, Bild und Ton erweitert. Zuvor dominierten die orale Tradition und die mündliche Überlieferung von Informationen. Es folgten schließlich die technisch bedingten Entwicklungen:

»Die Erfindung der allfähigen Schrift steht am Beginn der Mediengeschichte. Sprache, Bilder und Töne können notiert, beschrieben und festgehalten werden. Die erste der technischen Graphien – der Buchdruck – revolutioniert die Schreibtechniken bis zur Dominanz der ›Presse‹ um 1800. [...] Bis zum Ende des 19. Jahrhunderts werden auch die Basismedien Ton und Bild durch neue Graphien wie Telegraphie, Photographie, Phonographie und Kinematographie technifiziert. Die Verbreitung und Speicherung einer technisch hergestellten Unmittelbarkeit der Bilder und Töne, über ›Draht‹ (On-Line) bei Telegraph und Telephon, über den ›Äther‹ (Off-Line) beim Funkentelegraphen und in der Funkentelephonie, dem ›Radio‹ sowie die industriell hergestellten Presseerzeugnisse, werden dem technischen Medienbegriff der ›Massenmedien‹ zugeordnet.«[19]

Es war zum einen die Möglichkeit, Bilder, Töne und Sprache dank der technischen Hilfsmittel speichern und wieder abrufen zu können, die zu Beginn des 20. Jahrhunderts revolutionär gewesen ist. Zum anderen war es die Möglichkeit der massenhaften Verbreitung von Inhalten. Dies konnte sowohl über gezielte Nachrichten an einzelne Personen, zum Beispiel durch Telephonie und Telegraphie, als auch über Nachrichten an die Massen als Broadcast, zum Beispiel via Radio geschehen. Beide Neuerungen führen zu einer veränderten Wahrnehmung des Menschen im Zeitalter der

---

18 Vgl. Glaubnitz/Groscurth/Hoffmann/Schäfer/Schröter/Schwering/Venus (2011): S. 39f. Schäffner, Gerhard (1998b): »Fernsehen«. In: Faulstich, Werner (Hg.) (1998): *Grundwissen Medien*. S. 177ff. Schäffner (1998a): S. 255ff. Kleinsteuber, Hans J. (2006). »Konvergenz – Fakten und Fiktionen«. In: Karmasin, Matthias/Winter, Carsten (Hg.) (2003): *Konvergenz und Management: Eine Einführung in die zentralen Herausforderungen und Aufgaben*: S. 58.
19 Schanze, Helmut (2007): »1. Kurs«. In: Rusch, Gebhard/Schanze, Helmut/Schwering, Gregor (2007): *Theorien der neuen Medien: Kino – Radio – Fernsehen – Computer*. S. 23f.

technischen Reproduzierbarkeit.[20] Die Bezeichnung »*Medialisierung von Subjekten* [...] für jene diskursive Tendenz, die in der durch Medien strukturierten Subjektbildung eine Gegenbewegung zu den Idealen des aufgeklärten Bewusstseins erkennt«[21], spiegelt diese neue Wahrnehmung treffend wider. Diese drei Punkte sind die Folgen des ersten von zwei großen Medienumbrüchen des 20. Jahrhunderts. Sie sind die Faszinationskerne auf der Ebene des Rekognitionsniveaus, mit denen der Umbruch in der Öffentlichkeit angekommen ist und diskutiert wird.

Die Erfindung des Computers, die damit einhergehende Digitalisierung und ihre Folgen haben am Ende des 20. Jahrhunderts zum zweiten Medienumbruch im selben Jahrhundert geführt. Die bisherigen Massenmedien wurden damit zu »alten Medien«.[22] »[...] Sie erscheinen nur mehr als Nutzungsformen des ›Neuen Mediums‹ auf der ›Digitalen Plattform‹. Die Digitalisierung wird als Verbesserung aller alten Medien genutzt, zugleich aber auch als Erweiterung der medialen Möglichkeiten.«[23]

Folgt man dem Tsunami-Modell auch für diesen Medienumbruch, lassen sich folgende Phasen für die Digitalisierung erkennen.

Das PEF besteht in diesem Fall aus verschiedenen bestehenden Techniken, die Vorläufer und Wegbereiter für die ersten Computer waren. Dazu gehören unter anderem die binäre Zahlendarstellung, die Röhrentechnik, die Halbleitertechnologie und die Boolesche Algebra. Es handelt sich also auch hier um ein sehr heterogenes Feld verschiedener Wissenschaften.[24]

Das Emergenzereignis und somit die Einführung des ersten Computers fand 1946 mit der Vorstellung von ENIAC in den USA statt. ENIAC war der erste vollelektronische Rechner und wurde der US-Armee zur Verfügung gestellt. John von Neumann, inspiriert von der ENIAC-Forschergruppe, veröffentlichte noch im selben Jahr einen Report, in dem er die bis heute grundlegende Struktur des Computers vorstellte. Der Computer selbst hatte den Zweck, eine universell programmierbare Maschine, ein dynamisches Medium zu sein, das unterschiedlichste Aufgaben erfüllen kann und entsprechend auch in verschiedenen Konstellationen auftauchen

---

20 Vgl. Glaubnitz/Groscurth/Hoffmann/Schäfer/Schröter/Schwering/Venus (2011): S. 36f.
21 Glaubnitz/Groscurth/Hoffmann/Schäfer/Schröter/Schwering/Venus (2011): S. 38.
22 Vgl. Schanze (2007): S. 22ff, S. 59ff.
23 Schanze (2007): S. 23.
24 Vgl. Glaubnitz/Groscurth/Hoffmann/Schäfer/Schröter/Schwering/Venus (2011): S. 27.

sollte. Diese Zerstreuung in diverse diskursive Praktiken stellen die Plurifurkationslinien der Phase drei dar:[25]

»Prämissen schreiben sich als Pro-Gramme (sic!) in das formbare Medium ein, werden dadurch aber erweitert, verstärkt und verändert. Die verstärkten Veränderungen wirken nun wiederum auf die diskursiven Praktiken zurück, werden dort erneut verformt und schreiben sich wieder in das plastische Medium ein. Dadurch schaukeln sich Effekte auf und irgendwann wird – bestürzt oder begeistert – eine durch die ›Neuen Medien‹ induzierte ›Weltveränderung‹ diagnostiziert.«[26]

Es lassen sich drei Hauptlinien feststellen. Die erste Plurifikation lässt sich unter dem Stichwort »Netz« zusammenfassen. Damit ist die Idee der Vernetzung von Computern zu Kommunikationsnetzen gemeint. Kurz gesagt: Das Grundprinzip des Internets. Schon 1969 wurden im ARPANET die ersten Knoten aufgesetzt, die Computer zu Kommunikationsnetzen miteinander verbunden haben. Der Computer wurde somit zum Kommunikationsmedium und das ARPANET zum Vorläufer des Internets.[27]

Der zweite Punkt ist die »Simulation«. Sie beschreibt eine andere Form des Medien-Werdens des Computers. Die Möglichkeit, anhand von Computerprogrammen Medien zu bearbeiten und zu manipulieren, führt zu einer Veränderung der bisherigen, unbearbeitbaren Medien. Beispielhaft können hier die Bearbeitungsmöglichkeiten von Fotos mit Programmen wie Adobe Photoshop genannt werden. Seit der massenhaften Verbreitung und Nutzung von Software dieser Art und von Digitalkameras in den 1990er Jahren zweifelt man die Echtheit des Mediums Foto, zum Beispiel in Magazinen, immer stärker an.[28]

Die dritte Plurifikationslinie ist die »Künstliche Intelligenz«.[29] Sie zeigt sich beispielsweise in Computerspielen, die immer komplexere menschliche Verhaltensweisen simulieren können. Sei es das taktische Verhalten einer Fußballmannschaft oder seien es immer intelligentere Programme für Mobiltelefone oder Haushaltsgeräte. Auch die Künstliche Intelligenz ist eine weitere Art des Medien-Werdens des Computers.

---

25 Vgl. Dastyari, Soheil (1998): »Computer«. In: Faulstich, Werner (Hg.) (1998): *Grundwissen Medien*: S. 157. Glaubnitz/Groscurth/Hoffmann/Schäfer/Schröter/Schwering/Venus (2011): S. 28.
26 Glaubnitz/Groscurth/Hoffmann/Schäfer/Schröter/Schwering/Venus (2011): S. 29.
27 Vgl.: Winter (1998): S. 281ff. Glaubnitz/Groscurth/Hoffmann/Schäfer/Schröter/Schwering/Venus (2011): S. 30f.
28 Vgl. Schanze (2007): S. 30. Glaubnitz/Groscurth/Hoffmann/Schäfer/Schröter/Schwering/Venus (2011): S. 30f.
29 Vgl. Glaubnitz/Groscurth/Hoffmann/Schäfer/Schröter/Schwering/Venus (2011): S. 30.

Die genannten Plurifikationslinien stehen für die Zerstreuung der universellen Maschine Computer. Die Adaptionen und Neuinterpretationen etablierter Medienfunktionen sorgen für ein Medien-Werden des Computers und somit für den Medienumbruch, sobald diese neuen Möglichkeiten in der öffentlichen Wahrnehmung angekommen sind. Dies ist die vierte und letzte Phase des Tsunami-Modells. Das maximale Rekognitionsniveau ist der Höhepunkt des Medienumbruchs. Die Faszinationskerne bilden sich aus den Plurifikationslinien heraus und wecken das Interesse der Öffentlichkeit. Das Netz wird zur umfassenden Datenbank, zum Kommunikationsmedium und bietet auch Möglichkeiten der Selbstdarstellung. Der Konsument ist mit dem Web 2.0 zum Produzenten geworden. Die Simulation ist heute in jedem Game zu finden. Auch die künstliche Intelligenz ist dank Games und Filmen in der Allgemeinheit fest verankert.[30]

»Indem sich die Faszinationskerne als Foci des öffentlichen Interesses ausbreiten, kann das, wofür sie einstehen, als Medienumbruch bezeichnet werden: Die ›digitale Plattform‹ integriert nicht nur alle vorherigen Medien und erleichtert/bereichert darin die Arbeit damit. Sie erzeugt auch einen Mehrwert, der das Soziale massiv betrifft, d.h. über erweiterte technische Möglichkeiten hinaus Profile des Zusammenlebens schafft, die zuvor in dieser Form nicht denkbar waren: Zur Debatte stehen andere Kommunikations- als *Lebensformen* oder Medienmentalitäten, die sich im Kontext der Faszinationskerne beispielsweise in den Slogans von einer ›digitalen Boheme‹ und ›Hackerkultur‹, von ›elektronischen Lebensaspekten‹ und ›Communities‹, vom ›globalen Dorf‹ und der ›Datenautobahn‹ allgemein zum Ausdruck bringen und einprägen.«[31]

Anhand des Tsunami-Modells wird deutlich, dass ein Medienumbruch sich über einen längeren Zeitraum hinweg langsam entwickelt. Es ist ein nichtlinearer Prozess mit verschiedenen Plurifikationslinien, die experimentell ausgerichtet sind und sich in einem ständigen Transformationsprozess befinden. Dabei ist nicht allein die Technik selbst entscheidend, sondern die Nutzung, Diskussion und Weiterentwicklung dieser durch die Anwender. Venus spricht hier von sozio-technischen Kollektiven. Die Bedeutung des Emergenzereignis wird zudem erst rückblickend deutlich, wenn der Medienumbruch als solcher in der Gesellschaft wahrgenommen wird.[32]

»So [...] mag nun *eine* Wurzel des Medienumbruchs, der um 2000 in seiner ganzen Dynamik und Breitenwirkung offenbar wird, in den Jahren 1945/46 liegen. Doch

---

30 Vgl. Glaubnitz/Groscurth/Hoffmann/Schäfer/Schröter/Schwering/Venus (2011): S. 31f.
31 Glaubnitz/Groscurth/Hoffmann/Schäfer/Schröter/Schwering/Venus (2011): S. 32f.
32 Vgl. Glaubnitz/Groscurth/Hoffmann/Schäfer/Schröter/Schwering/Venus (2011): S. 33.

ist diese Wurzel im Rahmen des Tsunami-Modells untrennbar mit den weiteren Wurzeln des prä-emergenten Feldes, der Plurifikationslinien sowie mit dem Rekognitionsniveau und dessen Faszinationskernen verknüpft: Erst hier nämlich, d.h. mit der Prämierung einer technischen Innovation durch die große Vielzahl der Nutzer, zeigt sich die Relevanz (oder eben: der Wert) eines Emergenzereignisses – der Medienumbruch um 2000 wird als ein *Prozess* wahrnehmbar, der sich von etwa 1945 bis heute erstreckt, in seinen Dimensionen aber erst gegenwärtig sichtbar wird.«[33]

Vergleicht man die beiden Medienumbrüche des 20. Jahrhunderts und ihre Faszinationskerne kann man deutliche Unterschiede feststellen. Um 1900 gab es mit Radio, TV und Film drei mediale Verschiebungen, die den Umbruch strukturierten. Um 2000 war es dagegen mit dem Computer ein einzelnes Medium, das diese drei Verschiebungen aufgenommen und selbst verschoben hat. Der erste Medienumbruch wurde von audiovisuellen Medien und der Entstehung von Massenmedien geprägt. Die Autographie mit ihren Aufzeichnungs- und Wiedergabemöglichkeiten ist eine tatsächliche Neuerung gewesen, die revolutionär für die Gesellschaft war.[34]

Mit der Technik des Broadcastings, konnten zudem Nachrichten zeitgleich an Massen adressiert werden, die dadurch wiederum mobilisiert werden konnten. Diese Funktion ermöglichte Massenbewegungen im revolutionären Sinn, konnte aber ebenso für faschistische Zwecke missbraucht werden. Schließlich fiel dieser Umbruch in eine Zeit der Weltkriege und Diktaturen. Ein weiteres wichtiges Merkmal ist die Medialisierung von Subjekten. Die Massenmedien führten dazu, dass diese die menschliche Informationsverarbeitung strukturierten.[35]

Der zweite Medienumbruch ist von der Digitalisierung und von der Erfindung des Computers geprägt. Während der erste Medienumbruch revolutionär war, ist dieser evolutionär. Die Möglichkeiten der Massenmedien werden nun auf ein neues Medium transformiert. Dabei werden aber die alten revolutionären Medien mit aufgenommen.

»Die Tatsache, dass auf der ›Digitalen Plattform‹ alle analogen Medien nur ›erscheinen‹, nicht die ›Wirklichkeit‹ selber, macht die Digitalmedien zu Erben aller medialen Evolutionen. [...] Die neue Medienkonstellation der ›Digitalen Plattform‹, auf der die alten mit den neuen Medien in schöner Eintracht nebeneinander koexistieren, ohne vom mächtigeren Nachfolger (dem Buch, dem Film, dem

---

33 Glaubnitz/Groscurth/Hoffmann/Schäfer/Schröter/Schwering/Venus (2011): S. 33.
34 Vgl. Glaubnitz/Groscurth/Hoffmann/Schäfer/Schröter/Schwering/Venus (2011): S. 44f.
35 Vgl. Schanze (2007): S. 65f. Glaubnitz/Groscurth/Hoffmann/Schäfer/Schröter/ Schwering/Venus (2011): S. 44f.

Fernsehen) quasi gefressen zu werden, in der den uralten Medien sogar eine neue Freiheit spendiert wird, [...] ist durch eine rigide Ordnung des Nebeneinanders ausgezeichnet.«[36]

Während beim ersten Medienumbruch die Autographie im Vordergrund stand, ist es beim zweiten Medienumbruch also die Simulation als »mathematisch-modellhafte Wiederholung, die als Wiederholung das Wiederholte verformt, verschiebt – und auch fragwürdig werden lässt«.[37]

Die Kommunikation hat sich von der Massenansprache weiterentwickelt zum Netz. Jeder kann dank der Vernetzung jederzeit mit jedem kommunizieren.

Ein weiterer Unterschied liegt in der Rolle der handelnden Subjekte. Um 1900 führte der Medienumbruch zu einer Medialisierung. Dagegen sind um 2000 viele Prozesse durch mediale Aktanten, durch künstliche Intelligenz ersetzt worden.[38]

Zusammenfassend lässt sich sagen, dass Medienumbrüche die Gesellschaft auf der einen Seite stets vor neue Herausforderungen und Probleme stellen. Zum anderen werden aber die Neuen Medien von der Gesellschaft genutzt und weiterentwickelt.[39]

5.3 Merkmale und Eigenschaften der Neuen Medien

Die Neuen Medien haben die Medienlandschaft maßgeblich verändert. An dieser Stelle werden ihre wichtigsten Merkmale und Eigenschaften dargestellt, um im Anschluss die Bedeutung der Digitalisierung für die unterschiedlichen Medienbereiche zu analysieren.

Die Neuen Medien unterscheiden sich in vielerlei Hinsicht von den alten Medien. In den 1990er Jahren wurde »Multimedia« als Sammelbegriff für neue Medien genutzt. Norbert Lang erweitert die bislang bekannte Unterscheidung zwischen Primär-, Sekundär- und Tertiärmedien mit dem Multimedia-Begriff um die Quartärmedien. Während bei Primärmedien keinerlei Technik benötigt wird, da sie auf menschlicher Kommunikation basieren, wird bei Sekundärmedien die Technik ausschließlich auf Seiten

---

36 Schanze (2007): S. 42.
37 Glaubnitz/Groscurth/Hoffmann/Schäfer/Schröter/Schwering/Venus (2011): S. 44.
38 Vgl. Glaubnitz/Groscurth/Hoffmann/Schäfer/Schröter/Schwering/Venus (2011): S. 44.
39 Vgl. Glaubnitz/Groscurth/Hoffmann/Schäfer/Schröter/Schwering/Venus (2011): S.45.

des Senders eingesetzt, zum Beispiel bei Printmedien. Für Tertiärmedien ist Technik beim Sender und beim Empfänger nötig, wie beispielsweise beim Fernsehen und Radio. Auch die neu eingeführten Quartärmedien beinhalten diese Grundvoraussetzung der Technik auf beiden Seiten. Allerdings wird hier die einseitige Sender-Empfänger-Beziehung, die kennzeichnend für die Massenmedien ist, aufgehoben. An ihre Stelle treten nun die Neuen Medien wie das Internet, die durch den Einsatz von Technik das Senden und Empfangen von Medieninhalten auf beiden Seiten möglich machen. Ferner betont Lang, dass die Bezeichnung »Neue Medien« nicht wertend gemeint ist. »Neu« bedeute nicht, dass diese Medien nun den alten Medien gegenüber überlegen sind, sondern weise lediglich auf die neuen Möglichkeiten der Neuen Medien hin.[40]

Diese werden maßgeblich von der Computertechnik geprägt. Daher werden die Neuen Medien auch als elektronische oder digitale Medien bezeichnet. In der folgenden Abbildung werden die sechs Merkmale dargestellt, die Neue Medien von den alten Medien unterscheiden:

---

40 Vgl. Lang, Norbert (1998): »Multimedia«. In: Faulstich, Werner (Hg.): *Grundwissen Medien*: S. 296f. Lang, Norbert (2008): »Lernen in der Informationsgesellschaft. Mediengestütztes Lernen im Zentrum einer neuen Lernkultur«. In: Scheffer, Ute/Hesse, Friedrich W. (Hg.) (2008): *E-Learning. Die Revolution des Lernens gewinnbringend einsetzen*: S. 28f.

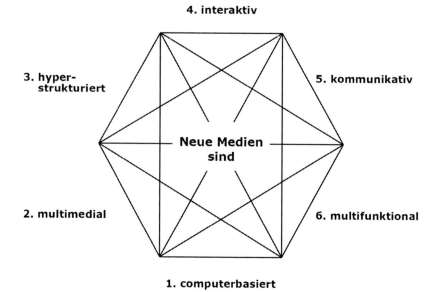

Abbildung 9: Neue Medien.[41] Quelle: Lang, Norbert.

Die Basierung auf Computern wurde als Haupteigenschaft und Grundvoraussetzung der Neuen Medien bereits genannt. Die Computertechnik beinhaltet vier Merkmale. Dank der Digitalisierung von Daten ist eine effiziente Bearbeitung und Integration von Daten möglich. Dazu wiederum ist die Speicherung von Daten grundlegend. Durch die Vernetzung von Computersystemen ist wiederum die Produktion, Transmission und der Austausch von Informationen mit unbegrenzt vielen Teilnehmern möglich. Der vierte Punkt ist der plattformunabhängige Datenaustausch. Daten können unabhängig vom installierten Hardware/Betriebssystem-Set Up der Nutzer ausgetauscht werden.[42]

Dem letzten Punkt kann aber nur eingeschränkt zugestimmt werden. Zwar können in der Tat die meisten Daten zwischen PCs und auch zwischen PCs und Apple Computern mithilfe entsprechender Software ausgetauscht werden. Doch es gibt durchaus Software, die bestimmte Hardware Voraussetzungen benötigt oder Dateien, die bestimmte Software benötigen, welche nicht für alle Betriebssysteme kompatibel ist.

---

41 Lang, N. (2002): S. 29: Eigene Abbildung basierend auf Lang.
42 Vgl. Lang, N. (2002): S. 29f.

Das zweite Merkmal der Neuen Medien ist die Multimedialität, die erst durch die Digitalisierung und die Datenverarbeitung durch Computer möglich geworden ist.

»*Multimedia* bezeichnet ganz allgemein gesprochen die Integration von statischen und dynamischen Daten jeder Art. Statische Daten verändern sich im Verlauf einer Anwendung nicht. Sie werden deshalb auch als ›zeitunabhängige‹ oder ›diskrete‹ Daten bezeichnet (Text, Tabelle, Grafik, Standbild). Dynamische Daten ändern sich im Verlauf einer Anwendung, weshalb sie auch ›zeitabhängige‹ oder ›kontinuierliche‹ Daten genannt werden (Ton/Musik, Film/Video, Animation, Simulation).«[43]

Es muss hierbei zwischen einem Medienmix (zum Beispiel Text und Bild, Bild und Ton), der auch ohne Computer bereits möglich war, und Multimedia als neues Medium unterschieden werden. Multimedia deckt den visuellen, auditiven und den taktilen/haptischen Kommunikationskanal ab, wobei mit Haptik vor allem Ein- und Ausgabeelemente gemeint sind. Der olfaktorische Kommunikationskanal des Geruchs ist bislang nur in vereinzelten Versuchen angewendet worden.[44] Die Multimedialität wird zum Beispiel durch die Vermengung von Text-, Bild-, Ton- und Video-Medien in einem Medium, dem Internet, geleistet. So werden die bisher bekannten Formen der Massenmedien adaptiert. Texte aus dem Print-Bereich sind zu lesen, Radio wird über das Internet übertragen und auch TV-Inhalte können ausgestrahlt werden.

Die Hyperstruktur von Neuen Medien beruht auf der Idee des Hypertexts. Bereits 1945 wurde von Vannevar Bush in den USA die Grundidee für ein modernes Informationssystem geboren, das mithilfe von Technik das bisherige Informationsmanagement von Texten in Papierform revolutionieren sollte. Die Basis dafür lieferte die assoziative Funktionsweise des menschlichen Gehirns. Bush nannte die fiktive Maschine MEMEX (Memory Extender).[45] Der Begriff Hypertext wurde schließlich 1965 von Ted Nelson geprägt, der dank der aufkommenden Computertechnik die Idee Bushs weiterentwickeln und realisieren konnte.[46]

»Hypertext (hyper = über; hier auch im Sinne von multidimensional) ist – im Gegensatz zum herkömmlichen Text – nicht linear-hierarchisch strukturiert, sondern

---

43 Lang, N. (2002): S. 30f. Vgl. Lang, N. (1998): S. 297f.
44 Vgl. Lang, N. (2002): S. 31; Lang, N. (1998): S. 297.
45 Vgl. Bush, Vannevar (1945): »As We May Think«. In: *Atlantic Monthly*. 176 (1945), 7: S. 101–108; Lang, N. (1998): S. 303.
46 Vgl. Lang, N. (1998): S. 303; Manovich, Lev (2001): *The Language Of New Media*. S. 59ff.

stellt eine Form des nicht-sequentiellen Schreibens und Lesens dar. Jedes Textsegment ist mit einer mehr oder weniger großen Anzahl weiterer Textsegmente verknüpft.«[47]

Neben Textsegmenten gibt es auch visuelle und auditive Informationssegmente in modernen hypermedialen Informationssystemen.

»Zu jedem und über jedes Informationssegment gibt es Verknüpfungen zu weiteren Informationssegmenten. Die einzelnen Segmente – auch als *Nodes* oder *Dokumente* bezeichnet – sind einander nicht über- oder nachgeordnet, sondern sie bilden eher thematische *Cluster*, zwischen denen man beliebig ›springen‹ kann. Hypermedia-Systeme lassen sich deshalb auch jederzeit inhaltlich ergänzen und auf vielerlei Weise modifizieren, ohne das gesamte System auszutauschen.«[48]

Die Hyperstruktur mit ihrer Hypertextualität, bzw. Hypermedialität bietet neue intertextuelle und intermediale Verknüpfungsmöglichkeiten für Inhalte.

Das vierte Merkmal der Neuen Medien ist die Interaktion. Zum einen entsteht eine Interaktion zwischen Nutzer und System, da es einen bidirektionalen Informationsfluss gibt und der Nutzer dank entsprechender Schnittstellen und Interfaces die Systeme steuern kann. Zum anderen ist eine immer stärkere Interaktion zwischen Nutzer und Inhalt möglich geworden.[49] Die Interaktivität ist auch noch skalierbar in den Neuen Medien. Die Rollen von Anbieter und Nutzer werden zunehmend austauschbar, und direkte Dialoge zwischen Usern sowie Response Möglichkeiten auf Inhalte werden gefördert. Der User ist nicht mehr passiver Konsument, sondern kann aktiv eingreifen. Gerade Portale, die wie Wikipedia, Social Networks, YouTube die Web 2.0 Welle geprägt haben, sind hier hervorzuheben.

Zudem sind die Neuen Medien kommunikativ. Die festen Rollen von Sender und Empfänger sind aufgehoben worden. Eine Zweiweg-Kommunikation ist möglich geworden dank des nun vorhandenen Rückkanals, bzw. der Interaktion. Statt reiner Informationsdistribution wird Massenkommunikation nun kommunikativ betrieben. Zudem fallen die Grenzen von Raum und Zeit weitestgehend weg, da Inhalte nun in Echtzeit global verfügbar gemacht und kommentiert werden können.[50] Dabei wird die

---

47 Lang, N. (1998): S. 303.
48 Lang, N. (2002): S. 32. Vgl. Lang, N. (1998): S. 303ff.
49 Vgl. Lang, N. (2002): S. 33. Lang, N. (1998) S. 301f.
50 Vgl. Lang, N. (2002): S. 33. Lang, N. (1998) S. 301f: Die Globalität ist dadurch gegeben, dass der Großteil der Inhalte global abrufbar ist. Örtliche Grenzen bestehen meist nur

Ordnung von Zeit, Raum und Person aufgehoben. Die Ortsgebundenheit fällt weg, Inhalte können überall auf Abruf verfügbar sein. Dies geschieht durch Direktheit im Sinne einer zeitunabhängigen Kommunikation, durch Mobilität, da man nicht mehr örtlich eingeschränkt ist, sowie durch Personalität. Kommunikation und Interaktivität treffen sich an dieser Stelle. Man kann sich nach den eigenen Bedürfnissen die Skalen von minimaler bis zu maximaler Interaktivität anpassen.[51]

»Es ist das Zugleich von Mobilität, Echtzeit und Personalisierung. Die Aufhebung des Raums, die ständige Vergegenwärtigung und die Personalisierung lassen das Digitalmedium als ein Gegenüber erscheinen, mit dem, quasi wie mit einem Menschen, auf allen Ebenen interagiert werden kann.«[52]

Das letzte Hauptmerkmal der Neuen Medien ist ihre Multifunktionalität. Informationen werden mit einer höheren Informationsdichte und einer komplexeren Eindrucksqualität und somit mit einem informationellen Mehrwert überliefert. Komplexere Sachverhalte lassen sich im Gegensatz zu unmedialen Informationen authentischer und differenzierter darstellen. Mehrere Sinne werden dabei angesprochen, wodurch die Aufnahmefähigkeit und Verarbeitung der Informationen verbessert wird. Dadurch wirken multimediale Informationen attraktiver auf die Nutzer.[53]

Lev Manovich bricht dagegen die Hauptunterschiede zwischen Neuen Medien und alten Medien auf fünf Grundsätze runter, die sich von den genannten, offensichtlicheren Eigenschaften unterscheiden. Diese Prinzipien bauen logisch aufeinander auf. Die Grundprinzipien bei Manovich lauten Numerische Darstellung und Modularität. Darauf aufbauend werden die weiteren drei Prinzipien Automatisierung, Variabilität und Transcoding dargestellt.

Unter Numerische Darstellung versteht Manovich die Tatsache, dass alle Inhalte der Neuen Medien auf einem digitalen Code basieren und numerisch darstellbar sind. Dies hat zur Folge, dass jedes Objekt der Neuen Medien formal und mathematisch definiert werden kann und anhand algo-

---

noch aufgrund der Politik eines Landes, wie zum Beispiel China oder aufgrund von Geo-Blocking, wodurch der Zugriff auf bestimmte Inhalte nur für bestimmte Länder eingeschränkt wird.
51 Vgl. Schanze (2007): S. 46f. Winter (1998): S. 279f.
52 Schanze (2007): S. 45.
53 Lang, N. (1998): S. 302.

rithmischer Manipulation entsprechend auch bearbeitet werden kann. Medien werden dadurch programmierbar.⁵⁴ Die Modularität umschreibt die fraktale Struktur der Neuen Medien. Einzelne Dateien können zu einem übergeordneten Objekt zusammengefügt werden, ohne dabei ihre eigenständige Identität zu verlieren. So kann beispielsweise eine Website neben Text auch einzelne JPG-, GIF- oder Flash-Dateien beinhalten, die alle unabhängig voneinander existieren, aber auf der Seite als gemeinsames Objekt auftreten können. Ebenso kann das gesamte WWW als modular gesehen werden. Es besteht aus unzähligen Websites, die alle unabhängig existieren und wiederum einzelne Elemente beinhalten, die ebenfalls unabhängig verfügbar sind.⁵⁵

Diese beiden genannten Grundprinzipien machen eine Automatisierung vieler Prozesse für die Medienkreation und -manipulation sowie den Access auf die Medien möglich. In Bezug auf die Medienkreation unterscheidet Manovich in low-level und high-level Automatisierung. Zur low-level Automatisierung gehören demnach Templates und einfache Algorithmen, wie zum Beispiel Filter im Bildbearbeitungsprogramm Photoshop. Für die high-level Automatisierung muss ein Computer dagegen die Bedeutung in den generierten Objekten verstehen, wie zum Beispiel ihre Semantik. Dazu bedarf es künstlicher Intelligenz, wie sie mittlerweile in jedem Computer- oder Konsolengame vorhanden ist.⁵⁶

Der Zugang auf die Medien ist ebenfalls eine automatisierte Art der Mediennutzung. Unzählige Inhalte sind auf den Websites dieser Welt gespeichert und abrufbar. Neben Texten gehören seit den 1990er Jahren auch Bild-, Musik- und Videodateien dazu. Mit Portalen wie YouTube oder Wikipedia entsteht mit der Zeit eine immer größer werdende Online Bibliothek für unterschiedliche Inhalte. Das Internet wird zu einer globalen, immer abrufbaren Mediendatenbank.⁵⁷

Eine weitere Konsequenz aus der numerischen Darstellung und der Modularität ist die Variabilität von Objekten der Neuen Medien. Alte Medien sind in einem bestimmten Format und Material vorhanden und konnten bestenfalls als identische Kopien vervielfältigt werden. Die Variabilität der Neuen Medien dagegen erlaubt eine variable Nutzung der Objekte in verschiedenen Versionen. Software kann aktualisiert werden, eine

---

54 Manovich (2001): S. 49ff.
55 Manovich (2001): S. 51f.
56 Manovich (2001): S. 53f.
57 Manovich (2001): S. 54f.

Website kann beispielsweise auf die jeweilige Hardware und den Browser mit den installierten Plug-Ins angepasst werden, Objekte sind beliebig skalierbar.[58] Die Variabilität ist nicht nur mit der Automatisierung eng verknüpft, sondern wäre auch ohne Modularität nicht möglich:

»Stored digitally, rather than in some fixed medium, media elements maintain their separate identity and can be assembled into numerous sequences under program control. In addition, because the elements themselves are broken into discrete samples (for instance, an image is represented as an array of pixels), they can be also created and customized on the fly.«[59]

Die Neuen Medien machen dadurch eine On-Demand-Produktion und -Rezeption möglich. Damit ist die Kulturindustrie anderen Industrien voraus. Man kann am Computer Inhalte erstellen, publizieren und sofort distribuieren. Digitale Inhalte sind somit physischen Produkten in dieser Hinsicht überlegen, was sich beispielsweise nicht zuletzt auf die Verbreitung von Nachrichten auswirkt.[60]

Der fünfte Grundsatz, der die Neuen Medien von den alten unterscheidet, ist das Transcoding. Die kulturelle Transkodierung beinhaltet die wichtigste Konsequenz des Computerzeitalters. Wie bereits dargestellt wurde, werden Medieninhalte im Computerzeitalter zu digitalen Daten. Diese Medien sind zum einen weiterhin strukturell organisiert, so dass sie für den Menschen Sinn machen. Fotos beinhalten Motive, Texte bestehen aus grammatikalischen Sätzen, wie es die menschliche Kultur gewohnt ist. Zum anderen haben alle digitalen Objekte aber auch eine zweite Ebene. Sie bestehen aus Datenstrukturen, die rein auf Konventionen von Computerorganisation beruhen. So beinhaltet ein Foto neben der Motivebene auch Daten, die für die Erkennung und den Dialog mit Computern ausgelegt sind. Dabei geht es nicht um den Inhalt des Bildes, sondern um die Größe, den Typ oder auch die Art der Kompression der Datei. Manovich bringt diesen Zustand auf ein übergeordnetes Level. Neue Medien bestehen demnach ebenfalls generell aus der menschlich-kulturellen Ebene sowie der Computer-Ebene. Da Neue Medien mit Computern kreiert, vertrieben und gespeichert werden, hat diese Computerlogik signifikanten Einfluss

---

58 Vgl. Manovich (2001): S. 56ff.
59 Manovich (2001): S. 56.
60 Vgl. Manovich (2001): S. 56: Firmen wie Nike lassen ihre Kunden ebenfalls auf ihrer Homepage einen Schuh nach Wahl gestalten, der aber anschließend erstmal produziert und schließlich geliefert werden muss. Manovich nennt sieben Fälle, auf die das Variabilitätsprinzip zutrifft.

auf die traditionelle kulturelle Logik von Medien. Die Computer-Ebene hat also Einfluss auf das menschliche Verständnis für die kulturelle Ebene. Beide Ebenen beeinflussen sich gegenseitig und vereinen sich zu einer neuen Ebene, der Computer-Kultur.[61] Mit Transcoding ist somit gemeint, etwas in ein anderes Format zu übersetzen. Bekannte kulturelle Konzepte werden durch Computer-Konzepte ersetzt oder ergänzt und bilden die neue Computer-Kultur.

»The computerization of culture gradually accomplishes similar transcoding in relation to all cultural categories and concepts. That is, cultural categories and concepts are substituted, on the level of meaning and/or the language, by new ones which derive from computer's ontology, epistemology and pragmatics. New media thus acts as a forerunner of this more general process of cultural re-conceptualization.«[62]

Neue Medien sind nicht einfach nur ein weiteres Medium, sie sind Computerdateien. Die fundamentale Änderung bei den Neuen Medien ist demnach die Programmierbarkeit.[63]

Wenn Inhalte in digitaler Form vorliegen, sind sie beliebig oft ohne Qualitätsverlust kopierbar. Zudem sind sie einfach über das Internet distribuierbar. Welche Folgen das insbesondere für die Musikbranche hatte, wird im folgenden Abschnitt behandelt.

5.4 Auswirkungen auf die Musikbranche

Der Medienumbruch am Ende des 20. Jahrhunderts hat enorme Auswirkungen auf alle Medienbereiche. Besonders die Plattenfirmen der Musikindustrie haben die negativen Folgen zu spüren bekommen. Die Gründe dafür werden in diesem Teil erörtert.

Vor der Digitalisierung waren Medieninhalte der Tertiärmedien jeweils festgelegt auf bestimmte Trägerformate, die nur mit der dazugehörigen Hardware abgespielt werden konnten. Inhalt, Format und Hardware waren eine geschlossene Einheit.

---

61 Vgl. Manovich (2001): S. 63f.
62 Manovich (2001): S. 64f.
63 Vgl. Manovich (2001): S. 65: Manovich verfolgt daher den Ansatz, die Medientheorie zu einer Softwaretheorie weiterzuentwickeln, um diesen Umständen gerecht zu werden.

Ein Kinofilm war auf einer Filmrolle und konnte nur mit einem entsprechenden Abspielmedium in entsprechenden Kinos oder anderen Lokalitäten gezeigt werden. Eine Fernsehsendung wird über ein Bild-/Tonsignal gesendet und über einen Fernseher ausgestrahlt. Ebenso wird eine Radiosendung über Funkwellen gesendet und von Radiogeräten empfangen. So konnte auch aufgenommene Musik nur auf den entsprechenden Tonträgerformaten wie Vinyl und später auf Tape vertrieben und auf den dafür vorgesehenen Abspielgeräten Plattenspieler und Kassettenrekorder gehört werden.

Bis zur Erfindung des Transistorradios und später des Walkmans bestand zudem neben der Geräteabhängigkeit auch eine örtliche Abhängigkeit. Der Film war nur im Kino zu sehen, der Fernseher und das Radio standen meist im Wohnzimmer, ebenso das Grammophon. Aufzeichnungen oder Kopien von Medieninhalten waren über Tapes oder Videokassetten zwar möglich, jedoch immer mit einem Qualitätsverlust verbunden.

Die Digitalisierung und die TIME-Konvergenz haben diesen Zustand maßgeblich verändert. Medieninhalte bestehen nur noch aus Nullen und Einsen. Sie liegen digitalisiert vor, können somit beliebig oft ohne Qualitätseinbußen kopiert werden und sind ebenso beliebig konvertierbar geworden. Die Musikbranche ist die erste Medienindustrie gewesen, die davon betroffen worden ist. Umsatzeinbrüche und eine Neustrukturierung der teilnehmenden Firmen und des Markts sind die Folgen. Anhand des vorgestellten Tsunami-Modells wird im Folgenden der Umbruch in der Musikindustrie durch die Digitalisierung dargestellt.

Das PEF für den digitalen Umbruch in der Musikindustrie war mit der Einführung der CD bestellt. Damit hatten die Plattenfirmen ihre Inhalte erstmals in einem digitalen Format angeboten. Man muss dabei bedenken, dass der Schritt zu diesem neuen Format keine Selbstverständlichkeit gewesen ist. Die Plattenfirmen waren der CD gegenüber anfangs sehr feindselig eingestellt. Schließlich mussten sie ihre Presswerke von LP auf CD umstellen, bzw. neue Presswerke bauen, Händler mussten ihre Flächen und Regale umbauen lassen, das Artwork der LPs musste auf ein wesentlich kleineres Format skaliert und der gesamte Katalog auf ein neues Format mit neuen Klangvoraussetzungen übertragen werden.[64] Doch die Entscheidung für die CD hat sich bis Ende der 1990er Jahre bezahlt gemacht. Die vorangegangenen Krisenzeiten wurden überwunden, die Umsätze stiegen

---

64 Vgl. Knopper (2009): S. 22f.

um die Jahrtausendwende auf Rekordhöhe.⁶⁵ Doch nach dem großen CD-Boom bekamen die Labels die Folgen der Digitalisierung zu spüren.

Als Emergenzereignis des digitalen Musikvertriebs gilt der Upload diverser Songs der Band Ugly Mugs 1993 in Santa Cruz, Kalifornien von den beiden Informatik-Studenten Rob Lord und Jeff Patterson. Lord hatte die MPEG Spezifikationen online gefunden und Songs von Pattersons Band Ugly Mugs im MP2-Format digitalisiert. Diese wurden gemeinsam mit der MP2-Abspielsoftware von Xing Technologies in die Newsgroups »alt.binaries.multimedia« und »alt.binaries.sound« hochgeladen und waren die ersten vollständigen Songs, die im Internet zum Download bereit standen. Nachdem die beiden positive Resonanz aus Ländern wie Russland und der Türkei bekommen hatten, die immer mehr Songs haben wollten, gründeten sie im November 1993 das »Internet Underground Music Archive« (IUMA) und damit die erste Distributionsplattform für Musik im Internet.⁶⁶

In der Folge gab es verschiedene unabhängige Entwicklungen, die für den Umbruch in der Branche sorgten. So können fünf verschiedene Plurifikationslinien definiert werden.

Der erste relevante Fortschritt ist die Weiterentwicklung des Dateiformats. Die digital auf CD vorhandene Musik konnte mithilfe von Software in eine Datei umgewandelt werden. Zu den ersten Audioformaten gehörten WAV von Microsoft und AU von Sun Microsystems. Beide Formate wurden ursprünglich für die Einbindung von Sounds in Computersystemen wie Windows, bzw. Linux konzipiert. Dank neuer Kompressionsverfahren konnte die Datenmenge reduziert werden. Schließlich entwickelte das Fraunhofer Institut das MP3-Format, das sich nach seiner Einführung 1995 dank kostenloser Encoding- und Abspielsoftware wie Winamp schnell durchsetzen konnte. Musik war nun von CD auf ein kompaktes MP3-File konvertierbar und existierte als digitales Dateiformat. Der Siegeszug konnte beginnen.⁶⁷ Für die Datenkompression ist Musik sehr gut geeignet, da sie nur aus einer Audiospur besteht anstatt Audio und Video zu kombinieren. So konnte man die Datenmengen gering halten. In der Folge wurden weitere Kompressionsverfahren für Videoinhalte entwickelt, die heute Standard sind.

---

65 Vgl. Knopper (2009): S. 35, 81.
66 Vgl. Haring (2002): S. 39ff. Knopper (2009): S. 118f.
67 Vgl. Haring (2002): S. 36ff. Knopper (2009): S. 115ff, S. 119. Renner (2004): S. 138f.

Die rasche Verbreitung des Internets und die zunehmende Bandbreite sorgten für den passenden Vertriebskanal für das neue Format. Auch die Entwicklung größerer Speicherkapazitäten hat zum Erfolg der MP3-Files geführt. Trotz ihrer relativ geringen Dateigröße waren dies doch gerade zu Beginn des MP3-Booms Hindernisse. Schließlich waren die Downloadzeiten aufgrund der geringen Bandbreiten noch enorm lang. So konnte der Download eines einzelnen Songs mit einem 2.400 Baud-Modem noch mehrere Stunden dauern.[68]

Daher war die Einführung der Streaming-Technologie von großer Bedeutung. Sie hat zwei Vorteile. Zum einen kann man über Streaming die Musik zwar hören, aber nicht speichern. Dieser Punkt war für die Musikindustrie Ende der 1990er ein kleiner Vorteil gegenüber MP3-Files. Die Labels, vor allem die Majors, waren dennoch auch vom Streaming nicht restlos überzeugt. Das lag nicht nur an der anfangs schlechten Soundqualität, sondern vor allem an der Befürchtung, dass neue Vertriebskanäle entstehen konnten.

Zum anderen werden durch Streaming eben die längeren Downloadzeiten umgangen, was gerade in den 1990ern ein großes Plus darstellte. Die relevantesten Unternehmen waren Liquid Audio, gegründet von Gerry Kearby und a2b Music, ein Tochterunternehmen von AT&T. Der erste relevante Streaming-Player kam von ProgressiveNetworks, die sich in RealNetworks umbenannten und den RealPlayer 1995 veröffentlichten.[69] Heutige Streaming-Portale wie Spotify sind in einigen Ländern wie Schweden bereits Marktführer und haben großes Zukunftspotenzial.[70]

Neben der Software und den Rahmenbedingungen hat sich auch die Hardware weiterentwickelt. Die Einführung des »CD Recorders« durch Philips 1998 war ein wichtiger Baustein für die Krise der Branche. Zuvor war unter dem Dach von Philips auch die Polygram, weshalb die neue Hardware und die potenziellen Leidtragenden unter einem Dach waren. Mit dem Verkauf des Labels an Seagram war der Weg frei und das Geld für Investitionen vorhanden. Währenddessen entwickelte Hewlett-Packard CD-Rom Laufwerke, mit dem sich Daten brennen ließen: CD-Brenner.[71]

---

68 Vgl. Haring (2002): S 41; Der Download eines dreiminütigen Songs konnte mit einem 2400 Baud-Modem bis zu 14 Stunden dauern.
69 Vgl. Haring (2002): S. 63, 67, 75f. Knopper (2009): S. 120.
70 Quelle: IFPI (2012b): S. 10. Vgl. Keeling, Francis (2010). In: *Liveblog: UMG's Francis Keeling talks digital music*. In: http://musically.com/blog/2010/05/14/liveblog-umgs-francis-keeling-talks-digital-music/ (15.05.2010).
71 Vgl. Renner (2004): S. 90, 142f.

»Philips hatte sie als Bestandteil der HiFi-Anlage konzipiert. Sie sollten das Tapedeck ersetzen [...]. Deshalb heißt das Produkt, in Analogie zum Kassettenrecorder, bis heute bei Philips nicht CD-Brenner, sondern CD-Recorder. Unter 1250 Mark pro Gerät ging anfänglich nichts [...] eine Verbindung zwischen PC und Stereoanlage war nicht vorgesehen. Philips lebte in einer Welt der Elektrogeräte und dachte noch nicht in der Logik des Computerzeitalters. [...] Hewlett-Packard hatte ein völlig anderes Problem zu lösen. [...] Die Speichermedien konnten mit dem Fortschritt der Prozessoren nicht mehr mithalten. Die CD-Rewritable schien die perfekte Alternative zu sein. [...] Das Gerät, mit dem man die Daten auf einen CD-Rohling brennen konnte, war nicht mehr als eine kleine Ergänzungskomponente zum Computer für 350 Mark. Die einen dachten nicht an Musik, die anderen nicht an Computerdaten und der Konsument ignorierte die Gebrauchsanweisung von beiden.«[72]

In den Anfangstagen war es ungleich einfacher, eine Musik-CD zu kopieren als eine DVD. Zunächst einmal gab es nur CD-Brenner, wodurch die Datenkapazität eingeschränkt war. Zudem hat das Kopieren einer DVD aufgrund der großen Datenmengen oft Tage gedauert. Wie die anderen wichtigen Entwicklungen wurde auch dieser Schritt von der Musikindustrie falsch eingeschätzt. So heißt es noch im »Handbuch der Musikwirtschaft« aus dem Jahre 1999:

»Pessimisten sehen bereits das Ende des körperlichen Tonträgers vorher. Music on Demand nennt sich beispielsweise ein Technologie-Konzept, in dem Konsumenten per Knopfdruck beliebige Musiktitel aus Datenbanken abrufen und sich im heimischen Entertainmentcenter ihre persönliche ›Greatest Hits‹ auf einer CD-R(ecordable) zusammenstellen. Das ›Preßwerk im Wohnzimmer‹ – eine Zukunftsvision, bis zu deren Eintreten sicherlich noch Jahre, wahrscheinlich Jahrzehnte, vergehen werden.«[73]

Wie man heute weiß, trat diese »Zukunftsvision« bedeutend früher ein. Eine weitere wichtige Hardware-Entwicklung ist der MP3-Player. 1998 wurde mit dem MP3Man der erste tragbare MP3-Player der koreanischen Firma SaeHan Information Systems vorgestellt. Im September desselben Jahres brachte Diamond Multimedia Systems Inc. mit dem Rio PMP3000 den ersten MP3-Player in den USA heraus und sorgte für großes Aufsehen. Die RIAA wollte das Gerät verbieten lassen, scheiterte jedoch. Damit wur-

---

72 Renner (2004): S. 142ff.
73 Hansen, T. (1999): S. 82: Diese Ausgabe des Buches ist eine unveränderte Neuauflage gewesen. Das Original ist aus dem Jahr 1997.

den MP3-Files nun auch portabel. Die Einführung des iPods von Apple 2001 machte den MP3-Player zum Lifestyle-Produkt.[74]
Die Musik war nun also digital vorhanden, konnte gebrannt und auf portable Geräte kopiert werden. Für den Durchbruch des digitalen Musikvertriebs ist die Distributionsplattform entscheidend. Damit ist die fünfte Plurifikationslinie genannt. Es muss zunächst zwischen illegalen und legalen Portalen unterschieden werden. Innerhalb der legalen Portale wird zudem zwischen eigenen Angeboten von Plattenfirmen und Labelübergreifenden Shops unterschieden. Zu Beginn des Download-Booms gab es keine legalen Portale, auf denen man sich die Songs der Plattenfirmen runterladen konnte. Die ersten digitalen Songs waren vornehmlich illegal über Newsgroups und Chatrooms verfügbar.[75] IUMA bot als erste Plattform für digitale Musik trotz einer Beratertätigkeit für Warner Music lediglich Bands an, die nicht bei den großen Plattenfirmen unter Vertrag waren.[76] Die Majors wiederum experimentierten zwar ebenfalls mit der neuen Technik. Doch von Beginn an war die Sorge um mögliche Raubkopien größer als der Innovationsgeist. Als Geffen Records am 14. Juni 1994 mit dem bis dato unveröffentlichten Aerosmith Song »Head First« erstmals einen Song offiziell als Download angeboten hatte, sorgte dies für Aufregung in der Branche. Der Song war eine Woche lang im WAV-Format auf CompuServe erhältlich und wurde allein am ersten Tag 10.000-mal heruntergeladen, auch dank der Medienresonanz. Doch Geffens Muttergesellschaft MCA, die heute zu Universal Music gehört, war darüber ziemlich besorgt.[77]

Ähnliche Reaktionen löste die Vorstellung des Systems »e_mod« auf der plug.in Messe 1997 aus, das von Liquid Audio und N2K entwickelt worden war. Das Ziel war es, den ersten Downloadshop mit codierten Songs zu entwickeln, die nach dem Kauf auch auf CD gebrannt werden konnten. Damit bot e_mod einen völlig neuen Vertriebsweg, der außerhalb

---

74 Vgl. Haring (2002): S. 108–124; Knopper (2009): S. 166ff. Gillen, Marilyn: »The player's the thing: Who's got the hardware?« In: Billboard. 15.04.2000: S. 78. Wikström (2009): S. 66: Haring schildert ausführlich die Argumentation der RIAA und des Herstellers Diamond mit zahlreichen Details aus dem Gerichtsverfahren. In der deutschen Übersetzung des Haring Texts ist fälschlicherweise angegeben, dass der MP3Man von Nordic Entertainment ist. Nordic war aber nur der Vertrieb für die Geräte, wie Gillen im Billboard richtig schildert.
75 Vgl. Knopper (2009): S. 114, 120. Haring (2002): S. 36.
76 Vgl. Haring (2002): S. 40ff, S. 59. Knopper (2009): S. 119.
77 Vgl. Haring (2002): S. 61f.

der Plattenfirmen entwickelt worden war.[78] Mit den Rekordverkaufszahlen der CD im Rücken waren die Majors noch nicht bereit, sich auf ein neues Modell einzulassen.

Die vereinzelt angebotenen Downloads in den zahlreichen Chatrooms waren allerdings bereits ein Ärgernis. Mit dem Portal mp3.com, gegründet 1997 von Michael Robertson, bekamen die MP3-Files, die überall verstreut im Netz verfügbar waren, aber eine Heimat und feierten ihren Durchbruch. Auf der Seite wurden zunächst Links zu den jeweiligen Seiten mit den Songs gesammelt. Daraus entwickelte sich ein Service, der es Bands ermöglichte, ihre Songs als MP3 über das Portal und eine dort eigens eingerichtete Band-Homepage anzubieten. Der Erfolg ließ nicht lange auf sich warten. Schnell wurde die Seite zum zentralen Anlaufpunkt für Musikfans im Netz.

»Plötzlich war MP3, das Kompressionsformat, das bisher nur von unbekannten Bands oder von Raubkopierern genutzt wurde, auch ein Thema auf dem legalen digitalen Musikmarkt. [...] die Bedeutung des Internets war gewachsen und erreichte jetzt auch die etablierten Bands. Bekannte Labels wie SubPop (sic!), Rykodisc und Dreamworks schlugen sich auf die Seite von MP3. Zugegeben, der Großteil der als MP3 verfügbaren Songs war nicht gerade begeisternd. Es handelte sich eher um Obskuritäten oder die Musik von jungen Talenten. Die meisten großen Plattenfirmen bevorzugten das gesicherte Format von Liquid Audio und a2b für ihre ersten Gehversuche. Gegenüber MP3 waren sie noch immer reserviert.«[79]

Dennoch starteten immer mehr etablierte Künstler wie Tom Petty und Alanis Morissette Kooperationen mit mp3.com und stellten ihre Musik gezielt ins Internet.[80]

Der Student Shawn Fanning hatte schließlich die Idee, MP3-Nutzer miteinander zu verbinden, damit sie ihre Daten untereinander tauschen konnten. Die von ihm entwickelte Software Napster vernetzte die Computer von Usern in aller Welt und ermöglichte den kostenlosen, illegalen

---

78 Vgl. Haring (2002): S. 66f, 69f.
79 Haring (2002): S. 125.
80 Vgl. Haring (2002): S. 87ff, 127ff. Knopper (2009): S. 119: Tom Petty hat unter anderem durch die Free-Download-Aktion des Songs »Free Girl Now« sein Album »Echo« in die Top 10 der US-Albencharts gebracht. Alanis Morissette dagegen hat einen umfangreicheren und lukrativen Deal mit mp3.com abgeschlossen, der Aktienpakete und Toursponsoring beinhaltete. Im Gegenzug erhielt mp3.com aber nur einen Live-Song, den sie auch nur als Stream anbieten durften. Im Jahr 2000 wurde das Portal von der RIAA verklagt, nachdem die Firma 45.000 Copyright geschützte CDs gekauft und auf ihrer Plattform kostenlos als Download angeboten hatte.

Austausch von Musikdateien, die sich auf diesen Rechnern befanden. Songs konnten bequem über eine Suchmaske gefunden und direkt von der Festplatte eines anderen Nutzers herunter geladen werden. Das Peer to Peer Prinzip war 1999 geboren und verlieh dem digitalen Umbruch in der Musikindustrie neue Ausmaße. Napster war somit quasi das erste Portal, das den gesamten Musikkatalog gebündelt auf einer Plattform anbieten konnte, vorbei an den üblichen Vertriebswegen der Musikindustrie.

Während Napster sich zahlreichen Klagen aus der Industrie ausgesetzt sah, versuchte Thomas Middelhoff, damals Vorstandsvorsitzender von Bertelsmann, die illegale Tauschbörse zu legalisieren und für die Branche zu nutzen. An Halloween im Jahr 2000 schloss er eine Kooperation mit Napster ab und bot den anderen Majors sogar Beteiligungen an. Die jeweiligen Konzernchefs von Warner und Universal waren nicht abgeneigt, doch die Präsidenten der jeweiligen Musikbereiche sahen weniger die Chancen einer Zusammenarbeit als die Risiken. So wurde der Napster Betrieb am 1. Juli 2001 vorläufig abgestellt.[81]

Parallel versuchte die Musikbranche eigene Angebote zu launchen. Doch Bluematter von Universal im Jahr 2000 und PressPlay (Universal Music und Sony) sowie Music Net (Warner, BMG, EMI) im Jahr 2001 schreckten durch hohe Preise, Digital Rights Management (DRM) und dem nicht vorhandenen Vollsortiment die Kunden ab. Man konnte sich nicht auf einen gemeinsamen legalen Download-Shop einigen.[82]

»Beides Totgeburten, denn sie ignorierten die wichtigste Regel, wenn es darum geht, ein illegales Angebot zu bekämpfen: Du musst mindestens so gut sein wie der Pirat. [...] Der Konsument verlangt im Netz, genauso wie im normalen Handel, die Vollständigkeit des Angebotes. Doch wie soll man dem Konsumenten erklären, dass ein Pirat alle Titel anbietet, der legale Shop aber nur einen Bruchteil verkauft, und das auch noch zu erschwerten Bedingungen?«[83]

---

81 Vgl. Renner (2004): S. 156f. Knopper (2009): S. 145ff. Vgl. dagegen Haring (2002): Haring nennt den 02.07.2001 als Datum der Napster Schließung.
82 Vgl. Renner (2004): S. 151ff. Graff (2007): S. 2: So konnte man bei Bluematter für eine Abo-Gebühr Universal Titel streamen. Nur ausgewählte Titel waren für 1,99 Dollar als Download verfügbar, aber dann nicht auf CD brennbar. Pressplay bot in seinem Subskriptionsmodell je nach Preisklasse eine limitierte Anzahl von Streams und Downloads, die man auch brennen konnte. Allerdings war das Angebot teurer als die amerikanischen Durchschnittsausgaben für Musik und war limitiert auf Musik von Universal Music und Sony Music. Music Net wiederum vereinte die Inhalte von Warner, BMG und EMI.
83 Renner (2004): S. 152f

Der 2002 in Deutschland von Universal ins Leben gerufene Dienst Popfile versuchte es besser. Alle Tracks waren downloadbar und konnten gebrannt werden. Der Start war sehr erfolgreich, doch auch Popfile bot lediglich Universal Repertoire mit einigen Einschränkungen an und hatte ebenfalls technische Hürden. Dennoch war es ein erster mutiger und relativ erfolgreicher Schritt.[84] Darauf folgte 2004 PhonoLine, das mithilfe der damaligen T-Com und der Branchenplattform PhonoNet ins Netz ging. Phono-Line war eine unabhängige White Label Lösung, über die Partner eigene Download-Shops auf ihre Seiten stellen konnten. Die Plattenfirmen lieferten die Songs an PhonoNet, die T-Com kümmerte sich um die technische Abwicklung, und die Partner stellten sich die gewünschte Musik in ihre Shops. Doch auch dieses Modell scheiterte aufgrund von hohen GEMA-Tarifen und diversen brancheninternen Unstimmigkeiten.[85] So stellte die T-Com Konzernschwester T-Online kurz vor dem PhonoLine Start das Download-Portal Musicload als ersten legalen deutschen Download Shop vor, der Plattenfirmen übergreifend Repertoire anbot.[86] Erst 2003 ist mit dem iTunes Music Store von Apple der erste globale Download-Shop mit dem Großteil des Katalogs aller Majors und zahlreicher Indies live gegangen.[87]

Die Faszinationskerne dieses Umbruchs in der Musikindustrie liegen in den folgenden Punkten. Als erstes muss der Preis genannt werden. Die illegalen Portale bieten Musik umsonst an. Mittlerweile gibt es auch zahlreiche legale Portale und Geschäftsmodelle, um kostenlos Musik zu hören. Zudem ist die neu gewonnene Freiheit, einzelne Songs erhalten zu können zu nennen. Die illegalen Portale haben es vorgemacht, iTunes und alle anderen Shops haben diesen Schritt mit in die Legalität übernommen. Während man vorher häufig zum Albumkauf gezwungen war, um einen bestimmten Song zu erwerben, kann man heute den Großteil der Songs einzeln bekommen. Plattenfirmen waren anfangs strikt dagegen, doch was

---

84 Vgl. Renner (2004): S. 164ff: Bis auf einige wenige Künstler war das gesamte aktuelle Universal Repertoire verfügbar. Mit 92000 Usern und 325000 verkauften Songs im ersten Monat wurden die Zahlen von Pressplay und Bluematter aus den USA laut Renner übertroffen. Für Popfile brauchte man aber einen eigenen Client, jedes File war DRM geschützt und alle Files mussten erstmal konvertiert werden.
85 Vgl. Renner (2004): S. 168ff: Sowohl innerhalb des Telekom-Konzerns als auch bei Majors wie Universal gab es intern unterschiedliche Auffassungen zu PhonoLine, die einen reibungslosen Ablauf verhinderten.
86 Vgl. Renner (2004): S. 173.
87 Vgl. Knopper (2009): S. 170ff: Knopper schildert die Verhandlung von Apple mit den Majors für den iTunes Music Store mit zahlreichen spannenden Details.

der illegale Markt bereits erfolgreich geboten hat, durfte in der legalen Alternative nicht fehlen.⁸⁸ Der dritte Faszinationskern ist die Verfügbarkeit des Katalogs. Kein Plattenladen wird eine solche Vielfalt anbieten können wie digitale Händler. Das ist gut für den Konsumenten, aber ebenso für die Labels, die auch mit Produkten im Long Tail gut verdienen.⁸⁹ Im Zusammenhang damit muss auch die Globalität genannt werden. Während man noch in den 1990ern bestimmte Produkte nur über Importe oder eben im Ausland bekommen konnte, ist die Mehrheit der Songs nun weltweit verfügbar. Zwar gibt es in legalen Shops noch territoriale Einschränkungen, die Hürde ist aber bei Weitem nicht mehr so hoch wie vor dem digitalen Zeitalter. Als fünfter Punkt kann die Unmittelbarkeit von digitalen Produkten genannt werden. Die gewünschte Musik ist direkt auf Abruf verfügbar, man muss nicht mehr das Haus verlassen oder auf die Lieferung warten. Für die Labels ist damit ein Direct to Consumer (D2C) Vertrieb oder die Distribution über einen Partner möglich.

Dieser Umbruch in der Musikindustrie ist die Folge der neuen Möglichkeiten durch das Internet. Die von Lang beschriebenen Eigenschaften der Neuen Medien sind die Grundvoraussetzung für den Durchbruch der digitalen Musikdistribution. Am Beispiel Napster wird dies deutlich. Die Basierung auf Computer und die digital vorhandenen Dateien sind selbstverständlich, ebenso wie die Multimedialität und die Hyperstruktur als Grundlage des Internets. Zudem war Napster interaktiv. Konsumenten wurden in der Tauschbörse selbst zu Anbietern. Das kommunikative Element war durch die Aufhebung von Raum, Zeit und Ortsgrenzen vorhanden. Jeder konnte mit jedem weltweit zu jeder Zeit seine Songs austauschen. Im Heimatland nicht erhältliche Songs waren nur noch einen Klick entfernt, Livemitschnitte vom Vorabend kursierten in der ganzen Welt, und man musste dazu noch nicht einmal sein Zimmer verlassen. Die Multifunktionalität war bei Napster durch die innovative Software und ihre Benutzeroberfläche gegeben, die komplizierte technische Vorgänge simpel dargestellt hat. Mit Napster ist die Grundidee des Internets auf den Punkt gebracht worden. Die Vernetzung von Leuten zum kostenlosen, immer

---

88 Knopper (2009): S. 178.
89 Kusek/Leonhard (2006): S. 89f. Anderson, Chris (2009): *The Longer Long Tail*: Anderson beschreibt in seinem Buch die Theorie des Long Tails. Übertragen auf die Musik kann man sagen, dass sich auch Nischenprodukte mit geringer Nachfrage in der Gesamtheit zu einer signifikanten Summe aufaddieren können. Daher ist die Verfügbarkeit eines möglichst großen Katalogs in der digitalen Welt ein wichtiger Faktor für Labels.

abrufbaren, internationalen Austausch von Daten, in diesem Fall Musik, war dementsprechend erfolgreich, aber leider illegal. Die Bemühungen der Plattenfirmen und ihrer Verbände wie der RIAA diesen Umbruch mit den genannten Klagen gegen Portale wie mp3.com oder Napster und gegen Hersteller von MP3-Playern aufzuhalten, waren erfolglos und zeugen von Verzweiflung. Schließlich wurde nicht nur ein neues Format außerhalb der Branche entwickelt, sondern der dazugehörige Distributionsweg, vorbei an allen Rechteinhabern, gleich mit dazu. Besonders erschreckend ist die Tatsache, dass die Branche den Umbruch viel zu lange nicht ernst genommen hat. Das Internet als Distributionskanal und MP3 als neues Musikformat galten zunächst als ferne Zukunftsmusik. So heißt es bei Knopper:

»At the time, nobody in the record industry had a clue any of this was going on. Executives at Sony Music, Warner, and the rest didn't know MP3 existed, let alone that it contained no copy protection. Nor did they know that any music fan in the world could stick a CD into a recordable drive on a computer and rip every song into a compressed, easy-to-store form, then burn the MP3 to a blank CD, or post it for free on the internet, or even trade it via email. The Fraunhofer team tried to warn the industry in the early 1990s, but didn't get anywhere.«[90]

Renner schildert eindrucksvoll von einem Vortrag, den er bereits 1993 mit Kollegen auf einer PolyGram Tagung hielt. Die Kernpunkte lauteten:

»1. Die zukünftige Distribution [...] findet über ›Data-Superhighways‹ statt.
2. PolyGram [...] bietet seine Produkte (z.B. Musik) über mit dem Wettbewerb betriebene Data-Distribution-Center an.
3. Diese kaufen sich bei Netzwerkbetreibern (zzt. Deutsche Telekom) das Recht für die Nutzung der Leitungen.
4. Über dieses Netz werden Data-Distribution-Center und Konsument verbunden. Interaktiver Datentransfer ist möglich.
5. Alle vorstellbaren Anwendungsmöglichkeiten bleiben nicht nur auf Home-Terminals beschränkt. Die vom Konsumenten entnommene Leistung, an welcher Datenstation auch immer, wird abgerechnet [...] Als These zog sich durch das ganze Papier, dass sich der Konzern weniger als klassische Tonträgerfirma denn als Entertainmentanbieter verstehen müsse, um in einer Welt der Medienkonvergenz bestehen zu können.«[91]

---

90 Knopper (2009): S. 118. Vgl. Renner (2004): S. 138f.
91 Renner (2004): S. 129f.

Die Reaktionen der Teilnehmer waren nicht sehr euphorisch. Ähnliche Erfahrungen hat Jeff Patterson von IUMA in den USA gemacht, wie er bei Haring ausführt:

»Bei Warner war man der Meinung, das sei eine großartige Sache für unbekannte Bands, während große Bands niemals in der Lage sein würden, ihre Titel elektronisch zu distribuieren. Sie meinten, es gäbe viel zu viel Sicherheitsprobleme.‹ Patterson und Lord versuchten ihnen zu erklären, dass das Geschäftsmodell der Branche sich vom physikalischen Tonträger weg bewegen könnte, hin zur Erschließung der Ertragsquellen Konzert, Merchandising und Abo-Gebühren für den Online-Zugang zu Musik. Dieser Rat stieß auf taube Ohren. ›In unseren Gesprächen mit der Industrie [...] entstand bei uns schon 1994, als der Trend wahrnehmbar wurde, und bis etwa 1996 und 1997 der Eindruck, dass man das Internet noch immer nur für die Spielwiese von ein paar Spinnern hielt [...] Ich glaube, man wollte es einfach ignorieren, weil man es damals noch ignorieren konnte.«[92]

In der Tat versuchte die Branche so lange wie möglich an den alten Strukturen festzuhalten. Larry Rosen, Chef von N2K, sagte dazu:

»Es gibt immer Leute, die sich am Status quo festklammern, besonders in den Führungsetagen. Wenn es ein etabliertes System gibt, das funktioniert, dann bedeutet das meistens, dass ich in genau dieses System sehr viel investiert habe. Daher möchte ich, dass alles so bleibt, wie es ist. Aber in Wirklichkeit bahnte sich hier ein gewaltiger Umbruch an. Die Leute, die das verstehen und sich entsprechend anpassen, kommen vorwärts. Wer sich zu widersetzen versucht, wird wahrscheinlich einfach niedergetrampelt.«[93]

Diejenigen, die den Umbruch erkannten und entsprechende Maßnahmen ins Leben rufen wollten, scheiterten aber oft an der vorherrschenden Unternehmenspolitik. Ein relevanter Punkt war dabei die Beziehung zu den physischen Händlern. Zu Beginn waren diese nicht glücklich darüber, dass sie auf einmal Konkurrenz bekamen, auch noch in einem ihnen fremden Medium. Mittlerweile bieten die meisten großen physischen Händler auch ein digitales Musikportal an. Zahlreiche Plattenläden sind aber in der Tat untergegangen. Davon waren nicht nur kleine Läden betroffen, sondern auch große Ketten wie Tower Records, WOM oder auch einige Rack Jobber. Eine weitere große Sorge der Plattenläden liegt darin, dass es online bereits zu einem früheren Zeitpunkt Musik gibt, die sie physisch noch nicht anbieten können. Damit sehen sie ihre Existenz gefährdet, weshalb

---
92 Haring (2002): S. 43f.
93 Rosen, Larry (1997). Zitiert in: Haring, Bruce (2002): MP3. Die digitale Revolution in der Musikindustrie: S. 71.

es bis heute in Deutschland generell heikel ist, exklusive Pre-Releases mit einem Partner zu machen.[94]

Für die Plattenfirmen war der Verlust über die Kontrolle des Vertriebs im Zuge des Medienumbruchs die größte Gefahr:

»In the old music economy, the network constituted by music companies and the audience had a relatively low level of connectivity. […] Consequently, the flow of music could relatively easily be controlled by the music firms since it was unable to flow between separated parts of the audience. In the new music economy, the importance of physical music distribution and mass media has been radically reduced, while the importance of Internet media has exploded. […] Now, the capability to upload [music, J.-W.S.] is theoretically accessible to everyone connected to the network. As a consequence, the connectivity of the ›audience – music firm‹ network has increased, which in turn has caused the music firms to lose their ability to control the flow of information.«[95]

Bob Kohn, Mitbegründer der MP3-Seite GoodNoise und Anwalt im Prozess der RIAA gegen Diamonds MP3-Player, drückte diesen Umstand wie folgt aus:

»Ihr [die RIAA, J.-W.S.] Kernargument […] scheint zu sein, dass eine bequemere Musikwiedergabe für die Konsumenten, wie sie digitale Musikdateien mit sich bringen, die Existenz der Plattenindustrie bedroht. […] Sie versucht, die Macht über den Musikvertrieb zu behalten. Sie will Musikern und Komponisten das Recht streitig machen, ihre Musik über Distributionskanäle zu vermarkten, die nicht von den großen Plattenfirmen beherrscht werden«[96]

Jim Griffin, damals beschäftigt bei Geffen Records, erinnert sich an die Reaktion zu der Aerosmith Download-Aktion, die diese Vorwürfe bestätigt:

»Uns dämmerte, dass das eine große Sache werden könnte […] Sagen wir, unsere Muttergesellschaft war sehr besorgt, weil wir eine ziemlich große Katze aus dem Sack gelassen hatten. […] Wir sollten die Lieferkette solange wie möglich unter

---

94 Vgl. Haring (2002): S. 77ff. Neefund/Blömer (2003): S: 104f. N.N. (2013): *Beyoncé: Amazon boykottiert Vertrieb des neuen Albums*. In: http://www.musikexpress.de/news/meldungen/article515502/beyonce-amazon-boykottiert-vertrieb-des-neuen-albums.html (14.02.2014).
95 Wikström (2009): S. 5f. Vgl. Haring (2002): S. 135
96 Kohn, Bob (1998). Zitiert in: Haring, Bruce (2002): *MP3. Die digitale Revolution in der Musikindustrie*. S. 113f.

Kontrolle behalten und die Produktions- und Vertriebsmittel nicht in die Hände der Öffentlichkeit geben.«[97]

Dabei gab es bereits in den frühen 1990er Jahren zahlreiche Anzeichen für einen bevorstehenden Wandel:

»1992 war für jedermann absehbar, dass Festplatten immer mehr Speicherkapazität haben würden [...] Bandbreiten würden wachsen, die Telekommunikation schneller werden. Es würde neue Kompressionstechniken geben. Aber niemand ahnte, dass die Verbindung dieser drei Technologien uns einen neuen, alternativen Distributionskanal bescheren würde.«[98]

Dennoch verschlossen die meisten Plattenfirmen die Augen davor und versuchten so lange wie möglich, an den alten Strukturen festzuhalten.[99]

»Easy profits ended up blinding the industry to the threat of MP3s. Throughout the '90s, a handful of insiders warned of the need to get out in front of digital music, but for the most part they were ignored. The big corporations that had snapped up record labels in the '80s and '90s continued to focus on short-term financial results, even as it become amply clear that the advantages of CDs – control, convenience, durability, flexibility – were even more pronounced with digital files. [...]It was a serious blunder, considering that MP3s clearly had the potential to break the major labels' lock on distribution channels. Instead of figuring out a way to exploit the new medium, they alternated between ignoring it and launching lawsuits against the free file-sharing networks that cropped up to fill the void.«[100]

Die Plattenfirmen hatten die Kontrolle nicht mehr behalten können. Stattdessen wurden sie vom Wandel durch MP3 förmlich überrollt. Es wurde eine Chance verpasst, eine Infrastruktur für den kommerziellen digitalen

---

97 Griffin, Jim. Zitiert in: Haring (2002): S. 62: Jim Griffin war Leiter der Technischen Abteilung bei Warner Music. Er war für die Download-Aktion mit Aerosmith verantwortlich.
98 Kohn (1998): S. 113.
99 Haring (2002): S. 114f: Bei Haring wird der Prozess der RIAA gegen Diamond von 1998 dargestellt. Anwalt Bob Kohn beschrieb schon damals die möglichen Konvergenztechnologien am Beispiel seines Palms, der neben Programmen bald sicher auch Musik ab spielen könne.
100 Mnookin, Seth (2007): *Universal's CEO Once Called iPod Users Thieves. Now He's Giving Songs Away*. In: http://www.wired.com/entertainment/music/magazine/15-12/mf_mor ris?currentPage=2, http://www.wired.com/entertainment/music/magazine/15-12/mf_ morris?currentPage=3 (23.05.2010).

Musikvertrieb zu schaffen und zu agieren, anstatt zu verklagen.[101] Stellvertretend für die Hilflosigkeit der Plattenfirmen kann Doug Morris, damals noch CEO von Universal Music, mittlerweile bei Sony, genannt werden. In einem viel zitierten Interview mit dem Magazin Wired aus dem Jahr 2007 streitet er weiterhin vehement ab, diese Chance verpasst zu haben:

»›There's no one in the record company that's a technologist,‹ Morris explains. ›That's a misconception writers make all the time, that the record industry missed this. They didn't. They just didn't know what to do. It's like if you were suddenly asked to operate on your dog to remove his kidney. What would you do?‹ Personally, I would hire a vet. But to Morris, even that wasn't an option. ›We didn't know who to hire,‹ he says, becoming more agitated. ›I wouldn't be able to recognize a good technology person – anyone with a good bullshit story would have gotten past me‹ Morris' almost willful cluelessness is telling.«[102]

Zu schnell für die Labels entwickelte sich die Technik. Die TIME-Konvergenz sorgte für eine entsprechende Dynamik im Musikmarkt. Die geschlossene Einheit einzelner Medien ist mit der Konvergenz nicht mehr vorhanden. Die Herausforderungen für die Labels bestanden nun in vier wesentlichen Punkten:

1. Verletzung des Copyrights: Damit sind die Piraterie Angebote der Filesharing Seiten und die Raubkopien mit CD/DVD-Brennern gemeint, wodurch die bisherige Wertschöpfungskette aufgebrochen wird.
2. Preiskonzept: Die bisherige Strategie, über Hit-Singles Alben zu verkaufen, ist schwerer umsetzbar, da nun alle Songs einzeln verfügbar sind.
3. Niedrige Markteintrittsbarrieren: Der digitale Vertrieb benötigt keine komplexe Vertriebsstruktur mehr.
4. Zweitverwertung: Neben den genannten Punkten, die für die Erstverwertung relevant sind, muss auch dem veränderten Markt und neuen Auswertungsmöglichkeiten in der Zweitverwertung Rechnung getragen werden.[103]

---

101 Vgl. Cohen, Ted (2007). Zitiert in: Mnookin, Seth (2007): *Universal's CEO Once Called iPod Users Thieves. Now He's Giving Songs Away.* In: http://www.wired.com/entertainment /music/magazine/15-12/mf_morris?currentPage=3 (23.05.2010).
102 Mnookin (2007). In: http://www.wired.com/entertainment/music/magazine/15-12/mf _morris?currentPage=3 (23.05.2010).
103 Vgl. Neefund/Blömer (2003): S. 103f. Ein Bsp. für die problematische Zweitauswertung ist die seit April 2009 andauernde Verhandlung zwischen Google/YouTube und der

Vor allem der dritte Punkt ist für diese Arbeit von Relevanz. In der Folge von Konvergenztechnologien entstehen neue Services und Produkte, die den Musikmarkt stark beeinflussen. Die meisten davon, wie Filesharing-Portale, legale Downloadportale und Abo-Modelle, wurden bereits vorgestellt. Die Zeiten von eindeutigem Trägerformat und dazugehöriger Hardware sind vorbei. Die Musik als Inhalt ist mit der Digitalisierung immaterialisiert worden und somit in allen digitalen Angeboten nutzbar. Musik kann heute neben den klassischen Tonträgern auch in digitaler Form auf MP3-Playern, Computern, über Konsolen, TV-Geräte oder Speichermedien auf vielen unterschiedlichen Datenträgern mit zahlreichen Abspielgeräten genutzt werden.[104] Unter den dargestellten Umständen ist es nicht verwunderlich, dass bei einer derart zögernden und verunsicherten Branche und der niedrigen Eintrittsbarriere externe Firmen in den Markt eintreten, die Gunst der Stunde für sich nutzen und ein neues Geschäftsfeld aufbauen konnten, jenseits der alten Strukturen der Plattenfirmen. So ist Musik heute oft Bestandteil von Soft- oder Hardbundles in Mobilfunk-, Internet- und Festnetz-Verträgen oder auch einem Bankkonto, um die eigentlichen Produkte und Dienstleistungen aufzuwerten.[105]

Besonders hervorzuhen ist Apple. Mit dem iPod wurde ein MP3-Player mit einem Lebensgefühl assoziiert. Der dazugehörige iTunes Music Store bot den passenden Inhalt aller relevanten Labels als legalen Download an. Das 2007 vorgestellte iPhone ist das Gerät, das die aus der Konvergenz entstandenen Möglichkeiten massentauglich vereint hat. Es ist ein MP3-Player, man kann damit eine Vielfalt an Programmen, sogenannte Applications, installieren wie auf einem Computer, im Internet surfen, E-Mails abrufen, es als Navigationsgerät nutzen, digitale Bücher lesen und natürlich telefonieren. 2010 wurde mit dem iPad das Tablet-Pendant dazu eingeführt. Apple bietet neben Musik mit dem iBookstore für Verlage sehr interessante Möglichkeiten, neue Formate und Geschäftsmodelle aufzubauen. Auch für die Games-, Film- und TV-Branche sind iPhone und iPad umsatzrelevante Plattformen, die immer stärker wachsen.

Die TIME-Konvergenz hat somit Geräte hervorgebracht, die multimedial anwendbar sind. Mit der Digitalisierung und der Konvergenz besteht keine klassische Hardware/Software-Abhängigkeit mehr. Verschiedene

---

GEMA bezüglich Zahlungen für die kommerzielle Nutzung urheberrechtlich geschützte Werke.
104 Vgl. Neefund/Blömer (2003): S: 108.
105 Vgl. Neefund/Blömer (2003): S: 102.

Industrien sind in diesem Zuge mit der Musikindustrie zusammen gewachsen, neue Branchen sind integriert worden, Branchengrenzen sind verschwunden.

All diese Punkte münden darin, dass heute mehr Musik als je zuvor über etliche Plattformen auf einfache Art und Weise, kostengünstig, weltweit und direkt verfügbar ist. Dies beinhaltet interessante Chancen, erfordert aber auch ein Umdenken in den Plattenfirmen und den beteiligten Parteien Medien, Händler und Konsumenten. Der Konsument muss sich bei diesem Überangebot zurechtfinden, der Produzent muss sich bei den zahlreichen Angeboten attraktiv platzieren, um wahrgenommen zu werden, der Händler muss seinen Kunden den Weg zum gewünschten Produkt möglichst einfach machen und gleichzeitig den Produzenten Fläche für ihre Produkte bieten. Es dreht sich also darum, wer wem auf welche Weise Orientierung bieten kann und wer von wem auf welche Art nach Orientierung sucht.

Bedenkt man die widrigen Umstände, unter denen die Musikindustrie in das digitale Zeitalter getrieben worden ist, stellt sich die Frage, wie sie unter den neuen Marktbedingungen und -herausforderungen agiert und wie die Orientierungskonzepte Genre und Marke im digitalen Zeitalter angewendet werden.

5.5 Genres und Marken in der digitalen Musikwelt

Der Medienumbruch hat massive Auswirkungen auf den Musikmarkt gehabt. Als erste der Unterhaltungsindustrien musste sich die Musikbranche mit den neuen Möglichkeiten und den Gefahren auseinandersetzen. Raubkopien, Filesharing und der Eintritt branchenfremder Firmen haben den Markt verändert.

In diesem Abschnitt wird betrachtet, wie auch und gerade nach dem Umbruch der Musikindustrie Orientierung durch Genres und Marken geschaffen werden kann und ob die beiden Orientierungskonzepte auf digitale Marktteilnehmer anwendbar sind. Dabei werden vor allem digitale Musikportale im Blickpunkt der Betrachtungen stehen.

5.5.1 Genrebezug in digitalen Musikportalen

Die Digitalisierung hat die Musikbranche maßgeblich beeinflusst. Für die Musik an sich gelten dennoch weiterhin die dargestellten Möglichkeiten des Konzepts Genre als Orientierungsmittel. Im Folgenden wird zum einen dargestellt, wie sich dank der neuen Rahmenbedingungen neue Genreähnliche Inhalte entwickeln können. Zum anderen wird untersucht, wie man auf Händlerseite mit der ungleich größeren Vielfalt an verfügbarer Musik umgeht, um den Kunden anhand von Genres Orientierung zu bieten.

Das Konzept Genre kann potenziell in unterschiedlichen Medien stark präsent sein. Dennoch haben sich die meisten Labels zu Beginn des 21. Jahrhunderts noch eindeutig mit dem physischen Tonträgerbereich beschäftigt. Es gab jedoch auch 2003 bereits erste Entwicklungen, die darauf hindeuteten, dass sich Labelarbeit zukünftig auch stark auf digitale Medien ausweiten würde. Einzelne Internetlabels wie Poptones von Alan McGee, der bereits zuvor das legendäre Label Creation zu großen Erfolgen geführt hatte, existierten bereits, konnten jedoch keine durchschlagenden Erfolge verbuchen.[106]

Eine weitere Möglichkeit der Intermedialität und der Abwendung vom klassischen physischen Tonträger wurde im Mai 2003 von der Firma Gofresh vorgestellt. Sie gründete mit Gofresh Mobile Music das erste Label für Klingeltöne. Mit Künstlern, die sich ausschließlich mit Klingeltönen für Mobiltelefone beschäftigen, spezialisierte sich Gofresh Mobile Music so gesehen zunächst auf einen neu geschaffenen »Musikstil« für ein neues Format und neue Abspiel-Hardware, konnte aber wirtschaftlich keine langfristigen Erfolge verbuchen.[107]

Gerade im Mobile Music Markt ist in den vergangenen Jahren einiges passiert. So erfordern mobile Endgeräte aufgrund ihrer technischen Vor-

---

106 Vgl. Sprave, Kristina (2003): *Persönliches Interview vom 29.01.2003*: Sprave ist bei Rough Trade, später Zomba, für die Promotion verantwortlich gewesen, unter anderem auch von Poptones in Deutschland.
107 Vgl. N.N. (2003): *Klingelton-Label will Musikern Umsätze bescheren*. In: http://www.mediabiz.de/newsvoll.afp?Biz=mu&Nnr=134566&NL=MA (30.05.2003). N.N. (2003): *Gofresh gründet erstes Label für Handy-Klingeltöne*. In: http://www.musikmarkt.de/content/news/news_2.php3?bid=6305 (30.05.2003). N.N. (2003). *Studie. Klingeltongeschäft wird sich bis 2008 verdoppeln*. In: http://www.mediabiz.de/newsvoll.afp?Biz=mu&Nnr=138323&NL=MA (07.08.2003). Quellen: Gofresh: In: http://www.gofresh.de/business/products-3.html (23.03.07). Bundesverband der Phonographischen Wirtschaft (2006): *Jahreswirtschaftsbericht 2005*: S. 15: Mittlerweile hat sich Gofresh auf Produkte für den Mobile Entertainment Markt wie Games sowie HTML5-Programmierung spezialisiert.

raussetzungen und ihrer Funktion völlig neuartige Formate. Ein Anrufsignal ist schon lange kein einfaches Klingeln mehr, sondern wird oft mit Musik, sogenannten Realtones belegt. Diese sind aufgrund der Kürzung oder gar Bearbeitung eines Songs ein neues, eigenes Format, das von Plattenfirmen neben Single, Album oder dem Videoclip eigens als solches produziert werden muss. Auch das Freizeichen kann mit Freizeichentönen musikalisch unterlegt werden. Dieser Personalisierungsnutzen von Musik war neu und führte zu der Entwicklung einer neuen Auswertungsform von Musik. Ein 30-sekündiger Realtone war daher sogar teurer als ein Fulltrack-Song.

Die 2004 eingeführte »Mobile Jukebox« von T-Mobile stellte mit einem 90sekündigen Ausschnitt aus einem Lied eine Übergangslösung mit einem neuen Format dar. Seit 2005 ist ein Fulltrack Mobile Download (FTMD) über das Handy möglich. Aus diesen Gründen ist der Mobile Markt ein neu geschaffenes Musik-Segment und hat mit seinen eigenen Formaten und den daraus resultierenden neuen Musikformen mit Abstrichen auch Genre Merkmale aufzuweisen.

Für die Branche boten sich zahlreiche neue Möglichkeiten. Neben den neuen Auswertungswegen bestehender Produkte – vorhandene Songs werden für Klingeltöne entsprechend gekürzt und formatiert – wurden auch teilweise Songs eigens für die mobile Nutzung als Ringtone neu arrangiert. So geschehen im Hause Universal, das neue Versionen von Rammsteins »Benzin« oder »Ich bin ich (Wir sind wir)« von Rosenstolz speziell für Realtones produzieren ließ. Dabei wurde sowohl auf die mäßige Soundqualität der Endgeräte als auch auf die neuen Formatbedingungen Rücksicht genommen.

Neben der klassischen Musikindustrie haben auch Firmen wie Jamba, der deutsche Marktführer für Mobile Content, speziell für Ringtones Sounds produziert. Zu Beginn waren dies oft eigens geschriebene Songs in Verbindung mit animierten Charakteren, wie »Sweety«, ein flauschig animiertes, gelbes Küken, das 2004 mit einer gepitchten Stimme einen Song über sich selbst geträllert hat, oder der »Crazy Frog«, der ein startendes Motorrad imitiert und auf diese Weise bereits Internet-Ruhm erlangt hatte. Im zweiten Schritt wurde dieser Sound dann mit einem Sample von »Beverly Hills Cop« unterlegt, der als Ringtone ebenfalls schon äußerst erfolgreich war. Mithilfe massiver Präsenz in der internationalen TV-Werbung wurden diese Charaktere binnen kürzester Zeit berühmt gemacht und millionenfach Mobile Produkte damit verkauft.[108] Durch ein neues Medium entstanden ein neuer Markt und auch eine neue Nische, in der sich auf einmal auch Unternehmen in die Musikindustrie eingreifen konnten, die eigentlich aus einem anderen Bereich kommen.

Zum »Crazy Frog« wurde eine Single veröffentlicht, die zunächst in England und anschließend in zahlreichen anderen Ländern die Charts stürmte. Der Frosch wurde der erste Act, der aus dem Mobile Music Segment kommend auch im Fulltrack-Segment und im physischen Handel erfolgreich wurde und es nach ganz oben in die Hitlisten geschafft hat.[109] Hier wurde die Brücke zwischen der digitalen und physischen Welt, zwischen der Mobile Industrie und der Musikindustrie geschlagen. Die einst für mobile Zwecke erstellten Sounds konnten auf einmal die Musikbranche verändern. Mittlerweile ist der Boom von eigens produzierter Mobile Music wieder abgeflacht. Mobile als Distributionskanal ist aber von sehr hoher und stetig wachsender Relevanz.

Die Digitalisierung hat für Musikliebhaber neue Dimensionen eröffnet. Musik kann immer und überall verfügbar sein. Die Auswahl in legalen Downloadshops wie iTunes ist mit weit über 37 Millionen Songs ungleich größer als im herkömmlichen Tonträgerhandel.[110] Um den Konsumenten bei dieser Vielfalt Orientierung zu bieten, haben die meisten Download- und Streaming-Anbieter diverse Platzierungsflächen, auf denen aktuell relevante Produkte vorgestellt werden. Dazu gehören zum Beispiel Banner, Abbildungen von Album-Artworks, sogenannten Packshots, die Store-Charts und die Suche.

Elementar für jeden Store ist zudem die Aufteilung nach Genres. Für die Genre-Kategorisierung ist es entscheidend, welche Zielgruppe der jeweilige Store anspricht. Dabei sind die Musikaffinität und eventuelle Genrevorlieben der jeweiligen Zielgruppen ebenso wichtige Faktoren wie territoriale Besonderheiten. Generell gilt dabei, dass der Großteil der

---

108 Vgl. Patalong, Frank (2005): *Klingeltonwahnsinn: »Tötet Sweety!«* In: http://www.spiegel.de/netzwelt/web/klingeltonwahnsinn-toetet-sweety-a-338690.html (28.02.2014): Es gab sogar Anti-Sweety Bewegungen, die von Jamba selbst aufgenommen und ebenfalls vermarktet worden sind, was als Indiz für die popkulturelle Relevanz dieses Titels zu deuten ist. Sweety war zudem Auslöser einer großen Debatte über die Geschäftspraktiken Jambas.
109 Vgl. N.N. (2005): *Klingelton-Attacke: Coldplay von der Chartspitze gequakt.* In: http://www.spiegel.de/kultur/musik/klingelton-attacke-coldplay-von-der-chartspitze-gequakt-a-357578.html (28.02.2014).
110 Quelle: Apple: *iTunes.* In: http://www.apple.com/de/itunes/features/ (16.12.13).

Händler bis auf einige Ausnahmen ein Vollsortiment anbietet statt sich auf einzelne Genres zu spezialisieren. Dies macht eine Positionierung schwierig.[111] Dennoch kann man deutliche Unterschiede in der Handhabung von Genres erkennen. Anhand einiger Beispiele wird im Folgenden aufgezeigt, wie Händler Genres als Orientierungstool für ihre Kunden einsetzen.

Der weltweit größte Downloadhändler iTunes bietet mittlerweile neben Musik auch Filme, TV-Sendungen, Applications, Podcasts, Hörbücher, Vorlesungen aus Universitäten an. Hier wird man auf der Startseite mit einer redaktionell ausgewählten Mischung aus allen Produktgattungen inkl. der wichtigsten Empfehlungen der Woche aus dem Musikbereich empfangen. Für eingeloggte Kunden gibt es mithilfe von iTunes Genius zudem Empfehlungen basierend auf bisherigen Käufen sowie Updates zu Neuerscheinungen aller Künstler, von denen man bereits etwas gekauft hat.[112]

Der geneigte Musikhörer kann von der Startseite auf eine eigene Musikstartseite oder direkt in sein bevorzugtes Genre gehen. Während auf der Musikstartseite ein Querschnitt durch die Genres sichtbar ist, wird es auf den Genreseiten immer spezifischer. Bei iTunes gibt es Genres, die in zahlreichen lokalen Stores einheitlich vertreten sind. Dazu gehören Alternative, Dance/Elektronik, Filmmusik, Rock, Pop, HipHop/Rap, R'n'B/Soul, Jazz, Klassik und Weltmusik. Je nach Land gibt es noch zusätzliche Genres wie Folk und Blues, Metal, Reggae oder auch Fitness & Workout. Dazu werden auch länderspezifische Genres angeboten. So gibt es in Deutschland beispielsweise die Genres Hörspiele und Schlager, während in Frankreich Variété française und in den USA zum Beispiel Latino, Christian & Gospel sowie Country Musik angeboten werden.[113]

Betrachtet man im Vergleich zu iTunes das deutsche Portal Musicload, kann man eine ähnliche Struktur erkennen. Das Hauptmenü unterscheidet zwischen den Produktgattungen Musik, Hörbuch und Video. Als Stan-

---

111 Vgl. Christoph (2012).
112 Vgl. Christoph (2012).
113 Quellen: iTunes Store Dänemark. In: http://itunes.apple.com/WebObjects/MZStore. woa/wa/com.apple.jingle.app.store.DirectAction/switchToStoreFront?storeFrontId=14 3458 (27.09.2010). iTunes Store Deutschland. In: http://itunes.apple.com/WebObjects /MZStore.woa/wa/com.apple.jingle.app.store.DirectAction/switchToStoreFront?store FrontId=143443 (17.07.2011). iTunes Store Frankreich. In: http://itunes.apple.com/ WebObjects/MZStore.woa/wa/com.apple.jingle.app.store.DirectAction/switchToStore Front?storeFrontId=143442 (27.09.2010). iTunes Store USA. In: http://itunes.apple. com/WebObjects/MZStore.woa/wa/com.apple.jingle.app.store.DirectAction/switchT oStoreFront?storeFrontId=143441 (27.09.2010): Mit dem Launch in zahlreichen afrikanischen und asiatischen Ländern wurden die Genres stärker lokal angepasst.

dardeinstellung kann man auf der Startseite zwischen allen Musikgenres und allen Hörbuchgenres wählen. Auf der Startseite sieht man die Track- und Albumcharts sowie Hörbuch- und Videocharts. Zusätzlich gibt es für alle Bereiche einige Banner und Teaserflächen. Man kann sich auch die aktuellen Neuheiten oder eine Liste aller Interpreten anzeigen lassen. Neben dem Musikangebot werden auch Mehrwertdienste von Partnern, wie zum Beispiel ein Ticketshop von Eventim und früher auch Merchandise Angebote sowie Klingeltöne von T-Online angeboten. Innerhalb des Musikbereichs gibt es eine Genreunterteilung in Pop, Dance, Rock, Black Music, Soundtrack, Jazz & Klassik sowie Schlager & Volksmusik. Die bis 2011 vorhandene zweistufige Unterteilung mit einer feineren Segmentierung in Untergenres, wie zum Beispiel Rock, Indie und Heavy Metal im Rock-Genre ist nicht mehr vorhanden. Als weitere Orientierungsfunktion wird bei Musicload eine Tagcloud angeboten, in der populäre Suchbegriffe und vergebene Tags zu einzelnen Produkten oder auch Untergenres angezeigt werden.[114]

Neben den Stores an sich haben die meisten Anbieter auch einen Newsletter und Profile in Social Networks wie Facebook, über die ebenfalls aktuelle Empfehlungen an die Kunden kommuniziert werden können.[115]

Wie im physischen Tonträgerhandel gibt es auch in der digitalen Welt genrespezifische Stores. So hat sich das 2004 in Denver gegründete Portal Beatport auf elektronische Musik spezialisiert und bietet DJs und Fans dieser Musikrichtung MP3- und WAV-Dateien in hoher Qualität an. In der Unternehmensbeschreibung heißt es dazu:

»Die Dateien haben ein erstklassig kodiertes Format, das den professionellen Leistungs- und Qualitätsstandards der weltweit besten Soundsysteme entspricht. Beatport.com ermöglicht den Usern durch sichere und legale Hochgeschwindigkeits-Downloads mit hoher Qualität auf die Welt der Clubmusik zuzugreifen. Die Musikdateien werden pro Download abgerechnet und sind in den Formaten MP3, MP4 und WAV erhältlich. Du wählst aus einer beeindruckenden Sammlung der führenden unabhängigen Labels der Welt. [...] Musik. Technologie. Kultur. De-

---

114 Quelle: Musicload. Rock Genre. In: http://www.musicload.de/rock#!Rock%20Charts (28.09.2010). Vgl. dagegen: Musicload. Rock Genre. In: http://www.musicload.de/rock (17.07.2011).
115 Quellen: Facebook: iTunes Profil. In: http://www.facebook.com/home.php?#!/iTunesDE?ref=ts (28.09.2010). Facebook: Musicload Profil. In: http://www.facebook.com/home.php?#!/musicload?ref=search (28.09.2010).

sign. Beatport ist weltweit die bedeutendste Online-Bezugsquelle von elektronischer Musik.«[116]

Dank der Zusammenarbeit mit einigen Top-DJs und für DJs relevante Software-Unternehmen hat Beatport schnell an Kredibilität gewonnen.[117] Das Portal ist ähnlich aufgebaut wie iTunes oder Musicload. Auch hier gibt es Flächen für Produktempfehlungen und Charts, die unterteilt sind nach aktuellen Charts und Klassikern. Zusätzlich kann man auch in alten Charts stöbern, die im Grunde aus diversen Playlisten der jeweiligen Woche bestehen. Außerdem kann man nach neuen Releases und speziellen Release Dates suchen. Für registrierte Kunden bietet der Menüpunkt »Mein Beatport« die Möglichkeit an, Künstlern oder auch Labels zu folgen und dadurch keine neuen Releases der entsprechenden Acts zu verpassen. Neben der Website gibt es unter www.beatportal.com auch eine eigene Community Website, auf der man News, Reviews, Videos, Events und mehr aus dem Bereich der elektronischen Musik erfahren kann. Aufgrund der sehr spitzen Zielgruppe und der Beschränkung auf elektronische Musik ist die Genreeinteilung bei Beatport wesentlich spezifischer als bei iTunes oder Musicload. So wird bei den Genres und auch in der Rubrik »DJ Mixes« in Subgenres, wie zum Beispiel Breaks, Deep House, Electro House, Progressive House, Minimal oder Psy-Trance unterschieden.[118]

Bei den Download-Portalen kann man somit eine ähnliche Struktur wie im physischen Handel erkennen. Es gibt die Händler mit Vollsortiment und allen relevanten Genres sowie die Spezialisten wie Beatport, die sich auf eine bestimmte Musikrichtung konzentrieren.

Neben den klassischen Downloadportalen gibt es in der digitalen Welt zahlreiche Audio- und Video-Streaming Anbieter. Sie bieten sehr unterschiedliche Arten der Orientierung für den Kunden.

Das deutsche Streaming-Portal simfy hat eine klassische Startseite mit aktuellen Neuheiten, Charts sowie Playlist-Empfehlungen der Redaktion. Zusätzlich gibt es Künstlerradios, über die man Musik hören kann, die mit dem entsprechenden Artist zu tun hat. Dies kann auf Genrezugehörigkeiten oder Vorlieben anderer Nutzer beruhen. Eine Sortierung nach Genres

---

116 Quelle: Beatport: *About Us.* In: https://www.beatport.com/de-DE/html/corporate/document/detail/2/about_us (28.09.2010).
117 Vgl. Christoph (2012).
118 Quelle: Beatport. In: www.beatport.com (28.09.2010). Beatport: *Support Center.* In: https://knowledgebase.beatport.com/kb/article/000013 (28.09.2010). Beatportal. In: www.beatportal.com (28.09.2010).

zeigt wiederum Neuheiten, Playlists und Künstlerradios des jeweiligen Genres an.[119] Auf dem Video-Streaming-Portal VEVO kann man Clips nach einem vorgegebenen Programm durchlaufen lassen. Man kann sich aber auch gezielt Clips anschauen. Diese werden in Kategorien, wie Premieren, Top Videos oder Live Performances gegliedert.[120] Man kann sich die Videos auch nach den Genres Pop, Rap/Hip-Hop, Alternative, Country, Latin, Electronic/Dance, R&B/Soul, Rock, Indie, Metal, Mexicano, Christlich & Gospel, Musik für Kinder, Jazz, Blues, Reggae, Comedy/Humor, Klassik, Soundtrack, Weltmusik und Weihnachten anzeigen lassen. Zum jeweils laufenden Video werden dem Konsumenten weitere musikalisch passende Clips vorgeschlagen.[121]

Spotify dagegen setzt nicht direkt auf Orientierung über Genres. Das Portal hat seine Startseite in den letzten Jahren stark überarbeitet. Während früher neben wenigen Neuheiten eine starke soziale, personalisierte Komponente mit den Top Tracks sowie den »Trending Playlists« der eigenen Facebook-Freunde und Leuten in der Umgebung im Vordergrund stand, gibt es heute unterschiedliche Menüpunkte, die für Orientierung sorgen. Unter dem Punkt »Browse« werden redaktionelle Empfehlungen in Form von Neuheiten, Playlists, Highlights, Specials und News angezeigt. Zu Themen und Genres wie »Stimmung«, »Rock« oder »Fitness« werden diverse Playlists angeboten.[122]

Die genannten Arten der Empfehlungsfunktion sind in digitalen Musikportalen weit verbreitet. Sie basieren auf Algorithmen von Plattformen wie Echo Nest oder Last.fm, die sich auf die Hörgewohnheiten ihrer Nutzer konzentrieren. Last.fm bietet registrierten Usern neben Künstlerradios auch ein eigenes Tool namens »The Scrobbler« an. Installiert man das Tool, wird Musik, die man zum Beispiel über iTunes, Spotify oder andere Mediaplayer hört, identifiziert und an Last.fm weitergegeben. Last.fm merkt sich also, welche Titel und Künstler man gehört hat. Dies passiert passiv, man muss also nichts weiter unternehmen. Basierend auf diesen Scrobbles wird für jeden User ein persönliches Musikprogramm erstellt,

---

119 Quelle: Simfy. In: http://www.simfy.de (28.02.2014).
120 Quelle: VEVO: *VEVO TV*. In: http://www.vevo.com/tv (05.03.2014).
121 Quelle: VEVO: *VEVO entdecken*. In: http://www.vevo.com/browse (05.03.2014): Die Genres sind momentan noch aus den USA übernommen. Genres wie Mexicano oder Christlich & Gospel werden sicherlich von lokal relevanten Genres ersetzt werden.
122 Quellen: Spotify: *Startseite im Spotify-Client*. (28.02.2012). Spotify: *Browse im Spotify-Client*. (21.01.2014). Vgl. Christoph (2012).

das die gehörten Songs und Acts sowie dazu passende Empfehlungen abspielt. Außerdem wird anhand der musikalischen Vorlieben analysiert, welche anderen Mitglieder ähnliche Musik hören. Auf diese Weise können Kontakte zu Gleichgesinnten geknüpft werden.[123] Dank des enormen Inputs der Mitglieder funktioniert Last.fm als Empfehlungsportal für Musik sehr gut.[124]

»Scrobbles mean we can deliver personalised recommendations for every single Last.fm listener, every single day. We compare what you play to the scrobbles of millions of listeners around the world, meaning your recommendations are the result of more than 43 billion scrobbles and counting.«[125]

Der Scrobbler lässt sich auf zahlreichen Musikplattformen installieren. So kann man nicht nur neue Musik entdecken, sondern über Portale wie Songkick auch einen personalisierten Konzertkalender auf Basis der bei Last.fm erfassten Musik erhalten. So wird Last.fm für seine Nutzer zu einem wichtigen Portal, um Hörgewohnheiten zu speichern, Empfehlungen auszusprechen und sonstige Mehrwerte zum persönlichen Musikgeschmack zu liefern.

»Ich teile Last.fm permanent mit, was ich höre, daher kennt Last.fm so gut wie niemand sonst, so gut wie nicht mal ich selber meinen Geschmack. [...] das ist eigentlich dann die Rolle von einem spezialisierten Fachverkäufer, den es ja in der Form nicht mehr gibt und den es ja nur geben könnte, wenn ich ihm genauso viel über meinen Geschmack erzähle, wie ich es eben tagtäglich Last.fm erzähle. Aber das ist zeitlich ja gar nicht möglich.«[126]

Der Empfehlungscharakter wird auch bei Diensten wie Pandora oder Websites wie www.gnoosic.com in den Mittelpunkt gestellt. Über Beziehungen von Bands oder Alben zueinander und den persönlichen Geschmäckern der Kunden werden auch Genre übergreifende Vorlieben dargestellt, wodurch die ebenso heterogenen Geschmäcker der meisten Musikhörer gut getroffen werden. Bei www.gnoosic.com kann ein Nutzer

---

[123] Quelle: Last.fm: *About*. In: http://www.Last.fm/about (28.09.2010). Vgl. Christoph (2012).
[124] Vgl. Rutenberg, Jürgen von (2009): *Mein musikalischer Zwillingsbruder*. In: http://www.zeit.de/2009/14/Last-fm (05.10.2010): Von Rutenberg berichtet in seinem Artikel über seine Suche nach musikalisch Gleichgesinnten über Last.fm. Er geht dabei der Frage nach, ob man Menschen nach ihrem Musikgeschmack beurteilen kann und kommt aufgrund seiner lesenswerten Erfahrungen zu dem Schluss, dass dies durchaus möglich ist.
[125] Quelle: Last.fm: *About*. In: http://www.Last.fm/about (28.09.2010).
[126] Christoph (2012).

drei seiner Lieblingsbands eingeben und sieht in einem Koordinatensystem weitere Bands angeordnet, die dieser Band ähneln oder Hörern der Band potenziell gefallen könnten. Der Vorteil ist hier die Abbildung von musikalischer Nähe oder Distanz. Auf www.gnod.net, der Mutterseite von Gnoosic, kann man sich nach demselben Prinzip auch Filme und Schriftsteller sowie Websites anzeigen lassen.[127] Eine Orientierung in der Musik funktioniert hier über die Ebenen der Künstler, Alben und Songs.

Das Internetradio Pandora geht noch einen Schritt weiter. Es basiert auf dem »The Music Genome Project«, das 2000 von Musikern und musikbegeisterten Technologen ins Leben gerufen worden ist, um die umfassendste Musikanalyse zu betreiben.

»Together we set out to capture the essence of music at the most fundamental level. We ended up assembling literally hundreds of musical attributes or »genes« into a very large Music Genome. Taken together these genes capture the unique and magical musical identity of a song – everything from melody, harmony and rhythm, to instrumentation, orchestration, arrangement, lyrics, and of course the rich world of singing and vocal harmony. It's not about what a band looks like, or what genre they supposedly belong to, or about who buys their records – it's about what each individual song sounds like.«[128]

Das Ergebnis ist durchaus beeindruckend. Gibt man einen Song, Artist oder Komponisten ein, wird ein Stream mit dazu passenden Songs gestartet. Der User kann jeden Song positiv oder negativ bewerten, wodurch wiederum die folgende Musikauswahl beeinflusst wird.

Mit der Digitalisierung und dem Aufstieg von Portalen wie Last.fm sind Intertextualität und Intermedialität in der Musik um ein neues Medium erweitert worden. Dies gilt auch für Videoclips, die sich auf Portalen wie YouTube großer Beliebtheit erfreuen. Auf YouTube gibt es unterschiedliche Arten der Empfehlung. Die persönlichen Empfehlungen beruhen auf bereits angesehenen Videos. Die vorgestellten Videos können von Anbietern gebucht werden. Die aktuell meist angesehenen Clips stehen unter »Trends«. Zudem gibt es eine redaktionelle Auswahl in unterschiedlichen Kategorien wie Musik, Sport und Unterhaltung. Vor allem aber wird man über die Suche auf das gewünschte Video gebracht. Des Weiteren sind die Clips mit Tags versehen. Über Suchalgorithmen wird man als Nutzer so

---

127 Gnoosic. In: www.gnoosic.com (08.04.2012). Gnod. In: www.gnod.net (08.04.2012).
128 Westergren, Tim (ohne Datum): *The Music Genome Project®*. In: http://www.pandora.com/mgp.shtml (30.09.2010): Westergren ist der Gründer des Projekts.

von einem Video zum nächsten geführt. Auf diese Weise schafft YouTube Orientierung in seinem Angebot.[129]

Auf Spotify gibt es den Menüpunkt »Entdecken«, unter dem man Empfehlungen basierend auf dem eigenen Hörverhalten und Aktivitäten der eigenen Freunde erhält. So werden einem ähnliche Songs, Künstler, die man lange nicht mehr gehört hat oder neue Entdeckungen von Freunden vorgeschlagen.[130] Folgt man Freunden, sieht man die freigegeben Playlists der entsprechenden Person und kann sich diese anhören. Zudem kann man Freunden auch Links zu Songs und Alben weiterleiten. Künstler können auf diese Weise ebenso ein Profil bei Spotify erstellen und sich präsenteieren.

Aber auch andere Händler wie Amazon und iTunes zeigen ihren Kunden basierend auf Käufen, welche Produkte ihnen noch gefallen könnten. Bei Amazon geschieht dies über Empfehlungen, die auf Kundendaten basieren. Wer an einem Album Interesse zeigt, bekommt direkt weitere Tipps zu Alben geliefert, die ihm ebenfalls gefallen könnten. Dieses Prinzip ist bei Amazon sehr ausgereift. Bei iTunes werden dem Nutzer anhand des Tools iTunes Genius ebenfalls Songs, Filme und andere Medieninhalte empfohlen, sobald man einen Song in seiner Mediathek auswählt. Außerdem kann Genius basierend auf allen Songs oder einem speziellen Song eine persönliche Playlist aus den vorhandenen Songs erstellen, die gut zusammen passen.[131] Für beide Händler sind diese Funktionen nicht nur Orientierungshilfen für die Kunden, sondern sie fördern auch den Abverkauf im Store. Daher zeigt zum Beispiel auch Beatport seinen Kunden zu jedem Produkt an, was andere Personen gekauft haben, die sich dafür interessiert haben.

Personalisierte Radiostationen oder Playlists werden von Portalen wie iTunes Radio, Spotify oder Beats Music ebenfalls angeboten. Vor allem Beats Music sticht heraus, da man sich im Gegensatz zu den meisten anderen Portalen nicht allein auf Algorithmen verlässt.

»Ian Rogers, the chief executive of Beats Music, argued that these systems inevitably fail because they rely too heavily on computer algorithms and because the people behind them just misunderstand music. He cited one typical, so-obvious-

---

129 Quelle: YouTube. In: www.youtube.com (19.12.2010).
130 Spotify: *Entdecken im Spotify-Client*. (21.01.2014).
131 Quellen: Amazon. In: www.amazon.de (08.04.2012). Apple: *iTunes Genius*. In: http://www.apple.com/de/itunes/features/#genius (30.09.2010). Vgl. Christoph (2012).

it's-wrong recommendation as proof of the problem: Paul Simon fan? Check out Art Garfunkel! ›No human being would ever say that,‹ Mr. Rogers said.«[132]

Daher werden die Playlisten bei Beats Music zusätzlich von Musikliebhabern und Experten kuratiert.»[…] Beats Music can solve a problem that most music fans may not realize they have: deciding what to listen to. ›What song comes next,‹ he [Jimmy Iovine, J.-W.S.] said, ›is as important as what song is playing now.‹«

Die Fokussierung auf persönliche Empfehlungen in diesen Diensten basierend auf Genres steht für den Wandel vom Programm- zum Formatradio.

Die genannten Beispiele zeigen, wie Portale in der digitalen Welt Genrezugehörigkeiten nutzen, aber auch weit darüber hinausgehen, um den Kunden Orientierung zu bieten. Im klassischen Download-Shop werden Genres wie im physischen Handel zur Aufteilung des vorhandenen Repertoires genutzt. Mit den Web 2.0 Portalen sind neben dem Genre auch die Hör- und Kaufgewohnheiten anderer Nutzer als Empfehlungsmechanismen hinzugekommen. (Un-)bewusste Genrepräferenzen bilden zwar auch hier für den Geschmack der User meistens die Grundlage, doch der persönliche Geschmack geht häufig über fest umrissene Genregrenzen hinweg und macht diese Art der Empfehlung für andere User sehr spannend. Gerade in Zeiten, in denen sich Musikhörer nicht mehr auf wenige Genres beschränken, sind Empfehlungsportale und soziale Netzwerke enorm wichtige Faktoren für die Suche nach neuer Musik. Daher wird dieser Bereich immer relevanter werden. Wer seinen Kunden die besten Empfehlungen bieten kann, wird einen großen Vorteil gegenüber der Konkurrenz haben.

5.5.2 Markenbezug in der digitalen Musikwelt

Die Digitalisierung hat eine neue Komponente in die Relation zwischen Musik und Marken gebracht. Die Industrie um die Distribution, Vermarktung und Hardware-Produktion von und für digitale Musikinhalte besteht nicht mehr nur aus den bekannten Firmen der Musikbranche. Es sind zahlreiche Firmen in den Markt eingetreten, die vorher nicht zur Musikin-

---

132 Sisario, Ben (2014): *Algorithm for Your Personal Rhythm*. In: http://www.nytimes.com/2014/01/12/arts/music/beats-music-enters-online-streaming-market.html?smid=tw-nytimesmusic&seid=auto&_r=1 (31.01.2014).

dustrie gehört haben. Dazu gehören Start-Ups, aber auch branchenfremde Unternehmen. Diese haben sich in der digitalen Musikwelt einen Namen gemacht oder ihr bisheriges Markenimage auf die Musik transferiert. Im Folgenden werden Praxisbeispiele für die Verbindung aus Markenführung, Musikbranche und digitaler Welt aufgezeigt.

Die Relevanz von Marken für die Musikbranche im digitalen Zeitalter ist an Interbrands jährlicher Aufstellung der »Best Global Brands« mit dem höchsten Markenwert abzulesen. Für 2013 findet man erstmals Apple an der Spitze, gefolgt von Google. Die langjährige Nummer eins, Coca Cola, liegt nur noch auf Platz drei. Mit Microsoft und Amazon liegen weitere Unternehmen in den Top 20 vor altbekannten Marken wie Pepsi oder Nike. Google war 2004 noch nicht einmal gelistet.[133] Auch in der Millward Brown BrandZ Studie liegt Apple seit 2011 auf Platz eins. Weitere Marken wie Google, Microsoft, at&t, Vodafone oder Amazon liegen ebenfalls in den Top 20.[134]

Apple und Microsoft sind Unternehmen, die bereits unter anderem in der Computer- und Telekommunikationsbranche aktiv gewesen und mittlerweile auch in die Musikbranche eingetreten sind. Das als Online-Buchhändler gestartete Portal Amazon hat seine Produktpalette unter anderem um physische Tonträger und seit 2007 auch auf MP3-Downloads erweitert.[135] Netzbetreiber wie at&t oder Vodafone bieten ihren Kunden schon

---

133 Quellen: Interbrand: *Best Global Brands 2013*. In: http://www.interbrand.com/en/best-global-brands/2013/Best-Global-Brands-2013.aspx (22.12.2013). Interbrand: *Best Global Brands 2004*. In: http://www.interbrand.com/en/best-global-brands/best-global-brands-2008/best-global-brands-2004.aspx (04.10.2010): Google ist allerdings erst seit 2004 an der Börse.
134 Quellen: BrandZ (2011): *Top 100 Most Valuable Global Brands 2011*. In: http://www.millwardbrown.com/Libraries/Optimor_BrandZ_Files/2011_BrandZ_Top100_Report.sflb.ashx (22.12.2013). BrandZ (2012): *Top 100 Most Valuable Global Brands 2012*. In: http://www.millwardbrown.com/brandz/2012/Documents/2012_BrandZ_Top100_Chart.pdf (22.12.2013). BrandZ (2013): *Top 100 Most Valuable Global Brands 2013*. In: http://www.millwardbrown.com/brandz/2013/Top100/Docs/2013_BrandZ_Top100_Chart.pdf (22.12.2013). Schultz, Stefan (2011): *Apple überholt Google*. In: http://www.spiegel.de/wirtschaft/unternehmen/0,1518,761366,00.html (15.05.2011): Die BrandZ Studie ist laut Selbstdarstellung das einzige Ranking dieser Art, das auf Konsumentenbefragungen und finanzielle Analysen basiert.
135 Vgl. Langendorf, Daniel (2007): *Amazon's DRM-free music store launches*. In: http://www.last100.com/2007/09/25/amazons-drm-free-music-store-launches/ (04.10.2010). Quelle: Amazon: *Amazon.de startet Amazon MP3*. In: http://www.amazon.de/gp/press/pr/20090402 (04.10.2010): Zunächst war der MP3-Shop nur in den USA verfügbar. Seit dem 1. April 2009 gibt es den Store auch in Deutschland.

seit Jahren Musik an. Auch der Suchmaschinen-Gigant Google hat bereits 2009 in China ein Musikangebot offeriert und in den USA kurzzeitig mit den Streamingdiensten Lala und iLika kooperiert. In beiden Fällen zeigte Google bei der Suche nach Songtiteln die entsprechenden Songs an. Während man in China den Track kostenlos und legal über die Plattform Top100.cn downloaden konnte, wurde US-Usern der entsprechende Song über Lala oder iLike direkt als Stream angeboten. Doch die beiden Streamingportale wurden von Apple, bzw. MySpace aufgekauft. Der Bedarf nach einem eigenen Musikangebot ist unter anderem aufgrund der Mobiltelefone gewachsen, die über Googles Android System laufen.[136] So wurde 2011 mit Music Beta by Google einen Musikservice gelaunched. Allerdings wurde im ersten Schritt lediglich ein Cloud Locker Service eingeführt, das heißt, man konnte nur seine eigene Musik dort hochladen und von anderen Geräten darauf zugreifen und die Musik streamen. Eine eigenständige Downloadkomponente samt Scan-and-Match-Locker ist erst im November 2011 in den USA unter dem Namen Google Music hinzugekommen.[137] Mittlerweile firmiert der Dienst unter Google Play neben Apps, Büchern und Filmen. Ende 2013 wurde in Deutschland zudem der Streaming-Service »All Inclusive« gestartet.

Diese Beispiele machen deutlich, dass im Zuge der Digitalisierung zahlreiche branchenfremde Firmen in den Musikmarkt eingetreten sind und ihn entscheidend mitprägen. Ob es Amazons zuverlässige Bestellmethode, Googles Status bei Suchmaschinen und Vermarktung sowie das Android System für Mobiltelefone oder die Handys von Apple sind, viele Firmen

---

136 Vgl. Sandoval, Greg (2010): *Google music store could launch this fall*. In: http://news.cnet.com/8301-31001_3-20007673-261.html (05.10.2010). Kremp, Matthias (2009): *Onlinemusik: Google macht Musik kostenlos – in China*. In: http://www.spiegel.de/netzwelt/web/0,1518,616479,00.html (05.10.2010). N.N. (2010): »Google's cloudy music ambition«. In: *Music Ally: The Report*. Issue 244. 27.05.2010: S. 1ff: Das kostenlose Download Angebot in China ist aufgrund des enorm hohen Anteil illegaler Downloads in China entstanden. Auf diese Weise werden User zumindest in eine legale Umgebung geleitet. Google hält eine Beteiligung an dem Portal Top100.cn und vergütet Plattenfirmen mit Anteilen aus Werbeeinnahmen.
137 N.N. (2011): »Google Music: For Beta Or Worse?« In: *Music Ally: The Report*. Issue 268. 12.05.2011: S. 5. Quelle: IFPI (2012b): S. 10: Zum Launch sind beide Services nur in den USA verfügbar. Bei Music Beta können bis zu 20,000 Songs hochgeladen werden. Die Songs können von jedem Gerät, das Flash-Software unterstützt, wieder gestreamed, aber nicht heruntergeladen werden. Geräte mit Googles Betriebssystem Android werden somit unterstützt, Apples iPhone und iPad dagegen nicht. Auch der Download Store ist nur für Android Geräte.

sehen Musik als wichtigen Inhalt für ihr Portfolio. Auf der anderen Seite bringen sie ihre Markenbekanntheiten und Möglichkeiten aus ihren Stammbereichen mit und übertragen diese nun auf den digitalen Musikbereich. So werden sie auch als digitaler Musikhändler zur Marke und bieten den Kunden Vertrauen und Orientierung durch ihre Bekanntheit. Dazu gehört beispielsweise die Fähigkeit von Amazon, aus dem Stand dank einer bereits vorhandenen signifikanten Anzahl von Kunden zu einem relevanten MP3-Händler für die Musikbranche zu werden. Auch die massive Reichweite von Googles Suchmaschine und der Android Software eröffnet den firmeneigenen Diensten YouTube, Google Play Music oder auch dem sozialen Netzwerk Google+ eine sehr große potenzielle Kundschaft.

Die Eigenschaften einer Marke werden von den digitalen Händlern erfüllt. Sie sind in einem großen Absatzraum über einen langen Zeitraum verfügbar und sind mit ihrem Auftritt und der konstanten Qualität bei den Nachfragern bekannt. Die wachsende Relevanz des Handels als Marke ist in den Downloadportalen deutlich sichtbar.

Die Musikbranche beobachtet die aktuellen Entwicklungen und die Belebung des Markts mit dem Einstieg neuer starker Marken wie Amazon und Google sehr genau. Der Grund dafür ist die Dominanz eines Partners, der ebenfalls erst in den 2000er Jahren in die Musikbranche eingestiegen ist: Apple.[138]

Apple ist seit 2008 der marktführerende Musikhändler in den USA vor Größen wie dem physischen Händler Wal-Mart.[139] Doch noch um die Jahrtausendwende war Apple noch weit davon entfernt, in der Entertainmentbranche mitzumischen.

»Apple was ignoring music, even if music was in its blood. Tens of millions of people were downloading songs on Napster. People with Windows computers were burning CDs. And Apple was nowhere. [...] The idea of playing music that was stored on the computer itself, as a digital file, hadn't occurred to the wizards of Cupertino.«[140]

Die Probleme des Kerngeschäfts bestanden damals darin, dass zum einen auf Apple Rechnern erst zu einem späteren Zeitpunkt CD-Brenner eingebaut werden konnten und zum anderen wichtige Software aufgrund des zu

---

138 Vgl. Sandoval (2010).
139 Vgl. N.N. (2008): *Apple gibt den Ton an. Marktführerschaft bei Musikdownloads*. In: http://www.sueddeutsche.de/wirtschaft/marktfuehrerschaft-bei-musikdownloads-apple-gibt-den-ton-an-1.283937 (05.10.2010). Knopper (2009): S. 179.
140 Levy (2006): S. 25f. Kapitel Origin.

geringen Marktanteils oft nicht für die Macintosh Computer programmiert worden ist. Um den Mac aber als den Rechner für Medieninhalte zu positionieren, war neben der Hardware vor allem gute Software notwendig, die schließlich selbst entwickelt werden sollte.[141]

»So Apple embarked on what it came to refer to as the Digital Hub strategy. The idea was to produce the world's greatest portfolio of consumer software, available only to those smart enough, cool enough, and thinking-different enough to buy an Apple computer.«[142]

Die Digital Hub Strategie hat die Firma Apple weitreichend verändert. In diesem Prozess wurde zunächst iMovie entwickelt, mit dem sich auf sehr einfache Weise selbst aufgenommene Camcorder Clips bearbeiten lassen. In der Folge wurde iTunes entwickelt, ein Programm, das damals zur Organisation und Synchronisierung von Musik auf Macs diente und noch keinen Store hatte. Mit der Einführung im Januar 2001 begann die Erfolgsgeschichte von Apple in der Musikindustrie.[143] Der große Durchbruch folgte mit dem Launch des iPods im Oktober 2001. Der MP3-Player bedeutete den Einstieg in eine neue Branche und hat Apple von einer Computerfirma in eine Consumer Electronic Company mit einem großen Musikanteil gewandelt: »Apple would no longer be just a computer company – indeed it would drop that word from ist name – but the Macintosh would be reinvigorated by becoming the hub for an astounding array of new gadgets, including the iPod and iPhone and iPad.«[144]

Apples heutiger Senior Vice President für weltweites Marketing Phil Schiller sagte noch während der iPod Entwicklung: »We realized that we're going to be in the music business«[145]

---

141 Vgl. Isaacson (2011): S. 356f, 382f. Levy (2006): S. 24f: Kapitel Origin: In der Biografie von Isaacson wird dargestellt, dass Jobs für den damals aktuellen iMac kein herkömmliches CD-Laufwerk wollte, sondern ein Laufwerk mit Einzugsschlitz. Die CD-Brenner kamen aber zunächst nur für normale CD-Laufwerke zu erschwinglichen Preisen auf den Markt, weshalb Apple keine Brenner in seinen Rechnern anbieten konnte. Laut Levy war ein ausschlaggebender Grund für eine eigene Software die Ablehnung von Adobe, ihre damalige Windows Software für Videobildbearbeitung auch auf den Mac zu portieren.
142 Levy (2006): S. 25: Kapitel Origin.
143 Vgl. Isaacson (2011): S. 383f. Levy (2006): S. 26–30: Kapitel Origin. Levy schildert hier detailliert die Entwicklung von iTunes.
144 Isaacson (2011): S. 379.
145 Schiller, Phil (2001). Zitiert in: Levy (2006): S. 93. Kapitel Apple.

Der iPod hat Apple nicht nur das Tor zur Musikindustrie geöffnet, er wurde zum Sinnbild der digitalen Zukunft und innerhalb kürzester Zeit zum lebensverändernden, coolsten Lifestyle-Objekt der Welt.[146]

»No one thought that within four years it would change Apple from a computer company to a consumer electronics giant deriving almost 60 percent of its income from music-related business. No one thought the iPod would change the music business, not only the means of distribution but even the strategies people would use to buy songs. No one envisioned subway cars and airplane cabins and street corners and school lounges and fitness centers where vast swathes of humanity would separate themselves from the bonds of reality via the White Earbud Express. No one expected that there would be magazine covers and front-page newspaper stories proclaiming this an ›iPod Nation‹ [...] And certainly no one thought that the name of this tiny computer *cum* music player would become an appellation to describe an entire generation or a metaphor evoking any number of meanings: the future, great design, short attention span, or just plain coolness.«[147]

Diese Coolness basiert nicht nur auf cleverem Marketing. Sie liegt ganz einfach in dem Produkt selbst. Der iPod war der erste MP3-Player, der 1.000 Songs speichern konnte. Seine Handhabung war kinderleicht und er war perfekt auf Apples iTunes Programm abgestimmt.[148] Zudem sah auch noch gut aus, im Gegensatz zu allen anderen MP3-Playern auf dem Markt. Die für Apple typische Ästhetisierung der Gestaltung und Verpackung von Produkten ist auch auf den iPod übertragen worden.[149]

Zunächst hatte iTunes jedoch keinen Store. Man konnte lediglich in MP3-Files umkonvertierte CDs oder meist illegal aus dem Netz geladene MP3s auf den iPod übertragen. Doch Apple wollte seinen Usern eine legale Möglichkeit anbieten, digitale Musik zu kaufen und daraus wie beim iPod auch noch eine angenehme User Experience machen.

---

146 Vgl. Levy (2006): S. 1ff, 4ff, 111: Kapitel Perfect und Cool. Vgl. Brinkbäumer, Klaus/ Schulz, Thomas (2010): »Der Philosoph des 21. Jahrhunderts«. In: *Der Spiegel*. 17/2010: S. 67f, 77. Levy, Steven (2004): *iPod Nation*. In: http://www.newsweek.com/2004/07/25/ipod-nation.html# (18.10.2010).
147 Levy (2006): S. 2f: Kapitel Perfect.
148 Vgl. Isaacson (2011): S. 384f, 388ff. Levy (2006): S. 30f, 122f: Kapitel Origin und Cool. Während iMovie mit den besten Camcordern harmonierte, waren die MP3-Player vor dem iPod umständlich zu bedienen und hatten nicht die gewünschte Apple User Experience. Aus diesem Grund wurde das Projekt iPod angestoßen.
149 Vgl. Isaacson (2011): S. 390ff. Bismarck/Baumann (1996): S. 35. Karmasin (1993): S. 243. Haug, Wolfgang Fritz (1976): Kritik der Warenästhetik: S.16f, 27f, 60ff.

»Also, there was a pretty good template for an e-commerce site: the hugely popular Amazon.com. People would go to Amazon and just hang out, as if in a cool shopping mall, because there were fun things to do and discover, like seeing other peoples lists of favourite stuff or reading reviews of books you were thinking of buying. Job's bigger problem, one that Amazon didn't face, was that his store would have to compete with a widely distributed system that allowed people to download just about any recording ever made – for free.«[150]

Steve Jobs war der Überzeugung, einen Download Store bauen zu können, der die Leute dank seiner attraktiven Handhabung, der großen Auswahl an Songs und der guten Performance zum Verweilen und Einkaufen bringen würde. Vor allem sollten alle Songs einzeln downloadbar sein. Dazu mussten jedoch die Lizenzen mit den Plattenfirmen verhandelt werden. Es war für die Verhandlungen von Vorteil, dass Jobs dank Apple und seiner Tätigkeit bei Pixar die Technik- und die Entertainmentbranche kannte und in beiden Branchen angesehen war. Er hatte somit eine wesentlich stärkere Verhandlungsposition und konnte direkt mit Entscheidern der Major Labels sprechen. Seiner Meinung nach kamen die beiden Branchen beispielsweise bei Napster nicht zusammen aufgrund kultureller Unterschiede zwischen Technologie und Entertainment. Jobs spricht in diesem Zusammenhang von einem »cultural gap«, da die Entertainmentbranche Technologie nicht als kreative Leistung anerkennt und auf einmal von ihr umgewalzt wird. Plötzlich sorgt Technologie dafür, dass die kulturellen Inhalte illegal überall verfügbar sind und wird dafür beschuldigt. Umgekehrt versteht die Technologie-Branche nicht den kreativen Prozess hinter den Inhalten und kritisiert die Unfähigkeit der Entertainment Unternehmen, neue Geschäftsmodelle basierend auf neuen Technologien einzuführen.[151]

Es gab Zweifel seitens der Musikbranche, Apples Modell mit der Möglichkeit von Einzeldownloads aller Songs zu unterstützen. Schließlich wird der Großteil des Gewinns mit dem Verkauf von Alben erzielt. Gerade in den USA hatten Fans keine andere Möglichkeit, einen Song zu bekommen, außer das Album zu kaufen. So haben Acts wie Backstreet Boys und Britney Spears im Jahr 2000 noch Rekorde mit CD-Verkäufen erzielt.[152]

Die Major Labels lizenzierten schließlich dennoch ihre Musik zu Apples Konditionen an den iTunes Music Store, da zu diesem Zeitpunkt

---

[150] Levy (2006): S. 155: Kapitel Download.
[151] Vgl. Isaacson (2011): S. 394ff. Levy (2006): S. 156f: Kapitel Download. Vgl. Knopper (2009): S. 175.
[152] Vgl. Isaacson (2011): S. 396f. Knopper (2009): S. 81. Levy (2006): S. 167. Kapitel Download.

nur die Minderheit von Konsumenten angesprochen werden konnte, die sowohl einen Mac als auch einen iPod besaß.[153] Ihre Sorge, dass durch die Möglichkeit des Downloads einzelner Songs ihre Branche verändert werden könnte, ist aufgrund des geringen Marktanteils Apples, der getroffenen Digital Rights Management (DRM) Maßnahmen und nicht zuletzt dank Marketingzusagen Apples in den Hintergrund geraten. Am 28. April 2003 ging der iTunes Music Store mit 200.000 Songs in den USA live, eine Woche später gab es bereits eine Millionen legale Downloads, Apple war im Musikgeschäft.[154]

Mit dem großen Starterfolg im Rücken ist iTunes bereits im Oktober 2003 schließlich auch auf Windows Systeme ausgerollt worden. Die Annahme der Musikindustrie, dass vorerst nur eine Minderheit bedient werden würde und sicher bald ein Konkurrent wie Microsoft ebenfalls einen Downloadstore eröffnet, wodurch die Konditionen neu verhandelt werden könnten, waren somit falsch. Doch die Labels konnten kaum widersprechen. Schließlich war es Apple endlich gelungen, Kunden zu legalen, kostenpflichtigen Downloads zu bewegen. So wurde iTunes in kürzester Zeit ein Riesenerfolg. Ein Jahr nach dem Launch wurden bereits 100 Millionen Songs im iTunes Store heruntergeladen.[155]

Das Beispiel iTunes zeigt, wie im digitalen Zeitalter eine branchenfremde Firma in kürzester Zeit zu einer der größten Marken werden kann. Allerdings geschieht dies nicht zur Freude aller Marktteilnehmer:

»Apple had basically taken over the entire music business. Steve Job's agenda was not to make money off 99-cent digital songs, although they were a nice additional source of revenue. He used the songs to profit from expensive iPods. Labels made exactly zero dollars for every iPod sale. Not only that, record execs noted ruefully, there was no chance music fans were filling their 80-gigabyte iPods with 20,000 songs they'd bought for 99 cents apiece or ripped from their CD collections. Surely pirated music had something to do with the booming iPod sales as well.«[156]

Der große Erfolg beruht in der Übertragung von Apples Markeneigenschaften, vor allem Design und Usability, auf iTunes. Die Markenbekannt-

---

153 Vgl. Isaacson (2011): S. 396. Levy (2006): S. 157f: Kapitel Download. Zwar war der iPod seit 2002 mit Windows kompatibel, doch iTunes lief nur auf Apple Rechnern. Vgl. Knopper (2009): S. 175f: Bei Knopper findet sich eine ausführliche Darstellung der Verhandlungen zwischen Apple und den Majorlabels.
154 Vgl. Levy (2006): S. 143, 161ff: Kapitel Download. Knopper (2009): S. 177.
155 Vgl. Levy (2006): S. 165: Kapitel Download. Knopper (2009): S. 176, 178. Brinkbäumer/Schulz (2010): S. 73.
156 Knopper (2009): S. 179.

heit von Apple und der Erfolg des iPods haben bei den Konsumenten positive Markenerlebnisse hinterlassen, Vertrauen geweckt und Apples Kompetenz im Musikbereich von Beginn an gestärkt. Die Erlebnisfunktion ist mit dem iPod und dem iTunes Store ein weiterer entscheidender Erfolgsfaktor gewesen. Kaum eine andere Firma besitzt eine bessere Warenästhetik als Apple. Ähnlich sieht es mit der Stilisierungsfunktion von Marken aus, wie am Beispiel des iPods ausführlich geschildert worden ist. Auf diese Weise erfüllt Apple mit dem iPod und dem iTunes Store auch die symbolische Funktion von Marken für den Konsumenten. Apple hat es geschafft, diese Markenfunktionen, vor allem die kulturellen Funktionen, auf seinen Store zu übertragen. Konsumenten identifizieren sich mit der Apple-Welt und haben iTunes so zum Marktführer unter den digitalen Musikhändlern gemacht. Der Store ist attraktiv und übersichtlich gestaltet und im Gegensatz zu den inhaltlich beschränkten Angeboten der Majors gab es das Repertoire aller relevanten Firmen. Der Kauf und die Abrechnung von Songs sind sehr einfach, die Nutzungsmöglichkeiten waren schon zu Beginn trotz DRM fair, der Download schnell und die Übertragung auf den iPod komfortabel.[157] Letzteres ist für Apple entscheidend gewesen, da durch die Attraktivität und den Erfolg des iTunes Music Stores die iPod und iMac Verkäufe massiv angeschoben worden sind.[158] Alles in allem hat der iTunes Store somit nicht nur erstmals eine anspruchsvolle legale Alternative zu illegalen Filesharing-Angeboten geboten, sondern dabei auch noch sein Produktportfolio mit allen Charakteristika, für die der Apple Konzern steht, erfolgreich erweitert. Das Markenversprechen von Apple findet sich im iTunes Store wieder und sorgt bis heute für höchste Standards in der User Experience.

Diesen Innovationsgeist hat Apple in der Folge mit der Einführung des iPhones und des iPads untermauert und auch dabei wieder neue Märkte betreten:

»die wahre Kunst des Steve Jobs ist es, Bedürfnisse zu erkennen oder das Potential unausgereifter Ideen und daraus perfekte Produkte zu formen. Das war so, als er Wozniaks Prototypen eines Personal Computers sah. Apple wurde zum einflussreichsten Computer-Hersteller der Welt. Das war wieder so, als die Musikindustrie keine Mittel fand gegen illegale Tauschbörsen; Apple wurde zum größten Online-Musikhändler der Welt. Und als die Mobilfunkbranche es nicht schaffte, ihre Kunden im großen Stil dazu zu bringen, mit dem Handy im Internet zu surfen, kam

---

157 Vgl. Levy (2006): S. 164f. Kapitel Download.
158 Vgl. Isaacson (2011): S. 391f. Knopper (2009): S. 178f.

das iPhone auf den Markt [...] Auf so etwas bauen nun, in Erwartung des iPads, Verlage und Medienunternehmen, die sich längst ein Wettrennen liefern, weil sie ihre Bücher und Magazine in elektronischer Form auf dem Gerät anbieten wollen, das Jobs natürlich »magisch« und »revolutionär« nennt.«[159]

Für besonders erfolgreiche Marken wie Apple gilt, dass sie keine Kunden, sondern Fans oder Stammesmitglieder haben.[160] Apple bedient nicht nur, sondern prägt den Hardware-Markt für Desktop-Rechner, Laptops, MP3-Player, Mobiltelfone, Tablets und Mediacenter. Darüber hinaus kontrolliert die Firma unter anderem auch die Distributionsplattform für die Inhalte dieser Hardware von Software bis zu Musik, Filmen, TV-Inhalten, Apps, Podcasts, Magazinen und Büchern. Auf diese Weise hat Apple ein eigenes Ökosystem aus Hardware, Software und Medieninhalten aufgebaut, die Digital Hub Strategie ist aufgegangen.

»Dieser Steve Jobs hat eine Marke erschaffen und entwickelt, die zugleich cool und Mainstream ist, das ist der Traum aller Werber. [...] Apple, scheinbar lässige Massenmarke, ist wahrscheinlich das einzige Unternehmen der Welt, das seit Jahrzehnten eine fanatische Anhängerschaft hat, nicht ein paar Verrückte, sondern Millionen von Menschen, für die Apple eine Haltung ist. Das ›New York Magazine‹ hob Jobs mit der Zeile ›iGod‹ auf den Titel. Und als Apple das iPad ankündigte, zeigte der ›Economist‹ Jobs als Jesus-Ikone. Ironisch? Ein wenig. Scheindistanz. Der ganze Wahnwitz hat viel mit Design zu tun. Apple-Produkte sind karg, schlicht, sie sind kompromisslos. Es hat mit Mut zu tun. So groß, so maßlos wie Apple denken wenige Firmen, und vermutlich hat keine andere die eigenen Prinzipien derart oft und derart rundweg erneuert.«[161]

Mit diesen neuen Devices und Inhalten wurde auch der iTunes Store gestärkt. Apple ist aktuell das führende Unternehmen für Entertainment im digitalen Zeitalter. Diese Position hat eine Handelsmacht zur Folge. Die Größe und die internationale Ausrichtung sind dabei von Vorteil. Der iTunes Store versteht sich nicht nur als Vertriebsplattform, sondern als eigenständiger Marketingakteur und als Storebrand.[162] Für Storebrands gelten dieselben Maßnahmen wie für den herkömmlichen Markenaufbau. Zunächst muss eine Markenidentität erarbeitet werden. Unter Berücksichtigung des Markts und der Konsumenten wird eine Fokussierung auf die

---

159 Brinkbäumer/Schulz (2010): S. 73, 77.
160 Vgl. Boch, Oliver von (2001): »Die Lifestyle-Marke – ein Erfahrungsbericht«. In: Schöneberger, Angela/Stilcken, Rudolf (Hg.): *Faszination Marke*. S.35f.
161 Brinkbäumer/Schulz (2010): S. 68.
162 Vgl. Esch (2003): S. 49ff.

wichtigsten, eigenständigen Positionierungseigenschaften geschaffen. Anschließend muss diese Positionierung über entsprechende Marketingmaßnahmen eigenständig und integriert an eine breite Zielgruppe kommuniziert werden. Über die Markenbekanntheit wird das Markenimage geschärft und Vertrauen auf Kundenseite aufgebaut. Diese Kunden sollen langfristig gebunden werden, um die Rendite schließlich zu erhöhen.[163]

Die Informationsmacht liegt vor allem im digitalen Zeitalter stärker auf Seiten des Handels, da er Kundendaten und Kundenbindungsmaßnahmen für sich nutzen sowie über die Belegung der Regale bestimmen kann.[164] Diese Aspekte sind bei iTunes deutlich erkennbar. Die Belegung der virtuellen Regalplätze, sprich der Banner und Albumcover Abbildungen im Store, liegt ebenso in der Hand von iTunes wie vorgegebene Endverbraucherpreise. Nachdem alle Songs jahrelang 0,99 Euro gekostet haben, sind im April 2009 zwei weitere Preisklassen eingeführt worden. Apples Preise sind den Kunden gegenüber relativ transparent, die Labels dagegen sind an Apples Vorgaben bezüglich des Endverbraucherpreises gebunden.[165]

»Coldplay's 2002 smash *A Rush of Blood to the Head* was supposed to sell for $13 on iTunes, but an EMI distribution executive alerted Cohen [damaliger New Media Executive bei EMI, J.-W.S.] one day that it was going for $11.88. The distribution rep called Apple. ›OK‹, the Apple contact responded, ›you want us to take it down?‹. The distribution rep was stunned. ›Welcome to the world of Apple‹, Cohen told him. ›If you don't like it, they'll stop selling your music.‹«[166]

Der Händler iTunes ist mittlerweile so stark, dass die Lizenzgeber von Musik über Filme und TV Sendungen bis Apps auf die Konditionen Apples eingehen. Während es bei Musik die Preisvorgaben und die Verpflichtung zu Einzeltrack-Downloads sind, haben beispielsweise Apps auch mit inhaltlichen Einschränkungen zu rechnen, um in den Store zu gelangen.[167]

---

163 Vgl. Esch (2003): S. 436f: Interessanterweise hat es der iTunes Store geschafft, ohne direkte Marketingmaßnahmen für den Store an sich bekannt zu werden. Stattdessen wird entweder Hardware wie der iPod oder Inhalte, wie zum Beispiel Alben oder Apps beworben mit dem Hinweis auf den iTunes Store.
164 Vgl. Esch (2003): S. 49ff.
165 Vgl. Esch (2003): S. 50, 433
166 Knopper (2009): S. 177.
167 Vgl. Esch (2003): S. 50. Ihlenfeld, Jens (2010): *Mac App Store – Der Anfang vom Ende der Freiheit.* In: http://www.golem.de/1010/78789.html (24.10.2010). N.N. (2010): »Politik gegen Apple.« In: *Der Spiegel.* 23/2010: S. 135. Quelle: Apple (2010): *App Store Review Guidelines.* In: http://developer.apple.com/appstore/guidelines.html (24.10.2010): Bei iTunes müssen alle Tracks einzeln downloadbar sein. Ausnahmen sind rechtliche

Auch Verlage müssen Apples Richtlinien akzeptieren, um beispielsweise ihre Inhalte für das iPad im App-Store anbieten zu können. Innerhalb der jeweiligen Händlergruppen (Download, Streaming, Mobile, Videoportale,…) gibt es im digitalen Bereich ebenso Unterschiede wie im physischen Handel. Diese liegen häufig an diversen Faktoren wie der Mutterfirma, möglichen Zahlungsmethoden, unterschiedlichen Nutzungsmöglichkeiten, Access und der damit einhergehenden Zielgruppe des jeweiligen Portals. So hat iTunes aufgrund der Zugehörigkeit zu Apple ein progressiveres Image als beispielsweise Musicload. Der iPod ist ein relativ teurer MP3-Player und hat gerade zu Beginn vor allem urbane, musikbegeisterte, gebildete Trendsetter angesprochen. Die optimale Kompatibilität von iTunes mit dem iPod ist ein Erfolgsgarant für das Portal und das Gerät. Auch die Zahlungsmöglichkeiten haben in den ersten Jahren vor allem auf dem deutschen Markt die Zielgruppe der über 30-Jährigen angesprochen, da man anfangs ausschließlich mit Kreditkarte zahlen konnte. Eine technische Hürde ist die nötige Installation des iTunes Clients, die anstatt eines webbasierten Shops von Nöten ist. Neben den Mac-Rechnern bieten auch das iPhone und das iPad Zugriff auf iTunes. Somit ist der Shop immer und überall zu erreichen.[168]

»iTunes hat am Anfang sehr stark als Indie-Portal angefangen, rocklastig, auch elektronische Musik, eher nischig, weil es zu Beginn über die Hardware eher ›advanced‹ Zielgruppen angesprochen hat oder eben Vorreiter, Early Adopters.«[169]

Musicload dagegen gehört zum Telekom-Konzern und ist ein webbasierter Shop, der 2014 eingestellt wird. Der Kunde kann bequem über seine Telekom-Rechnung auch die Downloads zahlen. Somit entfallen zwei potenzielle Hindernisse. Die starke Einbindung des Portals auf anderen Konzernseiten, wie www.t-online.de bringt zusätzliche Kunden in den Store, die vielleicht nur ihre Mails oder aktuelle News lesen wollten. Angesichts dieser Punkte ist die Zielgruppe bei Musicload auch eher dem

---

Gründe. In diesen Fällen darf eine begrenzte Anzahl von Songs eines Albums bundle only sein. Weitere Ausnahmen bilden Soundtracks und Compilations. Bei Soundtracks dürfen alle Tracks bundle only sein, bei relevanten Compilations dürfen alle Tracks von Fremdanbietern bundle only sein. Bei Apps behält sich Apple das Recht vor, unpassende Inhalte nicht für den App-Store zuzulassen. Dies können beispielsweise erotische Inhalte oder politische Karikaturen sein. Auch für den neuen Mac App Store gelten strikte Richtlinien für inhaltliche, visuelle und technische Aspekte.

168 Vgl. Christoph (2012).
169 Christoph (2012).

Mainstream zuzuordnen, während es bei iTunes eher die Opinion Leader sind.[170]

»Der Telekom-Kunde ist vom Durchschnittsalter älter, hat vielleicht schon seit jeher seinen Festnetzanschluss bei der Telekom. Irgendwo findet ja auch eine Conversion statt von den Leuten, die da den Anschluss haben, hin in den Download-Shop. So wie bei Apple eben die Conversion von Besitz der Hardware, iPhone, iPad [...] dann eben in den iTunes Store und dann in die verschiedenen Content-Kategorien stattfindet. So sieht man immer die Verknüpfung bei den einzelnen Diensten. Bei AOL war das auch sehr stark ausgeprägt.«[171]

Dies schlägt sich auch in den jeweiligen Store-Charts nieder: »Da gibt es auf jeden Fall Unterschiede. Bei Musicload funktioniert zum Beispiel deutschsprachiger Pop sehr gut. Da funktionieren auch eher Schlager und Volksmusik. Da funktioniert generell Mainstream oder deutsche Musik besser als zum Beispiel bei iTunes.«[172]

iTunes ist zwar mittlerweile auch in der breiten Bevölkerung angekommen, aber Nischenthemen für Early Adopters oder auch Soundtracks funktionieren dort weiterhin zu einem frühen Zeitpunkt häufig überproportional gut, während Musicload eher den Mainstream Musikgeschmack anspricht. Dies schlägt sich auch in den unterschiedlichen Auswirkungen von medialen Berichterstattungen in den jeweiligen Portalen wider. So haben Berichte in Kultur-Formaten, wie dem Kulturbereich bei Spiegel Online und in Sendungen wie »Titel, Thesen, Temperamente« oder »Inas Nacht« oft unmittelbare Auswirkungen auf die Verkäufe bei iTunes. Dies gilt auch für musikalische Einbindungen und Berichterstattungen auf einzelnen Sendern wie 3Sat, arte und Pro7. So ist beispielsweise der Soundtrack zum Film »Once« während einer TV-Ausstrahlung unter der Woche auf 3Sat auf Platz 1 bei iTunes gegangen, während bei Musicload und anderen Portalen kaum ein Ausschlag zu erkennen war. Eine positive Review zu einer neuen EP von Sufjan Stevens auf Spiegel Online hatte dieselbe Wirkung. Auch Lena Meyer-Landruts Interpretationen von Adele, Jason Mraz und anderen Künstlern in der Show »Unser Star für Oslo« führten unmittelbar zu zahlreichen Downloads der Originalsongs bei iTunes. Selbst die Songs, die beim Finale von »Germany's Next Topmodel« 2009

---

170 Vgl. Christoph (2012).
171 Christoph (2012).
172 Christoph (2012).

liefen, sind zuerst bei iTunes und erst mit deutlicher Verzögerung auf anderen Portalen zu Erfolgen geworden.[173]

»Den Ausschlag sieht man am ehesten bei iTunes. Es liegt daran, dass die meisten oder viele Leute heute eine parallele Mediennutzung haben und dass sie, während sie TV gucken, entweder ein Tablet auf dem Schoß oder ein Smartphone zur Hand haben oder parallel vielleicht auch den Laptop am Wohnzimmertisch stehen haben. Und dass dann kein anderer Store so gut in dieser mobilen Welt oder auf den Smartphones integriert ist, wie das bei Apple ist. Da ist einfach eine ›seamless Experience‹, dass ich, wenn ich ein iPhone habe, auch einen iTunes Account habe. Im Endeffekt kann ich mein Telefon gar nicht in Betrieb nehmen, ohne dass ich einen Account kreiere und meine Kreditkarte hinterlege. Insofern bin ich ›ready to go‹, und auf dem iPhone ist es eben nur ein Klick. Bei Musicload jetzt was auf dem Smartphone zu kaufen wäre ziemlich umständlich bis unmöglich.«[174]

Andererseits hat ein Song wie »Helele« von Velile & Safri Duo zunächst bei Musicload funktioniert. Der Titel war der RTL-Song zur WM 2010 und musikalisch sehr massentauglich.

»Pro7 ist eher iTunes, RTL ist vielleicht eher Musicload. Kann auch wieder an der Struktur der Zuschauer dieser Sender liegen. Und ›Topmodel‹ oder ›The Voice‹ haben vielleicht eher ein jüngeres Publikum, das diese Sendungen guckt, sind damit vielleicht eher iTunes lastig, wohingegen RTL eher älter ist und damit vielleicht eher Musicload.«[175]

Mit diesem Hintergrundwissen bieten sich entsprechende Kooperationen zwischen Händlern und TV-Sendern an.[176] So hat sich iTunes im besonderen Maße bei den ersten Staffeln der Pro7Sat1-Show »The Voice of Germany« engagiert, aber auch exklusiv bis zum Finale die Musik zu »X-Faktor« von Vox ausgewertet. Andere Downloadhändler mögen nicht die Marktmacht von Apple haben, doch auch sie haben interessante Möglichkeiten, Musik und Marken zu verbinden. So haben die Händler wie Amazon, Saturn oder Media Markt ihr jeweiliges Kerngeschäft um MP3s erweitert und profitieren von ihren Bestandskunden, bzw. von ihrer Mar-

---

173 So sind nicht nur die Produkte der aufgetretenen Acts von »Germany's Next Topmodel« in die Charts gegangen, sondern selbst die Songs, die zur Unterlegung der Catwalk-Show genutzt worden sind. Emiliana Torrinis »Jungle Drum« wurde gar zum Nummer-1-Hit. Zwar gilt es zu bedenken, dass sich die iTunes Storecharts deutlich häufiger aktualisieren als die der Konkurrenz, doch in den genannten Fällen war die Auswirkung bei iTunes sehr deutlich zu beobachten.
174 Christoph (2012).
175 Vgl. Christoph (2012).
176 Vgl. Christoph (2012).

kenbekanntheit und den zur Verfügung stehenden Kommunikations- und Marketingmaßnahmen. Dazu gehören unter anderem Newsletterverteiler, Einbindungen in TV-Spots und Flyer, über die eine große Reichweite erzielt werden kann. Auch der Preis ist eine Möglichkeit, sich zu positionieren,

»[...] wie Media Markt, Saturn oder Amazon, was langfristig sicherlich gefährlich ist, weil sie subventionieren, weil es teuer ist, weil es ein Verlustgeschäft ist und weil es vor allem leicht kopierbar ist [...]. Das ist ja auch der Fall. Amazon und Saturn schaukeln sich meistens gegenseitig hoch. Der eine macht eine Aktion, der andere matched die Aktion.«[177]

Bei den Mobilfunkanbietern ist mit der Weiterentwicklung der Telefone auch das Angebot an mobilen Inhalten gewachsen. Wo zunächst aufgrund der der Speicherkapazität, der geringen Bandbreite des Netzes und der Hardware Limitierungen lediglich Operatorlogos und monophone Klingeltöne zur Verfügung standen, ist mit den Realtones, Freizeichentönen sowie der Mobile Jukebox von T Mobile schrittweise der Weg zum Fulltrack Download und Streaming-Angebot begangen worden. Für sie dient die Einführung von MP3-Shops oder Streaming-Partnerschaften der Erweiterung der Wertschöpfungskette sowie der Markenstärkung.

Auch bei den Streaming-Anbietern ist das Geschäftsmodell oft entscheidend für die Markenpositionierung. Dabei gibt es unterschiedliche Business Modelle. Das ad funded Modell basiert auf einer werbefinanzierten Nutzung. Der Konsument kann kostenlos Musik konsumieren, auf dem Portal wird dafür Werbung, zum Beispiel in Form von Bannern oder Audio- und Videospots geschaltet.[178] Lizenzgeber können aus diesen Einnahmen einen Anteil erhalten oder einen festen Betrag pro Videoaufruf verhandeln. So ist Video-Streaming von musikalischen Inhalten in der Regel werbefinanziert. YouTube, VEVO oder lokale Dienste wie MyVideo bieten klassisches Video on demand an, während tape.tv oder Putpat interaktives Musikfernsehen in Form von Push-Services versprechen.[179] Dabei sind Musikvideos für Videoportale von Beginn an vor allem wichtige wirtschaftliche Faktoren gewesen, da sie zu den beliebtesten und meist ge-

---

177 Christoph (2012).
178 Vgl. Christoph (2012): Ad funded Dienste bieten momentan in Deutschland keine Downloads an, sondern nur Streaming.
179 Quelle: Bundesverband Musikindustrie (2011): S. 43: YouTube ist seit April 2009 in Deutschland nur eingeschränkt verfügbar, da sich das Unternehmen nicht auf einen Tarif mit der GEMA einigen kann.

klickten Inhalten gehören. Attraktive Inhalte haben mehr Kunden zur Folge, was wiederum höhere Werbeeinnahmen und somit größeren Umsatz bringt. Zudem ist die Nutzungsdauer auf Videoportalen im Schnitt auf wenige Minuten beschränkt. Für diese Dauer sind Musikvideos der ideale Inhalt.[180] Aus diesen Gründen ist es im Interesse der Videoportale, sich die Rechte an Musik zu sichern und die Labels entsprechend zu vergüten. Musik ist hier der entscheidende Inhalt, um sich im Markt etablieren zu können.

Im kostenpflichtigen Subscription Modell dagegen kann man nach einer Testphase gegen eine monatliche Gebühr alle vorhandenen Songs als Stream hören.[181] Dienste, die sowohl eine kostenlose als auch eine kostenpflichtige Variante ihres Services anbieten, bezeichnet man als Freemium-Dienste. Ziel ist es dabei, die Konsumenten über einen kostenlosen Service zu binden und zu zahlenden Kunden zu konvertieren.[182]

Im Audio-Streaming Segment ist Musik nicht nur der entscheidende, sondern der einzige Inhalt neben Hörbüchern und Hörspielen. Hier wird die Markenpositionierung durch technische Spezifikationen, der Soundqualität und schnellen Verfügbarkeit der Streams, Usability, Access und Kompatibilität mit anderen Geräten oder auch der Verfügbarkeit im jeweiligen Land entschieden. Allenfalls der Umfang des vorhandenen Musikkatalogs hat noch direkt mit der Musik zu tun. So zeichnete sich Spotify zum Launch als das beste Streamingportal aus. Die sehr schnelle Pufferung der Dateien, die ein schnelles Abspielen der Songs ermöglicht und vor allem die gute Usability waren ausschlaggebend dafür. In 2013 hatte Spotify bereits sechs Millionen zahlende Premium-Kunden, was über 20 Prozent der Kundschaft entspricht.[183] Das Portal ist im März 2012 auch in Deutschland gelauncht worden und wird auch hier kurzfristig zum Marktführer

---

180 Vgl. Christoph (2012).
181 Vgl. Christoph (2012). Quellen: IFPI (2011): S. 12. Bundesverband Musikindustrie (2011): S. 43. Napster. In: http://www.napster.de/registrierung/ (01.04.2012): Napster wurde 2011 von Rhapsody aufgekauft. Die Marke Napster soll zumindest vorerst noch in Deutschland und UK weiter existieren.
182 Quellen: IFPI (2012b): S. 12. IFPI (2011): S. 13. Bundesverband Musikindustrie (2011): S. 43. Vgl. Overbeck, Jochen (2012): »Musik aus den Wolken«. In: *Musikexpress*. Mai 2012: S. 55f. N.N. (2012): *Simfy dampft Freemium ein*. In: http://www.mediabiz.de/musik/news/simfy-dampft-freemium-ein/318565 (01.05.2012): Der Bericht im Musikexpress bietet eine gute Übersicht über den deutschen Streaming Markt im Frühling 2012. Lediglich Simfy hat kurz darauf sein Freemium-Angebot aufgegeben.
183 Quelle: Spotify: Information. In: http://press.spotify.com/us/information/ (19.01.2014).

im Streaming-Segment werden.[184] Streaming-Angebote werden immer bekannter und leiten somit die nächste Phase der Musikauswertung ein. Die momentan anhaltenden Diskussionen über die Rentabilität des Geschäftsmodells für Künstler sind durchaus ernst zu nehmen.[185] Spotify selbst hat im Zuge dessen das Portal Spotify Artists ins Leben gerufen, auf dem möglichst transparent erklärt wird, wie Künstler von Spotify profitieren.[186] Allerdings gab es zur Einführung der Download-Portale zu Beginn der 2000er Jahre und bei jedem von außen heran getragenen Formatwechsel ähnliche Vorbehalte.[187] Die Geschichte zeigt, dass sich Formate durchsetzen, die von den Konsumenten angenommen werden.

Die technische Qualität eines Dienstes und die innovativen Funktionen sind somit auch Faktoren, über den man sich positionieren kann. Diese Innovationsführerschaft hat iTunes dank des hervorragend funktionierenden Zusammenspiels zwischen Hardware und Software, der guten Benutzerführung, der Markeneigenschaften von Apple und der Kompatibilität mit iPhone, iPad, iPod und Apple TV aktuell bei den À-la-carte-Download-Stores inne. Hinzu kommen einige Funktionen innerhalb des iTunes

---

184 Vgl. Lischka, Konrad (2012b): *Spot an fürs Gratis-Streaming*. In: http://www.spiegel.de/ netzwelt/web/0,1518,820265,00.html (26.03.2012): Die Verhandlungen zwischen Spotify und der GEMA haben sehr lange angedauert. Für einen kurzen Zeitraum sind aber bereits einige Spotify Zugänge in Deutschland akzpetiert worden, weshalb es hier auch vor dem offiziellen Launch bereits Nutzer gab. Simfy hat diese Situation genutzt und seinen Service bereits im Sommer 2010 gestartet. Seit dem offiziellen Markteintritt von Spotify im März 2012 in Deutschland ist Spotify aber Marktführer.
185 Vgl. Dredge, Stuart (2013): *Writing or speaking about streaming music screwing artist? Read these articles first*. In: http://musically.com/2013/02/13/streaming-music-screwing-artists/ (29.01.2014). Charles, Arthur (2013): *Thom Yorke blasts Spotify on Twitter as he pulls his music*. In: http://www.theguardian.com/technology/2013/jul/15/thom-yorke-spotify-twitter (30.01.2014). Dredge, Stuart (2013): *Thom Yorke calls Spotify ›the last desperate fart o a dying corpse‹*. In: http://www.theguardian.com/technology/2013/oct/07/spotify-thom-yorke-dying-corpse (30.01.2014). Byrne, David (2013): *David Byrne: ›The internet will suck all creative content out of the world‹*. In: http://www.theguardian.com/music/2013/oct/11/ david-byrne-internet-content-world (29.01.2014). Renner, Tim (2013): »Crowdrock für alle«. In: *Süddeutsche Zeitung*. 16.11.2013: S. 15. Olmstead, Todd (2013): *You can remix Moby's new album thanks to BitTorrent*. In: http://mashable.com/2013/11/17/moby-innocents-bittorrent-bundle/ (30.01.2014): Die Vorstöße von Thom Yorke, Nigel Godrich und David Byrne gegen Spotify prägten die Diskussion 2013 und führten zu Gegenreaktionen, wie von Moby und Tim Renner. Stuart Dredge hat auf MusicAlly eine gute Zusammenfassung der Argumente beider Seiten zusammengestellt.
186 Quelle: Spotify Artists. In: http://www.spotifyartists.com/ (30.01.2014).
187 Haddad, Charles (2003): *The Chili Pepper's sour grapes over iTunes*. In: http://www.businessweek.com/stories/2003-07-15/the-chili-peppers-sour-grapes-over-itunes (30.01.2014).

Stores, die sonst niemand anbietet. So bietet iTunes die Möglichkeit an, Alben zu vervollständigen. Hat man einen Track gekauft, wird der Trackpreis vom Albumpreis abgezogen, wodurch der Rest des Albums günstiger erworben werden kann. Diese Mechanik wird unter anderem für »Songs vorab...« Aktionen genutzt, bei denen es vor Veröffentlichung des Albums Songs exklusiv vorab bei iTunes gibt. Der Kaufpreis der Titel wird im Anschluss auf den Albumpreis angerechnet. Ein weiteres Tool ist die »instant gratification Pre Order«. Hier bestellt der Konsument das Album vor und erhält sofort einen Song oder mehrere Lieder vorab als Download. Den Rest des Albums erhält man zur Veröffentlichung. Auch hier werden bereits geladene Tracks auf den Albumpreis angerechnet. Häufig erhält man als Vorbesteller noch exklusive Inhalte zusätzlich. Um das haptische Erlebnis zu ersetzen, kann man bei iTunes eine sogenannte »iTunes LP« mit dem Album anbieten. Dahinter verbirgt sich ein interaktives Menü mit dem Album, Songtexten, Fotos und anderen Extras. Auch in Sachen Sound hat iTunes ein eigenes Format im Angebot namens »Mastered for iTunes«. Dabei wird von einem höher aufgelösten Mastering File ausgehend komprimiert, wodurch der Klang des Songs optimiert wird. Andere Möglichkeiten sind kostenlose Downloads, zum Beispiel im Rahmen der »Single der Woche«, in Kooperation mit Zeitschriften wie Glamour oder der alljährlichen »12 Tage Geschenke« Aktion.

Mit diesen Maßnahmen schafft es Apple unterschiedliche Ziele zu erreichen. So werden mithilfe der angebotenen Tools bei attraktiven Themen exklusive Inhalte von den Labels gesichert. Kooperationen mit Partnern machen die Marke iTunes bekannt, stärken das Image und generieren darüber hinaus noch Neukunden. Wenn dazu noch die redaktionelle Betreuung des Stores gut auf die Bedürfnisse der Kunden abgestimmt ist, sind dies Faktoren, mit deren Hilfe sich ein Store als Marke positionieren kann, obwohl inhaltlich keine großen Unterschiede zu Konkurrenten bestehen.

Auch Google bringt ähnliche Voraussetzungen wie Apple mit. Als Technologie-Unternehmen hat man eine breite Palette an Diensten, zu denen neben der Suchmaschine und YouTube unter anderem auch ein Audio-Musikservice gehört. Das Besondere bei Google ist die Kombination aus Download-Shop, Streaming-Angebot und Cloud-Serivce. Hinzu kommt das hauseigene Ökosystem mit der Android-Plattform für mobile Endgeräte.

Amazon spielt dagegen seine Stärken auf andere Weise aus. Als Händler für alle möglichen Waren führt man Musik sowohl in physischer Form als auch in digitaler Form. Dazu wird den Konsumenten ein Cloud-Service angeboten. Der Clou besteht darin, dass Kunden, die ein physisches Produkt kaufen, über die sogenannte AutoRip-Funktion die Musik sofort in ihrer Cloud erhalten und von dort aus streamen oder als Download laden können.[188]

Im Bereich Video-Streaming hat das Portal tape.tv einige interessante Ansätze, jedoch ohne durchschlagenden Erfolg. Sie legen nicht nur einen musikalischen Schwerpunkt auf glaubwürdige Künstler und bieten die genannten technischen Möglichkeiten der Personalisierung, sie positionieren sich auch mit eigenen Formaten. In der Reihe »Auf den Dächern« spielen Künstler exklusive Akustik-Konzerte auf den Dächern von Berlin. Die Aufnahmen sind alle in einer Corporate Identity gehalten mit einem Kunstrasen und dem tape.tv Logo aus Styropor. Die Clips gibt es auf tape.tv, während ausgewählte Auftritte als Live-EP auf iTunes angeboten werden. Andere Formate wie »On Tape« werden auch auf ZDF Kultur ausgetrahlt.[189] Das 2013 in Deutschland gestartete Portal VEVO setzt ebenfalls auf eigene Formate um sich zu differenzieren. So werden Newcomer beispielsweise im Rahmen von »VEVO Lift« vorgestellt.[190]

Bei den Audio-Streaming-Diensten nimmt Spotify im Moment eine führende Rolle ein.[191] Neben der bereits genannten Usablilty haben auch weitere Maßnahmen zu diesem Status geführt. Im November 2011 wurden externe Applikationen gelauncht. Portale wie Last.fm, Rolling Stone oder Songkick sind seitdem mit eigenen Apps auf Spotify vertreten. Labels und Markenpartner folgten 2012 mit eigenen Apps. Auf diese Weise werden den Kunden neben Empfehlungen von Freunden weitere redaktionelle Inhalte und Orientierungsmöglichkeiten von vertrauenswürdigen Quellen

---

188 Quelle: Amazon: *AutoRip*. In: http://www.amazon.de/b?ie=UTF8&node=2624847031 (20.01.2014): Die AutoRip-Funktion wird nicht für alle Alben angeboten.
189 Quellen: tape.tv: *Auf den Dächern*. In: http://www.tape.tv/format/aufdendaechern (26.03.2012) tape.tv: *On Tape*. In: http://www.tape.tv/format/ontape (26.03.2012). iTunes: Auf den Dächern. In: www.itunes.de/tape.tv (26.03.2012). ZDF.Kultur. In: http://ontape.zdf.de/ZDFde/inhalt/8/0,1872,8237928,00.html (26.03.2012).
190 Quelle: VEVO: *VEVO Lift*. In: http://www.vevo.com/c/DE/DE/lift (20.01.2014).
191 Vgl. Christoph (2012).

angeboten. Labels können ihren Katalog auf attraktive Weise anbieten und Markenpartner ihre Brand mit Musik emotionalisieren.[192]

»There are multiple ways one can look at this, but what we're trying to primarily address is that when it comes to music, we've got 15 or 16 million tracks. I don't even know what the exact number is, but there's an endless amount of music. You could listen your whole life to the Spotify catalog and you probably wouldn't get through a third of it. What's needed on top of that is curated experiences. Part of that curated experience is people building playlists and sharing those playlists with their friends. But another part is trusted sources — people who tend to be really, really good at music. There are things you can [offer] with music that aren't Spotify's core [competencies], like lyrics, ticketing and other things.«[193]

Zudem dienen die Menüpunkte »Browse« und »Entdecken« dazu, den Konsumenten sowohl redaktionelle, als auch personalisierte Empfehlungen anzubieten. Eine enge Verzahnung mit Facebook sorgt für Präsenz auf dem Social Media Portal. Dazu sagt CEO Daniel Ek:

»We look at the sharing of music as really, really important for our business. We've found that the more social our users are — i.e., they're sharing music — the faster they grow their own music library. [And] the faster they grow their music library, the faster they become paying customers. That's really the rationale for us — not really the marketing side, but we feel that the combination of [Facebook and Spotify] is a positive thing.«[194]

Schließlich entdeckt man laut Ek heute viel mehr Musik über Empfehlungen von Freunden statt über Radiostationen und hat eine größere Bandbreite an musikalischem Geschmack. Spotify hilft dabei, diesen Umständen

---

[192] Vgl. Christoph (2012). Quelle: Spotify: *Spotify Apps.* In: http://www.spotify.com/int/about/apps/ (28.02.2012). Spotify: *Spotify and Coca-Cola Partner To Share Music With The World.* In: http://www.spotify.com/se/about-us/press/spotify-and-coca-cola-partner/ (20.04.2012).

[193] Ek, Daniel (2012). Zitiert in: Buskirk, Eliot Van (2012): *Daniel Ek On Spotify, Community And Music's Future.* In: http://www.grammy.com/news/daniel-ek-on-spotify-community-and-musics-future (26.02.2012).

[194] Ek (2012). Zitiert in: Buskirk, Eliot Van (2012): *Daniel Ek On Spotify, Community And Music's Future.* In: http://www.grammy.com/news/daniel-ek-on-spotify-community-and-musics-future (26.02.2012). Vgl. auch N.N. (2012): *Vevo To Force Account Registrations Through Facebook.* In: http://musically.com/2012/03/01/vevo-to-force-account-registrations-through-facebook/ (01.03.2012). Quelle: IFPI (2012b): S. 12: Man kann davon ausgehen, dass in Zukunft weitere Portale diesen Weg einschlagen werden, um ihre Dienste personalisiert auf den Kunden zugeschnitten anzubieten und die Präsenz in sozialen Netzwerken zu erhöhen. Die Anmerkungen in eckigen Klammern im Zitat von Ek wurden von Eliot van Buskirk ergänzt und hier übernommen.

Rechnung zu tragen und Musik zu entdecken.[195] Ein weiteres Tool, um die Reichweite zu erhöhen, ist der Spotify Play Button, der im April 2012 eingeführt worden ist. Er ermöglicht es redaktionellen Websites, Blogs und Künstlerseiten, Musik aus Spotify direkt in ihre Berichte einzubauen.[196]

Mit Beats Music ist 2014 ein neuer Dienst in den Markt eingetreten, der schon vorher eine starke Marke war. Dank der Kopfhörer ist das Unternehmen von Dr. Dre und Jimmy Iovine zahlreichen Musikfans bereits bekannt. Das Image als coole, musikaffine Firma wird auch mit dem Streaming-Portal gepflegt, indem man weitere musikalische Kompetenz in Form von Leuten wie Trent Reznor von Nine Inch Nails und Scott Plagenhoef, ehemals Herausgeber des Musikmagazins Pitchfork, als Kuratoren verpflichtet hat. Auch redaktionelle Partner und prominente Persönlichkeiten bekommen die Möglichkeit, ihre Playlisten zu veröffentlichen. Zudem gibt es mit der Funktion »The Sentence« ein Feature, das auf Basis verschiedener Parameter (Ort, Aktivität, Person, Genre) individuelle Playlisten erzeugt.[197]

Bei den genannten Beispielen ist der Faktor Innovationsführerschaft entscheidend. Es wird deutlich, dass digitale Musikhändler auf unterschiedliche Weise Markeneigenschaften besitzen können. Dabei spielen die Firmenhintergründe eine ebenso große Rolle wie das Geschäftsmodell und die technischen Möglichkeiten der Portale. Mit der Digitalisierung der Musik hat sich ein gänzlich neuer Markt entwickelt, der zahlreiche neue Marktteilnehmer zugelassen und neue Geschäftsfelder eröffnet hat. Für die Musikindustrie sind dadurch neue Chancen und Herausforderungen entstanden, ihren Kunden Orientierung zu bieten.

Im nun folgenden Teil der Arbeit wird untersucht, wie die Marktteilnehmer der Musikindustrie unter diesen neuen Voraussetzungen im digitalen Zeitalter mit dem Thema Orientierung umgehen. Dabei werden Best Cases aus der Praxis dargestellt.

Im Mittelpunkt steht dabei die Frage, welche Handlungsmöglichkeiten Labels im digitalen Zeitalter anhand der Orientierungsinstrumente Genre und Marke besitzen und wie sie diese zur Entwicklung eines Labelprofils

---

195 Vgl. Pollack, Neal (2011): »The Celestial Jukebox«. In: *Wired*. US-Ausgabe. Januar 2011: S. 77.
196 Vgl. Dredge, Stuart (2012): *Spotify Play Button embeds its streams in more websites*. In: http://musically.com/2012/04/11/spotify-play-button-embeds-its-streams-in-more-websites/ (14.04.2012). Kandell, Steve (2012): *Spotify Now Plays Well With Others*. In: http://www.spin.com/blogs/spotify-now-plays-well-others (20.04.2012).
197 Vgl. Sisario (2014).

auf dem komplexen Musikmarkt und in der digitalen Welt für sich nutzen können, um Orientierung zu bieten.

6. Orientierungsinstrumente in der heutigen Musikindustrie

Im bisherigen Verlauf der Arbeit wurden nach einer Einführung in das Thema Label die Geschichte der Musikindustrie und der Musikmarkt in Deutschland dargestellt. Daraufhin wurden mit den Konzepten Genre und Marke zwei Orientierungsinstrumente unterschiedlicher Fachrichtungen betrachtet und hinsichtlich ihrer Übertragbarkeit auf die Musik analysiert. Dem Medienumbruch mit seinen enormen Auswirkungen auf den Musikmarkt wurde im Anschluss Rechnung getragen.

Die unterschiedlichen Aspekte von Genres und Marken können in einem Label aufeinander treffen. Dadurch entstehen Möglichkeiten für Labels, das Potenzial dieser beiden Orientierungsinstrumente für sich zu nutzen und selbst zur Marke zu werden oder für ein Genre zu stehen. Sie können auf diese Weise als zentrale Produzenten von kommerziell ausgewerteter Musik auch eine Orientierungsfunktion gegenüber Konsumenten, Händlern und Medien einnehmen. Die genannten Marktteilnehmer spielen wiederum ebenfalls eine relevante Rolle für die Einordnung von Musik.

In diesem abschließenden Teil der Arbeit wird untersucht, welche Handlungsmöglichkeiten die vorgestellten Orientierungssysteme den Labels im digitalen Zeitalter bieten können.

Dazu wird zunächst geprüft, inwiefern die Genretheorie bzw. Markenführungskonzepte geeignet sind, um auf ein Label übertragen zu werden. In den jeweiligen Kapiteln zu den beiden Orientierungsinstrumenten wird erörtert, auf welche Weise und unter welchen Voraussetzungen Labels jeweils die praktische Umsetzung des Konzepts Genre bzw. der Markenpolitik betreiben und dadurch zum Wegweiser werden können. Ein besonderes Augenmerk liegt dabei auf der Anwendung der beiden Orientierungskonzepte im Zuge der Digitalisierung. Schließlich existiert gerade im digitalen Zeitalter ein sehr großer Bedarf nach Orientierung. Die schier unüberschaubare Menge an verfügbarer Musik sowie die ebenso zahlreich vorhandenen Informationen über Musik können auch einen interessierten Konsumenten erschlagen.

Es wird zum einen dargestellt, wie die Orientierungskonzepte im Musikmarkt auf Händler-, Medien- und Konsumentenseite genutzt und welche Potenziale sich daraus ergeben können. Zum anderen werden die Voraussetzungen herausgearbeitet, unter denen sich ein Label die dargestellten Orientierungsmöglichkeiten im digitalen Zeitalter zu Eigen machen kann. Abschließend wird basierend auf diesen Erkenntnissen untersucht, wie Labels heute sowohl Elemente von Genres als auch von Marken zur Identitätsbildung und Orientierung nutzen können.

Die Relationen zwischen Labels und Genres bzw. Labels und Marken sowie das Spannungsfeld, in dem sich Labels zwischen Genres und Marken im digitalen Zeitalter befinden, werden hier anhand zahlreicher Beispiele aus der Praxis dargestellt. Dabei dienen aufgrund des Literaturmangels auf diesem Gebiet neben einigen Sekundärquellen vor allem qualitative Interviews mit Mitarbeitern aus der Musikbranche als Grundlage.

In dem nun folgenden Hauptteil wird untersucht, welche Rolle Labels dabei mithilfe der Orientierungsinstrumente Genre und Marke spielen können.

6.1 Das Konzept Genre bei Labels in der Praxis

Das Konzept Genre ist auch in der Musik anwendbar, wie in dieser Arbeit aufgezeigt worden ist. Aufgrund der enorm hohen Ausdifferenzierung von Musikstilen ist der Musikmarkt entsprechend unübersichtlich. Die Kommunikation zwischen Produzenten, Händlern und Konsumenten kann hier über das Orientierungssystem Genre auf unterschiedliche Weisen erheblich verbessert werden. Dabei kann das Label eine wichtige Rolle zwischen Anbietern, Nutzern und dem Produkt einnehmen. Ebenso wie Genres eine Art oder Gattung darstellen, können Labels für eine Musikrichtung stehen und dazu dienen, die musikalische Bandbreite einer Plattenfirma zu unterteilen. Theoretische Grundzüge der Genretheorie werden hier zunächst auf Labels angewendet, bevor der Umgang von Labels mit Genres anhand von Beispielen aus der Praxis dargestellt wird.

6.1.1 Anwendung der Genretheorie auf Labels

Bereits in den Anfängen der Tonträgerindustrie hat es Labels gegeben, die sich auf ein Genre spezialisiert haben. Anfangs war dies noch technisch bedingt. So wurden aufgrund der schlechten Aufnahmequalität der Zylinder für den Phonograph hauptsächlich Blaskapellen und Klavierstücke aufgenommen. Diese hatten einen einigermaßen kräftigen Klang in der Wiedergabe. Doch schon bald folgten frühe Beispiele für Labels mit Affinitäten zu einem bestimmten Genre.[1] Bereits 1892 bot die Louisiana Phonograph Company recht erfolglos sogenannte »croon songs« an. Darunter verstand man abwertend Lieder, die aus der Sicht eines meist rassistischen Weißen typisch für die schwarze Bevölkerung waren.[2] Mit der Entdeckung des Race-Marktes richteten Labels wie OKeh ihre Strategie auf die Zielgruppe der Schwarzen aus und spezialisierten sich auf städtischen Blues mit schwarzen Folklore Einflüssen.[3] Auch neu gegründete Labels wie Capitol waren mit der Beschränkung auf Nischen erfolgreich.[4] Für den Aufbruch der Rock'n'Roll Ära in den 1950er Jahren stehen die legendären Labels Sun Records aus Memphis und Chess aus Chicago.[5] Auch die Gründung von Unterlabels kann wie bereits erläutert der Unterteilung von verschiedenen Musikstilen dienen. Der Gedanke, das Konzept Genre auf ein Label zu übertragen, liegt damit nahe.

Ein Label ist aber nicht mit einem Genre gleichzusetzen. Allein die Aufgabe von Genres, Texte zu sortieren und kategorisieren, kann von einer Plattenfirma als Teil der Musikindustrie nicht erfüllt werden, da nicht sämtliche Texte eines Genres einem Label zugeteilt werden können. Labels sind demnach nicht äquivalent mit einer Oberbezeichnung für bestimmte Textsorten. Sie können aber durchaus als Repräsentant eines Genres bzw. verschiedener Genres wahrgenommen werden oder prägend für ein Genre sein.

Auch ist ein Label nicht genuin entstanden, sondern eine abstrakte Konzeption der Musikindustrie. Die Produkte dienen der Unterhaltung, es kann aber nicht zwischen fiktional und nicht-fiktional, sondern allenfalls zwischen Studio- und Liveproduktionen unterschieden werden. Die Kultur- und Erfahrungsware Musik kann von einem Label über technische

---

1 Vgl. Gronow/Saunio (1998): S. 4f.
2 Vgl. Alsmann (1985): S. 12.
3 Vgl. Alsmann (1985): S. 13ff.
4 Vgl. Schulze (1996): S. 51. Gronow/Saunio (1998): S. 99.
5 Vgl. Chapple/Garofalo (1980): S. 36, 47–54.

Medien distributiert werden, wie es im Konzept Genre vorausgesetzt wird. Desweiteren ist beiden gemeinsam, dass sie sich langfristig auf dem Markt behaupten und etablieren müssen, um bei Produzenten, Konsumenten und anderen Nachfragern Anerkennung ernten zu können.

Ein Label muss aber nicht massenwirksam sein, um existieren zu können. Es kann auch in kleinsten Nischen überleben, solange es ausreichend viele Abnehmer findet. Labels, die sich auf Nischen oder Musikstile konzentrieren, was bei Indies ebenso der Fall sein kann wie bei Majors via Unterlabels, können zwar für ein Genre stehen oder den bestehenden Labelkatalog in verschiedene Genres einteilen, müssen aber ihre Klassifikationen nicht für jeden Text rechtfertigen, wie es Aufgabe eines Genres ist. Stattdessen spiegelt sich die außerordentlich stark ausgeprägte Genredynamik des Musikmarkts und der Musikentwicklung auch in einer sehr dynamischen Labelpolitik der Firmen nieder.[6] Sie sind daher schwer einzugrenzen, und ihr jeweils individueller Stil lässt sich häufig nicht eindeutig definieren. Ein weiterer Unterschied liegt darin, dass nicht jedes neue Label ein neues Genre darstellen oder eine neue interne Struktur einführen muss. Zudem kann bei Labels im Gegensatz zu Genres nicht von einem nahezu gleichberechtigten Vertrag zwischen Anbietern und Nutzern gesprochen werden, da Labels zur Industrie gehören. Das Angebot wird also eindeutig von den Produzenten bestimmt, auch wenn Reaktionen auf den Markt in die Labelpolitik mit einfließen.

Besteht eine enge Verknüpfung zwischen einem Label und einer Musikrichtung, bietet es sich dennoch an, dass es sich trotz vorhandener Unterschiede einige Orientierungsmöglichkeiten des Konzepts Genre zu Eigen macht. Dieses kann diesen Ausführungen zufolge im inhaltlichen Bereich von Labels Beachtung finden, doch auch einige seiner funktionalen Aspekte können mit Abstrichen auf Labels übertragen werden.

6.1.2 Anwendung und Nutzen des Konzepts Genre für Labels

Die Relevanz von Genres wird schon bei der Struktur einer größeren Plattenfirma deutlich.

---

6 Vgl. Hentschel, Christian (2003): *Popstar in 100 Tagen. Tipps & Facts aus dem Musikbusiness.* S. 264: Hentschel gibt einen groben Überblick über den Musikmarkt mit dem Fokus auf Hinweise für junge, vertraglose Bands. In diesem Zusammenhang wird auch die hohe Marktdynamik kurz umrissen.

»In der Praxis hat es sich für die meisten Majors bewährt, die Aktivitäten auf mehrere Gesellschaften aufzuteilen und so kleinere, übersichtliche Einheiten zu bilden. Diese konzentrieren sich in der Regel auf ein oder wenige Produktsegmente. Somit können sie sich leichter eine eigene Identität schaffen und sowohl bei Künstlern als auch beim Handel mit einer höheren Kompetenz auftreten. In Repertoiresegmenten wie beispielsweise HipHop wirken große Unternehmen, die gleichzeitig Volksmusik betreuen, innerhalb der Szene als wenig kredibel und folglich unattraktiver; hier bedarf es kleiner abgegrenzter Einheiten, die durch eine überzeugende eigene Identität das Vertrauen ihrer Partner gewinnen können. Produktnahe Funktionen wie A&R, Marketing und Promotion, zum Teil auch Vertrieb, werden von diesen Zellen selbstständig durchgeführt. Zentrale Funktionen hingegen wie kaufmännische und juristische Aufgaben, zum Teil aber auch Graphik/Werbung und Vertrieb, werden zentral von der Ländergesellschaft wahrgenommen.«[7]

Ein Label kann aber auch abseits von geschäftlichen Aufgaben und Abläufen als Repräsentant eines Genres eine vermittelnde Funktion zwischen der Musik und den Konsumenten einnehmen und dadurch die Kommunikation zwischen Anbietern und Nutzern verbessern. Hält man sich bei der Veröffentlichungspolitik an inhaltliche und formale Charakteristika, können Konventionen entstehen und Erwartungshaltungen bei Konsumenten aufgebaut werden. Auf diese Weise kann ein Label die Produktion und die Rezeption zumindest teilweise beeinflussen und für eine bessere Orientierung bei Anbietern und Nutzern sorgen.

Plattenfirmen sind sich der Relevanz von Genres als Orientierungsmittel sehr bewusst. Schließlich ist die erste Information über einen neuen Act meistens der Musikstil. Dieser beeinflusst auch die weiteren Vorgänge in der Vermarktung des Künstlers vom optischen Eindruck über Presseberichte bis zu den Songs, um ein, dem Genre entsprechendes, Bild zu kreieren: »The marketing and packaging policies, in other words, that begin the moment an act is signed are themselves determined by genre theories, by accounts of how markets work and what people with tastes for musik *like this* want from it.«[8]

Genres werden von Plattenfirmen genutzt, um eine Konzeption von Musik zu integrieren und diese zu vermarkten. Indem ein Label sich auf ein Genre bezieht und die entsprechenden Regeln beachtet, kann es in der erwünschten Zielgruppe Orientierung bieten. Allerdings muss dabei als problematisch erachtet werden, dass Genres dynamisch sind und dass zwischen Labels, Händlern, Medien und Konsumenten nicht immer ein

---

7 Schmidt, C. (2003): S. 212.
8 Frith (1996): S. 76: Hervorhebungen aus dem Original übernommen.

Konsens darüber herrscht, unter welcher Rubrik das Produkt einzuordnen ist. So können Plattenläden ihre Produkte nach anderen Genres einordnen, als es der Konsument oder das Label mit seinen »File Under...«-Hinweisen gerne hätte, was zu Verwirrungen führen kann.[9] Dennoch ist die Einteilung nach Genres im Handel enorm wichtig. So ist laut Wicke »der gesamte musikindustrielle Apparat auf die Schnittstelle zwischen Musik und ihrem tonträgerkaufenden Publikum konzentriert, denn genau hier, am point of sale, liegt der entscheidende Berührungspunkt zwischen beiden Prozessen.«[10]

Die Nutzung von Genrebezeichnung von Seiten der Plattenfirmen, Händler und Medien setzt voraus, dass Konsumenten diese einzuordnen wissen. Damit impliziert man bestimmte Annahmen über die Konsumenten:

»Record companies aren't stupid about the decisions they make as to how to package and market musicians – where to advertise world music or heavy metal records, say, or in which magazines and TV shows to place a would-be indie star or teen idol. [...] In deciding to label a music or a musician in a particular way, record companies are saying something about both what people like and why they like it; the musical label acts as a condensed sociological and ideological argument.«[11]

Hier wird der Bezug zu Negus' sozialen Kategorien deutlich. Über die Genreeinordnung kann somit eine ganz bestimmte Zielgruppe angesprochen werden. Indem sich ein Label auf ein Genre beschränkt, kann es die Orientierungsfunktionen von Genres zumindest teilweise annehmen und auf diese Weise ebenso für Orientierung bei Musikern, Händlern, Medien und Konsumenten sorgen.

Neben den bisher dargestellten Punkten sind auch weitere Aspekte des Konzepts Genre auf Labels anwendbar. So kann zwischen dem Label und den Konsumenten anhand der Veröffentlichungsgeschichte des Labels und auf der Basis einer gemeinsamen Kenntnis der Labelphilosophie, eine Art intertextuelles Referenzsystem entstehen, in dessen Kontext weitere Neuerscheinungen eingeordnet werden können. Ein Label kann hier ähnlich wie ein Genre über bestimmte wiederkehrende Merkmale konstituiert werden. Anstelle von Setting oder Handlung können der Sound oder eben der Genrebezug solche Konventionen darstellen. Dabei sind parallel zum Konzept Genre Verbindungen zu Veröffentlichungen anderer Labels vor-

---

9 Vgl. Frith (1996): S. 76f. Negus (1999): S. 27f.
10 Wicke (1997a).
11 Frith (1996): S. 85f.

handen. Ebenso können einzelne Musikwerke ohne spezifische Kenntnis aller Texte eines Labels unabhängig voneinander rezipiert werden. Bezüge zu anderen Texten sind dennoch der Orientierung dienlich und können den Konsumenten gegebenenfalls als Experten ausweisen und ihm innerhalb einer Subkultur kulturelles Kapital attestieren. Auch bei Labels gründet sich das intertextuelle Referenzsystem auf formale, inhaltliche und kulturspezifische Muster, welche die Produktion und Rezeption standardisieren.

Trotz dieser Vorgaben spielt bei Labels als Vertreter eines Genres das Prinzip von Schema und Variation ebenfalls eine große Rolle, da nur die Veränderung des Vertrauten ein neues Nutzervergnügen auslösen kann. Hier kann ebenfalls mit Semantik und Syntax gearbeitet werden, allerdings beziehen sich diese Parameter direkt auf die Musik, wie im Abschnitt zu Genres und Musik erläutert, oder sie sind besser mit Merkmalen zu vergleichen, die Markenqualität besitzen, wie im Anschluss an dieses Kapitel dargestellt werden wird.

Ein gutes Beispiel für ein intertextuelles Referenzsystem im Kontext von Labels ist Fat Wreck Chords. Das Label wurde 1991 von NOFX-Sänger Mike Burkett, alias Fat Mike, gegründet, der Bands unter Vertrag genommen hat, die ihm persönlich gut gefielen und anfangs aus derselben Szene kamen wie seine eigene Band. Um das Label bekannt zu machen, wurde zunächst eine NOFX-EP veröffentlicht, der Veröffentlichungen von befreundeten Bands wie Lagwagon oder No Use For A Name folgten. Dank der Reputation von NOFX in der Punkszene sowie der anfänglichen Konstanz der Veröffentlichungen innerhalb des Genres Punk wurde das Label schnell zum Symbol für melodischen Punkrock oder Melodycore aus Kalifornien. Eine Veröffentlichung auf Fat Wreck Chords wird bei den entsprechenden Konsumenten und Medien stets mit diesen Musikstilen und diesen Werten in Verbindung gebracht, selbst wenn eine Band wie Bad Astronaut wesentlich besser in Pop-Gefilden einzuordnen wäre. Das intertextuelle Referenzsystem von Fat Wreck Chords bildet hier einen überaus starken Rahmen für sämtliche Veröffentlichungen.[12]

---

12 Vgl. Fleig, Nanette (2003): *Persönliches Interview vom 09.01.2003*. Vgl. Christoph (2012): Fleig ist zum Zeitpunkt des Interviews Marketing & Promotion Managerin von Fat Wreck Chords Europa gewesen. Christoph bestätigt, dass ein Label über die Positionierung in einem Genre den Konsumenten gegenüber Orientierung bieten kann. Bad Astronaut passt musikalisch nicht direkt zu Fat Wreck, doch es ist das Projekt des Lagwagon-Sängers Joey Cape. Dank des Referenzsystems macht die Veröffentlichung auf dem Label Sinn.

Ähnlich ist es bei dem Hamburger Label Yo Mama!, das zu Beginn mit Fettes Brot eine Band unter Vertrag hatte, über die wiederum weitere befreundete Acts auf das Label gekommen sind. So stand Yo Mama! als Label von Beginn an für deutschsprachigen HipHop aus Hamburg und hat sich in diesem Bereich etabliert, auch wenn ein diesbezügliches Image nicht geplant war. Mittlerweile gehört Yo Mama! zu Four Music.[13]

Neben der Intertextualität ist auch die Intermedialität von Labels in einem gewissen Rahmen gewährleistet. So kann Musik in visuellen Formaten veröffentlicht werden, auf denen einzelne Veröffentlichungen in einem anderen Medium zu sehen sind, zum Beispiel auf einer DVD-Compilation, auf der Website des Labels oder auf Video-Streaming- und Downloadportalen.[14] Ein Label kann sich also auch in den neuen Medien auf vielfältige Art präsentieren. Dagegen wird das Label bei normalen Musikvideos sehr selten explizit erwähnt. Ausnahmen bilden auch hier Genre spezifische Labels, wie zum Beispiel Aggro Berlin, das sich bis zu seiner Auflösung 2009 sehr erfolgreich auf HipHop aus Berlin spezialisiert hat. Die Künstler von Aggro sind sehr oft unter anderem in Videos mit Merchandise-Artikeln des Labels zu sehen gewesen und haben auch in ihren Songs immer wieder den Namen ihres Labels genannt, wie es in HipHop Kreisen auch international üblich ist.

6.1.3 Genreentwicklungen von Labels

Im Folgenden soll betrachtet werden, inwieweit Labels im Allgemeinen und einzelne Labels, die sich auf ein Genre beschränken, abhängig von der Entwicklung des jeweiligen Genres sind. Dabei sind häufig Relationen und Parallelen, aber auch Unterschiede zur diachronen Genredynamik festzustellen. Auch für Labels gibt es keine allgemeingültige Entwicklungslinie. Ein Label verändert sich im Laufe der Zeit mit fließenden Übergängen, also ohne feste Phasentrennungen. Die Entwicklung verläuft nicht linear und nicht unabhängig von anderen Labels und dem allgemeinen Musikgeschehen. Auch hier wird oft die Evolutionsmetapher angewendet oder von

---

13 Vgl. Plazonja, Stella (2003): *Persönliches Interview vom 03.02.2003*. Quelle: Four Music: Label. In: http://www.fourmusic.com/label/2003/ (21.02.2014): Plazonja ist zum Zeitpunkt des Interviews Produktmanagerin bei Yo Mama! gewesen.
14 Vgl. Wikström (2009): S. 33.

einer organischen Entwicklung gesprochen.¹⁵ Die diesbezügliche Kritik aus der Genretheorie kann hier ebenso geltend gemacht werden. Da sich Labels als Repräsentanten eines Genres den dynamischen Umständen anpassen, wird erörtert, inwiefern hier die Entwicklungsphasen von Genres anwendbar sind.

Zunächst ist die Beziehung zwischen Genreentwicklungen und entsprechenden genrespezifischen Labels zu betrachten. In der Anfangszeit der Musikindustrie dienten Veröffentlichungen in erster Linie dem Verkauf der entsprechenden Abspielgeräte.¹⁶ Dementsprechend wurden vor allem Musikstücke auf den Markt gebracht, die mit den damaligen beschränkten Klangmöglichkeiten umzusetzen waren. Plattenfirmen wurden also in der Anfangsphase nicht gegründet, weil eine homogene Masse durch Innovationen ein Label nötig gemacht hatte, sondern aus technischen Gründen, die gleichwohl die vorhandene Menge segmentiert hatten. Nachdem sich aus den konkurrierenden Abspielsystemen ein Standard herauskristallisiert hatte, konnten Labels von Produzenten und Konsumenten einheitlich wahrgenommen werden. Plattenfirmen griffen in der Anfangszeit dabei jeweils populäre Stile wie Blaskapellen, Klassik oder Opernstücke auf und veröffentlichten sie. Ein Label wie Deutsche Grammophon spezialisierte sich bereits damals auf das Klassik-Repertoire und ist bis heute das renommierteste Label in diesem Segment.¹⁷ Analog zur Konsolidierung von Genres spezialisierten sich auch Labels auf bestimmte Musikstile und konnten diese zum Teil auch prägen. Auf diese Weise konnte ein Label auch anderen Marktteilnehmern gegenüber gefestigt werden, da man wusste, was man musikalisch erwarten kann, ähnlich wie es mithilfe von Genrekonventionen geschieht. Auch die Bildung von Subgenres in Form von Sublabels ist auf Labels übertragbar, die dadurch eine Spezialisierung oder auch Abgrenzung bestimmter Musikstile vornehmen konnten.

Mit der zunehmenden Ausdifferenzierung und Mischung von Genres entstanden auch stets Labels, die sich auf diese neuen Musikstile spezialisiert haben, womit auch die dritte Phase der Genreentwicklung auf Labels übertragbar ist, die Binnendifferenzierung und Genremischung. Besonders

---

15 Vgl. Fleig (2003). Zourlas, Viron (2003). *Persönliches Interview vom 29.01.2003*: Zourlas ist zum Zeitpunkt des Interviews als Produktmanager unter anderem für die Labels Warp und Ninja Tune in Deutschland verantwortlich gewesen.
16 Interessanterweise diente Anfang des neuen Jahrtausends auch der iTunes Store mit seinem legalen Downloadangebot in erster Linie dazu, das dazugehörige Abspielgerät, den iPod, zu verkaufen und die Digital Hub Strategie auszurollen.
17 Vgl. Schorn (1988): S. 28. Mahlmann (2003b).

deutlich wird dies bei Punk. Neben einer neuen Spielart der Rockmusik entstanden ein neues Lebensgefühl und ein Netzwerk aus unabhängigen Musikfirmen.[18] Die engen Relationen zwischen Genres und Labels werden hier offensichtlich. Die Genrevielfalt spiegelt sich auch in den zahlreichen unterschiedlichen Repertoires der Musikfirmen wider. Der wachsenden Vielfalt wurde Rechnung getragen, indem vor allem Major-Firmen aus wirtschaftlichen Gründen ein großes Genrespektrum abgedeckt haben.

Bezogen auf ein einzelnes Label mit Genrebezug, können ebenfalls Parallelen und Unterschiede festgestellt werden. So muss die Gründung eines Labels nicht von einer Veränderung des bestehenden Textkorpus ausgehen, wie es in der Herausbildungsphase von Genres der Fall ist. Eine eindeutige Abgrenzung von bestehenden Labels und ihren Inhalten ist zwar vorteilhaft, jedoch keine notwendige Bedingung. Um sich auf dem Markt zu etablieren, sollte das Angebot aber von Produzenten und Konsumenten einheitlich wahrgenommen werden. Es folgt oft eine Optimierung im Hinblick auf den jeweiligen Markt und wirtschaftliche Rentabilität. Labels können über eine Konsolidierung oft ihre Kernthemen stärken, um Profil zu erlangen. Gleichzeitig kann über eine Binnendifferenzierung das Repertoire etwas variiert und ausgeweitet werden, wobei auf bestehende Genrevariationen zurückgegriffen wird. Es kann auch ein neuer Stil geprägt werden. Letzteres ist allerdings seltener der Fall. Für diese Variationen können analog zu den Subgenres Unterlabels eingeführt werden. Ähnlich wie in der Genreentwicklung spezialisieren sich Labels mit Genrebezug im Laufe ihrer Entwicklung häufig oder differenzieren ihren eigenen Stil weiter aus. Es kann in der Musik zu weiteren Binnendifferenzierungen innerhalb der etablierten Genres kommen, ebenso wie bestimmte Subgenres wieder aufgegriffen und mit anderen Genres vermischt werden können. Auch dies wird auf Labels mit Genrebezug widergespiegelt. An den Beispielen von Fat Wreck Chords, Ninja Tune und Matador, Labels, denen von Punkrock-Kennern bzw. Hörern elektronischer Musik und Indie-Rock ein sehr eigener Stil attestiert wird, sollen mögliche Entwicklungen von genrebezogenen Labels verdeutlicht werden.

Der eindeutige Genrebezug von Fat Wreck Chords wurde bereits erläutert. Aufgrund der musikalischen Nähe der ersten Fat Wreck-Bands zu

---

18 Vgl. Walter (1999): S. 218f. Arnold (1998): S. 118. Schulze (1996): S. 125f. Wicke (1987): S. 210f.

NOFX hieß es anfangs auch, dass Gründer Burkett die Bands auf sein Label hole, um die potenzielle Konkurrenz unter Kontrolle zu haben.[19] »Ja, ich weiß, und so Unrecht hatten die damals auch gar nicht. Mittlerweile hat sich das geändert, aber am Anfang waren das eben die Bands, mit denen ich was anfangen konnte, die mir 100-prozentig gefallen haben. Mittlerweile hat sich die musikalische Bandbreite des Labels aber vergrößert, […] und ich bin damit sehr zufrieden.«[20]

Die Entwicklung von Fat Wreck Chords weist Parallelen zur Genreentwicklung auf. Ausgehend von einem fest umrissenen Genre weitete sich das Spektrum des Labels im Laufe der Zeit aus. Punk wurde mit Ska- oder Swingelementen vermengt und bewegte sich somit abseits des labeltypischen Melodycore. Das Label als Repräsentant eines Genres durchlief hier eine ähnliche Entwicklung mit Konsolidierungs- und Binnendifferenzierungsprozessen wie ein Genre selbst. Allerdings wurden die unterschiedlichen Spielarten nicht neu geschaffen, sondern lediglich aufgegriffen. Um dabei die Identität des Stammlabels nicht zu gefährden, wurde der labelinternen Genreausweitung 1996 mit der Gründung des Unterlabels Honest Don's Records Rechnung getragen.

»Das ist ein Sublabel, auf dem ganz allgemein eher poppige Sachen rauskommen, aber alles in allem auch recht unterschiedliche Musik. Ich benutze das Label, um z.B. Platten von Bands meiner Freunde zu veröffentlichen, von denen ich nicht glaube, viel verkaufen zu können. Ich tue ihnen den Gefallen, auf Fat Wreck würde es nicht passen, und so sind sie auf Honest Don's. Ich kann da alles rausbringen, ohne mir viele Gedanken um die Verkäufe zu machen, denn wir stecken in diese Releases nicht viel Geld. Und wenn sich eine Band gut verkauft, nehme ich sie später auf Fat Wreck, wie etwa die MAD CADDIES.«[21]

War Honest Don's anfangs eine Art B-Klasse von Fat Wreck Chords, auf dem Bands Platz fanden, die dem Labelboss gefielen, aber nicht gut genug für das Stammlabel waren, hat es sich in den Folgejahren mit erfolgreichen Veröffentlichungen jenseits von Melodycore etabliert. 2003 wurde es jedoch eingestellt. Ein weiteres Unterlabel von Fat Wreck Chords wurde

---

19 Vgl. Fleig (2003). Hiller, Joachim (1996): »Die totale Verweigerung«. In: *Visions*. Nr. 43. Februar 1996: S. 18.
20 Burkett, Mike (1996). Zitiert in: Hiller, Joachim (1996): »Die totale Verweigerung«. In: *Visions*. Nr. 43. Februar 1996: S. 18.
21 Burkett, Mike (1998). Zitiert in: Hiller, Joachim (1998): »Fat Wreck Chords«. In: http://www.ox-fanzine.de/web/itv/405/interviews.212.html (20.12.2013): Hervorhebungen aus dem Original übernommen.

2000 mit Pink & Black Records eingeführt. Das Label wurde von Burketts Ex-Frau betreut und beheimatete ausschließlich Bands, in denen Frauen eine wichtige Rolle spielen, sei es als Songwriterin, Sängerin oder reine Frauenband. Musikalisch bewegte sich das Label ebenfalls im weiten Punkrock-Spektrum. Auch dieses Sublabel ist nicht mehr aktiv. Mittlerweile hat auch Fat Wreck Chords nicht mehr ein so eindeutiges Soundprofil wie noch in den Anfangsjahren, hat man doch erfolgreiche Bands von Honest Don's ebenso übernommen, wie neue Bands aus anderen Segmenten wie Hardcore unter Vertrag genommen. Zudem haben die musikalischen Entwicklungen einzelner Bands das Spektrum des Labels von innen aus geöffnet und erweitert.[22] Es kann hier also durchaus von einer weiteren Binnendifferenzierung und auch Genremischung gesprochen werden, die sich innerhalb des Labels vollzogen hat. So hat sich auch die anfängliche Identität des Labels gewandelt:»Es waren die ersten sechs Bands, die ich unter Vertrag nahm, die diesen ›typischen Fat Wreck-Sound‹ hatten. Heute gibt es SCREECHING WEASEL, SICK OF IT ALL, BRACKET, MAD CADDIES, SWINGING UTTERS... – die klingen alle anders, DEN ›Fat Wreck-Sound‹ gibt es nicht mehr.«[23]

Der Werdegang von Fat Wreck Chords weist also durchaus Ähnlichkeiten zur diachronen Genredynamik auf.

Ebenso sieht es bei Labels aus anderen Genres aus. Ninja Tune, 1990 in London von dem Duo Coldcut gegründet, hat sich als Vertreter der elektronischen Musik ebenfalls aus einem Kernsegment heraus weiterentwickelt. Ihre eklektischen Veröffentlichungen gelten als wegweisend für die Entwicklung von Trip Hop, der Vermengung von HipHop mit elektronischen Klängen.[24] »Die Anfänge von Ninja Tune sind quasi gleichberechtigt sowohl der ›Funkjazztical Tracknology‹ verpflichtet, für die das Label später bekannt wird, wie auch dem anarcho-psychedelischen Rave/Techno/Ambient Zirkus jener Zeit. Daneben bleiben sich Coldcut als Technik-begeisterte Innovatoren treu.«[25]

Doch Ninja Tune hat andere Ziele als ein schnelllebiges Label zu sein und verstärkt seine Ausrichtung auf progressive Clubsounds. Für die Wei-

---

22 Vgl. Fleig (2003).
23 Burkett (1998): Hervorhebungen aus dem Original übernommen.
24 Quelle: Tjaben, Christian (2010): *Ninja Tune XX – 20 Years Of Beats & Pieces.* S. 2: Tjaben war jahrelang Booking Agent für den Großteil der Ninja Tune Events in Deutschland. Bei dem zitierten Text handelt es sich um das Infoblatt der Promotion-Agentur Verstärker zur Jubiläums-Compilation des Labels.
25 Quelle: Tjaben (2010): S. 2.

terentwicklung der HipHop Sounds wurden Sublabels wie Big Dada und für kurze Zeit auch Ntone eingeführt.

»Man beschließt, Ninja Tune ganz den Beats und Pieces in der Hip Hop, Soul, Funk und Jazz Tradition zu widmen und gründet mit Ntone ein Sublabel für die ambientösen und technoiden Outputs, das allerdings nicht lange sonderlich aktiv bleiben wird. […] Die kommenden Jahre und Releases zeigen, dass Ninja Tune in der zweiten Hälfte der 90er eher ein Aggregator für zeitgemäße Clubsounds ist als ein Schubladen-Ausstatter.«[26]

Auch hier ist mit der Vertiefung der ursprünglichen Stile, die das Label zu einer eigenen Richtung vermengt hat, eine homogene Entwicklung zu erkennen. Aber auch neue Stile werden immer in das Label Roster integriert.[27] So heißt es zu Cinematic Orchestras Mastermind Jason Swinscoe:

»Sein epischer Entwurf einer Mischung aus improvisierender Jazz Band und Elektronik hat eigentlich keine Wurzeln mehr im Clubkontext und deutet damit bereits den Weg an, den Ninja Tune im neuen Jahrtausend gehen wird: Nochmals weitere Öffnung der A&R Politik zugunsten eines künstlerischen Autorenprinzips, so dass inzwischen diverse Acts beim Label heimisch sind, deren Musik höchstens im Remix den Weg in DJ-Sets finden dürfte.«[28]

In der Tat werden immer mehr echte Bands statt Elektronik-Tüftler unter Vertrag genommen, ohne jedoch die Weiterentwicklung des Kernsegments zu vernachlässigen. Zum Release einer Ninja Tune Compilation zum zwanzigjährigen Jubiläum heißt es im dazugehörigen Infotext:

»In den letzten Jahren ist seltener vom Label an sich die Rede als von den Künstlern, die auf ihm releasen. Die Zeit der übergroßen Label-Präsenz sind (sic!) vorbei, dafür ist Ninja Tune, (sic!) ein geachteter und ausgewachsener Independent Spieler in der internationalen Musikwelt. Musikfans in der A&R Abteilung neben erfolgreich umgesetzten Aufbauleistungen mit Acts, die klingen, als seien sie bereits mit Ninja Tune Sounds aufgewachsen, bringen zuletzt eindrucksvolle Ergebnisse.«[29]

Ninja Tune ist somit als Beispiel für ein genrebezogenes Label, das sich konsequent weiterentwickelt, ohne sich von den Wurzeln zu entfernen und seine Orientierungsfunktion zu verlieren.

In Deutschland ist City Slang sicherlich eines der wichtigsten Indie-Labels. Auch hier ist die Entwicklung aus einem Genre heraus deutlich er-

---

26 Quelle: Tjaben (2010): S. 3.
27 Vgl. Zourlas (2003). Quelle: Tjaben (2010): S. 3.
28 Quelle: Tjaben (2010): S. 3.
29 Quelle: Tjaben (2010): S. 3.

kennbar. Angefangen hat man als Heimat für amerikanischen Indie-Rock in den 1990er Jahren. Dieses Etikett haftet dem Label bis heute noch an, wie Gründer Ellinghaus betont: »Ich kann morgen hochpolierte Pop-Scheiße auf den Markt schmeißen. Indem City Slang da drauf steht, wird irgendjemand ›Indie‹ schreiben. Und wenn sie schreiben ›Das ist aber nicht mehr Indie‹.«[30]
Ende der 1990er Jahre kamen erfolgreiche Signings wie Calexico und Lambchop hinzu. Ellinghaus wollte jedoch eine Eingrenzung auf ein Genre vermeiden: »Da wollte ich auf gar keinen Fall ein Alt. Country oder Americana Label bleiben. Ich will nicht in so einer Ecke landen. [...] Nische ja, aber nicht so eine enge. [...] Ich muss das auch immer wieder aufrütteln mit irgendwelchen Sachen.«[31]
So ist das Spektrum der Künstler mit der Zeit sehr groß geworden. Das Label hat sich in unterschiedliche Richtungen weiterentwickelt.

»Wenn mich Leute fragen, was macht denn ihr so für Musik, dann sage ich Musik für Leute, die sich für Musik interessieren. [...] Ich glaube das ist immer ganz wichtig, dass die Leute mit einem Label wie City Slang auch etwas assoziieren, so eine Art Verlässlichkeit, dass man für irgendetwas steht. Wir stehen ja auch nicht für etwas ganz Enges. Wir können heute eine Tindersticks machen und morgen eine Caribou. Da liegen Welten dazwischen. Welten! Trotzdem oder vielleicht auch gerade deswegen werden wir dafür geschätzt.«[32]

Mittlerweile hat Ellinghaus mit Souterrain Transmissions ein weiteres Label gegründet, auf dem es noch etwas experimenteller zugeht.

»Dann hatten wir [...] eine eigene Dynamik entwickelt, dass wir eigentlich eine Parallelwelt zu City Slang geschaffen haben, die musikalisch noch ein bisschen abenteuerlicher ist, ein bisschen jünger, wo wir uns ein bisschen mehr austoben können und uns ein bisschen mehr in ästhetischen Grenzen bewegen, die von City Slang nicht so sehr abgedeckt werden. [...] ich habe dann irgendwann gesagt, wir müssen das ganz klar untergliedern. Musikalisch muss das eine in die Richtung gehen und das andere in die Richtung. Darum hab ich zum Beispiel Laura Gibson aus Souterrain rausgeholt und auf City Slang rüber geholt, weil die einfach zum City Slang Repertoire passt. [...] Theoretisch müsste ich jetzt eigentlich Health zu

---

30 Ellinghaus, Christof (2003): *Persönliches Interview vom 13.01.2003*: Die Rolle des kulturellen Intermediärs nimmt ein Label durch seine Arbeit in jedem Falle ein. Ellinghaus ist Gründer des Labels City Slang und deren Geschäftsführer. Zum Zeitpunkt des Interviews 2003 war er zudem Managing Director der Firma Labels Germany unter dem Dach der EMI.
31 Ellinghaus (2012).
32 Ellinghaus (2012).

Souterrain rüber schieben. Will ich aber nicht, weil ich finde, wir haben damit angefangen auf City Slang. Ich finde das tut auch dem Label gut, ab und zu mal so einen Arschtritt zu kriegen und zu beweisen, dass wir nicht nur so schlafmützig sind und nur Laura Gibson, wunderschöne Folk-Elfen oder Lambchop-Weintrinkermusik machen. Souterrain ist keine Weintrinker-Musik.«[33]

Souterrain Transmissions ist mit Kritikerlieblingen wie EMA, Zola Jesus oder Moon Duo auf dem besten Wege, sich als eigenständige Marke zu positionieren. Den Hipster-Faktor haben sie in UK bereits erlangen können. Um diesen Status langfristig halten zu können, muss das Label nun mit weiteren guten Künstlern über einen längeren Zeitraum nachlegen.[34]

Ein weiteres Beispiel für ein Label mit Genrebezug und –entwicklung ist das amerikanische Label Matador Records. Es wurde 1989 von Gerard Cosloy und Chris Lombardi gegründet. Beide hatten sich bereits in der Independent-Szene einen Namen gemacht und wurden mit Matador im Indie-Rock-Segment schnell erfolgreich. Sie deckten dabei innerhalb des Genres eine weite Palette von Indie-Pop bis zu Noise-Rock ab und entwickelten sich mit der Zeit weiter in andere musikalische Gefilde, ohne ihre Basis zu vernachlässigen. So wurde 1994 die japanische Easy Listening-Band Pizzicato Five unter Vertrag genommen, ein sehr ungewöhnlicher Schritt für ein Label, das von Gitarren dominiert war. Auch in der Folgezeit kam es zu Ausweitungen des Repertoires.[35]

»Sie sind dann sehr schnell zu einer unheimlichen Vielfalt von Musikstilen gekommen. Die zweite Hälfte der Entwicklung, mittlerweile ist das Label fast 15 Jahre alt, ist extrem dadurch geprägt, dass sich die A&R's, was immer noch Chris und Gerard sind, wirklich in alle Richtungen geöffnet haben.«[36]

So fanden sich um die Jahrtausendwende auf Matador neben den traditionellen Indie-Rock-Bands auch Acts aus der deutschen Elektronik-Szene oder HipHop-Bands wieder. Musikalisch hat das Label seine Genregrenzen damals deutlich erweitert, geblieben ist die Labelphilosophie, die sich aus dem Indie-Rock begründet: Acts auf Matador müssen individuell und glaubwürdig sein, sowie den Qualitätsansprüchen der Labelgründer ent-

---

33 Ellinghaus (2012).
34 Vgl. Ellinghaus (2012).
35 Vgl. Mozis, Lubos (2003): *Persönliches Interview vom 29.01.2003*: Mozis ist bei Rough Trade tätig und war dort unter anderem Produktmanager von Grand Royal in Deutschland bis zur Auflösung des Labels. Zudem war er bis September 2002 Produktmanager von Matador Records in Deutschland.
36 Mozis (2003).

sprechen.³⁷ Die ohnehin fließenden Genregrenzen wurden somit von einem ehemals genrebezogenen Label außer Kraft gesetzt, ohne die eigene Identität zu verlieren, auch nachdem Matador zur Beggars Group übergegangen ist. Während das Label in den USA seit Jahren eine Institution darstellt, war es in Deutschland schwieriger, Fuß zu fassen. Um den unterschiedlichen Nachfragergruppen das Label als Ganzes zu präsentieren und ihm eine Identität zu geben, wurden hier beispielsweise schon sehr früh Labelabende veranstaltet, auf denen das Spektrum von Matador präsentiert wurde. Dabei wurde das Ziel verfolgt, das Label als Ort für Musikliebhaber von individueller Musik quer durch verschiedene Genres darzustellen. Mozis sieht darin eine wichtige soziale und pädagogische Funktion des Labels im Hinblick auf die Konsumenten. Während die Entwicklung zur Öffnung gegenüber anderen Genres von konservativen Indie-Rock-Liebhabern anfangs mit Missgunst betrachtet wurde, haben andere dadurch die Chance, ihr Musikspektrum auf diesem Wege zu erweitern. Sie folgen dabei dem Weg des Labels ihres Vertrauens und machen erste Schritte in anderen, mehr oder weniger weit entfernten Genres. Das Label dient auf diesem Wege auch als Wegweiser für offene Musikliebhaber.³⁸ Mittlerweile hat man sich wieder weitestgehend auf Indie Musik konzentriert.

6.1.4 Labelprofile mittels Genres

In der Praxis besitzen aber viele Labels keinen Genrebezug. Neben den wirtschaftlichen Zielen von Major-Labels, die eine breitere Aufstellung des Repertoires erfordern, liegt dies oft an internationalen Verflechtungen von Majors und damit einhergehenden vertraglichen Gründen, so dass auch viele Unterlabels von Majors nicht mit der Beschränkung auf ein Genre auskommen. Auch eine differierende Labelpolitik zwischen verschiedenen Ländern kann ausschlaggebend für unstimmige musikalische Ausrichtungen sein. Ebenso kann sich ein Label mit Genrebezug im Laufe der Zeit anderen Genres öffnen oder den Bezug völlig verlieren. Dies kann beispielsweise mit dem Aufkauf durch ein Majorlabel passieren.

---

37 Vgl. Mozis (2003). N.N. (1997): (ohne Titel). In: »What's Up Matador« CD-Booklet. Gerhardt, Daniel (2010): »Post von Pavement«. In: *Visions*. Nr. 213. Dezember 2010: S. 48.
38 Vgl. Mozis (2003).

Zudem wird der Genrebezug eines Labels teilweise nicht proaktiv an den Konsumenten kommuniziert. So wird ein Label wie Polydor innerhalb der Industrie und gegenüber den Medien eindeutig als Pop-Label definiert, an die Öffentlichkeit wird dies aber nicht zwingend weitergegeben, da gerade im Popsegment die Künstler weiterhin im Vordergrund stehen sollen. Insofern bezieht sich die theoretische Wunschvorstellung, jedes Label mit einem eindeutigen Genrebezug zu versehen, vor allem auf die Erleichterung der firmeninternen Abläufe und der Kommunikation mit den Medien und Händlern sowie der Darstellung gegenüber den Künstlern.[39]

Ein mangelnder Genrebezug bei Indie-Labels ist anders zu begründen. In der Mehrzahl ist hier der weit gefächerte Geschmack der Labelgründer entscheidend für die musikalische Vielfalt. Die Möglichkeit, alles ohne zu große wirtschaftliche oder inhaltliche Vorgaben veröffentlichen zu können, wird oft zu Gunsten der künstlerischen Freiheit genutzt.[40]

Gerade unter den Independent-Firmen gibt es aber auch zahlreiche Labels, die sich einem Genre oder mehreren verwandten Stilen verschrieben haben. Diese werden hier detailliert analysiert.

Die Konzentration eines Labels auf ein einzelnes Genre lässt sich quer durch die Geschichte vieler Labels mit den unterschiedlichsten musikalischen Ausprägungen verfolgen. Auch nach den technisch bedingten Beschränkungen in den Anfangsjahren waren Labels oft auf bestimmte Genres spezialisiert.

---

39 Vgl. Mahlmann (2003b). Zimmermann (2003). Lumm, Matthias (2003): *Persönliches Interview vom 15.01.2003*. Gilomen, Per (2003): *Persönliches Interview vom 14.01.2003*. Ballin, Cornelius (2003): *Persönliches Interview vom 14.01.2003*: Lumm war zum Zeitpunkt des Interviews Alternative Director bei Sony. Gilomen war zum Zeitpunkt des Interviews Manager für Online-Promotion bei Island Mercury (Universal), die kurz darauf mit Polydor zur Polydor Island Group zusammengelegt wurde. Ballin war zum Zeitpunkt des Interviews Junior Product Manager von Motor Music (Universal). Alle Befragten von Major-Labels sähen Vorteile dieser Art, wenn alle Labels streng nach Genres aufgeteilt wären. Sie waren sich aber auch der Utopie dieser Wunschvorstellung bewusst. Die Struktur eines Unternehmens kann dennoch unabhängig von den Labels nach Genres aufgeteilt werden, wie am Beispiel von Universal Music Deutschland deutlich gemacht werden wird.
40 Vgl. Seif, Thorsten (2003): *Persönliches Interview vom 04.02.2003*. Passaro, Sandra (2003): *Telefonisches Interview vom 06.02.2003*. Mozis (2003): Seif war 2003 A&R und Produktmanager bei Buback Tonträger und ist heute dort Geschäftsführer. Passaro war damals für die nationale Promotion von Kitty-Yo zuständig.

So haben Labels wie Island vorhandene Genres für ein neues Publikum eröffnet. Dies kann auf demographische oder wie im Fall von Island auch auf geographische Weise geschehen, indem in den Anfangstagen des Labels die Reggae Musik nach Europa gebracht worden ist.[41]

Ein Label kann aber auch ein Ort für eine Genreentwicklung und somit prägend für ein Genre sein. So geschehen mit Punkrock in den 1970er Jahren. Die im Untergrund brodelnde Bewegung fand auf zahlreichen neu gegründeten Labels, oft im DIY-Stil, eine musikalische Heimat und ist schließlich von der Allgemeinheit vereinnahmt worden.

Auch das amerikanische Dance-Label DFA Records kann in diesem Zusammenhang genannt werden. Es wurde von James Murphy gegründet, der zuvor unter dem Namen Death From Above als Tontechniker der Hardcore Band Six Finger Satellite und anschließend als Mastermind von LCD Soundsystem bekannt geworden war. Er analysierte um die Jahrtausendwende die damalige Rock- und Danceszene und vermengte schließlich Rock, Elektronik und Funk miteinander.[42]

»Als Murphy sein Label vor ziemlich genau zehn Jahren gründete, hatten sich Minimal, Trance, House, Drum 'n' Bass, R 'n' B und Hip-Hop als autarke Musiken gerade totgelaufen und reproduzierten nur noch ihre eigenen Klischees. Die Stilgrenzen mussten eingerissen werden – nur begriffen das damals sehr wenige. Nur ein neuer, humanerer Sound konnte die überdigitalistierte (sic!) Elektro- und Popmusik retten. Murphys Konzept dafür: Den warmen Funk einer Disco-Band der siebziger Jahre verbrüdern mit dem analogen Knarz des Rock, den elektronischen Sound-Maschinen der achtziger Jahre und dem bösen Sägen des Acid House. Dazu schrieb er clevere, teils sehr ironische Texte.«[43]

Um diese Idee für sein Label zu realisieren, gründete er ein internationales Netzwerk aus Musikern, die ihn dabei unterstützten. Der Erfolg ließ nicht lange auf sich warten. Sowohl die Rock- als auch die Elekronikszene waren begeistert. Mainstream und Indie-Medien feierten gleichermaßen seinen großen Einfluss auf beide Genres.

»Der verschwundene Begriff Disco ist zum neuen Modewort geworden. Es dürfte derzeit kaum eine Party im Londoner East End, auf Pariser Fashion-Shows oder in

---

41 Powell, Mark (2009): »A Small History Of Island Records«. In: *Island 50. 1959–2009*: S. 67: Hierbei handelt es sich um das Booklet zur CD-Box zum Island-Jubiläum.
42 Vgl. Modica, Mathias (2010): »Auftrag erledigt. James Murphy gilt als der König des Hipster-Pop. Jetzt begräbt er sein ›LCD Soundsystem‹«. In: *Süddeutsche Zeitung*. 15./16.05.2010: S. 13.
43 Modica (2010): S. 13.

Berliner Clubs geben, auf denen nicht rare Disco-Platten aus den Siebzigern gespielt werden oder neue Produktionen, die sich explizit auf diese Zeit beziehen. Der Gedanke, elektronische Musik mit Rock oder zumindest ›handgemachter‹ Musik zu verbinden, ist selbstverständlich geworden. Die Linie der von DFA-Ideen infizierten Bands ist lang. Sie führt von *Franz Ferdinand* über *Goldfrapp* bis zu *The Gossip*. Und ein Ende ist noch nicht in Sicht.«[44]

DFA war der Hort einer neuen musikalischen Genremischung, die zumindest den Beginn des 21. Jahrhunderts geprägt hat.

Im Normalfall nehmen genrebezogene Labels aber bereits bestehende Genres auf und konzentrieren sich auf die Veröffentlichung der Musik dieses Genres. So hat sich das Label Nuclear Blast Records auf verschiedene Metal-Stile spezialisiert. Seit der Gründung 1987 wurden viele Bands aus diesem Genre aufgebaut, von klassischen Metal-Acts bis zu Death Metal. Aufgrund konstant guter Veröffentlichungen, ihrer aufrichtigen Arbeit und der Identifikation mit ihren Acts konnte sich das Label unter Fans, Medien und Künstlern des Metal-Genres einen sehr guten Ruf erarbeiten.[45]

Das Label 105music aus Hamburg, das in einer Joint Venture-Beziehung mit Sony Music steht, geht einen etwas anderen Weg. Anstelle eines speziellen Genres stellt die Orientierung auf die Zielgruppe der über 25-Jährigen die oberste Priorität dar, jedoch hat dies die Einschränkung auf bestimmte Genres und ein bestimmtes Repertoire zur Folge. Canibol, einer der beiden Labelgründer, spricht in diesem Zusammenhang von der Maxime, Musik zu veröffentlichen, die für Erwachsene interessant sein muss und von Plattenfirmen oft vernachlässigt wird. Die Bandbreite kann von deutschsprachigem Pop über kommerzielle, volkstümliche Musik oder Schlager bis hin zu Crossover Projekten und neuen Liedermachern reichen.[46]

»Auf diesem Spielfeld wollen wir uns tummeln. Da versuchen wir dann auch, Profil zu kriegen. Die Frage ist, wie gewinnt ein Label Profil? Es gibt ein Anfangsprofil, das sind die beiden Köpfe, die es machen. […] Ansonsten gehe ich davon

---

44 Modica (2010): S. 13.
45 Quelle: Nuclear Blast: *24 Jahre Nuclear Blast. 2003–2007*. In: http://www.nuclearblast.de/de/label/company/historie/2003-2007.html (08.04.2012). Vgl. Ellinghaus (2012).
46 Vgl. Canibol (2003). Zu 105music gehören Acts wie Annett Louisan, Silvio d'Anza und Stefan Gwildis.

aus, dass Labelprofile wirklich nur durch Inhalte und nicht unbedingt durch Werbeaussagen getroffen werden. Die ergeben sich dann von selbst.«[47]

Die Beschränkung auf bestimmte Genres prägt somit das Labelprofil, das laut Canibol für 105music optimalerweise zur Folge hat, dass man sich auf wenige Acts konzentriert und diese dafür mit einer hohen Trefferquote erfolgreich auf den Markt bringt. Dabei müssen aufgrund der behandelten Genres entsprechende Marketinginstrumente eingesetzt werden, um die anvisierte Zielgruppe zu erreichen.[48] Legt sich ein Label tatsächlich nur auf ein Genre fest, das zum Großteil abseits der Charts existiert, wie zum Beispiel Blues, kann auch ohne großes Marketingbudget ein klares Labelprofil entstehen:

»Du wirst [als Blues-Label, J.-W.S.] in den Insider-Kreisen für deine Kredibilität, dass du nichts anderes machst, beachtet. Und was du da machst, das machst du auch gut. Das ist zwar nicht kommerziell, aber es ist Wiedererkennungswert da. Und der kann positiv wirken, um die Türen beim Handel, auch bei den Medien, so weit aufzumachen, dass man wenigstens präsent ist und eventuelle Nachfrage bedient werden kann. Dasselbe gilt für den Jazz-Bereich. [...] Es gibt andere [Labels, J.-W.S.], wie Koch oder MCP, die sich im Volksmusik- oder Schlager-Bereich seit Jahren sehr konsequent über Erfolg ein Image geschaffen haben, mit dem Risiko, dass sie auch irgendwann so groß und interessant werden, dass dann ein Major zuschlägt und dich eingemeindet, wie jetzt bei Koch.«[49]

Ein Label mit klarem Genrebezug besitzt auch zahlreiche Möglichkeiten, sich zu profilieren. Labels wie Sub Pop oder Ninja Tune haben wegweisende Label-Compilations veröffentlicht, die zu Genre-Klassikern zählen. Das Label bekommt in diesen Fällen eine außergewöhnliche Bedeutung für ein bestimmtes Genre und kann es gar prägen. Dementsprechend finden weitere Aktivitäten bei der Zielgruppe auch entsprechende Aufmerksamkeit. Die Orientierungsfunktion ist eindeutig gegeben.

Ein eindeutiges Labelprofil, das sich an einem oder mehreren verwandten Genres orientiert, kann also über Kompetenz und Glaubwürdigkeit in diesem Bereich der Profilierung auf dem Markt und der Orientierung gegenüber den verschiedenen Nachfragergruppen dienen.

---

47 Canibol (2003).
48 Vgl. Canibol (2003). Quelle: 105music: *Herzlich willkommen bei 105music*. In: http://www.105music.com/index.php?area=home (05.04.2009).
49 Canibol (2003): Koch gehört seit 2002 zum Universal-Konzern und ist im Zuge der EMI-Übernahme 2013 mit Elektrola verschmolzen.

Zwischen Majors und Indies bestehen dabei grundlegende Unterschiede im Umgang mit Genres. Während Major-Labels in fast allen größeren Genres vertreten sind, beschränken sich viele Indies bis heute in ihrer Tradition als Nischenbearbeiter auf wenige Segmente und leisten die Aufbauarbeit, die bei viel versprechenden Genretrends von den Majors aufgegriffen und vermarktet wird.[50]

Mit der Eingrenzung auf ein Genre können Plattenfirmen in unterschiedlichen Repertoiresegmenten für Orientierung bei ihren Nachfragergruppen sorgen. Auf eine Weise, wie Genres bestimmte Konventionen vorgeben und Erwartungshaltungen wecken, kann auch ein Label mit einer starken Genreaffinität die Kommunikation zwischen Produzenten und Konsumenten verbessern. Indem eine Veröffentlichung einem entsprechenden Label zugeordnet wird, kann auf ähnliche Weise Orientierung geschaffen werden, wie es anhand der Genrezuordnung von Texten geschieht. Dabei ist zu beachten, dass das Label als Wegweiser erst dann zur Geltung kommt, wenn sich ein ausreichend großer Kreis an wissenden Konsumenten gebildet hat. Hier ist eine ähnliche Struktur vorzufinden wie in der bereits dargestellten Genreausdifferenzierung. Während grobe Genre-Bezeichnungen vielen Leuten nur grobe Orientierung bieten können, haben feinere Ausdifferenzierungen eine immer kleiner werdende Anzahl von Konsumenten zur Folge, die etwas damit anfangen können. Ebenso steigt die Orientierungsfunktion von Labels mit der größeren Spezialisierung auf engere Genres, während, von wenigen Ausnahmen abgesehen, die Anzahl der potenziellen Kunden sinkt.

Auch im Handel werden Labels mit Genreschwerpunkt Flächen und Maßnahmen angeboten, um sich zu präsentieren. Im physischen Handel beschränkt sich dies allerdings meist auf bestimmte Genres. Vor allem Läden, die sich auf elektronische Musik spezialisiert haben, sortieren ihre Produkte oft nach Labels. Digitale Händler haben ebenfalls einige Flächen für Labels parat. So wies iTunes in den USA in der Rubrik »Indie Spotlights« auf Label Sampler von Sub Pop, Matador, Kompakt oder 4AD hin und präsentierte regelmäßig interessante Kataloge einzelner Labels.[51] Zudem kann man sich in Kooperation mit iTunes eine URL einrichten lassen, über die man in einen sogenannten Room bei iTunes geführt wird, in dem

---

50 Vgl. Negus (1999): S. 34f, 37–45. Zimmermann (2003): Negus schildert die Genreaffinitäten der damals noch fünf Majors und ihrer Unterlabels ausführlicher.
51 Quelle: iTunes Store USA: *Sub Pop Label Sampler*. In: http://itunes.apple.com/WebObjects/MZStore.woa/wa/viewAlbum?id=284333993&s=143441 (23.12.2010).

Auszüge aus dem Katalog des Labels präsentiert werden können. So geschehen zum 25jährigen Jubiläum von Sub Pop.[52] Bei Amazon gibt es seit 2010 in Deutschland, Österreich und der Schweiz jeden Monat das Label des Monats. Neben einer Kurzbeschreibung dient jeweils eine kostenlose MP3-Compilation des Labels als Aufhänger der Aktion.[53] Außerdem können Labels auf Amazon ihre eigenen Shops innerhalb des Portals eröffnen, in denen Sie ihre Produktpalette anbieten können. Dies wird zwar auch von Labels wie Kontor oder Domino Records genutzt, aber zum Großteil sind es aus Kostengründen Majorlabels, die für ihre jeweiligen Unterlabels, wie zum Beispiel Deutsche Grammophon, Verve oder Blue Note entsprechende Shops angelegt haben.[54] Andere Händler wie Musicload oder Napster bieten auch mehrfach im Jahr besondere Aktionen für einzelne Labels an. So existieren auf Napster eigene Channels für Labels wie Blue Note oder Verve innerhalb eines Genres, auf denen Musik des Labels gespielt wird, während Musicload themenbezogene Specials mit einzelnen Labels macht.[55]

Bei einem genrebezogenen Shop wie Beatport gibt es als dauerhaftes Special die »Featured Labels«. Dabei werden ausgewählte Labels mit ihrem jeweiligen Repertoire vorgestellt. Der Nutzer kann diese dann zu seinen favorisierten Labels hinzufügen und wird über neue Veröffentlichungen entsprechend unterrichtet.[56] Auch beim Download-Portal DJTUNES gibt es ein Verzeichnis aller anbietenden Labels, das man auch nach Genres filtern kann.[57] Dies macht bei genreaffinen Shops Sinn, da ihre Kundschaft die feinen Nuancen zwischen den Subgenres ebenso kennt wie die entspre-

---

[52] Quelle: Sub Pop: *The new Sub Pop iTunes Store!* In: https://www.subpop.com/news/2013/07/09/the_new_sub_pop_itunes_store (02.03.2014).
[53] Quelle: Amazon: *Label des Monats.* In: http://www.amazon.de/gp/feature.html/ref=amb_link_163551487_13?ie=UTF8&plgroup=2&docId=1000625713&pf_rd_m=A3JW KAKR8XB7XF&pf_rd_s=center-2&pf_rd_r=0PF4PJH8ECZH0CPK1ZWT&pf_rd_t =101&pf_rd_p=290330267&pf_rd_i=77195031 (08.04.2012).
[54] Quelle: Amazon: *Stöbern in: Labels.* In: http://www.amazon.de/Musik-Platten-Labels/b/ref=amb_link_35656265_9?ie=UTF8&node=282625011&pf_rd_m=A3JWKAKR8X B7XF&pf_rd_s=center-2&pf_rd_r=1E4D7ESS2HRM4KFA8PYE&pf_rd_t=101&pf_rd_p=139055991&pf_rd_i=542674 (23.12.2010).
[55] Quelle: Napster: *Channels. Genre Channel. Jazz.* In: http://www.napster.de/radio/genre/jazz (01.04.2011).
[56] Quelle: Beatport: *Featured Labels.* In: https://www.beatport.com/de-DE/html/content/home/detail/1/beatport#app=ab19&a486-index=1 (23.12.2010).
[57] Quelle: DJTUNES. In: http://de.djtunes.com/labels/home?page=1&sort=active (30.12.2010).

chenden Labels und somit auf diese Weise Orientierung geboten bekommt. Aber auch die Händler mit Vollsortiment haben wie bereits aufgezeigt deutliche Unterschiede in ihren Zielgruppen aufzuweisen. So wird man vermutlich kaum ein Special zu einem Elektronik-Label für Liebhaber auf Musicload finden, während ein reines Volksmusik-Special vorerst kaum prominent auf iTunes beworben sein wird.

Neben den regulären Shops existieren auch technische Dienstleistungsunternehmen wie The Orchard, INgrooves oder State51, die einzelnen Künstlern den digitalen Vertrieb auf den relevanten Downloadservices anbieten. Die meisten Anbieter haben dabei keine besondere Genreausrichtung. Doch auf Plattformen wie MusicZeit wird Labels die Möglichkeit gegeben, im Grunde einen eigenen Labelshop zu betreiben und sich entsprechend vorstellen. Die meisten vertretenen Labels sind dabei sehr klein und genrebezogen. Ein weiteres Merkmal ist die gute Qualität der Downloads, die als hochwertige MP3s oder als verlustfreie Datei in CD-Qualität angeboten werden. Außerdem gibt es die Downloads nur als komplettes Album samt Artwork, das heißt der Download einzelner Tracks wie es auf anderen Portalen üblich ist, wird nicht angeboten.[58] Dazu heißt es bei Musiczeit:

»We at MusicZeit.com believe you should have the best of both worlds. Instant download access to the music you want, but no loss of quality. That's why all our albums are available in lossless CD quality as well as high quality MP3 if you want to listen to things ›on the move‹. And we don't do individual tracks. Like you, we feel the music needs to be heard in context, as part of a full album or EP. You don't have to compromise in the digital download era. Let your kids get their ›quick track fix‹ on other sites, while you download the full album, full artwork, in full CD quality, from MusicZeit.com«[59]

Es existieren auch zahlreiche Versuche, rein digitale Labels zu etablieren. Angefangen bei UMe, 2004 von Universal Music ins Leben gerufen, über Cordless von Warner bis hin zu Poptones. Die genannten Unternehmungen sind allesamt gescheitert. Bisher ist es noch nicht gelungen, über ein rein digitales Label, im großen Stil globale Stars zu etablieren. Dafür haben sich seitdem Unmengen von kleinen Indies und Microlabels gegründet, die sich auf den Digitalvertrieb konzentriert haben. Sie haben geringere Kosten, da die Herstellung, der physische Vertrieb oder auch das Retourenri-

---

58 Quelle: Musiczeit. In: http://www.musiczeit.com (25.12.2010).
59 Musiczeit. In: http://www.musiczeit.com (25.12.2010).

siko entfallen und können dadurch auch Musik releasen, die bei klassischen Labels kaum Chancen gehabt hätte. Daraus ergibt es sich, dass sich die meisten dieser kleinen Digitallabels auf bestimmte Nischen spezialisiert haben. Diese Spezialisierung kann zum einen über das Genre erfolgen, wie an Beispielen wie Concrete Plastic für elektronische Musik oder Sonic Reverie für klassische Musik deutlich wird. Das sehr erfolgreiche schwedische Label X5 dagegen spezialisiert sich in erster Linie darauf, alte Katalogprodukte wieder verfügbar zu machen. Dabei werden oft Compilations mit vielen Tracks zu sehr günstigen Preisen angeboten. Auf diese Weise ist das Label zum absatzstärksten Klassikanbieter in den USA geworden.[60]

Gerade weniger massenkompatible Labels mit starken Genrebezügen und Nischenmusik oder mit einem Markenansatz können dank der Vorteile der neuen Medien ein Forum für Konsumenten und dadurch Orientierung schaffen.

Eine weitere Entwicklung dieser Art sind die Netlabels. Sie zeichnen sich dadurch aus, dass sie eine unabhängige Online-Plattform betreiben, die kostenfrei digitale Musik von mindestens zwei unterschiedlichen Künstlern in guter Qualität anbietet.[61] Dabei fallen aufgrund der Nutzung von Creative Commons Lizenzen keinerlei weitere Gebühren an.[62] Das Portal netlabels.org bietet eine sehr gute Übersicht über alle Netlabels und unterteilt diese in Neuheiten, Charts, neue Netlabels und eben Genres. Dabei fällt auf, dass aufgrund des Charakters von Netlabels mehrheitlich elektronische Musik unterschiedlicher Subgenres angeboten wird. Beispielsweise wird zwischen Abstract, IDM, House, Breakcore, Glitch oder TechHouse unterteilt. Aber auch Pop, Hip Hop oder Alternative Rock Labels sind durchaus vertreten, wenn auch in der Minderheit.[63] Geht man einen Schritt weiter und verfolgt kommerzielle Interessen, gibt es dank

---

60 N.N. (2011): »Have Digital Labels Failed?« In: *Music Ally: The Report*. Issue 263. 03.03.2011: S. 1ff.
61 Redenz, Sebastian (2005): »Das Netlabel als alternativer Ansatz der Musikdistribution«. In: Lutterbeck, Bernd/Gehring, Robert A./Bärwolff, Matthias (Hg.): *Open Souce Jahrbuch 2005 – Zwischen Softwareentwicklung und Gesellschaftsmodell*. S. 381f. Quelle: Netlabels. In: http://www.phlow.de/netlabels/index.php/Main_Page (20.12.2010): Netlabels wird von Moritz Sauer betrieben, der auch das Portal Phlow ins Leben gerufen hat. Die Seite ist die erste Anlaufstelle für die Kategorisierung von Netlabels.
62 Quelle: Creative Commons. In: http://creativecommons.org/about/what-is-cc (20.12.2010).
63 Quelle: Netlabels: *Wanted Categories*. In: http://www.phlow.de/netlabels/index.php/Spe cial:WantedCategories (20.12.2010).

Portalen wie Beatport auch den passenden genrebezogenen Downloadstore für das eigene Repertoire.

Die Digitalisierung hat die Produktion, den Vertrieb und das Marketing von Musik erheblich vereinfacht und vergünstigt, so dass auch für Nischenlabels Chancen bestehen sich zu präsentieren und kommerziell erfolgreich zu sein.

Die Bedeutung von Labels, die genrespezifisch arbeiten, wurde 2003 erstmals auch auf der Musikmesse Popkomm. gewürdigt. Dort gab es Genre-Pavillons, die mit Gemeinschaftsständen jeweils kleinen Unternehmen aus den Bereichen Elektro, Independent, Metal und Urban/HipHop ein Forum geben sollten.[64] In der offiziellen Pressemitteilung hieß es dazu: »Mit dem neuen Konzept tragen wir der großen Bedeutung dieser Kreativzellen Rechnung und bieten ihnen mit den Genre-Pavillons die Möglichkeit, sich in Form eines Standes der Öffentlichkeit zu stellen«.[65]

Dabei wurde auch das Ziel verfolgt, den Dialog innerhalb der einzelnen Szenen zu fördern, um neue Impulse für die gesamte Branche zu schaffen.[66] Mit dem Umzug der Messe nach Berlin und der Neuausrichtung der Messe hat sich das Konzept jedoch gewandelt. Es gab nur noch eine relativ geringe Anzahl an teilnehmenden Labels, die Genre Pavillons sind wieder verschwunden, die Popkomm. wurde nach einer Absage 2009 und enttäuschenden Folgejahren 2012 ebenfalls eingestellt.

Bei der Betrachtung von Labels, die eng mit einem Genre verbunden sind, wird ersichtlich, dass dieser Genrebezug die Identität des Labels prägt und zum Markenzeichen werden kann. Im Folgenden soll untersucht werden, wie ein Label auch ohne Genrebezug als Wegweiser fungieren kann, indem es Aspekte aus der Markenpolitik übernimmt.

---

64 Vgl. N.N. (2003): *Popkomm.2003: Gemeinschafts-Pavillons für kleine Labels.* In: http://www.musikmarkt.de/content/news/news_2.php3?bid=6239 (22.05.2003). Quelle: Popkomm. (2003): *Popkomm.2003: Genre-Pavillons – Kleine Firmen ganz groß!* In: http://www.popkomm.de/popkomm/de/business/media_services/press_releases/00140.html (22.05.2003).
65 Karpinski, Kerstin (2003). Zitiert in: N.N. (2003): *Popkomm. baut Genre-Pavillons.* In: http://www.mediabiz.de/newsvoll.afp?Biz=mu&Nnr=134217&NL=MA (22.05.2003).
66 Vgl. Karpinski (2003). Quelle: Popkomm. (2003): *Popkomm.2003: Genre-Pavillons – Kleine Firmen ganz groß!* In: http://www.popkomm.de/popkomm/de/business/media_services/press_releases/00140.html (22.05.2003).

6.2 Markenführungsansätze bei Labels in der Praxis

Wie bereits dargestellt worden ist, können in der Musik Songs, Alben, Künstler oder das optische Erscheinungsbild durchaus Parallelen zu einer Marke aufweisen oder einer Markenführung unterworfen werden. Da auch ein Unternehmen über seine Markenprodukte zur Marke werden kann, ist es nahe liegend, zu untersuchen, inwiefern dies auf Labels zutrifft. Zunächst werden hier die Grundlagen der Marke auf Labels übertragen, um im Anschluss Ansätze der identitätsorientierten Markenführung ebenso zu erörtern, wie die Besonderheiten von Labels als Marke. Auch hier stehen Beispiele aus der Praxis im Vordergrund der Ausführungen.

6.2.1 Anwendung der Markenführung auf Labels

Rechtlich gesehen handelt es sich bei Labels um Marken. Sie verfügen neben einem Markennamen auch über einen eigenen Schriftzug und/oder ein Logo sowie über einen Labelcode. Letzterer wird von der Gesellschaft zur Verwertung von Leistungsschutzrechten (GVL) vergeben, die den Labels Lizenzen zahlt, wenn ihre Musik im Fernsehen oder Radio verwendet werden.[67] Mit diesen individuellen Identifikationsmerkmalen werden alle Produkte eines Labels gekennzeichnet, was eine Parallele zu Marken darstellt.

Betrachtet man die bereits aufgeführten Definitionen einer Marke, fällt auf, dass der Ansatz des Labels als Marke einige Besonderheiten aufweist. Sicherlich kann ein Label seine Produkte »in einem möglichst großen Absatzraum über einen längeren Zeitraum in gleichartigem Auftritt«[68] anbieten, ebenso kann es bekannt sein und ein eigenes Image gegenüber der Konkurrenz aufweisen, das zu Präferenzen führen kann. Als problematisch stellt sich aber die Bedingung nach einer gleich bleibenden oder verbesserten Qualität heraus. Der Inhalt und die Formalkriterien eines einzelnen physischen Tonträger sind zwar in jeder Pressung durchaus von einheitlicher oder teils verbesserter Qualität, zum Beispiel bei Neuauflagen mit verbessertem Sound. Im digitalen Bereich werden die Qualität der Datei sowie die Anlieferung bestimmter Metadaten ebenfalls von den jeweiligen

---

[67] Vgl. Hentschel (2003): S. 177. Canibol, Heinz (1999): »Das Label als Marke«. In: Moser, Rolf/Scheuermann, Andreas (Hg.): *Handbuch der Musikwirtschaft*. S.213f.
[68] Meffert/Burmann/Koers (2002): S. 6.

Händlern festgelegt. Doch es existieren im Gegensatz zu anderen Konsumgütern keine festgelegten Kriterien oder einheitliche Qualitätsstandards für die inhaltliche Komponente von Musik. Somit kann die Qualität der Produkte nicht problemlos bewertet und auf ein Label transferiert werden. Zwar kann man Kompositionen nach musikalischem Anspruch betrachten, dies spielt jedoch zumindest in der populären Musik eine untergeordnete Rolle. Mehr noch als andere Konsumgüter ist Musik vom subjektiven Empfinden des Einzelnen aufgrund emotionaler Wirkung geprägt. Ein Label kann somit mit seinen Veröffentlichungen allenfalls einem subjektiven Qualitätsstandard entsprechen, keinem objektiven. Hilfreich können hier beispielsweise Rezensionen verschiedener Medien sein, die über einen längeren Zeitraum die Veröffentlichungen eines Labels positiv beurteilen. In diesem Zusammenhang ist oft die Rede von qualitativ hochwertigen Veröffentlichungen und einem Track Record. Obwohl es aufgrund der hohen Dynamik des Musikmarktes schwer sein kann, eine stringente Labelpolitik zu betreiben, ist es durchaus das Ziel der meisten Labels, dauerhaft interessante Produkte zu veröffentlichen. Auf diese Weise wird womöglich unbewusst eine eigene Identität aufgebaut und somit das Label langfristig zur Marke gemacht.

Die grundsätzlichen Aufgaben einer Marke werden dabei von Labels erfüllt: Es kennzeichnet seine Produkte und dient der Abgrenzung von anderen Produkten.

»The reason why record labels – the bits of paper – came into being was quite simple. Even before the arrival of the 20th century, the need to identify what was on a cylinder or disc, the name of the artist and the company which made the recording, was recognised both in order to establish ownership and also to publicly acknowledge and promote the performer's credentials.«[69]

Das Label kann eine vermittelnde Rolle zwischen Objekt, Anbieter und unterschiedlichen Nachfragergruppen einnehmen, wie es im integrierten Markenführungsansatz der Fall ist. Zu den Nachfragergruppen gehören auf dem Musikmarkt die Konsumenten, die Medien, der Handel sowie die Künstler. Ein Label hat dabei für die verschiedenen Gruppen unterschiedliche Aufgaben zu erfüllen, was sich auch in der jeweiligen Wahrnehmung des Labels als Marke widerspiegelt.

Nach Bourdieu nehmen Unternehmen, die symbolische Güter anbieten, eine Position zwischen Produzenten und Konsumenten ein. Übertra-

---

69 Southall (2003): S. 8.

gen auf Labels bedeutet dies die Rolle zwischen Künstlern und dem Publikum. Um diese Rolle erfolgreich erfüllen zu können, muss das Unternehmen Bourdieu zufolge Anerkennung in der jeweiligen sozialen Gruppe besitzen. Er betont die Relevanz von sozialen Faktoren, Klassenhintergründen, Lebensstil und Habitus des Publikums. Sind diese verinnerlicht, kann das Label für die entsprechende Zielgruppe einen kulturellen Intermediär darstellen, der aus der Menge der Musik einzelne Acts herausfiltert, veröffentlicht und somit dem Konsumenten besser zugänglich macht.[70] Dadurch erhalten sie die Möglichkeit, sich an bereits bekannten Labels zu orientieren. Dies geschieht vornehmlich über eine musikalische Spezialisierung des Labels oder eben über ein Image, das im Normalfall aber ebenfalls auf der veröffentlichten Musik aufbaut.

Die Medien werden von Plattenfirmen mit den für sie relevanten Neuerscheinungen bemustert und bekommen somit von Labels den benötigten Content. Umgekehrt bieten sie ihnen Promotion-Möglichkeiten durch Berichterstattung. Zudem kann ein neuer Künstler, der auf einem renommierten Label erscheint, bei Redakteuren zumindest Erwartungshaltungen wecken und in den Medien somit eher Beachtung finden als Veröffentlichungen von weniger angesehenen Labels.[71]

Der Handel wird von Labels mit Tonträgern, bzw. digitalen Dateien beliefert und kann ebenfalls in Nischenbereichen das Label als Qualitäts- oder auch Preismaßstab heranziehen, stärker noch als der Konsument, da Disponenten einen besseren Bezug zu Labels besitzen. Dabei spielen Faktoren wie die Beziehung zwischen Handel und Label und das damit einhergehende Vertrauen für kommende Veröffentlichungen eine ebenso große Rolle wie Preisverhandlungen.

Am relevantesten ist aber sicherlich der Künstlerbereich, da hier die musikalischen Inhalte eines Labels rekrutiert werden. Ein Label bietet dem Künstler die Möglichkeit, seine Produkte auf den Markt zu bringen und sie zu vermarkten. Hier wird dem Labelimage eine große Rolle zugeschrieben, da der eigentliche Wettbewerb zwischen Plattenfirmen über die Künstlerakquise stattfindet. Für den Künstler sind dabei die Reputation des Labels

---

70 Vgl. Negus (1999): S. 18, 182. Bourdieu, Pierre (1986): *Distinction. A Social Critique of the Judgment of Taste*: S.359. Ellinghaus (2003): Die Rolle des kulturellen Intermediärs nimmt ein Label durch seine Arbeit in jedem Falle ein. Ellinghaus betont die Filterfunktion, die ein Label besitzen kann.
71 Vgl. Mahlmann (2003b): Durch die mehrjährige Arbeit als Chefredakteur des Online-Musikmagazins NOIZE (www.noize.de) sieht der Autor dieser Arbeit diese Tendenzen für renommierte Labels zumindest in der eigenen Redaktion ebenfalls bestätigt.

und das Labelprofil von großer Relevanz, da er sich auf einem Label gut aufgehoben fühlen sollte und dazu die bisherige Arbeit des Labels für andere Acts als Referenz heranzieht.

»Nada Surf wollten nach ihrem letzten Label zu City Slang, weil sie was mit uns verbunden haben. Bands wollen zu uns, weil sie mit uns was verbinden. Und weil sie glauben, das ist eine gute Heimat für sie. Bei der Akquise von Bands hilft uns das natürlich auch, dass wir lange genug dabei sind und dass wir über die Jahre viele schöne Bands gehabt haben, mit denen Leute irgendwas verbinden.«[72]

Gerade das Artist-Roster[73] setzt das Label von direkten Konkurrenten ab, da es die Unternehmenskultur und das Image des Unternehmens widerspiegelt. Ein Label besteht schließlich aus seinen Bands.[74]

Diesen Acts und anderen Partnern gegenüber kann sich das Label branchenintern über seine Inhalte, sein Geschäftsverhalten oder seine Strategie als Marke positionieren. Da die Grundvoraussetzungen für eine Marke von Labels erfüllt werden, bieten sich trotz einiger Differenzen verschiedene Möglichkeiten an, die Orientierungsinstrumente einer Marke zu nutzen. Zu diesem Zweck wird im Folgenden die identitätsorientierte Markenführung auf Labels übertragen. Zwar wäre auch eine Anwendung der fraktalen Marke auf Labels möglich und aufgrund ihrer Flexibilität auch einfacher zu handhaben, jedoch soll hier der Versuch unternommen werden, ein anerkanntes und weit verbreitetes Konzept für eine moderne Markenführung auf ein Label anzuwenden. Dabei wird die praktische Umsetzung dieses Potenzials im Hinblick auf Labels betrachtet, die aus unterschiedlichen Gründen Differenzen aufweisen kann. Die Zusammenhänge, die zu diesen Diskrepanzen führen, werden anhand der qualitativen Interviews mit Labelmitarbeitern ebenso untersucht, wie die Parallelen zwischen Marken und Labels.

6.2.2 Identitätsorientierte Markenführung für Labels

Die Identität einer Marke setzt sich in Anlehnung an den identitätsorientierten Markenansatz aus dem Selbstbild und dem Fremdbild einer Marke zusammen. Der Kern des Selbstbilds einer Plattenfirma ist die Marken-

---

72 Ellinghaus (2012).
73 Mit Artist-Roster ist der Künstlerstamm gemeint, also alle Acts, die auf einem Label unter Vertrag sind.
74 Vgl. Negus (1999): S. 18, 64. Mahlmann (2003b). Chapple/Garofalo (1981): S. 241ff.

philosophie bzw. die Labelphilosophie. Jedes Label vom kleinen Indie bis zum Major stellt an sich den Anspruch, sich von anderen auf unterschiedliche Weisen abzugrenzen oder besser als die direkte Konkurrenz zu sein. Die Positionierung eines Labels als Marke kann dabei über unterschiedliche Maßnahmen erfolgen. Zunächst zu den grundsätzlichen Kennzeichnungen einer Marke: Name, Schriftzug und Logo. Die Major-Labels tragen in aktuell noch zwei von drei Fällen den bekannten Markennamen ihres Mutterkonzerns aus anderen Medienbereichen in ihrem Namen. So sind Sony und Warner als musikalische Sparte ihrer jeweiligen (ehemaligen) Mutterunternehmen bekannt und werden durch den Zusatz »Music« im Namen ergänzt. Lediglich Universal Music trägt keine Assoziation zum Mutterkonzern Vivendi mehr im Namen, seitdem sich der Konzern 2006 von Vivendi Universal in Vivendi umbenannt hat.

Während bei Majors auf diese Weise die Zugehörigkeit zu einem Weltkonzern verdeutlicht wird, kann bei Indie-Labels im Labelnamen der Kern der Labelphilosophie enthalten sein. Allerdings ist dies die Ausnahme: »Labelnamen sind erst mal nichts als Schall und Rauch, die erst nach der Veröffentlichung mehrerer Produktionen an Inhalt und Image gewinnen. Insofern können sowohl sorgfältig ausgesuchte Phantasiebegriffe als auch die simple Benutzung des Namens des Labelgründers herhalten«.[75]

Schließlich weisen Namen wie Geffen, Kontor oder Virgin für sich stehend keineswegs auf die musikalische Ausrichtung des Labels hin.[76] In den erwähnten Ausnahmefällen kann der Name aber Symbolcharakter besitzen und die Identität des Labels prägen. So heißt es zu Ipecac Recordings, das 2000 von Mike Patton und Greg Werckman gegründet worden ist: »Ipecac [...] ist ein Medikament, das Säuglinge, die ein Gift verschluckt haben, zum Erbrechen bringt. [...] Alles klar? Die Metaphorik ist sinnfällig: Säuglinge = wir (die Hörer)/Gift = der Mainstream. Ipecac bringt Dich zum Kotzen, aber danach geht's Dir besser!«[77]

Der Anspruch von Ipecac wird auf der offiziellen Homepage des Labels wie folgt dargestellt:

»Like the medicine it's named after, Ipecac Recordings is here to purge you of the drek that's been rotting in your tummies. [...] Ipecac Recordings is not about to make music biz history and execute a revolution (although one is surely needed) or

---

75 Canibol (1999): S. 214.
76 Vgl. Canibol (1999): S. 214.
77 Mau, Holger (2001): *Ipecac Recordings. Portrait.* In: http://www.noize.cc/specials/ipecac/spezial.php3 (03.06.2003).

bore you by waxing poetic about their original musical philosophies. But if we have to adhere to a ›mission statement‹, how about the notion of being an honest, artist friendly label run on a shoe string with no outrageous promotional or production costs. This label will be a home to Mike Patton's eclectic musical collaborations as well as a place where bands we admire will have the freedom to release music they might not be able to, or want to, release on other labels.«[78]

Passend zum Namen ist das Maskottchen des Labels ein Babykopf, der Erbrochenes ausspuckt und mit einem kleinen Irokesenschnitt ausgestattet ist. Die Wirkung des Bildes spiegelt in etwa die Affinität der Musik zum Mainstream wider. Logos und auch Schriftzüge können die Identität von Labels prägen. Eines der ältesten und berühmtesten Logos ist der bereits erwähnte Hund Nipper, der vor einem Grammophon sitzt und für die Marke »His Master's Voice« steht. Bis heute wird Nipper von dem Label Electrola als Logo verwendet.[79] Auch das Markenzeichen kann also Eigenschaften oder Werte des Labels vermitteln.

Die eigene Labelphilosophie ist auf vielen Websites von Plattenfirmen zu lesen. So steckt sie auch bei dem deutschen Elektronik Label Compost Records, das 1994 von Michael Reinboth gegründet worden ist, bereits im Namen:

«Since the Middle Ages ›Compost‹ is said to be something very mystical. Originally in the middle ages the spoken word ›Compost‹ meant a ›magic thang‹ or something ›suspect‹. […] Looking at the word ›Compost‹ itself you can recognize the two syllables ›com‹ and ›post‹. Both syllables are used in very modern terms, for example: ›com‹ which is originally latin and means ›together‹, ›leading to‹, ›with‹. Even the word Compost sounding old school the syllables are post post modern: ›computer‹, ›communication‹, ›compositions‹, ›complexity‹, ›compatibility‹. ›post‹ also has its origin in the latin language and means basically ›after‹. There is a large number of words containing the syllable ›post‹ such as ›postmodern‹, ›postmortem‹, ›postmeridiem‹, ›postpone‹, ›postulate‹ et cetera. The word ›Compost‹ is international! It has the same meaning and almost the same spelling in several languages such as British and American-English, French and German. ›Compost‹ in our generation means as well a biodynamic process – a chemical decomposition. Perhaps an chemical attack! A catalyst for constitution and reactions also used as a word for fertilizing or recycling. In music terms a toxic combination of great little parts (which can be a cycle, bar, a jazz solo or a full length melody or a beat of what we really like in music history of Jazz, Brazil, Techno, House or Soul. With

---

78 Quelle: Ipecac: *About Us*. In: http://www.ipecac.com/about.php (03.06.2003).
79 Vgl. Gronow/Saunio (1998): S. 10f. Wicke (1997a): Gronow/Saunio gehen genauer auf die Geschichte von Nipper ein.

sampling, sequencing integration making something new out of those musical parts we like.«[80]

Die Labelphilosophie kann in diesen Fällen ähnlich wie eine Marke die spezifische Kompetenz, die Visionen, grundlegende Wertvorstellungen und Ziele des Labels ebenso transportieren wie sie das Verhältnis zu internen und externen Bezugsgruppen vermitteln kann. Der Labelname kann dabei diese Inhalte repräsentieren, so wie ein guter Markenname das dazugehörige Produkt assoziiert. Das Label Four Music gibt beispielsweise eindeutige Hinweise auf die Labelgründer Die fantastischen Vier. Auch der Labelname Mille Plateaux nach einem Buch der französischen Philosophen Gilles Deleuze and Felix Guattari ist Programm, beinhaltet er doch die Einflüsse des Post-Strukturalismus und überträgt diese auf die elektronische Musik des Labels.[81] Aber auch und gerade Labels, die sich über einen längeren Zeitraum erfolgreich gehalten haben, zehren oft von ihrer Tradition und identifizieren sich über sie. Ein Label wie die Deutsche Grammophon bietet auf diese Weise Sicherheit für den Konsumenten im Klassiksegment und dient ihm als Wegweiser.[82]

Weitere Elemente, die zum Symbolcharakter von Labels führen können, sind Slogans und die Konstruktion von Erlebniswelten. Jingles spielen hier nur in Ausnahmefällen eine Rolle, da sie im Normalfall nicht zu den Kommunikationsmitteln von Labels gehören.

Einige Labels legen sich aber feste Slogans zu, die kommuniziert werden. So hatte auch das Label Stiff, das als Vorreiter des DIY Punk & New Wave Bewegung gilt, ein passendes Motto parat: »The label's slogan – If it ain't Stiff, it Ain't Worth a Fuck – encapsulated the label's sod-you attitude as it haemorrhaged cash with a series of hilarious tours and costly cover art.«[83]

Auf jeder Veröffentlichung von Southern Records gibt es einen Aufkleber mit dem Slogan »Brought to you by Southern«, der die Rolle des Labels als Förderer und Vermittler guter Musik hervorhebt. Auch in der digitalen Welt wird dieser Slogan konsequent verwendet. So dient er auf

---

[80] Compost Records: *About Labels*. In: http://www.compost-rec.com/about-labels/ (08.04.2012).
[81] Vgl. Reynolds, Simon (1996): »Low End Theory«. In: *Wire*. Nr. 146. April 1996. Aus: http://www.mille-plateaux.net/theory/download/raynolds-thewire.pdf (08.06.2003).
[82] Vgl. Mahlmann (2003b).
[83] Sharp, Rob/Armstrong, Rebecca/Brown, Jonathan/Proctor, Kate/Walker, Tim (2008): *Record labels that rocked our world*. In: http://www.independent.co.uk/arts-entertainment/music/features/record-labels-that-rocked-our-world-770728.html (26.12.2010). Vgl. Southall (2003): S. 9.

last.fm als Tag für alle Southern Künstler, so dass man sie auf einen Blick findet.[84]

Die Betonung auf gute Musik wurde bei EFA, einem gemeinsamen Vertrieb verschiedener Indie-Labels, deutlich, deren Slogan lautet: »Life's too short for boring music«. Impliziert wurde hier, dass EFA, deren Initialen den Slogan »Energie für alle« repräsentierten, interessante Veröffentlichungen abseits von formatierten Mainstream-Songs lieferte. Das Elektroniklabel Mole führt den Slogan durch den Zusatz »Listening Pearls« gleich im Namen mit, der die langfristige Qualität der beinhalteten Musik preist, wenn man sie für sich entdeckt hat.

Keinen Slogan, aber eine etwas andere optische Erkennungsgröße findet sich bei dem Label Ryko Disc, das schon 1983 mit der Prämisse gegründet wurde, nur CDs zu releasen. Die Farbe Grün wurde in die gesamte Kommunikation eingebunden. So ist das Logo grün, der Webauftritt ist in grün gestaltet und auch die physischen Veröffentlichungen wurden stets in durchsichtig grünen Jewel Cases herausgebracht. Auch so kann für wissende Konsumenten Orientierung in der Flut von CDs im Handel geschaffen werden.[85] Ein Corporate Design zur Markenbildung wird vor allem im Segment für Kinderhörspiele geschaffen, zum Beispiel bei den Labels Karussell, Kiosk und Europa, deren Artwork jeweils einheitlich gestaltet sind. Ein ähnlicher Vorgang ist in der Musik heute in der Regel nicht mehr erwünscht, da Labels keinen Verkaufsvorteil darin sehen und die Künstler ohnehin ein eigenständiges Design ihres Albums fordern.[86]

Eine Labelphilosophie kann auch anhand von Event-Marketing und der Schaffung von Erlebniswelten unterstützt werden. Dies kann in Form von kleinen Labelabenden in einem Club, an denen sich verschiedene Bands eines Labels präsentieren, geschehen, wie es oft im Rahmen von Musikmessen, aber teilweise auch eigenständig praktiziert wird. Hier sind beispielsweise die regelmäßigen Radioshows oder Clubabende von Ninja Tune zu nennen, die so gut gelaufen sind, dass die Clubreihe aufgrund des zu großen Erfolgs eingestellt worden ist.[87]

---

84 Quelle: Last.fm: *Southern Records Profil*. In: http://www.lastfm.de/tag/brought%20to%20you%20by%20southern%20records/artists (30.12.2010).
85 Vgl. Southall (2003): S. 236.
86 Vgl. Ellinghaus (2003).
87 Quelle: Tjaben (2010): S. 2.

Auf diese Weise bieten sich gute Gelegenheiten, das Spektrum des Labels einem breiteren Publikum und den Medien vorzustellen.[88] Auch gemeinsame Tourneen von Bands eines Labels sind möglich, wie sie von Fat Wreck Chords mit dem Fat Package regelmäßig organisiert worden sind. Fat Wreck Chords ist mit einigen Bands auch auf der Deconstruction Tour vertreten gewesen, da das Label mit dem Tourveranstalter Destiny, der in denselben Räumlichkeiten in Berlin-Kreuzberg beheimatet war, die musikalische Ausrichtung teilt. Auf der in den 2000ern jährlich stattfindenden Deconstruction Tour spielten unterschiedliche Bands aus dem Punk-Bereich auf einem Tages-Festival, das durch die Städte zog, während passend dazu ein großes Rahmenprogramm aus Skatern und BMX-Fahrern die Tour vom reinen Musikfestival zu einem Event gemacht hat. Ähnliches wird von der Vans Warped Tour geleistet, wobei hier die Skater-Marke Vans als Sponsor ihre Marke stärkt.[89]

Auch abseits von Symbolcharakter bestehen Parallelen zwischen einer Marken- und einer Labelphilosophie. Die technisch-qualitativen Merkmale der Produktdimension sind insofern irrelevant, als dass physische Tonträger von unterschiedlichen Firmen qualitativ nahezu gleichwertig sind. Auch die normale CD-Verpackung in Form von Jewel Cases ist kein Alleinstellungsmerkmal. Allenfalls aufwändigere Verpackungen fallen deutlich auf. Bei Vinyl dagegen gibt es deutlichere Qualitätsunterschiede in der Produktion. Negativ können neben der Klangqualität beispielsweise auch Wellen auf dem Vinyl oder eine fehlerhafte Zentrierung sein.[90]

Im digitalen Segment gibt es durchaus Unterschiede in der Musikqualität. So bietet iTunes ein AAC-Format und seit 2011 auch ein »Mastered for iTunes«-Format mit verbesserter Soundqualität an, Musicload verkauft gegen Aufpreis Musik im »High Quality« WAV-Format, während die

---

88 Vgl. Mozis (2003).
89 Vgl. Fleig (2003). Gedwien, Jochen (2003): *Deconstruction-Tour-Veranstalter Dave Pollack im Gespräch*. In: http://www.noize.cc/stories/main.php?p_id=2216 (04.06.2003): Wie Destiny können auch andere Tourveranstalter für eine bestimmtes Musikrichtung stehen. Auch hier kann zwischen großen Agenturen, die ein weites Spektrum haben, wie die Marek Lieberberg Konzertagentur und kleinen Veranstaltern, die sich spezialisieren, wie eben Destiny unterschieden werden. Dieser Aspekt wird hier aber nicht weiter ausgeführt.
90 Quelle: jpc: *Erfahrungen mit Vinyl-Qualität*. In: http://weblog.jpc.de/news/erfahrungen-mit-vinyl-qualitat,865/ (04.01.2011): Die hier aufgeführten Beiträge der Kunden stehen exemplarisch für die Diskussion um die Vinyl-Qualität neuerer Pressungen.

meisten anderen Händler normale MP3-Files anbieten.[91] Die Bitrate bei Streaming-Portalen kann abhängig von der Art der Mitgliedschaft ebenfalls unterschiedlich hoch sein.[92]

Ein anderer technischer Aspekt von hoher Relevanz hat mit dem Inhalt des Produkts zu tun: Der Sound. Ein bestimmter Sound kann das Label entscheidend prägen. Dies war bereits bei Motown der Fall, das Anfang der 1960er von Berry Gordy gegründet wurde. Das Label hatte von Beginn an einen ganz eigenen Sound, der von bestimmten Produktionstechniken, dem Songwriter-Team Holland, Dozier und Holland und eingespielten Studiomusikern geprägt war.

»Alles, was den Motown Sound ausgemacht hat, stammte von den *Funk Brothers*, den Studiomusikern, die den Soundteppich unter ›I heard it through the grapevine‹ legten, denen der Gitarrenriff am Anfang von ›My Guy‹ einfiel, die Stevie Wonder Klavierspielen beibrachten, die die Seele des Soul waren.«[93]

Sie sorgten für einen einheitlichen Sound auf zahlreichen Motown-Veröffentlichungen der 1960er Jahre, der auf ein breites Publikum und das Radio ausgelegt war.[94]

Gerade im Bereich der elektronischen Musik wird vielen Labels ein eigenes Soundprofil zugeschrieben. So verfügt Compost über einen sehr eigenen Sound, der durch Beständigkeit langfristig zum internationalen Markenzeichen des Labels geworden ist. Auch wenn sich das Label von

---

91 Vgl. Ayers, Mike (2011): *Rick Rubin Explains What Mastering for iTunes Means*. In: http://read.mtvhive.com/2011/09/01/rick-rubin-explains-what-mastering-for-itunes-means/ (12.02.2012). Quelle: Musicload: *WAVE Download: Musik als HQ Download im WAV Format*. In: http://www.musicload.de/high-quality (12.02.2012).

92 Quelle: Spotify: *Get Spotify Premium*. In: http://www.spotify.com/int/get-spotify/premium/ (12.02.2012). WiMP: *WiMP HiFi*. In: http://wimp.de/wweb/specials/hifi_lossless/ (19.02.2014): Bei Spotify erhalten Kunden, die gegen einen monatlichen Betrag eine Premium Mitgliedschaft abschließen, eine höhere Soundqualität als Kunden, die den Service kostenlos nutzen.

93 Vahabzadeh, Susan (2003): »Suche nach Licht. Der Film ›Standing in the Shadows of Motown‹ schließt eine Lücke der Popgeschichte«. In: *Süddeutsche Zeitung*. 14.07.2003: S. 12.

94 Vgl. Chapple/Garofalo (1980): S. 100, 306ff. Frith (1981): S. 151. Sharp/Armstrong/Brown/Proctor/Walker (2008). Gordy (1994): S. 124f, 177ff, 222f, 265, 276: Neben Holland, Dozier und Holland gab es zahlreiche weitere Songwriter bei Motown, doch dieses Trio hat den Sound des Labels geprägt. Nach ihrem Weggang wurde versucht, ihren Sound beizubehalten, wie Motown Gründer Gordy in seiner Biographie schreibt. An zahlreichen Stellen wie den hier genannten wird betont, wie wichtig es war, Hits zu kreieren, die nicht nur die schwarze Bevölkerung, sondern alle ansprechen.

den Nu Jazz Veröffentlichungen auch in andere Richtungen über enge Genregrenzen hinaus weiterentwickelt hat, bleibt der rote Faden die Einhaltung der Labelphilosophie und die Clubtauglichkeit. Labels wie Nuphonic, Soma oder bpitch control haben sich um die Jahrtausendwende ebenfalls einen derart eigenen Sound zugelegt, dass viele Käufer alle Releases des Labels gekauft oder sich zumindest damit beschäftigt haben.[95] Der Künstler steht in diesen Fällen zumindest zu Beginn im Hintergrund. Das Label wird zur Marke, auf die man sich verlassen kann.

Das Label bpitch control hat ebenfalls eigene Partyreihen und verfügt über ein eigenes Netzwerk von Produzenten und Studios, um die Kontrolle über sein Schaffen zu bewahren. Zudem steht der Kollektivgedanke stets im Vordergrund.[96] Mittlerweile sind einige Acts wie die Gründerin Ellen Allien, Modeselektor, Sascha Funke und aktuell Paul Kalkbrenner aber selbst zu Stars geworden, auch außerhalb der Szene. Es besteht zudem eine lokale Komponente mit dem starken Bezug zu Berlin, der sich auch im vollständigen Namen des Labels bpitch control Berlin Stadt wiederfindet. In der Beschreibung auf DJTUNES heißt es dazu: »berlin is growing from the important role as one of the cities where techno has been at home the most for the last 10 years. bpitch control puts this consequently into practice and leaves its unmistakable marks on techno, hence ›made in berlin‹.«[97]

Ein weiterer Aspekt der Produktdimension kann also die geographische Verankerung des Labels sein. Während Mitarbeiter von Warner in den USA Wert darauf legten, dass sie bei einem ur-amerikanischen Label sind, können Labels auch auf einer regionalen und lokalen Ebene wie bpitch control geprägt sein.[98] Negus spricht von musikalischen Codes, die einen bestimmten Sound mit einem bestimmten Ort in Verbindung bringen, wie irische Melodien oder lateinamerikanische Rhythmen. Labels können sich überdies auch an eine kulturelle Verankerung, beispielsweise an Normen und Werte einer Region, binden und diese zur Identitätsstärkung nutzen,

---

95 Vgl. Marxer, Kaisa (2003): *Persönliches Interview vom 03.01.2003*. Böge, Ralph (2003): *Persönliches Interview vom 04.02.2003*. Zourlas (2003): Marxer war 2003 Labelmanagerin von Compost. Böge ist Promoter bei m2m und Produzent bei Worldless Production gewesen und ist heute Geschäftsführer von Paradise Entertainment & Distribution.
96 Quelle: DJTUNES: *Bpitch Control*. In: http://de.djtunes.com/label/bpitch-control/+about (30.12.2010).
97 DJ TUNES: *Bpitch Control*. In: http://de.djtunes.com/label/bpitch-control/+about (30.12.2010): Die konsequente Kleinschreibung ist aus dem Original übernommen.
98 Vgl. Negus (1999): S. 39f, 69ff, 165f.

wie es bei World Music-Labels oft der Fall ist. Dies ist auch auf einer spezifischeren Ebene möglich. So steht die Stadt Liverpool für den Mersey Beat und die Beatles, während zum Beispiel Bristol eng mit der Musik von Acts wie Portishead oder Tricky in Verbindung gebracht wird.[99]

Das berühmteste Beispiel der 1990er Jahre in dieser Hinsicht ist sicherlich Sub Pop aus Seattle, das im Verlauf dieser Arbeit noch genauer behandelt werden wird. Sub Pop war ursprünglich ein Fanzine von Bruce Pavitt, der aber mit dem Sampler »Sub Pop 100« eine Vinylproduktion veröffentlichte, die der Szene von Seattle gewidmet war. 1987 folgte eine weitere Platte der Band Green River, bevor Sub Pop 1988 von Bruce Pavitt und Jonathan Poneman als Label gegründet wurde und Bands aus Seattle und Umgebung ein musikalisches Zuhause gab.[100] Darunter war auch das Debütalbum »Bleach« von Nirvana 1989. Im Zuge von Nirvanas späterem Erfolg 1991 wurde die gesamte Seattler Szene und mit ihr auch das Label Sub Pop unter dem Begriff Grunge weltberühmt.[101]

Über die Rolle als Pionier in einem Genre kann ein Label somit Identität erlangen, wie es bei Sub Pop mit Grunge oder bei Ninja Tune mit Trip Hop der Fall gewesen ist.[102] So kann der repräsentierte Musikstil über die Veröffentlichungen ebenso wie die Künstler zur Persönlichkeitsgewinnung eines Labels beitragen. Trotz des verblichenen Erfolges wird Seattle bis heute immer wieder als Musterbeispiel für interessante regionale Szenen herangezogen. So heißt ein Song von Tocotronic »Wir sind hier nicht in Seattle, Dirk« in Anspielung auf die Hamburger Szene, die als Hamburger Schule bekannt wurde. Auch dort war ein Label vor Ort, das zum Markenzeichen für diese Musik wurde: L'age D'or. In den 2000er Jahren stand das Label Saddle Creek aus Omaha, auf dem ähnlich wie in Seattle eine gemeinsame Szene aus befreundeten und verwandten Musikern vereint wird, im Mittelpunkt der alternativen Presse. Künstler wie Cursive und vor allem Bright Eyes prägen das Bild des Labels und haben sicherlich den Weg für

---

99 Vgl. Negus (1999): S. 165f: Diese Codes werden von so genannten interpretativen Gemeinschaften entschlüsselt. Bei internationalen Stars ist dies allerdings schwer, da diese darauf aufgebaut werden, global zu funktionieren.
100 Vgl. Azerrad, Michael (1994): *Nirvana. Come As You Are.* S.81: Aus Green River entstanden später die Bands Mudhoney und Pearl Jam, die ebenfalls zu Aushängeschildern von Seattle wurden.
101 Vgl. Berelian, Essi (1998b): »Nirvana«. In: Buckley, Jonathan/Ellingham, Mark (Hg.): *Rock. The Rough Guide.* S.546.
102 Vgl. Zourlas (2003): Ninja Tune hat die Fusion von HipHop und Jazz maßgeblich vorangetrieben und gilt als Pionier auf diesem Gebiet.

den Erfolg von moderner Folkmusik und Singer/Songwriter-Künstlern bereitet.[103]

Für die Produktdimension von Labels ist die Markenpräsentation am Point-of-Sale im Gegensatz zu Marken nicht von allzu hoher Bedeutung. Sie sind sehr selten auf das Label bezogen, sondern stellen den Künstler in den Vordergrund. Zudem können sie lediglich von größeren Firmen für hoffnungsvolle Acts rentabel finanziert werden.[104] Die Preisstellung auf dem Markt kann dagegen eher eine Rolle spielen. Musik im Albumformat wird dabei international in die Kategorien Fullprice, Midprice und Budgetprice unterteilt. Die jeweiligen Preise für die Kategorien und einzelnen Produkte sind dabei nicht vorgeschrieben, Anhaltswerte für Alben im deutschen Markt sind aber möglich. Im physischen Bereich liegen CDs aus dem Fullprice-Segment etwa zwischen 15 Euro und 20 Euro, Midprice-CDs bewegen sich zwischen 8 Euro und 12 Euro, Budgetprice CDs zwischen 4 Euro und 8 Euro. Bei den Downloads liegen die Fullprice-Alben zwischen 8 Euro und 11 Euro, Midprice zwischen 6-8 Euro und das Budgetsegment zwischen 4-6 Euro. Dabei sind leichte Abweichungen bei besonderen Sonderangeboten oder aggressiver Preispolitik durchaus möglich.[105]

Die meisten Labels bewegen sich im Fullprice-Spektrum, was sich auch in den Absatzanteilen von Alben niederschlägt. Ältere Alben aus dem Katalog werden häufig zu Mid- oder Budget-Preisen angeboten. Die Identität eines Labels wird aber nur dann durch die Preisstellung geprägt, wenn es sich auf enorm hohe oder niedrige Preissegmente festlegt. Ein Beispiel für die Positionierung über die Preisstellung sind die Economy-Labels, die Ende der 1940er Jahre eingeführt worden. Darunter verstand man Indie-Labels, die bekannte Songs aus dem Pop-Bereich von unbekannten Interpreten neu aufnehmen ließen und diese wesentlich günstiger als die Majors verkauften. Diese Idee fußt auf der damals vertretenen Devise, dass nicht der Interpret, sondern der Song im Vordergrund steht. Eines der wichtigsten Economy-Labels der damaligen Zeit war die Marke Tops, die auch über einen passenden Werbeslogan verfügte: »Build a ›pops‹ collection with

---

103 Vgl. Schliemann, Jochen (2003): »Fruchtbare Erde«. In: *Visions*. Nr. 119. Februar 2003: S. 38.
104 Vgl. Lumm (2003).
105 Vgl. Diederichs, Frank A. (1999): »Budgetline und Special Products«. In: Moser, Rolf/Scheuermann, Andreas (Hg.): *Handbuch der Musikwirtschaft*: S. 227: Die Preise sind noch in DM und nur für den physischen Bereich angegeben, stimmen aber noh immer mit den heutigen Preisen weitestgehend überein.

Tops records – twice the music, half the cost!«.[106] Auch Majors wie Columbia gründeten in der Folgezeit eigene Billiglabels, um schwächere Künstler auszugliedern und auf diese Weise deren Verträge ohne hohe Kosten zu erfüllen. Veröffentlichungen von Economy-Labels wurden meist nicht in Plattenläden, sondern in so genannten non-tradtional Outlets wie Supermärkten, Tankstellen oder Kaufhäusern angeboten.[107] Auch heute existieren noch Labels, die ausschließlich das untere oder auch das obere Preissegment bedienen und sich darüber von der Konkurrenz differenzieren. Dies geschieht vor allem im Klassik-Bereich, da dort mit einem Repertoire gearbeitet wird, das zu 80 Prozent bis 90 Prozent deckungsgleich ist und sich nur durch unterschiedliche Interpreten voneinander abgrenzt. Labels wie Arte Nova oder Naxos konnten in den 1990ern ihre Produkte mit günstigen Aufnahmen aus Osteuropa entsprechend billiger verkaufen und hatten damit großen Erfolg. Sie galten als Einsteigerlabel für Klassik, während die traditionsreiche Deutsche Grammophon als hochwertiges Label im oberen Preissegment mit angesehenen Interpreten fungierte.[108] Mittlerweile gehört Arte Nova zu Sony Music. Auch die Genres Jazz, New Age und Hörbuch werden mittlerweile angeboten. Darüber hinaus bietet Naxos kleinen Independent Labels auch seinen Vertrieb an. Das bereits erwähnte Label X5 hat sich im digitalen Markt ebenfalls als Anbieter von günstigen Compilations unterschiedlicher Genres etabliert.

Ein immer häufiger auftauchendes Phänomen im digitalen Bereich sind Karaoke- oder Coverversionen von potenziellen und aktuellen Hits. Dabei spielt zum einen auch der Preis eine Rolle, da Hits auf digitalen Download-Plattformen meistens zu einem höheren Preis angeboten werden, seitdem iTunes im April 2009 variables Trackpricing eingeführt hat. Dagegen hat eine Coverversion häufig den günstigsten Preis. Zum anderen spielt hier die zeitliche Komponente eine große Rolle. In der heutigen Zeit ist ein Song spätestens mit dem ersten Radio- oder TV-Einsatz auch digital über

---

106 Vgl. Alsmann (1985): S. 89, 91ff. Erst mit dem Erfolg von Elvis Presley und dem aufkommenden Starphänomen trat der Interpret in den Vordergrund.
107 Vgl. Alsmann (1985): S. 91, 99f.
108 Vgl. Canibol (2003). Mahlmann (2003b). Quelle: Arte Nova. In: http://www.artenova.de (08.06.2003). N.N. (2002): Arte-Nova-Gründer Oehms startet neues Label. In: http://www.mediabiz.de/newsvoll.afp?Biz=mu&Nnr=126068&NL=MA (08.04.2012). Quellen: Naxos. In: http://www.naxos.com/naxos/countries/germany (26.12.2010). Oehms Classics. In: http://www.oehmsclassics.de/wir.php (26.12.2010): Dieter Oehms hat Ende 2002 mit OehmsClassics ein neues Label gegründet, das im Midprice-Bereich angesiedelt ist.

illegale oder halblegale Wege verfügbar. Ebenso besteht eine Nachfrage nach dem Titel. Viele Labels veröffentlichen aber weiterhin nach den traditionellen Timings, die mehrere Wochen Zeit zwischen Radiobemusterung und Veröffentlichung des Songs vorsehen. Diese Lücke wird für Cover- und Karaokeversionen genutzt, die legal angeboten werden. Einige Titel wie ein Cover von Rihannas »Only Girl In The World« haben es in Deutschland sogar bis in die Top 10 der iTunes-Charts geschafft, da das Original noch nicht veröffentlicht war.

Neben der Art der Produkte spielt auch die Persönlichkeit der Marke eine wichtige Rolle für die Markenphilosophie. Ein Label kann sich in seinem Auftritt seiner Zielgruppe anpassen. So bot das Punkrock Label Fat Wreck Chords in seiner Hochphase seinen Käufern in regelmäßigen Abständen Sampler zu sehr günstigen Preisen mit teils exklusiven Songs an, was sich mit dem Verständnis der meist jungen Punkfans deckt. Günstige Konzerte und Fanartikel verstärken den Eindruck des Labels, das sich den Fans gegenüber fair verhält.[109] Die Persönlichkeit des Labels kann sich auch im gesamten öffentlichen Auftritt von Anzeigen bis zur Internet-Präsenz auf unterschiedlichen Portalen widerspiegeln.

Ein letzter Punkt, der zur Bildung einer Markenphilosophie beiträgt, ist die organisatorische Dimension. So kann die Unternehmenskultur ebenso wie einzelne Mitarbeiter oder der Labelgründer das Bild eines Labels prägen.[110] Bei Labels wie Fat Wreck Chords können sich alle Mitarbeiter mit dem Label und der dazugehörigen Attitüde der Musik identifizieren, ähnlich ist es bei Four Music.[111] Gerade bei einem Label, das sich innerhalb

---

109 Vgl. Fleig (2003): Vor allem in den 1990er Jahren waren die Fat Wreck Compilations sehr beliebt. Später folgten auch Video-Compilations. Zahlreiche andere Punklabels agieren nach demselben Prinzip.
110 Vgl. Canibol (1999): S. 216. Negus (1999): S. 65–79: Canibol spricht von dem »Spirit«, der ein Label prägen kann. Negus beschreibt als einer der wenigen Wissenschaftler die unterschiedlichen Unternehmenskulturen der fünf Major-Labels. Er bezieht sich dabei auf Untersuchungen in den USA und Großbritannien.
111 Vgl. Fleig (2003). Schmidt, Michael (2003): *Persönliches Interview vom 03.02.2003*: Schmidt, besser bekannt als Smudo, ist Mitglied der Band Die fantastischen Vier, sowie Mitbegründer und A&R von Four Music. Beide betonen das Zusammengehörigkeitsgefühl zwischen allen Mitarbeitern, wobei Fleig auch die internationale Ebene nennt. Die Basis dafür bildet die HipHop bzw. Punkkultur der Labels und der Zusammenhang zu den Labelgründern. Aktionen wie das so genannte »Punkrock Bowling Tournament«, bei dem Bands und Mitarbeiter aus den verschiedenen Ländern gemeinsam Bowling spielen, stärken bei Fat Wreck Chords diese enge Bindung an das Label. Schmidt befürchtet gar, dass der Stolz der Mitarbeiter in Arroganz gegenüber anderen Labels ausarten könnte

einer Subkultur bewegt, ist dieser Bezug der Beschäftigten zu den Produkten sehr wichtig und überträgt sich auch auf die Philosophie des Labels. Eine ähnlich enge Bindung zu ihrem Label wurde den Mitarbeitern von Motor Music in den Anfangsjahren nachgesagt. Der besondere Teamgeist und die Verschworenheit der Angestellten prägte die Philosophie des Labels so sehr, dass Außenstehende Motor abfällig als Sekte bezeichneten. Dies wurde von den Mitarbeitern in Form eines ironischen Cartoons aufgegriffen, der das Team mit ihrem Chef Tim Renner als Sektenführer darstellte.[112] Die Bindung zur Szene schlug sich auch im direkten Kundenkontakt nieder, indem man sich auf der Website www.motor.de als gläserne Firma präsentierte, in der Informationen und direkte Kontaktadressen der einzelnen Angestellten zu finden waren.[113]

Ein anderer Aspekt der identitätsstiftenden Organisation liegt in der Zugehörigkeit zu einem Unternehmen, wie es bei den Major-Labels der Fall ist. Zumindest innerhalb der Branche werden Unterlabels der übergeordneten Plattenfirma zugeteilt, ebenso wie die Plattenfirma als Teil eines Firmenkonglomerates gesehen wird. So ist beispielsweise Deutsche Grammophon ein Teil von Universal Music, die wiederum zu Vivendi gehört. In der Regel dienen die Konzerne aber nicht als Dachmarke oder Familienmarke, das heißt die Labels werden den Konsumenten gegenüber als eigenständige Firmen, als Einzelmarke, präsentiert, ohne die Konzernzugehörigkeit in besonderem Maße zu betonen.

Für ein echtes Indie Label ist die Zugehörigkeit zu einem Konzern unerheblich, da sie nicht existiert. Sie sind allenfalls über Vertriebs- oder Labeldeals an andere Unternehmen gebunden. Dafür kann der Labelgründer zur Philosophie des Labels beitragen. Mit ihrem persönlichen Musikgeschmack und Gespür für neue Trends haben Gründer wie Sam Phillips (Sun Records), Richard Branson (Virgin), Geoff Travis (Rough Trade), Daniel Miller (Mute), Alan McGee (Creation) oder David Geffen (Geffen) sich und ihre Labels positiv geprägt. Das Image der jeweils genannten Firmen ist dabei eng mit dem Erfolg eines Künstlers verbunden, der den Durchbruch gebracht hat.[114] Handelt es sich bei den Gründern selbst um

---
  und versucht dies zu unterbinden, da sich solch ein negatives Image auch auf die Bands
  übertragen könnte.
112 Vgl. Ballin (2003).
113 Quelle: Motor: *Gläserne Firma*. In: http://www.motor.de/_company/_glaesernefirma/
  index.html (15.06.2003).
114 Vgl. Chapple/Garofalo (1980): S. 51ff. Wiese (2003). Sprave (2003). Canibol (1999).
  Zimmermann (2003): S. 213f, 216. Walter (1999): S. 222f: Sun Records wurde durch El-

Künstler, prägt zunächst deren Image das Labelbild, was mit der Zeit auch umgekehrt der Fall sein kann oder im wechselseitigen Verhältnis steht. Bekannte und erfolgreiche Künstlerlabels haben unter anderem Die fantastischen Vier mit Four Music, die Beastie Boys mit Grand Royal und NOFX-Sänger Mike Burkett mit Fat Wreck Chords gegründet. Die Philosophie der Bands spiegelt sich in diesen Beispielen auch in der Labelphilosophie wider. Das Image der Künstler und ihr Status als Stars hat in diesen Fällen ebenfalls Einfluss auf die Philosophie des Labels.

Die hier dargestellten Komponenten zum Selbstbild eines Labels sind abhängig von den Rahmenbedingungen von jeweils unterschiedlicher Relevanz. Je nach Unternehmen und Repertoire können einige Punkte von höherer, andere wiederum von geringerer Bedeutung für ein Label sein. Die genannten Beispiele sind dabei positive Ausnahmefälle in der Labellandschaft. Das Selbstbild des Labels steht zudem in wechselseitiger Beziehung zum Fremdbild bzw. zum Image des Labels, woraus schließlich die Labelidentität resultiert.

Das Labelimage resultiert wie ein Markenimage ebenfalls aus verschiedenen Komponenten, die emotionale und rationale Bedürfnisse der Konsumenten erfüllen können. Von hoher Relevanz ist die subjektiv wahrgenommene Eignung der Marke zur Befriedigung der individuellen Bedürfnisse. Für ein Label bedeutet dies die Korrespondenz mit dem persönlichen Musikgeschmack. Kann ein Hörer durch mehrere Veröffentlichungen von einem Label überzeugt werden, werden Vertrauen in und Hoffnung auf weitere Releases aufgebaut, die den Geschmack des Hörers treffen. Das Label wird auf diese Weise zu einem Meinungsführer für eine bestimmte Hörerschicht und reduziert für Konsumenten das Risiko eines Fehlkaufs. Dieser Track Record ist entscheidend für das Image eines Labels.[115] Zourlas erklärt dies am Beispiel von Ninja Tune:

»Ein Label, das sich so lange hält und so lange gute Musik rausbringt und damit auch leben kann, ist ein Garant für gute Musik. Viele Leute achten darauf, was auf

---

vis Presley berühmt, im Falle von Virgin war dies Mike Oldfield, New Order brachten den Durchbruch für Rough Trade, Depeche Mode für Mute, Creation wurde über My Bloody Valentine und später Oasis bekannt, und für Geffen war der Erfolg von Guns N' Roses und Don Henley entscheidend. Allerdings steht die Persönlichkeit Richard Bransons bei seinem späteren Label V2 nicht mehr so sehr im Vordergrund, da die Firma gleich als Major Indie begonnen hat und sich nicht erst als Indie etablieren musste.

115 Vgl. Zourlas (2003). Marxer (2003). Ellinghaus (2003). Ellinghaus (2012). Zimmermann (2003).

Ninja Tune erscheint, weil sie wissen, dass das Produkt sehr gut ausgewählt ist. Aufgrund dessen ist schon ein gewisser Qualitätsgarant da.«[116]

Das Label kann für den Konsumenten auf diese Weise zu einem Orientierungsparameter werden. Labels wie Ninja Tune haben sich einen festen Kundenstamm erarbeitet, der grundsätzlich alles kauft, was dort erscheint. Allerdings beziehen sich derartige Relationen zwischen Musikhörern und einem Label stets auf eine Minderheit von Musikliebhabern, wie Burkett als Gründer von Fat Wreck Chords betont: »Ich denke, das spielt nur eine geringe Rolle. Nach einer Weile kauft niemand mehr die Platte einer Band, nur weil sie auf Epitaph ist. Und irgendwann hören die Leute auch auf, jede Fat Wreck-Platte zu kaufen.«[117]

Eine ähnliche Position nimmt Ellinghaus ein: »Ich glaube 90 Prozent der Leute, die sich eine Hole-Platte gekauft haben, wissen nicht, dass da ›City Slang‹ hinten drauf steht. Das wissen die einfach nicht. Darum ist auch die Marke, von der wir hier reden, ab einem gewissen Punkt nicht mehr relevant.«[118]

Dennoch sehen beide ihr Label als Marke. Ellinghaus führt die Minderheit der Musikliebhaber als Beispiel für Kunden an, die sich für das Label als Marke interessieren:

»Wiederum zum Beispiel Hole, um zu damals zurückzukommen: Ich weiß nicht, wie viele Leute, die sich Caribou kaufen, tatsächlich überhaupt wahrnehmen, dass da City Slang hinten draufsteht. Aber daraus bildet sich ein Gesamtbild. Und 90 Prozent dieses Business ist ja auch Perception – Wahrnehmung. In diesem Business, wo so viel über Image und über andere Synapsen-Trigger geht, jenseits der Musik.«[119]

Auch wenn diese Mechanismen nicht für die Allgemeinheit funktionieren mögen, wird zumindest eine relevante Anzahl an Konsumenten angesprochen. Diese Hörer geben den Veröffentlichungen des Labels ihres Vertrauens zumindest eine größere Chance als unbekannten Labels. Dies liegt in den erlebten positiven Erfahrungen begründet, wodurch die Anhänger des Labels auch in neuen Releases das Potenzial sehen, ihre musikalischen Vorlieben erfüllt zu bekommen. Dies kann gerade für unbekannte Künst-

---

116 Zourlas (2003).
117 Burkett (1998).
118 Ellinghaus (2003). Vgl. Ellinghaus (2012).
119 Ellinghaus (2012).

ler hilfreich sein, denen mehr Aufmerksamkeit geschenkt werden kann, weil sie ein Teil des Referenzsystems ihres Labels sind.[120]

»Wenn du irgendeine komplett neue Band um die Ohren geknallt kriegst, alle Leute reden davon, und irgendwann sagt einer ›Ja, das ist neu, und das ist auf City Slang‹, dann gibt es garantiert jemanden, der sagt: ›Ach, dann höre ich mir das mal an, weil die haben mich in den letzten zehn Jahren nicht ganz so oft enttäuscht‹. Das ist also eine reine Geschmacksbasis. Das bezieht sich aber auf einen Mikrokosmos.«[121]

Dieser Mikrokosmos ist für Labels wie City Slang dennoch sehr relevant, da es kaufkräftige Kunden sind, die sich für ihre Musik interessieren. So bestätigt Ellinghaus 2012 noch einmal seine These:

»Die Leute gucken sich City Slang an. Dann steht da drunter Notwist, Lambchop, Calexico, Tindersticks, Arcade Fire, Broken Social Scene. Und das formt einfach ein Bild. […] Wenn du fünfmal liest, Wye Oak sind ganz toll, und dann beim sechsten Mal liest, ›Ach die sind auf City Slang‹, glaube ich, wenn du dich in dem Genre bewegst, hilft es dir. Wenn du den ganzen Tag nur Radio Paradiso hörst, dann ist es dir total egal.«[122]

Zur möglichen Strahlkraft des Labels ergänzt er:

»Und irgendwann werden die Leute auch mal eine Band wie Health verstehen und dann werden sie uns hoffentlich auch abknöpfen, dass diese Band tatsächlich was ganz Besonderes und was ganz, ganz Großartiges ist, was jetzt vielleicht nicht die normalen Hörgewohnheiten massiert und natürlich auch nicht dem durchschnittlichen Tindersticks-Schöngeist in die Ohren spielt. Aber trotzdem hoffe ich, dass Health zum Beispiel davon profitieren, ihre kompromisslose Kunst an den Mann zu bringen, indem sie auf so einem Label wie City Slang erscheinen.«[123]

Das Label City Slang hat 2010 seinen 20. Geburtstag mit Berichterstattungen in allen relevanten Kulturnachrichten und einem eigenen Festival gefeiert. Die Bandauswahl reichte dabei von Calexico und Tortoise über Broken Social Scene bis hin zu Lambchop. Musikalisch trafen dabei Mariachi-Einflüsse auf Country, Post-Rock und klassischen Indie-Rock.[124]

---

120 Vgl. Zourlas (2003). Marxer (2003). Ellinghaus (2003). Ellinghaus (2012). Zimmermann (2003).
121 Ellinghaus (2003).
122 Ellinghaus (2012).
123 Ellinghaus (2012).
124 Mit Post Rock ist hier der Act Tortoise gemacht, dessen Musik keinesfalls mit dem aktuell geläufigen Genreverständnis von Post Rock zu verwechseln ist. Dies belegt aber

Trotz dieser musikalischen Bandbreite ist es genau die von Ellinghaus genannte Geschmacksbasis, die diesen Bands eine gemeinsame Heimat bei City Slang gegeben und zahlreichen Hörern den musikalischen Horizont erweitert hat. Sein Label wird im Musikmagazin Visions zu diesem Anlass auch als »Deutschlands wohl geschmackssicherstes Indielabel«[125] bezeichnet. Passend zum Jubiläum wurde digital eine neue Compilation des Labels veröffentlicht, die es bei Amazon im Rahmen der »Label des Monats« Aktion im November 2010 sogar umsonst als MP3-Download gab. Auch 2012 gibt es wieder einen Gratis-Sampler, den man in Plattenläden erhält. Ellinghaus erläutert den Gedanken dahinter:

»Wir versuchen in England eine Kampagne zu machen, wo viele Leute eine Lambchop-Platte mitnehmen werden. Und wenn wir sie schon haben, dann kriegen sie noch was dazu. Dann gibt es noch andere Sachen zu entdecken, die ihnen vielleicht einfach auch gefallen können. […] Wir versuchen dann Wye Oak, Laura Gibson, Dear Reader, Dan Mangan einfach den Leuten unterzujubeln. […] Das ist nichts anderes als ›people who like this…‹ in einem recht old schooligen Weg. […] Dann gucken sie und da steht vorne drauf City Slang und hintendrauf City Slang und so ein Motto, was ganz schön dafür war. Im Grunde genommen versuchen wir, genau diese Musiker auf eine Zielgruppe zu bringen, die sie mögen könnte. Ob du das nun online oder offline machst, ist da eigentlich relativ egal, Hauptsache es funktioniert.«[126]

Oft kann ein Label einen gewissen Stellenwert in der Zielgruppe einnehmen und zusätzliches Interesse generieren, wenn es im Vorstellungsbild der Hörer etwas Besonderes und Einzigartiges besitzt, sei es durch das musikalische Repertoire, die Labelpolitik oder auch die Person, die hinter dem Label steht, wie es bei Musikern oder über die Zeit zu Galionsfiguren gewordenen Gründern der Fall sein kann. Für Letzteres ist das Label Matador ein gutes Beispiel:

»Aber du weißt einfach, da sitzen Chris Lombardi und Gerard Cosloy, und die sitzen da auch seit 20 Jahren. Dann weißt du auch, wenn die eine Platte veröffentlichen und du liest noch zehn Mal woanders, dass die Platte ganz, ganz toll ist, dann bin ich da schon eher geneigt zu sagen, ›Das höre ich mir mal an‹. […] du hast so viele Sachen zur Auswahl zum Anhören und die hohe Wahrscheinlichkeit, dass du enttäuscht wirst oder dass sie jetzt doch nicht so toll ist oder dir nicht so

---

wiederum, dass sich nicht nur die Genres selbst weiterentwickeln, sondern dass auch Genrebezeichnungen in neuem Kontext wiederbelebt werden können.
125 Hockenbrink, Markus (2011): »20 Years Of City Slang«. In: *Visions*. Nr. 214. Januar 2011: S. 103.
126 Ellinghaus (2012).

gut gefällt, ist da eher geringer, weil du weißt wo sie herkommt, weil du weißt, für was sie stehen. Ich glaube das ist immer ganz wichtig, dass die Leute mit einem Label, auch wie City Slang, etwas assoziieren, so eine Art Verlässlichkeit, dass man für irgendetwas steht.«[127]

Labels wie Warp und Ninja Tune im elektronischen Bereich oder Nuclear Blast im Metal-Genre haben sich aufgrund ihres Repertoires und ihrer Ausdauer ebenfalls eine Reputation in einer großen Hörergemeinschaft bezogen auf ihr jeweiliges Segment erarbeitet.[128] Auch hier sind Abstufungen möglich.

»wenn du da erscheinst, das ist doch wie ein Sechser im Lotto für eine Newcomer Metalband, weil das sofort ein Ritterschlag ist. [...] Die erreichen sofort ein Vielfaches an Menschen, die du als Newcomer nicht kriegst. [...] Weil die eine Glaubwürdigkeit haben, die sie über die Jahre aufgebaut haben und [...] wahrscheinlich eine gigantische Datenbank haben und eine gigantische direkte Abnehmerschaft. Die haben ja auch seit Jahren selbst verkauft, sind seit Jahren im direkten Kontakt mit ihren Kunden. Die können also ihre Kunden direkt ansprechen und sagen ›Pass auf, du hast doch hier Children of Bodom gekauft, jetzt hör dir doch mal weiß ich was an‹. [...] Wenn Nuclear Blast sich dieser Band annehmen, dann muss doch da was dahinter sein. Dann muss das doch auch irgendwie gut sein. [...] Ich hoffe, dass wir das auf einer kleineren Ebene auch schaffen mit einigen Bands.«

Bezogen auf City Slang sieht Ellinghaus die Chance, dass Labels in bestimmten musikalischen Genres als Marke betrachtet werden.

»Das kann man wirklich an einer Hand abzählen. Das ist das Gleiche wie Kitty-Yo, das ist das Gleiche wie Warp und Domino usw. Und das ist ganz anders als Sub Pop, das ist ganz anders als Nuclear Blast. Es gibt Jugendbewegungen, Heavy Metal und HipHop, und es gibt Indie-Rock. Defiance ist auch ein Beispiel für eine Marke, die in einer gewissen Szene total viel zählt. Die Leute wissen, was sie erwarten können. Wenn Defiance irgendwann etwas anderes veröffentlichen wollen, wird trotzdem immer das Wort ›Emo‹ dabei auftauchen. Immer. [...] Das ist einfach so. So einen Stempel hast du weg. Das ist das Problem. Sub Pops Musik war ganz schnell wieder weg vom Fenster, Nuclear Blast, Heavy Metal, Hard Rock, das gibt es immer, das wird es auch immer geben. Das ist die Marke schlechthin in Deutschland.«[129]

---

127 Ellinghaus (2012).
128 Vgl. Zourlas (2003). Ballin (2003). Marxer (2003). Zimmermann (2003). Ellinghaus (2012).
129 Ellinghaus (2003). Vgl. Ellinghaus (2012): Ellinghaus revidiert seine Aussage zu Sub Pop. Nach einer Durststrecke hat sich das Label dank zahlreicher erfolgreicher Veröffentlichungen wieder gefangen und Relevanz erlangt.

Diese Aussage bekräftigt er 2012 noch einmal:

»Allein dadurch, dass wir es irgendwie geschafft haben, 21 Jahre zu existieren. Wir sind im 22. Jahr. Da ist der Mensch auch Gewohnheitsmensch. [...] Wir haben mit einer Lemonheads Platte angefangen, dann kamen Yo La Tengo und Flaming Lips. OK, das sind heute alles wohlklingende Namen. Damals hat ja kein Hahn nach denen gekräht. Auch diese Bands gibt es ja noch oder wieder. [...] Was ich damals gesagt habe, stimmt ja, dieses Indie. Wenn ich Lana Del Rey gemacht hätte, dann hätte daneben gestanden ›talentierte Indie-Sängerin‹. So kommt sie halt bei Universal raus und kein Mensch nimmt das Wort Indie in den Mund. Aber auch die Tindersticks klingen jetzt auch nicht nach Indie. Steht trotzdem in jedem dritten Review irgendwas von Indie.«[130]

Die Stärke der verbundenen Assoziationen mit dem Label innerhalb der Hauptzielgruppe ist also von großer Bedeutung. Dabei muss ein Label auch keine aktive Markenführung vornehmen, sondern kann allein über die konstante Qualität in seinen Veröffentlichungen ein Image bei den Konsumenten erzeugen. So hat City Slang eine über zwanzigjährige Entwicklung mit unterschiedlichen Genres und einem entsprechenden Track Record hinter sich. Das Label ist zu einer Marke geworden, das sich die Freiheiten und das Vertrauen der Konsumenten erarbeitet hat, sich nicht auf enge Genregrenzen festlegen zu müssen.

»Ich hab ja auch in den 90er Jahren zwischen Sebadoh, Superchunk und diesen ganzen Bands eine ähnliche Klientel bedient, aber auch nicht immer die Gleichen. Ich glaube, dass Yo La Tengo mit so einem Semi-Akustikalbum wie ›Fake Book‹ noch mal wieder eine ganz andere Hörerschaft bedient haben als Unsane, mit ihrer letzten enthaupteten Bluttat. Wir haben aber im gleichen Monat, in dem wir die Unsane veröffentlicht haben, eine Combustible Edison veröffentlicht. Cocktail Exotica! Und einen Monat davor hatten wir eine Freakwater veröffentlicht [...] Blue Grass, puristisch. [...] Wir haben es uns einfach erlaubt. Wir haben uns den Luxus erlaubt und haben gesagt, wir sind City Slang, wir können das machen, weil wenn wir es nicht tun, tut es wahrscheinlich kein Anderer und scheiß drauf. Und vielleicht sind wir einfach dadurch, dass wir das seit einfach seit 22 Jahren so machen, irgendwann, keine Ahnung, es ist wirklich schwer zu sagen, weil es ist ja eben nicht Metal.«

Auch wenn er diesen Satz nicht zu Ende bringt, ist Ellinghaus sich seiner Marke City Slang durchaus bewusst und pflegt diese Brand auch intuitiv, auch wenn es kaum bewusst lancierten Markenführungskampagnen gibt. Es geschieht aber stark über die Auswahl der Künstler. In seiner Zeit als

---

130 Ellinghaus (2012).

Chef der EMI-Firma Labels Germany hat er beispielsweise die Band Wir sind Helden nicht auf City Slang unter Vertrag genommen, weil sie nicht in die ästhetischen Grenzen des Labels gepasst hat.[131] Die Zeit, in der sein Label unter dem Dach des Labels Verbunds und später unter Cooperative Music lief, sieht er bezogen auf City Slang als Marke als verlorene Zeit an:

»Ich glaube zum Beispiel, dass Coop keine Filterfunktion hat, weil Coop in diesem Jahr 130 Platten veröffentlichen werden und die sind einmal quer über's Beet. Sie können noch so viele Markenbildungsversuche machen wie sie wollen, es wird ihnen nichts bringen. Im Gegenzug gehen langsam die Marken, die sie füttern stiften. Nämlich Bella Union oder auch City Slang in der Zeit, als wir da waren. Du verlierst dein Standing, du verlierst deine Einzigartigkeit und deine unique selling points, wenn du einfach in so einem Aufwasch von ›Wir sind 15 Labels und hier sind unsere 150 Platten‹ bist. Da verlierst du ja jegliche Eigenständigkeit. Und darum war es für mich wichtig, aus dieser Coop Geschichte dann auch irgendwann wieder raus zu schieren und in England meine eigenen Brötchen zu backen und in Frankreich. In Deutschland haben wir ein Standing, das haben wir international durch zehn Jahre mit Labels, also erst fünf Jahre Labels und dann fünf Jahre Coop, einfach verloren. Und das muss ich mir jetzt mühsam eigentlich wieder aufbauen.«[132]

Angesprochen auf die Philosophie von City Slang heißt es:

»City Slang macht eigentlich keine Hipster Musik. City Slang versucht zeitlose Musik zu veröffentlichen, die nicht an ein Datum geheftet ist, die man nicht festnageln kann auf irgendwas. Ich glaube Hipster Musik ist trendiger, und Trends kommen und gehen. [...] wenn du einen Hipster Hype hast, dann hast du es viel leichter loszulegen. Aber da geht es auch immer schnell, es ist schnelllebiger.«[133]

Mit dieser Philosophie und dem Track Record seines Labels ist City Slang sehr gut gefahren. Der erwähnte Hipster Faktor kann aber zumindest kurzfristig zum Erfolg führen.

»Gelingt es einem Label, innerhalb eines definierten Musikspektrums eine herausragende Position im Feld der Mitwettbewerber zu erzielen, steigt innerhalb des Zielgruppen-Umfelds der Image- und Assoziationswert, und in der Regel wird eine Spiralentwicklung in Gang gesetzt. Jetzt gilt das Label als ›hip‹ und zieht weitere Erfolgspotentiale an, die sich mit dem ›hip-image‹ identifizieren können/wollen

---

131 Vgl. Ellinghaus (2012): Ellinghaus nahm die Band dafür auf der übergeordneten Plattenfirma Labels Germany unter Vertrag.
132 Ellinghaus (2012).
133 Ellinghaus (2012).

und die aktuellen Labelerfolge als Garantie für den eigenen, angestrebten Erfolg betrachten.«[134]

Ein Beispiel, wie sich ein Label statt über Hipster, über einige wenige Acts positionieren kann, ist Mute. Das Label gilt mit seinem Unterlabel novamute unter Hörern elektronischer Musik als Marke, inszeniert sich aber in keiner Weise. Allein die Qualität der Veröffentlichungen, die von Depeche Mode über Nick Cave bis zu Jon Spencer Blues Explosion oder Goldfrapp reichen und auch über Genregrenzen hinausgehen, hat für das positive Image des Labels gesorgt.[135]

Die assoziierten Eigenschaften des Labels und der persönliche Nutzen sind nicht nur für Konsumenten, sondern auch für Künstler, Händler und Medien ebenso wichtig wie die Aktualität des Musikstils und die subjektiv empfundene Sympathie für das Label. Diese geht über die rein musikalischen Inhalte hinaus und kann vor allem unter Hörern auch zu einer Identifikation mit einem Label und dessen Philosophie führen. Folgt man diesem Gedanken, können die Aufgaben von Marken auch auf Labels übertragen werden.

Neben der grundsätzlichen Aufgabe der Kennzeichnung und Abgrenzung zu anderen Produkten erfüllt ein Label die instrumentellen Aufgaben einer Marke, zu denen die Kennzeichnung der Urheberschaft, des Produktionsbetriebs oder auch der erwähnten geographischen Herkunft gehören. Diese können einer Qualitätskennzeichnung dienen, sind aber auch auf dem Musikmarkt zur Selbstverständlichkeit geworden. Daher werden an dieser Stelle die psychologischen Funktionen einer Marke im Hinblick auf Labels näher betrachtet. Dazu gehören die Orientierungsfunktion, die Erlebnisfunktion, die Stilisierungsfunktion und die symbolische Funktion.

Erstere wurde bereits in Ansätzen ausgeführt. Ein Label kann aufgrund seiner Identität, Kompetenz oder Bekanntheit Vertrauen aufbauen und den Konsumenten Orientierung bieten, ein Qualitätsversprechen ist aber wie bereits dargestellt problematischer. Dennoch besteht für ein Label die Möglichkeit, die Markttransparenz auf dem unübersichtlichen und stark segmentierten Musikmarkt zu erhöhen und den Kunden damit entgegenzukommen. Dies kann auch bei Labels zu Kundenbindung und niedrigeren Such- und Transaktionskosten für Konsumenten führen.

---

134 Canibol (1999): S. 214.
135 Vgl. Wiese (2003).

Die Erlebnisfunktion, die Marken zugeschrieben wird, kann auch bei einigen Labels beobachtet werden. Das Bedürfnis einiger Konsumenten nach Stimulation und etwas Neuem kann über den musikalischen Inhalt, aber auch über die Warenästhetik, in dem Fall die Gestaltung von Cover und Verpackung, befriedigt werden. Unterschiede in der Verpackung bestehen vor allem bei Sondereditionen oder Deluxe Versionen von Alben, gerade wenn die Fanbase des Acts treu ist.

So nutzt das Label Rhino, das 1973 von Richard Foos in Los Angeles gegründet wurde, die visuelle Ebene der Covergestaltung, um sich zu profilieren. Es ist für aufwendige und liebevolle Booklets und Verpackungen seiner Veröffentlichungen, die aus den Backkatalogen anderer Firmen kommen, bekannt.[136]

Auch für reguläre Veröffentlichungen ist die optische Komponente von Relevanz. Während es zum Beispiel bei Ninja Tune dank des Hausgrafikers Strictly Kev eine feste Ästhetik für das Design der meisten Veröffentlichungen gibt, geben Labels wie Fat Wreck Chords ihren Künstlern die Freiheit, ihre Cover selbstständig zu gestalten, wobei auch die Dienste von Künstlern wie Frank Kozik in Anspruch genommen werden können.[137] In Deutschland haben Die Ärzte im Jahr 2000 mit einer eisblauen Plüschverpackung für ihr Album »Runter mit den Spendierhosen, Unsichtbarer« und 2007 mit einem kleinen Pizzakarton für das Album »Jazz ist anders« für Aufsehen gesorgt.[138]

Bei einer hohen Identifikation mit einem Label kann der individuelle Geschmack ähnlich wie bei der Identifikation mit einer musikgeprägten Jugend- oder Subkultur Ausdruck der sozialen Lebenswelt des Einzelnen sein. Die Labelpolitik kann sich dabei mit dem Musikverständnis der Hörer überschneiden, wobei einige Plattenfirmen mit ihrer engen Labelführung

---

136 Vgl. Theurich, Werner (2003): *Wie man schlafende Kunden weckt*. In: http://www.spiegel.de/kultur/musik/0,1518,237720,00.html (09.03.2003). N.N. (2003): »Go to Rhino Records«: Als die Haare noch ungepflegt waren und die Mädchen willig...«. In: *Süddeutsche Zeitung*. 19.03.2003: S.12.
137 Quelle: Tjaben (2010): S. 2. Vgl. Fleig (2003). Theurich (2003). N.N. (2003): »Go to Rhino Records«: Als die Haare noch ungepflegt waren und die Mädchen willig...«. In: *Süddeutsche Zeitung*. 19.03.2003: S.12. Marxer (2003). Quelle: Compost Records: *About Labels*. In: http://www.compost-rec.com/about-labels/ (08.04.2012): Das Label Rhino ist wie bereits erwähnt für aufwendige Covergestaltungen bekannt. Bei Compost werden alle Cover von Andrew Arnold gestaltet, wodurch eine Corporate Identity erzeugt wird.
138 Vgl. Vetter, Jan (2000). Zitiert in: N.N. (2000): Bela B. und Farin Urlaub von Die Ärzte. In: http://www.deltaradio.de/musik/a-aerzte.html (06.06.2003).

auch einen bestimmten Kundenkreis ausmachen können, der sich mit ihnen identifiziert.[139] Das Label kann hier wie eine Marke eine Stilisierungsfunktion übernehmen, indem es für den Konsumenten eine soziale oder kulturelle Gruppenzugehörigkeit darstellt. Jede Szene beinhaltet ein Set an Produkten, Ritualen und auch Marken, über die sie sich definiert und abgrenzt. Bei der Ausrichtung an Marken in musikgeprägten Jugendkulturen kann es neben einer kritischen Haltung gegenüber Marken einerseits zu einer Dekonstruktion der vorgegebenen Markencodes kommen, indem die Marke im Kontext einer Jugendszene anders, teils ironisch, verwendet wird. Andererseits können Marken auch einen wichtigen Bestandteil einer Jugendkultur ausmachen, wie es gerade im Techno-Bereich der Fall ist. Diese konsumaffine Szene wird von Marken in Form von Sponsoring und Promotion geprägt, wobei Marken aber auch durch strategisches Anti-Branding Kultstatus in Szenen erlangen können, die ihnen vorher verschlossen geblieben sind.[140] In Anlehnung an Hebdiges Definition von Stil in musikgeprägten Subkulturen kann auch das Label neben Parametern wie Kleidung, Tänzen, Jargon und Musik ein Teil dieses Sets sein. Es kann wie eine Marke als Code genutzt werden, um sich eine Identität aufzubauen, diese anderen gegenüber darzustellen und sich dadurch abzugrenzen.[141] Ein Label produziert dabei mit seinen Veröffentlichungen den Soundtrack dieser Subkulturen. Die Musik ist die zu kaufende Ware, um sich einer Subkultur zugehörig zu fühlen. Schafft es ein Label, sich hohes Ansehen in dieser zu erarbeiten, ist zum einen die Chance gegeben, Teil dieser Subkultur zu werden. Zum anderen besteht aber für die Subkultur die Gefahr der Vereinnahmung durch das Label. »Man kennt daher zur Genüge die zwiespältige Natur des Verhältnisses zwischen auffälligen Subkulturen und den ihnen dienenden und sie gleichzeitig ausbeutenden Industrien. Schließlich steht Konsum als erster und wichtigster Punkt im zentralen Interesse dieser Subkulturen.«[142]

---

139 Vgl. Marxer (2003). Zourlas (2003). Fleig (2003). Canibol (2003).
140 Vgl. Siegert (2001): S. 92. Bolz, Norbert/Bosshart, David (1995): Kult-Marketing. Die neuen Götter des Marktes: S.31.
141 Vgl. Hebdige (1983): S. 92ff. Vgl. Eco, Umberto (1973): »Social Life as a Sign System.« In: Robey, David: *Structuralism: The Wolfson College Lectures*. Hebdiges Text gilt als Standardwerk bezüglich Subkulturen und Stile. Eco bezieht sich speziell auf Zeichensysteme in sozialen Zusammenhängen.
142 Hebdige (1983): S. 85f.

Mit dem Aufstieg und Fall einer Subkultur kann aber auch ein Label aufsteigen und untergehen, wie es bei Sub Pop geschehen ist. Zu Beginn war es ein hoffnungsvolles Szenelabel, das von Jonathan Poneman und Bruce Pavitt gegründet wurde, um der Musik aus Seattle und Umgebung ein Zuhause zu geben.[143] Die Bands des Labels hatten einen sehr eigenen Stil, der 1991 durch den weltweiten Erfolg der ehemaligen Sub Pop-Band Nirvana innerhalb kürzester Zeit unter dem Namen Grunge bekannt wurde. Das Label hat seitdem die Höhen und Tiefen des Geschäfts erlebt. Mit Nirvana begann der Einzug alternativer Rockmusik in das öffentliche Bewusstsein, Grunge wurde hip, und Sub Pop war die Wiege für diesen Musikstil. Trotz des Wechsels von Nirvana zum Major-Unterlabel Geffen prangte das Sub Pop-Logo schließlich noch auf den Veröffentlichungen der Band und wurde zum Markenzeichen für Grunge. Damit erlangte die Subkultur und mit ihr das Label zwar weltweiten Ruhm, es wurde damit aber auch aus dem lokalen Zusammenhang gerissen und der Allgemeinheit zugänglich gemacht. Die einstigen musikalischen und jugendkulturellen Eigenschaften der Szene aus Seattle wurden kodifiziert, verständlich und zu öffentlichem Eigentum und somit zu bloßen Waren. Ähnlichkeiten zur Punk-Bewegung zeigen sich in der schnellen medialen Aufnahme und Verbreitung von Grunge und seinem Stil. Sogar eigene Modestrecken wurden in Lifestyle Magazinen veröffentlicht, und die Bekleidungsindustrie bewarb den typischen Grunge-Stil. Die Subkultur und mit ihr das Label sind vereinnahmt worden.[144] Mit dem Niedergang der Grunge-Welle war es lange Zeit still um Sub Pop. Mit dem großen Erfolg und dem Niedergang der Musikrichtung, auf die sich das Label spezialisierte, verlor das Label seine Grundlage und geriet in eine finanzielle Schieflage. Aus dieser hat man sich dank einer erfolgreichen Labelpolitik herausgearbeitet: »Circa 2000, Sub Pop would often sign bands with $100,000 recording budgets,

---

143 Vgl. Edwards, Gavin (2012): *Fortune Flows From Grungy Beginnings*. In: http://articles.latimes.com/2012/jan/08/entertainment/la-ca-subpop-20120108 (22.01.2012).
144 Vgl. Hebdige (1983): S.86f. Azerrad, Michael (1995): »Einleitung«. In: Peterson, Charles/Azerrad, Michael (Hg.): S*creaming Life – Eine Chronik der Musikszene von Seattle*. True, Everett (1989): »Sub Pop. Seattle: Rock City«. In: *Melody Maker*. 18.03.1989: S.26f. Jacke, Christoph (1998): »Millionenschwere Medienverweigerer: Die US-Rockband NIRVANA«. In: Rösing, Helmut/Phleps, Thomas (Hg.): *Beiträge zur Popularmusikforschung 23*: S. 8ff. Zimmermann (2003). Ellinghaus (2003): Ellinghaus hat die ersten Tourneen von Nirvana in Deutschland organisiert. Azerrads Buch ist ein Bildband mit Fotos von Charles Peterson und einer Einleitung zur Entwicklung der Seattler Musikszene der 80er und 90er Jahre.

but they had to scale down if they wanted to stay in business. […] Most Sub Pop albums now are budgeted to become profitable by the time they sell 10,000 copies -- some even 5,000.«[145]

So erklärt Tony Kiewel, Chef der A&R-Abteilung bei Sub Pop:

»If we spend only $5,000 recording an album, we can afford to keep doing records with artists that we truly love. […] Companywide, our biggest records from that era -- the Postal Service, David Cross, the Shins, Iron and Wine, Hot Hot Heat -- all cost $10,000 or less. We were being rewarded for being fiscally responsible! Low-risk, high-yield -- why would we ever change that?«[146]

Nicht nur finanziell, sondern auch künstlerisch hat man sich neu aufgestellt. Sub Pop ist weiterhin im Indie-Segment tätig, hat sein musikalisches Spektrum aber enorm erweitert und wieder mit interessanten Veröffentlichungen auf sich aufmerksam gemacht. Das Image des Grunge-Labels wird immer ein Teil von Sub Pops Historie bleiben. Die Firma hat sich aber mittlerweile seit über 20 Jahren etabliert und hat sich vom Label für ein bestimmtes Genre zu einer echten Marke mit einer eigenen Philosophie für glaubwürdige, musikalisch spannende und finanziell verantwortbare Veröffentlichungen entwickelt.[147]

Theoretisch kann ein Label nicht nur eine Stilisierungsfunktion, sondern gar eine symbolische Funktion für die Hörer besitzen. Allerdings dürfte dies in den seltensten Fällen zutreffen. Zwar kann man sich als Käufer eines bestimmten Labels bekennen und dadurch in sehr kleinen Kreisen an Prestige gewinnen, ebenso wie man sich auch mit einem Label identifizieren kann, wie bereits dargestellt worden ist. Jedoch ist aufgrund der enorm ausgeprägten Vielfalt von Musik und auch von Labels eine Übertragung von Attributen des Labels auf den Konsumenten und die damit einhergehende Erstellung von Teilen seines Selbstkonzepts lediglich im sehr geringen Maße möglich. Wahrscheinlicher ist hier eine Identifikation mit einer Subkultur, innerhalb derer das Label einen wichtigen Bestandteil darstellt. Die Beschränkung auf das Label als Mittel zur Selbstinszenierung ist hier höchst unwahrscheinlich.

Die psychologischen Aufgaben einer Marke können sich diesen Ausführungen zufolge im Fremdbild der Marke respektive des Labels wider-

---

145 Edwards (2012).
146 Kiewel, Tony (2012). Zitiert in: Edwards, Gavin (2012): *Fortune Flows From Grungy Beginnings*. In: http://articles.latimes.com/2012/jan/08/entertainment/la-ca-subpop-201201 08 (22.01.2012).
147 Vgl. Edwards (2012). Ellinghaus (2012).

spiegeln. Die Identität des Labels resultiert wie bei Marken aus einem Wechselspiel von internen und externen Bezugsgruppen, von Selbstbild und Fremdbild. Während aber Marken oft inszeniert werden, um diesen Austausch zu forcieren, geht man in der Musikbranche verhaltener mit der Inszenierung von Labels um. Die Gründe dafür werden nun dargestellt.

6.2.3 Differenzen zwischen Marken und Labels

Trotz der zahlreichen Parallelen, die zwischen Marken und Labels bestehen, gibt es auch gravierende Unterschiede. Während eine Marke dazu geschaffen wird, um Bekanntheit zu erlangen, bleibt das Label oft bewusst im Hintergrund. Aus welchen Gründen dies der Fall ist und wie die Ausnahmefälle gelagert sind, soll hier erörtert werden.

Labels, die sich den Konsumenten gegenüber nicht als Marke inszenieren, können sowohl aus dem Major-, als auch aus dem Major Indie- oder Indie-Bereich kommen. Dabei fällt auf, dass sich keines der Major-Labels explizit als Marke positioniert, in den meisten Fällen geschieht dies auch nicht mit ihren jeweiligen Unterlabels. Zwar können Majors sich den Medien, Künstlern und dem Handel gegenüber durch ihre Stellung auf dem Musikmarkt vorteilhaft positionieren, eine explizit auf den Konsumenten zugeschnittene Markenpolitik macht aber keinen Sinn. Der Grund dafür liegt zum einen in der musikalischen Spannbreite der großen Firmen, zum anderen in der Fixierung auf den einzelnen Künstler.

Der erste Punkt ist einleuchtend, da Majors kaum eine glaubwürdige und eindeutige Markenidentität bezüglich ihres musikalischen Spektrums aufbauen können, wenn sie nahezu alle Genres und Stile vertreten. Eine Plattenfirma kann den Konsumenten gegenüber kein einheitliches Markenbild erzeugen, wenn sie so verschiedene Segmente wie Volksmusik und Hardrock bedient. Selbst die Gründung von Unterlabels, die ursprünglich zur Bearbeitung spezieller Segmente vorgesehen war, ist in dieser Hinsicht nicht immer erfolgreich. Zwar werden vor allem die Klassik- und Jazz-Bereiche vom restlichen Repertoire getrennt geführt, doch durch vertragliche Beziehungen und wechselnde Führungskräfte können sich die Labelidentitäten akquirierter Sublabels im Laufe der Zeit ändern oder gar aufheben lassen. Sie unterliegen oft keiner besonderen Markenpflege und sind häufig zahlreichen Veränderungen unterlegen.[148]

Als Beispiel sei hier das Label Island aufgeführt, das 1959 von Chris Blackwell gegründet wurde und ursprünglich als Indie-Label seinen persönlichen Musikgeschmack repräsentiert hat. Es hat sich in den 1960er Jahren zunächst einen guten Namen als authentisches Reggae-Label gemacht, bevor Blackwell sich auf Underground-Rockbands spezialisierte. Nach einigen Fusionen gehört Island heute zu Universal Music und wurde in Deutschland für kurze Zeit auch innerhalb der Polydor Island Group geführt. Es hat seine ursprüngliche Identität verloren, was gut im Artist Roster des Labels abzulesen ist. Dort stehen Bands aus dem Punk-Bereich wie Thrice neben Stadionrockern wie Bon Jovi und Popkünstlern wie Lionel Richie.[149] Blackwell hat das Label im November 1997 nach einigen Machtkämpfen verlassen.[150]

Dass ein weites Musikspektrum nicht nur bei Majors zu Problemen mit der Labelidentität führen kann, sondern auch bei Indies, zeigt das Beispiel Buback Tonträger, das 1987 von Alexander Dumbsky und Ted Gaier in Hamburg gegründet worden ist. Die beiden waren damals Mitglied der Band Die goldenen Zitronen und kamen aus der Punkszene. Das Labelspektrum wurde aber schnell um Free Jazz, HipHop, Reggae und Retro-Sounds erweitert. Obwohl nach der Punk-Phase mit der Hamburger Hip-Hop-Szene um die Band Absolute Beginner, die seit 2003 unter dem Namen Beginner firmiert, eine zwischenzeitliche Prägung als HipHop-Label nahe lag, hat das Label keine expliziten Versuche unternommen, sich als Marke in diesem Bereich zu positionieren. Vielmehr hat es weiterhin verschiedene Stile und Künstler mit ähnlichen Einstellungen vereint. Erst als man zum fünfzehnjährigen Jubiläum des Labels im Jahr 2003 eine Compi-

---

148 Vgl. Negus (1999): S. 94ff. Mahlmann (2003b). Zimmermann (2003). Canibol (2003). Canibol (1999): S. 215f. Canibol (2003) betont die Relevanz der »handelnden Personen«, die gerade im dynamischen Musikgeschäft einen wichtigen Parameter für die Entwicklung von Labels und Plattenfirmen darstellen. Negus schildert in diesem Zusammenhang die Auswirkungen von Personalwechseln auf die Unternehmenskultur eines Labels. Wiederum Canibol (1999) führt unter anderem mit Geffen aber auch positive Beispiele für die Gründung von Unterlabels als Marke aus.
149 Vgl. Ellinghaus (2003). Gilomen (2003).
150 Vgl. Zeidler, Sue (1997): *Polygram's Island Records Founder Leaves After Power Struggle*. In: http://www.geocities.com/Hollywood/Hills/5349/blackwell.html (07.06.2003): Blackwell ist aber mit dem Label Palm Pictures weiter aktiv im Musikbusiness.

lation veröffentlichte und ein Festival dazu veranstaltete, wurde der Name Buback im größeren Rahmen präsentiert.[151]

»Etwas, das uns gar nicht bewusst war, wo man uns auch drauf hinweisen musste, ist, dass der Vorteil von so einem Laden ist, dass er quasi eine Art Dach bietet für Menschen, die sich als Gleichgesinnte fühlen. Sowohl politisch, als auch vielleicht in ästhetischen Ansätzen. Dass wir da immer sowas ausgestrahlt haben, wie ›Wir sind die, die das Know-How haben, um Platten zu veröffentlichen. Kommt gerne zu uns. Wir mögen die Musik, auch wenn sie noch so krude oder schwierig ist‹. Das ist uns letztes Jahr erst richtig bewusst geworden, dass das wahrscheinlich die Stärke des Labels ist.«[152]

Dumbsky fügt hinzu, dass es wohl niemanden gibt, der Buback-Platten allein wegen des Labelnamens kauft. Er sieht sein Label als eine Anti-Marke.[153] Dafür steht die Relevanz der Künstlerbetreuung bei Buback im Vordergrund. Zudem hat man das Booking von Künstlern verstärkt.[154]

Dies führt zu Punkt zwei, der in der Regel als Grund genannt wird, warum ein Label nicht als Marke positioniert wird: Der Künstler soll im Vordergrund stehen. Mahlmann führt aus:

»Die Marke ist der Künstler. Dieser steht auch im Mittelpunkt der Promotion- und Marketingkampagnen. Das wird durch die Massenmedien immer stärker fokussiert, wie man an Formaten wie ›Deutschland sucht den Superstar‹ sehen kann. Die Persönlichkeit des Künstlers wird dabei gefördert. Die Marke des Künstlers verdrängt immer mehr alles andere. Da verblasst das Label, da verblasst dann auch die Plattenfirma. Die spielt da gar keine Rolle mehr.«[155]

Da die Konsumenten in den meisten Fällen nicht auf das Label achten oder es nicht einordnen können, ist laut Mahlmann für Majors die Vermarktung eines Labelprofils irrelevant. Selbst bei Kenntnis des Labels dient diese im Normalfall nicht als Kaufentscheidungskriterium für Konsumen-

---

151 Vgl. Seif (2003). Quelle: Buback: *Buback Tonträger und Konzerte – Mehr als eine Holding*. In: http://www.buback.de/label.php (08.04.2012): Mittlerweile ist der Maler Daniel Richter, der auch das Cover für die erste Veröffentlichung des Labels gestaltet hat, Inhaber von Buback.
152 Seif (2003).
153 Vgl. Dumbsky, Alexander (2003). *Persönliches Interview vom 04.02.2003*. Quelle: Buback: *Buback Tonträger und Konzerte – Mehr als eine Holding*. In: http://www.buback.de/label.php (08.04.2012): Dumbsky ist Gründer und zum Zeitpunkt des Gesprächs Chef von Buback gewesen.
154 Quelle: Buback: *Buback Tonträger und Konzerte – Mehr als eine Holding*. In: http://www.buback.de/label.php (08.04.2012).
155 Mahlmann (2003b).

ten.[156] »Niemand geht in einen CD-Shop, um gezielt eine CD von Sony, Warner, Polygram, EMI, BMG oder MCA zu kaufen. Der Eigenwert der Major-Marken ist als Kauforientierung inhaltlich viel zu überfrachtet und somit wenig hilfreich.«[157] Mahlmann sieht dies für die meisten Indie-Labels ähnlich. Er bescheinigt zwar, dass es Ausnahmen gibt, bei diesen handelt es sich jedoch um derart geringe Stückzahlen im Verkauf, dass sie irrelevant sind. Der Aufbau einer Marke für den Massenmarkt ist zudem enorm kostenaufwendig und müsste über einen sehr langen Zeitraum konsequent betrieben werden, was sich angesichts der geringen Wirkung des Labels als Marke nicht rentieren würde.[158] Von wesentlich höherer Relevanz ist hier der Künstler oder der Song. Gerade für das breite Publikum wird das Ziel verfolgt, Künstler zu Stars aufzubauen, da sich die Menschen besser mit einer Person identifizieren können als mit einem Label. Zudem bieten Künstler mehr Möglichkeiten der emotionalen Bindung, die in der Musik immer eine große Rolle spielt. Die Sympathiegewinne sind auf diese Weise weitaus vielfältiger, als dies bei einem Label der Fall sein könnte. Es sind vor allem die Künstler, die das Artist Roster prägen und dem Label auf diese Weise sein Image verleihen, das für Medien- und Handelspartner sowie für die weitere Künstlerakquise wichtig ist.

Bei dem Prinzip Künstler als Marke bestehen allerdings gewisse Risiken, da auf lange Sicht gesehen auch das beste Image nicht über minderwertige Musik hinwegtäuschen kann. Vor allem handelt es sich bei Stars um Menschen und nicht um Konsumgüter oder Produkte. Ellinghaus spricht in diesem Zusammenhang vom spekulativen Element, das in der Musikindustrie ungleich größer ist. Somit ist die Vorhersehbarkeit von Erfolg entsprechend gering. Er führt die Problematik aus, die ein Label im Vergleich zu anderen Konsumartikelherstellern hat:[159]

»Die äußere Wahrnehmung eines Labels ist sehr gering. Wir verkaufen jede Woche ein anderes Produkt. Coca Cola ist immer überall gleich. [...] Wie sollen wir denn Glaubwürdigkeit nach Außen hin demonstrieren, wenn wir heute The Faint und

---
156 Vgl. Mahlmann (2003b).
157 Canibol (1999): S. 214: Das Zitat stammt aus der Zeit vor der Entstehung des Universal-Konzerns.
158 Vgl. Mahlmann (2003b). Ellinghaus (2003): In Nischen können Labels über die Konstanz in ihren Veröffentlichungen zum Selbstläufer in Sachen Marke werden.
159 Vgl. Ellinghaus (2003). Mahlmann (2003b). Zimmermann (2003).

morgen Yann Tiersen machen? Da liegen Welten zwischen. Wie will man denn da eine Marke aufbauen?«[160]

Wicke führt diesen Punkt weiter aus und analysiert die Arbeitsweise und Ziele von Labels unter diesen Umständen ihre Musik an die Konsumenten zu bringen:

Statt des ohnehin vergeblichen Versuchs, sich des kreativen Vorgangs oder des rezeptiven Vorgangs und damit des Musik vermittelnden kulturellen Prozesses zu bemächtigen, ist der gesamte musikindustrielle Apparat auf die Schnittstelle zwischen Musik und ihrem tonträgerkaufenden Publikum konzentriert, denn genau hier, am point of sale, liegt der entscheidende Berührungspunkt zwischen beiden Prozessen. Doch statt, wie es der kulturellen Logik entsprechen würde, von den vorhandenen Musikbedürfnissen auszugehen und dafür nach dem geeigneten musikalischen Repertoire zu suchen, bearbeitet die Industrie diesen Zusammenhang in der genau umgekehrten Form. Sie versucht, für ein auf Tonträger am Markt präsentes Stück Musik so kontrolliert wie möglich ein Publikum aufzubauen, statt dieses in einer feststehenden Form vorauszusetzen. Nur so ist der komplexe Prozeß der Tonträgervermarktung operationalisierbar zu machen. Die Wachstumsgeschwindkeit des Publikums um ein Stück Musik, ausgedrückt in der realen Nachfrage nach dem Tonträger, ist eine meßbare Größe, auf deren Grundlage sich kalkulierte und kontrollierbare administrative Entscheidungen fällen lassen. Marketing, also die strategische Festlegung des Operationsfeldes auf dem Markt sowie die Entwicklung einer darauf bezogenen Absatz- und Vertriebspolitik für das Produkt, sowie Promotion, die Plazierung des Produkts am Markt durch geeignete verkaufspolitische Maßnahmen, insbesondere natürlich durch Zusammenarbeit mit den Medien Rundfunk und Fernsehen sowie direkt durch Werbung, sind deshalb Schlüsselfunktionen der Musikindustrie.[161]

Dies ist auch in der Musik zu beobachten. Die immer ausdifferenzierten Musikstile und Jugendkulturen bringen keine allgemeinen Megastars wie noch in den 1980ern mehr hervor. Es gibt tendenziell eher Stars in Genres und Nischen, die wiederum für andere Hörer völlig unbekannt sein

---

160 Ellinghaus (2003): Die Band The Faint vermengt ihre Indie-Rock-Wurzeln mit elektronischen Versatzstücken. Yann Tiersen komponiert Klavierstücke für Soundtracks wie »Die fabelhafte Welt der Amelie« und »Goodbye Lenin«. Beide erschienen auf Labels Germany, dem Labelverbund der EMI, der von Ellinghaus neben seiner Tätigkeit bei City Slang geleitet worden ist.

161 Wicke (1997a).

können. Übergreifende Erfolge wie Adele im Jahr 2011 wird es aber immer wieder geben. Hinzu kommen die Schnelllebigkeit im Zuge der Digitalisierung und die Verlagerung auf einzelne Songs statt auf Alben.

Diese Problematik kann aber durch eine starke Labelphilosophie oder einen roten Faden, den die meisten Labels in der Eigenständigkeit oder Glaubwürdigkeit der einzelnen Künstler sehen, zumindest zum Teil kompensiert werden.

6.2.4 Weitere Positionierungsmöglichkeiten für Labels

Auch abseits der hier dargestellten Markenführungsmodelle können Labels sich auf unterschiedliche Weisen als Marke positionieren. Dabei kann zwischen Markenpositionierungen unterschieden werden, die das Label direkt in den Vordergrund stellen und solchen, die das Label eher im Hintergrund lassen. Letzteres kann beispielsweise in Form von Sponsoring, Cross-Promotion, Medienkooperationen oder Joint Ventures über die Zusammenarbeit mit anderen Marken geschehen. In diesem Abschnitt werden beispielhaft einige interessante Kooperationen dargestellt.

Ein bekannter Fall für Sponsoring ist der Musik-Nachwuchswettbewerb Emergenza. Dieser wurde jahrelang vom Sony Label Columbia gesponsert, das sich im Gegenzug neben der Erwähnung seines Namens die Erstzugriffsrechte für die teilnehmenden, hoffnungsvollen Talente gesichert hat. 2010 hat Emergenza eine neue Kooperation mit dem Indie Kicks & Delights vereinbart.[162] Mittlerweile steht der Tour-Aspekt als Anreiz im Vordergrund.

Universal Music ist 2010 eine langfristige Markenkooperation mit dem Modelabel s.Oliver eingegangen. Im Rahmen der Zusammenarbeit werden zwei neue Modelinien mit Musikbezug gestartet. Die Reihe »Music Legends« adaptiert Legenden der Musikgeschichte.

»Die Spezialkollektionen bieten für Damen und Herren Printshirts mit Bildern, Marken und Motiven der Stars sowie Artikel, die von ihrem Stil inspiriert sind.

---

162 Vgl.: N.N. (2001): *Columbia hofft auf Emergenza-Nachwuchs*. In: http://www.mediabiz.de/musik/news/columbia-hofft-auf-emergenza-nachwuchs/104233 (06.01.2011). Quellen: Emergenza. In: http://www.emergenzafestival.de/shownews.php?ID=54 (06.01.2011). Emergenza: *Der Wettbewerb*. In: http://www.emergenza.net/DE/de-de/cms/731/der-wettbewerb.aspx (19.02.2014).

Den Anfang macht Michael Jackson, der als erfolgreichster Popmusiker aller Zeiten ganze Modegenerationen mit seinen Bühnenoutfits geprägt hat.«[163]

Dagegen widmet sich »On Stage« jedes Jahr einem Star und einem Newcomer, für den jeweils eine eigene Kollektion erstellt wird, die von dem Künstler und seinem Stil inspiriert ist. Die jeweiligen Acts dienen als Testimonial für diese Modelinie und tragen ihre eigene Kollektion unter anderem auf Konzerten. Zum Launch wurden der Geiger David Garrett sowie die Newcomerin Orianthi ausgewählt.

»Gemeinsam haben sie den Kampagnensong ›Walk This Way‹ von Aerosmith exklusiv für s.Oliver ON STAGE eingespielt und sind bis Ende 2010 die Gesichter der Kollektion. Ihre Neuinterpretation des Kult-Songs begleitet die gesamte Kommunikation und steht für Fans als mp3 und Klingelton auf www.soliver.com zum kostenlosen Download bereit. In Ergänzung launcht s.Oliver einen eigenen Real Music Channel in Kooperation mit PutPat.tv.«[164]

An dieser Kooperation sind mehrere Faktoren interessant, die auch in anderen Partner-Konstellationen aufgegriffen werden können. Die Wahl eines etablierten Künstlers und einer Newcomerin bietet beiden Acts Promotion- und Marketingmöglichkeiten, die vor allem der Newcomer im Normalfall nicht erhalten hätte. Im Optimalfall sind oder werden die ausgewählten Interpreten Stilikonen wie Lady Gaga oder Victoria Beckham. Die Aufnahme eines eigenen Kampagnensongs unterstreicht die enge Bindung zwischen Künstlern und der Marke und gibt der Kooperation eine höhere Glaubwürdigkeit. Dazu gehört auch die kostenlose Bereitstellung des Songs für Fans und Kunden. Die Kooperation mit dem Internet-Musiksender PutPat.tv unterstreicht die musikalische Komponente auf Seiten s.Olivers, wobei die musikalischen Inhalte hier nicht Universal exklusiv sind.

»Entsprechend jeder Lifestylewelt von s.Oliver wird ein linearer Channel existieren: s.Oliver Selection, s.Oliver Casual und QS by s.Oliver. Die Musikvideos, die auf diesen Channels laufen sind auf die Stimmung und Orientierung des jeweiligen

---

163 N.N. (2010): *Universal Music und s.Oliver starten langfristige Kooperation.* In: http://www.univ ersal-music.de/company/corporate-communications/presse-archiv/presse-archiv-detail/article/127685/universal-music-und-s-oliver-starten-langfristige-kooperation/ (06.01.2011).

164 N.N. (2010): *Universal Music und s.Oliver starten langfristige Kooperation.* In: http://www.univ ersal-music.de/company/corporate-communications/presse-archiv/presse-archiv-detail/article/127685/universal-music-und-s-oliver-starten-langfristige-kooperation/ (06.01.2011).

Segments ausgerichtet und untermalen damit den Charakter der einzelnen s.Oliver Linien. Hier reicht die Bandbreite von RNB, Indie, Ballade, Hip Hop, Rap zu Rock und Klassik. Darüber hinaus wird es einen Channel geben, der dem Stargeiger David Garrett gewidmet ist. Ein weiterer Sender ist personalisiert und kann nach eigenen Wünschen gestaltet werden. User wählen aus einem breiten Angebot von Künstlern, Stilrichtung, Jahrgängen und Stimmungen aus, um sich ihr ganz eigenes Programm zusammen zu stellen.«[165]

Die Integration digitaler Services wie PutPat.tv wird bei Markenkooperationen immer wichtiger. So verwundert es nicht, dass immer mehr Marken nicht nur Künstler, sondern auch Services wie Downloadshops oder Streaming-Portale in die gemeinsame Zusammenarbeit einbinden und teilweise Soft- oder Hardbundles anbieten. Dies kann auch in Zusammenarbeit mit Labels geschehen. Mit Vybemobile hat Universal Music gemeinsam mit E-Plus 2006 einen eigenen Mobilfunktarif mit Musikbezug ins Leben gerufen, der günstige Tarife mit attraktiven Musikdiensten gepaart hat. Dazu gehören neben mobilen Musikprodukten auch Fulltrack Downloads, News aus dem Musikgeschäft, Gewinnspiele, Meet & Greets mit Universal-Künstlern und exklusive Konzerte für Vybemobile Kunden.

»vybemobile besetzt konsequenter als alle anderen Angebote das Thema Musik. Die Phone and Music-Marke bietet mehr als günstigen Mobilfunk und mobilen Musikgenuss. Wir binden die Marke deutlicher in die Lebenswelt der Zielgruppe ein – mit speziellen Aktionen, die die Kunden hautnah an ihre Stars heranbringen.«[166]

Ähnliche Ziele verfolgt die Sparkasse ebenfalls mit einer Universal Music Kooperation namens Soundaccount. Diese Initiative richtet sich vor allem an junge Kunden und bietet ein Musik-Mehrwertpaket für Kreditkartenkunden der Sparkasse. Darin enthalten sind unter anderem zehn kostenlose Downloads pro Monat von Universal Acts sowie Rabatt für Merchandise-Artikel im Store von Bravado, einem Unternehmen, das ebenfalls zu Uni-

---

165 N.N. (2010): Let us entertain you mit REAL MUSIC! – Europapremiere. s.Oliver präsentiert als erstes Modeunternehmen einen eigenen Online Music Channel unter www.soliver.com/realmusic. In: http://www.soliver.com/en/media/download/id/28250/file/100610_s.Oliver%20Real%20Music%20Channel.pdf (07.01.2011).
166 Krammer, Michael (2006). Zitiert in: N.N. (2006): *Universal Music Deutschland und E-Plus starten erste Phone and Music-Marke im deutschen Mobilfunk: vybemobile*. In: http://www.vybemobile.de/img/cms/presse/vybemobile_corporate.pdf (07.01.2011).

versal gehört.[167] Auf der Soundaccount-Seite selbst gibt es für Kunden neben dem Musicstore und dem Fanshop einen eigenen Musiksender in Kooperation mit tape.tv, Konzertdaten, News sowie Ticket- und Meet & Greet Verlosungen.[168] Ein vergleichbares Konzept existiert auch mit den Volksbanken und kann auf andere Unternehmen wie Krankenkassen übertragen werden.[169]

Die Musikbranche sucht stetig nach neuen Geschäftsmodellen und digitalen Entwicklungen, die mit technischen Dienstleistungsunternehmen, Netzbetreibern und anderen Unternehmen umgesetzt werden können. Dazu gehören auch Versuche mit Internet- oder Pay-TV-Anbietern gemeinsam Musikangebote in ihre Tarife einzuführen. Lokal begrenzte Angebote wie sie beispielsweise Sony Music mit diversen Anbietern verfolgt, sind allerdings langfristig nicht sehr erfolgversprechend.[170]

Generell gilt bei allen Angeboten dieser Art, dass der Mehrwert für den Konsumenten eindeutig sichtbar sein muss. Für den langfristigen Erfolg bedarf es eines großen, labelübergreifenden Katalogs. Ohne Vollsortiment, sondern nur mit den Inhalten eines Majorlabels wird kein Konsument auf Dauer glücklich werden. Das Angebot selbst muss ebenso transparent und einfach zu verstehen sein. Schließlich sind auch der Preis, die Angebotsart, die Bequemlichkeit des Angebots oder auch die Portierbarkeit auf andere Geräte wichtige Faktoren für den Erfolg eines solchen Angebots. Selbst ein Angebot wie Sky Songs in England ist nach nur einem Jahr für gescheitert erklärt worden, obwohl der Service nicht auf einzelne Labels beschränkt war.[171]

Bei allen genannten Angeboten steht das Label nicht im Vordergrund, sondern findet maximal in Form eines kleinen Logos Erwähnung bei den

---

167 Quelle: Soundaccount: *Alles über soundaccount*. In: http://www.soundaccount.de/alles-ueber-soundaccount/ (07.01.2011).
168 Quelle: Soundaccount. In: http://www.soundaccount.de/home/ (07.11.2011).
169 N.N. (2011): *Volksbanken und Universal Music schließen Partnerschaft*. In: http://www.volksbank.com/m101/volksbank/m074_40000/de/presse/details/eigene_pressemeldungen_11/110630_universal_partnerschaft.jsp (06.08.2011).
170 Quellen: skyDSL: *Kostenlose MP3 Downloads mit skyDSL*. In: http://de.skydsl.eu/index.php?c=info&s=nodsl&cs=music (07.01.2011). Koeln.de: *NetCologne startet Musik-Kooperation mit Sony*. In: http://www.koeln.de/koeln/netcologne_startet_musikkooperation_mit_sony_391883.html (07.01.2011). NetCologne: *Musicbox*. In: https://musicbox.netcologne.de/ (07.01.2011).
171 Hallyday, Josh (2010): *BSkyB closes Sky Songs music subscription service*. In: http://www.guardian.co.uk/media/2010/dec/06/bskyb-closes-sky-songs-music-service (07.01.2011).

Endkonsumenten. Im Zentrum stehen die Partnermarke und das Angebot selbst.

Ähnlich sieht es bei zahlreichen Kooperationen zwischen Labels und Marken aus. So pflegt Universal Music eine Partnerschaft mit Aral. Kunden der Tankstelle können sich als Prämie unter anderem eine eigens zusammengestellte Compilation der Serie »Die ultimative Chartshow« mitnehmen. Hier steht die bekannte Marke aus dem Fernsehen im Vordergrund. Auch die Gestaltung des Bordprogramms bei Airlines oder bei der Deutschen Bahn findet häufig in Kooperation mit Labels statt, ohne dass der Kunde explizit darauf gestoßen wird.[172] So wurden beispielsweise von Sony Music Musikkanäle für die Lufthansa gestaltet oder mit Nivea eine CD-Serie zum Thema »Wellness« konzipiert.[173]

Es gibt zahlreiche weitere Beispiele für Crosspromotion von Labels mit Marken außerhalb des Musikbereichs. Warner Music bietet beispielsweise über sein Webradio Warner Music FM der Softdrink Marke Sinalco langfristige Kooperationsmöglichkeiten: »Neben Bannern und Video-Ads werden vor allem auch redaktionelle Sonderwerbeformen umgesetzt. So präsentiert Sinalco die wichtigsten Neuerscheinungen aus dem Hause Warner Music in den dafür eigens produzierten Radioshows ›Sinalco Album der Woche‹ und ›Sinalco Track der Woche‹.«[174]

Außerdem umfasst die Partnerschaft die Möglichkeiten für Sinalco, die Marke bei exklusiven Konzerten von Warner Music Künstlern zu präsentieren, Karten zu verlosen und gemeinsame Aktivitäten in sozialen Netzwerken durchzuführen.[175]

Auch die Getränkemarke Schwarze Dose 28 nutzt Musik, um sich in der kreativen Szene weiter zu positionieren. Dazu ist man eine Kooperation mit Universal Music eingegangen, die für die Kampagne Songs von internationalen Stars zusammengestellt hat. Auf jeder Dose findet sich ein Code, mit dem man sich einen Song auf der Website von Schwarze Dose

---

172 Quelle: Deutsche Bahn: *Bahnshop*. In: http://www.bahn.de/bahnshop1435/shopxml/spezial/videos/best_tracks_vol1.shtml (06.08.2011).
173 Vgl. N.N. (2002): *Lufthansa und Sony Music kooperieren*. In: http://www.musikmarkt.de/content/news/news_2.php3?r=1&bid=4769&th=4769&next=50,10,5 (06.11.2002). N.N. (2003): *Sony Music und Nivea veröffentlichen Wellness-Compilation-Reihe*. In: http://www.musikmarkt.de/content/news/news_2.php?bid=6074 (05.05.2003).
174 Nöcker, Maik (2011): *Sinalco und Nike setzen auf Webradio*. In: http://quu.fm/business_sinalco_nike/ (06.08.2011).
175 Nöcker (2011).

28 runterladen kann. Zudem ist einer der Songs in den TV-Spots des Markenartiklers unterlegt worden.[176] Ähnliche Aktionen gab es bereits häufig in der Vergangenheit. So hat Sony Music 2003 eine Kooperation mit Pepsi gehabt, während Universal in verschiedenen Aktionen mit Coca Cola zusammenarbeitet.[177] Auch hier hat der Kunde mit dem Kauf von Getränken Gutscheine für Musik erhalten. Nicht nur Getränkehersteller, sondern auch andere Markenartikler können dieses Konzept adaptieren. Duracell hat beispielsweise auf seinen Verpackungen Downloadgutscheine für Musik von Universal Music angeboten.[178]

Im Rahmen solcher Kooperationen erhalten Labels nicht nur finanzielle Einnahmen, sondern auch Promotion-Flächen des Partners, während der Markenhersteller ein Image als musikaffiner Konzern suggeriert, um näher an seine Zielgruppe zu kommen. Das Logo des Labels ist dabei meistens kaum oder gar nicht zu sehen, da es in erster Linie um die Marke geht. Das Label steht im Hintergrund.[179]

Unterlabels von Universal haben ebenfalls Kooperationen mit anderen Marken vereinbart. So liefert Island Def Jam seit April 2003 dem Gameshersteller Electronic Arts Songs seiner Künstler vor der eigentlichen Veröffentlichung für Computerspiele und kreierte ein eigenes Game mit »Def Jam Vendatta«. Island Def Jam war damit Teil eines Partnerprogramms des Spieleherstellers.[180] 2010 erschien mit »Def Jam Rapstar« ein weiteres

---

176 N.N. (2011): *Jetzt gibt's was auf die Ohren; SCHWARZE DOSE 28 goes music.* In: http://www.presseportal.de/pm/76497/2000837/jetzt-gibt-s-was-auf-die-ohren-schwarze-dose-28-goes-music (06.08.2011). Quelle: *Schwarze Dose 28.* In: http://www.schwarzedose28.com/Musik-Download (06.08.2011).
177 Vgl. O'Reilly, Lara (2011): *Coca-Cola Music aims to become »established music brand«.* In: http://www.marketingweek.co.uk/sectors/food-and-drink/coca-cola-music-aims-to-become-%E2%80%9Cestablished-music-brand%E2%80%9D/3029295.article (26.08.2011).
178 N.N. (2008): *Duracell gibt Partnerschaft mit Universal Music bekannt.* In: http://www.pressebox.de/pressemeldungen/procter-gamble-germany-gmbh-co-operations-ohg/boxid/16 7971 (06.08.2011).
179 Vgl. N.N. (2002): *Sony und Pepsi vereinbaren Cross-Promotion-Deal.* In: http://www.musikmarkt.de/content/news/news_2.php3?bid=4826 (12.11.2002). Vgl. N.N. (2003): *UMG löscht Musik-Durst von Coca-Cola.* In: http://www.mediabiz.de/newsvoll.afp?Biz=mu&Nnr=135491&NL=MA (18.06.2003). Quellen: Coca-Cola. In: http://www.coca-cola.de/index.jsp (21.07.2003). Universal Music. In: http://www.universal-music.de/html/index.html (21.07.2003).
180 Vgl. N.N. (2002): *Electronic Arts etabliert Partnerprogramm für Plattenlabels.* In: http://www.mediabiz.de/newsvoll.afp?Nnr=118730&Biz=musicbiz&Premium=NN&Navi=000000

Game, diesmal entwickelt von 4mm Games, das die größten HipHop-Hits als Karaoke Version anbietet. Damit erhoffen sich beide Parteien eine Vertiefung der Markenbindung und Anschluss an den Lifestyle von potenziellen Kunden.[181] Aufgrund der Bekanntheit, Kredibilität und Relevanz des Def Jam Labels in der Zielgruppe, ist der Labelname in diesem Fall Teil des Konzepts und wird offensiv eingebunden. Das Image soll auf das Spiel transferiert werden, um die potenziellen Kunden zu erreichen.

Labels können auch eigene Compilation-Reihen als Marke aufbauen, was vor allem von Majors betrieben wird. Auch auf diesem Gebiet hat Universal in einem Joint Venture mit Sony mit der Reihe »Bravo Hits« großen Erfolg. Auch Compilations von Sony wie »Kuschelrock« sowie Kopplungen, die von Universal Music konzipiert wurden, wie »The Dome« oder die bereits genannte Serie »Die Ultimative Chartshow« sind überaus erfolgreich. Für den Aufbau einer Marke ist dabei Verlässlichkeit von großer Relevanz.[182] Die Plattenfirma bleibt bei diesen Aktionen im Hintergrund und stellt die Künstler bzw. die Compilation-Marken ins Blickfeld.

»Label- bzw. Projektnamen wie ›Kuschelrock‹, ›Bravo Hits‹, ›Thunderdome‹, ›Formel Eins‹ u.v.a. konnten im Compilationsmarkt unverkennbare Identitäten mit hohem Wiedererkennungswert und Käufertreue erzielen und funktionieren teilweise auch schon als Markenzeichen im Merchandisingbereich außerhalb der Musikbranche bzw. konnten erfolgreich ihr ›Cross Over Potential‹ beweisen.«[183]

Labels können mit Compilations aber auch an ihrer eigenen Markenidentität feilen und sich direkt an die Konsumenten wenden. Ein Labelsampler kann das Spektrum einer Plattenfirma akustisch, aber auch visuell auf DVD oder im Netz präsentieren. Dies wird von den meisten Indie-Labels praktiziert, wobei die Kopplungen dann oft zum Budgetpreis verkauft oder

---

00 (08.04.2012). Holloway, Lynette (2003): *Music Label Sees Video Games As Way to Promote New Songs.* In: http://www.nytimes.com/2003/03/10/business/media-music-label-sees-video-games-as-way-to-promote-new-songs.html?src=pm (06.01.2011). N.N. (2003): *Island Def Jam kooperiert mit Gameshersteller.* In: http://www.mediabiz.de/newsvoll.afp?Biz =mu&Nnr=130075&NL=MA (10.03.2003).
181 Quelle: Def Jam Rapster. In: http://www.defjamrapstar.com/about/game (06.01.2011). Konami: *Def Jam Rapstar erscheint am 4. November.* In: http://de.games.konami-europe.co m/news.do?idNews=645 (07.01.2011).
182 Vgl. Canibol (1999): S. 216. Ellinghaus (2003). Lumm (2003). Kielstropp, Arndt (2003): *Telefonisches Interview vom 06.02.2003*: Kielstropp war bis November 2002 bei der SPV und hat dort das Label Audiopharm ins Leben gerufen, das mit einigen Compilation Reihen wie »Asia Lounge« erfolgreich gewesen ist. Zum Zeitpunkt des Interviews war er als Marketing Manager/Compilations bei Ministry Of Sound tätig.
183 Canibol (1999): S. 216.

umsonst angeboten werden.[184] Neben der physischen Auswertung kann dies auch digital geschehen, zum Beispiel für einen limitierten Zeitraum gratis als MP3 bei Amazon. Die britische Compilation »NOW« wiederum hat 2012 eine App veröffentlicht, über die man im Archiv der Kopplung von der ersten Ausgabe an stöbern und seine eigene Playlist erstellen kann.[185]

Ebenso haben zahlreiche Labels eigene Channels auf Videoportalen wie YouTube, in denen sie ihr Spektrum präsentieren.[186] Auch auf Streaming-Portalen wie WiMP werden redaktionell Playlists zu bestimmten Themen und auch Labels zusammengestellt, so dass man das Spektrum einer Plattenfirma gleich kennen lernen kann.[187] Das Label ist in diesen Fällen nicht nur klein in den Metadaten zu sehen, sondern steht im Vordergrund und kann von einem Imagegewinn profitieren. Auch einzelne, oft unbekannte Künstler können in diesem Fahrwasser des Labels und bekannter Acts entsprechende Aufmerksamkeit erhalten. Labels selbst können ebenfalls regelmäßig Playlists mit ihren Künstlern erstellen und auf diese Weise neue Themen empfehlen.[188]

Interessant sind einige Initiativen von Labels, die nicht nur das eigene Repertoire, sondern auch Musik anderer Firmen beinhalten. So bietet das Label X5 mit Classify einen einfachen Einstieg in die klassische Musik, da man neben vorgefertigten Playlists auch nach Komponist, Epoche, Stimmung oder Instrument auswählen kann und dann eine Auswahl an passen-

---

184 Bekannte Label Sampler-Serien gibt es zum Beispiel von Fat Wreck Chords, Compost oder von Epitaph mit der »Punk-O-Rama«-Reihe. Andere Labels wie Def Jam, Buback oder Matador bringen zu besonderen Anlässen wie Jubiläen gerne Sampler auf den Markt. Neue Labels versuchen ebenfalls auf diese Weise auf sich aufmerksam zu machen. Labels Germany, V2 oder auch Roadrunner haben den Compilation Gedanken auch auf die DVD übertragen und bieten zu günstigen Preisen oder gar kostenlos DVD's mit Videoclips ihrer Künstler an. Auch kostenlose MP3-Sampler werden häufig angeboten.
185 Vgl. N.N. (2012): »NOW That's What I Call An App!« In: *Music Ally: Sandbox*. Issue 58. 19.04.2012: S. 5.
186 Quellen: YouTube: *Four Music Channel*. In: http://www.youtube.com/fourmusic (06.08.2011). YouTube: *Erased Tapes Channel*. In: http://www.youtube.com/erasedtapes (06.08.2011). YouTube: *Roadrunner Records Channel*. In: http://www.youtube.com/roadrunnerrecords (06.08.2011).
187 Quelle: WiMP: *Def Jam Playlist*. In: http://wimp.de/playlist/f5cfde72-6337-4d4e-a395-3c7059565efd (14.04.2012). WiMP: *Staatsakt Playlist*. In: http://wimp.de/playlist/269d6536-2f0a-42c1-a993-78423d6b0562 (14.04.2012). WiMP: *Creation Records & Alan McGee*. In: http://wimp.de/playlist/6b1cef51-b491-4859-9e93-f2d0d97940ea (14.04.2012).
188 Vgl. Ellinghaus (2012).

den Alben aller Labels erhält. TweetVine von Universal stellt Playlisten mit Songs zusammen, die über Twitter Tweets genannt worden sind. Filtr von Sony erstellt Playlisten anhand eines Lieblingskünstlers oder personalisiert auf Basis der Likes der eigenen Facebook-Freunde oder –Veranstaltungsteilnehmer.[189]

Auf Spotify sind seit 2012 zahlreiche Labels mit eigenen Apps vertreten. Sony liefert unter der Marke »The Legacy of« tiefgehende Einblicke in das Schaffen eines Künstlers mit Playlists, Biographien, Fotos und mehr. Auch weitere Labels wie Warner, Def Jam, Domino, Matador oder PIAS haben zahlreiche Playlists aus ihrem Katalog oder von ihren Künstlern zusammengestellt, die zum Teil mit weiteren Informationen bestückt worden sind.[190] Zudem kann auch ein Label ein eigenes Profil auf Spotify anlegen und darüber seine Musik präsentieren, wie es beispielsweise Kontor Records oder Ninja Tune praktizieren. Dort können eigene Playlists kreiert und Neuigkeiten kommuniziert werden[191]

Eine spannende Initiative von Universal Music, die labelübergreifend funktioniert, ist das Portal Digster. Unter dieser Marke werden vorab zusammengestellte und redaktionell betreute Playlists zur Verfügung gestellt. Die Playlists sind auf allen relevanten Streaming-Portalen abspielbar, die einzelnen Songs sind auch auf iTunes erhältlich. Ein wichtiger Punkt liegt dabei darin, dass nicht nur Universal Repertoire verwendet wird, sondern eine labelunabhängige Auswahl erfolgt. Die Themen der Playlists sind dabei sehr umfangreich. Von Künstler-Listen über Songs für besondere Anlässe, Stimmungen oder Genres ist alles dabei.[192] Digster, Filtr und TweetVine sind gute Beispiele dafür, wie man sich als Label, auch als Major, mit einer eigenen Marke und einem labelübergreifenden Dienst positionieren kann. Die Vorteile liegen auf der Hand. Das Label hat die inhalt-

---

189 Quellen: Spotify: *Classify*. In: http://open.spotify.com/app/classify (31.03.2012). Spotify: *Filtr*. In: http://open.spotify.com/app/filtr (31.03.2012). Spotify: *TweetVine*. In: http://open.spotify.com/app/tweetvine (31.03.2012).
190 Quellen: Spotify: *The Legacy Of*. In: http://open.spotify.com/app/legacy (31.03.2012). Spotify: *Domino*. In: http://open.spotify.com/app/domino (31.03.2012). Spotify: *Def Jam*. In: http://open.spotify.com/app/defjam (31.03.2012). Spotify: *Matador Records*. In: http://open.spotify.com/app/matadorrecords (31.03.2012). Spotify: *[PIAS]*. In: http://open.spotify.com/app/pias (31.03.2012).
191 Quellen: Spotify: *Kontor Records Profil*. In: http://open.spotify.com/user/kontorrecordsofficial (22.01.2014). Spotify: *Ninja Tune Profil*. In: http://open.spotify.com/user/ninja-tune (22.01.2014).
192 Quellen: Digster. In: http://digster.fm/ (02.03.2012). Spotify: *Digster Profil*. In: http://open.spotify.com/user/digsterdeutschland (22.01.2014).

liche Kontrolle über die Songs, die Follower der Playlists können mit dem Hinzufügen eines neuen Songs sofort erreicht werden. Darüber werden entsprechend viele Plays und im Endeffekt mehr Einnahmen sowie ein höherer Marktanteil generiert.

Auch abseits von Compilations und Playlists gibt es Möglichkeiten, durch besondere Aktionen auf sich aufmerksam zu machen und sowohl das Label, als auch die Künstler zu promoten. Dazu gehören Anzeigen zu besonderen Anlässen, wie zum Beispiel Award-Verleihungen oder saisonalen Events. Labels wie Universal Music achten darauf, dass in TV-Spots zu Künstlern die bekannte Weltkugel als Logo zumindest kurz prominent auftaucht. Auf diese Art wird der bekannte Künstler mit der Firma in Verbindung gebracht.

Motor Music, ein Unterlabel von Universal, hatte mit »MoTV« seit Dezember 2002 sogar eine eigene TV Show auf dem Sender NBC Giga, deren redaktionelle Gestaltung allein dem Label unterliegt. Dort wurden regelmäßig aktuelle Themen von Motor behandelt.[193] Ein gutes Beispiel für eine reine Imagebildende Maßnahme ist der Pop-up Store von Universal Music in einer Flagship Filiale der Deutschen Bank in Berlin. Das Konzept »Q110 – Die Deutsche Bank der Zukunft« präsentiert seit 2005 interessante Konzepte außerhalb des Kerngeschäfts. In diesem Rahmen wurde 2010 das Portfolio von Universal Music, bestehend aus Musik, Mode und Merchandising, integriert. Zusätzlich gab es Live-Performances von Universal Music-Künstlern.[194]

Ein Label kann aber auch in musikfremde Bereiche expandieren, wie das Beispiel von Virgin zeigt. Virgin war anfangs ein kleiner spezialisierter Schallplatten-Mailorder, der 1973 zu einem Label umorganisiert wurde. Es hatte zahlreiche Erfolge zu verzeichnen und gehört seit 1992 zur EMI. Das Unternehmen Virgin weitete sich in kürzester Zeit auf den Film- und

---

193 Vgl. N.N. (2002): *Motor Music richtet eigene TV-Show aus*. In: http://www.mediabiz.de/newsvoll.afp?Biz=mu&Nnr=125322&NL=MA (04.12.2002). N.N. (2002): *Motor Music bekommt eigene TV-Sendung*. In: http://www.musikmarkt.de/content/news/news_2.php3?bid=4994 (04.12.2002). Quelle: MoTV. In: http://www.motormusic.tv/index2.html (15.06.2003). Ballin (2003): Zu der Sendung »MoTV« gab es auch eine eigene Website, auf der man die Sendung ebenfalls live verfolgen und sich im Gästebuch mit anderen Fans austauschen konnte.

194 N.N. (2010): *Große Eröffnung des ersten Universal Music Pop-up Stores*. In: http://www.universal-music.de/company/corporate-communications/presse-archiv/presse-archivdetail/article/121019/universal-music-gmbh-grosse-eroeffnung-des-ersten-universal-music-pop-up-stores/ (06.08.2011).

Buchmarkt aus und gründete mit den Virgin Mega Stores eine eigene Handelskette, die neben einem umfangreichen, firmenübergreifenden Musikangebot auch mit zielgruppengerechten Zusatzangeboten von Büchern bis T-Shirts den Musikhandel entscheidend prägte. Auch vor Branchen außerhalb der Medienbranche scheute sich Virgin nicht. So stieg man mit der eigenen Fluglinie Virgin Airlines in die Tourismusbranche ein, Virgin Softdrinks waren zwischenzeitlich im Angebot und selbst Kosmetikartikel wurden unter der Marke Virgin auf den Markt gebracht. Mit Virgin Media wurde zudem ein Telefon- und Internetanbieter gegründet.[195]

»Many people ask me what the limits to Virgin are, and whether we haven't stretched the brand name beyond ist natural tolerance. With monotonous regularity, they point out that there is no other company in the world that puts ist name to such a wide variety of companies and products. They are absolutely right, and it's something of which I am proud.«[196]

Ein bekanntes lokales Beispiel für eine medienübergreifende Kooperation hat die damalige BMG geliefert. Als Teil des Bertelsmann-Konzerns ist die Plattenfirma für die gesamte musikalische Vermarktung der Show »Deutschland sucht den Superstar« zuständig gewesen, bei der damalige BMG-Präsident Thomas M. Stein zudem in der Jury saß. Die Sendung selbst läuft auf dem Bertelsmann-Sender RTL. Die musikalische Auswertung der dort aufgebauten Künstler fand erfolgreich über BMG statt.[197] Nach der Fusion mit Sony Music und dem Ausstieg Bertelsmanns aus dem Musikgeschäft ist das Konzept von Sony weitergeführt worden. Seit 2011 ist Universal für die musikalische Auswertung zuständig. Das Ziel der Umsatzsteigerung steht wie bei allen Marken im Vordergrund der hier vorgestellten Kooperationen.

Zusammenfassend kann gesagt werden, dass ein Label durchaus Markenqualitäten besitzen und diese auch anwenden kann. Allerdings legen viele Labels, vor allem die Majors, keinen Wert auf eine explizite Marken-

---

195 Vgl. Wicke (1997a). Schulze (1996): S. 52ff. Zimmermann (2003). Quelle: Virgin Media. In: http://www.virginmedia.com/ (07.01.2011). Branson (1998): S.209ff, 228, 292, 481ff, 498ff: Nach dem Verkauf seiner Musiksparte gründete Branson das Label V2, das mittlerweile nicht mehr existiert. Die weiteren Tätigkeiten Virgins sind in Bransons Biographie übersichtlich aufgelistet.
196 Branson (1998): S. 479 Vgl. auch S. 188f.
197 Vgl. N.N. (2002): *Deutschland sucht den neuen Superstar*. In: http://www.mediabiz.de/firmen/newsvoll.afp?Nr=4100&Nnr=123415&Typ=News&Biz=musicbiz&Premium=N&Navi=00000000 (31.10.2002). N.N. (2003): *BMG mit über 25 Prozent Umsatzplus im ersten Quartal*. http://www.musikmarkt.de/content/news/news_2.php3?bid=6159 (14.05.2003).

führung den Konsumenten gegenüber, da in erster Linie der Künstler im Vordergrund stehen soll. Zudem ist das musikalische Spektrum eines Majors zu groß, als dass es unter ein einheitliches Markendach passen würde. Unterlabels werden öfter als eigenständige Marken eingesetzt, wobei auch dort trotz engeren Genregrenzen der Künstler oder auch eine eingeführte Compilation-Marke stets im Vordergrund steht.

Auch bei Indies wird selten eine aktive Markenführung betrieben. Vielmehr erlangt ein Label im Laufe der Zeit über seine Veröffentlichungen Reputation. Das Image der Künstler färbt dabei auf das Label ab. Sobald das Label einen guten Ruf hat und in einer bestimmten Szene zur Marke geworden ist, kann sein Image auch umgekehrt auf die Künstler einwirken. Doch in den genannten Ausnahmefällen führt auch die aktive Vermittlung des Selbstbildes zu der Entstehung eines Fremdbildes von Labels auf Seiten der Nachfragergruppen. Majors beschränken sich diesbezüglich vor allem auf Händler, Medien und Künstler, da dort die Reputation des Labels von hoher Relevanz ist und über diese Bezugsgruppen die Konsumenten erreicht werden können. Die Bekanntheit der Künstler soll dabei die Zahl der Plattenverkäufe steigern. Indies dagegen versuchen, ihre Philosophie direkter an die Konsumenten zu vermitteln. Aufgrund ihres eingeschränkten Genre-Spektrums ist es für sie wesentlich einfacher, sich zu platzieren und Orientierung für die betreffenden Zielgruppen zu schaffen. Die Glaubwürdigkeit in den jeweiligen Szenen ist dabei von hoher Relevanz. Indies können in diesen Fällen wie eine Marke ein Orientierungsgefühl vermitteln, ebenso wie sie als Qualitätsversprechen dienen können. Zudem existieren oft Bezüge zu musikgeprägten Jugendkulturen, die das Label nutzen und über die es eine Identifikationsfunktion einnehmen kann. Die Zusammenhänge zwischen Genres und ihrer Vermarktung durch Labels wird nun dargestellt.

6.3 Labels und die Orientierungsinstrumente Genre und Marke

Nachdem die Orientierungssysteme Genre und Marke bisher separat auf Labels übertragen wurden, sollen im nun folgenden Teil Labels untersucht werden, die Elemente der Genretheorie und der Markenführung für sich nutzen können. Dabei werden Aspekte von musikgeprägten Jugendkulturen ebenso miteinbezogen wie zahlreiche Beispiele aus der Praxis.

6.3.1 Zusammenhänge zwischen Genres, Marken und Labels

Zwischen den Komponenten Genre, Marke und Musik bestehen Zusammenhänge, die bereits dargestellt worden sind. Auch in einem Label überschneiden sich das Konzept Genre und die Markenpolitik.

Ein Label kann zum einen über seine musikalische Ausrichtung und zum anderen über seine Marktpositionierung Orientierung bieten. Während die Genretheorie auf die inhaltlichen Aspekte von Labels anwendbar ist, dient die Markenpolitik der Außendarstellung des Labels. Indem ein Label einen bestimmten Musikstil oder ein Genre repräsentiert, kann es auch ein Image entwickeln und dadurch zu einer Marke werden. Das Besondere ist hier die Kombination des Konzepts Genre mit der Markenpolitik. Inhaltlich kann ein Label über die Einschränkung auf ein Genre Orientierung bieten, formal gesehen ist genau das Genre das Produkt, das es zu vermarkten gilt. Unter diesen Voraussetzungen sind auch die unterschiedlichen Möglichkeiten der Genretheorie und der Markenpolitik miteinander kombinierbar. Auf diese Weise können Labels über ihre Identität und ihr Image auf zweifache Art Orientierung für die unterschiedlichen Nachfragergruppen bieten und sich von der Konkurrenz absetzen. Das Label hat die Möglichkeit, sich über ein Genre zu positionieren und sich als Marke für das Genre zu präsentieren.

Der Zusammenhang zwischen Genres, Marken und Labels wurde bereits im 19. Jahrhundert durch die Anbringung von Label-Etiketten auf den Zylindern, bzw. Platten ermöglicht, die den Künstler und die produzierende Firma benannten.[198]

»As this method of identification [Label-Etiketten auf Tonträgern, J.-W.S.] established itself throughout the international music industry, so the quality and style of the music on each record gradually came to be associated with particular labels or record companies, and as more and more companies and labels were formed it became clear that many of them were deliberately linked with particular genres of music, from classical to jazz, blues to country and from rock'n'roll to soul.«[199]

Viele Labels und auch Unterlabels von Majors haben ursprünglich dieses Ziel der Identifizierung mit bestimmten Genres verfolgt:

»Jeder Major ist mit mehreren, für verschiedene Repertoiresegmente zuständigen Labeln (sic!) im Markt. [...] Label sind nach Musikstilrichtungen organisiert. Es

---
198 Vgl. Southall (2003): S. 8.
199 Southall (2003): S. 8.

werden in bestimmten Labeln aber auch nur Produkte eines einzigen Musiker (sic!) veröffentlicht. Das Label fungiert als Markenzeichen für eine bestimmte Musikrichtung bzw. für die Ausrichtung der Produktpolitik.«[200]

Bei Schmidt heißt es dazu:

»In der Praxis hat es sich für die meisten Majors bewährt, die Aktivitäten auf mehrere Gesellschaften aufzuteilen und so kleinere, übersichtliche Einheiten zu bilden. Diese konzentrieren sich in der Regel auf ein oder wenige Produktsegmente. Somit können sie sich leichter eine eigene Identität schaffen und sowohl bei Künstlern als auch beim Handel mit einer höheren Kompetenz auftreten. In Repertoiresegmenten wie beispielsweise HipHop wirken große Unternehmen, die gleichzeitig Volksmusik betreuen, innerhalb der Szene als wenig kredibel und folglich unattraktiver; hier bedarf es kleiner abgegrenzter Einheiten, die durch eine überzeugende eigene Identität das Vertrauen ihrer Partner gewinnen können. Produktnahe Funktionen wie A&R, Marketing und Promotion, zum Teil auch Vertrieb, werden von diesen Zellen selbstständig durchgeführt. Zentrale Funktionen hingegen wie kaufmännische und juristische Aufgaben, zum Teil aber auch Graphik/Werbung und Vertrieb, werden zentral von der Ländergesellschaft wahrgenommen«[201]

Auch wenn diese Aussage nicht allgemeingültig stehen gelassen werden kann, wie im Laufe der Arbeit herausgestellt worden ist, zeigt sie doch die Relationen auf, die zwischen Labels, Genres und Marken bestehen können. Im Folgenden wird untersucht, wie Labels in der Praxis diese Möglichkeiten nutzen, um den Konsumenten anhand von Genres und Marken eine Hilfestellung zu bieten.

6.3.2 Musikgeprägte Jugendkulturen und Genres

Labels mit einem eindeutigen Genrebezug werden in der Regel über den von ihnen repräsentierten Musikstil charakterisiert. Das Genre wird hier als Orientierungsmittel gegenüber den unterschiedlichen Nachfragergruppen genutzt, wodurch bereits ein potenzieller Markenkern gegeben ist. Während einige Labels es dabei belassen, nutzen andere diese Möglichkeit, um über eine aktive Markenführung eine Labelidentität zu erzeugen. Dabei bieten sich zahlreiche Möglichkeiten, das Label über den direkten Bezug zu dem jeweiligen Genre entsprechend zu positionieren.

---

200 Kulle (1998): S.137.
201 Schmidt, C. (2003): S: 212.

Schließlich stehen mit einem Genre oft weitere kulturelle und soziale Zusammenhänge in Verbindung, die beachtet werden müssen. Durch eine gezielte Vermarktung kann ein Label diese Umstände für sich nutzen, um eine Markenidentität in der gewünschten Zielgruppe aufzubauen. Das Genre dient dabei als Markenkern des Labels und stellt das Bindeglied zur Zielgruppe dar. Ein klassisches Beispiel ist die Firma Motown. Als R'n'B- und Soul-Label in den 1960er Jahren wurde es über seinen einheitlichen Sound der Songs bekannt, die von schwarzen Künstlern vorgetragen wurden, aber auch ein weißes Publikum ansprechen sollten. Mit der klaren Eingrenzung auf ein Genre und dem sehr eigenen Sound wurde Motown zu einer erfolgreichen Marke.[202]

Genres sind auch soziale Kategorien. Gerade in der Musik besteht ein enger sozialer Zusammenhang zwischen Genres und den Hörern eines Genres, der sich besonders in musikgeprägten Jugend- und Subkulturen bemerkbar macht. Zwar sind Jugendkulturen wie Mods oder Rocker aufgrund zahlreicher Diversifizierungen und Stilmischungen heute nicht mehr so eindeutig bestimmbar, doch mit Genres wie HipHop, Metal oder Indie bestehen weiterhin einige Musikstile, die eng an einen bestimmten Lebensstil gekoppelt sind. Auch bei feineren musikalischen Ausdifferenzierungen sind grobe Zuordnungen der Käuferschichten zumindest über das Alter, oft auch über soziale und kulturelle Einflüsse möglich.[203]

Das Label kann seine Corporate Identity dementsprechend auf dem repräsentierten Musikstil und den dazugehörigen Merkmalen der Zielgruppe aufbauen. Während bei Motown die Zielgruppe sehr breit gefächert war, gibt es andere Labels, die sich auf bestimmte Subkulturen beschränken.

Das Label Nuclear Blast ist bereits als Label mit hoher Genreaffinität genannt worden und besitzt ebenso ein hohes Markenpotenzial. Dies liegt an den vielen Metal-Hörern, die großen Wert auf Glaubwürdigkeit und Fachwissen legen, leben sie doch für ihre Musik und sehen in ihr eine Art zweite Heimat. Das hohe Identifikationspotenzial, über das eine Subkultur wie Heavy Metal verfügt, kann von Labels mit einer eindeutigen Spezialisierung auf dieses Genre entsprechend genutzt werden. Sie können sich einen guten Ruf in der Szene und hohes Vertrauen unter den Fans erar-

---

202 Vgl. Chapple/Garofalo (1980): S. 100f, 295, 306f. Frith (1981): S. 93, 104, 151.
203 Quelle: Bundesverband der Phonographischen Wirtschaft (2003): S. 46. Vgl. Ellinghaus (2003).

beiten, die hier als besonders treu gelten und über ein großes Kaufpotenzial verfügen.[204]

»Bei Nuclear Blast gibt es eine immens hohe Markenbindung. [...] Wenn du dich entschieden hast, dein Leben als Heavy Metal-Hörer oder -Fan zu leben, also richtig mit enger Röhrenhose und langen Haaren, dann bist du ein Teil einer verschworenen Gemeinschaft. Und diese verschworene Gemeinschaft hat ihre eigenen Rituale und sie hat ihre eigenen Kennzeichnungen. Und diese Kennzeichnungen sind immer das Wichtigste. Das ist die Uniformierung, das ist die Kennzeichnung mit Bandlogos auf der Jacke usw. Da gibt es nicht viele Labels, die das bedienen. Die Major-Labels haben sich da rausgezogen. [...] Im Heavy Metal musst du mit dem Herzen dabei sein. Wenn du nicht mit dem Herzen dabei bist, bist du nicht glaubwürdig, das merken die Leute sofort. Dann bist du nicht relevant.«[205]

Dementsprechend erwarten Metal-Fans auch von einem Metal-Label Enthusiasmus für diese Kultur. Dagegen wird es ein Label, das neben Metal auch andere, weiter entfernte Musikrichtungen veröffentlicht, schwerer in der Szene haben, es sei denn es handelt sich um bereits etablierte Bands. Bis auf die Speerspitzen der Metal-Bands ist der Großteil der Musiker bei speziellen Metal-Labels unter Vertrag, wie eben Nuclear Blast oder Roadrunner Records. Viele Bands fühlen sich im direkten Metal-Umfeld wesentlich besser aufgehoben, als bei Major-Labels, in denen sie einen Exotenstatus innehaben könnten.[206] Die Anbindung an eine musikgeprägte Szene und damit an einen speziellen Musikstil kann für ein Label also durchaus profitabel sein. Gerade die Heavy Metal-Kultur hat Tradition und ist resistent gegen Trends, weshalb sie und damit auch Labels wie Nuclear Blast, die diese Tradition pflegen, lange überleben werden. Ähnlich sieht es in Genres wie Punk aus, in denen Glaubwürdigkeit eine sehr große Rolle spielt.

Diese Glaubwürdigkeit ist für Labels in unterschiedlichen Genres die Voraussetzung, um in einer musikgeprägten Kultur erfolgreich zu sein. Auch Four Music verfolgt diesen Grundsatz. Es wurde 1996 von der Band Die fantastischen Vier in Stuttgart mit dem Ziel gegründet, ein Label »von

---

204 Vgl. Roccor (1998): S. 115f, 123f, 141f, 144ff. Willis (1981): Willis ausführliche Analyse zur Subkultur der Rocker ist auch für das Verständnis der Metal-Kultur hilfreich.
205 Ellinghaus (2003): Ellinghaus bezeichnet Nuclear Blast als Paradebeispiel für ein intaktes Label, das ein Genre bedient.
206 Bands wie Metallica, Iron Maiden oder AC/DC sind zwar bei Major-Labels, haben sich aber ihre Glaubwürdigkeit über einen langen Zeitraum in der Szene erspielt.

Künstlern für Künstler« zu sein.[207] In diesem Vorhaben steckt der Gedanke der Glaubwürdigkeit gegenüber den Bands, aber auch gegenüber den Konsumenten und anderen Nachfragern. Das Label muss dazu über eine Bindung an die Szene verfügen, um überhaupt die richtigen Künstler zu bekommen. Mitbegründer Schmidt alias Smudo erläutert:

»Die A&R's müssen nicht unbedingt die gepiercten Punker sein, um Punker zu signen. Aber sie müssen die Szene soweit verstehen, wie es die Künstler in der Szene brauchen, um sich signen zu lassen. […] Wenn da ein geleckter A&R kommt und man merkt, der will sich anbiedern, dann wird man ihm natürlich misstrauen. Dann muss der Künstler entscheiden, ob es okay für ihn ist. […] In der HipHop-Szene wollen die Künstler schon Verständnis haben. Aber auch ein Schlagersänger möchte gerne jemanden haben, von dem er den Eindruck hat, ›Das ist mein Partner, der muss mich vermarkten können, der muss mich verstehen.‹ […] Das ist gerade in unserem Bereich extrem wichtig.«[208]

Hat sich das Label einen guten Status in der Szene erarbeitet, kann sich dies auch auf die gesamte Außendarstellung und -wahrnehmung des Labels auswirken. So hat das Label Four Music ein angesehenes Image im deutschen Black Music Segment, innerhalb dessen es unterschiedliche Stile von HipHop über Soul bis zu Reggae vertritt. Four Music achtet darauf, einen eindeutigen Bereich von Musik anzubieten, ohne sich jedoch zu sehr einzugrenzen. Acts wie Clueso sind nicht mehr im Black Music Genre anzusiedeln, hatten jedoch eine gemeinsame Historie mit Four Music. So war Clueso bereits seit Ende der 1990er bei Four, damals noch als Rapper, später als Singer/Songwriter. Mittlerweile ist er direkt bei Sony, dem Vertrieb von Four Music. Diese musikalische Stringenz des Labels, die Labelphilosophie der Künstlernähe und die Qualität der Veröffentlichungen haben ihren Beitrag dazu geleistet, dass das Label Orientierung bieten kann. Auch Ausnahmen wie die Lemonbabies, Callejon oder Hurts sind erfolgreich gearbeitet worden, obwohl sie aus anderen musikalischen Genres kommen. Mit dem Sublabel FINE deckt man seit 2004 elektronische Musik ab.[209] Schließlich bietet Four Music neben dem Label auch einen Verlag sowie mit Four Artists auch eine Bookingagentur an, wodurch eine

---

207 Quelle: Four Music: *Label*. In: http://www.fourmusic.com/label/ (20.02.2014). Vgl. Schmidt, M. (2003).
208 Schmidt, M. (2003).
209 Quelle: Four Music: *Label*. In: http://www.fourmusic.com/label/2004/ (21.02.2014).

komplette Betreuung möglich wird.²¹⁰ Aber auch viele Konsumenten können sich dank der Popularität der Fantastischen Vier unter Four Music musikalisch ebenso etwas vorstellen, wie es bei Händlern, Medien und innerhalb der Musikindustrie der Fall ist.²¹¹ Für Fans der Szene wird das Label auch zu einer Marke für ein bestimmtes Genre und bestimmte Werte und Einstellungen.

6.3.3 Markenführungsansätze für Labels mit Genrebezug

Über den rein musikalischen Aspekt hinaus hat Four Music eine aktive Markenführung betrieben. Der Genrebezug zu Black Music bildet dabei den Markenkern, um den herum sich mithilfe verschiedener Instrumente eine Markenidentität entwickelt hat. In erster Linie spielt dabei der direkte Bezug zu den berühmten Labelgründern eine große Rolle für die Labelphilosophie, wie es bei Künstlerlabels stets der Fall ist. In diesem Fall haben sich Die fantastischen Vier über viele Jahre hinweg eine Bandkompetenz und auch Glaubwürdigkeit in der Szene erarbeitet, was gerade in den Anfangstagen der Band noch nicht der Fall gewesen ist. Diese Kompetenz und Glaubwürdigkeit der Künstler prägte zumindest am Anfang auch das Image des Labels. Über qualitativ hochwertige und interessante Veröffentlichungen konnte sich das Label schließlich etablieren. Das Ansehen des Labels überträgt sich mittlerweile auch positiv auf die Band.²¹² Als Beleg für die Kredibilität und die enge Bindung zu den Fans dient die 2010 eingeführte Prepaid Visa-Karte mit dem Namen Four Music Friendcard. Als Kunde kann man eines von vier Four Music Logos für die Karte wählen

---

210 Vgl. Canibol (2003): Four Artists hat nicht nur Four Music Künstler im Programm. So war bis März 2009 auch die Band Tokio Hotel bei Four Artists unter Vertrag. Canibol bezeichnet die Kombination von Label, Verlag und Bookingagentur als komplette Lösung, die zukunftsweisend sein kann.
211 Vgl. Schmidt, M. (2003). N.N. (2003): *Four Music und Yo Mama kooperieren*. In: http://www.mediabiz.de/newsvoll.afp?Biz=mu&Nnr=134991&NL=MA (06.06.2003): Four Music und Yo Mama! arbeiten in den Bereichen Promotion, Herstellung, Vinyl-Vertrieb und Legal & Business Affairs zusammen. Grund dafür war die damalige finanzielle Situation des Labels. Auch Yo Mama! verfügt über eine hohe Glaubwürdigkeit in derselben Szene, weshalb die Kooperation hier Sinn macht und Yo Mama! finanziell geholfen hat.
212 Vgl. Schmidt, M. (2003).

und erhält neben einem Musikguthaben auch Rabatte bei einigen ausgesuchten Szene-Händlern sowie Zugang zu exklusiven Events.[213] Ähnlich ist es auch bei Fat Wreck Chords. Beide Labels bieten somit zumindest für die Fans ihrer jeweiligen Bands eine wesentlich größere Identifikationsfläche als ein normales Label. Dementsprechend verfügen sie von Beginn an über eine Bekanntheit in ihrer jeweiligen Szene, die sie zu nutzen wissen. So existieren von Fat Wreck Chords und Four Music T-Shirts mit dem Labellogo, wobei Erstere auch auf einigen Band-T-Shirts ihr Logo platziert haben:

»Die T-Shirts sind der VW-Golf unter den T-Shirts. Die sind vielleicht nicht tierisch aufregend, die gehen aber immer und verkaufen sich gut, weil es da diese Kombination [von Band und Label, J.-W.S.] gibt. Ich denke, dass die Kids auch Bock auf das Label haben, weil die wissen, ›Oh, da kommt eine neue Band raus, ich weiß zwar nicht wie die sind, aber weil Fat drauf steht, könnten die mir gefallen‹, und geben ihr vielleicht erstmal eine Chance.«[214]

Die Bindung des Labels an ein Genre und sein Ansehen in der Szene werden auf diese Weise vorteilhaft genutzt. Das Label wird zum Markenzeichen und zur Identifikationsfläche innerhalb einer Jugendkultur. Bei Four Music wurde dies unter anderem dadurch unterstützt, dass Meinungsführer, wie die damalige VIVA Moderatorin Charlotte Roche mit T-Shirts von Four Music zu sehen waren. Allgemein gibt es aber nur wenige Labels, die Merchandising-Produkte anbieten, da entweder die Identifikation mit einer bestimmten Szene nicht gegeben ist oder das Label sich explizit nicht unabhängig von seinen Künstlern in den Vordergrund stellen möchte. So gilt Mute unter Musikliebhabern als vertrauenswürdiges Label, vermarktet sich aber ausschließlich über die Künstler, wie Depeche Mode, die bis 2013 ihre gesamte Karriere bei dem Label verbracht haben.[215] Für Labels ohne große Identifikationsfläche macht ein außermusikalischer Markenauftritt in der Regel keinen Sinn.

Entscheidet man sich für Merchandise-Produkte, muss sich laut Schmidt die Qualität der Musik auch im sonstigen Auftreten des Labels bestätigen, damit es zu einer konsistenten Marke werden kann. Von den Einstellungen der Mitarbeiter bis zur Farbe und Qualität des T-Shirts muss

---

213 Quelle: Four Music: *Friend Card*. In: http://www.fourmusic.com/friendcard/ (02.01.2011).
214 Fleig (2003).
215 Vgl. Wiese, Klemens (2003). *Persönliches Interview vom 10.01.2003*. Vgl. dagegen Passaro (2003): Wiese ist zum Zeitpunkt des Interviews für den Bereich Öffentlichkeitsarbeit und Promotion bei Mute zuständig gewesen.

alles stimmen, um dem hohen Qualitätsanspruch des Labels gerecht zu werden. Schließlich kann sich jeder öffentliche Fehltritt negativ auf das Image auswirken. Das Ziel des Labels ist es, die Künstler eindeutig in den Vordergrund zu stellen, aber dabei auch die Labelidentität stimmig und positiv zu vermitteln. Die Verbindung zwischen den Acts und dem Label soll bei diesem Label sichtbar werden.[216] Als gutes Vorbild dient das Label Tommy Boy:

»Wir wünschen uns, sowas wie Tommy Boy in den 80ern für die HipHop-Fans zu werden. Das hast du fast blind gekauft, und das war für dich ein Ding. Da ist der Künstler, der ist bei Tommy Boy, und beides war cool. Der Künstler war cool, weil er bei Tommy Boy war, Tommy Boy war cool, weil sie den Künstler hatten, und niemand wusste, was zuerst da war. Das ist überhaupt nicht wichtig gewesen. Das war das, was wir uns zu Beginn für das Label gewünscht haben.«[217]

Nuclear Blast hat eine solch starke Bindung zu einer Szene bereits erreicht, was neben dem eigenen Mailorder auch an der breiten Palette an Merchandise-Produkten zu erkennen ist. Neben T-Shirts bietet das Label von verschiedenen Kleidungsstücken über Taschen und Tassen bis zu skurrilen Artikeln wie dem Nuclear Blast Wikinger Trinkhorn die unterschiedlichsten Produkte mit seinem Logo an.[218] Aufgrund des enorm hohen Identifikationspotenzials in der Heavy Metal-Szene ist diese Vielfalt gerechtfertigt. Auf dem Wacken Open Air gibt es auch einen von Nuclear Blast betriebenen Merchandise Stand. Andere Labels wie Four Music sind allerdings der Meinung, dass ein zu großes Angebot zu sehr verwässert.[219]

Neben Merchandising bietet sich eine Vielzahl weiterer Möglichkeiten an, um Markenführung für ein Label zu betreiben. Sub Pop ist ein gutes Beispiel für ein Label, das sich zu vermarkten wusste. Dies fing schon beim Logo an, das laut Mitbegründer Jonathan Poneman einer der Hauptgründe für ihn war, mit Bruce Pavitt zusammenzuarbeiten:

»Evolving over time through use in Pavitt's Rocket column and on Sub Pop 100, the mark was another key ingredient in creating an image for the label. Stark, simple, with a white-on-black «SUB« stacked above the black-on-white «POP,« the

---

216 Vgl. Schmidt, M. (2003).
217 Schmidt, M. (2003): Mittlerweile werden Veröffentlichungen von Tommy Boy über Four Music in Deutschland promotet.
218 Quelle: Nuclear Blast: *Nuclear Blast Merchandise*. In: http://www.nuclearblast.de/de/shop/artikel/gruppen/51000.1.nuclearblast.html?article_group_sort_type_handle=rank&custom_keywords=nuclear%20blast (03.01.2011).
219 Vgl. Schmidt, M. (2003).

logo lent itself to reproduction on the tiniest CD spine to the largest poster. In the early days, shirts with the logo outsold Sub Pop's records.«[220]

Pavitt sagte dazu: »We learned early on that probably the best way we could spend promotional money was to make a profit having other people wear our logo«[221]

Neben dem Logo hat aber auch alles andere an Sub Pop den Nerv der Zeit getroffen:

»Pavitt und Poneman waren gerissen, konnten gut reden und hatten ein ausgezeichnetes Gehör. Sie verstanden sich hervorragend auf Vermarktung, und da sie die Erfolge und Mißerfolge früherer Independent-Labels genau beobachtet hatten, gelang es ihnen in Windeseile, Sub Pop und die Szene von Seattle zum aufregendsten Ding im Independent Rock zu machen. Es gab in Seattle zwar auch andere Labels (etwa Popllama mit den Young Fresh Fellows), aber nur Sub Pop wußte sich zu verkaufen.«[222]

Erst durch die Vermarktung der Szene durch ein einheitliches akustisches und optisches Erscheinungsbild, erhielt das vorhandene musikalische Potenzial ein Gesicht. Ersteres war mit Jack Endino gewährleistet, der den Großteil der Veröffentlichungen produzierte, letzteres mit Charles Peterson, der für die Fotos zuständig war. Mit seinen grobkörnigen Schwarz-Weiß-Aufnahmen schaffte Peterson das optische Äquivalent zur Musik des imageorientierten Sub Pop-Labels. Die meisten Bilder sind Live-Fotos mit einer sehr eigenen Ästhetik. Sie zeigen die Musiker ungeschönt, verschwitzt, verwackelt. Oft ist die Band nicht komplett zu sehen, stattdessen sind Zuschauer auf den Bildern, wodurch ein höherer Grad an Authentizität erreicht wurde. Zudem hat Sub Pop die Namen Jack Endino und Charles Peterson zu eigenen Markenzeichen aufgebaut, indem sie auf jeder Veröffentlichung erwähnt werden, obwohl teilweise nicht einmal die Band genannt wird und eine Dankesliste fehlt.[223]

»Many of their early releases featured a uniform look: a black bar across the top, with the band's name in all capital letters, followed by the release name, all in a

---

220 Quelle: Sub Pop: *About Us*. In: http://www.subpop.com/about (07.08.2011).
221 Pavitt, Bruce (2008). Zitiert in: Sub Pop: *About Us*. In: http://www.subpop.com/about (07.08.2011).
222 Azerrad (1994): Anmerkung in der Klammer aus dem Original übernommen.
223 Vgl. Azerrad (1995). Quelle: Sub Pop: *About Us*. In: http://www.subpop.com/about (07.08.2011): Neben den Bildern von Charles Peterson, findet sich in dem Buch eine ausführliche Einleitung von Azerrad zu der Entwicklung von Sub Pop und der Szene von Seattle.

sans-serif font. Many of those early records also featured the iconic, action-packed rock photography of Charles Peterson. Credits for the albums and singles often listed only Peterson and producer Jack Endino. Paring down the text, Pavitt says, pumped up the visceral connection to the records, added a sense of mystery, and branded Peterson and Endino as Sub Pop's house photographer and producer.«[224]

Bei Azerrad heißt es weiter:

»Sub Pop ging systematisch daran, der aufblühenden Szene eine Identität zu verpassen. Sie verpflichteten ähnlich, aber nicht gleich klingende Bands, nahmen immer wieder den selben Produzenten (Endino) im selben Studio (Reciprocal), die selbe Art Direction (Pavitt und die Designerin Jane Higgins) und die selben Fotografen (Peterson und Michael Lavine) und schufen dadurch ein einheitliches Bild.«[225]

Auf diese Weise waren mit Sub Pop eindeutige akustische und optische Vorstellungen verbunden. Diese Identität spiegelte die Subkultur Seattles wider und wurde mit dem Erfolg von Nirvana weltweit wahrgenommen. Eine Möglichkeit, die treuen Anhänger mit exklusiven Vorteilen zu belohnen, hat Sub Pop mit dem »Sub Pop Singles Club« eingeführt. Als Abonnent bekam man gegen einen, für ein damals relativ unbekanntes Indie-Label ziemlich hohen, Beitrag monatlich eine limitierte Single einer Band von Sub Pop zugesendet. So konnte man neue Bands bei den Stammkunden einführen und testen, während diese im Gegenzug ein Sammlerstück für ihre Treue erhielten.[226]

Ein solcher Singles Club ist auch weiterhin ein gutes Mittel, um Konsumenten an ein Label zu binden. Je nach Ausrichtung können 7"-Vinylsingles angeboten werden, aber auch exklusive MP3-Files sind denkbar. Nach dem Abebben der Grunge-Welle war die Marke Sub Pop allerdings leer:

»Die ganze Markenarbeit, die sie [Bruce Pavitt und Jonathan Poneman, J.-W.S.] betrieben hatten, und die sie mit sehr viel Hingabe betrieben hatten – mit T-Shirts,

---

[224] Quelle: Sub Pop: *About Us*. In: http://www.subpop.com/about (07.08.2011)..
[225] Azerrad (1995): Anmerkung in Klammern aus dem Original übernommen.
[226] Vgl. Azerrad (1994): S. 95. Quellen: Sub Pop. In: http://www.subpop.com/catalog/artists/sub_pop (05.04.2009). Sub Pop: *About Us*. In: http://www.subpop.com/about (07.08.2011): Die erste dieser Singles war Nirvanas erste Single und ist tatsächlich zu einem begehrten Sammlerstück geworden. Enthalten sind das Shocking Blue-Cover »Love Buzz« und der eigene Song »Big Cheese«. Die Single ist auf 1.000 Stück limitiert. Bereits 1993 vor Kurt Cobains Tod war sie ca. 50 Dollar wert, heute werden selbst nachgepresste Kopien der Single für wesentlich höhere Beträge gehandelt. Zwischenzeitlich gab es sogar T-Shirts mit dem Logo des Singles Clubs.

mit Underground-Marketing, es gab sogar Promotionfotos von Bruce Pavitt und Jonathan Poneman – das war alles wieder weg. […] Die schöne Marke, die sie aufgebaut hatten, haben sie eigentlich nicht mit Leben füllen können auf lange Zeit hin. […] Es ist die größte Herausforderung, eine Marke, wenn man sie geschaffen hat, mit Leben zu füllen und zu halten. Wobei, wir müssen immer unterscheiden zwischen Markenartiklern und den Marken, über die wir hier reden. Das Wort ›Randgruppenbeschallung‹ ist nicht umsonst vorhanden.«[227]

Grunge und Sub Pop waren allerdings mehr als nur Musik für Randgruppen. Durch konsequentes Marketing hat das Label alle Höhen und Tiefen erlebt, die eine Marke durchlaufen kann. Mit einer zu eindeutigen Fokussierung auf ein Markenimage sind somit auch Risiken verbunden. Die britische Band The Smiths hat beispielsweise ihren Plattenvertrag aus diesem Grund nicht bei dem Kultlabel Factory unterschrieben, sondern sich für Rough Trade entschieden:

»In fact the group had already been turned down by several labels including EMI, and had taken a collective decision not to sign to the iconic local label Factory, as they felt that the label's strong visual identity and association with a certain strain of Northern post-punk music would distort the public's reception of their own sound.«[228]

Nach einigen Jahren der Bedeutungslosigkeit hat Sub Pop Anfang der 2000er Jahre wieder durch aufregende Musik auf sich aufmerksam gemacht und neue, junge Zielgruppen erreicht. Bands wie The Shins, Fleet Foxes oder No Age repräsentieren dabei völlig unterschiedliche Genres von Indie über Folk bis Punk.[229] Alle erfüllen dennoch einen Qualitätsanspruch, der Sub Pop wieder zu einer vertrauenswürdigen Marke gemacht hat. Diese Neupositionierung vom »Grunge Label« zum genreübergreifenden Label für qualitativ hochwertige Musik ist überaus beachtenswert und gibt Sub Pop Freiheiten, sogar ein Album der Comedy-Stars Flight Of The Concords mit Erfolg zu veröffentlichen.

Einen interessanten Ansatz verfolgt das kleine Label Stones Throw aus Los Angeles. Es kommt aus der Black-Music-Ecke und hat mit Künstlern wie Mayer Hawthorne und Aloe Blacc Erfolge gefeiert. Fans des Labels erhalten gegen eine Gebühr von 10 Dollar im Monat alle Neuerscheinun-

---

[227] Ellinghaus (2003).
[228] Young (2006): S. 102. Middles, Mick (2009): *Factory. The Story Of The Record Label*: Middles liefert einen umfassenden historischen Überblick zum Factory Label und seinen Protagonisten Joy Division sowie New Order.
[229] Quelle: Sub Pop: *About Us*. In: http://www.subpop.com/about (07.08.2011).

gen als Download. Zusätzlich stehen auch vorab Releases, exklusive Produkte sowie Produkte aus dem Katalog zur Verfügung. Dieser Service wird in Zusammenarbeit mit dem Portal Drip.fm angeboten und ist ein Download-Subscription-Service beschränkt auf das Repertoire des Labels. Services dieser Art können von Labels angeboten werden, die sich ausgehend von einem Genre über ihre Labelpolitik eine feste Kundschaft aufgebaut haben.[230]

Im Jazz-Genre gibt es mit Blue Note, Verve oder ECM gleich mehrere Labels, die seit Jahrzehnten auf hohem Niveau aktiv sind und eine Markenbekanntheit über die Jazz-Liebhaber hinaus entwickelt haben. Das 1939 von Alfred Lion gegründete Label Blue Note sorgte für die ersten Aufnahmen und den Durchbruch zahlreicher Jazzgrößen wie Thelonius Monk. Der Glaube an die Künstler und die Passion für die Musik waren ausschlaggebend für die vielen Veröffentlichungen, die noch heute relevant sind. So sagt Horace Silver über die Labelbetreiber:

»Alfred Lion and Frank Wolff were men of integrity and real jazz fans. Blue Note was a great label to record for. They gave a first break to a lot of great artists who are still out there doing it today. They gave me my first break. They gave a lot of musicians a chance to record when all the other companies weren't interested. And they would stick with an artist, even if he wasn't selling. You don't find that anymore.«[231]

Hinzu kam ein stimmiges Gesamtkonzept, das in den 1950ern von einem festen Team eingeführt wurde und sich von der Musik über die Artworks und die generelle Ästhetik bis zum Sound von Blue Note zog. Das Label wurde auf diese Weise zum einflussreichsten Jazz-Label der 1950er und 1960er Jahre.[232]

»Album covers started to become a distinctive component in the Blue Note mix. Frank Wolff's extraordinarily sensitive and atmospheric photos and the advanced designs of Paul Bacon, Gil Melle and John Hermansader gave Blue Note a look that was both distinctive and beautiful. [...] It was 1956, and the cast that gave the label its sound and identity – Lion, Wolff, Van Gelder, Miles, Blakey, Silver, and

---

230 Quellen: Stones Throw: *Announcing: Stones Throw Digital Discography*. In: http://www.stonesthrow.com/news/2012/01/stones-throw-digital-discography-music-subscription-drip fm (09.04.2012). Drip.fm: *Stones Throw Digital Discography*. In: https://drip.fm/stonesthrow (09.04.2012).
231 Quelle: Blue Note. In: http://www.bluenote.com/History.aspx (05.01.2011).
232 Quelle: Blue Note. In: http://www.bluenote.com/History.aspx (05.01.2011): Den Artworks von Blue Note ist ein eigenes Buch gewidmet.

Smith – was complete. For the next decade or so Blue Note dominated the artistic and commercial courses of the music. As Wolff once said, ›We established a style, including recording, pressing and covers. The details made the difference.‹«[233]

Nach der Übernahme durch Liberty Records 1965 und dem späteren Ausscheiden der beiden Gründer folgte eine schwierige Phase, die erst 1985 mit dem Relaunch des Labels, das mittlerweile zu Capitol/EMI gehörte, beendet wurde.[234] Mit den Grammy-Auszeichnungen für Norah Jones 2003 hat es ein Blue Note-Künstler auch noch einmal in den Mainstream geschafft.

Auch das 1969 in München von Manfred Eicher gegründete Label ECM (Edition for Contemporary Music) hat eine lange und einflussreiche Geschichte im Jazz hinter sich. Mit Keith Jarretts »The Köln Concert« hat es das erfolgreichste Jazz-Album aller Zeiten im Programm. ECM beschränkte sich jedoch nicht nur auf eine bestimmte Form von Jazz, sondern entwickelte sich stetig weiter.

»ECM bot einen Weg zurück zum Jazz, weil es die Tradition zugänglich machte; aber ECM wies auch auf die Art von Musik voraus, die ich für die nächsten 20 Jahre hören würde. […] Es wäre ein ehrenwertes, aber begrenztes Unternehmen gewesen, amerikanischen Jazzmusikern ausgezeichnete Aufnahmebedingungen bereitzustellen; die ECM-Agenda war um ein Vielfaches weitreichender: Es ging um Arbeitsbedingungen und –weisen, die die Entstehung neuer musikalischer Möglichkeiten auf optimale Art fördern sollten.«[235]

Mit ECM New Series wurde 1984 zudem ein Sublabel gegründet, das auch Klassik fördert. Die ECM-Veröffentlichungen beider Genres haben sich im Laufe der Jahre immer wieder neuen Einflüssen geöffnet, was auch an der musikalischen Entwicklung der jeweiligen Künstler liegt.

»Der ECM-Sound ist so leicht erkennbar wie der von Blue Note aus den Sechzigern. ECM ist gleichermaßen Musikstil wie Label; im Unterschied zu Blue Note ist

---

233 Quelle: Blue Note. In: http://www.bluenote.com/History.aspx (05.01.2011): Wolff sorgte für die Fotos, Rudy Van Gelder war als Tontechniker für den Sound zuständig, Reid Miles für das Design der Cover. Art Blakey, Horace Silver und Jimmy Smith gehörten zu den Stammkünstlern auf Blue Note.
234 Quelle: Blue Note. In: http://www.bluenote.com/History.aspx (05.01.2011): Lion schied 1967 aus gesundheitlichen Gründen aus. Wolff war bis zu seinem Tod 1971 bei Blue Note involviert.
235 Dyer, Geoff (2009): »Wenn die Reichtümer der Tradition den Blick freigeben. Ich hätte mein Leben nicht leben können, wenn mir diese Musik nicht den Weg gewiesen hätte.‹ Dem Jazzlabel ECM zum 40.«. In: *Süddeutsche Zeitung*. 07.10.2009: S. 12: Dyer ist Autor des Buchs »But Beautiful«, das als Standardwerk zum Thema Jazz gilt.

ECM jedoch nie formelhaft geworden. Aus diesem Grund hören wir uns die alten Platten ja auch immer noch an und warten auf das, was als Nächstes kommt.«[236]

ECM ist somit ein Paradebeispiel für ein Label, das nicht nur einen Genrebezug hat, sondern auch die Genreentwicklungen fördert, neue Genrestandards setzen kann und auch neue geographische Einflüsse zulässt.[237] Dazu heißt es auf der Label-Homepage:

»Eicher's own background, as a musician active in both jazz and classical music, provided an unusually broad vantage point from which to survey the genres, and the producer has been credited with helping to bring form to improvised music and a sense of ›improvisational‹ flexibility to recordings of contemporary composition.«[238]

Auch die Eigenschaften einer Marke sind bei dem Label vorhanden. Eicher hat stets das Anliegen, einen perfekten Sound für seine Veröffentlichungen hinzubekommen. Dieser Klang ist das Markenzeichen der ECM Releases. Der Perfektionismus spiegelt sich auch im hochwertigen Design der Album-Artworks von Barbara Wojirsch und seit den 1980ern von Dieter Rehm wider.[239] Zu den Artworks sind ebenfalls Bücher erschienen. Zudem fanden auch internationale Ausstellungen dazu statt, was den zeitgenössischen Wert dieser Gestaltungsform bei ECM verdeutlicht.

»Der anhaltende wirtschaftliche Erfolg wäre unvorstellbar denkbar ohne die Identität von ECM, die ein Versprechen ist, das jeder einzelnen Platten (sic!) vorauseilt. Die Cover mit ihren spröden Fotos und ihrer strengen Grafik geben dieser Identität ein Gesicht. Die Stars, die, teils von Eicher entdeckt, seit Jahrzehnten mit ihm zusammenarbeiten, sind das Rückgrat des Labels: Keith Jarrett, Pat Metheny, Meredith Monk oder Arvo Pärt. Doch was alle ECM-Platten gemeinsam haben, ist ihre ernste Leidenschaft, etwas, das man sonst eher von sakraler Musik kennt.«[240]

Damit steht ECM in einer Reihe mit Blue Note und Verve und gilt als eines der prägenden Labels des späten 20. Jahrhunderts.

---

236 Dyer, G. (2009): S. 12.
237 Vgl. Johnson, Phil (1999): *Arts: Sound And Vision*. In: http://www.independent.co.uk/arts-entertainment/arts-sound-and-vision-1085447.html (05.01.2011).
238 Quelle: ECM. In: http://www.ecmrecords.com/About_ECM/History/index.php?rubchooser=103&mainrubchooser=1 (05.01.2011).
239 Vgl. Häntzlschel, Jörg (2009): »Erhabene Schwermut. ›Er hat ein wirklich einzigartiges Ohr‹: Im Studio mit Manfred Eicher, dessen Label ECM es nun seit 40 Jahren gibt«. In: *Süddeutsche Zeitung*. 11.12.2009: S. 12. Dyer, G. (2009): S. 12. Johnson (1999).
240 Häntzschel (2009): S. 12.

»The company [...] has gone on to become the most important imprint in the world for jazz and new music; a late- 20th century equivalent to earlier pioneers like Verve and Blue Note. Just as those legendary labels favoured both a particular repertoire and a coherent approach to packaging and cover art, ECM has cultivated its own house style, with a cool, minimalist approach to graphics, and black and white photography. This visual aesthetic complements ECM's preference for a crystalline clarity of sound where the music is cushioned by the acoustic like a fragile object wrapped lovingly in cotton wool.«[241]

ECM hat es geschafft, die Konzepte Genre und Marke für sich zu nutzen und ist auf diese Weise selbst zu einem Genrebegriff und einer Marke in der Musik geworden. Die Herausforderung für ECM besteht nun darin, diese Assets auch in das digitale Zeitalter hineinzutragen. Noch werden keine Aktivitäten auf Portalen wie Spotify betrieben, um das Label dort zu positionieren. Ganz im Gegenteil hat man ab 2011 für einige Zeit alle Veröffentlichungen digital erst drei Monate nach dem physischen Release verfügbar gemacht. Auf Streaming-Plattformen ist man zunächst einmal nicht mehr vertreten.[242] Es wird spannend zu sehen, ob und auf welche Weise ECM sein riesiges Potenzial auch in der digitalen Musikwelt ausschöpfen wird.

Es gibt eine Menge weitere Labels, die zumindest für eine kurze Phase ein bestimmtes Genre repräsentiert haben. Das 1984 von Rick Rubin und Russell Simmons in New York gegründete Label Def Jam gilt als einflussreichstes Rap-Label mit Künstlern wie LL Cool J, Beastie Boys oder Public Enemy. Bereits nach einem Jahr hatte man eine Kooperation mit CBS. Nach Differenzen stieg Rubin aus, während Simmons das Label bei Sony, die CBS gekauft hatten, weiterführte.[243] Def Jam hat wie erwähnt zudem früh begonnen, Kooperationen mit Games-Herstellern wie EA und Konami einzugehen. Darüber hinaus schloss das Label eine Fashion Kooperation mit adidas ab, hatte eine eigene TV-Shows unter den Namen »Def Comedy Jam« sowie »Def Poetry Jam«, wobei Letztere sehr erfolgreich auf HBO lief, als Musical umgesetzt wurde und sogar einen Tony-Award gewann.[244] Auch hier ist das Label zu einer Marke für ein ganzes Genre ge-

---

241 Johnson (1999).
242 Vgl. Christoph (2012).
243 Vgl. Hirschberg, Lynn (2007): *The Music Man*. In: http://www.nytimes.com/2007/09/02/magazine/02rubin.t.html?pagewanted=all (06.01.2011). Southall (2003): S. 81.
244 Vgl. Bengtson, Russ (2010): *Def Jam x adidas El Dorado*. In: http://www.streetlevel.com/2010/03/23/def-jam-x-adidas-el-dorado/ (06.01.2011). Quellen: IMDB: *Def Comedy Jam*.

worden, die sich auch in zahlreichen Bereichen außerhalb der Musik für die Zielgruppe des ursprünglichen Genres HipHops vermarkten lässt. Nach einem ähnlichen Prinzip operierte das 1995 von Jay-Z, Damon Dash und Kareem Burke gegründete Label Roc-A-Fella Records. Neben der Musik wurden in diesem Zuge von den Gründern auch die Modemarke Rocawear, Filmproduktionsfirmen (Dash Films, Roc-A-Fella Films), Uhren (Tiret Watches) ins Leben gerufen und sogar eine Wodkamarke (Armadale Vodka) aufgekauft. Roc-A-Fella und Def Jam sind mittlerweile in die Island Def Jam Music Group bei Universal Music eingegliedert worden und hatten mit Acts wie Jay-Z, Ashanti oder Kanye West weiter große Erfolge auch über ihre Genregrenzen hinaus.[245]

Es gibt zahlreiche weitere Beispiele von Labels unterschiedlicher Genres, die sich auf ähnliche Weise über ihre musikalischen Inhalte und ihre darüber hinausgehenden Aktivitäten ein Markenimage für eine bestimmte Zielgruppe kreieren konnten. Vom kanadischen Indie Arts & Crafts, das vor allem durch das Künstlerkollektiv Broken Social Scene und seine zahlreichen Projekte bekannt geworden ist, über Bushidos Label Ersguterjunge, das sich auf deutschen HipHop konzentriert, bis zum Hamburger Indie Grand Hotel Van Cleef, dem Label von Thees Uhlmann und Marcus Wiebusch, das neben den Alben der Labelgründer vornehmlich Musik von Freunden beheimatet. Ganz zu schweigen von den zahlreichen Labels, die sich in der elektronischen Musikszene ein Renommee erarbeitet haben. Die New Yorker Band Sonic Youth hatte einen etwas anderen Ansatz. Ihre regulären Studioalben sind von 1990 bis 2006 über Geffen bei Universal Music erschienen. Parallel gründete man 1996 das eigene Label Sonic Youth Recordings (SYR), auf dem die experimentellere Seite der Band ausgelebt worden ist. Das Label hat damit inhaltlich eine klare musikalische Richtung und ist gleichzeitig eine Marke, dank des Renomees der Band.

In: http://www.imdb.com/title/tt0435566/ (06.01.2011). Def Jam Poetry. In: http://www.defpoetryjamontour.com/ (06.01.2011).
245 Vgl. Leeds, Jeff/Ogunnaike, Lola (2004): ›Retired Rapper Finds a Job Atop Def Jam. In: http://www.nytimes.com/2004/12/09/business/media/09music.html?_r=1&scp=1&s q=rocafella%20def%20jam%202004&st=cse (06.01.2011). N.N. (2004): IDJ verhandelt mit Dash über Roc-A-Fella-Aufkauf. In: http://www.mediabiz.de/musik/news/idj-verhan delt-mit-dash-ueber-roc-a-fella-aufkauf/161627 (06.01.2011). N.N. (2002): Jay-Z And Damon Dash Buy Armadale Vodka. In: http://rapdirt.com/jay-z-and-damon-dash-buy-armadale-vodka-the-whole-company/1730/ (06.01.2011). Quelle: Tiret. In: http://www.tiretnewyork.com/index2.html (06.01.2011).

Nicht alle Labels schaffen eine solche Entwicklung wie ECM, Blue Note oder Sub Pop. Dennoch kann es für Labels Sinn machen, eine Identität aufzubauen. Von sehr hoher Relevanz ist dabei eine stringente Labelpolitik, zu der neben den in den Beispielen genannten Aspekten auch eine zielgruppengerechte Vermarktung der Acts gehört, da ihr Image auf das Label zurückfällt. Um glaubwürdig zu erscheinen, sollte eine entsprechend passende Kommunikation gewährleistet sein, die der gewünschten Positionierung der Künstler und des Labels entspricht.[246]

Vor dem Durchbruch des Internets haben einige Labels bereits mit eigenen Fanzines für eine ähnliche Außendarstellung und Kundenbindung gesorgt. Als Beispiel sei hier das »¡Escandalo!« Magazin von Matador genannt, das im Grunde ein Newsletter in Heftform gewesen ist. Neben Neuvorstellungen gab es auch Berichte außerhalb des Labels, die mit Matador typischem Humor verfasst worden sind.[247] Für echte Fans eines Labels können solche Instrumente interessant sein.

Mittlerweile ist der digitale Auftritt eines Labels auf allen relevanten Plattformen von entscheidender Bedeutung, da diese für die Zielgruppe wichtige Anlaufstellen darstellen. Zunächst ist die normale Label-Website zu nennen. Diese dient zum einen der Selbstdarstellung des Labels, zum anderen kann sie anhand interessanter Inhalte auch zu einer festen Größe in der jeweiligen Szene werden. Gerade für Labels, die in bestimmten Nischen operieren, kann die Label-Homepage szenefreundlich aufgebaut werden, um weitere Bindung zu erzeugen. Auf www.fatwreck.de wurde dies in Form einer Warnung auf den Punkt gebracht: »This site will never be professional, cause we are punks, but there is a lot of information you might not be interested in!«[248]

Bereits der ironische Sprachstil ist typisch für das Label und dessen Gründer Mike Burkett und ist auch heute noch auf der internationalen Fat Wreck Seite zu finden. Er ist ein typisches Merkmal seiner Band NOFX und Fans der Melodycore-Szene daher bestens bekannt. Zudem bietet die Seite neben ausführlichen Informationen zu den Bands unter anderem auch ein Forum, zahlreiche Fotos und kostenlose MP3-Downloads an.[249]

---

246 Vgl. Plazonja (2003).
247 Quelle: ¡Escandalo!. *The Matador Newsletter*. Nr. 5. July 1996. Vgl. Mozis (2003).
248 Quelle: Fat Wreck Chords Deutschland. In: www.fatwreck.de (12.06.2003): Die Seite ist nicht mehr aktiv, da das deutsche Büro geschlossen worden ist.
249 Quelle: Fat Wreck Chords. In: http://www.fatwreck.com/community/faq (02.01.2011): Die Band NOFX hat Albumtitel wie »I Heard They Suck Live« oder »45 or 46 Songs

Auch die Seite von Four Music hat einiges zu bieten, allerdings in einer, der Labelphilosophie entsprechenden, sehr professionellen Aufmachung. Die Besonderheiten liegen hier in einer ausführlichen Labelhistory, exklusiven Berichten von und über die Artists, einer Presse-Sektion und eine Shop-Integration. Einbindungen von sozialen Netzwerken und Audio- sowie Video-Streamings sind ebenfalls vorhanden. Zudem gibt es einen Einblick in die Büros, wobei die Live-Webcam nicht mehr aktiv ist, sowie eine Vorstellung der Mitarbeiter.[250] Das Four Music Internetradio, das nicht nur Künstler des Labels, sondern des gesamten Black Music-Segments gespielt hat, ist ebenso wie das »Fourum« nicht mehr aktiv.[251]

Bei Nuclear Blast wird neben dem Label auch ein Online-Shop angeboten. Die Besonderheit besteht darin, dass dort auch Veröffentlichungen und Merchandise von Bands angeboten wird, die bei anderen Labels unter Vertrag sind. Auf diese Weise hat sich Nuclear Blast in der Szene unabhängig von den Aktivitäten des Labels als Marke im Genre Metal profiliert und etabliert.[252]

Die deutschen Websites der Majors sind dagegen relativ neutral gehalten und bieten neben aktuellen News in erster Linie Informationen zum Unternehmen. Geschäftskunden und Medien werden Pressematerialien oder entsprechende Kontaktformulare angeboten. Die meisten Label-Homepages stellen vornehmlich grundlegende Informationen über ihre Künstler in den Vordergrund und unternehmen kaum Versuche, das Label als Ganzes mit einem positiven Image aufzuladen. Für Konsumenten wird bis auf Verlinkungen zu CD-, Digital- oder Merchandise-Shops wenig Attraktives geboten. Die visuelle Gestaltung ist zumindest bei den Major-Labels relativ trocken, was das nicht vorhandene Profil gegenüber den Konsumenten widerspiegelt. Der Grund dafür liegt wiederum in der fehlenden Bindung an ein bestimmtes Genre und damit an eine Szene. Bei

---

That Weren't Good Enough To Go On Our Other Records« an Stelle der üblichen Titel für Live- oder B-Seitenalben und ist für ihre ironischen Anmerkungen bekannt.

250 Quellen: Four Music: *Künstler*. In: http://www.fourmusic.com/kuenstler/ (20.02.2014). Four Music: *Connect*. In: http://www.fourmusic.com/connect/ (20.02.2014). Four Music: *Label*. In: http://www.fourmusic.com/label/ (20.02.2014).

251 Quellen: Four Music. In: http://www.fourmusic.de (05.04.2009). Four Music: *Four Radio – Der Internet-Radio Sender*. In: http://www.fourmusic.de/fourmusic/radio/radio.shtml (05.04.2009). DJ-Sets.com. In: http://www.dj-sets.com (12.06.2003): Das Besondere an dem Radiosender, der in Kooperation mit DJ-Sets.com lief, ist, dass die Sendungen moderiert wurden und rund um die Uhr liefen. Auch Smudo hatte hier seine eigene Show.

252 Quelle: Nuclear Blast: *Nuclear Blast Online Shop*. In: http://www.nuclearblast.de/de/shop/index.html (02.01.2011).

Universal kann aber sowohl nach Künstlern als auch nach Genres gesucht werden, während Warner und Sony lediglich eine Künstlersuche anbieten. Selbst auf die einzelnen renommierten Labels wie Atlantic wird bei Warner nicht eingegangen. Bei Sony und Universal wird man immerhin auf Labels wie zum Beispiel Four Music und Europa, bzw. Capitol oder Deutsche Grammophon hingewiesen. Ein engerer Kontakt zu den Fans wird erst auf den jeweiligen Label-Homepages hergestellt, da die Bindung zu einem Label an dieser Stelle größer ist.[253]

Besucht man die internationale Homepage von Motown Records, erhält man die Auswahl zwischen Classic Motown und Universal Motown.[254] Man ist sich hier der Marke Tamla-Motown aus den 1960er Jahren noch sehr bewusst und pflegt diese entsprechend. Fans und Interessierten wird ein entsprechend eigenständiger und liebevoll gestalteter Internetauftritt geboten, der die Phase bis zum Verkauf von Motown 1988 abdeckt und alle klassischen Motown Künstler von den Jackson 5 über die Supremes bis zu Stevie Wonder und Lionel Richie beinhaltet. Zu allen Künstlern gibt es die Biographie, Diskographie, Fotos und natürlich alle Veröffentlichungen zum Bestellen. Im Shop werden zudem auch Motown Merchandise Artikel angeboten. Eine History zeigt die Geschichte des Labels mit allen Highlights auf, während es in den News aktuell Berichtenswertes zu den klassischen Motown Künstlern gibt. Dass das Label den Sprung ins digitale Zeitalter geschafft hat, lässt sich auch an den Verlinkungen zu Social Media Profilen seiner Künstler sowie der Produktion einer Jackson-5-iPhone-Application ablesen. Auf diese Weise wird die Marke Motown weiter gefördert.[255]

Auf der Universal Motown Homepage werden News aus sozialen Netzwerken für das Label und jeden Künstler angezeigt. Dazu gibt es Kauflinks sowie zahlreiche Videos, die normale Clips, aber auch Making Of Material oder Webisodes beinhalten.[256] In der Vergangenheit gab es eine Community, die aus drei unterschiedlichen Blogs bestand. Diese hatten die Titel Urban, Scene und Vicarious Rock und widmeten sich den

---

[253] Vgl. Schmidt, M. (2003). Quellen: Sony Music. In: http://www.sonymusic.de (20.02.2014). Warner Music. In: http://www.warnermusic.de (20.02.2014). Universal Music. In: http://www.universal-music.de (20.02.2014). Universal Music: Company. In: http://www.universal-music.de/company/umg/universal-music-group (20.02.2014).
[254] Quelle: Motown. In: http://motown.com/ (07.01.2011).
[255] Quelle: Classic Motown. In: http://classic.motown.com/default.aspx (07.01.2011).
[256] Quelle: Universal Motown. In: http://www.universalmotown.com/home/ (07.01.2011).

Themen Urban Music, Fashion sowie Rock Musik.[257] Betrachtet man das Artist Roster von Universal Motown verwundert Letzteres nicht. Neben Künstlern, die gut zu Motown passen, wie Erykah Badu, Nelly oder Busta Rhymes standen Acts wie Kaiser Chiefs, Blue October oder Lindsay Lohan unter Vertrag, die mit dem ursprünglichen Markenkern von Motown gar nichts mehr gemeinsam haben.[258] Es existierte keine Identifikationsfläche mehr, weshalb die Trennung zwischen Classic Motown und Universal Motown in diesem Fall Sinn macht, um die Tradition weiter am Leben zu halten. Mittlerweile werden nur noch musikalisch passende Künstler aufgelistet.

Es gibt aber auch für die übergeordneten Seiten der Major-Labels Möglichkeiten, sich im digitalen Bereich mithilfe von Genres und Marken angemessen zu präsentieren und die Möglichkeiten der Neuen Medien für sich zu nutzen. Schließlich kann jedes Label seiner Zielgruppe nun im Internet digitale Anlaufstellen anbieten und weltweit unmittelbar mit ihr kommunizieren.

Die Label-Homepage sollte dabei zumindest den Ausgangspunkt für weitere mögliche Aktivitäten im Netz sein. Von dort sollte man auf die Social Media Profile der Labels auf Portalen wie Facebook oder Twitter gelangen können. Schließlich sind die meisten Labels auf diesen Plattformen bereits aktiv. Dazu gehört ein eigener Channel auf Videoportalen wie YouTube, auf dem man alle Clips der Künstler hochladen kann, aber auch exklusive Inhalte, wie zum Beispiel Making Of-Videos, Interviews, Live-Aufnahmen, Trailer zu kommenden Veröffentlichungen oder persönliche Videobotschaften von Künstlern. Ein gut gepflegter Kanal sorgt für viele Views und Abonnenten, die wiederum für Umsatz sorgen, sofern das Label einen entsprechenden Vertrag als Partner mit dem Videoportal abgeschlossen hat.[259]

Soziale Netzwerke wie Facebook und Twitter sollten auch von Labels dazu genutzt werden, eine Community aufzubauen, die man unmittelbar mit Neuigkeiten, Gewinnspielen und Musik versorgen kann. Dieser direkte Kommunikationskanal zwischen Label und potenziellen Käufern und Fans sollte im Mittelpunkt der CRM-Aktivitäten stehen. Künstler wie Amanda

---

257 Quelle: Universal Motown: *Community*. In: http://www.universalmotown.com/community/default.aspx?blogID=309679 (07.01.2011).
258 Quelle: Universal Motown: *Artists*. In: http://www.universalmotown.com/artists/ (07.01.2011).
259 Quelle: YouTube: *Partnerschaft Benefits*. In: http://www.youtube.com/t/partnerships_benefits (12.02.2012).

Palmer sind auf diesem Gebiet Profis und nutzen ihre Fanbase für Ankündigungen von spontanen Konzerten, der Gestaltung eines Fan-T-Shirts oder der Verbreitung von neuen Videos und Songs.[260] Trotz des nicht direkt vorhandenen Genrebezugs sind einige Profile der Majors in den genannten Portalen überaus erfolgreich. Gerade angesichts der Unübersichtlichkeit im Netz sollte ein Unternehmen sämtliche Aktivitäten auf allen Portalen gebündelt präsentieren, um den Konsumenten Orientierung zu bieten. Schließlich kann man auf diese Weise nicht nur unmittelbare Kommunikation und Kundenbindung betreiben, sondern Traffic und auch Umsatz generieren. Der Erfolg von Social Media Profilen auf Facebook, Twitter, YouTube und Co. hängt in erster Linie von den gebotenen Inhalten ab. Diese müssen glaubwürdig und stets aktuell sein, bei der Zielgruppe Interesse wecken und in einer angebrachten Frequenz kommuniziert werden, um möglichst viele Fans an sich zu binden.

So gehört der Universal Music Group Channel auf YouTube zu einem der meistgesehenen Kanäle. Der Grund dafür liegt in der Konzentration auf Mainstream-Künstler aus dem Pop Genre, die naturgemäß ein breites Publikum ansprechen. Mit Lady Gaga und Justin Bieber sind gleich zwei Acts mit zahlreichen Videoviews bei Universal.[261] Zudem hat das Label auch den meistgesehenen Clip aller Zeiten mit PSYs »Gangnam Style« in seinen Reihen. Das Sony Music Entertainment Profil hat auf Facebook über 1.100.000 Mitglieder. Dort werden regelmäßig Songpremieren, Gewinnspiele und exklusive News verbreitet.[262] Die Konsumenten interessieren sich dabei zwar in erster Linie für die Künstler, doch mit einer dauerhaften positiven Präsenz gewinnt auch das Label an Ansehen. Vor allem mit exklusiven Previews kann man Fans gewinnen, wenn diese auf den eigenen Portalen Premiere feiern und entsprechend kommuniziert werden. Im Dezember 2009 wurde das Portal VEVO in den USA gelauncht. Das

---

260 Vgl. Palmer, Amanda (2010): *Twitter & The Beautiful Losers: #LOFNOTC*. In: http://blog.amandapalmer.net/post/111667948/twitter-the-beautiful-losers-lofnotc (12.02.2012). King, Mike (2009): *How An Indie Musician Can Make $19,000 In 10 Hours Using Twitter*. In: http://mikeking.berkleemusicblogs.com/2009/06/23/how-an-indie-musician-can-make-19000-in-10-hours-using-twitter/ (12.02.2012). Palmer, Amanda (2009): *Please Drop Me*. In: http://lefsetz.com/wordpress/index.php/archives/2009/04/05/e-mail-of-the-day-14/ (12.02.2012).
261 Bosker, Bianca (2010): *Most Viewed YouTube Video EVER: Justin Bieber Dethrones Gaga*. In: http://www.huffingtonpost.com/2010/07/16/most-viewed-youtube-video_n_648909.html (07.01.2011).
262 Quelle: Facebook: *Sony Music Entertainment Profil*. In: https://www.facebook.com/sonymusic (20.02.2014).

Portal ist eine Partnerschaft zwischen YouTube und Universal Music sowie Sony Music, weshalb der Großteil der Musikvideos dieser Labels auf VEVO Premiere feiert. Hinzu kommen die unterschiedlichen Vertriebswege von VEVO, das neben einer eigenen Seite auch bei YouTube eingebunden ist und einen eigenen einbindbaren Player anbietet. Diese Aspekte haben dazu geführt, dass das Portal innerhalb kürzester Zeit zum größten Musikvideo-Service im Netz geworden ist.[263] Auf diese Weise wurde eine neue starke Marke etabliert, die von Universal und Sony in die eigene Kommunikation eingebunden werden kann, ohne dass sie selbst zu sehr im Vordergrund stehen.

Neben dem dargestellten indirekten Genrebezug können aber auch Majors klare Genrewelten erschaffen, um ihr Repertoire gebündelt zu vermarkten. Diese Welten existieren nur in der Außendarstellung an den Endkonsumenten, während es intern eine andere Struktur gibt. Zur Jahrhundertwende versuchte Universal Music, die Labels Island und Mercury[264] nach ihrer Zusammenlegung mit dem Claim »Rock Armee« als Größe im Rocksegment hervorzuheben. Die Betonung auf die einheimische Nachwuchsförderung wurde zwar mit neuen Signings, also unter Vertrag genommenen Künstlern in diesem Bereich umgesetzt, allerdings konnte man als Island Mercury keine Bindung in den alternativen Szenen erzeugen, da die Bands der beiden Labels aus zu vielen verschiedenen Genres kamen. Zudem hatte man noch gestandene Popkünstler im Artist Roster, so dass neben der fehlenden Homogenität auch die Glaubwürdigkeit schwer zu vermitteln war. Zu stark war auf diesem Gebiet die Konkurrenz aus dem eigenen Haus in Form von Motor Music.[265] Nach diesem Misserfolg firmierte das Labelbündnis als Bestandteil der Polydor Island Group im Popsegment. Nach einer weiteren Umstrukturierung wurde die interne Aufteilung nach Labels ersetzt durch eine Aufteilung nach Genres. So existieren

---

263 Tsotsis, Alexia (2010): *Music Startup Vevo Is Seeing Tens Of Millions In Revenue*. In: TechCrunch: http://techcrunch.com/2010/09/29/vevo-is-seeing-tens-of-million-in-revenue/ (07.01.2011): Als weiterer Partner fungiert die Abu Dhabi Media Company. VEVO war zum Launch nur in den USA und Kanada verfügbar. Weitere Länder folgten, während der Start in Deutschland aufgrund der GEMA Problematik noch unklar ist und wohl frühestens 2013 folgen wird.
264 Quelle: Universal Marktforschung (2000): *Bekanntheit und Sympathie ausgewählter Universal-Labels und -Logos*: Island hat durch die Zusammenlegung mit Mercury und die anschließende Eingliederung in die Polydor Island Group in Deutschland an Profil verloren. Zuvor hatte das Label positivere Bekanntheits- und Sympathiewerte als Mercury. Die Marke Island hat durch die Zusammenlegungen an Wert verloren.
265 Vgl. Gilomen (2003).

in den Bereichen Domestic und International jeweils Abteilungen für Rock, Urban und Pop.

Der damalige Versuch eine lokale Genremarke aufzubauen, wurde auch in der darauf folgenden Struktur noch einmal in Angriff genommen. Für die Kommunikation nach außen hat Universal Music in Deutschland eigene Marken wie pop24, Urban, Vertigo, KlassikAkzente, JazzEcho, Schlagerhits, Volksmusik Stars, Songwriters und UK Sounds für unterschiedliche Genres kreiert. Diese Portale sind labelübergreifend gewesen. Künstler verschiedener Universal-Labels konnten durchaus in einem gemeinsamen Genre Portal stattfinden.[266] Die jeweiligen Markenauftritte wurden jeweils mit eigenen Logos, eigenen Websites, Newslettern und Social Media Profilen unterstützt. Auf diese Weise wurden eigene Identitäten geschaffen, über die zielgerichtet und mit geringeren Streuverlusten mit den jeweiligen Genrefans kommuniziert werden konnte. Umgekehrt wurden den Konsumenten klare Anlaufstellen angeboten, an denen sie sich ausschließlich über ihr favorisiertes Genre informieren konnten. Mit dem Relaunch des Online-Auftritts 2011 wurden aber sämtliche Seiten aller Künstler und Genres wieder auf einer gemeinsamen Homepage gebündelt. Dort findet man zwar nicht mehr die Namen der bisherigen Genrewelten, zumindest die Einteilung in die Genres Pop, Rock, Urban, Songwriters, Klassik, Jazz, Schlager, Volksmusik, Familie und Hörbuch bleibt dennoch bestehen.[267]

Nach der Übernahme der EMI wurden die Domestic Abteilung wieder nach Labels strukturiert. Vertigo/Capitol ist die Heimat für Rock und Urban Music, während Polydor/Island für Pop steht.[268] Die gesamte Klassikabteilung ist im Traditionslabel Deutsche Grammophon aufgegangen, während Schlager und Volksmusik unter dem bekannten Label Electrola

---

266 Quellen: pop24. In: http://www.pop24.de/ (07.01.2011). Urban. In: http://www.urban.de/ (07.01.2011). Vertigo. In: http://www.vertigo.fm/ (07.01.2011). KlassikAkzente. In: http://www.klassikakzente.de/ (07.01.2011). JazzEcho. In: http://www.jazzecho.de/ (07.01.2011). Songwriters. In: http://www.songwriters.de/ (07.01.2011). Schlagerhits. In: http://www.schlagerhits.de/ (07.01.2011). Volksmusik Stars. In: http://www.volksmusikstars.com/ (07.01.2011). UK-Sounds. In: http://www.uk-sounds.de/ (07.01.2011): Auch Sony Music verfolgt mit eigenen Marken wie früher Hardplace oder heute rock.de einen ähnlichen Ansatz.
267 Quelle: Universal Music. In: http://www.universal-music.de/home/alle-genres (28.02.2012).
268 Quelle: Universal Music: Company. Vertigo/Capitol. In: http://www.universal-music.de/company/umg/vertigocapitol (02.01.2014).

geführt werden. Dieser Schritt verdeutlicht die Strahlkraft von Labels in der Branche.

Ganz stringent lässt sich das aber nicht realisieren, gerade wenn es um internationale Labels und Künstler geht. Die einzelnen Abteilungen der International Division von Universal beheimaten aus vertraglichen Gründen und aufgrund unterschiedlicher internationaler Zuständigkeiten Künstler von unterschiedlichen Labels. So sind Eminem und No Doubt bei Interscope unter Vertrag. In der Kommunikation zu den Fans kann Eminem in Deutschland Urban zugeordnet werden, während No Doubt bei Pop stattfindet. Die Vorteile von Genres als Orientierungssystem und der Zuschneidung auf bestimmte Zielgruppen und Jugendkulturen werden mit dieser labelübergreifenden Vermarktung von Künstlern erkannt und genutzt.

Die Beschränkung auf Genres erlaubt die Entstehung einer Plattform für eine eingegrenzte Hörergruppe, die sich auf der Seite Informationen zu den jeweiligen Bands abrufen und in Songs reinhören, sich aber auch in der Community mit Gleichgesinnten austauschen kann.[269] Dies ist nun auf der allgemeinen Universal Music Seite trotz der Heterogenität der Inhalte und Nutzer möglich. Einige Marken wie JazzEcho und KlassikAkzente verfügen weiterhin über eigene Seiten und Profile und sogar über Apps. Zudem ist unter der Marke KlassikAkzente auch eine Präsenz bei Händlern wie iTunes etabliert worden, auf die man als interessierter Hörer geleitet werden kann.[270]

Für den einzelnen Künstler plant Universal Music das Projekt Artist Gateway. Neben den üblichen Basisinformationen, wie Biografie, Diskografie, Fotos, Cover Artwork sollen Inhalte aus unterschiedlichen Plattformen und Medien zentral gebündelt werden. Dazu gehören unter anderem Videos von VEVO oder YouTube, Audio-Streamings über Portale wie Spotify und Soundcloud, Merchandise-Angebote, die Aktivitäten der

---

269 Vgl. Lumm (2003). Quellen: Universal Music. In: http://www.universal-music.de/home/alle-genres (28.02.2012). Facebook: *Vertigo Profil*. In: http://www.facebook.com/VertigoFM (09.01.2011). YouTube: *Vertigo Channel*. In: http://www.youtube.com/vertigotv (09.01.2011). Twitter: *Vertigo Profil*. In: http://twitter.com/vertigofm (09.01.2011). Myspace: *Vertigo Profil*. In: http://twitter.com/vertigofm (09.01.2011): An dieser Stelle sind exemplarisch einige Social Media Profile der Marke Vertigo aufgeführt. Für die anderen Marken wie Urban oder pop24 existierten ebenfalls entsprechende Profile.
270 Quellen: iTunes: *KlassikAkzente*. In: www.itunes.de/klassikakzente (28.02.2012). iTunes Store Deutschland: *Jazz Echo Magazin*. In: http://itunes.apple.com/de/app/jazzecho-magazin/id430851806?mt=8 (28.02.2012).

Künstler in sozialen Netzwerken wie Facebook und Twitter, Konzertdaten über Songkick und redaktionelle Berichte aus allen möglichen Medien zum Künstler. Durch die Aggregierung all dieser Inhalte kann die Universal Homepage zur ersten verlässlichen Anlaufstelle für den Fan werden, die ihn mit allen Informationen, Inhalten und News versorgt. So muss man nicht mehr unzählige Seiten besuchen, um sich zu informieren, sondern findet alles auf einen Blick.[271] Auf diese Weise können Labels, unabhängig davon, ob sie Indie oder Major sind oder einen Genrebezug haben, Fans an sich binden, eine Community erschaffen und mehr Identifikation erzeugen. Angenehme Nebeneffekte sind höhere Zugriffszahlen und somit bessere Vermarktungschancen.

Abseits des digitalen Bereichs gibt es aber zahlreiche weitere Möglichkeiten für Labels ohne Genrebezug, um auf sich aufmerksam zu machen. Im HipHop-Bereich gibt es beispielsweise ein Urban Street Team, das unentgeltlich Promotion für die jeweiligen Urban-Künstler betreibt und im Gegenzug regelmäßig auf exklusives Material der Künstler zugreifen darf.[272] Der hier geforderte Enthusiasmus von Seiten der Fans setzt eine starke emotionale Bindung zu den einzelnen Bands voraus, was gerade in musikgeprägten Jugendkulturen der Fall ist.[273]

Auch Werbeaktionen zu bestimmten Anlässen sind gute Möglichkeiten, aus dem vielfältigen Repertoire eines Labels eine passende Zusammenstellung mit Genrebezug zu präsentieren. Um das Publikum in alternativen Szenen zu erreichen, werden beispielsweise zur Festivalsaison vermehrt Anzeigen geschaltet, in denen die Präsenz von Bands des Labels auf dem jeweiligen Festival unterstrichen werden soll. Besonders geeignet dafür sind neben den monatlichen Zeitschriften die Festivalbroschüren aus den Verlagen von Visions (»Festivalplaner«) und Intro (»Festival Guide«), sowie die Programmzeitschriften der einzelnen Festivals. So freute sich das Universal

---

271 Vgl. Cowdery, James (2011): *The Artist Gateway – linking our data to the best content on the web*. In: http://www.umusic.co.uk/umusic-blog/mythbusting/229-the-artist-gateway-linking-our-data-to-the-best-content-on-the-web (12.02.2012).
272 Quelle: Urban: *Streetteam*. In: http://www.urban.de/streetteam/ (09.01.2011).
273 Musikgeprägte Jugendkulturen können sich stärker mit den gebotenen Inhalten identifizieren und sind bereit, sich für ihre Bands und auch Labels einzusetzen. Auch Labels wie Roadrunner oder Grand Royal haben bzw. hatten eigene Street Teams. Das gleiche gilt für Bands, die aus einer Nische kommen und sich eine Basis erarbeiten wollen, besonders in fremden Ländern. So hatte die Band At The Drive-In ein Street Team und schaffte im Jahr 2000 aufbauend auf einer treuen Fanbasis den Durchbruch in einer Nische. Im Jahr darauf löste sich die Band auf.

Label Vertigo in einer Sammelanzeige auf die Festivalsaison 2011 mit Hinweis auf die auftretenden Künstler, während die Sony das Motto »So klingt der Sommer« ausrief und die Alben der auftretenden oder aktuell relevanten Künstler bewarb.[274]

Einem Major wie Sony gelingt es mit diesen Initiativen, als Gesamtunternehmen unabhängig von den einzelnen Labels Identifikationsflächen für die Fans zu kreieren. Universal bediente sich dafür der hauseigenen Rock-Marke Vertigo. Dazu werden die Mittel der Genretheorie sowie der Markenführung genutzt.

Betrachtet man diese Ansätze und Umstände, unter denen selbst Majorlabels mit ihrer Genre-Vielfalt agieren können, sind die Möglichkeiten für ein Label mit starkem Genrebezug und einer starken eigenen Identität umso vielfältiger, um sich erfolgreich über die Orientierungsinstrumente Genre und Marke zu positionieren, da es wie dargestellt häufig eine starke Kundenbindung gibt. Sämtliche Aktivitäten sollten dementsprechend das Image des Labels unterstützen und schärfen.

Während es in der Vergangenheit für Labels mit bestimmtem Genrefokus schwer war, ohne große Streuverluste Fans anzusprechen und es umgekehrt für den Fan nicht immer leicht gewesen ist, Neuigkeiten seines Lieblingslabels zu erhalten, ist mittlerweile der direkte Austausch über digitale Plattformen eine Selbstverständlichkeit. Dies geschieht mit der Übertragung der Label-, bzw. jeweiligen Genrewelt in die digitalen Portale. Dabei spielt es im Grunde keine Rolle, aus welchem Genre das jeweilige Label kommt. Vom Elektro-Label Ninja Tune über das Klassik-Label Deutsche Grammophon bis hin zum Indie-Label Matador sind zahlreiche Labels digital vertreten.[275]

Am Beispiel von Ninja Tune lässt sich ein guter digitaler Gesamtauftritt aufzeigen. Im eigenen YouTube Channel werden regelmäßig neue Clips und Making Ofs hochgeladen.[276] Die entsprechende News dazu wird auf Facebook geposted, wo es auch weitere News zum Label und zu allen Künstlern gibt.[277] Selbiges gilt für das Twitter-Profil von Ninja Tune.[278] Auf Soundcloud sowie der MySpace-Seite gibt es Musik, kommende

---

274 Quelle: *Festival Guide.* Sommer 2011: S. 63, 85.
275 Vgl. Ellinghaus (2012). Christoph (2012).
276 Quelle: YouTube: *Ninja Tune Channel.* In: http://www.youtube.com/user/ninja000#p/u0/7NaQnAkO2wU (19.12.2010).
277 Quelle: Facebook: *Ninja Tune Profil.* In: http://www.facebook.com/ninjatuneofficial (19.12.2010).
278 Quelle: Twitter: *Ninja Tune Profil.* In: http://twitter.com/#!/ninjatunehq (19.12.2010).

Konzerttermine und die News aus dem Twitter-Feed.[279] Des Weiteren gibt es ein eigenes Last.fm Profil sowie einen Podcast.[280] Zudem existiert eine Mobile Application für Smartphones. Fans der Musik von Ninja Tune wird auf diese Weise eine digitale Welt des Labels angeboten, in denen sie alles Wissenswerte finden und sich mit Gleichgesinnten austauschen können. Ähnlich sind die meisten Labels mit Genrebezug mittlerweile aufgestellt und ziehen auf diese Weise Nutzen aus den digitalen Möglichkeiten. Die Präsenz auf allen relevanten Plattformen ist enorm wichtig, um potenzielle Zielgruppen überall zu erreichen. Dabei sollte das Profil des Labels untermauert werden.[281]

Ein sehr gutes lokales Beispiel für ein Label mit Genrebezug, das zur Marke geworden ist, war Aggro Berlin. Nach der Gründung 2001 wurde Aggro Berlin die Keimzelle des neuen deutschsprachigen HipHops mit Künstlern wie Sido, Bushido, Fler oder B-Tight. »Plötzlich war deutscher Rap nicht mehr niedlich, wie jener der Fantastischen Vier, sondern öffnete ein Fenster in eine Welt, in der es Rütli Schulen gab und eine neue Unterschicht, die nicht mehr still sein wollte, sondern stolz, laut und schmutzig.«[282] Dabei bedienten sich die Aggro-Künstler auch einer deutlich härteren Sprache und sprachen Themen fernab vom Pop-Mainstream an, um zu provozieren – mit Erfolg:

»Die Aggro-Rapper hauten auf Randgruppen, die Kirche, Frauen, andere Rapper, aber auch auf Hartz IV, saufende Eltern, das Leben als Ausländer; wie selbstverständlich verhandelten sie dabei die prägenden Themen der sogenannten Nullerjahre: Integration, soziale Ungleichheit, Armut, der Moloch Berlin. Sie verhandelten dies in der Sprache, die Jugendliche auf Berliner Kiez-Schulhöfen sprechen. [...] Bald wurden Aggro-Berlin-Veröffentlichungen auf vielen Schulhöfen gehandelt wie heiße Ware: Von den 60 Alben erhielten fünf Goldstatus – allerdings dürfen auch sechs nicht mehr an Jugendliche unter 18 Jahren verkauft werden.«[283]

Eine neue Form des deutschen HipHops wurde von Aggro Berlin in das öffentliche Bewusstsein gebracht. Auf einmal gab es deutschen Gangsterrap mit seinen Rüpelrappern. Die Labelbetreiber Spaiche, Specter und

---

[279] Quelle: Myspace: *Ninja Tune Profil*. In: http://www.myspace.com/ninjatune (19.12.2010).
[280] Quellen: Last.fm: *Ninja Tune Profil*. In: http://www.lastfm.de/music/Ninja+Tune (19.12.2010). iTunes: *Ninja Tune Podcast*. In: http://itunes.apple.com/gb/podcast/ninja-tune-podcast/id214335564 (19.12.2010).
[281] Vgl. Christoph (2012). Ellinghaus (2012).
[282] Greiner, Kerstin (2010): *Ein bisschen krass muss sein*. In: http://sz-magazin.sueddeutsche.de/texte/anzeigen/32569/Ein-bisschen-krass-muss-sein (28.02.2014).
[283] Greiner (2010).

Halil sorgten zudem mit einem ausgeklügelten Konzept für ein entsprechendes Markenimage ihres Labels und der einzelnen Künstler.

»Specter, der Grafiker, lieferte das ästhetische Konzept dazu. Für jeden Rapper dachte er sich eine extreme Werbestrategie aus, wie man sie vom amerikanischen Gangsterrap kennt: Sido wurde zum Maskenmann, Bushido zum gefährlichen Vorstadtkanaken, B-Tight zum frauenfressenden Schwarzen, Fler zum Überdeutschen mit Steinadler auf dem Arm, Tony D. ein bulliger Psycho: ›Superman-Outfits‹ nennt Specter diese wie im Comic überzeichneten, oft befremdlichen Profile. Er entwarf das Tattoo-Logo an Bushidos Hals wie auch Sidos Maske. Die Plattencover und Specters Videos dazu sahen aus wie eine Mischung aus Comics, Playstation Spielen und Sex- und Horrorfilmen – also aus allem, was Jugendliche mögen.«[284]

Die Rapper wurden auf diese Weise zu Stars aufgebaut. Durch die ständige Einbindung von Aggro Berlin in den Texten und Videoclips wurden auch das Label selbst und der Labelname selbst zum Sinnbild dieses Subgenres und zu Identifikationsflächen für die Jugendlichen. »Bald wurde das Label zum Mittelpunkt einer ganzen Jugendkultur: Von überall her reisten Fans an und hingen im Hof des Büros ab, um auch ein bisschen ›aggro‹ zu sein. [...] Auch das Wort ›Aggro‹ ist in der deutschen Sprache angekommen, in Zeitungs- und Internetartikeln«[285]

Das Label Aggro Berlin hatte einen ähnlichen Status wie ein Markenkult: »Bei Jugendlichen herrscht geradezu ein Markenkult, da Marken die Zugehörigkeit zu sozialen Gruppen konnotieren, zur Differenzierung von anderen und zum Ausdruck der eigenen Persönlichkeit beitragen«[286]

Dies traf auf Aggro Berlin zu. Das Label war sich dieser Bedeutung bewusst und hat auch im digitalen Segment Maßstäbe gesetzt. 2006 wurde mit Aggro.TV ein eigener Channel auf YouTube gegründet, auf dem man nicht nur die Videos des Labels sehen kann, sondern auch Making Of Clips und auch eigens für das Netz produzierte Formate. Der Channel ist massiv promoted, in die gesamte Kommunikation eingebunden und regelmäßig mit neuen, exklusiven Inhalten versorgt worden. So wurde beispielsweise vor einer Videopremiere von Sido tagelang mit immer neuen Teaser-Clips die Spannung geschürt. Zudem bot man den Fans immer die bestmögliche Bild- und Tonqualität der Clips an. Während andere Labels ihre Clips extra in minderwertiger Qualität hochgeladen haben, war Aggro

---

284 Greiner (2010).
285 Greiner (2010):.
286 Esch (2003): S. 8.

an vorderster Front dabei mit den ersten Videos in HD-Qualität. Die Qualität im Aggro Channel auf YouTube war sogar extra besser als auf den CDs. Durch diese Maßnahmen wurde den Fans eine digitale Aggro Berlin-Welt angeboten. Das Label ging 2007 eine Kooperation mit Universal Music ein. Im April 2009 wurde die Labelarbeit von Aggro Berlin eingestellt. Doch die Marke Aggro Berlin lebt ebenso weiter wie der YouTube Channel.

»Der Pop von der Straße ist inzwischen ins Internet gewandert: Dort betreiben Spaiche, Specter und Halil den TV-Kanal ›Aggro.TV‹: In der Halt die Fresse-Staffel etwa tragen Straßen-Rapper aus dem Stegreif ihre Raps vor, was 2,75 Millionen Klicks pro Monat bringt. Dazu haben sie das Grafikbüro ›Aggressives Aussehen‹ gegründet.«[287]

Weitere Formate nennen sich »King Klicks« oder »Aggro.TV Lyrics«. Selbst ohne als Label zu agieren, funktioniert der Name Aggro Berlin weiterhin in der Szene. Aus dem Berliner Indie-Label ist mit der klaren Ausrichtung auf deutschsprachigen HipHop aus Berlin mit kontroversen Texten und der dazugehörigen konsequenten Vermarktung eine echte Marke mit einer gewissen gesellschaftlicher Relevanz geworden.[288]

»Aggro Berlin als pophistorische Marke, als Klammer dieses Jahrzehnts, als jugendkulturelle Haltung aber wird in zwanzig Jahren mehr über diese Zeit der sozialen Brüche aussagen als eine Band wie Tokio Hotel. Man kann Aggro Berlin als hässlichen Auswurf dieser Zeit betrachten; für ihre aggressive schöpferische Kraft darf man die Macher dieses Labels aber auch bestaunen.«[289]

In die von Aggro hinterlassene Lücke ist das 2005 in Düsseldorf gegründete Label Selfmade Records gestoßen.

»Intelligente Rapper bedienen sich der Stilmittel der Straße, um die breite Masse zu erreichen: Die ganz unten, die ganz oben und die, die irgendwo dazwischen stehen. Kollegah zum Beispiel greift dabei sowohl die Codes und Stilmittel der HipHop-Szene auf, aber zugleich gut und gerne auch auf bildungsbürgerliches Kulturgut zurück. […] Auch die Marketingstrategien folgen dem Erfolgskonzept von Aggro Berlin, die erstmals die Stereotypisierung der Künstler etablierten.«[290]

---

287 Greiner (2010).
288 Quelle: YouTube: *AggroTV Channel*. In: http://www.youtube.com/aggrotv (20.02.2014).
289 Greiner (2010).
290 Sand, Dennis (2012): *Streetcredibility, ausgerechnet aus Düsseldorf.* In: http://jetzt.sueddeutsche.de/texte/anzeigen/561552/Streetcredibility-ausgerechnet-aus-Duesseldorf (28.01.2014).

Künstler wie Kollegah, Genetikk oder die 257ers repräsentieren dabei völlig unterschiedliche Rollen. Der momentane Erfolg spricht dafür, dass das Konzept des Labels, im Genre Deutsch-Rap breit aufgestellt mit einer klaren Markenpositionierung zu agieren, aufgegangen ist. Seit 2014 kooperiert das Label mit Universal Music.

»Weil gute Reime und gute Geschichten nicht immer der vielbeschworenen Authentizität gleichkommen, gewann mit dem Aufsteig von Selfmade auch ein alter Begriff neue Schlagkraft: Image-Rap. Rapper, die von Dingen berichten, die sie nie erlebt haben. Der Vorwurf kommt immer dann gerne, wenn vergessen wird, das Musik in aller erster Linie eins ist: Kunst. Und der hat sich Selfmade nicht nur gewidmet, das Label und seine Interpreten haben sie auf lyrischer Ebene perfektioniert.«[291]

Ein weiteres deutsches Label, das sich über einen sehr starken Genrefokus zur Marke entwickelt hat, ist Kontor Records. Alles begann 1995 mit der Eröffnung des »Kontor« Clubs von Jens Thele in Hamburg, der schnell zum Szenetreffpunkt für DJs, Produzenten und Clubgänger wurde. Noch im selben Jahr entschloss sich Thele, eine passende Compilation zum Club zu veröffentlichen – Kontor Records war geboren. Das Label verfügt aufgrund der eigenen Club-Wurzeln in der Dance-Szene über eine hohe Glaubwürdigkeit und hat sich in kürzester Zeit in ganz Europa etabliert. Vor allem hat man es geschafft, nicht nur One-Hit-Wonder zu vermarkten, sondern Künstler über viele Jahre zu etablieren und auch Alben zu verkaufen, was im Dance-Genre nicht alltäglich ist. Zu den bekanntesten Künstlern gehören Scooter und ATB. Das Herzstück des Labels ist die »Top Of The Clubs« Compilation, die der Ursprung von Kontor ist und von Fans blind gekauft wird. Sie erscheint jedes Quartal, enthält die aktuell angesagten Tracks sowie kommende Hits und geht regelmäßig auf Top-Positionen in den deutschen Charts. Passend dazu findet eine »Top Of The Clubs« Tour statt, die das Markenimage und die Abverkäufe fördert.[292]

Das Label Kontor positioniert sich sehr gut, indem es die Zielgruppe auf passende Weise anspricht. Dies fängt bei der moderaten Preisgestaltung der Compilations an, geht über einen gut gepflegten YouTube Channel mit über 2.000.000 Abonnenten und mehr als einer Milliarde Views, auf dem es neben den Clips auch zahlreiche Playlisten der DJs gibt und hört noch lange nicht bei der obligatorischen Präsenz auf sozialen Netz-

---

291 Sand (2012).
292 Quelle: *Kontor Records*. In: http://www.kontorrecords.de/ (30.03.2012).

werken und anderen Musikportalen auf.[293] So wurde 2012 ein eigener Musikkanal in Kooperation mit dem Videoportal QTom ins Leben gerufen, der bis 2014 im Netz und über zahlreiche Smart-TV Geräte zu empfangen war.[294] Gibt man die URL www.kontor.fm ein, landet man direkt im Spotify Profil des Labels, auf dem zahlreiche Playlists zu diversen Themen angeboten werden.[295] Das Label ist im Genre Dance eine feste Institution und hat wie eine Marke Vertrauen aufgebaut. Konsumenten sind offen für neue Musik aus dem Hause Kontor, weil sie wissen, dass es ihnen potenziell gefällt. Über die gute Einbindung der kommerziellen digitalen Kanäle werden unmittelbare Verkäufe und Streams generiert. Erscheint ein neuer Titel auf Kontor, können über die genannten Kanäle so viele potenzielle Fans angesprochen werden, dass ein Song ohne weitere Werbemaßnahmen in die Charts geht.

Zwei spannende Initiativen des Metal-Labels Roadrunner Records richten sich ebenfalls an eine musikgeprägte Zielgruppe, die Rock- und Metalfans. Dabei verfolgen sie aber einen etwas anderen Ansatz. Zum einen wurde 2001 das Portal Blabbermouth ins Leben gerufen. Roadrunner übernahm die Schirmherrschaft, die Inhalte werden jedoch unabhängig davon und labelübergreifend redaktionell betreut. Blabbermouth hat sich seitdem zum führenden Newsportal für Rock und Metal entwickelt, da es von glaubwürdigen Personen aus der Szene für die Szene gegründet worden ist. Das Involvement von Roadrunner wird kaum in Frage gestellt, da das Label sich bis auf die URL weder inhaltlich noch optisch aufdrängt. Es fungiert hier als stiller Betreiber im Hintergrund. Nach einem ähnlichen Prinzip wurde 2010 das Bandportal Sign Me To gegründet. Dort können sich Newcomerbands präsentieren und von Mitgliedern der angeschlosse-

---

293 Quellen: YouTube: *Kontor Channel*. In: http://www.youtube.com/kontor (20.02.2014). Facebook: *Kontor Profil*. In: http://www.facebook.com/kontorrecords (31.03.2012). Twitter: *Kontor Profil*. In: http://twitter.com/#!/kontorrecords (31.03.2012). Myspace: *Kontor Profil*. In: http://www.myspace.com/kontorrecordshamburg (31.03.2012). Clipfish: *Kontor Channel*. In: http://www.clipfish.de/musikvideos/label/3/kontor-records/ (31.03.2012). MyVideo: *Kontor Channel*. In: http://www.myvideo.de/channel/KontorTV (31.03.2012). Google+: *Kontor Profil*. In: https://plus.google.com/u/0/1041773896582 48253589/posts (31.03.2012).
294 N.N. (2012): *Kontor.TV: Kontor Records und QTom starten Musikchannel*. In: http://www.musikmarkt.de/Aktuell/News/News/Kontor.TV-Kontor-Records-und-QTom-starten-Musikchannel (31.03.2012).
295 Quelle: Kontor. In: www.kontor.fm (02.01.2014).

nen Community bewertet werden.[296] Auch hier steht Roadrunner nicht direkt im Vordergrund, sondern sicht sich eher als Initiator eines Portals für die Metalszene und damit für das eigene Zielpublikum.

»Wir sehen das nur sekundär als Seite für uns, sondern – so wie Blabbermouth das schon bewiesen hat – als eine Seite, die von uns gestartet und gehostet wird, sich aber verselbständigen kann und soll. [...] Es soll ein Nachschlagewerk für Musikinteressierte sein, die neue Musik finden und kennenlernen wollen, für Fans, die sich gerne einbringen und mal A&R spielen möchten.«[297]

Auf Sign Me To ist der Labelname allerdings deutlich präsenter. Ebenso liegen die Vorteile eines A&R-Pools mit Newcomerbands für das Label selbst auf der Hand.

Die genannten Möglichkeiten der Verbindung von einem Genre und einer Markenführung in einem Label verfolgen das Ziel, das Label neben dem Künstler zusätzlich zu etablieren und ihm eine Identität zu geben. Dies ist in abgegrenzten Genres und kleinen Nischen deutlich einfacher, gerade wenn Stars keine oder nur eine geringe Rolle spielen. Dort gibt es Labels, die sich auf sehr spezielle Stile beschränken und in ihrem abgesteckten Bereich für gute Qualität bekannt sind. Die Künstler sind zum größten Teil unbekannt, doch die Tatsache, dass sie auf einem bestimmten Label erscheinen, sagt etwas über ihren musikalischen Inhalt aus. Das Label steht eindeutig im Vordergrund und nimmt eine größere Orientierungsfunktion als der Künstler wahr, da es in der Szene über Glaubwürdigkeit und Anerkennung verfügt. Der Kreis der Konsumenten ist entsprechend kleiner, aber dafür interessierter und homogener. Das Label als Marke funktioniert demnach am besten in Nischen.[298]

So kaufen vor allem im Bereich der elektronischen Musik viele Musikliebhaber Alben und Singles eher nach Labels als nach Künstlern. Die größeren Labels wie Warp oder Ninja Tune sind dabei nur die Spitze eines Eisberges, der bis zu kleinsten Labels mit der Beschränkung auf einen bestimmten Stil führt. Als Beispiele seien hier die Labels Samuel L. Sessions von Samuel L. aus Schweden oder Planet E von Carl Craig genannt. Ersteres ist ein reines DJ-Tool-Label und sehr tribal- und techno-lastig,

---

296 Quellen: Blabbermouth. In: http://www.roadrunnerrecords.com/blabbermouth.net/ (07.01.2011). Sign Me To. In: http://signmeto.roadrunnerrecords.com/ (07.01.2011).
297 Lüters, Larissa (2011). Zitiert in: N.N. (2011): »ByeSpace!« In: *Visions*. Nr. 214. Januar 2011: S. 15: Lüters ist bei Roadrunner Records in Deutschland angestellt.
298 Vgl. Mahlmann (2003b). Ellinghaus (2003). Marxer (2003). Canibol (2003). Gilomen (2003). Böge (2003). Plazonja (2003).

während sich Planet E bei Jazz-Liebhabern und Intelligent House-Hörern großer Beliebtheit erfreut.[299] Ein Label kann vor allem eine große Orientierungsfunktion besitzen, wenn man in kleine Nischen kommt, in denen die Massenmedien keine Rolle mehr spielen:

»Dann gibt es ja auch keine Möglichkeit mehr, einen Künstler bekannt zu machen. [...] Dann kommt man in Bereiche, wo man Dach- oder Sammelmarken braucht, die man bekannt macht, indem beispielsweise ein Produkt den Katalog gleich mitverkauft. Über solche Dinge gelingt es dann, Sammeleffekte zu erreichen. Und die Brücke ist hier in vielen Fällen ein Label oder eine Marke. Aber wie gesagt, das sind so kleine Marktanteile. Für eine Majorcompany spielt sowas keine Rolle. Wir würden solche Produkte gar nicht verkaufen können.«[300]

Die beschriebenen Sammeleffekte können von Labels ausgelöst werden, die eine eindeutige Identität haben. Insgesamt betrachtet sind es vor allem Indies, die ihr Profil auch über ihre musikalischen Veröffentlichungen hinaus auf die beschriebenen Weisen formen.

Ein etwas anderes Beispiel dafür bietet das Label 105music, das vor allem die in den Medien vernachlässigten Zielgruppen bedienen möchte. Über die daraus folgende Einschränkung auf bestimmte Genres und ein entsprechend kommuniziertes Labelimage könnten vor allem die Sleeper angesprochen werden, die potenziell kaufkräftig sind, aber von Plattenfirmen kaum angesprochen werden und aufgrund dieser mangelnden Kommunikation nicht mehr am Musikgeschäft teilnehmen. Wenn 105music es schafft, bei diesen Hörern zum Symbol für ihre bevorzugte Musik zu werden, die qualitativ hochwertig und abseits von Trends fungiert, ist der gewünschte Markeneffekt und der entsprechende Erfolg möglich.

Im Compilation-Segment gibt es zahlreiche Beispiele für dieses Vorgehen. Als Beispiel seien hier die zahlreichen Chill Out- oder Lounge-Compilations wie »Café Del Mar« genannt. Vor allem Menschen, die sich nicht intensiv mit Musik oder Plattenläden auseinandersetzen, sondern schnell und unkompliziert an leicht verträgliche und gute Musik gelangen möchten, werden dabei angesprochen. Als Partner im Handel dienen dabei unter anderem Kleidungsgeschäfte.[301] Auch die zahlreichen TV-Werbespots, beispielsweise von Time Life für Compilation mit den größten Hits einer Dekade, eines Genres oder einfach eines Künstlers wie Michael Wendler

---

299 Vgl. Böge (2003). Quelle: Planet-E: *About Us*. In: http://planet-e.net/about-us/ (10.01.2011).
300 Mahlmann (2003b).
301 Vgl. Kielstropp (2003). Zimmermann (2003).

oder den Amigos sprechen Sleeper an. Aber auch Compilations wie »Future Trance« stehen für eindeutige Genres und sind feste Marken geworden, bei denen die Zielgruppe oft bedenkenlos zugreift.

Es bestehen zahlreiche Möglichkeiten für Labels jeder Größe, eine Bindung zu einem Genre zu erzeugen und sich entsprechend als Marke zu kommunizieren. Dies ist für Indies einfacher, aber auch für Majors bieten sich Gelegenheiten, auch wenn sie als Gesamtkonzern über keine ausgeprägte Labelidentität den Konsumenten gegenüber verfügen.

Dass es aber auch im Major-Bereich starke Markenidentitäten eines einzelnen Labels geben kann, wird anhand der Beispiele Deutsche Grammophon und Motor Music dargestellt. Für beide Labels gilt, dass es sowohl einen starken Kontakt zur Zielgruppe und die Spezialisierung auf ein Genre gibt. Auch wenn Motor nicht mehr im Teil des Majors Universal Music ist, dienen die folgenden Ausführungen als positives Beispiel dafür, wie man sich als Teil eines Majorlabels positionieren kann.

Das Label Deutsche Grammophon (DG) besitzt auch in der breiten Bevölkerung und unter Menschen, die keine aktiven Musikkonsumenten sind, einen hohen Bekanntheitswert und stellt damit eine Ausnahme dar, da die allgemeine Bekanntheit des Labels nicht mit dem Markenpotenzial gleichzusetzen ist.[302]

Das gelbe Logo der DG ist auf fast allen Frontcovern der Veröffentlichungen zu sehen, wodurch konstante Präsenz und ein hoher Wiedererkennungswert gewährleistet sind. Zahlreiche Stars der Klassik wie Herbert von Karajan haben zum Image des hochwertigen Klassiklabels im oberen Preissegment beigetragen. Diese Bekanntheit spiegelt sich in Maßnahmen wie dem eigenen Shop auf Amazon wider. Die Einführung der Serie »DG Concerts« 2006 war ein wichtiger Schritt in die digitale Welt. Sie beinhaltet Live-Aufnahmen von Orchestern, die im ersten Schritt exklusiv auf iTunes angeboten worden sind. Ein Jahr später folgte der DG Web Shop, der den gesamten Katalog des Labels Deutsche Grammophon in über 180 Ländern verfügbar gemacht hat. Neben CDs und DVDs werden auch Downloads angeboten. Das Besondere dabei ist, dass auch vergriffene Alben auf diese Weise wieder erhältlich gemacht worden sind.[303]

---

[302] Vgl. Mahlmann (2003b). Quelle: Universal Marktforschung (2000): *Bekanntheit und Sympathie ausgewählter Universal-Labels und -Logos*. Das Label Deutsche Grammophon hat einen Bekanntheitswert von 36 Prozent.

[303] Quelle: Klassik Akzente: *Deutsche Grammophon*. In: http://www.klassikakzente.de/ musik/labels/deutsche-grammophon/ueber-das-label/ (16.01.2011). DG Webshop. In:

Neben den Kernaktivitäten wurde mit »Yellow Lounge« eine Klassikserie für jüngere Hörer geschaffen, die von einer großen Marketingaktion begleitet wurde. Regelmäßige Events unter dieser Marke finden in angesagten Berliner Clubs mit Klassik-Künstlern statt. Mit edge wurde zudem im Mai 2003 ein Unterlabel gegründet, das sich auf Weltmusik spezialisieren soll.[304] 2013 folgte mit Panorama ein weiteres Sublabel für Experimente, um die Grenzen der Klassik auszuloten.[305] Die DG ist ein gutes Beispiel für ein Label, das sich dank einer stringenten Labelpolitik auf ein Kerngenre konzentriert, sich von dort aber auch in andere Richtungen entwickelt hat. Zudem ist die Markenführung deutlicher zu erkennen, als bei den meisten anderen Labels. Dieses große Identifikationspotenzial wurde in der Vergangenheit immer wieder für gezielte Aktionen genutzt. Es wird spannend sein, wie die DG auch in Zukunft ihre starke Labelidentität nutzt, um sich zu positionieren.

Motor Music begann 1989 in Hamburg unter dem Namen Progressive als Abteilung von Polydor, wurde aufgrund des großen Erfolges 1994 zum Label Motor Music und war bis 2004 ein Teil von Universal Music in Deutschland. Nachdem das Label in den Anfangstagen Progressive Rock, Dance und Jazz angeboten hat, konzentrierte es sich seit der Fusion von PolyGram und Seagram/Universal 1998 auf Progressive Rock und Hip-Hop.[306] Der besondere Teamgeist des Labels wurde bereits an anderer Stelle erwähnt. Er war wichtig für das Image des Labels und übertrug sich auch auf die Labelphilosophie. Obwohl Motor zu einem Major gehörte,

---

http://www.deutschegrammophon.com/html/webshop/quickstartguide/index.html (28.02.2012). Vgl. Christoph (2012).

304 Vgl. N.N. (2001): *Amazon richtet Deutsche-Grammophon-Shop ein.* In: http://www.mediabiz.de/firmen/newsvoll.afp?Nr=6309&Nnr=104397&Typ=News&Biz=musicbiz&Premium=N&Navi=00000000 (16.06.2003). N.N. (2001): *Yellow Lounge – The Classical Mix Album: Gute Laune mit gelber Musik.* In: http://www.mediabiz.de/firmen/newsvoll.afp?Nr=6309&Nnr=104208&Typ=News&Biz=musicbiz&Premium=N&Navi=00000000 (16.06.2003). N.N. (2003): *Deutsche Grammophon gründet edge.* In: http://www.mediabiz.de/firmen/news.afp?Nr=6309&Biz=musicbiz&Premium=N&Navi=00000000 (16.06.2003).

305 Quelle: KlassikAkzente: *Dance Act Schiller legt mit ›Opus‹ den Grundstein für Panorama.* In: http://www.klassikakzente.de/schiller/news-und-rezensionen/detail/article:223086/dance-act-schiller-legt-mit-opus-den-grundstein-fuer-panorama (20.02.2014).

306 Vgl. N.N. (1999): *Petra Husemann-Renner zur Zukunft von Motor Music.* In: http://www.mediabiz.de/firmen/newsvoll.afp?Nr=2487&Newsnr=65102&Biz=musicbiz&Premium=N&Navi=00000000#oben (30.09.2002): Husemann-Renner war zum Zeitpunkt des Interviews Geschäftsführerin der Motor Music GmbH und ist heute Geschäftsführerin von Motor Entertainment.

versuchte das Label, wie ein Indie Glaubwürdigkeit in der alternativen Musikszene zu gewinnen. Das musikalische Spektrum reichte dabei von Alternative Rock über deutschsprachigen Pop bis zu HipHop. Den Künstlern auf Motor war gemeinsam, dass sie zum größten Teil in ihren Szenen glaubwürdig sind und oft zur Speerspitze ihrer Musikrichtung gehören. Motor hatte dabei den Vorteil, über einen großen Labelpool des Universal Konzerns verfügen zu können, aus dem gezielt einzelne Künstler auf das Label gebracht werden konnten. Dadurch konnte das Label seine Identität stärken und sein Image festigen. Die Glaubwürdigkeit der Acts übertrug sich auf das Labelimage, das in diesem Fall aufgrund der Genrevielfalt auch in verschiedenen Subkulturen positiv sein konnte. Das Label Motor Music existierte als Teil der Motor Urban Def Jam Group nur in Deutschland. Es konnte sich von Labels wie Interscope, Geffen, A&M und DreamWorks die Künstler herausfiltern, die das Image des Labels verkörperten und stärkten. Acts, die eher im Popbereich angesiedelt waren, konnten von der damaligen Polydor Island Group übernommen werden. Motor befand sich damit in einer sehr günstigen Position. Zu den bekanntesten Acts gehörten Nirvana, Nine Inch Nails, Eminem, Limp Bizkit oder die Sportfreunde Stiller. Ein Beispiel für die Eingliederung eines Labels war das Punklabel Vagrant, deren Veröffentlichungen 2002 in Deutschland über Motor erschienen. Es verfügte über ein hohes Ansehen in der Szene, das sich auch auf Motor übertrug.[307] Passend dazu hieß es in der Selbstdarstellung des Labels:

»Im Zweifel traut Motor dem Fan mehr als den etablierten Medien. Deshalb sind Clubs, Fanzines und die Pflege von Fanpools mindestens genauso wichtig. Geht der Kopf nicht durch die Wand, baut man halt einen Tunnel. Grassroots-Marketing nennt die Industrie das heutzutage.«[308]

Die gestärkte Bindung zu den einzelnen Szenen wurde durch weitere Maßnahmen forciert. So lag allen Motor Veröffentlichungen eine Postkarte bei,

---

307 Vgl. N.N. (1999): *Petra Husemann-Renner zur Zukunft von Motor Music*. In: http://www.mediabiz.de/firmen/newsvoll.afp?Nr=2487&Newsnr=65102&Biz=musicbiz&Premium=N&Navi=00000000#oben (30.09.2002). Ballin (2003). Canibol (2003). Quelle: Universal Music: *Historie*. In: http://www.universal-music.de/company/historie/ (06.01.2011): Mit dem Ausscheiden von Tim Renner bei Universal 2004 wurde das Unternehmen neu strukturiert. Renner pflegte die Marke Motor seitdem unabhängig weiter, bis er 2014 zum Kulturstaatssekretär ernannt worden ist.
308 Quelle: Musicbiz: *Motor Music. Kurzinfo/Firmenporträt*. In: http://www.mediabiz.de/firmen/company.afp?Nr=2487&Biz=musicbiz&Premium=N&Navi=00000000 (30.09.2002).

über die der Käufer weitere Informationen zu dem gekauften Künstler und ähnliche Acts erhalten konnte. In regelmäßigen Abständen wurden kleine Promotion-Goodies wie Postkarten, Aufkleber oder Vorab-Hörproben von kommenden Alben an diese Käufer geschickt.[309] Dabei wurde darauf geachtet, dass die Konsumenten in erster Linie Neuigkeiten aus dem von ihnen bevorzugten Musikbereich erfahren. Zusätzlich konnte man sich für die verschiedenen Newsletter der einzelnen Motor-Bands registrieren lassen und erhielt auf diesem Weg ebenfalls Zugriff auf Informationen und teils exklusives Material. Auf diese Weise konnte Motor sein Labelrepertoire gut an potenzielle Käufer vermitteln und eine Bindung zu dem Label erzeugen. Dies kann aber nur funktionieren, wenn die veröffentlichte Musik Identifikationspotenzial für eine oder mehrere bestimmte Szenen beinhaltet.[310]

Das Ziel war es, das Vertrauen der Konsumenten auf ähnliche Weise wie die Indies zu gewinnen. Motor sollte dabei als Freund personifiziert werden, der einem gute Musiktips geben kann. Wer Band X gerne hört, könnte Gefallen an Band Y haben, eventuell aber auch die etwas weiter weg angesiedelte Band Z mögen.[311] Der Gedanke einer Community wurde auf der alten Motor Website ausgeführt. Dort fand man neben ausführlichen Informationen und einigen Hörproben der Acts, regelmäßigen Gewinnspielen und einem Forum auch jede Woche einen »Klang der Woche«, also einen Anspieltipp aus dem Motor Repertoire. Ein Shop bot außerdem eine große Auswahl an Merchandise-Artikeln von Bands des Labels, Tickets für anstehende Tourneen und Vinyl Platten für HipHop-Anhänger an. In Kooperation mit Drittanbietern bestand die Möglichkeit, Klingeltöne und Handy-Logos von Bands zu kaufen, Songs von Motor-Künstlern legal herunterzuladen und natürlich die Tonträger zu bestellen.[312] Neben diesen Möglichkeiten konnte man in der »gläsernen Firma«

---

309 Vgl. Plazonja (2003): Diese Form des Direktmarketings wird auch von anderen Labels wie Yo Mama!, Sony, Spitfire oder Zomba praktiziert. Dabei locken oft exklusive Inhalte oder attraktive Gewinnspiele.
310 Quelle: Motor: *Mailing List*. In: http://www.motor.de/_mailinglist/index.html (22.07.2003).
311 Vgl. Ballin (2003).
312 Quellen: Motor: *Shops*. In: http://www.motor.de/_shops/index.html (15.06.2003). Poptone. In: http://www.poptone.de (15.06.2003). Poptone: *Motor Tone*. In: http://www.poptone.de/motor-index3.php (15.06.2003). Popfile. In: http://www.popfile.de/index.jsp (15.06.2003). Amazon: *Motor Music*. In: http://www.amazon.de/exec/obidos/tg/browse/-/491892/302-1941109-3550418 (15.06.2003). Vgl. Ballin (2003): Die Klingeltöne werden in Kooperation mit www.poptone.de (15.06.2003) angeboten, Downloads

einen virtuellen Rundgang durch die Motor Büros unternehmen und dabei sogar die Mitarbeiter kontaktieren.[313] Das Label führte neben diesen Aktivitäten zudem die bereits erwähnte labeleigene TV-Sendung »MoTV«.

Einzigartig war aber vor allem die virtuelle Stadt »Motrocity«, im Grunde eine frühe Form der heute bekannten sozialen Netzwerke. Dort konnten sich User eine Identität anlegen und je nach musikalischen Vorlieben in ein Hochhaus ziehen, in dem sie sich einen Flur aussuchen durften, der nach einer Motor-Band benannt war. »Motrocity« offerierte Kontaktmöglichkeiten unter Fans und bot den registrierten Usern zahlreiche Möglichkeiten, Bands von Motor auf unterschiedliche Weisen kennenzulernen. Dies konnte unter anderem über den Radiosender, den Plattenladen oder auch den Liveclub von »Motrocity« passieren, die eine Vielzahl von Songs und Videos der Motor-Acts als Stream anboten. Aktuelle Neuigkeiten gab es in der Stadtzeitung »Motrocity Times«. Zusätzlich wurden auch kleine Spiele für den Zeitvertreib offeriert. Mit »Motrocity« hatte das Label über den Bezug zu seinen Bands und der Musik eine gute Identifikationsfläche für Fans alternativer Musik geschaffen. Den Usern wurde damit in einer aufwendigen Aufmachung eine Menge Content geboten, wobei gleichzeitig das fanfreundliche und innovative Image des Labels gefördert worden ist. Mit mehr als 22.000 registrierten »Einwohnern« wurde die virtuelle Stadt sehr gut angenommen, was sich auch in einer eigenen Merchandise Abteilung niederschlug, in der man sich T-Shirts selbst kreieren kann. Der Schritt von der virtuellen zur tatsächlichen physischen Gemeinschaft wurde mit eigenen Fantreffen vollzogen.[314]

Um den Kontakt der Fans zum Label in der realen Welt zu festigen, war das Label seit Sommer 2003 neben den bereits erwähnten Aktionen auf den wichtigsten Festivals mit Beteiligung der eigenen Künstlern mit dem »Motor-Van des Tonträgerhilfswerks« vertreten. Dort konnten sich Fans CDs der Motor-Bands kaufen und die Bands bei Autogrammstunden

---

gab es über www.popfile.de (15.06.2003) und Tonträger über den Motor Shop auf www.amazon.de (15.06.2003).

313 Quelle: Motor: *Gläserne Firma.* In: http://www.motor.de/_company/_glaesernefirma/index.html (15.06.2003). Vgl. Ballin (2003).

314 Quellen: Motor: *Motrocity.* In: http://www.motor.de/_motorischestoerung/index.html (15.06.2003). Motor: *Die Motor-Philosophie.* In: http://www.motor.de/interaktiv/uebermotor#Die_Motor-Philosophie (26.12.2010). Shirt City: http://www.shirtcity.com/shop?00000000000000d9000a0f690000003246f40cef&browser=e&loginname (15.06.2003). Die Page der Motrotreffs. In: http://motro.vir2l.lu/ (15.06.2003). Vgl. Ballin (2003).

treffen.³¹⁵ Bereits in früheren Jahren gab es ähnliche Stände, bei denen auch Merchandise-Produkte des Labels selbst verkauft worden sind.

Mit diesem weit gefächerten Labelauftritt steht Motor Music in der Major-Labellandschaft Deutschlands bis heute weitgehend alleine da. Zwar verfügen andere Universal-Labels wie Karussell oder Polydor in der Öffentlichkeit über eine wesentlich höhere Markenbekanntheit,³¹⁶ doch die Identifikation mit den Labels fällt den Konsumenten schwerer, da Karussell vornehmlich Kinderhörspiele anbietet und Polydor im heterogenen Popsegment angesiedelt ist. Die Bekanntheit von Motor Music in der Allgemeinheit war damals dagegen relativ gering, dafür sind die Sympathiewerte und das Markenpotenzial von Motor unter Kennern, Intensivkäufern und der potenziellen Zielgruppe enorm hoch gewesen.³¹⁷ Ebenso sah es mit dem Image in den alternativen Szenen aus, wo Motor trotz seines Status als Major-Label anerkannt war und regelmäßig gute bis sehr gute Platzierungen in diversen Leserpolls von Fachzeitschriften erhielt.³¹⁸ Der Kontakt zur Basis und die Beschränkung auf Nischen haben sich hier bezahlt gemacht.

Auch nach der Trennung von Universal Music wird die Unternehmenskultur der Marke Motor weiter betrieben. Der Radiosender MotorFM liegt aktuell auf Eis, man arbeitet aber an einer neuen Lösung. Doch zum Motor Netzwerk gehören neben dem Label auch der IP Sender Motor.TV, der Tourveranstalter MotorTours und das Portal motor.de, auf dem es auch einen regelmäßigen Blog von Tim Renner gibt. Bei Motor heißt es dazu:

---

315 Quelle: Motor: *Tour*. In: http://www.motor.de/_tour/index_festivals.html (15.06.2003).
316 Quelle: Universal Marktforschung (2000): *Bekanntheit und Sympathie ausgewählter Universal-Labels und -Logos*. Ziel der repräsentativen Studie war es, die Markentauglichkeit der Universal Labels für Merchandise-Produkte zu untersuchen. Die Identifikation bei Hörspielen wie von Karussell (Bekanntheit von 40 Prozent) erfolgt gerade im Kindesalter weniger über das Label als über die einzelnen Hörspielreihen. Bei Polydor (Bekanntheit von 53 Prozent) besteht das Problem, dass sich Pophörer seltener mit einem Label identifizieren. Dort steht eindeutig der Künstler im Vordergrund. Eine Bindung zu einem Label zu erzeugen ist hier aufgrund der Vielfalt im Popsegment sehr schwer. Karussell und Polydor verfügen gemessen an ihrer Bekanntheit lediglich über mittelmäßige Sympathiewerte, auch in ihren Hauptzielgruppen.
317 Quelle: Universal Marktforschung (2000): Motor hat einen Bekanntheitswert von ca. zwei Prozent und die Schulnote Zwei bei den Sympathiewerten.
318 Quellen: NOIZE (2002): *Der Jahrespoll 2001 von www.noize.cc!* In: http://www.noize.rechnersysteme.de/ (15.06.2003). NOIZE (2003): *Der Jahrespoll 2002 von www.noize.cc!* In: http://www.noize.rechnersysteme.de/poll02/ (15.06.2003). N.N. (2003): »Der Leserpoll 2002«. In: *Intro*. Nr. 102. Februar 2003: S. 9.

»›Alternative Musikpropaganda‹ haben wir drauf geschrieben und schwenken diese Fahne. Mit Stolz. Wir wissen nur zu genau, dass es das ist, was die Welt braucht. Unsere Welt. Die voll ist von Musik und dem unbedingten Drang mit denen, die diese auch lieben zu kommunizieren. Als Indie setzen wir dabei in allen Bereichen Maßstäbe: sei es als Label, Radiostation, Musik-TV-Projekt, Tourneeveranstalter oder Onlinemagazin. Einmal Alles was dem Musiker und Fan geboten werden muss. In der New Economy hätte man von Konvergenz geredet. Wir sprechen von übergreifender Kompetenz.«[319]

Das Label Motor besteht also weiterhin und hat sich dank seines Mediennetzwerks als eigenständige Marke mit Schwerpunkt auf dem Independent-Genre in der entsprechenden Zielgruppe etabliert. Motor hat all das vor der Zeit der sozialen Netzwerke und vor digitalen Musikportalen geschafft. An diesem Beispiel lässt sich gut erkennen, wie groß das Potenzial ist, ein Label, egal ob Indie oder Major, mit den heutigen Mitteln anhand von Genre- und Markenkriterien erfolgreich in der Zielgruppe zu positionieren.

Diese Möglichkeiten sind hier ausführlich sowohl theoretisch dargestellt als auch anhand von Beispielen aus der Praxis untermauert worden. Jedes Label kann sich entweder anhand der Genretheorie oder einer Markenstrategie positionieren. Dieses Potenzial sollte unbedingt ausgeschöpft werden. Gerade im digitalen Zeitalter ist die Substanz der Musik von hoher Relevanz.

»Die Qualität ist entscheidend. Die Zeiten sind vorbei, wo man dem Publikum etwas vorgaukeln konnte. Jeder kann sich ein Album anhören, einen Künstler anschauen und selbst entscheiden, ob ihm das zusagt. Wir können den Leuten nur erzählen, dass es die Musik gibt, und sie für sie hörbar machen. Wir können ihnen nicht einreden, dass die Musik sie berührt und für sie eine Rolle spielt, wenn das nicht der Fall ist. Dank Internet spricht sich schnell herum, ob es etwas taugt oder nicht. Und das ist gut und sinnvoll so – gute A&R-Arbeit erspart teures Marketing. [...] für das, wofür sie sich nur am Rande interessieren, geben die Leute heute kein Geld mehr aus und beschäftigen sich auch nicht länger damit. Man muss es also schaffen, dass ein Künstler eine entscheidende, eine sehr wichtige Rolle im Leben von jemandem spielt. Dass der morgens mit dieser Musik aufsteht, dass er dem Konzert entgegenfiebert. [...] Solche Qualität müssen wir suchen. Wenn wir sie nicht finden, werden wir als Industrie nicht erfolgreich sein und nichts verkaufen. Darüber sollte man nicht jammern, das ist nun mal der Markt und der muss am Publikum orientiert sein.«[320]

---

319 Quelle: Motor: *Die Motor-Philosophie.* In: http://www.motor.de/interaktiv/uebermotor #Die_Motor-Philosophie (26.12.2010).
320 Lieberberg (2012).

Dies gilt nicht nur für Künstler, sondern auch übergeordnet für Labels und ihre Labelpolitik, andere Bereiche der Musikindustrie und Unternehmen generell:

»Künftig werden nur Unternehmen und Marken erfolgreich sein, die es schaffen, in dieser vernetzten Welt an jedem wichtigen Berührungspunkt mit uns eine relevante und substanzielle Beziehung aufzubauen. Es geht nicht mehr alleine darum, uns etwas zu versprechen – nun ist es an der Zeit auch zu liefern. Marken werden zum Teil unseres persönliches Netzes und wir erwarten von ihnen die gleiche Verlässlichkeit wie von unseren Freunden.«[321]

Überträgt man diese Aussagen auf Labels, sind dabei die Qualität der Musik und ein Track Record mit relevanten Alben über einen längeren Zeitraum entscheidend.[322] Dafür muss man Künstler finden, die Menschen bewegen. Über die Spezialisierung auf ein Genre, eine Markenphilophie oder eine Kombination aus beiden Ansätzen kann langfristig eine Beziehung zu Konsumenten aufgebaut werden. Hat man sich darüber erstmal einen Namen gemacht, haben zumindest interessierte Zielgruppen, Medien und Händler bereits ein Bild von dem Label. Es erlangt Bedeutung. Das Profil kann über die zahlreichen genannten Maßnahmen gestärkt werden. Die Klaviatur der Kommunikation über alle Kanäle von Händlern über Medien bis zu sozialen Netzwerken muss dabei zielgruppengerecht und passend zum Unternehmen bespielt werden. Die Profilbildung eines Labels wird davon zum einen beeinflusst, zum anderen ist ein Profil hilfreich, um über diese Kanäle potenzielle Konsumenten zu erreichen, zu binden, zu emotionalisieren und schließlich auch wieder Umsätze zu generieren.

Neben den üblichen Vertriebswegen über Händler und Portale kann ein Label auch einen eigenen Shop oder einzelne Shops für seine Künstler betreiben. Die Attraktivität dieser Shops kann dabei mit limitierten Sonderauflagen, Deluxe Versionen, Vinyl oder exklusiven Inhalten aufgewertet werden. Auch die zeitliche Exklusivität kann ein Faktor sein, wenn man Neuerscheinungen vorab nur beim Label oder Künstler direkt erhält. Gerade Acts mit starker Fanbindung können auf diese Weise attraktive Sondereditionen für ihre treuen Fans anbieten. Zahlreiche Dienstleister wie Topspin bieten einen Service dieser Art an. Größere Labels können das aber auch selbst abwickeln. Gerade für Labels mit Profil und einer festen

---

321 Kassaei, Amir (2012): »Markenwerbung. Das nächste Zeitalter.« In: *Wired*. Ausgabe 1/2012: S. 46.
322 Vgl. Ellinghaus (2012).

Zielgruppe ist ein eigener Shop ein spannender Baustein, der immer relevanter werden wird.[323]

In dieser Arbeit wurde herausgearbeitet, wie Labels die Möglichkeiten der Orientierungssysteme Genre und Marke nutzen können, um sich zu positionieren und als Wegweiser zu fungieren. Abhängig von der Labelphilosophie und der musikalischen Ausrichtung können jeweils entsprechend passende Komponenten angewendet werden.

Einige Kernpunkte können hierzu festgehalten werden. Ein Label, das sich auf ein bestimmtes Genre festlegt, kann alleine durch dieses Merkmal Orientierung in diesem bestimmten Genre bieten. Dies funktioniert selbst in Nischen, langfristig wirtschaftlich relevant wird es allerdings nur, wenn das betreffende Genre auch eine konstant große potenzielle Käuferschaft anzieht. Kurzzeitig angesagte Genres dagegen kommen und gehen, mit ihnen meistens auch die Labels, die über eine solche Trendwelle eine größere Aufmerksamkeit erlangt haben. Es besteht dabei also die Gefahr, sich zu sehr einzugrenzen und auf das anfangs vermittelte Profil reduziert zu werden. Dies kann zu Vorurteilen führen, vor allem bei einer Öffnung gegenüber anderen Stilen oder aber das Ende eines Labels bedeuten, wenn der vertretene Musikstil nicht mehr aktuell ist.[324] Zu den konstanten Genres gehören dagegen die Genres Metal, Klassik, Jazz oder auch Punk. Oftmals sind dabei die Genregrenzen relativ eng gesteckt. Eine Chance, sich als Label daraus zu befreien und sich zu profilieren, kann über eine Weiterentwicklung, eine Öffnung der Labelausrichtung geschehen, wie es auch analog in den Phasen der Genreentwicklung geschieht. Gute Beispiele dafür sind Sub Pop und City Slang, die hier ausführlich behandelt worden sind.

Der Zusammenhang zwischen Labels und Marken kann auf unterschiedlichen Ebenen geschehen. Labels an sich besitzen zahlreiche Mar-

---

323 Vgl. Christoph (2012). Rogers, Ian (2012): *Direct-To-Fan is NOT a Rich Band's Game*. In: http://www.topspinmedia.com/2012/02/direct-to-fan-is-not-a-rich-bands-game (14.04.2012): Diverse Künstler haben sich dieses Prinzip bereits zu Eigen gemacht. Von Radiohead, die exklusiv vorab ihre Alben über ihre eigene Seite vertrieben haben, über Nine Inch Nails, die dasselbe auch mit Videoinhalten gemacht haben, bis zu Brian Eno, Muse oder Phish, die über ihre eigenen Seiten exklusive Deluxe-Versionen ihrer Alben verkauft haben, gibt es zahlreiche Beispiele dieser Art. Rogers betont, dass sein Unternehmen aber nicht nur für Stars hilfreich ist, sondern ebenso von Newcomern genutzt werden kann. Auch Labels können sich daran ein Vorbild nehmen. Ein Vorteil besteht auch darin, dass man zunächst Bestellungen entgegen nehmen kann und auf dieser Basis erst produziert. Somit werden teure Retouren verhindert.
324 Vgl. Fleig (2003). Ellinghaus (2003).

keneigenschaften, weshalb es nahe liegt, Markenführungsansätze auf Labels zu übertragen. Es gibt Labels, die nur im Budget Segment tätig sind oder nur Katalog Reissues anbieten und sich über diese klare Spezialisierung als Marke platzieren. Es ist allerdings nur eine Minderheit der Labels, die sich ausschließlich über diese Merkmale definieren. Ein Label kann auch über einen eigenen Sound oder einen lokalen Bezug zur Marke werden, wie es bei Motown der Fall gewesen ist. Häufig dienen auch einfach der Geschmack und die Philosophie des Labelgründers Basis, wie bei Geffen oder Virgin. In diesen Fällen spielt wiederum das Repertoire eine große Rolle. Dieses muss sich nicht auf ein Genre beschränken. Über Faktoren wie den Labelnamen über das Logo oder einen Slogen hin zu äußeren Merkmalen wie Verpackung, Preis oder Repertoire ist es dennoch möglich, sich als Marke sowohl innerhalb als auch außerhalb der Musikindustrie zu positionieren. Allerdings ist der Unterschied bei Labels im Vergleich zu herkömmlichen Marken aus dem Konsumgüterbereich, dass sie im Grunde jede Woche mit einer neuen Band und somit mit einer neuen Untermarke auf den Markt kommen. Wichtig ist daher ein Track-Record, da man sich über Jahre etablieren muss, um seine Relevanz zu wahren und Kredibilität aufzubauen.

Schließlich kann ein Label auch beide Ansätze miteinander kombinieren. Diese Kombination aus Genre und Marke in einem Label bietet die vielfältigsten Möglichkeiten. An den ausgeführten Beispielen kann man erkennen, dass die erfolgreiche Verbindung des Konzepts Genre und der Markenführung in einem Label von verschiedenen Faktoren abhängt. Ein Label kann hier zunächst Orientierung bieten, wenn es sich auf ein Genre begrenzt, wobei die Einbeziehung benachbarter Genres durchaus möglich ist, solange das Label glaubhaft bleibt. Diese Glaubwürdigkeit ist vor allem für die Anerkennung in musikgeprägten Jugendkulturen von hoher Relevanz, die eine wichtige Zielgruppe bilden. Schließlich ist das Identifikationspotenzial gerade in musikaffinen Subkulturen enorm hoch und kann auch prägend für deren Mitglieder sein. Schafft es ein Label, sich in diesen Hörerschichten zu etablieren, kann es dort mit einer eindeutigen Genreausrichtung und einer auf die Subkultur abgestimmten Vermarktung zu einer festen Orientierungsgröße werden. Für die Hörer kann ein Label mit einer klaren Identität dann Orientierung bieten und darüber hinaus zu einer Marke in diesem Genre werden.[325]

---

[325] Quelle: NOIZE (2003): *Kann ein Label resp. die Plattenfirma als Orientierungsinstrument bei CD's dienen?* In: http://www.noize.cc/home/current_poll.php (18.06.2003): Bei NOIZE

Auch gegenüber Medien, Händlern und Künstlern ist ein Markenimage des Labels von Vorteil. Dies geschieht wie beschrieben über dauerhaft relevante Veröffentlichungen, über die wiederum auch die engen Genregrenzen aufgehoben werden können. Ebenso relevant ist aber auch der Auftritt des Labels außerhalb des musikalischen Bereichs. Um sich als Marke zu etablieren, muss der Markenauftritt konsistent und ebenso glaubwürdig sein wie die Musik, da zwischen diesen Faktoren Interdependenzen bestehen. Das Gesamtbild des Labelauftritts formt das Profil eines Labels. Je deutlicher dieses Profil gezeichnet wird, desto höher ist das Identifikationspotenzial mit einem Labels innerhalb einer bestimmten Hörerschaft und das Orientierungspotenzial für alle Nachfragergruppen.

Labels wie City Slang haben genau das in den über 20 Jahren ihres Bestehens erreicht und ihr Spektrum von klassischem Indie Rock zu einer großen Bandbreite erweitert, innerhalb derer neue Releases schlicht und ergreifend als geschmackssicher wahrgenommen wird. Man hat sich somit gegenüber Kunden, Medien und dem Handel, aber auch innerhalb der Musikindustrie selbst einen guten Ruf erarbeitet, der ihnen bei neuen Veröffentlichungen oder der Akquise neuer Acts hilft.

Ein klares Labelprofil ist gegenüber den verschiedenen Marktteilnehmern von Vorteil. Ein Label, das auf diese Weise für Orientierung sorgen kann, muss dabei nicht zwangsläufig seine Künstler unterordnen. Vielmehr kann ein Label gerade über seine starken Künstler auch an Profil gewinnen. Vor allem für neue und unbekannte Künstler kann die Bekanntheit des Labels in einem Segment hilfreich sein. Eine wechselseitige Wirkung von Labels mit starkem Profil und Künstlern mit langfristiger Substanz ist das Optimum.

---

wurde unter dieser Fragestellung eine nicht-repräsentative Umfrage mit 689 Teilnehmern zwischen 14 und 35 Jahre durchgeführt. Es muss betont werden, dass die Mehrheit der Teilnehmer sehr interessiert an Musik ist und aufgrund der Ausrichtung des Magazins vor allem alternative Musik abseits von Mainstream hört. Dennoch sind die Ergebnisse interessant und bestätigen die These, dass Labels vor allem in Nischen an Profil gewinnen und somit Orientierung bieten können. Etwa 52 Prozent der Teilnehmer sind der Meinung, dass viele (Szene-)Labels bestimmte Musikrichtungen oder künstlerischen Wert garantieren. Weitere 10 Prozent glauben, dass Labels viel über die Musik und/oder Einstellung des Künstlers aussagen. Gemeinsam mit den 7,5 Prozent, die dem Label in Ausnahmefällen Orientierungsmöglichkeiten zugestehen, sind demnach fast 70 Prozent der Teilnehmer der Meinung, dass ein Label unter bestimmten Voraussetzungen Orientierung bieten kann. Etwa 30 Prozent orientieren sich dagegen überhaupt nicht an Labels, von denen 10 Prozent gar keine Labels bewusst kennen.

7. Ausblick

Die Geschichte der Musikindustrie ist geprägt von Umwälzungen, bedingt durch neue Medien und Formate. Die Digitalisierung ist jedoch der bisher größte Einschnitt für die Branche. Mit Download und Streaming sind neue Formate außerhalb der Industrie entstanden, die weitreichende Konsequenzen haben. Piraterie im Netz ist weiterhin ein großes Problem, die Vertriebsstruktur hat sich gewandelt, neue Geschäftsmodelle sind etabliert worden, zahlreiche neue, teils völlig marktfremde Anbieter sind dank niedriger Eintrittsbarrieren hinzugekommen und haben die Struktur der Musikindustrie vor allem in Bezug auf Hardware und Vertriebspartner deutlich geprägt. Labels haben ihre vormals dominante Rolle als Gatekeeper für Musik verloren.

Gerade mit der Digitalisierung und der schier unendlichen Menge an verfügbarer Musik ist aber das Bedürfnis nach Orientierung immens gewachsen. In den vorangegangen Ausführungen ist deutlich geworden, auf welche Weise ein Label unter diesen Umständen als Wegweiser dienen kann. Es steht im Spannungsfeld zwischen Genres und Marken, wobei sich die musikalischen Inhalte eines Labels in Genres aufgliedern lassen, während die Vermarktung des Labels einem Markenführungskonzept unterliegen kann. Da sowohl Genres als auch Marken Orientierung für unterschiedliche Marktteilnehmer schaffen, besteht auch für Labels die Möglichkeit, mit der Anwendung dieser Konzepte zum Wegweiser zu werden.

Zahlreiche Labels lassen jedoch den Konsumenten gegenüber keinen klaren Genrebezug oder Ansätze der Markenführung erkennen. Es kann aber durchaus sinnvoll für sie sein, sich bewusst über die vorgestellten Orientierungsinstrumente zu profilieren. Die Kernfrage dieses Buchs dreht sich darum, wie ein Label auf die Herausforderungen im digitalen Zeitalter reagieren und dabei die Konzepte Genre und Marke für sich nutzen kann, um auch unter den veränderten Marktgegebenheiten erfolgreich zu agieren.

Gerade auf einem stark ausdifferenzierten und segmentierten Musikmarkt können Labels einen zusätzlichen Fixpunkt darstellen.

So kann ein Label vor allem in musikgeprägten Jugendkulturen und für besonders musikaffine Hörer ein Wegweiser sein. Über die Spezialisierung auf einen bestimmten Musikstil kann es sich Orientierungspotenziale von Genres zu Eigen machen. Dabei kann es bei einer konsequenten Labelpolitik als Repräsentant eines Genres gesehen werden, sich aber auch ausgehend von einem Genre in weitere Richtungen entwickeln. Die Verbindung zu einem Genre baut Erwartungshaltungen auf Seiten der Nachfrager auf, die das Label nutzen kann, um sich auf diesem Gebiet zu profilieren. Die Kommunikation zwischen Plattenfirmen und ihren Nachfragergruppen kann dadurch trotz einiger Unterschiede zur klassischen Genretheorie erleichtert werden.

Mithilfe von Markenführungsstrategien können Labels ebenfalls an Profil gewinnen. Ebenso wie Marken verfügen Labels über eine Markenphilosophie und können über deren Vermittlung ein Image erzeugen. Hier ist dargestellt worden, auf welche Weise Labels im Rahmen einer identitätsorientierten Markenführung zu einem Orientierungsinstrument werden können. Eine Kombination der beiden Ansätze ist ebenfalls möglich.

Um die Rolle als kreativer Motor der Branche auszufüllen, wird für jede Art von Label oder Musikfirma eine Profilierung immer wichtiger. Die Bindung einer Zielgruppe zu einem Label wird dabei von hoher Relevanz sein. Es geht nicht mehr zwingend darum, ein möglichst großes Publikum anzusprechen, sondern man muss gesonderte Ansprachen für unterschiedliche Zielgruppen und einzelne Segmente finden. Über eine starke Identität kann sich ein Label unabhängig von den jeweils aktuellen Künstlern langfristig in einem dynamischen Markt etablieren.

Vor allem in kleinen Nischen können Labels die Funktion von Meinungsführern übernehmen, um potenziell ein größeres Publikum für Künstler mit starkem Profil zu begeistern. Schließlich sind die meisten musikalischen Neuerungen in der Pop- und Rockmusik von Indies geprägt worden. Besteht eine Bindung zu einer Szene oder Subkultur, kann man dort mit einem glaubwürdigem Auftreten Vertrauen aufbauen, einen festen Kundenstamm akquirieren, und das Label als Orientierungspunkt etablieren. Zwar werden Jugendkulturen immer ausdifferenzierter, doch auch die Label-Landschaft entwickelt sich und bietet selbst für kleinste Nischen Musik an. Auf diese Weise können einzelne Segmente erfolgreich bearbeitet werden. Je kleiner die Zielgruppe ist, desto stärker kann das Label sich auf sie konzentrieren und eine eigene Identität schaffen. Man kann innerhalb der angesprochenen Szene über die Musik Konsumenten für sich gewinnen und Markenbindung erzeugen. Das Label kann in diesen Fällen zusätzlich zu den Künstlern Orientierung bieten, eine Identifikationsfläche generieren oder gar übergeordnet eine wichtigere Rolle als der einzelne Künstler spielen, was sowohl für die Szene als auch für das Label vorteilhaft sein kann. Dabei ist die Bekanntheit des Labels in der Allgemeinheit irrelevant. Wichtig ist, dass der Labelname in der anvisierten Szene bekannt ist und eine klare Vorstellung von der veröffentlichten Musik und auch der Labelphilosophie liefert. Gerade in einem Markt, der mit dem Aufkauf der EMI durch Universal Music von nur noch drei Majors dominiert wird, liegen die kreativen Keimzellen verstärkt bei den Indies.

Die Majors können sich als Marke vor allem innerhalb der Industrie positionieren und in einzelnen Nischen mit ihren Unterlabels erfolgreich agieren. In jedem Fall werden eine Profilbildung und ein positives Image der Anbieter vorteilhaft bleiben, um Orientierung für alle Marktteilnehmer zu bieten, wie am Beispiel einiger Initiativen von Major Labels dargestellt worden ist.

Händlern und Medienpartnern gegenüber kann ein klares Profil für alle Labels hilfreich sein. Neue Veröffentlichungen können schneller eingeordnet werden. Unbekannte Acts profitieren über das Image und die Referenz des Labels ebenfalls und stehen in einem bestimmten Kontext, wenn dessen Bekanntheit größer ist als die des Künstlers. Die über seine Genreausrichtung oder sein Image erlangte Reputation eines Labels kann also auch hier Vertrauen erzeugen und dadurch die Einstiegsbarrieren bei Händlern und Medien verringern.

Labels haben somit auch im digitalen Zeitalter noch eine wichtige Rolle im Musikmarkt und werden auch in Zukunft weiter existieren. Sie haben aktuell noch den Vorteil, dass sie die Kompetenz, Kontakte und das Know How jahrzehntelanger Erfahrung für sich beanspruchen können. Zudem haben sie das Personal für sämtliche Aufgaben von Promotion über Marketing und Vertrieb bis hin zu Abrechnungen, das sie Künstlern zur Verfügung stellen können. Dadurch können sie den immer unübersichtlicher werdenden Markt in allen Facetten bearbeiten und dabei auch ihre Position gegenüber Medien- oder Handelspartnern zum Wohle des Künstlers ausspielen. Auch besondere Tools zur Analyse von Verkäufen oder Aktivitäten im Netz sind Assets von hoher Relevanz. Die Finanzkraft ist sicherlich weiterhin ein wichtiges Argument, das für die Labels spricht. Es muss ihre

Aufgabe sein, den Weg der Musikbranche wieder mitzugestalten. Dies geschieht zum einen mit der Unterstützung neuer Geschäftsmodelle, um die Rahmenbedingungen für den Musikkonsum zu schaffen, zum anderen weiterhin mit dem Kerngeschäft der Labels: Der Entdeckung und Etablierung neuer Musiker.

Es mag immer weniger globale Superstars geben, die sich international über einen längeren Zeitraum halten können, dafür ist der Markt zu ausdifferenziert, und die Hörgewohnheiten haben sich geändert. Es wird aber immer mehr kleinere Stars für die unterschiedlichen Genres und Subgenres geben. Die Fanbindung kann in den Nischen enorm hoch und mit bestimmten Erwartungshaltungen behaftet sein, die erfüllt werden sollten. Unter diesen Voraussetzungen ist es gerade in der heutigen, so flüchtigen Zeit von hoher Relevanz, dass die Künstler Substanz haben.

Dabei reicht es für die Fanbindung schon lange nicht mehr, lediglich zur Veröffentlichung eines neuen Albums ein paar aktuelle News auf seiner Homepage zu posten. Musiker müssen ihre Fans bei Laune halten. Es wird geradezu erwartet, dass man auch unabhängig von neuen Alben regelmäßig etwas von seinem Lieblingskünstler hört. Dies kann über glaubwürdige Updates auf sozialen Netzwerken ebenso geschehen wie auf der eigenen Homepage, seien es Statements aus dem musikalischen Kosmos des Künstlers, zu aktuellen Geschehnissen in der Welt oder belanglose Informationen aus dem Alltagsleben der Musiker. Auch über Aktionen, wie exklusive Musik vorab oder einen Ticketvorverkauf für registrierte Fans kann man die Zielgruppe über einen längeren Zeitraum in seinen eigenen Kanälen binden. Vor allem aber muss man den Fans das Gefühl geben, dass sie involviert und ganz nah am Künstler dran sind. Es gibt unzählige Möglichkeiten, die direkte Kommunikation zu den Fans passend zum Image des Künstlers zu fördern. Auf diese Weise baut man sich eine langfristige Fanbase und Glaubwürdigkeit auf. Dies gilt für die meisten Musiker aller Genres gleichermaßen, solange die Ansprache zielgruppengerecht erfolgt. Eine Profilierung des Künstlers wird also immer wichtiger, er wird immer mehr zur Marke. Wer sich langfristig etablieren möchte, sollte auf eine entsprechende Positionierung achten.

Für Künstler stehen neben dem klassischen Label auch einige alternative Modelle von Musikfirmen zur Auswahl. Die Bandbreite reicht dabei von unabhängiger Arbeit in kompletter Eigenregie bis zu Dienstleistern, die alle Aufgabenfelder unter einem Dach vereinen oder sich auf einzelne Bereiche spezialisieren.

Der Do-It-Yourself-Gedanke existiert bereits seit den 1970ern, in denen Punk Rock sich nicht nur musikalisch, sondern auch ideologisch etablieren konnte und sich seine eigenen Strukturen schuf. Heute können Bands immer einfacher alles in Eigenregie betreiben und über ihre Kanäle direkt Musik, Merchandise oder Tickets verkaufen. Auch Vermarktung und Promotion sind selbstständig durchführbar. Der direkte Weg vom Künstler zum Konsumenten wird sich als alternative Lösung etablieren, gefährdet aber die Existenz von Labels nicht.

Wer nicht alles selber machen möchte, kann für einzelne Bereiche wie Promotion externe Agenturen beauftragen. Marketing und Vertrieb waren allerdings bis in die 1990er Jahre eigenständig nur sehr schwer flächendeckend zu betreiben. Mit der Digitalisierung haben sich gerade in diesen beiden Bereichen zahlreiche neue Möglichkeiten ergeben, die nicht nur Labels selbst nutzen können, sondern auch Bands Alternativen zur klassischen Labelarbeit bieten.

Firmen wie Sandbag oder Topspin Media, die sich auf digitales Marketing und auf den Vertrieb über das Internet spezialisiert haben, können für unterschiedliche Zwecke genutzt werden. Ob zum Aufbau von Social Media Profilen, den Vertrieb von besonderen Albumeditionen, den Digitalvertrieb oder als Dienstleistungsunternehmen für sämtliche Online-Aktivitäten, die Möglichkeiten sind vielfältig. Künstler, aber auch Labels, können diese Leistungen ergänzend zu ihrer eigenen Arbeit nutzen. Künstler können aber eben auch auf ein Label verzichten und alle Aktivitäten über Unternehmen dieser Art verrichten lassen. Auf diese Weise behalten sie die Kontrolle und geben der Agentur eine entsprechende finanzielle Beteiligung oder einen fixen Betrag, statt umgekehrt vom Label einen Share an Verkäufen zu erhalten. Dies bietet gerade für Bands mit einer festen Fanbase Alternativen zum klassischen Label, um eigenständig zu agieren, wie es Radiohead als Pioniere vorgemacht haben.

Bei all diesen hinzugekommenen Optionen darf man dennoch nicht vergessen, dass auch weiterhin ein gewisses Budget benötigt wird, um die entsprechenden Leistungen zu erhalten. Hier liegt eine wichtige Hürde für viele Bands und eine Chance für Labels. Schließlich sind sie es, die klassischerweise Geld in Bands investieren können und das Budget dazu haben. Die Rolle des Investor ist dementsprechend eine weitere Facette, die in den Blickpunkt gestellt werden sollte. Anstelle eines Labels könnten sich in Zukunft auch branchenfremde Unternehmen als Geldgeber positionieren, wenn sie den Künstlern attraktivere Konditionen als Labels bieten können und die Strukturen für Vertrieb, Marketing und Promotion über entsprechende Unternehmen für die jeweilige Zielgruppe gesichert sind. In einem solchen Szenario sind dementsprechend nicht mehr zwingend nur die klassischen Plattenfirmen und Downloadportale als herstellende und vertreibende Unternehmen der Musikindustrie tätig. Stattdessen werden Möglichkeiten für branchenfremde Firmen geboten, auf dem Musikmarkt aktiv zu werden. Dies kann nicht nur für Newcomer, sondern auch für eine Zusammenarbeit von weltweit bekannten Künstlern mit weltweit operierenden Unternehmen angewendet werden. Der Konzern stellt dabei das Anfangsbudget und ggf. die Struktur für die einzelnen Bereiche der Musikvermarktung und den -vertrieb. Diese Vermarktungsoptionen stellen entweder den Künstler als eigenständige Marke noch mehr in den Vordergrund und sind dann dementsprechend vor allem für bereits bekannte Acts geeignet. Ein Schritt in diese Richtung wurde bereits vom Konzertveranstalter Live Nation getätigt, der sich die Rechte an Stars wie Madonna gesichert hat. Der finanzielle Anreiz bei diesen Deals liegt auf dem umsatzträchtigen Geschäft mit Live-Tourneen oder Merchandise, nicht mehr auf den Einnahmen über die Musik selbst. Sie ist nur noch das Mittel, um über andere Erlösquellen Geld zu verdienen. Der Star als Marke ist hier das entscheidende Kriterium. Für den Vertrieb der Musik werden entsprechend weiterhin klassische Labels gesucht, wie Universal Music im Fall von Madonna.

Betrachtet man das Szenario für Newcomer und kleinere Acts, ist nicht der Künstler als Star im Mittelpunkt. Vielmehr kann sich das entsprechende investierende Unternehmen über seine Aktivitäten als Marke profilieren und einen (weiteren) Schritt ins Musikgeschäft tätigen. Für diese Unternehmen können ebenso wie für Labels die Orientierungsinstrumente Genre und Marke zu Hilfe genommen werden, um sich erfolgreich zu positionieren und profilieren. So könnten beispielsweise Unternehmen wie VW oder Jägermeister, die bereits mit der VW Sound Foundation, bzw. der Jägermeister Rockliga im Musikgeschäft aktiv sind, ihr Engagement erweitern und sich direkt Rechte an Künstlern sichern. Der Vertrieb kann über ein Label gehen oder eben über einen entsprechenden Dienstleister. Ein anderes Modell sieht man in der Pro7Sat1-Sendergruppe, die das hauseigene Label Starwatch sowie weitere Labels in Kooperation mit der Musikbranche betreibt. Die eigenen Künstler können dank der hauseigenen TV-Werbeflächen günstig vermarktet werden, man verdient an den Musikverkäufen und schärft sein Image als Sender.

Ein Grund für die Attraktivität alternativer Modelle für Künstler liegt darin, dass Labels, vor allem Majors, häufig auf den kurzfristigen Erfolg setzen und dabei den langfristigen Künstleraufbau vernachlässigen. Hat man Dutzende von Acts zeitgleich im Markt, konzentriert man sich im Zweifel auf diejenigen, die aktuell das größte Umsatzpotenzial bieten. Diesem Umstand kann entgegen gewirkt werden, indem die Rolle des Labels, bzw. des investierenden Unternehmens modifiziert wird. Doch es müssen nicht nur externe Unternehmen sein, die Funktionen von Labels übernehmen. Auch Teilnehmer der Musikindustrie können Alternativen bieten.

So fungiert die Firma ATC, gegründet von Radiohead-Manager Brian Message, als eine Art Venture Capitalist statt als Label. Das Unternehmen nimmt Künstler unter Vertrag und investiert Budget in sie. Die Künstler behalten aber weiterhin das Copyright an ihrer Musik und treten es nicht ab, wie es bei Labels üblich ist. Dafür werden sämtliche Einnahmen, zum Beispiel durch Musikverkauf, Tickets, Merchandise, nach Einspielen des Vorschuss gerecht 50/50 aufgeteilt.[1]

Auch Tom Silverman, Gründer des Labels Tommy Boy, sieht diesen Ansatz als einen Weg in die Zukunft der Musikindustrie. Jeder Künstler wird als eigenes Business gesehen und gründet mit dem Label oder Investor gemeinsam ein Unternehmen. Dieses Unternehmen wertet den gesamten Output des Künstlers aus. Dies beschränkt sich nicht nur auf die Musik, sondern kann auch Merchandise, Tourneen oder sonstige Einnahmequellen, die mit dem Künstler direkt zu tun haben, beinhalten. Labels sind in diesem Modell nicht mehr die Machthaber, die den Künstlern Konditionen diktieren. Stattdessen agieren beide Parteien, Musiker und Labels, gemeinsam in einer gleichberechtigten Partnerschaft und verfolgen dieselben strategischen und finanziellen Ziele. Man verdient und man verliert in dieser Konstellation gemeinsam Geld. Diese Modelle sind nicht nur für große Artists mit Fanbase interessant, sondern vor allem für Newcomer.[2]

Es wird sicherlich immer wieder vorkommen, dass ein Label in einen neuen Künstler investiert, ihn bekannt macht und der Künstler das Label verlässt, um selbstständig weiter zu machen. Das anfangs getätigte Investment kann aber belohnt werden, indem man sich, wie im Profisport üblich, auch an den Folgeeinnahmen einen gewissen Anteil zusichern lässt.[3] Auf diese Weise kann das Konstrukt Label gestärkt werden und relevant blei-

---

[1] Vgl. Hunter-Tilney (2010).
[2] Vgl. Silverman (2010).
[3] Vgl. Christoph (2012).

ben, da das Label weiter massiv in Newcomer investieren kann, wovon wiederum neue Künstler profitieren. Ebenso kann man das 360-Grad-Modell mit den Ansätzen von Silverman oder Message anreichern und sich selbst umfassende Rechte außerhalb des Recordings sichern, den Künstler aber dabei stärker beteiligen.

Unabhängig davon, auf welche Weise und in welchem Format und über welche Art von Firmenkonstrukt in Zukunft Musik zur Verfügung gestellt wird, werden Musikveröffentlichungen auch langfristig eine große Rolle spielen. Ebenso werden Musikhörer dabei auch weiterhin nach Orientierung verlangen. Dies gilt für den normalen Musikkonsumenten ebenso wie für Liebhaber, die sich auf einzelne Genres spezialisieren.

Die in dieser Arbeit dargestellten Möglichkeiten der Nutzung der Orientierungsinstrumente Genre und Marke können dementsprechend auch in Zukunft angewendet werden, da sie nicht nur auf Labels ausgerichtet sind, sondern ebenso von alternativen Label-Modellen, Investoren oder völlig marktfremden Unternehmen im Rahmen neuer Business Modelle angewendet werden können.

Dies geschieht, indem sie sich ebenso wie ein Label auf Genres spezialisieren, sich als Marke positionieren oder beide Ansätze kombinieren. Das dadurch entstehende Bild des Unternehmens ist wie bei Labels relevant in der Außenwirkung für alle Marktteilnehmer und vor allem Künstler. So können Firmen wie ATC über den Gründer Brian Message bereits einen Glaubwürdigkeitsbonus für sich beanspruchen, ähnlich wie es bei bekannten Labelgründern der Fall ist. Sie können zudem wie Labels über ihr Artist-Roster in einem bestimmten Genre Position beziehen, über ihre Philosophie und ihr Geschäftsgebaren Markeneigenschaften annehmen und sich ein Profil erarbeiten. Die hier untersuchten Konzepte Genre und Marke werden demzufolge auch in Zukunft für die Musikbranche von hoher Relevanz sein, unabhängig davon, ob es tatsächlich ein Label im heutigen Sinne ist, das für die Vermarktung von Musik zuständig ist.

Labels müssen heute diesen Zukunftsszenarien ins Auge sehen und sich entsprechend aufstellen. Wichtig wird sein, wie flexibel sie ihre Geschäftsmodelle und die Beziehung zu Künstlern ausrichten, um mit künftigen Mitbewerbern mithalten zu können und das Musikgeschäft weiter aktiv zu beeinflussen. Sämtliche Maßnahmen von Promotion über Marketing bis zum Vertrieb müssen dabei den Ansprüchen des Künstlers gerecht werden. Dazu gehört auch eine Innovationsführerschaft als Label, indem immer wieder neue, spannende Veröffentlichungsstrategien aufgesetzt werden. Das Label muss hier agieren und das Zepter in der Hand haben, um gegen die Konkurrenz bestehen zu können.

Die Herausforderung für Labels oder entsprechende Unternehmen besteht darin, nicht nur die Musik unter Vertrag zu nehmen, der mediale Aufmerksamkeit in der Zielgruppe garantiert ist, sondern auch immer wieder diese medialen Kanäle mit neuen Impulsen zu füttern, das passende Timing und die richtige Strategie für Medienpartner und Händler zu haben, das musikalische Spektrum in den Medien zu erweitern und den veränderten Hörgewohnheiten der Konsumenten anzupassen.

Wenn man immer und überall Zugriff auf den Großteil des veröffentlichten Musikkatalogs hat, bleiben neben dem steigenden Orientierungsbedürfnis auch Implikationen für die Mechanismen der Musikindustrie nicht aus. Schließlich lässt sich heute so gut wie jeder Song im Netz vorab anhören.

Daher ändern sich die traditionellen Strategien zur Veröffentlichung von Musik immer häufiger. Das bewährte Szenario mit wochenlangen Vorläufen für die Radiobemusterung der Single vor Release, Berichterstattung in den Printmedien sowie Fernsehauftritten zur Veröffentlichung ist zwar weiterhin in Grundzügen vorhanden, mit der Digitalisierung sind aber neue Komponenten und vor allem kurzfristigere Timings hinzugekommen. Das Hinarbeiten auf einen fixen Veröffentlichungstermin, an dem alle Promotion- und Marketingmaßnahmen kumuliert greifen, ist kein allgemeingültiger Standard mehr. Generell haben sich die Zeitfenster für die Veröffentlichung von Musik geändert und sind deutlich flexibler geworden. Es gibt nicht mehr einen festen Veröffentlichungstermin, sondern teilweise gleich mehrere Daten. So kann ein Song zunächst einmal verfügbar gemacht werden, zum Beispiel mit Start der Radiobemusterung, um zu einem späteren Zeitpunkt, zum Beispiel im Rahmen einer großen TV-Kampagne und mit den Erfolgen aus dem Radio, noch einmal gepuscht zu werden. Stars wie Eminem, Max Herre oder Sido haben gleich mehrere Songs ihrer Alben vorab bei iTunes veröffentlicht, um die Qualität und Bandbreite ihres Albums zu demonstrieren.

Auch Tendenzen zu unterschiedlichen Release Dates für unterschiedliche Formate sind zu erkennen. Durch dieses Windowing möchte man dafür sorgen, dass die umsatzstarken Formate zu Beginn gestärkt werden, während die finanziell weniger attraktiven Formate erst zu einem späteren Zeitpunkt verfügbar gemacht werden. So werden Super Deluxe Editionen für Fans in limitierter Auflage oft initial über die eigene Homepage verkauft, während nachgelagert die normale CD und die digitale Auswertung folgen. Dabei wird aktuell teilweise noch zwischen Download und Streaming unterschieden. So bieten einige Künstler wie Coldplay, Helene Fischer oder Black Keys lediglich ihre Singles als Stream an, während das ganze Album zumindest in der initialen Phase des Lebenszyklus fehlt. Ähnliche Vorbehalte gab es auch schon zu Beginn des Jahrtausends mit dem Download-Format. Dieser Zustand wird sich spätestens mit dem (finanziellen) Durchbruch der Streaming-Angebote bis auf wenige Ausnahmen verflüchtigen. Dabei ist zu beachten, dass es häufig nicht die Labels sind, sondern die einzelnen Acts, die das Modell nicht unterstützen. Die Aufgabe für Labels besteht darin, aus der Fülle an Möglichkeiten die bestmögliche, individuell angepasste Strategie für den Künstler zu erarbeiten, die am besten zu ihm und der Zielgruppe passt.

Zudem ist man nicht mehr grundsätzlich auf die klassischen Bausteine angewiesen, um breite Aufmerksamkeit zu erlangen. Zahlreiche Acts haben es dank des Internets und der viralen Verbreitungsmöglichkeiten geschafft, sich eine Fanbase aufzubauen, ausverkaufte Konzerte zu spielen und ihre Musik zu verkaufen, ohne in den alten Medien flächendeckend stattzufinden, was wiederum ohne Label auch weiterhin entsprechend schwer ist. Diesen ersten Schritt in der Karriere hätten viele Künstler in den 1990er Jahren kaum geschafft. Eine gute Präsenz im Netz mit Audio- und Videodateien auf den gängigen Portalen sowie gut gepflegten Profilen in den sozialen Netzwerken kann bei entsprechender Qualität der Musik bereits als Basis ausreichen, um sich als Künstler zu vermarkten. Musiker mit entsprechender Fanbase können auch ohne Vorlauf einfach neue Musik veröffentlichen, wie es David Bowie, Beyoncé oder My Bloody Valentine 2013 vorgemacht haben. Der Überraschungseffekt sorgt für ein gewaltiges mediales Echo, und eine eventuelle Exklusivität der Musik bei einem Händler wie iTunes garantiert weltweite Präsenz im Store.

Ein weiterer wichtiger Punkt für die zukünftige Rolle von Labels liegt im langfristigen Aufbau von Künstlern. Gerade dieser Punkt wird in dem schnelllebigen Business zu oft vernachlässigt. Labels suchen aber genau diese Art von Acts, da sie mit ihnen perspektivisch gesehen am meisten Geld verdienen können. Künstleraufbau ist das A und O des Geschäfts. Sie verlieren aufgrund der Schnelllebigkeit jedoch zu häufig die Geduld, sobald die ersten Chartplatzierungen da sind. Marketingbudget wird gekürzt, die nächste wichtige Veröffentlichung steht vor der Tür, und der Künstler bekommt im schlimmsten Fall keine weitere Chance mehr, sich zu etablieren. Dies geschieht, obwohl man weiß, dass auch Alben mit einem mittelmäßigen Charteinstieg langfristig erfolgreich werden können.

An dieser Stelle ist ein Umdenken erforderlich. Labels sollten Künstler langfristiger aufbauen und mehr Geduld aufbringen. Ein guter Künstler mit Profil wird sich in Zukunft immer häufiger durchsetzen und langfristige Erfolge feiern. Zur Not eben bei einem anderen Label oder eigenständig, solange er die Substanz und natürlich gute Songs vorweisen kann. Auch die Medien sollten einer solchen Entwicklung Rechnung tragen, indem sie diese Strategie unterstützen und Künstler nicht gleich bei einem enttäuschenden Charteinstieg fallen lassen und ihre Unterstützung entziehen. Sie müssen verstehen, dass Charts nicht mehr so wichtig und kein Messinstrument mehr sind, das ihre Playlisten prägt. Statt dem vermeintlichen Geschmack der Allgemeinheit in Form von Charts hinterherzulaufen und vermehrt diese Songs zu spielen, sollten sie die treibende Kraft sein, die dem Publikum neue und gute Musik vorstellt und spannende Künstler vorstellt. Sie sollten diejenigen sein, die neue Musik fördern, anstatt zwanghaft einer Quote hinterherzulaufen und dabei nur die Musik zu spielen, die am wenigsten wehtut oder zum Umschalten des Senders führt. Hier sind vor allem die öffentlich-rechtlichen Sender gefordert, die ihre Gebührengelder für kulturelle Förderung in die Tat umsetzen sollten. Mehr Mut und Nachhaltigkeit sind hier gefragt.

Die hohe Dynamik auf Seiten der Händler bietet für Labels ebenfalls stetig neue Möglichkeiten. Der Konkurrenzkampf unter den Portalen ist geprägt von innovativen Tools im Handelsmarketing. Die großen Händler positionieren sich auf diese Weise mit ihren Alleinstellungsmerkmalen. Die Bandbreite reicht dabei von Amazons Fähigkeit, den Kauf eines physischen Produkts mit dem digitalen Produkt zu vereinen über das iTunes Ökosystem mit seinen eigenen Formaten und Tools bis zu Googles Kombination von Download-, Streaming- und Cloud-Service.

Ein wichtiger Faktor für die Relevanz von Musikplattformen ist die Personalisierung. Musik wird auf den Geschmack und das aktuelle Bedürfnis des Konsumenten zugeschnitten. Diese nutzerorientierten Empfehlungstools sind teils komplexe Orientierungsinstrumente, die aus der analogen in die digitale Welt überführt worden sind. Die Konsumenten erhalten beispielsweise auf Basis von Algorithmen, die alle gehörten Songs analysieren und mit dem Verhalten anderer Kunden vergleichen, Musikempfehlungen. Das alte Problem der Orientierung, das in der analogen Welt über eine gute Sortierung im Plattenladen oder der persönlichen

Empfehlung durch den Verkäufer angegangen wurde, wird in der digitalen Welt neben den persönlichen Bestückungen durch die Händler anhand von Tools und Algorithmen gelöst. Auch Empfehlungen anhand der Einträge von Freunden des persönlichen Facebook- oder Twitter-Profils sind vorhanden.

Gerade auf diesem Gebiet liegt noch eine Menge Potenzial für weitere Orientierungsmöglichkeiten. Die größte Herausforderung besteht dabei darin, den enorm dichten Informationsfluss so zu filtern, dass der Einzelne keine Probleme hat, alle wichtigen Tipps zu erhalten. Momentan muss man sich aus dem Datenstrom die einzelnen Informationen selbst herausfiltern, um sich gezielt über Musik zu informieren. Dabei besteht stets die Gefahr, dass man etwas Relevantes verpasst oder aufgrund von Zeitmangel nicht direkt klickt und es später vergisst.

Diese Ansätze deuten bereits an, was noch alles machbar ist. Die eigenen Musikvorlieben sind über diverse Musikdienste wie Last.fm bekannt und können als Grundlage genutzt werden. Zudem könnte man sich seine individuell bevorzugten redaktionellen Musikportale auswählen und diese beiden Informationsquellen verknüpfen. Spotify hat mit den Apps, der »Entdecken«-Funktion, die Empfehlungen auf Basis des Hörverhaltens bietet, sowie den Künstlerprofilen bereits erste Schritte in diese Richtung unternommen. Beats Music, der Streaming-Dienst des Kopfhörer-Herstellers Beats Electronics, möchte diese Komponente auf ein neues Level heben. Man verspricht den Konsumenten Empfehlungen, die nicht nur auf Algorithmen basieren, sondern von Experten kuratiert werden.

Die fortschreitende Personalisierung von Musik wird die Mediennutzung verändern, da auf diese Weise auf Basis des eigenen Geschmacks die favorisierten Musikportale gescannt und interessante Artikel und Musik gesammelt werden können. Man muss nicht mehr auf etlichen Seiten Informationen suchen, sondern lässt sich über ein Programm oder eine Applikation ein persönliches Musikmagazin selbst erstellen. Die redaktionelle Qualität ist damit ebenso gewährleistet wie die Abdeckung der eigenen Interessen und vor allem der einfache Zugriff auf die benötigten Informationen. Ergänzt man dazu noch Empfehlungen von vertrauenswürdigen Freunden aus sozialen Netzwerken wie den eigenen Facebook- und Twitter-Feeds, hat man den Großteil der Informationsquellen abgedeckt. Die Musik ist über einen Händler über alle Devices immer und überall verfügbar. Eine Playlist mit personalisierten Empfehlungen kann auch automatisch erstellt werden, so dass man jede Woche alle potenziell spannenden

Songs vorfindet und die aktuellen Musiknews nach spannenden Neuheiten durchforsten kann.

Dies bietet für Händler neue Möglichkeiten, Kunden an sich zu binden. Das Portal, das diese Herausforderung am besten umsetzt und anhand der richtigen Wahl seiner Partnerportale eine möglichst große und affine Zielgruppe erreicht, wird aus der großen Anzahl an Musikanbietern hervorstechen und enorm an Bedeutung gewinnen. So könnten Händler ihren Kunden Empfehlungen auf Basis der gehörten oder gekauften Musik geben. Die entsprechenden Daten darüber liegen ihnen schließlich vor. Diese Nutzerprofile werden bislang noch zu selten von den Händlern selbst für zusätzliche Serviceleistungen genutzt. Dabei macht es gerade bei Portalen, die Millionen von Songs anbieten, Sinn, den Konsumenten auf Basis ihres eigenen Hörverhaltens Empfehlungen auszusprechen.

Für Labels bietet diese Entwicklung den Vorteil, dass ihre Musik zielgerichtet an potenzielle Konsumenten adressiert werden kann. Es ist daher erstrebenswert, neue Technologien und Funktionen anzunehmen und für sich zu nutzen. Labels könnten beispielsweise in personalisierten Diensten als Kuratoren agieren, sei es mit eigenen Brands oder mit aufgebauten Labelbrands wie BlueNote, Sub Pop oder Fat Wreck. Die digitalen Händler und Empfehlungsdienste spielen eine immer größere Rolle, weshalb es durchaus Sinn macht, dass auch Labels selbst versuchen, in diesem Bereich Fuß zu fassen oder die Empfehlungsmechanismen der Portale zu ihrem Gunsten zu nutzen.

Schlussendlich können zahlreiche genannte Aspekte auch auf andere Industrien übertragen werden. Medien wie der Film, das Fernsehen, das Buch, Zeitungen und Zeitschriften oder das Radio unterliegen denselben Voraussetzungen bedingt durch die Digitalisierung. Im Zuge der Medienkonvergenz sind sie nicht mehr lediglich in einzelnen abgeschlossenen Medien konsumierbar, sondern fast überall verfügbar. Ein Film ist nicht mehr nur im Kino zu sehen, sondern auch über Computer, Tablets, Konsolen oder Mobiltelefone und natürlich in der Cloud erhältlich. Fernsehen kann nicht mehr nur auf dem TV-Gerät, sondern ebenfalls auf den genannten Devices angeschaut werden. Bücher, Zeitschriften und Zeitungen werden digitalisiert und sind im Netz, auf Tablets und auf eigenen eBook Readern wie dem Kindle verfügbar. Über internetfähige TV-Geräte kann man auch die Tageszeitung auf dem Fernsehschirm lesen. Radio kann man ohnehin schon mit allen genannten Geräten hören. Trends wie Wearable Tech wird diese Tendenz noch weiter verstärken. Die Inhalte werden aufgrund der Konvergenz durch die Digitalisierung auf neuen Wegen angeboten und konsumiert. Davon sind alle Rechteinhaber und Anbieter von Inhalten betroffen. Die Musikbranche hatte als erste Industrie mit diesen Herausforderungen zu kämpfen, andere Branchen erleben ähnliche Umbrüche in ihren Märkten. Inhalte sind nicht mehr so einfach zu kontrollieren, es gibt immer mehr Distributionskanäle, neue Marktteilnehmer rollen das Feld auf. Die Einstiegsbarrieren werden immer geringer. Jeder kann heute eine eigene Sendung produzieren, einen Film drehen, Radioshows moderieren, Bücher schreiben, Magazine gründen und diese Inhalte fast immer kostenlos über Kanäle wie YouTube, Amazons Kindle Shop oder den iTunes Store vertreiben und vermarkten. Es gibt zahlreiche Beispiele von Personen, die über diese Aktivitäten in Eigenregie ohne die klassische Medienindustrie, ohne Verlag oder Studio im Rücken ihren Lebensunterhalt verdienen. In allen Mediengattungen steigt daher die Anzahl der Inhalte massiv an. Ansätze wie eine Flatrate gegen Monatsgebühr können von der Musik auch auf andere Medien wie Zeitschriften übertragen werden, wie das Portal Next Issue in den USA zeigt. Unter diesen Umständen wird der Bedarf nach Orientierung und nach Lösungen für alle Marktteilnehmer weiterhin ansteigen. In dieser Arbeit wurden am Beispiel der Musikindustrie und den Orientierungsinstrumenten Genre und Marke zahlreiche Möglichkeiten aufgezeigt, wie man diese Herausforderung annehmen und für sich nutzen sollte.

Die grundsätzlichen Ansätze und Überlegungen dieser Arbeit sowie Themenbereiche, die hier nicht ausführlicher behandelt werden konnten, sollen als Ausgangspunkt für weitere Überlegungen dienen, Labels nicht nur als wirtschaftliches Konstrukt, sondern auch aus einem anderen Blickwinkel zu betrachten. Sie sind schließlich mehr als das: Sie vereinigen Aspekte der Jugendkultur, der Musikentwicklung, der Genretheorie und der Markenführung und bilden die Schnittstelle zwischen Künstlern, Händlern, Medien und Konsumenten. Diese komplexen, hochdynamischen Zusammenhänge sind wiederum in wirtschaftliche, soziale und kulturelle Kontexte eingebettet. In einem solchen Spannungsfeld stehend, bekommt ein Label zwangsläufig die Aufgabe, Orientierung für die unterschiedlichen Nachfragergruppen zu bieten. Dieses Buch dient der Zielstellung, über die Instrumente Genre und Marke Möglichkeiten aufzuzeigen, wie sowohl Majors als auch Indies gerade unter den veränderten Marktbedingungen durch die Digitalisierung über die Rolle als Orientierungspunkt bei den oft vernachlässigten Konsumenten Vertrauen erzeugen, Mehrwert schaffen, Kunden binden und dadurch auch bessere Umsätze erzielen können. Die Genretheorie und die Markenführungsansätze beinhalten eine Orientierungsfunktion zwischen Produzenten, Konsumenten und weiteren Marktteilnehmern. Ihre Potenziale können somit auch von Labels auf unterschiedliche Weise genutzt und angewendet werden, um zum Orientierungsinstrument in der Musikindustrie zu avancieren.

Quellen und Literatur

Der Anhang wird nach Quellen, den geführten Interviews, der benutzten Literatur sowie dem Abbildungsverzeichnis unterteilt. Quellen sind alphabetisch und innerhalb derselben Quelle chronologisch sortiert. Die einzelnen Autoren sind jeweils in alphabetischer Reihenfolge angegeben, bei mehreren Werken eines Autors wird nach Erscheinungsjahr geordnet, bei mehreren Werken eines Autors aus einem Jahr wird alphabetisch geordnet.

Quellenverzeichnis

¡Escandalo!. *The Matador Newsletter*. Nr. 5. July 1996.
105music: *Herzlich willkommen bei 105music*. In: http://www.105music.com/index.php?area=home (05.04.2009).
Amazon. In: www.amazon.de (08.04.2012).
- *Amazon.de startet Amazon MP3*. In: http://www.amazon.de/gp/press/pr/20090402 (04.10.2010).
- *AutoRip*. In: http://www.amazon.de/b?ie=UTF8&node=2624847031 (20.01.2014).
- *Label des Monats*. In: http://www.amazon.de/gp/feature.html/ref=amb_link_163551487_13?ie=UTF8&plgroup=2&docId=1000625713&pf_rd_m=A3JWKAKR8XB7XF&pf_rd_s=center-2&pf_rd_r=0PF4PJH8ECZH0CPK1ZWT&pf_rd_t=101&pf_rd_p=290330267&pf_rd_i=77195031 (08.04.2012).
- *Motor Music*. In: http://www.amazon.de/exec/obidos/tg/browse/-/491892/302-1941109-3550418 (15.06.2003).
- *Stöbern in: Labels*. In: http://www.amazon.de/Musik-Platten-Labels/b/ref=amb_link_35656265_9?ie=UTF8&node=282625011&pf_rd_m=A3JWKAKR8XB7XF&pf_rd_s=center-2&pf_rd_r=1E4D7ESS2HRM4KFA8PYE&pf_rd_t=101&pf_rd_p=139055991&pf_rd_i=542676 (23.12.2010).
Apple (2007): *Apple Unveils Higher Quality DRM-Free Music On The iTunes Store*. In: http://www.apple.com/pr/library/2007/04/02itunes.html (27.05.2009).
- (2008): *iTunes Store Top Music Retailer in the US*. In: http://www.apple.com/pr/library/2008/04/03itunes.html (25.05.2009).

- (2009): *Changes Coming To The iTunes Store*. In: http://www.apple.com/pr/library/2009/01/06itunes.html (27.05.2009).
- (2010): *App Store Review Guidelines*. In: http://developer.apple.com/appstore/guidelines.html (24.10.2010).
- (2011): *iCloud*. In: http://www.apple.com/icloud/features/ (06.08.2011).
- *iTunes*. In: http://www.apple.com/de/itunes/features/ (16.12.13).
- *iTunes Genius*. In: http://www.apple.com/de/itunes/features/#genius (30.09.2010).

Arte Nova. In: http://www.artenova.de (08.06.2003).
Artist Direct. In: http://www.artistdirect.com/music/artist/appears/0„648151,00.html (08.04.2012).
Beatport. In: www.beatport.com (28.09.2010).
- *About Us*. In: https://www.beatport.com/de-DE/html/corporate/document/detail/2/about_us (28.09.2010).
- *Featured Labels*. In: https://www.beatport.com/de-DE/html/content/home/detail/1/beatport#app=ab19&a486-index=1 (23.12.2010).
- *Support Center*. In: https://knowledgebase.beatport.com/kb/article/000013 (28.09.2010).

Beatportal. In: www.beatportal.com (28.09.2010).
Blabbermouth. In: http://www.roadrunnerrecords.com/blabbermouth.net/ (07.01.2011).
Blue Note. In: http://www.bluenote.com/History.aspx (05.01.2011).
BMI. In: http://www.bmi.com/about (01.02.2014).
BrandZ (2011): *Top 100 Most Valuable Global Brands 2011*. In: http://www.millwardbrown.com/Libraries/Optimor_BrandZ_Files/2011_BrandZ_Top100_Report.sflb.ashx (22.12.2013).
- (2012): *Top 100 Most Valuable Global Brands 2012*. In: http://www.millwardbrown.com/brandz/2012/Documents/2012_BrandZ_Top100_Chart.pdf (22.12.2013).
- (2013): *Top 100 Most Valuable Global Brands 2013*. In: http://www.millwardbrown.com/brandz/2013/Top100/Docs/2013_BrandZ_Top100_Chart.pdf (22.12.2013).

Buback: *Buback Tonträger und Konzerte – Mehr als eine Holding*. In: http://www.buback.de/label.php (08.04.2012).
Bundesverband der Phonographischen Wirtschaft (1997): *Tonträgerabsatz in der Bundesrepublik Deutschland 1985–1996*. In: http://www2.hu-berlin.de/fpm/graf_tab/brdsales.htm (22.02.2003).
- (2003): *Jahreswirtschaftsbericht 2002*.
- (2006): *Jahreswirtschaftsbericht 2005*.

Bundesverband Musikindustrie (2009): *Musikindustrie in Zahlen 2008*.
- (2011): *Musikindustrie in Zahlen 2010*.
- (2012): *Übersicht Jahreswirtschaftsbericht. Absatz*. In: http://www.musikindustrie.de/jahrbuch-absatz-2011/ (19.04.2012).
- (2012): *Überblick Jahreswirtschaftsbericht. Repertoire*. In: http://www.musikindustrie.de/jahrbuch-repertoire-2011/ (19.04.2012).

- (2012): *Übersicht Jahreswirtschaftsbericht. Umsatz.* In: http://www.musikindustrie. de/jahrbuch-umsatz-2011/ (19.04.2012).
- (2013): *Musikindustrie in Zahlen 2012.*
- (2014): *Musikindustrie in Zahlen 2013.*
- *Aufgaben + Ziele.* In: http://www.musikindustrie.de/aufgaben_ziele/ (19.06.2011).
- *Die offiziellen deutschen Charts.* In: http://www.musikindustrie.de/charts.html (29.05.2009).
- *Satzung des Bundesverbandes Musikindustrie e.V.: §5 (1).* In: http://www.musikindustrie.de/fileadmin/piclib/ueber_uns/satzung/Satzung_Bundesverband_Musikindustrie_100617_FINAL.pdf (06.08.2011).
- Über uns. In: http://www.musikindustrie.de/ueberuns/ (16.12.13).

Classic Motown. In: http://classic.motown.com/default.aspx (07.01.2011).

Clipfish: *Kontor Channel.* In: http://www.clipfish.de/musikvideos/label/3/kontor-records/ (31.03.2012).

Coca-Cola. In: http://www.coca-cola.de/index.jsp (21.07.2003).

Compost Records: *About Labels.* In: http://www.compost-rec.com/about-labels/ (08.04.2012).

Corbijn, Anton (2002). In: *Depeche Mode. One Night In Paris. The Exiter Tour 2001. A Live DVD By Anton Corbijn. The Photographing.* Mute Tonträger/Virgin.

Creative Commons: In: http://creativecommons.org/about/what-is-cc (20.12.2010).

Def Jam Poetry. In: http://www.defpoetryjamontour.com/ (06.01.2011).

Def Jam Rapster. In: http://www.defjamrapstar.com/about/game (06.01.2011).

Deutsche Bahn: *Bahnshop.* In: http://www.bahn.de/bahnshop1435/shopxml/spezial/videos/best_tracks_vol1.shtml (06.08.2011).

DG Webshop. In: http://www.deutschegrammophon.com/html/webshop/quickstartguide/index.html (28.02.2012).

Die Page der Motrotreffs. In: http://motro.vir2l.lu/ (15.06.2003).

Digster. In: http://digster.fm/ (02.03.2012).

DJ-Sets.com. In: http://www.dj-sets.com (12.06.2003).

DJTUNES. In: http://de.djtunes.com/labels/home?page=1&sort=active (30.12.2010).
- *Bpitch Control.* In: http://de.djtunes.com/label/bpitch-control/+about (30.12.2010).

Drip.fm: *Stones Throw Digital Discography.* In: https://drip.fm/stonesthrow (09.04.2012).

ECM. In: http://www.ecmrecords.com/About_ECM/History/index.php?rubchooser=103&mainrubchooser=1 (05.01.2011).

Emergenza. In: http://www.emergenzafestival.de/shownews.php?ID=54 (06.01.2011).
- *Der Wettbewerb.* In: http://www.emergenza.net/DE/de-de/cms/731/der-wettbewerb.aspx (19.02.2014).

Facebook: *iTunes Profil.* In: http://www.facebook.com/home.php?#!/iTunesDE?ref=ts (28.09.2010).
- *Kontor Profil.* In: http://www.facebook.com/kontorrecords (31.03.2012).
- *Musicload Profil.* In: http://www.facebook.com/home.php?#!/musicload?ref=search (28.09.2010).
- *Ninja Tune Profil.* In: http://www.facebook.com/ninjatuneofficial (19.12.2010).

- *Sony Music Entertainment Profil.* In: http://www.facebook.com/sonymusic (20.02.2014).
- *Vertigo Profil.* In: http://www.facebook.com/VertigoFM (09.01.2011).
Fat Wreck Chords Deutschland. In: www.fatwreck.de (12.06.2003).
Fat Wreck Chords. In: http://www.fatwreck.com/community/faq (02.01.2011).
Festival Guide (2011): *Sommer 2011.*
Four Music. In: http://www.fourmusic.de (12.06.2003).
- *Connect.* In: http://www.fourmusic.com/connect/ (20.02.2014).
- *Four Radio – Der Internet-Radio Sender.* In: http://www.fourmusic.de/fourmusic/radio/radio.shtml (12.06.2003).
- *Friend Card.* In: http://www.fourmusic.com/friendcard/ (02.01.2011).
- *Künstler.* In: http://www.fourmusic.com/kuenstler/ (20.02.2014).
- *Label.* In: http://www.fourmusic.com/label/ (20.02.2014).
- *Label.* In: http://www.fourmusic.com/label/2003/ (21.02.2014)
- *Label.* In: http://www.fourmusic.com/label/2004/ (21.02.2014).
GEMA (2011a): *Einigung von BITKOM und GEMA zu Online-Musik.* In: https://www.gema.de/de/presse/pressemitteilungen/presse-details/article/einigung-von-bitkom-und-gema-zu-online-musik.html (16.12.2013).
- (2011b): *GEMA veröffentlicht neue Music-on-Demand-Tarife.* In: https://www.gema.de/presse/aktuelle-pressemitteilungen/presse-details/article/gema-veroeffentlicht-neue-music-on-demand-tarife.html (09.04.2012).
- (2012): *MIDEM 2012: GEMA und Deezer verkünden Vertragsabschluss.* In: https://www.gema.de/presse/aktuelle-pressemitteilungen/presse-details/article/midem-2012-gema-und-deezer-verkuenden-vertragsabschluss.html (09.04.2012).
- *Information Lizenzierungsgrundlagen. Musik-on-demand/Musikvideo-on-demand.*
- *Vergütungssätze VR-T-H 1.* In: https://www.gema.de/fileadmin/user_upload/Musiknutzer/Tarife/Tarife_vra/tarif_vr_t_h1.pdf (28.02.2014).
- *Vergütungssätze VR-OD 7.* In: https://www.gema.de/fileadmin/user_upload/Musiknutzer/Tarife/Tarife_vra/tarif_vr_od7.pdf (19.02.2014).
Gesellschaft für Innovative Marktforschung mbH (2008): *IFPI-Konsumentenstudie »Music Insights«.*
GfK Consumer Panel (2009a): *Brenner-Studie 2009.* Erstellt für Bundesverband Musikindustrie e.V.
- (2009b): *Der Musikmarkt 2008.*
- (2010): *Brennerstudie 2010.*
- (2011): *Studie zur digitalen Content-Nutzung (DCN-Studie) 2011.* Vollversion.
- (2012a): *Studie zur digitalen Content-Nutzung (DCN-Studie) 2012.* Vollversion.
- (2012b): *Jahrespräsentation. Musikmarkt 2011.*
- (2013): *Jahrespräsentation 2012.*
- (2014a): *Jahrespräsentation 2013.*
- (2014b): German Music Market. Key Facts 2013.
Gnod. In: www.gnod.net/ (08.04.2012).
Gnoosic. In: www.gnoosic.com (08.04.2012).

Gofresh: In: http://www.gofresh.de/business/products-3.html (23.03.07).
Google+: *Kontor Profil*. In: https://plus.google.com/u/0/104177389658248253589/posts (31.03.2012).
IFPI (2011): *Recording Industry In Numbers 2011: The Definitive Source Of Global Music Market Information.*
- (2012a): *Recording Industry In Numbers: The recorded music market in 2011. The Definitive Source Of Global Music Market Information.*
- (2012b): *Digital Music Report 2012. Expanding Choice. Going Global.*
- (2014): *Recording Industry In Numbers: The recorded music market in 2013.*

IMDB: *Def Comedy Jam*. In: http://www.imdb.com/title/tt0435566/ (06.01.2011).
Interbrand: *Best Global Brands 2004*. In: http://www.interbrand.com/en/best-global-brands/best-global-brands-2008/best-global-brands-2004.aspx (04.10.2010).
- *Best Global Brands 2013*. In: http://www.interbrand.com/en/best-global-brands/2013/Best-Global-Brands-2013.aspx (22.12.2013)

Ipecac: *About Us*. In: http://www.ipecac.com/about.php (03.06.2003).
iTunes: *Auf den Dächern*. In: www.itunes.de/tape.tv (26.03.2012).
iTunes: *KlassikAkzente*. In www.itunes.de/klassikakzente (28.02.2012).
iTunes: *Ninja Tune Podcast*. In: http://itunes.apple.com/gb/podcast/ninja-tune-podcast/id214335564 (19.12.2010).
iTunes Store Dänemark. In: http://itunes.apple.com/WebObjects/MZStore.woa/wa/com.apple.jingle.app.store.DirectAction/switchToStoreFront?storeFrontId=143458 (27.09.2010).
iTunes Store Deutschland. In: http://itunes.apple.com/WebObjects/MZStore.woa/wa/com.apple.jingle.app.store.DirectAction/switchToStoreFront?storeFrontId=143443 (20.08.2011).
- *Jazz Echo Magazin*. In: http://itunes.apple.com/de/app/jazzecho-magazin/id430851806?mt=8 (28.02.2012).

iTunes Store Frankreich. In: http://itunes.apple.com/WebObjects/MZStore.woa/wa/com.apple.jingle.app.store.DirectAction/switchToStoreFront?storeFrontId=143442 (27.09.2010).
iTunes Store USA. In: http://itunes.apple.com/WebObjects/MZStore.woa/wa/com.apple.jingle.app.store.DirectAction/switchToStoreFront?storeFrontId=143441 (27.09.2010).
- *Sub Pop Label Sampler*. In: http://itunes.apple.com/WebObjects/MZStore.woa/wa/viewAlbum?id=284333993&s=143441 (23.12.2010).

JazzEcho. In: http://www.jazzecho.de/ (07.01.2011).
jpc: *Erfahrungen mit Vinyl-Qualität*. In: http://weblog.jpc.de/news/erfahrungen-mit-vinyl-qualitat,865/ (04.01.2011).
KlassikAkzente. In: http://www.klassikakzente.de/ (07.01.2011).
- *Dance Act Schiller legt mit ›Opus‹ den Grundstein für Panorama*. In: http://www.klassikakzente.de/schiller/news-und-rezensionen/detail/article:223086/dance-act-schiller-legt-mit-opus-den-grundstein-fuer-panorama (20.02.2014).

- *Deutsche Grammophon*. In: http://www.klassikakzente.de/musik/labels/deutsche-grammophon/ueber-das-label/ (16.01.2011).
Koeln.de: *NetCologne startet Musik-Kooperation mit Sony*. In: http://www.koeln.de/koeln/netcologne_startet_musikkooperation_mit_sony_391883.html (07.01.2011).
Konami: *Def Jam Rapstar erscheint am 4. November*. In: http://de.games.konami-europe.com/news.do?idNews=645 (07.01.2011).
Kontor. In: www.kontor.fm (02.01.2014).
Kontor Records. In: http://www.kontorrecords.de/ (30.03.2012).
Last.fm: *About*. In: http://www.last.fm/about (28.09.2010).
- *Ninja Tune Profil*. In: http://www.lastfm.de/music/Ninja+Tune (19.12.2010).
- *Southern Records Profil*. In: http://www.lastfm.de/tag/brought%20to%20you%20by%20southern%20records/artists (30.12.2010).
Metallica: *History Part 2*. In: http://www.metallica.com/band/band-history-part-two.asp (08.04.2012).
- *History Part 3*. In: http://www.metallica.com/band/band-history-part-three.asp (08.04.2012).
- *History Part 5*. In: http://www.metallica.com/band/band-history-part-five.asp (08.04.2012).
Motion Picture Association Of America (MPAA): *Theatrical Market Statistics 2013*.
Motor: *Die Motor-Philosophie*. In: http://www.motor.de/interaktiv/uebermotor#Die_Motor-Philosophie (26.12.2010).
- *Gläserne Firma*. In: http://www.motor.de/_company/_glaesernefirma/index.html (15.06.2003).
- *Mailing List*. In: http://www.motor.de/_mailinglist/index.html (22.07.2003).
- *Motrocity*. In: http://www.motor.de/_motorischestoerung/index.html (15.06.2003).
- *Shops*. In: http://www.motor.de/_shops/index.html (15.06.2003).
- *Tour*. In: http://www.motor.de/_tour/index_festivals.html (15.06.2003).
Motown. In: http://motown.com/ (07.01.2011).
MoTV. In: http://www.motormusic.tv/index2.html (15.06.2003).
Musicbiz: *Motor Music*. Kurzinfo/Firmenporträt. In: http://www.mediabiz.de/firmen/company.afp?Nr=2487&Biz=musicbiz&Premium=N&Navi=00000000 (30.09.2002).
Musicline: *Genre Lexikon*. In: http://www.musicline.de/de/genre/lexikon (08.04.2012).
Musicload. In: http://www.musicload.de/musicstart?cat_id=1 (20.08.2011).
- *Rock Genre*. In: http://www.musicload.de/rock#!Rock%20Charts (28.09.2010).
- . *Rock Genre*. In: http://www.musicload.de/rock (17.07.2011).
- *WAVE Download: Musik als HQ Download im WAV Format*. In: http://www.musicload.de/high-quality (12.02.2012).
Musiczeit. In: http://www.musiczeit.com (25.12.2010).
Myspace: *Kontor Profil*. In: http://www.myspace.com/kontorrecordshamburg (31.03.2012).
- *Ninja Tune Profil*. In: http://www.myspace.com/ninjatune (19.12.2010).
- *Vertigo Profil*. In: http://twitter.com/vertigofm (09.01.2011).

MyVideo: *Kontor Channel.* In: http://www.myvideo.de/channel/KontorTV (31.03.2012).
N.N. (1997): (ohne Titel). In: *What's Up Matador.* CD-Booklet: Matador.
N.N. (2003): »Der Leserpoll 2002«. In: *Intro.* Nr. 102. Februar 2003.
N.N. (2003): *PhonoNet feiert 10. Geburtstag.* In: http://www.ifpi.de/news/news-66.htm (04.03.2003).
N.N. (2010): *Let us entertain you mit REAL MUSIC! – Europapremiere. s.Oliver präsentiert als erstes Modeunternehmen einen eigenen Online Music Channel unter www.soliver.com/realmusic.* In: http://www.soliver.com/en/media/download/id/28250/file/100610_s.Oliver%20Real%20Music%20Channel.pdf (07.01.2011).
N.N. (2010): *Universal Music und s.Oliver starten langfristige Kooperation.* In: http://www.universal-music.de/company/corporate-communications/presse-archiv/presse-archiv-detail/article/127685/universal-music-und-s-oliver-starten-langfristige-kooperation/ (06.01.2011).
N.N.: *MTV Programm: Edgy, unkonventionell, progressiv!* In: http://www.viacombrandsolutions.de/de/sender/marken/mtv/programm.html (02.05.2009).
N.N.: *VIVA Programm. Populär, national, immer auf Augenhöhe mit dem Zuschauer!* In: http://www.viacombrandsolutions.de/de/sender/marken/viva/programm.html (02.05.2009).
Napster. In: http://www.napster.de/registrierung/ (01.04.2012).
– *Channels. Genre Channel. Jazz.* In: http://www.napster.de/radio/genre/jazz (01.04.2011).
Naxos. In: http://www.naxos.com/naxos/countries/germany (26.12.2010).
NetCologne: *Musicbox.* In: https://musicbox.netcologne.de/ (07.01.2011).
Netlabels. In: http://www.phlow.de/netlabels/index.php/Main_Page (20.12.2010).
– *Wanted Categories.* In: http://www.phlow.de/netlabels/index.php/Special:WantedCategories (20.12.2010).
NOIZE (2002): *Der Jahrespoll 2001 von www.noize.cc!* In: http://www.noize.rechnersysteme.de/ (15.06.2003).
– (2003): *Der Jahrespoll 2002 von www.noize.cc!* In: http://www.noize.rechnersysteme.de/poll02/ (15.06.2003).
– (2003): *Kann ein Label, bzw. die Plattenfirma als Orientierungsinstrument bei CD's dienen?* In: http://www.noize.cc/home/current_poll.php (18.06.2003).
The NPD Group (2008): *iTunes Continues To Lead U.S. Music Retailers in First Half of 2008.* In: http://www.npd.com/press/releases/press_080805.html (25.05.2009).
Nuclear Blast: *24 Jahre Nuclear Blast. 2003–2007.* In: http://www.nuclearblast.de/de/label/company/historie/2003-2007.html (08.04.2012).
– *Nuclear Blast Merchandise.* In: http://www.nuclearblast.de/de/shop/artikel/gruppen/51000.1.nuclearblast.html?article_group_sort_type_handle=rank&custom_keywords=nuclear%20blast (03.01.2011).
– *Nuclear Blast Online Shop.* In: http://www.nuclearblast.de/de/shop/index.html (02.01.2011).
Oehms Classics. In: http://www.oehmsclassics.de/wir.php (26.12.2010).

Pandora (2014): *Pandora announces December 2013 Audience Metrics.* In: http://press.pandora.com/phoenix.zhtml?c=251764&p=irol-newsArticle&ID=1888007&highlight= (22.01.2014).
Phononet: *Digias – Digitaler Artikelstamm.* In: https://digias.phononet.de/digias/productEdit.html?pid=new (22.04.2014).
Planet-E: *About Us.* In: http://planet-e.net/about-us/ (10.01.2011).
pop24. In: http://www.pop24.de/ (07.01.2011).
Popfile. In: http://www.popfile.de/index.jsp (15.06.2003).
Popkomm. (2003): *Popkomm.2003: Genre-Pavillons – Kleine Firmen ganz groß!* In: http://www.popkomm.de/popkomm/de/business/media_services/press_releases/00140.html (22.05.2003).
Poptone. In: www.poptone.de (15.06.2003).
Poptone: *Motor Tone.* In: http://www.poptone.de/motor-index3.php (15.06.2003).
Radiohead. In: http://www.radiohead.com/deadairspace (22.04.2011).
Schlagerhits. In: http://www.schlagerhits.de/ (07.01.2011).
Schwarze Dose 28. In: http://www.schwarzedose28.com/Musik-Download (06.08.2011).
Shirt City. In: http://www.shirtcity.com/shop?00000000000000d9000a0f690000003246f40cef&browser=e&loginname (15.06.2003).
Simfy. In: http://www.simfy.de (28.02.2014).
Sign Me To. In: http://signmeto.roadrunnerrecords.com/ (07.01.2011).
skyDSL: *Kostenlose MP3 Downloads mit skyDSL.* In: http://de.skydsl.eu/index.php?c=info&s=nodsl&cs=music (07.01.2011).
Songwriters. In: http://www.songwriters.de/ (07.01.2011).
Sony Music. In: http://www.sonymusic.de (03.01.2011).
Soundaccount. In: http://www.soundaccount.de/home/ (07.11.2011).
– *Alles über soundaccount.* In: http://www.soundaccount.de/alles-ueber-soundaccount/ (07.01.2011).
Spitzenorganisation der Filmwirtschaft e.V. (SPIO): *Statistik. Schlüsseldaten Filmwirtschaft 2013.* In: http://www.spio.de/spiostatistik (18.04.2014).
Spotify: *[PIAS].* In: http://open.spotify.com/app/pias (31.03.2012).
– *Browse im Spotify-Client.* (21.01.2014).
– *Classify.* In: http://open.spotify.com/app/classify (31.03.2012).
– *Def Jam.* In: http://open.spotify.com/app/defjam (31.03.2012).
– *Digster Profil.* In: http://open.spotify.com/user/digsterdeutschland (22.01.2014).
– *Domino.* In: http://open.spotify.com/app/domino (31.03.2012).
– *Entdecken im Spotify-Client.* (21.01.2014).
– *Filtr.* In: http://open.spotify.com/app/filtr (31.03.2012).
– *Get Spotify Premium.* In: http://www.spotify.com/int/get-spotify/premium/ (12.02.2012).
– *Information.* In: http://press.spotify.com/us/information/ (19.01.2014).
– *Kontor Records Profil.* In: http://open.spotify.com/user/kontorrecordsofficial (22.01.2014).

- *Matador Records*. In: http://open.spotify.com/app/matadorrecords (31.03.2012).
- *Ninja Tune Profil*. In: http://open.spotify.com/user/ninja-tune (22.01.2014).
- *Spotify and Coca-Cola Partner To Share Music With The World*. In: http://www.spotify.com/se/about-us/press/spotify-and-coca-cola-partner/ (20.04.2012).
- *Spotify Apps*. In: http://www.spotify.com/int/about/apps/ (28.02.2012).
- *Spotify Startseite im Spotify-Client*. (28.02.2012).
- *The Legacy Of*. In: http://open.spotify.com/app/legacy (31.03.2012).
- *TweetVine*. In: http://open.spotify.com/app/tweetvine (31.03.2012).

Spotify Artists. In: http://www.spotifyartists.com/ (30.01.2014).
- *How we pay royalties. An overview*. In: http://www.spotifyartists.com/spotify-explained/#how-we-pay-royalties-overview (21.01.2014).

Stones Throw: *Announcing: Stones Throw Digital Discography*. In: http://www.stonesthrow.com/news/2012/01/stones-throw-digital-discography-music-subscription-dripfm (09.04.2012).

Sub Pop. In: http://www.subpop.com/catalog/artists/sub_pop (05.04.2009).
- *About Us*. In: http://www.subpop.com/about (07.08.2011).
- *The new Sub Pop iTunes Store!* In: https://www.subpop.com/news/2013/07/09/the_new_sub_pop_itunes_store (02.03.2014).

tape.tv: *Auf den Dächern*. In: http://www.tape.tv/format/aufdendaechern (26.03.2012).
- *On Tape*. In: http://www.tape.tv/format/ontape (26.03.2012).

The King Of Limbs. In: http://www.thekingoflimbs.com/ (22.04.2011).
Tiret. In: http://www.tiretnewyork.com/index2.html (06.01.2011).
Tjaben, Christian (2010): *Ninja Tune XX – 20 Years Of Beats & Pieces*. Promotionschreiben der Agentur Verstärker für die Jubiläums-Compilation von Ninja Tune.
Tonaufzeichnung. In: http://www.tonaufzeichnung.de/ (08.04.2012).
Twitter: *Kontor Profil*. In: http://twitter.com/#!/kontorrecords (31.03.2012).
- *Ninja Tune Profil*. In: http://twitter.com/#!/ninjatunehq (19.12.2010).
- *Vertigo Profil*. In: http://twitter.com/vertigofm (09.01.2011).

UK-Sounds. In: http://www.uk-sounds.de/ (07.01.2011).
Universal Marktforschung (2000): *Bekanntheit und Sympathie ausgewählter Universal-Labels und -Logos*.
Universal Motown. In: http://www.universalmotown.com/home/ (07.01.2011).
- *Artists*. In: http://www.universalmotown.com/artists/ (07.01.2011).
- *Community*. In: http://www.universalmotown.com/community/default.aspx?blogID=309679 (07.01.2011).

Universal Music. In: http://www.universal-music.de/html/index.html (03.01.2011).
- In: http://www.universal-music.de/home/alle-genres (28.02.2012).
- *Company*. In: http://www.universal-music.de/company/umg/universal-music-group (20.02.2014).
- *Company. Vertigo/Capitol*. In: http://www.universal-music.de/company/umg/vertigocapitol (02.01.2014).

Universal Music: *Historie*. In: http://www.universal-music.de/company/historie/ (06.01.2011).
Urban. In: http://www.urban.de/ (07.01.2011).
- *Streetteam*. In: http://www.urban.de/streetteam/ (09.01.2011).
Verband unabhängiger Musikunternehmen e.V.: *Selbstdarstellung*. In: http://vut.de/vut/selbstdarstellung/ (16.12.13).
Vertigo. In: http://www.vertigo.fm/ (07.01.2011).
VEVO: *VEVO TV*. In: http://www.vevo.com/tv (05.03.2014).
VEVO: *VEVO entdecken*. In: http://www.vevo.com/browse (05.03.2014).
VEVO: *VEVO Lift*. In: http://www.vevo.com/c/DE/DE/lift (20.01.2014).
Virgin Media. In: http://www.virginmedia.com/ (07.01.2011).
Volksmusik Stars. In: http://www.volksmusikstars.com/ (07.01.2011).
VUT – Verband unabhängiger Musikunternehmen e.V. (2009): *Was verdient eigentlich ein Musiker an einem Album?* In: http://www.vut-online.de/cms/?p=815 (10.04.2011).
- *Verkauf CD-Album*. In: http://www.vut-online.de/cms/wp-content/uploads/vut_einnahmeverteilung_muwi_100909.pdf (23.04.2011)
- *GEMA*. In: http://www.vut-online.de/cms/?page_id=138 (03.04.2011).
Warner Music. In: http://www.warnermusic.de (03.01.2011),
WiMP: *Creation Records & Alan McGee*. In: http://wimp.de/playlist/6b1cef51-b491-4859-9e93-f2d0d97940ea (14.04.2012).
- *Def Jam Playlist*. In: http://wimp.de/playlist/f5cfde72-6337-4d4e-a395-3c7059565efd (14.04.2012).
- *Staatsakt Playlist*. In: http://wimp.de/playlist/269d6536-2f0a-42c1-a993-78423d6b0562 (14.04.2012).
- *WiMP HiFi*. In: http://wimp.de/wweb/specials/hifi_lossless/ (19.02.2014)
YouTube. In: http://www.youtube.com (19.12.2010).
- *AggroTV Channel*. In: http://www.youtube.com/aggrotv (20.02.2014).
- *Erased Tapes Channel*. In: http://www.youtube.com/erasedtapes (06.08.2011).
- *Four Music Channel*. In: http://www.youtube.com/fourmusic (06.08.2011).
- *Kontor Channel*. In: http://www.youtube.com/kontor (20.02.2014).
- *Ninja Tune Channel*. In: http://www.youtube.com/user/ninja000#p/u/0/7NaQnAkO2wU (19.12.2010).
- *Partnerschaft Benefits*. In: http://www.youtube.com/t/partnerships_benefits (12.02.2012).
- *Press Room*. In: http://www.youtube.com/yt/press/ (16.12.13).
- *Roadrunner Records Channel*. In: http://www.youtube.com/roadrunnerrecords (06.08.2011).
- *Vertigo Channel*. In: http://www.youtube.com/vertigotv (09.01.2011).
- *Weezer: Pork & Beans*. In: http://www.youtube.com/watch?v=T_jGlyqoYoo (09.03.2010).
- *YouTube – Geschichte des Unternehmens*. In: http://www.youtube.com/t/company_history (09.03.2010).

ZDF.Kultur. In: http://ontape.zdf.de/ZDFde/inhalt/8/0,1872,8237928,00.html (26.03.2012).

Interviews

Ballin, Cornelius, *Persönliches Interview vom 14.01.2003*, Junior Product Manager Motor Music, Universal Music, heute General Manager Marketing und Digital, Universal Music.

Böge, Ralph, *Persönliches Interview vom 04.02.2003*, Produzent, Worldless Production, Promoter, m2m, heute Managing Director Paradise Entertainment & Distribution GmbH.

Canibol, Heinz (2003): *Persönliches Interview vom 03.02.2003*. Geschäftsführender Teilhaber. 105music. Ehemaliger President & CEO EMI Music Germany/Austria/Switzerland. Seit 2014 nur noch in beratender Funktion tätig.

Christoph, Holger (2012): *Persönliches Interview vom 22.02.2012*. Director Marketing & Sales Digital. Universal Music. Heute Vice President Digital Sales, Universal Music.

Dumbsky, Alexander (2003). *Persönliches Gespräch vom 04.02.2003*. Geschäftsführer. Buback Tonträger. Heute Inhaber des Sempex Musikverlags.

Ellinghaus, Christof (2003): *Persönliches Interview vom 13.01.2003*. Managing Director. Labels Germany. Heute Geschäftsführer City Slang.

Ellinghaus, Christof (2012): *Persönliches Interview vom 20.02.2012*. Geschäftsführer. City Slang.

Fleig, Nanette (2003): *Persönliches Interview vom 09.01.2003*. Marketing & Promotion Managerin. Fat Wreck Chords. Heute Besitzerin des Clubs SO36 in Berlin.

Gilomen, Per (2003): *Persönliches Interview vom 14.01.2003*. Manager Online-Promotion Island Mercury. Universal Music. Heute Geschäftsführer Apewear.

Kielstropp, Arndt (2003): *Telefonisches Interview vom 06.02.2003*. Marketing Manager/Compilations. Ministry of Sound. Heute Produktmanager bei Stereo Deluxe und Faith Recordings.

Lumm, Matthias (2003): *Persönliches Interview vom 15.01.2003*. Alternative Director. Sony Music. Heute Executive Producer & Senior Director Client Services bei rGenerator / Sony DADC New Media Solutions.

Mahlmann, Carl (2003b): *Persönliches Interview vom 07.02.2003*. Director Business Planning. EMI Music. PhonoNet Gründungsmitglied. Heute im Ruhestand.

Marxer, Kaisa (2003): *Persönliches Interview vom 03.01.2003*. Zum Zeitpunkt des Interviews Labelmanagerin. Compost Records.

Mozis, Lubos (2003): *Persönliches Interview vom 29.01.2003*. Produktmanager von Matador, Grand Royal und Domino Recording bei Rough Trade, damals unter dem Dach von Zomba, heute bei GoodToGo.

Passaro, Sandra (2003): *Telefonisches Interview vom 06.02.2003*. Head of Promotion. Kitty-Yo. Heute Geschäftsführerin der PR Agentur Stars & Heroes.
Plazonja, Stella (2003): *Persönliches Interview vom 03.02.2003*. Produktmangerin.Yo Mama! bis 2004. Anschließend eröffnete sie einen Plattenladen. Heute studiert sie in Berlin.
Schmidt, Michael (2003). *Persönliches Interview vom 03.02.2003*. A & R. Four Music. Mitglied von Die fantastischen Vier.
Seif, Thorsten (2003): *Persönliches Interview vom 04.02.2003*. A & R und Produktmanager. Buback Tonträger. Heute Geschäftsführer Buback.
Sprave, Kristina (2003): *Persönliches Interview vom 29.01.2003*. Head of Promotion. Zomba. Heute Inhaberin der Agentur Sunbird.
Wiese, Klemens (2003). *Persönliches Interview vom 10.01.2003*. Promotionmanager. Mute Tonträger. Heute Director Event- und Venuevermarktung Metropolis GmbH/HUG/Melt Festival/Melt Booking.
Zimmermann, Thomas (2003): *Persönliches Interview vom 10.01.2003*. Finance Manager. V2 Records. Vorstandsmitglied des VUT (Verband unabhängiger Tonträgerunternehmen, Musikproduzenten und -Verlage). Heute Kaufmännischer Leiter bei ct creative talent.
Zourlas, Viron (2003). *Persönliches Interview vom 29.01.2003*. Produktmanager Ninja Tune und Warp bei Rough Trade unter dem Dach von Zomba. Heute Labelmanager bei Rough Trade Distribution / GoodToGo.

Literatur

Adjouri, Nicholas (1993): *Die Marke als Botschaft. Die kommunikative Funktion der Marke und ihre Interdependenzen zur Werbung*. Münsterschwarzach: Vier-Türme-Verlag.
– (2002): *Die Marke als Botschafter. Markenidentität bestimmen und entwickeln*. 1. Auflage Wiesbaden: Gabler.
Adorno, Theodor W. (1975): *Einleitung in die Musiksoziologie. Zwölf theoretische Vorlesungen*. 1. Auflage. Frankfurt am Main: Suhrkamp.
Ahlert, Dieter/Schröder, Hendrik (1996): *Rechtliche Grundlagen des Marketing*. 2., völlig überarbeitete Auflage. Stuttgart u.a.: Kohlhammer.
Alsmann, Götz (1985): *Nichts als Krach. Die unabhängigen Schallplattenfirmen und die Entwicklung der amerikanischen populären Musik 1943–1963*. Drensteinfurt: Huba.
Altman, Rick (1987): *The American Film Musical*. Bloomington u.a.: Indiana University Press.
Anderson, Chris (2009): *The Longer Long Tail*. London, Random House.
Andreae, Clemens-August (1978): *Markenartikel heute. Marke, Markt und Marketing*. Wiesbaden: Gabler.

Armstrong, Rollo (2010). Zitiert in: Hunter-Tilney, Ludovic (2010): *The Music Industry's New Business Model*. In: http://www.ft.com/cms/s/2/92d98d1c-bae9-11df-9e1d-00144feab49a.html#axzz1KI517FsF (22.04.2011).

Arnold, Gina (1998): »Good to Go (Bin ich froh, daß ich nicht tot bin)«. In: Kemper, Peter/Langhoff, Thomas/Sonnenschein, Ulrich (Hg.): *But I like it. Jugendkultur und Popmusik*. Stuttgart: Reclam. S. 116–121.

Ayers, Mike (2011): *Rick Rubin Explains What Mastering for iTunes Means*. In: http://read.mtvhive.com/2011/09/01/rick-rubin-explains-what-mastering-for-itunes-means/ (12.02.2012).

Azerrad, Michael (1994): *Nirvana. Come As You Are*. St. Andrä-Wördern: Hannibal.

– (1995): »Einleitung«. In: Peterson, Charles/Azerrad, Michael (Hg.): *Screaming Life – Eine Chronik der Musikszene von Seattle*. St. Andrä-Wördern: Hannibal. S. 15–28.

Baacke, Dieter (1997): »Punk und Pop. Die siebziger und achtziger Jahre«. In: Baacke, Dieter (Hg.): *Handbuch Jugend und Musik*. Opladen: Leske + Budrich. S. 253–274.

– (1999): *Jugend und Jugendkulturen. Darstellung und Deutung*. 3. überarbeitete Auflage. Weinheim und München: Juventa Verlag.

Barnako, Frank (2005): *How Much Money Lies In Downloads?* In: http://www.marketwatch.com/story/how-much-money-in-downloads?doctype=103 (03.04.2011).

Baumgarth, Carsten (2001): *Markenpolitik*. Wiesbaden: Gabler.

BBC News (2007): *Music giant EMI agrees takeover*. In: http://news.bbc.co.uk/1/hi/business/6677875.stm (22.05.2009).

Becker, Jochen (1988): *Marketing-Konzeption: Grundlagen d. strategischen Marketing-Managements*. 2. Auflage. München: Vahlen.

Bengtson, Russ (2010): *Def Jam x adidas El Dorado*. In: http://www.streetlevel.com/2010/03/23/def-jam-x-adidas-el-dorado/ (06.01.2011).

Benjamin, Walter (1974): *Das Kunstwerk im Zeitalter seiner technischen Reproduzierbarkeit*. 7. Auflage. Frankfurt am Main: Suhrkamp.

Berekhoven, Ludwig (1992): »Von der Markierung zur Marke«. In: Dichtl, Erwin/Eggers, Walter (Hg.): *Marke und Markenartikel als Instrumente des Wettbewerbs*. München: dtv. S. 25–45.

Berelian, Essi (1998a): »Metallica«. In: Buckley, Jonathan/Ellingham, Mark (Hg.): *Rock. The Rough Guide*. Stuttgart und Weimar: Metzler. S. 496–497.

– (1998b): »Nirvana«. In: Buckley, Jonathan/Ellingham, Mark (Hg.): *Rock. The Rough Guide*. Stuttgart und Weimar: Metzler. S. 546–548.

Binas, Susanne (2002): »sound-shifts. Kulturelle Durchdringung als Voraussetzung und Resultat der Schaffung von bedeutungsvollen Unterschieden und Differenz«. In: Bolz, Jochen (Hg.): *Popkulturtheorie*. Mainz: Ventil Verlag. S. 64–76.

Bismarck, Wolf-Bertram von/Baumann, Stefan (1996): *Markenmythos. Verkörperung eines attraktiven Wertesystems*. 2., unveränderte Auflage. Frankfurt am Main u.a.: Lang.

Block, Amke (2009). Zitiert In: VUT – Verband unabhängiger Musikunternehmen e.V. (2009). In: http://www.vut-online.de/cms/?p=815 (10.04.2011).
Boch, Oliver von (2001): »Die Lifestyle-Marke – ein Erfahrungsbericht«. In: Schöneberger, Angela/Stilcken, Rudolf (Hg.): *Faszination Marke*. Neuwied, Kriftel: Luchterhand. S. 35–36
Boltz, Dirk-Mario (1994): *Konstruktion von Erlebniswelten. Kommunikations- und Marketing-Strategien bei CAMEL und GREENPEACE*. Berlin: Vistas Verlag..
Bolz, Norbert/Bosshart, David (1995): *Kult-Marketing. Die neuen Götter des Marktes*. Düsseldorf: Econ-Verlag.
Bosker, Bianca (2010): *Most Viewed YouTube Video EVER: Justin Bieber Dethrones Gaga*. In: http://www.huffingtonpost.com/2010/07/16/most-viewed-youtube-video_n_648909.html (07.01.2011).
Bourdieu, Pierre (1982): *Die feinen Unterschiede. Kritik der gesellschaftlichen Urteilskraft*. Frankfurt am Main: Suhrkamp.
– (1986): Distinction. *A Social Critique of the Judgment of Taste*. London: Routledge.
Branson, Richard (1998): *Losing My Virginity*. London: Virgin Publishing Ltd.
Brinkbäumer, Klaus/Schulz, Thomas (2010): »Der Philosoph des 21. Jahrhunderts«. In: *Der Spiegel*. 17/2010. S. 66–78.
Bruckmaier, Karl (1999): *Am 1. Juli verschwindet der Name »Rough Trade« endgültig aus dem Popgeschehen*. In: http://www.le-musterkoffer.de/kol/0799-01.html (01.05.2003), http://www.le-musterkoffer.de/kol/0799-02.html (01.05.2003).
Bruhn, Manfred (2001): »Begriffsabgrenzungen und Erscheinungsformen von Marken«. In: Bruhn, Manfred (Hg.): *Die Marke. Symbolkraft eines Zeichensystems*. Bern u.a.: Paul Haupt Verlag. S. 13–54.
Brychcy, Ulf (2003): »Zwei Musikriesen wollen fusionieren«. In: *Süddeutsche Zeitung*. 22.07.2003. S. 20.
Burkett, Mike (1996). Zitiert in: Hiller, Joachim (1996): »Die totale Verweigerung«. In: *Visions*. Nr. 43. Februar 1996. S. 14–19.
– (1998). Zitiert in: Hiller, Joachim (1998): *Fat Wreck Chords*. In: http://www.ox-fanzine.de/web/itv/405/interviews.212.html (20.12.2013).
Bush, Vannevar (1945): »As We May Think«. In: *Atlantic Monthly*. 176 (1945), 7. S. 101–108.
Buskirk, Eliot van (2008): *Reznor vs. Radiohead: Innovation Smackdown*. In: http://www.wired.com/entertainment/music/news/2008/03/reznor_radiohead/ (23.03.2011).
– (2010): *What's Wrong With Music Biz, Per Ultimate Insider*. In: http://www.wired.com/epicenter/2010/07/tom-silverman-proposes-radically-transparent-music-business/all/1 (22.04.2011).
Byrne, David (2013): *David Byrne: ›The internet will suck all creative content out of the world‹*. In: http://www.theguardian.com/music/2013/oct/11/david-byrne-internet-content-world (29.01.2014).

CalumMac (2008): *Do Bands Need Labels Anymore?* In: http://www.articlealley.com/article_625255_48.html (23.03.2011): Tatsächlicher Name des Autors unbekannt.

Canibol, Heinz (1999): »Das Label als Marke«. In: Moser, Rolf/Scheuermann, Andreas (Hg.): *Handbuch der Musikwirtschaft.* 5. unveränderte Auflage. Starnberg und München: Josef Keller Verlag. S. 213–217.

Carman, Keith (2000): *The Evolution of Iron Maiden's Eddie.* In: http://www.chartattack.com/DAMN/2000/08/1601.cfm (14.04.2003).

Cawelti, John G. (1970): *The six-gun mystique.* Bowling Green: Bowling Green University Popular Press.

Chandler, Daniel (1997): *An Introduction to Genre Theory.* In: http://www.aber.ac.uk/media/Documents/intgenre/intgenre.html (05.03.2003).

Chapple, Steve/Garofalo, Reebee (1980): *Wem gehört die Rockmusik? Geschichte und Politik der Musikindustrie.* Reinbek bei Hamburg: Rowohlt.

Charles, Arthur (2013): *Thom Yorke blasts Spotify on Twitter as he pulls his music.* In: http://www.theguardian.com/technology/2013/jul/15/thom-yorke-spotify-twitter (30.01.2014).

Cohen, Ted (2007). Zitiert in: Mnookin, Seth (2007): *Universal's CEO Once Called iPod Users Thieves. Now He's Giving Songs Away.* In: http://www.wired.com/entertainment/music/magazine/15-12/mf_morris?currentPage=3 (23.05.2010).

Cornyn, Stan/Scanlon, Paul (2003): *Explosiv! Helden, Hits & Hypes. Die abenteuerliche Geschichte der Warner Music Group.* Höfen: Verlagsgruppe Koch GmbH/Hannibal.

Cowdery, James (2011): *The Artist Gateway – linking our data to the best content on the web.* In: http://www.umusic.co.uk/umusic-blog/mythbusting/229-the-artist-gateway-linking-our-data-to-the-best-content-on-the-web (12.02.2012).

Dastyari, Soheil (1998): »Computer«. In: Faulstich, Werner (Hg.) (1998): *Grundwissen Medien.* 3. Auflage. München: Wilhelm Fink Verlag. S. 151–173.

Davies, Hunter (1979): *Die Geschichte der Beatles.* München und Zürich: Droemer, Knauer.

Dichtl, Erwin (1978): »Grundidee, Entwicklungsepochen und heutige wirtschaftliche Bedeutung des Markenartikels«. In: Andreae, Clemens-August (Hg.): *Markenartikel heute. Marke, Markt und Marketing.* Wiesbalden: Gabler. S. 17–33.

– (1992): »Grundidee, Varianten und Funktionen der Markierung von Waren und Dienstleistungen«. In: Dichtl, Erwin/Eggers, Walter (Hg.): *Marke und Markenartikel als Instrumente des Wettbewerbs.* München: dtv. S. 1–23.

Diederichs, Frank A. (1999): »Budgetline und Special Products«. In: Moser, Rolf/Scheuermann, Andreas (Hg.): *Handbuch der Musikwirtschaft.* 5. unveränderte Auflage. Starnberg und München: Josef Keller Verlag. S. 227–240.

Diederichsen, Diedrich (1993): »Offene Identität & zynische Untertanen«. In: Diederichsen, Diedrich/Dormagen, Christel/Penth, Boris & Wörner, Natalia: *Das Madonna Phänomen.* Hamburg: KleinVerlag. S. 7–25.

Diez, Georg (2009): »Auflage«. In: *Süddeutsche Zeitung Magazin.* Nr. 19. 08.05.09: S. 4.

Domizlaff, Hans (1982): *Die Gewinnung des öffentlichen Vertrauens. Ein Lehrbuch der Markentechnik.* Neu zusammengestellte Ausgabe. Hamburg: Marketing-Journal.

Dorn, Margit (1998): »Film«. In: Faulstich, Werner (Hg.) (1998): *Grundwissen Medien.* 3. Auflage. München: Wilhelm Fink Verlag.

Dowling, Michael/Lechner, Christian/Thielmann, Bodo (1998): »Convergence – Innovation and Change of Market Structures between Television and Online Services«. In: *Electronic Markets:* Vol. 8. No. 4: S. 31. In: http://www.electronicmarkets.org/issues/volume-8/volume-8-issue-4 (10.03.2010).

Dredge, Stuart (2012): *Spotify Play Button embeds its streams in more websites.* In: http://musically.com/2012/04/11/spotify-play-button-embeds-its-streams-in-more-websites/ (14.04.2012).

– (2013): *Writing or speaking about streaming music screwing artist? Read these articles first.* In: http://musically.com/2013/02/13/streaming-music-screwing-artists/ (29.01.2014).

– (2013): *Thom Yorke calls Spotify ›the last desperate fart o a dying corpse‹.* In: http://www.theguardian.com/technology/2013/oct/07/spotify-thom-yorke-dying-corpse (30.01.2014).

Drosdowski, Günther/Scholze-Stebenrech, Werner/Wermke, Matthias (Hg.) (1997): *Duden. Das Fremdwörterbuch.* 6. Auflage. Mannheim u.a.: Dudenverlag.

Dubrow, Heather (1982): *Genre.* London und New York: Methuen.

Dufresne, David (1997): *Rap Revolution. Geschichte. Gruppen. Bewegung.* Zürich u.a: Atlantis-Musikbuch-Verlag.

Dyer, Geoff (2009): »Wenn die Reichtumer der Tradition den Blick freigeben. Ich hätte mein Leben nicht leben können, wenn mir diese Musik nicht den Weg gewiesen hätte: Dem Jazzlabel ECM zum 40.«. In: *Süddeutsche Zeitung.* 07.10.2009. S. 12.

Dyer, Richard (1982): »A Star is Born and the Construction of Authenticity«. In: Gledhill, Christine (Hg.): *Star Signs.* London: BFI Education. S. 13–22.

– (1998): *Stars.* Neuauflage. London: BFI Publishing.

Eco, Umberto (1973): »Social Life as a Sign System«. In: Robey, David: *Structuralism: The Wolfson College Lectures.* Oxford: Clarendon Press. S. 57–72.

Edwards, Gavin (2012): *Fortune Flows From Grungy Beginnings.* In: http://articles.latimes.com/2012/jan/08/entertainment/la-ca-subpop-20120108 (22.01.2012).

Ek, Daniel (2012). Zitiert in: Buskirk, Eliot Van (2012): *Daniel Ek On Spotify, Community And Music's Future.* In: http://www.grammy.com/news/daniel-ek-on-spotify-community-and-musics-future (26.02.2012).

Engström, Anders/Hallencreutz, Daniel (2003). In: Wikström, Patrik (2009): *The Music Industry: Music In The Cloud.* Cambridge: Polity Press. S. 48.

Ertegun, Ahmet (2001): *What I'd Say. The Atlantic Story. 50 Years of Music.* New York: Welcome Rain Publishers.

Esch, Franz-Rudolf (2003): *Strategie und Technik der Markenführung.* München: Verlag Franz Vahlen.

Fabbri, Franco (1982): »A Theory of Music Genres: Two Applications«. In: Horn, David/Tagg, Philip (Hg.): *Popular Music Perspectives.* Göteborg und Exeter: International Association for the Study of Popular Music. S. 52–81.

Faulstich, Werner (2002): *Grundkurs Filmanalyse.* München: Wilhelm Fink Verlag.

Ferchhoff, Wilfried (1997): »Musik- und Jugendkulturen in den 50er und 60er Jahren«. In: Baacke, Dieter (Hg.): *Handbuch Jugend und Musik.* Opladen: Leske + Budrich. S. 217–252.

Feuer, Jane (1992): »Genre Study and Television«. In: Allen, Robert C. (Hg.): *Channels of Discourse, Reassembled.* London: Routledge. S. 104–120.

Firebird77 (2009): *Musikindustrie. Wieviel verdient ein Künstler wirklich?* In: http://www.gulli.com/news/musikindustrie-wieviel-2009-08-28/ (03.04.2011): Tatsächlicher Name des Autors unbekannt.

Fiske, John (1987): *Television Culture.* London und New York: Methuen.

Flore, Peter (2008): *Groove Attack – Kölner Vertrieb kauft rough trade.* In: http://www.intro.de/news/newsticker/23047416 (21.01.2011).

Focillon, Henri (1942): *The Life of Forms in Art.* New Haven: Yale University Press.

Frey, Hans-Peter/Haußer, Karl (1987): »Entwicklungslinien sozialwissenschaftlicher Identitätsforschung«. In: Frey, Hans-Peter/Haußer, Karl (Hg.): *Identität. Entwicklungslinien psychologischer und soziologischer Forschung.* Stuttgart: Enke. S. 3–26.

Frith, Simon (1981): *Jugendkultur und Rockmusik. Soziologie der englischen Musikszene.* Reinbek bei Hamburg: Rowohlt.

– (1993): *Music and copyright.* Edinburgh: Edinburgh University Press.

– (1996): *Performing Rites. On the Value of Popular Music.* Oxford u.a.: Oxford University Press.

– (2001): »The popular music industry«. In: Frith, Simon/Straw, Will/Street, John (Hg.): *The Cambridge Companion to Pop and Rock.* Cambridge: Cambridge University Press. S. 26–52.

Frith, Simon/Goodwin, Andrew/Grossberg, Lawrence (1993): *Sound and Vision. The Music Video Reader.* London: Routledge.

Fromme, Claudia (2010): »Das Nichts steht ihr gut«. In: *Süddeutsche Zeitung.* 20.01.2010. S. 9.

Frye, Northrop (1971): *Anatomy of Criticism.* Princeton: Princeton University Press.

Fuchs, Oliver (2006): »Vielen Dank für die Blumen«. In: *Süddeutsche Zeitung.* 29./30.07.2006: S.III.

Gabric, Martina (2011): *Warner Music geht für 3,3 Milliarden Dollar an Access Industries.* In: http://www.musikmarkt.de/Aktuell/News/News/Warner-Music-geht-fuer-3-3-Milliarden-US-Dollar-an-Access-Industries (07.05.2011).

Gassner, Rudi (1999): »Weltmusikmarkt«. In: Moser, Rolf/Scheuermann, Andreas (Hg.): *Handbuch der Musikwirtschaft.* 5. unveränderte Auflage. Starnberg und München: Josef Keller Verlag. S. 17–36.

Gebhardt, Gerd (1999): »Repertoirebereiche und Konsumenten«. In: Moser, Rolf/Scheuermann, Andreas (Hg.): *Handbuch der Musikwirtschaft*. 5. unveränderte Auflage. Starnberg und München: Josef Keller Verlag. S. 95–102.

Gedwien, Jochen (2003): *Deconstruction-Tour-Veranstalter Dave Pollack im Gespräch*. In: http://www.noize.cc/stories/main.php?p_id=2216 (04.06.2003).

Gehring, Wes D. (Hg.) (1988): *Handbook of American Film Genres*. New York u.a.: Greenwood Press.

Gerhardt, Daniel (2010): »Post von Pavement«. In: *Visions*. Nr. 213. Dezember 2010. S. 44–49.

Gerken, Gerd (1994): *Die fraktale Marke: Eine neue Intelligenz der Werbung*. Düsseldorf u.a.: ECON.

Germanotta, Stefani alias Lady Gaga (2009). Zitiert in: Powers (2009): *Frank Talk With Lady Gaga*. In: http://articles.latimes.com/2009/dec/13/entertainment/la-ca-lady-gaga13-2009dec13?pg=5 (13.12.2009).

Gibson, Owen (2007): *Radiohead's Bid To Revive Music Industry: Pay What You Like To Download Albums*. In: http://www.guardian.co.uk/media/2007/oct/02/digitalmedia.musicnews (23.04.2011).

Gilbert, Rolf/Scheuermann, Andreas (2003): »Künstler-, Produzenten- und Bandübernahmeverträge«. In: Moser, Rolf/Scheuermann, Andreas (Hg.). *Handbuch der Musikwirtschaft*. 6. unveränderte Auflage. Starnberg und München: Josef Keller Verlag. S. 1091–1179.

Gillen, Marilyn (2000): »The player's the thing: Who's got the hardware?« In: *Billboard*. 15.04.2000. S. 72–74.

Glaubitz, Nicole/Groscurth, Henning/Hoffmann, Katja/Schäfer, Jürgen/Schröter, Jens/Schwering, Gregor/Venus, Jochen (2011): *Eine Theorie der Medienumbrüche 1900/2000*. Siegen: universi – Universitätsverlag Siegen.

Glueck, Kirsten (2003): »Musikmerchandising in Deutschland«. In: Moser, Rolf/Scheuermann, Andreas (Hg.): *Handbuch der Musikwirtschaft*. 6. unveränderte Auflage. Starnberg und München: Josef Keller Verlag. S. 431–443.

Goodwin, Andrew (1992): *Dancing in the Distraction Factory. Music Television and Popular Culture*. London: Routledge.

Gordy, Berry (1994): *To Be Loved. The Music, The Magic, The Memories Of Motown: An Autobiography*. New York: Warner Books.

Gorny, Dieter (2003). Zitiert in: N.N. (2003): *Interview mit Dieter Gorny*. In: http://www.deutsche-musik.org/musik/index.php?rubrik=0011&id=0033 (02.05.2009).

Graff, Bernd (2007): »Der Coup von London. Wie sehr sich das Geschäft im Internet nach der Abmachung zwischen EMI und Apple verändern wird«. In: *Süddeutsche Zeitung*. 04.04.2007. S. 2.

Greenstein, Shane/Khanna, Tarun (1997): »What Does Industry Convergence Mean«. In: Yoffie, David B. (Hg.) (1997): *Competing In The Age Of Digital Convergence*. Boston: Harvard Business School Press. S. 201–226.

Greiner, Kerstin (2010): *Ein bisschen krass muss sein*. In: http://sz-magazin.sueddeutsche.de/texte/anzeigen/32569/Ein-bisschen-krass-muss-sein (28.01.2014).
Grohl, Dave (2012). Zitiert in: Halperin, Shirley (2012): *Grammys 2012: Dave Grohl and Butch Vig Reflect on Nirvana, Adele and the State of the Music Business (Q&A)*. In: http://www.hollywoodreporter.com/news/dave-grohl-butch-vig-grammy-adele-nirvana-289304 (01.03.2012).
Gronow, Pekka/Saunio, Ilpo (1998): *An International History of the Recording Industry*. London und New York: Cassell.
Grundy, Stuart (1991): »Radio«. In: York, Norton (Hg.): *The Rock File. Making it in the Music Business*. Oxford u.a.: Oxford University Press. S. 228–235.
Hachmeister, Lutz/Lingemann, Jan (1999): »Das Gefühl VIVA«. In: Neumann-Braun, Klaus (Hg.): *Viva MTV! Frankfurt am Main*: Suhrkamp. S. 132–172.
Haddad, Charles (2003): *The Chili Pepper's sour grapes over iTunes*. In: http://www.businessweek.com/stories/2003-07-15/the-chili-peppers-sour-grapes-over-itunes (30.01.2014).
Hallenberger, Gerd (2002): »Das Konzept ›Genre‹: Zur Orientierung von Medienhandeln«. In: Gendolla, Peter/Ludes, Peter/Roloff, Volker (Hg.): *Bildschirm – Medien – Theorien*. München: Wilhelm Fink Verlag. S. 83–110.
– (2008): »Formate und Genres der Unterhaltung«. In: Siegert, Gabriele/Rimscha, Bjørn von (Hg.): *Zur Ökonomie der Unterhaltungsproduktion*. Köln: Herbert von Halem Verlag. S. 64–87.
Hallyday, Josh (2010): *BSkyB closes Sky Songs music subscription service*. In: http://www.guardian.co.uk/media/2010/dec/06/bskyb-closes-sky-songs-music-service (07.01.2011).
Hansen, Sven (2004): *Fair, fairer, fünfzig. Der richtige Preis für den legalen Musik-Download*. In: http://www.heise.de/ct/artikel/Fair-fairer-fuenfzig-289390.html (03.04.2011).
Hansen, Thomas (1999): »ISRC und die Verwertung von Musik im digitalen Zeitalter«. In: Moser, Rolf/Scheuermann, Andreas (Hg.): *Handbuch der Musikwirtschaft*. 5. unveränderte Auflage. Starnberg und München: Josef Keller Verlag. S. 82–94.
Häntzlschel, Jörg (2009): »Erhabene Schwermut. ›Er hat ein wirklich einzigartiges Ohr‹: Im Studio mit Manfred Eicher, dessen Label ECM es nun seit 40 Jahren gibt«. In: *Süddeutsche Zeitung*. 11.12.2009. S. 12.
Haring, Bruce (2002): *MP3. Die digitale Revolution in der Musikindustrie*. Freiburg: Orange Press.
Harris, Steve (2000). Zitiert in: Carman, Keith (2000): *The Evolution of Iron Maiden's Eddie*. In: http://www.chartattack.com/DAMN/2000/08/1601.cfm (14.04.2003).
Haug, Wolfgang Fritz (1976): *Kritik der Warenästhetik*. 5. Auflage. Frankfurt am Main: Suhrkamp.
Hauk, John (1999): *Boygroups! Teenager, Tränen, Träume*. Berlin: Schwarzkopf & Schwarzkopf.

Hebdige, Dick (1983): »Subculture – Die Bedeutung von Stil«. In: Diederichsen, Diedrich/Hebdige, Dick/Marx, Olaph-Dante: *Schocker. Stile und Moden der Subkultur.* Reinbek bei Hamburg: Rowohlt. S. 8–120.

Heinemann, Rudolf (2003): »Musikredaktion«. In: Moser, Rolf/Scheuermann, Andreas (Hg.): *Handbuch der Musikwirtschaft.* 6. vollständig überarbeitete Auflage. Starnberg und München: Josef Keller Verlag. S. 399–408.

Hentschel, Christian (2003): *Popstar in 100 Tagen.* Tipps & Facts aus dem Musikbusiness. Berlin: Schwarzkopf & Schwarzkopf.

Hertsgaard, Mark (1995): *The Beatles. Die Geschichte ihrer Musik.* München und Wien: Carl Hanser Verlag.

Hickethier, Knut (1999): »Genre oder Format? Veränderungen in den Fernsehprogrammformen der Unterhaltung und Fiktion«. In: Gottberg, Joachim von/Mikos, Lothar/Wiedemann, Dieter (Hg.): *Mattscheibe oder Bildschirm. Ästhetik des Fernsehens.* Berlin: Vistas. S. 204–215.

Hiller, Joachim (1996): »Die totale Verweigerung«. In: *Visions.* Nr. 43. Februar 1996. S. 14–19.

Hirsch, Paul M. (1970): *The Structure Of The Popular Music Industry.* Survey Research Center, Ann Arbor: University Of Michigan Press.

Hirschberg, Lynn (2007): *The Music Man.* In: http://www.nytimes.com/2007/09/02/magazine/02rubin.t.html?pagewanted=all (06.01.2011).

Hirschler, Johannes (2010): *Wie viel verdient ein Musiker an einer CD?* In: http://www.planet-wissen.de/kultur_medien/musik/musikindustrie/wissensfrage_musikindustrie.jsp (03.04.2011).

Hockenbrink, Markus (2011): »20 Years Of City Slang«. In: *Visions.* Nr. 214. Januar 2011. 102–103.

Hodge, Robert/Kress, Gunther (1988): *Social Semiotics.* Cambridge: Polity.

Holert, Tom (1999): »Abgrenzen und durchkreuzen. Jugendkultur und Popmusik im Zeichen des Zeichens«. In: Kemper, Peter/Langhoff, Thomas/Sonnenschein, Ulrich (Hg.): *Alles so schön bunt hier. Die Geschichte der Popmusik von den Fünfzigern bis heute.* Stuttgart: Reclam. S. S. 21–33.

Holloway, Lynette (2003): *Music Label Sees Video Games As Way to Promote New Songs.* In: http://www.nytimes.com/2003/03/10/business/media-music-label-sees-video-games-as-way-to-promote-new-songs.html?src=pm (06.01.2011).

Honan, Mat (2013): *Gangnam Style Is One Year Old, And Music Is Forever Different.* In: http://www.wired.com/underwire/2013/07/gangham-is-one-year-old-k-pop-is-massive-and-music-is-forever-different/ (22.01.2014).

Horkheimer, Max/Adorno, Theodor W. (1979): *Dialektik der Aufklärung. Philosophische Fragmente.* Frankfurt am Main: Fischer Taschenbuch Verlag.

Hunter-Tilney, Ludovic (2010): *The Music Industry's New Business Model.* In: http://www.ft.com/cms/s/2/92d98d1c-bae9-11df-9e1d-00144feab49a.html#axzz1K I517FsF (22.04.2011).

Ihlenfeld, Jens (2010): *Mac App Store – Der Anfang vom Ende der Freiheit.* In: http://www.golem.de/1010/78789.html (24.10.2010).

Ilzhöfer, Volker (2002): *Patent-, Marken- und Urheberrecht*. 5. Auflage. München: Vahlen.

Isaacson, Walter (2011): *Steve Jobs*. New York: Simon & Schuster.

Jacke, Christoph (1998): »Millionenschwere Medienverweigerer: Die US-Rockband NIRVANA«. In: Rösing, Helmut/Phleps, Thomas (Hg.): *Beiträge zur Popularmusikforschung 23*. Karben: CODA Musikservice + Verlag. S. 7–30.

– (2003): »White Trash und Old School: Prominente und Stars als Aufmerksamkeitsattraktoren in der Werbung«. In: Schmidt, Siegfried J./Westerbarkey, Joachim/Zurstiege, Guido (Hg.): *a/effektive Kommunikation: Unterhaltung und Werbung*. Münster: Lit Verlag. S. 97–106.

Jaspersen, Thomas (1998): »Tonträger – Schallplatte, Kassette, CD«. In: Faulstich, Werner (Hg.): *Grundwissen Medien*. 3. Auflage. München: Wilhelm Fink Verlag. S. 367–391.

Johnson, Phil (1999): *Arts: Sound And Vision*. In: http://www.independent.co.uk/arts-entertainment/arts-sound-and-vision-1085447.html (05.01.2011).

Joseph, David (2010). Zitiert in: Hunter-Tilney, Ludovic (2010): *The Music Industry's New Business Model*. In: http://www.ft.com/cms/s/2/92d98d1c-bae9-11df-9e1d-00144feab49a.html#axzz1KI517FsF (22.04.2011).

Kandell, Steve (2012): *Spotify Now Plays Well With Others*. In: http://www.spin.com/blogs/spotify-now-plays-well-others (20.04.2012).

Kapferer, Jean-Noel (1992): *Die Marke. Kapital des Unternehmens*. Landsberg/Lech: Verlag Moderne Indsutrie.

Karmasin, Helene (1993): *Produkte als Botschaften*. Wien: Ueberreuther.

Karpinski, Kerstin (2003). Zitiert in: N.N. (2003): *Popkomm. baut Genre-Pavillons*. In: http://www.mediabiz.de/newsvoll.afp?Biz=mu&Nnr=134217&NL=MA (22.05.2003).

Kassaei, Amir (2012): »Markenwerbung. Das nächste Zeitalter«. In: *Wired*. Ausgabe 1/2012. S. 46.

Kastlian, Sonja (2009): *Kastratensänger. Ein tiefer Schnitt für den Wohlklang*. In: http://www.faz.net/s/Rub7F74ED2FDF2B439794CC2D664921E7FF/Doc~E938A93E085C249D9942E6456774F0393~ATpl~Ecommon~Scontent.html (12.10.2009).

Keeling, Francis (2010). In: *Liveblog: UMG's Francis Keeling talks digital music*. In: http://musically.com/blog/2010/05/14/liveblog-umgs-francis-keeling-talks-digital-music/ (15.05.2010).

– (2012): *Now's the perfect time for investors to target music*. In: http://www.ft.com/intl/cms/s/0/bfcdd930-61fb-11e1-807f-00144feabdc0.html#axzz1oVsJrFaZ (14.04.2012).

Kehrer, Rico (2001): »Marken und Mythos: Eine kulturwissenschaftliche Betrachtung«. In: Bruhn, Manfred (Hg.): *Die Marke. Symbolkraft eines Zeichensystems*. Bern u.a.: Paul Haupt Verlag. S. 197–218.

Kent, Jeff (1983): *The Rise & Fall of Rock*. Stoke-on-Trent: Witan Books.

Kiewel, Tony (2012). Zitiert in: Edwards, Gavin (2012): *Fortune Flows From Grungy Beginnings*. In: http://articles.latimes.com/2012/jan/08/entertainment/la-casubpop-20120108 (22.01.2012).

King, Mike (2009): *How An Indie Musician Can Make $19,000 In 10 Hours Using Twitter*. In: http://mikeking.berkleemusicblogs.com/2009/06/23/how-an-indie-musician-can-make-19000-in-10-hours-using-twitter/ (12.02.2012).

Kleinsteuber, Hans J. (2006): »Konvergenz – Fakten und Fiktionen«. In: Karmasin, Matthias/Winter, Carsten (Hg.) (2003): *Konvergenz und Management: Eine Einführung in die zentralen Herausforderungen und Aufgaben*. München: Wilhelm Fink Verlag. S. 55–74.

Knappmann, Lutz (2010): *MTV wird Bezahlsender*. In: http://www.ftd.de/it-medien/medien-internet/:fernsehen-mtv-wird-bezahlsender/50178533.html (05.10.2010).

Knopper, Steve (2009): *Appetite For Self-Destruction. The Spectacular Crash Of The Record Industry In The Digital Age*. London, Simon & Schuster UK Ltd.

Koch, Moritz (2009): »Time Warner entsorgt AOL«. In: *Süddeutsche Zeitung*. 29.05.2009. S. 21.

Kohn, Bob (1998). Zitiert in: Haring, Bruce (2002): *MP3. Die digitale Revolution in der Musikindustrie*. Freiburg: Orange Press. S. 113f.

Kot, Greg (2007): *Radiohead's ›Customer Is Always Right‹ Approach Contrasts With Music Industry's Hardball Tactics*. In: http://leisureblogs.chicagotribune.com/turn_it_up/2007/10/radioheads-cust.html (23.04.2011).

Krammer, Michael (2006). Zitiert in: N.N. (2006): *Universal Music Deutschland und E-Plus starten erste Phone and Music-Marke im deutschen Mobilfunk: vybemobile*. In: http://www.vybemobile.de/img/cms/presse/vybemobile_corporate.pdf (07.01.2011).

Kremp, Matthias (2009): *Onlinemusik: Google macht Musik kostenlos – in China*. In: http://www.spiegel.de/netzwelt/web/0,1518,616479,00.html (05.10.2010).

Kulle, Jürgen (1998): *Ökonomie der Musikindustrie. Eine Analyse der körperlichen und unkörperlichen Musikverwertung mit Hilfe von Tonträgern und Netzen*. Frankfurt am Main u.a.: Peter Lang.

Kunze, Heinz Rudolf (1986): »David Bowie: Der Favorit oder: Die vielen Gesichter im leeren Spiegel«. In: Schmidt-Joos, Siegfried (Hg.): *Idole 8. Treffpunkt im Nirgendwo*. Frankfurt am Main und Berlin: Ullstein. S. 83–145.

Kurp, Matthias/Hausschild, Claudia/Wiese, Klemens (2002): *Musikfernsehen in Deutschland. Politische, soziologische und medienökonomische Aspekte*. Wiesbaden: Westdeutscher Verlag.

Kusek, Dave (2011): *Attention Music Managers And Artists: Collect Over $2 Billion In Unpaid Royalties*. In: http://www.futureofmusicbook.com/2011/03/music-managers-and-artists-could-collect-over-2-billion-in-unpaid-royalties/ (03.04.2011).

Kusek, David/Leonhard, Gerd (2006): *Die Zukunft der Musik. Warum die digitale Revolution die Musikindustrie retten wird*. München: Musikmarkt Verlag.

Lang, Günter (2003): *Time Konvergenz. Einige Überlegungen aus volkswirtschaftlicher Sicht.* In: https://www.wiwi.uni-augsburg.de/vwl/institut/paper/234.pdf (10.02.2014).

Lang, Norbert (1998): »Multimedia«. In: Faulstich, Werner (Hg.): *Grundwissen Medien.* 3. Auflage. München: Wilhelm Fink Verlag. S. 296–313.

- (2008): »Lernen in der Informationsgesellschaft. Mediengestütztes Lernen im Zentrum einer neuen Lernkultur«. In: Scheffer, Ute/Hesse, Friedrich W. (Hg.) (2008): *E-Learning. Die Revolution des Lernens gewinnbringend einsetzen.* Stuttgart: J. B. Metzler'sche Verlagsbuchhandlung und Carl Ernst Poeschel Verlag GmbH. Erstmals erschienen 2002 bei Klett-Cotta, J. G. Cotta'sche Buchhandlung Nachfolger GmbH. S. 23–42.

Langendorf, Daniel (2007): *Amazon's DRM-free music store launches.* In: http://www.last100.com/2007/09/25/amazons-drm-free-music-store-launches/ (04.10.2010).

Langhoff, Thomas (1998): »MTV: Subkultur als Werbeclip«. In: Kemper, Peter/ Langhoff, Thomas/Sonnenschein, Ulrich (Hg.): *But I like it.* Stuttgart: Reclam. S. 364–367.

LaPolt, Dina (2007): *Taking a Glance at Other Income Streams in the Music Industry.* In: http://www.musicbizacademy.com/articles/dl_newmedia.htm (03.04.2011).

Lasslop, Ingo (2002): »Identitätsorientierte Markenführung bei Luxusmarken«. In: Meffert, Heribert/Burmann, Christoph/Koers, Martin (Hg.): *Markenmanagement. Grundfragen der identitätsorientierten Markenführung.* Wiesbaden: Gabler. S. 327–352.

Lau, Thomas (1999): »Idole, Ikonen und andere Menschen. Madonna, Michael Jackson und die Fans«. In: Kemper, Peter/Langhoff, Thomas/Sonnenschein, Ulrich (Hg.): *Alles so schön bunt hier. Die Geschichte der Popmusik von den Fünfzigern bis heute.* Stuttgart: Reclam. S. 241–253.

Leeds, Jeff/Ogunnaike, Lola (2004): ›*Retired‹ Rapper Finds a Job Atop Def Jam.* In: http://www.nytimes.com/2004/12/09/business/media/09music.html?_r=1&scp=1&sq=rocafella%20def%20jam%202004&st=cse (06.01.2011).

Leitherer, Eugen (2001): »Geschichte der Markierung und des Markenwesens«. In: Bruhn, Manfred (Hg.): *Die Marke. Symbolkraft eines Zeichensystems.* Bern, Stuttgart, Wien: Paul Haupt Verlag. S. 55–75.

Levinson, Marc (1998): »It's an MTV World«. In: Kemper, Peter/Langhoff, Thomas/Sonnenschein, Ulrich (Hg.): *But I like it.* Stuttgart: Reclam. S. 368–374.

Levy, Steven (2004): *iPod Nation.* In: http://www.newsweek.com/2004/07/25/ipod-nation.html# (18.10.2010).

- (2006): *The Perfect Thing. How the iPod Shuffles Commerce, Culture, and Coolness.* New York: Simon & Schuster.

Lieberberg, Daniel (2012). Zitiert in: Gillig-Degrave, Manfred: *O-Ton Daniel Lieberberg: »Kein Künstler muss bei uns sein kritisches Bewusstsein abgeben«.* In:

http://www.mediabiz.de/musik/news/o-ton-daniel-lieberberg-kein-kuenstler-muss-bei-uns-sein-kritisches-bewusstsein-abgeben/317893 (20.04.2012).
Liebs, Holger (2003): »Das doppelte Mottchen«. In: *Süddeutsche Zeitung*. 10./11.05.2003.
Lischka, Konrad (2012a): *YouTube und Gema: Warum Deutschland schwarz sieht*. In: http://www.spiegel.de/netzwelt/netzpolitik/0,1518,815723-6,00.html (01.03.2012).
– (2012b): *Spot an fürs Gratis-Streaming*. In: http://www.spiegel.de/netzwelt/web/0,1518,820265,00.html (26.03.2012).
Lischka, Konrad/Kremp, Matthias (2009): *Macworld Expo. Apple beerdigt den Kopierschutz*. In: http://www.spiegel.de/netzwelt/tech/0,1518,599833,00.html (27.05.2009).
Lowry, Stephen/Korte, Helmut (2000): *Der Filmstar. Brigitte Bardot, James Dean, Götz George, Heinz Rühmann, Romy Schneider, Hanna Schygulla und neuere Stars*. Stuttgart: J.B. Metzler.
Lüters, Larissa (2011). Zitiert in: N.N. (2011): »ByeSpace!« In: *Visions*. Nr. 214. Januar 2011. S. 15.
Mahlmann, Carl (2001): *Der Markt für Tonträger 2001. Musikarten*. (unveröffentlicht). EMI Recorded Music Germany 2001.
– (2003a): »Struktur des deutschen Tonträgermarktes«. In: Moser, Rolf/Scheuermann, Andreas (Hg.) (2003): *Handbuch der Musikwirtschaft*. 6. vollständig überarbeitete Auflage. Starnberg und München: Josef Keller Verlag. S. 178–208.
Manovich, Lev (2001): *The Language Of New Media*. In: http://www.manovich.net/LNM/Manovich.pdf (04.04.2010).
Marquart, Maria (2011): *Riesenfusion im Musikmarkt. Univeral kauft EMI-Sparte für zwei Milliarden Dollar*. In: http://www.spiegel.de/wirtschaft/unternehmen/0,1518,797305,00.html (22.01.2012).
Martin, George/Pearson, William (1997): *Summer of Love: Wie Sgt. Pepper entstand*. Berlin: Henschel.
Mau, Holger (2001): *Ipecac Recordings. Portrait*. In: http://www.noize.cc/specials/ipecac/spezial.php3 (03.06.2003).
Mayer, Christian (2009): »Der Verhüllungskünstler«. In: *Süddeutsche Zeitung*. 06.11.2009. S. 10.
McCandless, David (2010): *How Much Do Music Artists Earn Online*. In: http://www.informationisbeautiful.net/2010/how-much-do-music-artists-earn-online (10.04.2011).
McCracken, Scott (1998): *Pulp – Reading Popular Fiction*. Manchester University Press. Manchester und New York.
McDonald, Paul (1998): »Reconceptualising Stardom«. In: Dyer, Richard (1998): *Stars*. London: BFI. S. 177–200.
McQuail, Denis (1994): *Mass Communication Theory. An Introduction*. 3. Auflage. London u.a.: Sage Publications.

Meffert, Heribert/Burmann, Christoph (2002a): »Wandel in der Markenführung – vom instrumentellen zum identitätsorientierten Markenverständnis«. In: Meffert, Heribert/Burmann, Christoph/Koers, Martin (Hg.): *Markenmanagement. Grundfragen der identitätsorientierten Markenführung.* Wiesbaden: Gabler. S. 17–34.
– (2002b): »Identitätsorientierte Führung von Handelsmarken«. In: Meffert, Heribert/Burmann, Christoph/Koers, Martin (Hg.): *Markenmanagement. Grundfragen der identitätsorientierten Markenführung.* Wiesbaden: Gabler. S. 291–300.
– (2002c): »Theoretisches Grundkonzept der identitätsorientierten Markenführung«. In: Meffert, Heribert/Burmann, Christoph/Koers, Martin (Hg.): *Markenmanagement. Grundfragen der identitätsorientierten Markenführung.* Wiesbaden: Gabler. S. 35–72.
Meffert, Heribert/Burmann, Christoph/Koers, Martin (2002): »Stellenwert und Gegenstand des Markenmanagement«. In: Meffert, Heribert/Burmann, Christoph/Koers, Martin (Hg.): *Markenmanagement. Grundfragen der identitätsorientierten Markenführung.* Wiesbaden: Gabler. S. 3–16.
Mellerowicz, Konrad (1963): *Markenartikel – Die ökonomischen Gesetze ihrer Preisbildung und Preisbindung.* München, Berlin: Beck Verlag.
– (1963): *Markenartikel.* 2. Auflage. München u.a.: Beck.
Melton, Mark (1991): »Deciphering The Legal Jargon«. In: Norton (Hg.): *The Rock File. Making it in the Music Business.* Oxford u.a.: Oxford University Press. S. 251–265.
Mercer, Kobena (1993): »Monster Metaphors«. In: Frith, Simon/Goodwin, Andrew/Grossberg, Lawrence (Hg.): *Sound and Vision. The Music Video Reader.* London: Routledge. S. 93–108.
Merten, Klaus (1994): »Wirkungen von Kommunikation«. In: Merten, Klaus/Schmidt, Siegfried J./Weischenberg, Siegfried (Hg.): *Die Wirklichkeit der Medien. Eine Einführung in die Kommunikationswissenschaft.* Opladen: Westdeutscher Verlag. S. 291–328.
Meyer, Marcus: *Der Schriftzug von »BLACK SABBATH«.* In: http://www.muenster.de/~m-meyer/logobs.html (15.03.2003).
Middles, Mick (2009): *Factory. The Story Of The Record Label.* London: Virgin Books.
Mikos, Lothar (1994): *Fernsehen im Erleben der Zuschauer. Vom lustvollen Umgang mit einem populären Medium.* Berlin und München: Quintessenz.
Mnookin, Seth (2007): *Universal's CEO Once Called iPod Users Thieves. Now He's Giving Songs Away.* In: http://www.wired.com/entertainment/music/magazine/15-12/mf_morris?currentPage=2, http://www.wired.com/entertainment/music/magazine/15-12/mf_morris?currentPage=3 (23.05.2010).
Modica, Mathias (2010): »Auftrag erledigt. James Murphy gilt als der König des Hipster-Pop. Jetzt begräbt er sein ›LCD Soundsystem‹«. In: *Süddeutsche Zeitung.* 15./16.05. 2010. S. 13.
Moser, Rolf/Scheuermann, Andreas (Hg.) (1999): *Handbuch der Musikwirtschaft.* 5. unveränderte Auflage. Starnberg und München: Josef Keller Verlag.

Mulligan, Mark (2007). Zitiert in: Wachman, Richard (2007): *Radiohead's Rainbow Could Signal Danger For Record Giants*. In: http://www.guardian.co.uk/business/2007/oct/07/media.digitalmedia?INTCMP=ILCNETTXT3487 (23.04.2011).
Murphy, John M. (1990): *Brand strategy*. Cambridge: Director Books.
Myrie, Russell (2008): *Don't ryhme for the sake of riddlin'. The authorized story of Public Enemy*. New York: Canongate.
N.N. (1977): »Klangsupermarkt zum Nulltarif – Leerkassetten«. In: *Der Spiegel*. Ausgabe 17/1977. S. 204–211.
N.N. (1999): *Petra Husemann-Renner zur Zukunft von Motor Music*. In: http://www.mediabiz.de/firmen/newsvoll.afp?Nr=2487&Newsnr=65102&Biz=musicbiz&Premium=N&Navi=00000000#oben (30.09.2002).
N.N. (2001): *Amazon richtet Deutsche-Grammophon-Shop ein*. In: http://www.mediabiz.de/firmen/newsvoll.afp?Nr=6309&Nnr=104397&Typ=News&Biz=musicbiz&Premium=N&Navi=00000000 (16.06.2003).
N.N. (2001): *Columbia hofft auf Emergenza-Nachwuchs*. In: http://www.mediabiz.de/musik/news/columbia-hofft-auf-emergenza-nachwuchs/104233 (06.01.2011).
N.N. (2001): *Island Def Jam kauft die Hälfte von Roadrunner*. In: http://www.mediabiz.de/newsvoll.afp?Biz=musicbiz&Newsnr=99114 (01.05.2003).
N.N. (2001): *Roadrunner auf dem Weg zu Island Def Jam?* In: http://www.mediabiz.de/newsvoll.afp?Biz=musicbiz&Newsnr=98533 (01.05.2003).
N.N. (2001): »Star Profiles I«. In: Frith, Simon/Straw, Will/Street, John (Hg.): *The Cambridge Companion to Pop and Rock*. Cambridge: Cambridge University Press. S. 74–92.
N.N. (2001): »Star Profiles II«. In: Frith, Simon/Straw, Will/Street, John (Hg.): *The Cambridge Companion to Pop and Rock*. Cambridge: Cambridge University Press. S. 193–212.
N.N. (2001): *Yellow Lounge – The Classical Mix Album: Gute Laune mit gelber Musik*. In: http://www.mediabiz.de/firmen/newsvoll.afp?Nr=6309&Nnr=104208&Typ=News&Biz=musicbiz&Premium=N&Navi=00000000 (16.06.2003).
N.N. (2002): *Arte-Nova-Gründer Oehms startet neues Label*. In: http://www.mediabiz.de/newsvoll.afp?Biz=mu&Nnr=126068&NL=MA (08.04.2012)
N.N. (2002): *BMG kauft Zomba*. In: http://www.mediabiz.de/newsvoll.afp?Nnr=115626&Biz=musicbiz&Premium=NN&Navi=00000000 (01.05.2003).
N.N. (2002): *Deutschland sucht den neuen Superstar*. In: http://www.mediabiz.de/firmen/newsvoll.afp?Nr=4100&Nnr=123415&Typ=News&Biz=musicbiz&Premium=N&Navi=00000000 (31.10.2002).
N.N. (2002): *Die Story von Clive Calder und Zomba*. In: http://www.mediabiz.de/newsvoll.afp?Nnr=116028&Biz=musicbiz&Premium=NN&Navi=00000000 (01.05.2003).
N.N. (2002): *Electronic Arts etabliert Partnerprogramm für Plattenlabels*. In: http://www.mediabiz.de/newsvoll.afp?Nnr=118730&Biz=musicbiz&Premium=NN&Navi=00000000 (08.04.2012).

N.N. (2002): *Jay-Z And Damon Dash Buy Armadale Vodka*. In: http://rapdirt.com/ jay-z-and-damon-dash-buy-armadale-vodka-the-whole-company/1730/ (06.01.2011).

N.N. (2002): *Lufthansa und Sony Music kooperieren*. In: http://www.musikmarkt.de/ content/news/news_2.php3?r=1&bid=4769&th=4769&next=50,10,5 (06.11.2002).

N.N. (2002): *Motor Music richtet eigene TV-Show aus*. In: http://www.mediabiz.de/ newsvoll.afp?Biz=mu&Nnr=125322&NL=MA (04.12.2002).

N.N. (2002): *Motor Music bekommt eigene TV-Sendung*. In: http://www.musikmarkt .de/content/news/news_2.php3?bid=4994 (04.12.2002).

N.N. (2002): *Sony und Pepsi vereinbaren Cross-Promotion-Deal*. In: http://www.musik markt.de/content/news/news_2.php3?bid=4826 (12.11.2002).

N.N. (2002): *Zomba kostet BMG 2,76 Milliarden Euro*. In: http://www.mediabiz.de/ newsvoll.afp?Biz=mu&Nnr=124928&NL=MA (01.05.2003).

N.N. (2003): *arvato übernimmt den Zomba-Vertrieb*. In: http://www.mediabiz.de/news voll.afp?Biz=mu&Nnr=138425&NL=MA (07.08.2003).

N.N. (2003): *BMG bestätigt Aus für Zomba-Records*. In: http://www.musikmarkt.de/ content/news/news_2.php3?bid=5990 (01.05.2003).

N.N. (2003): *BMG macht Zomba dicht, behält aber den Vertrieb*. In: http://www.media biz.de/newsvoll.afp?Nnr=131954&Biz=musicbiz&Premium=NN&Navi=000 00000 (01.05.2003).

N.N. (2003): *BMG mit über 25 Prozent Umsatzplus im ersten Quartal*. In: http://www. musikmarkt.de/content/news/news_2.php3?bid=6159 (14.05.2003).

N.N. (2003): *Deutsche Grammophon gründet edge*. In: http://www.mediabiz.de/firmen /news.afp?Nr=6309&Biz=musicbiz&Premium=N&Navi=00000000 (16.06.2003).

N.N. (2003): *Four Music und Yo Mama kooperieren*. In: http://www.mediabiz.de/ newsvoll.afp?Biz=mu&Nnr=134991&NL=MA (06.06.2003).

N.N. (2003): *Fusion von Warner Music und BMG rückt näher*. In: http://www.musik markt.de/content/news/news_2.php3?bid=6773 (31.07.2003).

N.N. (2003): *»Go to Rhino Records«: Als die Haare noch ungepflegt waren und die Mädchen willig...«*. In: *Süddeutsche Zeitung*. 19.03.2003. S. 12.

N.N. (2003): *Gofresh gründet erstes Label für Handy-Klingeltöne*. In: http://www.musik markt.de/content/news/news_2.php3?bid=6305 (30.05.2003).

N.N. (2003): *Island Def Jam kooperiert mit Gameshersteller*. In: http://www.mediabiz.de /newsvoll.afp?Biz=mu&Nnr=130075&NL=MA (10.03.2003).

N.N. (2003): *Kleinere Majors könnten von Merger profitieren*. In: http://www.mediabiz. de/newsvoll.afp?Biz=mu&Nnr=135335&NL=MA (16.06.2003).

N.N. (2003): *Klingelton-Label will Musikern Umsätze bescheren*. In: http://www.media biz.de/newsvoll.afp?Biz=mu&Nnr=134566&NL=MA (30.05.2003).

N.N. (2003): *Popkomm.2003: Gemeinschafts-Pavillons für kleine Labels*. In: http://www. musikmarkt.de/content/news/news_2.php3?bid=6239 (22.05.2003).

N.N. (2003): *»Rest In Style«*. In: *Maxim*. Februar 2003. S. 90.

N.N. (2003): *Sony Music und Nivea veröffentlichen Wellness-Compilation-Reihe.* In: http://www.musikmarkt.de/content/news/news_2.php3?bid=6074 (05.05.2003).

N.N. (2003): *Studie: Klingeltongeschäft wird sich bis 2008 verdoppeln.* In: http://www.mediabiz.de/newsvoll.afp?Biz=mu&Nnr=138323&NL=MA (07.08.2003).

N.N. (2003): *UMG löscht Musik-Durst von Coca-Cola.* In: http://www.mediabiz.de/newsvoll.afp?Biz=mu&Nnr=135491&NL=MA (18.06.2003).

N.N. (2003): *US-Markt bleibt schwierig.* In: http://www.mediabiz.de/newsvoll.afp?Biz=mu&Nnr=137950&NL=MA (31.07.2003).

N.N. (2004): *BMG und Sony Music vollenden Fusion. Neue Nummer Zwei der Branche.* In: http://www.handelsblatt.com/unternehmen/it-medien/bmg-und-sony-music-vollenden-fusion;773178 (25.05.2009).

N.N. (2004): *IDJ verhandelt mit Dash über Roc-A-Fella-Aufkauf.* In: Musikwoche: http://www.mediabiz.de/musik/news/idj-verhandelt-mit-dash-ueber-roc-a-fella-aufkauf/161627 (06.01.2011).

N.N. (2004): *Viacom: MTV übernimmt Viva.* In: http://www.manager-magazin.de/it/artikel/0,2828,305590,00.html (02.05.2009).

N.N. (2005): *Klingelton-Attacke: Coldplay von der Chartspitze gequakt.* In: http://www.spiegel.de/kultur/musik/klingelton-attacke-coldplay-von-der-chartspitze-gequakt-a-357578.html (28.02.2014).

N.N. (2006): *EU-Gericht kippt Musiksparten-Fusion.* In: http://www.focus.de/finanzen/boerse/aktien/sony-bmg_aid_111848.html (07.04.2012).

N.N. (2007): *For Radiohead Fans, Does »Free« + »Download« = »Freeload«?* In: http://www.comscore.com/Press_Events/Press_Releases/2007/11/Radiohead_Downloads (23.04.2011).

N.N. (2007): *Radiohead Album Gets Release Date.* In: http://news.bbc.co.uk/2/hi/entertainment/7085502.stm (23.04.2011).

N.N. (2007): *Terra Firma vor Übernahme des Musikkonzerns EMI.* In: http://www.heise.de/newsticker/Terra-Firma-vor-Uebernahme-des-Musikkonzerns-EMI--/meldung/93705 (22.05.2009).

N.N. (2007): *Terra Firma bei EMI am Ziel.* In: http://www.mediabiz.de/musik/news/terra-firma-bei-emi-am-ziel/237909 (16.01.2011).

N.N. (2007): *Warner Music Group Completes Acquisition of Roadrunner Music.* In: http://www.roadrunnerrecords.com/blabbermouth.net/news.aspx?mode=Article&newsitemID=66113 (21.01.2011).

N.N. (2008): *Apple gibt den Ton an. Marktführerschaft bei Musikdownloads.* In: http://www.sueddeutsche.de/wirtschaft/marktfuehrerschaft-bei-musikdownloads-apple-gibt-den-ton-an-1.283937 (05.10.2010).

N.N. (2008): *Duracell gibt Partnerschaft mit Universal Music bekannt.* In: http://www.pressebox.de/pressemeldungen/procter-gamble-germany-gmbh-co-operations-ohg/boxid/167971 (06.08.2011).

N.N. (2008): *Terra Firma greift durch.* In: http://www.manager-magazin.de/it/artikel/0,2828,528653,00.html (22.05.2009).

N.N. (2008): *Terra Firma: Guy Hands zieht sich zurück.* In: http://www.manager-magazin.de/koepfe/personalien/0,2828,614004,00.html (22.05.2009).
N.N. (2008): *Verkauf an Sony. Bertelsmann steigt aus Musikgeschäft aus.* In: http://www.sueddeutsche.de/wirtschaft/78/305048/text/ (03.05.2009).
N.N. (2009): *Britische Filesharer kosten Kreativwirtschaft 14 Milliarden Euro.* In: http://www.mediabiz.de/musik/news/britische-filesharer-kosten-kreativwirtschaft-14-milliarden-euro/274942 (02.06.2009).
N.N. (2009): *Endgültige Trennung: Time Warner stößt AOL ab.* In: http://www.spiegel.de/wirtschaft/0,1518,627378,00.html (28.05.2009).
N.N. (2009): *Joss Stone will EMI für Vertragsauflösung bezahlen.* In: http://www.mediabiz.de/newsvoll.afp?Nnr=274943&Biz=musicbiz&Premium=N&NL=MWD&uid=m8403&ausg=20090602&lpos=Main_4 (02.06.2009).
N.N. (2009): *Musicload will den Kopierschutz abschaffen.* In: http://www.golem.de/0901/64472.html (27.05.2009).
N.N. (2009): *Schuldenabbau bei Warner könnte EMI-Übernahme möglich machen.* In: http://www.mediabiz.de/newsvoll.afp?Nnr=274559&Biz=musicbiz&Premium=N&NL=MWD&uid=m13463&ausg=20090522&lpos=Main_1 (22.05.2009).
N.N. (2009): *Universal festigt Position als Weltmarktführer.* In: http://www.mediabiz.de/newsvoll.afp?Nnr=274830&Biz=musicbiz&Premium=N&NL=MWD&uid=m13463&ausg=20090528&lpos=Main_4 (28.05.2009).
N.N. (2010): »Google's cloudy music ambition«. In: *Music Ally: The Report.* Issue 244. 27.05.2010. S. 1–3.
N.N. (2010): *Große Eröffnung des ersten Universal Music Pop-up Stores.* In: http://www.universal-music.de/company/corporate-communications/presse-archiv/presse-archiv-detail/article/121019/universal-music-gmbh-grosse-eroeffnung-des-ersten-universal-music-pop-up-stores/ (06.08.2011).
N.N. (2010): »Politik gegen Apple«. In: *Der Spiegel.* 23/2010. S. 135.
N.N. (2011): »Amazon-ing Grace«. In: *Music Ally: The Report.* Issue 265. 31.03.2011. S. 1–3
N.N. (2011): *Citigroup bereitet EMI-Verkauf vor.* In: http://www.mediabiz.de/musik/news/citigroup-bereitet-emi-verkauf-vor/304746?NL=mwd&uid=13463&ausg=20110505&lpos=Main_1 (07.05.2011).
N.N. (2011): *Digital media industry steps aside as new Apple software takes centre stage.* In: http://musically.com/blog/2011/06/07/digital-media-industry-steps-aside-as-new-apple-software-takes-centre-stage/ (06.08.2011).
N.N. (2011): »Google Music: For Beta Or Worse?« In: *Music Ally: The Report.* Issue 268. 12.05.2011. S. 5.
N.N. (2011): »Have Digital Labels Failed?« In: *Music Ally: The Report.* Issue 263. 03.03.2011. S. 1–3.
N.N. (2011): *GEMA und Bitkom einigen sich auf Onlinelizenzen.* In: http://www.mediabiz.de/musik/news/gema-und-bitkom-einigen-sich-auf-onlinelizenzen/313188?NL=mwd&uid=8403&ausg=20111208&lpos=Main_1 (09.04.2012).

N.N. (2011): *Jetzt gibt's was auf die Ohren; SCHWARZE DOSE 28 goes music*. In: http://www.presseportal.de/pm/76497/2000837/jetzt-gibt-s-was-auf-die-ohren-schwarze-dose-28-goes-music (06.08.2011).

N.N. (2011): »Trouble In Storage For RapidShare«. In: *Music Ally: The Report*. Issue 260. 20.01.2011. S. 1–3.

N.N. (2011): *Volksbanken und Universal Music schließen Partnerschaft*. In: http://www.volksbank.com/m101/volksbank/m074_40000/de/presse/details/eigene_pressemeldungen_11/110630_universal_partnerschaft.jsp (06.08.2011).

N.N. (2012): »NOW That's What I Call An App!« In: *Music Ally: Sandbox*. Issue 58. 19.04.2012. S. 5.

N.N. (2012): *Kontor.TV: Kontor Records und QTom starten Musikchannel*. In: http://www.musikmarkt.de/Aktuell/News/News/Kontor.TV-Kontor-Records-und-QTom-starten-Musikchannel (31.03.2012).

N.N. (2012): *Simfy dampft Freemium ein*. In: http://www.mediabiz.de/musik/news/simfy-dampft-freemium-ein/318665 (01.05.2012).

N.N. (2012): *Vevo To Force Account Registrations Through Facebook*. In: http://musical ly.com/2012/03/01/vevo-to-force-account-registrations-through-facebook/ (01.03.2012)

N.N. (2013): *Beyoncé: Amazon boykottiert Vertrieb des neuen Albums*. In: http://www.musikexpress.de/news/meldungen/article515502/beyonce-amazon-boykottiert-vertrieb-des-neuen-albums.html (14.02.2014).

Neale, Stephen (2000): *Genre and Hollywood*. London u.a.: Routledge.

Neefund, Paulus/Blömer, Henner (2003): »Konvergenztechnologie und Musikverwertung«. In: Moser, Rolf/Scheuermann, Andreas (Hg.) (2003): *Handbuch der Musikwirtschaft*. 6. vollständig überarbeitete Auflage. Starnberg und München: Josef Keller Verlag. S. 101–111.

Negus, Keith (1992): *Producing pop: Culture and Conflict in the Popular Music Industry*. London u.a.: Arnold.

– (1999): *Music Genres and Corporate Cultures*. London: Routledge.

Nöcker, Maik (2011): *Sinalco und Nike setzen auf Webradio*. In: http://quu.fm/business_sinalco_nike/ (06.08.2011).

Nolteernsting, Elke (1997): »Die neue Musikszene: Von Techno bis Crossover«. In: Baacke, Dieter (Hg.): Handbuch Jugend und Musik. Opladen: Leske + Budrich. S. 275–292.

O'Reilly, Lara (2011): *Coca-Cola Music aims to become »established music brand«*. In: http://www.marketingweek.co.uk/sectors/food-and-drink/coca-cola-music-aims-to-become-%E2%80%9Cestablished-music-brand%E2%80%9D/3029 295.article (26.08.2011).

Oldag, Andreas (2008). *Ein Zuchtmeister für Robbie Williams*. In: http://www.sueddeutsche.de/wirtschaft/emi-chef-leoni-sceti-ein-zuchtmeister-fuer-robbie-williams-1.192840 (18.01.2014).

Olmstead, Todd (2013): *You can remix Moby's new album thanks to BitTorrent.* In: http://mashable.com/2013/11/17/moby-innocents-bittorrent-bundle/ (30.01.2014).
Orlik, Peter B. (2004): Broadcast Music Incorporated. In: Sterling, Christopher H. (Hg.): Encyclopedia of Radio 3-Volume Set. New York: Taylor & Francis Books. S. 393–395.
Orlowski, Andrew/Arthur, Charles (2004): *Record Labels Still On Top despite Online Revolution.* In: http://www.independent.co.uk/arts-entertainment/music/news/record-labels-still-on-top-despite-online-revolution-547079.html (03.04.2011).
Overbeck, Jochen (2012): »Musik aus den Wolken«. In: *Musikexpress.* Mai 2012. S. 54–57.
Palmer, Amanda (2009): *Please Drop Me.* In: http://lefsetz.com/wordpress/index.php/archives/2009/04/05/e-mail-of-the-day-14/ (12.02.2012).
– (2010): *Twitter & The Beautiful Losers: #LOFNOTC.* In: http://blog.amandapalmer.net/post/111667948/twitter-the-beautiful-losers-lofnotc (12.02.2012).
Palmer, Robert (1997): *Rock'n'Roll. Die Chronik einer Kulturrevolution.* St. Andrä-Wördern: Hannibal Verlag.
Patalong, Frank (2005): *Klingeltonwahnsinn: »Tötet Sweety!«* In: http://www.spiegel.de/netzwelt/web/klingeltonwahnsinn-toetet-sweety-a-338690.html (28.02.2014).
Pavitt, Bruce (2008). Zitiert in: Sub Pop: *About Us.* In: http://www.subpop.com/about (07.08.2011).
Paytress, Mark (2003): »God Save The Queen. Sex Pistols. The Case for: Punk call-to-arms that raised the spectre of civil war«. In: Hunt, Chris (Hg.): *Q Special Edition. 100 Songs That Changed The World.* London: EMAP Metro Limited. S. 134–137.
Pollack, Neal (2011): »The Celestial Jukebox«. In: *Wired.* US-Ausgabe. Januar 2011.
Poschardt, Ulf (2001): *DJ Culture. Diskjockeys und Popkultur.* 2. Auflage. Reinbek bei Hamburg: Rowohlt.
Powell, Mark (2009): »A Small History Of Island Records«. In: *Island 50. 1959–2009.* Universal Music. S. 63–110.
Powers, Ann (2009): *Frank Talk With Lady Gaga.* In: http://articles.latimes.com/2009/dec/13/entertainment/la-ca-lady-gaga13-2009dec13?pg=5 (13.12.2009).
Purcell, Gerald W. (1969): »Teamwork: The Agent, Publisher, and Record Company«. In: Ackermann, Paul/Zhito, Lee (Hg.): *The Complete Report of the First International Music Industry Conference.* New York: Billboard Publishing. S. 24–28.
Rapp, Tobias (2013): *Lady Gagas Karriereknick. Divendämmerung.* In: http://www.spiegel.de/kultur/musik/lady-gaga-und-pop-in-schwierigkeiten-artpop-enttaeuscht-a-934251.html (14.02.2014).
Redenz, Sebastian (2005): »Das Netlabel als alternativer Ansatz der Musikdistribution«. In: Lutterbeck, Bernd/Gehring, Robert A./Bärwolff, Matthias (Hg.): *Open Souce Jahrbuch 2005 – Zwischen Softwareentwicklung und Gesellschaftsmodell.* Berlin: Lehmanns Media. S. 381–392.

Renner, Tim (2004): *Kinder, der Tod ist gar nicht so schlimm! Über die Zukunft der Musik- und Medienindustrie.* Frankfurt/Main: Campus Verlag GmbH.
- (2013): »Crowdrock für alle«. In: *Süddeutsche Zeitung.* 16.11.2013: S. 15.
Repinski, Gordon (2009): *Bohlens Castingshow: Durchmarsch der Hundedame.* In: http://www.spiegel.de/kultur/tv/0,1518,668142,00.html (20.12.2009).
Reynolds, Simon (1996): »Low End Theory«. In: *Wire.* Nr. 146. April 1996. Aus: http://www.mille-plateaux.net/theory/download/raynolds-thewire.pdf (08.06.2003).
Riggs, Derek (2000): *Interview. Cable Radio Milton Keynes (CRMK 89.8FM).* 27.08.2000. In: http://www.megaspace.com/entertainment/andy/mega/riggs.htm (15.03.2003).
Roccor, Bettina (1996): *Heavy Metal. Kunst. Kommerz. Ketzerei.* Berlin: Iron Pages.
- (1998): *Heavy Metal: Die Bands. Die Fans. Die Gegner.* München: C.H. Beck.
Roell, Craig H. (1989): *The Piano In America, 1890–1940.* Chapel Hill, London: University Of North Carolina Press.
Rogers, Ian (2012): *Direct-To-Fan is NOT a Rich Band's Game.* In: http://www.topspinmedia.com/2012/02/direct-to-fan-is-not-a-rich-bands-game (14.04.2012).
Rose, Brian G. (1985): *TV Genres.* Westport u.a.: Greenwood Press.
Rosen, Larry (1997). Zitiert in: Haring, Bruce (2002): *MP3. Die digitale Revolution in der Musikindustrie.* Freiburg: Orange Press.
Rusch, Gebhardt (1993): »Fernsehgattungen in der Bundesrepublik Deutschland. Kognitive Strukturen im Handeln mit Medien«. In: Hickethier, Knut (Hg.): *Institution, Technik und Programm.* Aus der Reihe: Kreuzer, Helmut/Thomsen, Christian W. (Hg.): *Geschichte des Fernsehens in der Bundesrepublik Deutschland.* Band 1. München: Wilhelm Fink Verlag. S. 289–321.
Rutenberg, Jürgen von (2009): *Mein musikalischer Zwillingsbruder.* In: http://www.zeit.de/2009/14/Last-fm (05.10.2010).
Sabbagh, Dan/Sweney, Mark (2011a): *Warner Music bought by Len Blavatnik.* In: http://www.guardian.co.uk/business/2011/may/06/warner-music-len-blavatnik (27.02.2012).
- (2011b): *Universal Music to buy EMI's recorded music division for £1.2bn.* In: http://www.guardian.co.uk/media/2011/nov/11/universal-to-buy-emi-music-division (27.02.2012).
San Segundo, Carlos (2008): *Was Musiker so an einer CD verdienen.* In: http://www.delamar.de/musikbusiness/musikbiz-was-musiker-so-an-einer-cd-verdienen-1926/ (10.04.2011).
Sand, Dennis (2012): *Streetcredibility, ausgerechnet aus Düsseldorf.* In: http://jetzt.sueddeutsche.de/texte/anzeigen/561552/Streetcredibility-ausgerechnet-aus-Duesseldorf (28.01.2014).
Sandoval, Greg (2010): *Google music store could launch this fall.* In: http://news.cnet.com/8301-31001_3-20007673-261.html (05.10.2010).

Sanjek, Russell (1988): *American Popular Music And Its Business: The First Four Hundred Years: Vol. 1 The Beginning To 1790. Vol. 2 From 1790 To 1900. Vol. 3 From 1900 To 1980.* New York: Oxford University.

Savage, Jon (2001): *England's Dreaming. Anarchie, Sex Pistols, Punk Rock.* Berlin: Verlag Klaus Bittermann.

Schaefer, Martin/Braun, Thorsten (2003): »Tonträgerpiraterie«. In: Moser, Rolf/Scheuermann, Andreas (Hg.): *Handbuch der Musikwirtschaft.* 6. unveränderte Auflage. Starnberg und München: Josef Keller Verlag. S. 825–843.

Schäffner, Gerhard (1998a): »Hörfunk«. In: Faulstich, Werner (Hg.): *Grundwissen Medien.* 3. Auflage. München: Wilhelm Fink Verlag. S. 253–273.

— (1998b): Fernsehen. In: Faulstich, Werner (Hg.) (1998): Grundwissen Medien. 3. Auflage. München: Wilhelm Fink Verlag. S. 174–200.

Schanze, Helmut (2007): »1. Kurs«. In: Rusch, Gebhard/Schanze, Helmut/Schwering, Gregor (2007): *Theorien der neuen Medien: Kino – Radio – Fernsehen – Computer.* Paderborn: Wilhelm Fink Verlag. S. 21–120.

Schatz, Thomas (1981): *Hollywood Genres.* Boston u.a.: McGraw-Hill.

Schenk, Thomas (2003): »Vom Special Marketing zum Strategie Marketing«. In: Moser, Rolf/Scheuermann, Andreas (Hg.): *Handbuch der Musikwirtschaft.* 6. unveränderte Auflage. Starnberg und München: Josef Keller Verlag. S. 251–260.

Schickel, Richard (1974): *His Picture In The Papers.* New York: Charterhouse.

Schiller, Phil (2001). Zitiert in: Levy, Steven (2006): *The Perfect Thing. How the iPod Shuffles Commerce, Culture, and Coolness.* New York: Simon & Schuster. S. 93.

Schlegel, Thomas (2009). Zitiert in: Firebird77 (2009): *Musikindustrie. Wieviel verdient ein Künstler wirklich?* In: http://www.gulli.com/news/musikindustrie-wieviel-20 09-08-28/ (03.04.2011).

Schliemann, Jochen (2003): »Fruchtbare Erde«. In: *Visions.* Nr. 119. Februar 2003. S. 38–45.

Schmidt, Axel (1999): »Sound and Vision go MTV«. In: Neumann-Braun, Klaus (Hg.): *Viva MTV!* Frankfurt am Main: Suhrkamp. S. 93–131.

Schmidt, Christoph (2003): »Organisation der Majors«. In: Moser, Rolf/Scheuermann, Andreas (Hg.): *Handbuch der Musikwirtschaft.* 6. unveränderte Auflage. Starnberg und München: Josef Keller Verlag. S. 209–222.

Schönpflug, Tobias (2003): »Krasstina!«. In: *Maxim.* Februar 2003. S. 38–45.

Schorn, Franz (1988): *Alte Schallplatten-Marken in Deutschland.* Wilhelmshaven: Noetzel, Heinrichshofen-Bücher.

Schultz, Stefan (2011): *Apple überholt Google.* In: http://www.spiegel.de/wirtschaft/unternehmen/0,1518,761366,00.html (15.05.2011):

Schulze, Ralf (1996): *Die Musikwirtschaft. Marktstrukturen und Wettbewerbsstrategien der deutschen Musikindustrie. Eine theoretische und empirische Analyse der deutschen*

Musikwirtschaft im Kontext ihrer kulturindustriellen Produktions- und Konsumbedingungen. Hamburg: Kammerer & Unverzagt.

Schwarze, Bernd (1997): *Die Religion der Rock- und Popmusik. Analysen und Interpretationen*. Stuttgart u.a.: Kohlhammer.

Schwichtenberg, Cathy (Hg.) (1993): *The Madonna Connection. Representational Politics, Subcultural Identities, and Cultural Theory*. Boulder, San Francisco und Oxford: Westview Press.

Sexton, Paul (2008): »Back To The Future«. In: *Billboard*. 12.01.2008. S. 27–29.

Sharp, Rob/Armstrong, Rebecca/Brown, Jonathan/Proctor, Kate/Walker, Tim (2008): *Record labels that rocked our world*. In: http://www.independent.co.uk/arts-entertainment/music/features/record-labels-that-rocked-our-world-770728.html (26.12.2010).

Shaw, Arnold (1978): *Rock'n'Roll. Die Stars, die Musik und die Mythen der 50er Jahre*. Reinbek bei Hamburg: Rowohlt.

Siegele, Ludwig (1999): »Raub der Töne«. In: *Die Zeit*. 08.07.1999. S. 27.

Siegert, Gabriele (2001): *Medien Marken Management: Relevanz, Spezifika und Implikationen einer medienökonomischen Profilierungsstrategie*. München: Verlag Reinhard Fischer.

Silverman, Tom (2010): Zitiert in: Buskirk, Eliot van (2010). *What's Wrong With Music Biz, Per Ultimate Insider*. In: http://www.wired.com/epicenter/2010/07/tom-silverman-proposes-radically-transparent-music-business/all/1 (22.04.2011).

Simon, Heinz-Joachim (1994): *Die Marke ist die Botschaft. Markentechnik als Erfolgsweg für Unternehmer*. Hamburg: Marketing-Journal.

Sisario, Ben (2014)· *Algorithm for Your Personal Rhythm*. In: http://www.nytimes.com/2014/01/12/arts/music/beats-music-enters-online-streaming-market.html?smid=tw-nytimesmusic&seid=auto&_r=1 (31.01.2014).

Slade, Nicola (2007). Zitiert in: Gibson, Owen (2007): *Radiohead's Bid To Revive Music Industry: Pay What You Like To Download Albums*. In: http://www.guardian.co.uk/media/2007/oct/02/digitalmedia.musicnews (23.04.2011).

Sonnenschein, Ulrich (1998): »Dreck schwimmt oben«. In: Kemper, Peter/Langhoff, Thomas/Sonnenschein, Ulrich (Hg.): *Alles so schön bunt hier. Die Geschichte der Popmusik von den Fünfzigern bis heute*. Stuttgart: Reclam. S. 154–163.

Southall, Brian (1991): »Major Recording and Publishing Companies«. In: York, Norton (Hg.): *The Rock File. Making it in the Music Business*. Oxford u.a.: Oxford University Press. S. 204–220.

– (2003): *The A–Z Of Record Labels*. London: Sanctuary Publishing Limited.

Spengler, Peter (1985): *Rockmusik und Jugend. Bedeutung und Funktion einer Musikkultur für die Identitätssuche im Jugendalter*. Frankfurt am Main: Extrabuch.

Spicer, Al (1998): »David Bowie«. In: Buckley, Jonathan/Ellingham, Mark (Hg.): *Rock: The Rough Guide*. Stuttgart und Weimar: Metzler. S. 83–86.

Springman, Christopher (2006): »The 99¢ Question«. In: *Journal on Telecommunications and High Technology Law.* Volume 5. Boulder, CO: Journal on Telecommunications and High Technology Law. S. 87–124.

Steinweiss, Alex (2009): Zitiert in: Mayer, Christian: »Der Verhüllungskünstler«. In: *Süddeutsche Zeitung.* 06.11.2009. S. 10.

Strecker, Holger (2003): »Künstleraufbau durch TV-Präsenz«. In: Moser, Rolf/Scheuermann, Andreas (Hg.): *Handbuch der Musikwirtschaft.* 6. unveränderte Auflage. Starnberg und München: Josef Keller Verlag. S. 394–398.

Sturges, Fiona (2010): *Who Needs Record Labels?* In: http://www.independent.co.uk/arts-entertainment/music/features/who-needs-record-labels-1920056.html (23.03.2011).

Tannett, Stephen (1991): »Independent Recording and Publishing Companies«. In: York, Norton (Hg.): *The Rock File. Making it in the Music Business.* Oxford u.a.: Oxford University Press. S. 221–227.

Teipel, Jürgen (2001): *Verschwende deine Jugend. Ein Doku-Roman über den deutschen Punk und New Wave.* Frankfurt am Main: Suhrkamp.

Tepe, Peter (2001): *Mythos & Literatur. Aufbau einer literaturwissenschaftlichen Mythosforschung.* Würzburg.

Théberge, Paul (2001): »Plugged in: Technology and Popular Music«. In: Frith, Simon/Straw, Will/Street, John (Hg.): *The Cambridge Companion to Pop and Rock.* Cambridge: Cambridge University Press. S. 3–25.

Theurich, Werner (2003): *Wie man schlafende Kunden weckt.* In: http://www.spiegel.de/kultur/musik/0,1518,237720,00.html (09.03.2003).

Thurow, Norbert (2003): »Verbände der Tonträgerhersteller«. In: Moser, Rolf/Scheuermann, Andreas (Hg.): *Handbuch der Musikwirtschaft.* 6. unveränderte Auflage. Starnberg und München: Josef Keller Verlag. S. 513–529.

True, Everett (1989): »Sub Pop. Seattle: Rock City«. In: *Melody Maker.* 18.03.1989. S. 26–27.

Tsotsis, Alexia (2010): *Music Startup Vevo Is Seeing Tens Of Millions In Revenue.* In: http://techcrunch.com/2010/09/29/vevo-is-seeing-tens-of-million-in-revenue/ (07.01.2011).

Tudhope, Adam (2010). Zitiert in: Hunter-Tilney, Ludovic (2010): *The Music Industry's New Business Model.* In: http://www.ft.com/cms/s/2/92d98d1c-bae9-11df-9e1d-00144feab49a.html#axzz1KI517FsF (22.04.2011).

Tudor, Andrew (1974a): *Theories of Film.* London: Secker and Warburg.

– (1974b): *Image and Influence. Studies in the Sociology of Film.* London: George Allen & Unwin.

Tunze, Wolfgang (1999): »Das World Wide Web als Online-Jukebox«. In: *Frankfurter Allgemeine Zeitung.* 23.02.1999. S. TI/2.

Ullmaier, Johannes (1999): »Subkultur im Widerstreit. Mods gegen Rocker – und gegen sich selbst«. In: Kemper, Peter/Langhoff, Thomas/Sonnenschein,

Ulrich (Hg.): *Alles so schön bunt hier. Die Geschichte der Popmusik von den Fünfzigern bis heute.* Stuttgart: Reclam. S. 53–65.

Vahabzadeh, Susan (2003): »Suche nach Licht. Der Film ›Standing in the Shadows of Motown‹ schließt eine Lücke der Popgeschichte«. In: *Süddeutsche Zeitung.* 14.07.2003. S. 12.

Vatterodt, Nikola (2000): *Boygroups und ihre Fans. Annäherung an ein Popphänomen der neunziger Jahre.* Karben: CODA.

Vetter, Jan (2000). Zitiert in: N.N. (2000): *Bela B. und Farin Urlaub von Die Ärzte.* In: http://www.deltaradio.de/musik/a-aerzte.html (06.06.2003).

Vig, Butch (2012). Zitiert in: Halperin, Shirley (2012): *Grammys 2012: Dave Grohl and Butch Vig Reflect on Nirvana, Adele and the State of the Music Business (Q&A).* In: http://www.hollywoodreporter.com/news/dave-grohl-butch-vig-grammy-adele-nirvana-289304 (01.03.2012).

Vormehr, Ulrich (2003): »Independents«. In: Moser, Rolf/Scheuermann, Andreas (Hg.): *Handbuch der Musikwirtschaft.* 6. unveränderte Auflage. Starnberg und München: Josef Keller Verlag. S. 223–238.

Wachman, Richard (2007): *Radiohead's Rainbow Could Signal Danger For Record Giants.* In: http://www.guardian.co.uk/business/2007/oct/07/media.digitalmedia?IN TCMP=ILCNETTXT3487 (23.04.2011).

Wagner, Peter (1999): *Pop 2000. 50 Jahre Popmusik und Jugendkultur in Deutschland.* Hamburg: Ideal-Verlag.

Walsh, Chris M. (2010): *WMG Fully Acquires Roadrunner.* In: http://www.billboard. biz/bbbiz/others/wmg-fully-acquires-roadrunner-1004126069.story (21.01.2011).

Walter, Klaus (1999): »Die Gunst der Stunde Null. Independent, Avantgarde und kleine Labels«. In: Kemper, Peter/Langhoff, Thomas/Sonnenschein, Ulrich (Hg.): *Alles so schön bunt hier. Die Geschichte der Popmusik von den Fünfzigern bis heute.* Stuttgart: Reclam. S. 286–296.

Wemhöner, Karin (2006): »Das Starphänomen aus mythologischer Sicht«. In: Tepe, Peter (Hg.) (2006): *Mythos No. 2. Politische Mythen.* Würzburg: Verlag Königshausen & Neumann GmbH. S. 294–308.

Werde, Bill (2008): »The Way She Is«. In: *Billboard.* 12.01.2008. S. 24–26.

Westergren, Tim (ohne Datum): *The Music Genome Project®.* In: http://www.pando ra.com/mgp.shtml (30.09.2010).

Wicke, Peter (1987): *Rockmusik. Zur Ästhetik und Soziologie eines Massenmediums.* Leipzig: Reclam.

- (1996): »Die Charts im Musikgeschäft«. In: http://www2.rz.hu-berlin.de/fpm/texte/charts.htm (07.08.2003). Aus: *Musik und Unterricht.* Nr. 40/96.

(1997a): *Musikindustrie im Überblick. Ein historisch systematischer Abriss.* In: http://www.crossover-agm.de/txtwick2.htm (03.03.2012).

- (1997b): *Gesamtübersicht Musikindustrie.* In: http://www2.rz.hu-berlin.de/fpm/gr af_tab/gesamt.htm (22.07.2003).

Wicke, Peter/Ziegenrücker, Kai-Erik und Wieland (1997): *Handbuch der populären Musik.* 3., überarbeitete und erweiterte Auflage. Zürich u.a.: Atlantis-Musikbuch-Verlag.

Wiechell, Dörte (1977): *Musikalisches Verhalten Jugendlicher. Ergebnisse einer empirischen Studie – alters-, geschlechts- und schichtspezifisch interpretiert.* Frankfurt am Main: Verlag Moritz Diesterweg.

Wikström, Patrik (2009): *The Music Industry: Music In The Cloud.* Cambridge: Polity Press.

Wilkinson, Roy (2003): »Smells Like Teen Spirit. Nirvana. The Case for: The daddy of Grunge«. In: Hunt, Chris (Hg.): *Q Special Edition. 100 Songs That Changed The World.* London: EMAP Metro Limited. S. 128–131.

Willis, Paul (1981): *Profane Culture. Rocker, Hippies: Subversive Stile der Jugendkultur.* Frankfurt am Main: Syndikat.

Winter, Carsten (1998): »Internet/Online-Medien«. In: Faulstich, Werner (Hg.) (1998): *Grundwissen Medien.* 3. Auflage. München: Wilhelm Fink Verlag. S. 274–295.

– (2003): »TIME-Konvergenz als Herausforderung für Management und Medienentwicklung – Einleitung«. In: Karmasin, Matthias/Winter, Carsten (Hg.) (2003): *Konvergenz und Management: Eine Einführung in die zentralen Herausforderungen und Aufgaben.* München: W.Fink/UTB. S. 13–55.

Wiszniewski, Krzysztof (2010): *The Paradise That Should Have Been.* In: http://thecy nicalmusician.com/2010/01/the-paradise-that-should-have-been/ (10.04.2011).

Witte, Jens (2012): *Twitter-Rekord: Lady Gaga knackt 20-Millionen-Marke.* In: http://www.spiegel.de/panorama/leute/0,1518,819533,00.html (11.03.2012).

Young, Rob (2006): *Rough Trade.* London: Black Dog Publishing Limited.

Zeidler, Sue (1997): *Polygram's Island Records Founder Leaves After Power Struggle.* In: http://www.geocities.com/Hollywood/Hills/5349/blackwell.html (07.06.2003).

Zombik, Peter (2003): »Die Bedeutung der Charts für die Musikwirtschaft«. In: Moser, Rolf/Scheuermann, Andreas (Hg.) (2003): *Handbuch der Musikwirtschaft.* 6. vollständig überarbeitete Auflage. Starnberg und München: Josef Keller Verlag. S. 67–75.

Zylka, Jenny (2012): *Jetzt wird's aber Gaga, Lady! Neues Madonna-Album »MDNA«.* In: http://www.spiegel.de/kultur/musik/0,1518,822136,00.html (14.04.2012).

Abbildungsverzeichnis

Abbildung 1: Der Musikmarkt – Kernbereich und Nebenmärkte 26

Abbildung 2: Erlösanteile beim Verkauf einer CD am Beispiel
Bandübernahmevertrag..51

Abbildung 3: Gesamtübersicht Musikindustrie...73

Abbildung 4: Musikabsatz physisch und digital..116

Abbildung 5: Umsatzentwicklung digitaler Musikverkäufe...................................118

Abbildung 6: GfK-Musikmarktprognose Gesamtmarkt...121

Abbildung 7: Hörgewohnheiten in Deutschland. Musiknutzung in den letzten
sieben Tagen..124

Abbildung 8: Komponenten der Markenidentität..153

Abbildung 9: Neue Medien...206

Kulturwissenschaften

Rosi Braidotti
Posthumanismus
Leben jenseits des Menschen
2014. Ca. 220 Seiten. ISBN 978-3-593-50031-7

Meike S. Baader, Florian Eßer,
Wolfgang Schröer (Hg.)
Kindheiten in der Moderne
Eine Geschichte der Sorge
2014. Ca. 450 Seiten. ISBN 978-3-593-50079-9

Volkmar Sigusch
Sexualitäten
Eine kritische Theorie in 99 Fragmenten
2013. 626 Seiten. Gebunden. ISBN 978-3-593-39975-1

Thomas Rentsch, Harm-Peer Zimmermann,
Andreas Kruse (Hg.)
Altern in unserer Zeit
Späte Lebensphasen zwischen Vitalität und Endlichkeit
2013. 231 Seiten. ISBN 978-3-593-39908-9

Henning Lobin, Regine Leitenstern,
Katrin Lehnen, Jana Klawitter (Hg.)
Lesen, Schreiben, Erzählen
Kommunikative Kulturtechniken im digitalen Zeitalter
2013. 324 Seiten. ISBN 978-3-593-39951-5